LA LÉGISLATION

DE

L'INSTRUCTION PRIMAIRE

EN FRANCE.

LA LÉGISLATION

DE

L'INSTRUCTION PRIMAIRE

EN FRANCE

DEPUIS 1789 JUSQU'A NOS JOURS.

RECUEIL

DES

Lois, Décrets, Ordonnances, Arrêtés, Règlements, Décisions, Avis, Projets de lois,

SUIVI D'UNE TABLE ANALYTIQUE ET PRÉCÉDÉ D'UNE INTRODUCTION HISTORIQUE

PAR

M. GRÉARD

Inspecteur général de l'Instruction publique, Directeur de l'Enseignement primaire de la Seine.

TOME III.

TABLE ANALYTIQUE.

PARIS,

CHARLES DE MOURGUES FRÈRES,

IMPRIMEURS DE LA PRÉFECTURE DU DÉPARTEMENT DE LA SEINE,

Rue Jean-Jacques-Rousseau, 58.

1874.

TABLE ANALYTIQUE

Les caractères italiques indiquent les lois et les règlements restés en projet.)

A

ACADÉMIE.

L'Université sera composée d'autant d'Académies qu'il y a de Cours d'appel. (Décr. 17 mars 1808, art. 4), I, 53.— Les écoles appartenant à chaque Académie seront placées dans l'ordre suivant : 1° les Facultés ; 2° les lycées ; 3° les colléges, écoles secondaires communales ; 4° les institutions, écoles tenues par des instituteurs particuliers, où l'enseignement se rapproche de celui des colléges ; 5° les pensions, pensionnats appartenant à des maîtres particuliers et consacrés à des études moins fortes que celles des institutions ; 6° les petites écoles, écoles primaires, où l'on apprend à lire, à écrire, et les premières notions du calcul. (Id., art. 2), I, 53.

Les arrondissements, formés sous le nom d'Académies par le décret du 17 mars 1808, sont réduits à dix-sept. Ils prendront le titre d'Universités. (Ordonn. 17 fév. 1815, art. 1), I, 81. — Chaque Université sera composée : 1° d'un conseil présidé par un recteur ; 2° de Facultés ; 3° de colléges royaux ; 4° de colléges communaux. (Id., art. 2), I, 81. — L'organisation des Académies est provisoirement maintenue. (Ordonn. 15 août 1815, art. 1), I, 82.

L'Université, pour la direction, la surveillance et la juridiction de l'enseignement public, se divise en Académies, dont le nombre ne peut être diminué ni augmenté que par une loi. (Prop. loi 5 fév. 1849, art. 13), II, 69.

Il sera établi une Académie dans chaque département. (Loi 15 mars 1850, art. 7), II, 122. — Chaque Académie est administrée par un recteur, assisté, si le Ministre le juge nécessaire, d'un ou de plusieurs inspecteurs, et par un Conseil académique. (Id., art. 8), II, 122. — Le chef-lieu de chaque Académie est placé au chef-lieu du département, sauf pour la Marne où il est placé à Reims, pour les Bouches-du-Rhône où il est placé à Aix, pour le Nord où il est placé à Douai. (Décr. 27 mai 1850), II, 153.

La France est divisée en seize circonscriptions académiques, dont les chefs-lieux sont : Aix, Besançon, Bordeaux, Caen, Clermont, Dijon, Douai, Grenoble, Lyon, Montpellier, Nancy, Paris, Poitiers, Rennes, Strasbourg, Toulouse. (Loi 14 juin 1854, art. 1), II, 352. — Chacune des Académies est administrée par un recteur assisté d'autant d'inspecteurs d'Académie qu'il y a de départements dans la circonscription. Un décret déterminera le nombre des inspecteurs d'Académie du département de la Seine. (Id., art. 2), II, 353. — Les départements de la Savoie et de la Haute-Savoie forment une Académie dont le chef-lieu est à Chambéry. (Décr. 13 juin 1860, art. 1), II, 482.

V. Conseil académique, Inspecteur d'Académie, Recteur, Vice-Recteur, Université.

ACADÉMIQUE (CONSEIL).

Il y a au chef-lieu de chaque Académie un Conseil académique, composé : 1° du recteur, président ; 2° des inspecteurs de la circonscription ; 3° des doyens de Facultés ; 4° de sept membres choisis, tous les trois ans, par le Ministre de l'instruction publique : un parmi les archevêques ou évêques de la circonscription ; deux parmi les membres du clergé catholique ou parmi les ministres des cultes non catholiques reconnus ; deux dans la magistrature ; deux parmi les fonctionnaires publics ou autres personnes notables de la circonscription. (Loi 14 juin 1854, art. 3), II, 353.

Le Conseil académique veille au maintien des méthodes d'enseignement prescrites par le Ministre, en conseil de l'instruction publique, et qui doivent être suivies dans les écoles publiques d'instruction primaire. (Loi 14 juin 1854, art. 4), II, 353. -- Le Conseil académique se réunit deux fois par an, au mois de juin et au mois de novembre, sur la convocation du recteur, pour huit jours au moins et un mois au plus. Il peut être convoqué en session extraordinaire par le Ministre. Dans la session de juin, il entend les comptes rendus des inspecteurs d'Académie touchant le service de l'instruction primaire (Décr. 22 août 1854, art. 14), II, 363.

Le mobilier du Conseil académique est fourni par la ville chef-lieu. (Loi 14 juin 1854, art. 10), II, 355.

V. Conseil départemental.

ACTES CIVILS.

Durant les six derniers mois du cours des Écoles normales, les élèves sont formés à la rédaction des actes de l'état civil et des procès-verbaux. (Arr. Cons. 14 déc. 1832, art. 3), I, 229.

ADJOINT.

L'adjoint remplace de droit le maire dans les comités d'instruction primaire. (Loi 28 juin 1833, art. 17), I, 241.

V. Comité.

ADMISSIBILITÉ (LISTE D').

Les instituteurs communaux sont choisis, soit sur une liste d'admissibilité et d'avancement dressée par le conseil départemental, soit sur la présentation qui est faite par les supérieurs pour les membres des associations religieuses. (Loi 15 mars 1850, art. 31), II, 130. — Cf. Décr. 7 oct. 1850, art. 13, II, 185. — Les conseils départementaux doivent classer les candidats selon la date du titre qui leur donne droit à être portés sur la liste d'admissibilité. (Av. Cons. 16 déc. 1850), II, 197.

ADMISSION A L'ÉCOLE PRIMAIRE (CONDITIONS D').

Nul ne sera admis dans les écoles primaires avant l'âge de six ans accomplis. (Prop. loi sept. 1791, an I, art. 3), I, 2. — *Les filles ne pourront être admises que jusqu'à l'âge de huit ans.* (Id., chap. XVII, art. 1), I, 6 — Les élèves ne seront pas admis aux écoles primaires avant l'âge de six ans. (Décr. 22 frim. an I), I, 9. — Les enfants ne seront point admis dans les écoles avant l'âge de six ans accomplis ; ils y seront envoyés avant celui de huit. (Décr. 29 frim. an II, sect. III, art. 8), I, 28. — Point d'admission avant six ans accomplis. (Décr. 27 brum. an III, chap. IV, art. 1), I, 36.

Pour être admis dans une école élémentaire, il faudra être âgé de six ans au moins et de treize ans au plus. Toutefois, dans les communes où il n'existerait point de salles d'asile ou premières écoles de l'enfance, le comité local pourra autoriser l'admission d'enfants âgés de moins de six ans. L'admission d'enfants âgés de plus de treize ans pourra de même être autorisée dans les communes où il n'y aurait point de classes d'adultes. (Stat. 25 avr. 1834, art. 2), I, 318. — Tout enfant, pour être admis dans une école privée, devra être âgé de six ans au moins et de treize ans au plus, sauf exception autorisée par le comité local dans les communes où il n'existe pas de salles d'asile. (Règl. 1er mars 1842, art. 1), I, 593.

Nul ne peut être admis dans une école, s'il n'est constaté qu'il a eu la petite vérole, ou qu'il a été vacciné, ou s'il est atteint d'une maladie contagieuse. (Règl. 1er mars 1842, art. 2), I, 593. — L'élève qui n'aura pas été vacciné cessera de fréquenter l'école jusqu'à ce qu'il l'ait été. (Arr. Cons. 20 déc. 1842, art. 3), I, 626. — Les enfants atteints d'affections contagieuses devront cesser, provisoirement et jusqu'à guérison entière, d'être admis dans l'école. (Id., art. 4), I, 626.

Le comité local a le droit d'interdire à un élève reconnu vicieux l'entrée de toutes les écoles de la commune. (Av. Cons. 13 oct. 1843), I, 649.

La disposition de l'art. 2 du statut du 25 avril 1834, qui fixe l'âge d'admission des enfants et des adultes, est commune aux écoles primaires publiques et privées. (Décis. Cons. 15 juill. 1845). I, 662. — La disposition qui exclut des écoles primaires privées les enfants au-dessous de treize ans, est contraire aux principes de la liberté d'enseignement. (Arr. Cassat. 7 fév. 1846), I, 674.

Les instituteurs primaires du degré élémentaire ne peuvent recevoir dans leurs écoles des élèves âgés de moins de six ans et de plus de quatorze ans accomplis. Dans les communes où il n'y a ni salles d'asile, ni écoles primaires supérieures, le comité d'arrondissement peut autoriser les instituteurs du degré élémentaire à recevoir des élèves de l'âge de cinq à quinze ans accomplis. Les instituteurs primaires supérieurs ne peuvent recevoir dans leurs écoles des élèves âgés de moins de treize ans et de plus de dix-huit ans accomplis. Des autorisations particulières et individuelles peuvent être accordées par le comité local de surveillance pour les élèves qui n'ont pas atteint l'âge ci-dessus, ou qui l'ont dépassé. (Proj. loi 31 mars 1847, art. 15), I, 703.

Pour être admis dans une école, les enfants doivent être âgés de six ans au moins et de treize ans au plus. Néanmoins, des enfants âgés de moins de six ans et de plus de treize ans pourront être reçus avec l'autorisation des autorités locales. Avis de ces autorisations sera donné au recteur. (Règl. 17 août 1851, art. 6), II, 258. — Avant d'admettre un enfant, l'instituteur s'assure qu'il a été vacciné ou qu'il a eu la petite vérole, et qu'il n'est point atteint de maladies ou d'infirmités de nature à nuire à la santé des autres élèves. (Id., art. 7), II, 258.

Pour être admis dans une école, les enfants doivent être âgés de six ans au moins et de treize ans au plus. Néanmoins, des enfants de moins de six ans et de plus de treize ans pourront être reçus avec l'autorisation des autorités locales, avis en étant donné au préfet. (Av. Cons. 19 janv. 1859), II, 473. — L'autorisation d'admettre les enfants âgés de moins de six ans ne peut être accordée dans les communes où il existe une salle d'asile. (Av. Cons. 5 juill. 1860), II, 485.

Aucune école primaire, publique ou libre, ne peut, sans l'autorisation du conseil départemental, recevoir d'enfants au-dessous de six ans, s'il existe dans la commune une salle d'asile publique ou libre. (Loi 10 avr. 1867, art. 29), II, 609.

Les enfants âgés de moins de six ans peuvent être reçus par les établissements d'enseignement secondaire libre, même alors qu'il existe dans la commune des salles d'asile. (Av. Cons. 24 juin 1873), II, 746.

On ne peut exiger d'une manière absolue que tout élève, pour être admis dans une école, produise un certificat du maître dont il quitte la classe. (Av. Cons. 9 juill. 1858), II, 466.

V. École, Comité, Gratuité.

ADULTES (COURS D').

INSTITUTION DES COURS D'ADULTES. — Des cours communs sont institués pour tous les citoyens de tout âge, de l'un et l'autre sexe. (Décr. 22 frim. an I), I, 10. — Les instituteurs sont chargés de faire aux citoyens de tout âge, de l'un et l'autre sexe, des lectures et des instructions. (Décr. 11 prair. an I), I, 18.

L'instituteur communal donnera l'instruction aux adultes, moyennant une rétribution fixée par le conseil municipal, aux jours et heures que le comité cantonal déterminera. (Prop. loi 17 nov. 1832, art. 28), I, 228.

Aucun instituteur ne peut tenir un cours d'adultes sans une autorisation accordée par le conseil royal, sur la demande de l'instituteur et sur l'avis motivé du comité d'arrondissement transmis par le recteur. (Arr. Cons. 22 déc. 1835, art. 1 et 2), I, 366. — Toute personne brevetée et munie d'un certificat de moralité est apte à tenir un cours d'adultes, moyennant l'autorisation du recteur. La demande doit être appuyée d'un avis du comité local, d'une délibération du comité d'arrondissement, d'un plan du local visé et certifié par le maire, d'un programme des leçons. (Arr. 22 mars 1836, art. 1), I, 382. — Tous les trois mois, le recteur adressera au Ministre un tableau des autorisations qu'il aura délivrées. (Id., art. 2), I, 382. — Le comité d'arrondissement délibère sur les autorisations à accorder pour l'ouverture des cours d'adultes. (Id., art. 1), I, 383.

Les classes d'adultes peuvent être considérées comme des cours publics, et l'autorisation peut être accordée à des personnes qui, sans avoir précisément les titres mentionnés dans le règlement du 22 mars 1836, offriraient des garanties suffisantes. (Av. Cons. 25 août 1837), I, 479. — Ceux qui veulent ouvrir une classe d'adultes sont soumis à l'obligation d'obtenir l'autorisation du recteur de l'Académie. (Arr. Cassat. 7 févr. 1846), I, 672. — L'instituteur primaire tenant école, qui veut ouvrir une classe d'adultes, est tenu d'en faire la déclaration. (Id., 7 févr. 1846), I, 674.

Des cours spécialement destinés aux adultes, et comprenant, en totalité ou en partie, les matières de l'enseignement primaire, soit du degré élémentaire, soit du degré supérieur, peuvent être ouverts le soir et le dimanche dans les écoles communales, sur la demande du conseil municipal ou avec son autorisation. Le taux de la rétribution à payer par les élèves desdits cours sera fixé conformément au § 1er de l'art. 4 de la présente loi. Si la classe d'adultes est ouverte sur la demande du conseil municipal et si le produit de la rétribution scolaire ne s'élève pas au quart du minimum de traitement déterminé par l'art. 2 de la présente loi, le conseil municipal sera tenu d'élever, dans la proportion ci-dessus indiquée, le traitement de l'instituteur et d'allouer, à cet effet, une subvention spéciale sur les ressources disponibles de la commune. (Proj. loi 31 mars 1847, art. 6), I, 701.

Le comité d'arrondissement pourra provoquer et autoriser l'établissement de classes d'adultes. Il pourra en déterminer le règlement, suivant les besoins et les usages des localités. Les élèves de ces classes ne seront jamais âgés de moins de quinze ans. Le comité pourra également autoriser des classes d'apprentis et d'enfants employés dans les manufactures et des ouvroirs pour les filles. (Prop. loi 15 déc. 1848, art. 37), II, 50.

Il peut être créé des écoles primaires communales pour les adultes et les apprentis. Le conseil départemental désigne les instituteurs chargés de diriger les écoles communales d'adultes et d'apprentis. (Loi 15 mars 1850, art. 54), II, 138. — Les art. 27, 28, 29 et 30, relatifs à la déclaration d'ouverture, à l'opposition et à la traduction devant le conseil départemental, sont applicables aux instituteurs libres qui veulent ouvrir des écoles d'adultes. (Id., art. 55), II, 138.

Admission aux cours d'adultes. — En aucun cas, un instituteur ne peut tenir une classe de filles adultes, ni une classe mixte. (Arr. Cons. 22 déc. 1835, art. 3), I, 366. — Le comité d'arrondissement fixe les heures des cours, de façon que les filles soient admises le matin, les garçons le soir. (Id., art. 4), I, 366. — Il n'est permis, sous aucun prétexte, de réunir dans une même classe des adultes des deux sexes. (Arr. Cons. 22 mars 1836, art. 6), I, 383. — L'âge d'admission dans les classes d'adultes est fixé à quinze ans au moins pour les garçons, et à douze ans au moins pour les filles. (Id., art. 5), I, 383. — Le comité local est juge des exceptions qui peuvent être faites pour l'âge d'admission. (Id., ibid.), I, 383. — Nul ne sera admis à l'école d'adultes, s'il n'a quinze ans accomplis. (Arr. Cons. 4 mai 1838, art. 5), I, 526. —Les jeunes gens âgés de moins de quinze ans forment dans les cours d'adultes une division à part, établie dans une salle distincte. Les élèves de cette division doivent entrer et sortir un quart d'heure avant ou après les adultes plus avancés en âge. (Arr. Cons. 20 mars 1840), I, 573. — Les comités locaux ne doivent jamais permettre l'admission aux classes d'adultes d'enfants âgés de moins de douze ans. (Id., ibid.), I, 573.

Il peut être créé des écoles primaires communales pour les adultes au-dessous de dix-huit ans, pour les apprentis au-dessus de douze ans. Il ne peut être reçu dans les écoles d'adultes ou d'apprentis d'élèves des deux sexes. (Loi 15 mars 1850, art. 54), II, 138.

Le conseil dépal peut autoriser l'école mixte. (Id., art. 77.)

Direction des cours d'adultes. — L'instruction donnée à tous les citoyens aura lieu une fois par semaine. (Décr. 22 frim. an I, tit. Ier), I, 10. — Les lectures et les instructions faites aux citoyens de tout âge, seront données une fois par semaine. (Décr. 11 prair. an 1), I, 18.

Les jours de décade, les instituteurs donneront lecture au peuple et traduiront vocalement dans les pays limitrophes, les lois de la République, en préférant celles qui sont analogues à l'agriculture et aux droits des citoyens. (Décr. 8 pluv. an II, art. 4 et 5), I, 31.

Les instructions publiques faites aux adultes auront pour objet : 1° de rappeler les objets enseignés dans les écoles ; 2° de développer les principes de la morale et du droit naturel ; 3° d'enseigner les lois dont la connaissance est nécessaire aux fonctions publiques les plus rapprochées de tous les citoyens ; 4° d'annoncer les nouvelles de tous les événements qui intéressent le plus la République ; 5° de donner des connaissances sur la culture et les arts, d'après les découvertes nouvelles. (Décr. 22 frim. an I, tit. Ier), I, 10.

L'instruction dans les cours d'adultes ne pourra porter que sur les matières comprises dans les §§ 1 et 2 de l'art. 1 de la loi du 28 juin 1833, ou sur les développements industriels autorisés conformément au § 4 dudit article. (Arr. Cons. 22 mars 1836, art. 3), I, 382.

Le comité local déterminera les jours de travail et de vacances et les heures d'entrée et de sortie. (Arr. Cons. 22 mars 1836, art. 4), I, 383. — Le maître tient un registre d'inscription dont le modèle est dressé par le comité d'arrondissement. (Id., art. 7), I, 383. — Il dresse un projet de règlement d'étude et de discipline, qui sera soumis à la délibération du comité d'arrondissement et à l'approbation du recteur. (Id., art. 8), I, 383. — Le conseil d'arrondissement fixe les heures des cours d'adultes. (Arr. 22 déc. 1835, art. 4), I, 366.

Les cours d'adultes tenus dans les écoles communales laïques de la ville de Paris comprendront la lecture, l'écriture, l'arithmétique, le système métrique, les éléments de grammaire française et l'orthographe, le dessin linéaire, les préceptes d'hygiène et le chant. (Arr. Cons. 4 mai 1838, art. 1), I, 526. — Ils seront composés de trois divisions au moins. Chaque division sera confiée à un maître adjoint, sous la direction d'un instituteur breveté désigné par le comité central ; les maîtres adjoints ne sont pas tenus d'être brevetés ; ils sont choisis par le directeur et agréés par le recteur. (Id., art. 2 et 3), I, 526.

Le Conseil académique (départemental) désigne les instituteurs chargés de diriger les écoles communales d'adultes et d'apprentis. (Loi 15 mars 1850, art. 54), II, 138.

La durée réglementaire des classes du jour peut être réduite d'un temps égal à celui qui sera consacré le soir à la classe d'adultes, sous la réserve que cette réduction ne descendra pas au-dessous de cinq heures. (Av. Cons. 16 déc. 1865), II, 569.

Rétribution des cours d'adultes. — L'État ne peut prendre à sa charge le traitement régulier et permanent d'instituteurs communaux pour la tenue des cours d'adultes. (Av. Cons. 13 oct. 1848), II, 40.

La rétribution annuelle pour les classes d'adultes sera fixée par le conseil général du département, sur la proposition du comité d'arrondissement, sauf le recours du préfet ou du Ministre de l'instruction publique devant le conseil d'État. (Prop. loi 15 déc. 1848, art. 91), II, 61. — *Les dépenses des écoles d'adultes ne figureront au budget communal qu'après les dépenses des écoles primaires élémentaires et supérieures. Dans aucun cas, l'État n'entretiendra les classes d'adultes, mais il pourra les encourager et les soutenir par des subventions. — La liste des parents qui pourront acquitter la rétribution des classes d'adultes sera dressée dans la même forme que la liste relative aux asiles.* (Id., art. 95), II, 62.

La subvention de l'État peut ne pas être accordée pour les cours d'adultes dont le programme n'a pas été soumis au conseil. (Av. Cons. 18 mai 1849), II, 83.

Une indemnité fixée par le Ministre de l'instruction publique, sur l'avis du conseil municipal et sur la proposition du préfet, peut être accordée annuellement aux instituteurs et aux institutrices dirigeant une classe communale d'adultes, payante ou gratuite, établie en conformité du § 1 de l'art. 2 de la présente loi. (Loi 10 avr. 1867, art. 7), II, 606.

V. Apprentis.

AGRICULTURE.

L'enseignement primaire comprend les faits principaux de l'agriculture. (Proj. loi 1er juin 1848), II, 17.

L'instruction primaire comprend des notions de physique et d'histoire naturelle applicables à l'agriculture. (Prop. loi 15 déc. 1848, art. 12), II, 45.

L'agriculture fait partie des matières facultatives de l'enseignement primaire. (Loi 15 mars 1850, art. 23), II, 128. — Cf. progr. de l'enseignement de l'École normale. (Décr. 24 mars 1851, art. 1), II, 225.

Il est formé près le Ministère de l'instruction publique une commission chargée : 1° de désigner les instituteurs auxquels l'enseignement pratique de l'agriculture pourra être confié ; 2° de préparer les instructions qui devront être adressées à ces instituteurs ; 3° de surveiller l'enseignement pratique de l'agriculture dans ces écoles et de proposer les mesures propres à en assurer le succès. (Arr. 12 juill. 1853), II, 313.

L'agriculture fait partie de l'enseignement des Écoles normales. (Décr. 2 juill. 1866, art. 1), II, 588. — Elle est comprise dans les matières facultatives du brevet. (Arr. 3 juill. 1866, art. 17), II, 600. — Programme d'enseignement. (Arr. 30 déc. 1867), II, 612.

ALGÉRIE.

Organisation générale. — L'administration des services civils en Algérie est placée sous l'autorité du gouverneur général. Il aura sous ses ordres : 1° un directeur de l'intérieur.... Le directeur de l'intérieur a dans ses attributions l'administration générale, provinciale, communale..... l'instruction publique. Des sous-directeurs administrent, sous ses ordres, les provinces de Constantine et d'Oran. (Ordonn. 31 oct. 1838, art. 1 et 2), I, 746.

Les fonctionnaires de l'instruction publique qui, sur l'autorisation du Ministre de l'instruction publique, seront attachés par le Ministre de la guerre aux établissements d'instruction publique ouverts en Algérie, conserveront tous les droits de membres de l'Université. (Ordonn. 13 avril 1839, art. 1), I, 747. — A l'avenir, il sera pourvu aux fonctions vacantes d'inspecteurs chargés de surveiller tous les établissements d'instruction publics ou privés, en Algérie...... d'inspecteurs des écoles primaires, par le Ministre de l'instruction publique qui se concertera, à cet effet, avec le Ministre de la guerre. (Ordonn. 14 juill. 1844, art. 1), I, 747. — Nul ne pourra être nommé inspecteur, chef de service de l'instruction publique en Algérie, s'il ne remplit les conditions prescrites par l'ordonnance du 29 septembre 1832, c'est-à-dire s'il n'a pas joui antérieurement d'un titre de censeur ou de proviseur. L'inspecteur, chef du service de l'instruction publique en Algérie, jouit du rang et des prérogatives d'inspecteur d'Académie. Il pourra être attaché, au même titre, à une des Académies du royaume. (Id., art. 2), I, 747.

L'instruction publique en Algérie rentre dans les attributions du Ministre de l'instruction publique. (Arr. 30 mai 1848), II, 16. — La direction de l'instruction dans les écoles françaises et israélites en Algérie est du ressort exclusif du Ministre de l'instruction publique. Celle des écoles des indigènes musulmans reste placée dans les attributions du Ministre de la guerre. (Arr. 16 août 1848, art. 1), II, 29. — La législation est celle qui régit la métropole, sauf les modifications reconnues nécessaires et arrêtées de concert entre le Ministre de l'instruction publique et celui de la guerre. (Id., art. 2), ibid. — Le chef du service de l'instruction publique correspond directement avec le Ministre de l'instruction publique et avec les chefs des écoles, pour tout ce qui concerne les écoles françaises et juives en territoire civil et mixte. (Id., art. 3 et 4), II, 30. — Le Ministre de l'instruction publique nomme à tous les emplois dans les écoles françaises et juives ; dans les territoires mixtes, les nominations seront concertées avec le Ministre de la guerre. (Id., art. 5), ibid. — Cf. II, 748, note. — En territoire civil, les directeurs des affaires exerceront, en matière d'instruction publique, toutes les attributions déférées en France aux préfets; ils correspondent directement avec le Ministre de l'instruction publique. (Id., art. 6), ibid. — Les dépenses imputables sur les dépenses de l'État seront réglées exclusivement par le Ministre de l'instruction publique ; celles des communes et des départements seront concertées au préalable avec le Ministre de la guerre. (Id., art. 7), ibid. — Il est créé un emploi d'inspecteur et deux emplois de sous-inspecteurs primaires près l'Académie d'Alger. (Arr. 5 oct. 1848), II, 480. — En Algérie, les sous-inspecteurs adressent leurs rapports de tournée et leurs rapports annuels à l'inspecteur primaire qui les transmet, avec ses observations, aux recteurs et aux préfets : pour tout le reste, ils correspondent directement avec le préfet. (Av. Cons. 15 juin 1849), II, 84. — Il est attaché à l'Académie d'Alger un inspecteur et deux sous-inspecteurs de l'instruction primaire, au traitement de 4,000 et de 3,000 fr. (Arr. 5 oct. 1849), II, 103.

Un règlement d'administration publique déterminera les dispositions de la loi du 15 mars 1850 qui seront applicables à l'Algérie. (Loi 15 mars 1850, art. 81), II, 145.

Le recteur de l'Algérie est chargé, en ce qui le concerne, de concert avec le gouverneur général, de l'exécution de l'arrêté relatif au traitement des instituteurs et des institutrices publics. (Arr. 30 déc. 1853, art. 6), II, 337.

Le service de l'instruction publique en Algérie est placé dans les attributions et sous l'autorité du prince chargé du ministère de l'Algérie et des colonies. Toutefois, lorsqu'il s'agit de modifier soit la législation de l'instruction publique, soit l'organisation réglementaire de l'enseignement, il y est pourvu par des décrets rendus sur la proposition du prince chargé du ministère de l'Algérie et des colonies, et de notre Ministre secrétaire d'État de l'instruction publique. (Décr. 2 août 1858, art. 1), II, 481. — Les décrets portant nomination ou révocation du recteur sont rendus, sur la proposition collective du prince chargé du ministère de l'Algérie et des colonies, et du Ministre de l'instruction publique, qui les contresigne. (Id., art. 2), II, 481. — Les arrêtés portant nomination, mise en disponibilité ou révocation des inspecteurs d'Académie, sont pris par le prince chargé du ministère de l'Algérie, après avis du Ministre de l'instruction publique. (Id., ib.), II, 481. — L'arrêté du chef du pouvoir exécutif, du 16 août 1848, est abrogé. (Id., art. 4), II, 482. — Les préfets nomment directement, sur la présentation des divers chefs de service, en se conformant aux conditions d'aptitude déterminées par les règlements et les instructions ministérielles, aux emplois désignés au tableau A ci-annexé.... (31° et généralement aux emplois civils dont la nomination a été précédemment attribuée au gouverneur général ou aux préfets par la législation spéciale de l'Algérie). (Décr. 27 oct. 1858, art. 10), II, 482. — Sont expressément réservées à la décision du pouvoir central toutes les matières qui intéressent à la fois deux provinces, et tous les objets d'administration générale ou communale. (Id., art. 12), II, 482.

L'instruction publique en Algérie rentre dans les attributions du département ministériel auquel elle ressortit en France ; toutefois, les écoles françaises-arabes et les écoles indigènes restent dans les attributions exclusives du gouverneur général. (Décr. 10 déc. 1860), II, 488.

Le titre de sous-inspecteur primaire est supprimé en Algérie. Il est créé trois emplois d'inspecteurs divisés en trois classes : 4,000, 3,500 et 3,000 fr. (Arr. 8 mai 1860, art. 1 et 2). — Il est créé un emploi d'inspectrice des salles d'asile en Algérie. (Arr. 11 juin 1860, art. 1), II, 481.

Chaque département est administré par un préfet qui exerce, sous l'autorité supérieure du gouverneur général civil, les attributions conférées aux préfets des départements de la République. (Décr. 27 oct. 1870, art. 7), II, 738, note.

Le gouverneur général aura, sous ses ordres, les commandants des forces de terre et de mer, le directeur général des affaires civiles et financières, et en général tous les services administratifs concernant les Européens et les indigènes. (Arr. 29 mars 1871), II, 738, note. — Cf. Arr. 6 mai 1871, ibid.

ÉCOLES MUSULMANES ÉLÉMENTAIRES. — Il est établi dans chacune des villes d'Alger, Constantine, Bone, Oran, Blidah, Mostaganem, une école primaire pour le double enseignement de l'arabe et du français aux enfants musulmans. L'établissement de ces écoles sera étendu successivement aux villes où l'utilité publique en sera reconnue par le gouverneur général, sur la proposition du préfet. (Décr. 14 juill. 1850, art. 1), II, 156. — L'enseignement comprend : la lecture et l'écriture de l'arabe; les éléments de la langue française, la lecture et l'écriture du français; les éléments du calcul et le système légal des poids et mesures. (Id., art. 2), II, 157. — Le personnel de chaque école se compose d'un directeur français et d'un maître adjoint musulman choisi parmi les Tolbas. (Id., art. 3), II, 157. — Les directeurs et les maîtres adjoints sont nommés par le gouverneur général, sur la proposition du préfet. Ils peuvent être suspendus par le préfet; ils sont révoqués par le gouverneur général. (Id., art. 4), II, 157. — Nul ne peut être nommé directeur, s'il n'est pourvu du brevet de capacité exigé pour les instituteurs primaires, et d'un certificat d'aptitude pour l'enseignement de la langue arabe, délivré par le jury d'examen des interprètes militaires. Les maîtres adjoints sont présentés par le préfet, le mufti ou le cadi consulté. (Id., art. 5), II, 157. — Les écoles primaires de garçons sont placées sous la surveillance d'un comité local institué dans chaque ville et composé : du maire ou du juge de paix dans les villes où les municipalités ne sont pas instituées; du mufti ou du cadi et d'un fonctionnaire désignés par le préfet. (Id., art. 16), II, 158.

Il est établi une école primaire de jeunes filles musulmanes dans les villes d'Alger, Constantine, Oran et Bone. Cette institution sera successivement étendue aux villes où l'utilité publique en sera reconnue par le gouverneur général, sur la proposition du préfet. (Décr. 14 juill. 1850, art. 7), II, 157. — L'instruction comprend : 1° la lecture et l'écriture de l'arabe ; 2° la lecture et l'écriture du français, les éléments de la langue française et les éléments du calcul ; 3° les travaux à l'aiguille. (Id., art. 8), II, 157. — Le personnel de chaque école se compose d'une directrice française et d'une sous-maîtresse musulmane. (Id., art. 9), II, 157. — La nomination, la suspension et la révocation des directrices et des sous-maîtresses sont prononcées par le gouverneur général, sur la proposition du préfet. Le brevet et le certificat d'aptitude pour l'enseignement de la langue arabe sont exigés. (Id., art. 10), II, 157. — V. art. 4 et 5 Id., Ibid. — Les écoles de filles sont surveillées et inspectées par des dames inspectrices désignées par le préfet. (Id., art. 18), II, 158.

L'instruction est gratuite. (Décr. 14 juill. 1850, art. 2 et 8), II, 157.

Les directeurs reçoivent un traitement fixe de 1,200 fr., et les maîtres adjoints de 600 fr. Il leur est, en outre, alloué : 1° une gratification annuelle dont le chiffre, déterminé par le gouverneur général, ne peut jamais s'élever au-dessus de la moitié du traitement fixe ; 2° une rétribution mensuelle de 1 fr. par élève et répartie, savoir : les deux tiers au directeur et le tiers aux maîtres adjoints. (Décr. 14 juill. 1850, art. 6), II, 157. — Les directrices reçoivent un traitement fixe de 1,000 fr., et les sous-maîtresses un traitement fixe de 500 fr.; les dispositions des deux derniers paragraphes de l'art. 6 leur sont applicables. (Id., art. 11), II, 157.

ÉCOLES MUSULMANES D'ADULTES. — Un enseignement français pour les adultes indigènes est établi dans les villes d'Alger, Oran et Constantine. (Décr. 14 juillet 1850, art. 12), II, 157. — Une indemnité de 600 à 1,000 fr. est allouée au professeur ou au maître. (Id., art. 13), II, 158. — L'enseignement comprend les éléments de la langue française, du calcul, de l'histoire et de la géographie. Les cours ont lieu trois fois au moins par semaine. (Id., art. 14), II, 158. — Des gratifications peuvent être accordées, par le préfet, aux élèves qui se feront remarquer par leur assiduité, leur application et leurs progrès. (Id., article 15), II, 158.

ÉCOLES MUSULMANES SUPÉRIEURES. — Il est institué aux frais de l'État, dans chacune des villes de Médéah, Tlemcen et Constantine, une école supérieure (medressa), pour former des candidats aux emplois dépendant des services du culte, de la justice, de l'instruction publique indigène et des bureaux arabes. (Décr. 30 sept. 1850, art. 3), II, 176. — L'enseignement des écoles supérieures est gratuit et comprend : un cours de grammaire et de littérature, un cours de droit et de jurisprudence, un cours de théologie. (Id., art. 4), II, 177. — Le personnel de chaque école se compose de : un directeur chargé en même temps de faire un des trois cours, auquel il sera alloué un traitement annuel de 2,000 fr., deux professeurs au traitement de 1,500 fr., un ouakaf (homme de peine) au traitement de 600 fr. (Id., art. 5), II, 177. — Les directeurs et professeurs des écoles supérieures musulmanes sont nommés par le Ministre de la guerre, sur la proposition du gouverneur général de l'Algérie. L'ouakaf est nommé par le général commandant la division, sur la désignation du directeur de l'école. (Id., art. 6), II, 177. — Chaque école supérieure sera installée auprès d'une des mosquées auxquelles étaient attenantes des medressa. Une subvention de 100 fr. par an sera accordée aux dix élèves les plus méritants de chaque école ; il leur sera également donné un logement dans l'établissement, si les dispositions du local le permettent. (Id., art. 7), II, 177. — Les écoles supérieures sont placées sous la surveillance des officiers généraux commandant les provinces. Cette surveillance s'exerce par l'intermédiaire des bureaux arabes. (Id., art. 8), II, 177. — Les écoles supérieures sont inspectées, chaque année, par un des officiers français attachés aux affaires arabes, et par un des professeurs aux chaires publiques d'arabe désignés par le gouverneur général de l'Algérie. (Id., art. 9), II, 177. — Les dépenses résultant de la création des écoles supérieures musulmanes sont à la charge du budget de la guerre. (Id., art. 10), II, 177.

EXAMENS, RÈGLEMENTS, SURVEILLANCE, BUDGET DES ÉCOLES MUSULMANES. — Il est institué par le gouverneur général, dans le chef-lieu de chaque province, un jury d'examen chargé de délivrer aux jeunes indigènes des brevets constatant leur aptitude. (Décr. 14 juillet 1850, art. 20), II, 158. — Les brevets sont de trois degrés : le brevet de troisième degré est accordé au candidat sachant parler français ; le brevet de deuxième degré, à celui qui sait lire et écrire le français ; le brevet de premier degré, à celui qui possède les éléments de la langue française, du calcul, de l'histoire et de la géographie. (Id., art. 21), II, 158. — Les emplois auxquels peuvent prétendre les indigènes sont donnés de préférence aux candidats pourvus du brevet du degré le plus élevé. (Id., art. 22), II, 158.

Un règlement ministériel déterminera : 1° le choix des livres destinés à l'enseignement ; 2° l'âge d'admission des élèves et l'âge de sortie. (Id., art. 23), II, 158. — Des arrêtés préfectoraux détermineront les heures d'ouverture et de clôture des classes, le montant des gratifications à accorder conformément à l'article 15, et généralement ce qui tient au régime intérieur et à la discipline des écoles. (Id., art. 24), II, 159.

Les écoles primaires de filles et de garçons et les écoles d'adultes sont placées sous l'autorité du préfet. Tous les trois mois, le préfet adresse au gouverneur général un rapport sur la situation de ces divers établissements. Ce rapport est transmis au Ministre de la guerre. (Décr. 15 juill. 1850, art. 19), II, 158. — Les écoles primaires et les écoles d'adultes sont inspectées par un fonctionnaire ou un officier français, choisi, pour chaque localité, par le préfet, et assisté d'un fonctionnaire indigène. (Id., art. 17), II, 158. — Les attributions conférées au préfet par le présent décret sont exercées en territoire militaire par le général commandant la division. (Id., art. 26), II, 159. — L'instruction primaire et l'instruction secondaire données dans les écoles musulmanes sont placées sous la haute surveillance du gouverneur général, qui s'exercera par l'intermédiaire des préfets dans les territoires civils, et dans les territoires militaires par les généraux commandant les divisions. Il n'est apporté aucune modification aux conditions d'existence et au mode d'instruction actuellement en usage. (Décr. 30 sept. 1850, art. 1), II, 177.

Toutes les dépenses relatives au personnel et au matériel sont mises à la charge du budget départemental, et pour les localités situées en dehors des départements, à la charge du budget local et municipal. (Décr. 14 juill. 1850, art. 25), II, 159. — Un fonds annuel, inscrit au budget de l'État, sera affecté à accorder des gratifications aux instituteurs qui se seront fait remarquer, et aux élèves les plus méritants. Le gouverneur général de l'Algérie arrêtera la répartition de ces fonds sur les propositions qui lui seront faites par les généraux commandant les divisions et par les préfets ; il en rendra compte au Ministre de la guerre. (Décr. 30 sept. 1850, art. 2), II, 177.

Écoles françaises. — A partir du 1er janvier 1854, le traitement des instituteurs et des institutrices publics établis dans les localités de l'Algérie non érigées en communes, est fixé ainsi qu'il suit : instituteurs, 1,200 fr.; institutrices, 1,000 fr.; ils cumuleront avec ce traitement le produit de la rétribution scolaire, fixée à 2 fr. par élève et par mois. Cette rétribution sera perçue directement par les ayants droit. Pour les écoles gratuites tenues par des personnes appartenant à des congrégations religieuses, les traitements des frères et sœurs chargés de l'enseignement seront fixés par des traités spéciaux passés avec les supérieurs des communautés et approuvés par le Ministre de la guerre. (Arr. 30 déc. 1853, art. 1 et 3), II, 336. — Dans les localités érigées en communes, le traitement des instituteurs et des institutrices est fixé par le conseil municipal, sauf approbation de l'autorité supérieure. Ce traitement est exclusivement à la charge du budget communal. (Id., art. 4), II, 337.

A la fin de chaque année, le préfet pour le territoire civil, et le commandant de la division pour le territoire militaire, fixent, sur l'avis de l'inspecteur primaire, le nombre maximum des enfants qui pourront être admis gratuitement dans chaque école publique, d'après la désignation faite par le maire, de concert avec les ministres des différents cultes. (Arr. 30 déc. 1853, art. 2), II, 337.

Ont droit au passage, aux frais du Ministère, sur les paquebots de l'Algérie, les fonctionnaires se rendant à leur poste ou en mission, ainsi que leur famille, les instituteurs et les institutrices. (Arr. 8 mars 1862, art. 1 et 2), II, 500.

APPEL.

Tout instituteur frappé d'interdiction par le tribunal civil, pourra interjeter appel. L'appel n'est pas suspensif. L'affaire sera instruite comme en police correctionnelle. (Prop. loi 17 nov. 1832, art. 12), I, 225.

Tout instituteur interdit de sa profession, à temps ou à toujours, par le tribunal civil, pourra former appel, dans le délai de dix jours, à compter du jour de la notification du jugement.

L'appel ne sera pas suspensif. Le tribunal entendra les parties et statuera sommairement en chambre du conseil. (Loi 28 juin 1833, art. 7), I, 238.

Les surveillants ou surveillantes de salles d'asile, dans le cas de retrait de l'autorisation par les comités, peuvent se pourvoir devant le Ministre en conseil royal. (Arr. 24 avr. 1838, art. 32), I, 521.

Tout instituteur communal suspendu ou révoqué de ses fonctions, en exécution de l'art. 23 *de la loi du* 29 *juin* 1833, *peut, dans le délai de huit jours, interjeter appel du jugement du conseil d'arrondissement devant le Conseil académique, et en dernier ressort devant le conseil de l'Université, dans le cas de révocation.* (Proj. loi 31 mars 1847, art. 22), I, 705.

Toute personne interdite devant le tribunal civil de l'arrondissement, pourra interjeter appel, dans le délai de dix jours, à partir de la notification du jugement; l'appel ne sera pas suspensif. (Proj. loi 1er juin 1848, art. 24), I, 20. — *L'instituteur condamné à la réprimande, avec privation d'une part de traitement ou à la révocation, a toujours droit de se pourvoir, dans le délai d'un mois, devant le Ministre, qui prononce en dernier ressort, en conseil de l'instruction publique. Le pourvoi n'est pas suspensif.* (Id., art. 43), II, 24.

Tout instituteur frappé par le tribunal civil d'admonition, de réprimande, d'interdiction temporaire ou perpétuelle, a droit d'appel. (Prop. loi 15 déc. 1848, art. 51), II, 52. — *Tout instituteur communal, suspendu ou révoqué de ses fonctions par le conseil d'arrondissement, peut, dans le délai de huit jours, appeler du jugement du comité d'arrondissement devant le Conseil académique, en dernier ressort, devant le conseil national de l'instruction publique, en cas de révocation.* (Id., art. 79), II, 59. — *Le jugement sera contradictoire, et le pourvoi devra être fait dans les huit jours, à partir de la notification.* (Id., art. 80), II, 60.

Le jugement des infractions commises dans l'enseignement privé, attribué aux tribunaux ordinaires, donne droit à appel devant la uridiction compétente. (Prop. loi 5 févr. 1849, art. 20), II, 71.

Tout instituteur libre, frappé d'interdiction absolue par le conseil départemental, peut faire appel au conseil supérieur de l'instruction publique, dans le délai de dix jours, à compter de la notification de la décision. L'appel n'est pas suspensif. (Loi 15 mars 1850, art. 30), II, 130. — Tout instituteur communal frappé d'interdiction absolue par le conseil départemental, peut faire appel au conseil supérieur dans le délai de dix jours. L'appel n'est pas suspensif. (Id., art. 33), II, 130.

Le conseil départemental peut frapper d'interdiction absolue une directrice de salle d'asile publique ou libre, dans les formes prescrites par les art. 20 et 33 de la loi du 15 mars 1850, sauf appel devant le conseil impérial. (Décr. 21 mars 1855, art. 24), II, 379.

Les décisions du conseil départemental, rendues dans les cas prévus par l'art. 28 de la loi du 15 mars 1850 (opposition à l'ouverture d'une école libre), peuvent être déférées par voie d'appel au conseil impérial de l'instruction publique; cet appel doit être interjeté dans le délai de dix jours, à compter de la notification de la décision. (Loi 10 avril 1867, art. 19), II, 609.

En matière contentieuse et disciplinaire, la décision du conseil départemental est notifiée dans les huit jours par les soins du préfet. Le préfet est tenu d'avertir les parties, s'il y a lieu, qu'elles ont le droit de se pourvoir. (Décr. 29 juill. 1850, art. 27), II, 168. — Le recours est reçu par l'inspecteur d'Académie; il en est donné récépissé. (Id., art. 28), II, 168. — En matière contentieuse ou disciplinaire, les affaires sont inscrites au secrétariat du conseil supérieur, d'après l'ordre de leur arrivée, sur un registre à ce destiné. Elles sont jugées suivant l'ordre de leur inscription et dans la plus prochaine session. Les rapports sont faits par écrit; ils sont déposés au secrétariat par les rapporteurs, la veille du jour fixé pour la délibération, avec le projet de décision et le dossier, pour être tenus à la disposition de chacun des membres du conseil. En matière disciplinaire, le rapporteur est tenu d'entendre l'inculpé dans ses explications, s'il est présent et s'il le demande. L'inculpé a également le droit d'être entendu par le conseil. (Id., art. 8), II, 164. — En cas de partage des voix, si la matière est contentieuse, il en sera délibéré de nouveau, et les membres qui n'auront pas assisté à la délibération seront spécialement convoqués. S'il y a de nouveau partage, en matière contentieuse, la voix du président est prépondérante; en matière disciplinaire, l'avis favorable à l'inculpé prévaut. (Id., art. 9), II, 164.

V. Recours, Peine correctionnelle.

APPRENTIS.

Conditions d'admission pour l'apprentissage : les apprentis, les patrons. — Les enfants ne peuvent être admis dans les manufactures, usines ou ateliers à moteurs mécaniques ou à feu continu, et dans toute fabrique occupant plus de vingt ouvriers réunis en atelier, que dans les conditions déterminées par la loi. (Loi 22 mars 1841, art. 1), I, 579. — Les enfants, pour être admis, doivent avoir au moins huit ans. (Id., art. 2), I, 580.

Nul ne peut recevoir des apprentis mineurs, s'il n'est âgé de vingt et un ans au moins. (Loi 22 fév. 1851, art. 4), II, 214. — Aucun maître, s'il est célibataire ou en état de veuvage, ne peut loger, comme apprenties, des jeunes filles mineures. (Id., art. 5), II, 214. — Sont incapables de recevoir des apprentis : les individus qui ont subi une condamnation pour crime, ceux qui ont été condamnés pour attentat aux mœurs, ceux qui ont été condamnés à plus de trois mois d'emprisonnement pour les délits prévus par les art. 388, 401, 405, 406, 407, 408, 423 du Code pénal. (Id., art. 6), II, 214. — L'incapacité peut être levée par le préfet, sur l'avis du maire, quand le condamné, après l'expiration de sa peine, aura résidé, pendant trois ans, dans la même commune. A Paris, les incapacités sont levées par le préfet de police. (Id., art. 7), II, 214.

Travail des ateliers. — De huit à douze ans, le travail effectif est de huit heures sur vingt-quatre, divisé par un repos ; de douze à seize, travail de douze heures sur vingt-quatre, divisé par des repos. Le travail ne peut avoir lieu que de cinq heures du matin à neuf heures du soir. L'âge des enfants est constaté par un certificat délivré sans frais. (Loi 22 mars 1841, art. 2), I, 580. — Tout travail entre cinq heures du soir et cinq heures du matin est considéré comme travail de nuit et interdit pour les enfants au-dessous de treize ans. En cas de nécessité, au-dessus de treize ans, les enfants pourront travailler la nuit en comptant trois heures pour deux. (Id., art. 3), I, 580. — Au-dessous de seize ans, les enfants ne pourront être employés les dimanches et jours de fêtes. (Id., art. 4), I, 580.

La durée du travail des apprentis, âgés de moins de quatorze ans, ne pourra dépasser dix heures par jour. Pour les apprentis âgés de quatorze à seize ans, elle ne pourra dépasser douze heures. Aucun travail de nuit ne peut être imposé aux apprentis âgés de moins de seize ans. Est considéré comme travail de nuit tout travail fait entre neuf heures du soir et cinq heures du matin. Les dimanches et jours de fêtes reconnues ou légales, les apprentis, dans aucun cas, ne peuvent être tenus, vis-à-vis de leur maître, à aucun travail de leur profession. Dans le cas où l'apprenti serait obligé, par suite des conventions ou conformément à l'usage, de ranger l'atelier aux jours ci-dessus marqués, ce travail ne pourra se prolonger au delà de dix heures du matin. Il ne pourra être dérogé aux dispositions contenues dans les trois premiers paragraphes du présent article que par un arrêté rendu par le préfet, sur l'avis du maire. (Loi 22 fév. 1851, art. 9), II, 215.

La surveillance sera exercée par des inspecteurs de l'État qui constateront les contraventions résultant soit de l'admission de l'enfant au-dessous de l'âge, soit de l'excès de travail; amendes au minimum de 200 fr., au maximum de 500 fr. (Loi 22 mars 1841, art. 10, 11, 12), I, 582.

Contrat d'apprentissage. — Le contrat d'apprentissage est celui par lequel un fabricant, un chef d'atelier ou un ouvrier s'oblige à enseigner la pratique de sa profession à une autre personne qui s'oblige, en retour, à travailler pour lui, le tout à des conditions et pendant un temps convenus. (Loi 22 févr. 1851, art. 1), II, 213. — Il est fait par acte public ou par acte sous seing privé. Il peut aussi être fait verbalement; mais la preuve testimoniale n'en est reçue que conformément au titre du Code civil : *Des contrats ou des obligations conventionnelles en général.* Les notaires, les secrétaires de conseils de prud'hommes et les greffiers de justice de paix peuvent recevoir l'acte d'apprentissage. Cet acte est soumis pour l'enregistrement au droit fixe d'un franc, lors même qu'il contiendrait des obligations de sommes ou valeurs mobilières ou des quittances. Les honoraires dus aux officiers publics sont fixés à 2 francs (Id., art. 2), II, 213. — L'acte d'apprentissage contiendra : 1° les nom, prénoms, âge, profession et domicile du maître; 2° les nom, prénoms, âge et domicile de l'apprenti; 3° les noms, prénoms, professions et domiciles de ses père et mère, de son tuteur ou de la personne autorisée par les parents, et, à leur défaut, par le juge de paix; 4° la date et la durée du contrat; 5° les conditions de logement, de nourriture, de prix, et toutes autres arrêtées entre les parties. Il devra être signé par le maître et par les représentants de l'apprenti. (Id., art. 3), II, 213. — Les deux premiers mois de l'apprentissage sont considérés comme un temps d'essai pendant lequel le contrat peut être annulé par la seule volonté de l'une des parties. Dans ce cas, aucune indemnité ne sera allouée à l'une ou à l'autre partie, à moins de conventions expresses. (Id., art. 14), II, 216.

Le maître doit se conduire envers l'apprenti en bon père de famille, surveiller sa conduite et ses mœurs, soit dans la maison, soit au dehors, et avertir ses parents ou leurs représentants des fautes graves qu'il pourrait commettre ou des penchants vicieux qu'il pourrait manifester. Il doit aussi les prévenir, sans retard, en cas de maladie, d'absence ou de tout fait de nature à motiver leur intervention. Il n'emploiera l'apprenti, sauf conventions contraires, qu'aux travaux et services qui se rattachent à l'exercice de sa profession. Il ne l'emploiera jamais à ceux qui seraient insalubres ou au-dessus de ses forces. (Id., art. 8), II, 214. — L'apprenti doit à son maître fidélité, obéissance et respect; il doit l'aider par son travail dans la mesure de son aptitude et de ses forces. Il est tenu de remplacer, à la fin de l'apprentissage, le temps qu'il n'a pu employer par suite de maladie ou d'absence ayant duré plus de quinze jours. (Id., art. 11), II, 215. — Le maître doit enseigner à l'apprenti, progressivement et complétement, l'art, le métier ou la profession spéciale qui fait l'objet du contrat. Il lui délivrera, à la fin de l'apprentissage, un congé d'acquit ou certificat constatant l'exécution du contrat. (Id., art. 12), II, 216. — Tout fabricant, chef d'atelier ou ouvrier, convaincu d'avoir détourné un apprenti de chez son maître pour l'employer en qualité d'apprenti ou d'ouvrier, pourra être passible de tout ou partie de l'indemnité à prononcer au profit du maître abandonné. (Id., art. 13), II, 216.

Le contrat d'apprentissage sera résolu de plein droit : 1° par la mort du maître ou de l'apprenti ; 2° si l'apprenti ou le maître est appelé au service militaire ; 3° si le maître ou l'apprenti vient à être frappé d'une des condamnations prévues en l'art. 6 de la présente loi ; 4° pour les filles mineures, dans le cas du décès de l'épouse du maître ou de toute autre femme de la famille qui dirigeait la maison à l'époque du contrat. (Id., art. 15) II, 216. — Le contrat peut être résolu sur la demande des parties ou de l'une d'elles : 1° dans le cas où l'une des parties manquerait aux stipulations du contrat ; 2° pour cause d'infraction grave ou habituelle aux prescriptions de la présente loi ; 3° dans le cas d'inconduite habituelle de la part de l'apprenti ; 4° si le maître transporte sa résidence dans une autre commune que celle qu'il habitait lors de la convention. Néanmoins, la demande en résolution de contrat, fondée sur ce motif, ne sera recevable que pendant trois mois, à compter du jour où le maître aura changé de résidence ; 5° si le maître ou l'apprenti encourait une condamnation emportant un emprisonnement de plus d'un mois ; 6° dans le cas où l'apprenti viendrait à contracter mariage. (Id., art. 16), II, 216.

Si le temps convenu pour la durée de l'apprentissage dépasse le maximum de la durée consacrée par les usages locaux, ce temps peut être réduit ou le contrat résolu. (Id., art. 17), II, 217. — Toute demande à fin d'exécution ou de résolution de contrat sera jugée par le conseil des prud'hommes dont le maître est justiciable, et, à défaut, par le juge de paix du canton. Les réclamations qui pourraient être dirigées contre les tiers, en vertu de l'art. 13 de la présente loi, seront portées devant le conseil des prud'hommes, ou devant le juge de paix du lieu de leur domicile. (Id., art. 18), II, 217. — Dans les divers cas de résolutions prévus, les indemnités ou les restitutions qui pourraient être dues à l'une ou à l'autre des parties, seront, à défaut de stipulations expresses, réglées par le conseil des prud'hommes, ou devant le juge de paix dans les cantons qui ne ressortissent point à la juridiction d'un conseil de prud'hommes. (Id., art. 19), II, 217. — Toute contravention aux art. 4, 5, 6, 9 et 10 de la présente loi, sera poursuivie devant le tribunal de police et punie d'une amende de 5 à 15 fr. Pour les contraventions aux art. 4, 5, 9 et 10, le tribunal de police pourra, dans le cas de récidive, prononcer, outre l'amende, un emprisonnement d'un à cinq jours. En cas de récidive, la contravention à l'art. 6 sera poursuivie devant les tribunaux correctionnels, et punie d'un emprisonnement de quinze jours à trois mois, sans préjudice d'une amende qui pourra s'élever de 50 à 300 fr. (Id., art. 20), II, 217. — Les dispositions de l'art. 463 du Code pénal sont applicables aux faits prévus par la présente loi. (Id., art. 21), II, 218.

Éducation des apprentis. — Nul enfant de moins de douze ans ne pourra être admis dans un atelier, qu'autant que ses parents justifieront qu'il fréquente une école; au-dessus de douze ans, il peut être dispensé, sur un certificat d'études primaires délivré par le maire. (Loi 22 mars 1841, art. 5), I, 581. — Les maires délivreront un livret portant les nom, prénoms, lieu de naissance, domicile de l'enfant, le temps pendant lequel il aura suivi l'instruction primaire. Les chefs d'établissement inscriront la date de l'entrée et celle de la sortie. (Id., art. 6), I, 581. — Des règlements d'administration publique devront assurer l'instruction primaire et l'enseignement religieux des enfants. (Id., art. 8), I, 582. — Si l'apprenti âgé de moins de seize ans ne sait pas lire, écrire et compter, ou s'il n'a pas encore terminé sa première éducation religieuse, le maître est tenu de lui laisser prendre, sur la journée de travail, le temps et la liberté nécessaires pour son instruction. Néanmoins, ce temps ne pourra pas excéder deux heures par jour. (Loi 22 févr. 1851, art. 10), II, 215.

Les écoles d'apprentis font partie des établissements d'instruction primaire dont la surveillance est confiée à l'État. (Prop. loi 15 déc. 1848, art. 1), II, 43.

Il peut être créé des écoles primaires communales pour les apprentis au-dessous de douze ans. Le conseil départemental désigne les instituteurs chargés de ces écoles. (Loi 15 mars 1850, art. 54), II, 138. — Les prescriptions relatives à l'ouverture des écoles sont applicables à l'ouverture des écoles d'apprentis. (Id., art. 55), II, 138. — Il sera inscrit, chaque année, au budget de l'État, un crédit pour encourager les auteurs de livres ou de méthodes utiles à la fondation des écoles dans les ateliers et les manufactures. (Id., art. 56), II, 137.

V. Adultes.

ARCHEVÊQUES OU ÉVÊQUES.

Les archevêques ou évêques, dans le cours de leur tournée, pourront prendre connaissance de l'état de l'enseignement religieux dans les écoles du culte catholique. S'ils assistaient au comité central, ils y prendaient la première place. (Ordonn. 29 févr. 1816, art. 40), I, 93. — Les pensionnats de jeunes filles peuvent être visités par les archevêques et évêques. (Instruct. 4 nov. 1820), I, 141. — Pour les écoles dotées soit par les communes, soit par des associations, l'autorisation d'exercer est accordée par un comité dont l'évêque est président et dont il nomme la moitié des membres. Pour les écoles non dotées, l'évêque accorde l'autorisation et peut la révoquer. Il surveille, en outre, et fait surveiller les écoles. (Ordonn. 8 avr. 1824, art. 8, 9 et 11), I, 150. — Les frères des Écoles chrétiennes peuvent être appelés par les évêques diocésains dans les communes qui feront les frais de leur établissement. (Id., art. 12), I, 150. — Il ne sera formé aucun établissement d'une congrégation religieuse de femmes déjà autorisée, si l'on ne fournit le consentement de l'évêque diocésain et l'avis du conseil municipal de la commune où l'établissement devra être formé. (Loi 24 mai 1825, art. 3), I, 154. — Pour jouir des avantages de l'existence légale, les congrégations doivent adresser au Ministre des affaires ecclésiastiques une demande en autorisation, accompagnée de leurs statuts revêtus de l'approbation de l'évêque diocésain. (Instruct. 17 juill. 1825, art. 2), I, 161. — Pour être admis à subir l'examen qui doit précéder la délivrance des brevets, l'aspirant devra présenter au recteur, outre le certificat de bonnes vie et mœurs, un certificat d'instruction religieuse, délivré par un délégué de l'évêque, ou, à son défaut, par le curé de la paroisse de l'aspirant. (Ordonn. 21 avr. 1828, art. 9), I, 168. — L'évêque pourra, toutes les fois qu'il le jugera convenable, visiter ou faire visiter les écoles primaires de son diocèse. (Id., art. 20), I, 170.

Le droit de visite des comités pour les écoles tenues par des institutrices appartenant à des congrégations religieuses est formellement reconnu par les articles 15 et 16 de l'ordonnance du 23 juin 1836 ; en fait, il convient que l'inspection soit faite par des délégués ecclésiastiques, là où il se rencontre des difficultés. (Av. Cons. 9 juin 1837, approuvé sous réserve), I, 470.

La commission chargée d'examiner les aspirants et les aspirantes au brevet de capacité comprend un curé ou chanoine du département désigné par l'évêque. (Prop. loi 15 déc. 1848, art. 76), II, 59.

Quatre archevêques ou évêques, élus par leurs collègues, font partie du conseil impérial de l'instruction publique. (Loi 15 mars 1850, art. 1), II, 121. — Le conseil supérieur se compose de cinq archevêques ou évêques. Ils sont nommés par l'empereur pour un an. (Décr. 9 mars 1852, art. 5), II, 275. —

Quatre archevêques ou évêques, élus par leurs collègues, sont membres du conseil supérieur, (Loi 25 mars 1873), art. 1), II, 722.

Un archevêque ou évêque, pris parmi les archevêques ou évêques de la circonscription, fait partie du Conseil académique. (Loi 14 juin 1854, art. 3), II, 353.

Le Conseil académique (départemental) comprend.... l'évêque ou son délégué. (Loi 15 mars 1850, art. 10), II, 123. — Cf. loi 14 juin 1854, art. 5), II, 343. — L'évêque désigne, en outre, un ecclésiastique pour faire partie du conseil départemental. (Id., ibid.), II, 343.

L'inspection des pensionnats de filles tenus par des associations religieuses, cloîtrées ou non cloîtrées, est faite, lorsqu'il y a lieu, par des ecclésiastiques nommés par le Ministre de l'instruction publique, sur la présentation de l'évêque diocésain. (Décr. 31 déc. 1853, art. 12), II, 340.

L'instruction religieuse est donnée, sous l'autorité de l'évêque, dans les salles d'asile catholiques. (Décr. 21 mars 1855, art. 3), II, 373.

V. Curé, Ministre du culte, Instruction religieuse.

ARITHMÉTIQUE.

L'arithmétique et ses applications sont comprises dans les matières de l'instruction primaire supérieure. (Prop. loi 15 déc. 1848, art. 12), II, 45.

L'arithmétique appliquée fait partie des matières facultatives de l'instruction primaire. (Loi 15 mars 1850, art. 23), II, 128. — Elle est comprise dans les matières facultatives de l'enseignement des Écoles normales. (Décr. 24 mars 1851, art. 1), II, 225. — Cf. Décr. 2 juill. 1866, art. 1, II, 588 ; arr. 3 juill. 1866, art. 7 II, 600.

V. Calcul.

ARPENTAGE.

L'arpentage est compris dans les matières d'enseignement de l'École normale. (Règl. 14 déc. 1832, art. 1), I, 229. — L'instruction primaire supérieure comprend l'arpentage. (Loi 28 juin 1833, art. 1), I, 236.

L'instruction primaire supérieure comprend l'arpentage. (Prop. loi 15 déc. 1848, art. 12), II, 45.

L'arpentage est au nombre des matières facultatives de l'instruction primaire. (Loi 15 mars 1850, art. 23), II, 128. — Il fait partie des matières facultatives de l'enseignement des Écoles normales. (Décr. 24 mars 1851, art. 1), II, 225. — Cf. Décr. 2 juill. 1866, art. 1, II, 588; arr. 3 juill. 1866, art. 1, II, 600.

ASILE (SALLE D').

OBJET DE L'INSTITUTION. — Les salles d'asile sont tout à la fois des établissements de charité et d'instruction. La loi du 28 juin ne leur est pas rigoureusement applicable. Des autorités spéciales doivent être instituées pour leur administration et leur surveillance. (Av. Cons. 13 mai 1836), I, 387. — Les salles d'asile ou écoles du premier âge sont des établissements charitables où les enfants des deux sexes peuvent être admis, jusqu'à l'âge de six ans accomplis, pour recevoir les soins de surveillance maternelle et de première éducation que leur âge réclame. (Ordonn. 22 déc. 1837, art. 1), I, 487. — Les salles d'asile, improprement qualifiées établissements charitables par l'ordonnance du 22 décembre 1837, sont des établissements d'instruction publique. Ces établissements porteront désormais le nom d'écoles maternelles. (Arr. 28 avr. 1848, art. 1), II, 9. — Les salles d'asile publiques ou libres sont des établissements d'éducation où les enfants des deux sexes, de deux ans à sept ans, reçoivent les soins que réclame leur développement moral et physique. (Décr. 21 mars 1855, art. 1), II, 372.

Les salles d'asile sont publiques ou privées. (Ordonn. 22 déc. 1837, art. 2), I, 487. — Les salles d'asile publiques sont celles que soutiennent en tout ou en partie les communes, les départements ou l'État. (Id., art. 3), I, 487. — Nulle salle d'asile ne sera considérée comme publique, qu'autant qu'un logement et un traitement convenables auront été assurés à la personne chargée de diriger l'établissement, soit par des fondations, dons ou legs, soit par des délibérations du conseil général ou du conseil municipal dûment approuvées. (Id., art. 4), I, 487.

Les établissements d'éducation pour le premier âge, appelés salles d'asile, font partie des établissements d'instruction primaire de tout ordre, publics ou privés, dont la surveillance est confiée à l'État. (Prop. loi 15 déc. 1848, art. 1), II, 45. — *Les salles d'asile sont publiques ou privées.* (Id., art. 4), II, 44.

Toute commune au-dessus de 2,000 âmes de population agglomérée sera tenue d'avoir une salle d'asile au moins. Les préfets pourront désigner parmi les communes au-dessous de 2,000 âmes de population agglomérée celles qui seront tenues d'ouvrir des asiles. Ils prendront préalablement l'avis du conseil municipal, du comité local, du comité d'arrondissement et du conseil général, selon qu'il faudra recourir aux fonds de la commune et à ceux du département. Le Ministre de l'instruction publique pourra faire les mêmes désignations, en prenant, en outre, l'avis du préfet, s'il faut recourir aux fonds de l'État. Toute commune au-dessous de 2,000 âmes de population agglomérée pourra établir des salles d'asile, si elle les entretient de ses propres ressources. Dans le cas où il serait nécessaire de recourir aux fonds du département, indépendamment de ceux de la commune, le préfet n'autorisera l'établissement de l'asile qu'après en avoir référé au conseil général. (Id., art. 5), II, 44. — *Les dépenses des asiles ne figureront au budget communal qu'après les dépenses des écoles primaires élémentaires et supérieures. Dans aucun cas, l'État n'entretiendra les asiles, mais il pourra les encourager et les soutenir par des subventions.* (Id., art. 95), II, 62.

Les salles d'asile sont publiques ou libres. Un décret du président de la République, rendu sur l'avis du conseil supérieur, déterminera tout ce qui se rapporte à la surveillance et à l'inspection de ces établissements, ainsi qu'aux conditions d'âge, d'aptitude, de moralité des personnes qui seront chargées de la direction et du service dans les salles d'asile publiques. (Loi 15 mars 1850, art. 57), II, 138.

Direction. — Les salles d'asile peuvent être dirigées par des hommes. Toutefois, une femme y est toujours préposée. (Ord. 22 déc. 1837, art. 5), I, 488. — Les directeurs et les directrices de salles d'asile prennent le nom de surveillants et de surveillantes. (Id., art. 6), I, 488. — Indépendamment du surveillant ou de la surveillante, il y aura toujours, quel que soit le nombre des enfants, une femme de service dans chaque salle d'asile. (Arr. 24 avr. 1838, art. 8), I, 515. — Lorsque le nombre des enfants s'élèvera au nombre de cent, il devra y avoir, outre la femme de service, au moins deux personnes préposées à la surveillance ; elles seront choisies et autorisées par le recteur de l'Académie, conformément aux règles établies par ladite ordonnance. (Id., art. 9), I, 515.

Les salles d'asile publiques ou libres seront à l'avenir exclusivement dirigées par des femmes. (Décr. 21 mars 1855, art. 19), II, 378. — Dans toute salle publique, qui reçoit plus de quatre-vingts enfants, la directrice est aidée par une sous-directrice. (Id., art. 25), II, 379.

Comités. — Il sera institué une commission supérieure des salles d'asile, chargée de rédiger les programmes et les règlements, de donner son avis sur les livres à employer, de préparer toutes les instructions propres à propager l'institution, à assurer l'uniformité des méthodes et à préparer des directrices. (Ordonn. 23 déc. 1837, art. 16), I, 490. — Elle est composée de dames faisant ou ayant fait partie de commissions d'examen et nommées par le Ministre. (Id., art. 17), I, 491.

Il sera statué par des règlements spéciaux, pour les asiles de chaque département, sur le détail de l'emploi de toutes les heures de la journée et sur la répartition des divers objets d'enseignement. Les recteurs recueilleront les programmes qui ont été suivis jusqu'à présent dans les asiles actuellement établis, et après avoir pris l'avis des comités d'arrondissement, ils adresseront leurs propositions au Ministre de l'instruction publique, pour être examinées en conseil royal. (Arr. 24 avr. 1838, art. 52), I, 522.

Les salles d'asile de l'enfance sont placées sous la protection de l'impératrice. (Décr. 16 mai 1854), II, 350.

Un comité central de patronage, placé sous les auspices de l'impératrice, est institué près le Ministre de l'instruction publique et des cultes, pour la propagation et la surveillance des salles d'asile en France. (Décr. 26 nov. 1854, art. 1), II, 351. — Le comité central de patronage donnera tous ses soins à la propagation des salles d'asile ; il veillera au maintien des bons procédés d'éducation et de premier enseignement dans ces établissements ; il proposera les mesures propres à améliorer le régime; il donnera son avis sur les livres ou objets qui pourront être utilement employés; il recueillera et distribuera les offrandes qui lui seront faites pour l'entretien des enfants pauvres admis dans les salles d'asile; il distribuera, dans le même but, la subvention qui sera mise chaque année à sa disposition, sur les fonds de l'État, par notre Ministre de l'instruction publique et des cultes. Il pourra être appelé à donner son avis sur les concessions de secours demandés à l'État pour l'établissement et l'entretien des salles d'asile, et recevra communication des rapports des inspecteurs et des déléguées générales. (Id., art. 2), II, 351. — Chaque année, le Ministre de l'instruction publique et des cultes présentera à l'impératrice un rapport du comité central de patronage, constatant la situation et les besoins des salles d'asile en France. (Id., art. 3), II, 351. — Le président de la commission d'examen des asiles du département de Seine fait partie du comité central de patronage. (Id., art. 5), II, 352. — Les inspectrices des salles d'asile et la directrice du cours pratique peuvent être appelées au sein du comité central pour y donner verbalement des explications et leur avis, soit sur des affaires dont l'examen leur aura été renvoyé, soit sur des questions d'intérêt général concernant les salles d'asile. (Id., art. 6), II, 352. — Le comité central de patronage déterminera, dans un règlement, sous l'approbation de l'impératrice, tout ce qui se rapporte aux procédés d'éducation et d'enseignement employés dans les salles d'asile publiques, ainsi qu'aux soins matériels qui doivent y être observés. (Id., art. 9), II, 374.

Indépendamment des autorités instituées pour la surveillance et l'inspection des écoles par les art. 18, 20, 42 et 44 de la loi du 15 mars 1850, il peut être établi, dans chaque commune où il existe des salles d'asile, et à Paris dans chaque arrondissement, un comité local de patronage nommé par le préfet. Ce comité local, dont le curé fait partie de droit, et qui est présidé par le maire, est composé de dames qui se partagent la protection des salles d'asile du ressort. (Décr. 21 mars 1855, art. 14), II, 376. — Le comité local de patronage est chargé de recueillir les offrandes de la charité publique en faveur des salles d'asile de son ressort, de veiller au bon emploi des fonds alloués à ces établissements par la commune, le département ou l'État, et au maintien des méthodes adoptées pour les salles d'asile publiques. Il délibère sur tous les objets qu'il juge dignes de fixer l'attention du comité central. Il se réunit au moins une fois par mois. (Id., art. 15), II, 377. — Le comité local de patronage arrête le règlement fixant l'emploi du temps pour chaque jour de la semaine. (Id., art. 28), II, 397.

Inspection. — Des dames inspectrices sont chargées de la visite habituelle et de l'inspection journalière des salles d'asile. Il y a une dame inspectrice par chaque établissement. Elles pourront se faire assister par des dames déléguées qu'elles choisiront. (Ordonn. 22 déc. 1837, art. 19), I, 491. — Elles sont nommées, sur la présentation du maire, président du comité local, par le préfet qui a seul le droit de révoquer. (Id., art. 20), I, 491. — Elles surveillent les salles d'asile en tout ce qui touche à l'hygiène, aux dispositions morales, à l'éducation religieuse, provoquent les retraits d'aptitude auprès des commissions d'examens, suspendent provisoirement, en avisant le maire qui, dans les vingt-quatre heures, avise lui-même le président du comité d'arrondissement, lequel maintient, abroge, limite la suspension. (Id., art. 21), I, 492. — Elles sont chargées de l'emploi immédiat de toutes les offrandes. (Id., art. 23), I, 492. — Elles adressent, au moins une fois par trimestre, leur rapport au comité local, et assistent, quand elles le jugent utile, aux séances. (Id., art. 24 et 25), I, 492. — Il pourra y avoir des dames inspectrices permanentes, rétribuées sur les fonds départementaux et communaux. Elles porteront le titre de déléguées spéciales pour les salles d'asile. Elles sont nommées par le recteur, sur la présentation des comités d'arrondissement, et à Paris, par le Ministre, sur la proposition du comité central. Elles pourront siéger dans les comités et les commissions avec voix délibérative. (Id., art. 26), I, 493. — Les dames inspectrices ou leurs déléguées exerceront continuellement une surveillance maternelle dans les salles d'asile ; elles étudieront les dispositions des enfants, elles dirigeront les surveillants et surveillantes dans l'exécution du plan d'éducation tracé par les règlements et les programmes. Les visites auront lieu à diverses heures de la journée, de manière à rendre la dame inspectrice témoin des exercices et des récréations ; elles auront notamment pour objet la santé des enfants et les secours immédiats à distribuer aux enfants pauvres de l'asile. (Arr. 24 avril 1838, art. 20), I, 517. — Les visites des déléguées spéciales auront pour principal objet, outre le rappel aux reglements qui appartient à toute personne investie de droit d'inspection : 1° le détail des dépenses, le bon emploi des fonds que le département ou la ville aura affectés au service des salles d'asile et généralement le régime économique; 2° la pratique des méthodes et des exercices adoptés conformément à l'ordonnance ; 3° la surveillance disciplinaire à l'égard des maîtres et maîtresses et de leurs aides. (Id., art. 24), I, 518. — La dame déléguée spéciale devra exercer ses fonctions habituellement sans mandat formel ; elle inspectera, suivant la nature et l'étendue de son titre, toutes les salles d'asile du département, de l'arrondissement ou de la commune; elle adressera ses rapports sur chaque asile au maire de la commune, et à Paris au préfet de la Seine, pour ce qui touche le régime économique ; aux comités locaux et d'arrondissement, pour tout ce qui concerne la discipline et les méthodes. Elle communiquera ses observations à la dame inspectrice sur tout ce qui intéresse la santé des enfants et les soins physiques et moraux qui doivent leur être donnés. (Id., art. 26), I, 518.

Il y aura près la commission supérieure une inspectrice permanente, rétribuée sur les fonds du Ministère, laquelle portera le titre de déléguée générale près les salles d'asile et sera nommée par le Ministre. Elle aura droit d'assister, avec voix délibérative, à toutes les séances de la commission supérieure et des autres commissions. (Ordonn. 22 déc. 1837, art. 27), I, 493. — Les fonctions de la dame inspectrice permanente, nommée déléguée générale pour les salles d'asile, s'exerceront, à l'égard de tous les asiles de France, d'après une mission, soit du président de la commission supérieure, soit du Ministre de l'instruction publique. Tous les asiles devront être ouverts à la déléguée générale ; elle ne pourra rien ordonner, ni rien prescrire ; mais elle examinera les divers établissements sous tous les rapports, se fera donner par les surveillants et par les diverses autorités préposés aux asiles, tous les renseignements nécessaires sur chacun de ces établissements, et s'assurera si les règlements sont exactement suivis ; elle recueillera ensuite les observations et adressera à la commission supérieure d'abord un rapport séparé sur chaque asile, et en définitive un rapport général sur tous les établissements que sa mission aura dû comprendre. Ces divers rapports seront l'objet des délibérations de la commission supérieure, et, s'il y a lieu, donneront naissance à des dispositions réglementaires soit pour un ou plusieurs asiles, soit pour tous les asiles du royaume. (Arr. 24 avr. 1838, art. 27), I, 519.

Les comités d'arrondissement exercent sur les salles d'asile la même surveillance que sur les écoles. (Arr. 24 avr. 1838, art. 18), I, 491. — Cf. art. 21, I, 492. — Les comités locaux exercent sur les salles d'asile la même surveillance que sur les écoles. (Id., art. 48), I, 491. — Cf. art. 21, I, 492.

Les salles d'asile sont spécialement soumises à la surveillance des inspecteurs et des sous-inspecteurs de l'instruction primaire. Les inspecteurs d'Académie devront les comprendre dans leurs tournées. (Arr. 24 avril 1848, art. 28), I, 493.

Toutes les fois que les asiles seront visités par quelqu'un des fonctionnaires dénommés au présent statut, les surveillants et surveillantes devront exhiber les registres de l'établissement et répondre avec la plus grande exactitude aux questions qui leur seront adressées. (Arr. 24 avr. 1838, art. 30), I, 520. — Les surveillants et surveillantes qui contreviendraient aux dispositions de l'article précédent pourront être punis pour cette contravention, conformément aux art. 21, §§ 2 et 3, et 22 de l'ordonnance. (Id., art. 31), I, 520.

Toute salle d'asile est placée sous la surveillance immédiate et journalière d'une dame inspectrice résidant dans la localité et sous la surveillance générale de toutes les autorités préposées à l'instruction primaire. Les dames inspectrices sont nommées par le comité d'arrondissement, sur l'avis du comité local; elles peuvent se faire seconder par des dames déléguées de leur choix. (Prop. loi 15 déc. 1848, art. 8), II, 44.

Le Ministre de l'instruction publique et des cultes peut, suivant les besoins du service, déléguer pour l'inspection des salles d'asile, dans chaque Académie, une dame rétribuée sur les fonds de l'État. Nulle ne peut être nommée déléguée spéciale, si elle n'est pourvue d'un certificat d'aptitude. Le recteur de l'Académie détermine l'ordre des tournées des dames déléguées spéciales, et en règle l'itinéraire. Il transmet au Ministre, avec son avis, les rapports généraux que les dames lui adressent. Le Ministre place ces rapports sous les yeux du comité central de patronage. Les déléguées spéciales correspondent directement avec les comités de patronage de leur circonscription, et envoient à chaque inspecteur d'Académie un rapport spécial sur les salles d'asile du département. (Décr. 21 mars 1855, art. 17), II, 377. — Il y a près du comité central de patronage des salles d'asile deux déléguées générales, rétribuées sur les fonds de l'État et nommées par le Ministre de l'instruction publique. Les déléguées générales sont envoyées par le Ministre de l'instruction publique partout où leur présence est jugée nécessaire ; elles s'entendent avec les déléguées spéciales, et provoquent, s'il y a lieu, les réunions des comités locaux de patronage ; elles rendent compte au Ministre et au comité central et ne décident rien par elles-mêmes. (Id., art. 18) II, 377.

COMMISSION DE RECRUTEMENT, ÉCOLE NORMALE, COURS PRATIQUE. — Il sera créé à Paris une commission provisoire chargée d'examiner et de choisir les personnes à qui pourra être confiée la direction des salles d'asile, composée de trois membres du comité central désigné par lui ; de trois dames charitables nommées par le Ministre ; d'un inspecteur primaire de la Seine, sous la présidence du préfet. (Arr. Cons. 13 mai 1836), I, 387. — Cette commission donnera son avis sur tout ce qui concerne l'administration, la surveillance et la discipline des salles d'asile. (Id.), I, 387. — Dans chaque arrondissement de Paris, il sera formé un comité spécial des salles d'asile, composé du maire président, du curé, du juge de paix, de trois dames inspectrices. Un inspecteur primaire de la Seine aura droit d'assister aux réunions. (Id.), I, 388.

Il est institué près l'Académie de Paris une école maternelle normale pour l'instruction des fonctionnaires des écoles maternelles en remplacement de la maison provisoire établie à Paris, rue Neuve-Saint-Paul. (Arr. 28 avr. 1848, art. 2), II, 9. — Les fonctionnaires de l'École normale seront : une directrice des études, une maîtresse de musique, une maîtresse de dessin, une économe. (Id., art. 7), II, 9.

L'École normale, créée par arrêté du Ministre de l'instruction publique, en date du 28 avr. 1848, a pour but de former des surveillantes de salles d'asile selon l'esprit et la méthode de ces institutions. (Arr. 23 avr. 1849, art. 1), II, 77.

Une commission est instituée pour veiller à la direction de l'École normale. (Arr. 7 sept. 1848). — Elle est spécialement chargée de la surveillance pour tout ce qui regarde l'administration, l'enseignement et la discipline. (Arr. 23 avr. 1849 art. 13), II, 79. — Elle propose les mesures qu'elle juge utiles, elle donne son avis sur tout ce qui a rapport à l'admission ou à l'exclusion des élèves. (Id., art. 15), II, 79. — La directrice assiste aux séances avec voix délibérative, hors le cas où il s'agit de statuer sur des questions intéressant sa personne ou sa gestion. (Id., art. 14), II, 80.

La commission dresse chaque année le budget et contrôle la comptabilité. (Arr. 23 avr. 1849, art. 16), II, 80. — Elle fait, au moins deux fois pendant la durée de chaque cours, la visite de l'école, examine les élèves et tient note de leur degré d'instruction. (Id., art. 17), II, 80. — A la fin de chaque cours, la directrice adresse à la commission de surveillance un rapport. Un double de ce rapport est transmis au Ministre par le président, avec les observations que celle-ci a jugé à propos d'y joindre. (Id., art. 18), II, 80.

L'école reçoit des élèves âgés de vingt ans au moins et de quarante au plus. (Arr. 28 avr. 1848, art. 3), II, 80. — Il sera admis à l'école maternelle des pensionnaires. (Id., art. 8), II, 10. — Il sera admis à l'École normale des élèves pensionnaires et des élèves externes âgées de quarante ans au plus et de vingt-quatre ans au moins, sauf le cas d'exception prévu par l'art. 7 de l'ordonn. du 22 déc. 1837. Le nombre des élèves, tant externes que pensionnaires, est fixé à trente au plus. (Arr. 23 avr. 1849, art. 7), II, 78.

Les cours sont gratuits; seulement, pour les élèves pensionnaires, le prix de la pension est fixé à 60 fr. par mois. (Arr. 23 avr. 1849, art. 8), II, 78. — Il sera accordé tous les ans, par le Ministre de l'instruction publique, un certain nombre de bourses pour les aspirantes qui auront été jugées dignes de cette faveur par la commission de surveillance. (Id., art. 9), II, 79.

Pour être admises à l'École normale, les aspirantes devront présenter : 1° l'acte de naissance; 2° l'acte de mariage et l'autorisation du mari, si elles sont mariées; 3° l'acte de décès du mari, si elles sont veuves; 4° un certificat de moralité, délivré par le maire de la commune, et, à Paris, de l'arrondissement, ou par le maire de chacune des communes ou de chacun des arrondissements que l'aspirante aura habités dans le cours des trois dernières années. Le dernier certificat ne pourra avoir plus d'un mois de date. Le certificat de moralité sera délivré suivant les formes prescrites par l'art. 4 de la loi du

28 juin 1833; 5° un certificat de vaccine. (Arr. 23 avr. 1849, art. 10), II, 79. — Les aspirantes devront, en outre, subir, devant la commission d'examen établie pour les salles d'asile, un examen préalable constatant que leur éducation première et leurs connaissances acquises leur permettent de suivre les cours de l'École normale. Un programme particulier déterminera les matières de cet examen. (Id., art. 11), II, 79. — Les surveillantes et adjointes déjà en fonctions, et pourvues du certificat d'aptitude, pourront être admises à suivre les cours de l'École normale, sans être obligées de subir l'examen d'admission. (Id., art. 12), II, 79.

Il se fera tous les ans, à l'École normale, des cours d'études, chacun de quatre mois, y compris les examens. (Arr. 28 avr. 1848, art. 4), II, 9. — Ces études auront pour objet de compléter l'instruction élémentaire des élèves, et principalement de leur apprendre à diriger les écoles maternelles dans l'esprit de la République. (Id., art. 5), II, 9.

Il y aura chaque année, à l'École normale établie rue Neuve-Saint-Paul, à Paris, deux cours préparatoires aux examens des aspirantes à la direction des salles d'asile. Ces cours seront distribués de la manière suivante : 1er cours, janvier, février, mars, avril; 2e cours, août, septembre, octobre. (Arr. 5 avr. 1850, art. 1), II, 147.

L'examen pour l'admission des aspirantes à l'École normale aura lieu dans la session de la commission d'examen qui précédera l'ouverture du cours auquel elles demanderont d'être admises. (Arr. 5 avr. 1850, art. 2), II, 147. — L'inscription des aspirantes à l'École normale, soit comme boursières, soit comme externes, sera faite au chef-lieu de l'Académie. Le dépôt des pièces prescrites aura lieu entre les mains du recteur, qui est et demeure chargé de donner les avis nécessaires. (Id., art. 3), II, 147. — L'examen d'admission à l'École normale se compose d'épreuves écrites et d'épreuves orales. Les épreuves écrites comprennent : 1° un examen d'écriture; 2° une dictée d'orthographe usuelle; 3° la pratique des quatre opérations fondamentales de l'arithmétique. Les épreuves orales porteront sur l'histoire sainte, le catéchisme, la lecture. Ces épreuves ne doivent avoir pour but que de constater le degré d'aptitude et d'intelligence des aspirantes à l'école, une instruction complète et spéciale devant leur être donnée dans l'établissement. (Id., art. 4), II, 147.

L'enseignement se divise en exercices pratiques et en leçons théoriques. (Arr. 23 avr. 1849, art. 2), II, 77. — Les exercices pratiques auront pour objet de familiariser les élèves surveillantes avec les procédés suivis dans les salles d'asile, et tels qu'ils sont pratiqués dans les salles d'asile les mieux dirigées. Ces exercices auront lieu dans une salle d'asile spéciale dite *école pratique*, annexée à l'École normale et destinée à recevoir des enfants de l'un et de l'autre sexe, dont le nombre sera fixé par la commission de surveillance. (Id., art. 3), II, 77. — Les leçons théoriques auront pour objet : 1° l'instruction morale et religieuse ; 2° l'exposé des procédés qui doivent être suivis dans les salles d'asile ; 3° l'enseignement des notions scolaires applicables aux salles d'asile ; 4° le chant élémentaire ; 5° les éléments du dessin linéaire applicables aux objets les plus usuels ; 6° la connaissance des dispositions réglementaires qui concernent les salles d'asile. (Id., art. 4), II, 78. — La durée de chaque cours sera de quatre mois, y compris le temps des examens. Il y aura deux cours par an. L'ouverture de ces cours sera calculée de manière que les époques des examens de sortie coïncident avec les époques de réunion de la commission d'examen. (Id., art. 6), II, 78.

Une école maternelle sera annexée à l'École normale, et les élèves s'y exerceront sous la surveillance de la directrice ; elles compléteront leur éducation en assistant aux exercices de l'école maternelle modèle de Paris. (Arr. 5 avr. 1850, art. 6), II, 147.

L'École normale des salles d'asile prendra, à l'avenir, le titre de Cours pratique des salles d'asile. (Arr. 3 fév. 1852), II, 268.

Il y a, à Paris, un cours pratique avec pensionnat, destiné : 1° à former, pour Paris et les départements, des directrices ou des sous-directrices de salles d'asile ; 2° à conserver les principes de la méthode établie ; 3° à expérimenter les nouveaux procédés d'éducation et de premier enseignement dont l'essai serait recommandé par le comité central de patronage. (Décr. 21 mars 1855, art. 8), II, 374, note.

Les aspirantes aux bourses entretenues par l'État au cours pratique des salles d'asile seront tenues, avant de pouvoir être appelées à Paris pour y subir l'examen déterminé par l'art. 4 de l'arrêté du 5 avril 1850, de se soumettre, dans leurs départements respectifs, à un examen préliminaire sur les matières et dans les formes fixées par le présent arrêté. (Arr. 31 mars 1859, art. 1), II, 477. — Avant d'admettre les aspirantes audit examen, l'inspecteur d'Académie réclamera des maires et des curés des communes qui auront été habitées par chacune d'elles, des renseignements très-précis sur leurs antécédents et sur l'aptitude spéciale dont elles auront déjà pu faire preuve. (Id., art. 2), II, 477. — L'examen se fera au chef-lieu d'arrondissement, par l'inspecteur primaire, en présence du curé. (Id., art. 3), II, 477. — L'examen, outre l'épreuve de la lecture, se composera des épreuves suivantes : 1° réponses écrites à quatre questions prises dans les différents chapitres du catéchisme du diocèse; 2° réponses écrites à quatre questions d'histoire sainte, depuis la création du monde jusqu'aux premiers rois. Chacune de ces réponses devra donner lieu à un développement de deux ou trois lignes au plus; 3° une dictée de vingt lignes environ, empruntée à un livre très-simplement écrit. Les aspirantes seront prévenues que cette dictée sera tout à la fois une épreuve d'orthographe et une épreuve d'écriture; 4° une épreuve de calcul, consistant en opérations sans énoncé de problème, et comprenant, au moins, une multiplication d'un nombre de plusieurs chiffres avec décimales par un nombre de plusieurs chiffres. On s'assurera que l'aspirante a la voix juste. (Id., art. 4), II, 478. — Les renseignements sur les aspirantes, fournis par les maires et par les curés, les compositions écrites et le procès-verbal de l'examen, seront adressés au Ministre pour être transmis à la commission de surveillance qui prononcera. (Id., art. 6), II, 478.

Conditions d'exercice. — A l'avenir, nul ne pourra être surveillant ou surveillante de salle d'asile avant vingt-quatre ans accomplis, sauf les femme, fille, fils, frère ou neveu du surveillant ou de la surveillante, lesquels pourront être employés, sous son autorité, à l'âge de dix-huit ans. Toute autre exception exige l'autorisation du recteur. (Ordonn. 22 déc. 1837, art. 7), I, 488. — Tout candidat doit présenter, outre les justifications de son âge : 1° un certificat d'aptitude; 2° un certificat de moralité; 3° une autorisation. (Id., art. 8), I, 489. — Les dispositions des art. 5, 6 7 de la loi du 28 juin 1833, sont applicables aux salles d'asile. (Id., art. 6), I, 488. — Les surveillants et surveillantes à qui le brevet d'aptitude ou l'autorisation auront été retirés par les comités locaux ou les comités d'arrondissement, pourront se pourvoir devant le Ministre en conseil royal. (Arr. 24 avr. 1838, art. 32), I, 521.

Les surveillantes religieuses des salles d'asile ne pourront être autorisées à exercer qu'après avoir obtenu le certificat d'aptitude. (Instruct. 5 juin 1848), I, 397, note. — Les instructions du 5 juin 1848 sont abrogées. (Instruct. 25 janv. 1849) I, 400, note.

Les directrices de salles d'asile doivent être âgées de vingt-un ans au moins, si elles sont mariées; de vingt-quatre, si elles ne le sont pas. Les adjointes doivent être âgées de dix-huit ans au moins, sauf les cas d'exception en faveur des filles, sœurs et nièces des directrices, lesquelles pourront être employées dès l'âge de seize ans. — Dans les communes au-dessus de 600 âmes de population agglomérée, les directrices et les adjointes devront être munies d'un certificat de moralité et d'un brevet de capacité dans les formes prescrites par les art. 56, 76 et 77 de la présente loi. Dans les autres communes, l'autorisation du comité d'arrondissement pourra, sauf l'approbation du recteur, dispenser du brevet de capacité. (Prop. loi 15 déc. 1848, art. 6), II, 44.

Nulle ne peut diriger une salle d'asile publique ou libre avant l'âge de vingt-quatre ans accomplis, et si elle ne justifie d'un certificat d'aptitude. Les lettres d'obédience délivrées par les supérieures des communautés religieuses tiennent lieu de certificat d'aptitude. Peuvent, toutefois, être admises à diriger provisoirement, dès l'âge de vingt-un ans, une salle d'asile publique ou libre qui ne reçoit pas plus de 30 à 40 enfants, les sous-directrices pourvues du certificat de stage mentionné en l'art. 31 du présent décret, et les membres de communautés religieuses pourvues d'une lettre d'obédience. (Décr. 21 mars 1855, art. 20), II, 378. — Sur la déclaration de la directrice d'une salle d'asile modèle, visée par le comité de patronage, l'inspecteur d'Académie délivre aux postulantes qui ont suivi les exercices de cette salle d'asile, pendant deux mois au moins, le certificat de stage mentionné à l'art. 26 du présent décret. A Paris, le certificat de stage est délivré par le vice-recteur de l'Académie, soit sur l'attestation de la directrice d'une salle d'asile modèle, comme il est dit ci-dessus, soit sur l'attestation de la directrice du cours pratique, certifiée par la commission de surveillance de cet établissement. (Id., art. 31), II, 381.

Nulle ne peut être nommée sous-directrice dans une salle d'asile publique avant l'âge de vingt ans, et si elle n'est pourvue d'un certificat de stage delivré ainsi qu'il est dit à l'art. 31 du présent décret. (Décr. 21 mars 1855, art. 26) II, 379.

Sont incapables de tenir une salle d'asile publique ou libre les personnes qui se trouvent dans les cas prévus par l'art. 26 de la loi du 15 mars 1850. (Id., art. 21), II, 378.

Lorsque l'aspirante appartiendra à une communauté religieuse, elle devra présenter un certificat délivré par la supérieure générale, et attestant qu'elle a justifié, devant l'autorité dont elle relève, des connaissances que suppose l'examen dont les matières sont déterminées ci-dessus. (Arr. 31 mars 1859, art. 5), II, 478.

Examen du certificat d'aptitude. — Le certificat d'aptitude à la direction des salles d'asile est délivré, conformément aux dispositions de la loi du 28 juin 1833, après les épreuves soutenues devant les commissions d'examen spéciales. (Ordonn. 22 déc. 1837, art. 9), I, 489. — Il y aura, dans chaque département, une ou plusieurs commissions de mères de famille chargées d'exercer, en ce qui touche l'examen des candidats aux fonctions de surveillants ou de surveillantes d'asile, les attributions conférées par l'art. 25 de la loi du 28 juin 1833 aux commissions d'instruction primaire. Ces commissions délivreront les certificats d'aptitude. (Id., art. 13), I, 490. — Elles sont prises parmi les dames inspectrices et nommées par le préfet. Leur nombre ne peut être moindre de cinq. (Id., art. 4), I, 490. — Elles sont placées sous la présidence d'un membre du Conseil académique ou de la commission d'examen pour l'instruction primaire nommée par le recteur. (Id.), I, 490. — Elles se réunissent à des époques déterminées par le recteur qui donne les programmes d'examen. (Id., art. 15), I, 490. — Elles doivent s'assurer, par une enquête préalable, de la conduite irréprochable et des principes moraux et religieux des aspirants et aspirantes. (Arr. 6. févr. 1838, art. 1), I, 500.

Les candidats au certificat d'aptitude pour l'emploi de surveillant et de surveillante de salles d'asile ne peuvent se représenter devant une commission d'examen qu'après un délai de trois mois. (Arr. Cons. 8 juin 1838, art. 2), I, 527. — Les aspirants aux fonctions de surveillants et de surveillantes des salles d'asile inscrivent leurs noms, prénoms, etc. sur un registre spécial, et signent le certificat d'aptitude; le président ne délivre le certificat qu'après avoir constaté l'identité. (Arr. Cons. 10 juill. 1838, art. 1 à 3), I, 528.

Il y a, dans chaque département, une commission d'examen chargée de constater l'aptitude des personnes qui aspirent à diriger les salles d'asile. La commission tient une ou deux sessions par an. Les membres de la commission d'examen sont nommés pour trois ans par le préfet, sur la proposition du conseil départemental de l'instruction publique. La commission d'examen se compose : de l'inspecteur d'Académie, président; d'un ministre du culte professé par la postulante; d'un membre de l'enseignement public ou libre; de deux dames patronnesses des asiles; d'un inspecteur de l'instruction primaire faisant fonctions de secrétaire. A Paris, la commission est nommée, sur la proposition du préfet, par le Ministre de l'instruction publique, qui fixe le nombre des membres dont elle doit être composée. (Décr. 21 mars 1855, art. 27), II, 379.

Nulle n'est admise devant une commission d'examen avant l'âge de vingt et un ans, et si elle n'a déposé entre les mains de l'inspecteur d'Académie, un mois avant l'ouverture de la session : 1° son acte de naissance; 2° des certificats attestant sa moralité et indiquant les lieux où elle a résidé et les occupations auxquelles elle s'est livrée depuis cinq ans au moins. La veille de la session, l'inspecteur d'Académie arrête, sur la proposition de la commission d'examen, la liste des postulantes qui seront admises à subir l'examen. (Décr. 21 mars 1855, art. 29), II, 380.

L'examen d'aptitude comprend : un examen pratique et un examen d'instruction. L'examen pratique se compose d'un nombre indéterminé d'épreuves qui ont lieu en présence de trois membres ou délégués des commissions d'examen. L'examen d'instruction a lieu en présence de cinq membres de la commission d'examen. L'examen définitif porte sur les matières d'enseignement déterminées par l'art. 1 de l'ordonnance du 22 déc. 1837. Les examens ont lieu avec la publicité spécifiée par l'ordonnance du 23 juin 1836. (Arr. 6 févr. 1838, art. 2, 3, 4), I, 500.

L'examen se compose de deux parties distinctes : 1° un examen d'instruction; 2° un examen pratique. L'examen d'instruction comprend l'histoire sainte, le catéchisme, la lecture, l'écriture, l'orthographe, les notions les plus usuelles du calcul et du système métrique, le dessin au trait, les premiers éléments de géographie, le chant, le travail manuel. L'examen pratique a lieu dans une salle d'asile. Les postulantes sont tenues de diriger les exercices de cette salle pendant une partie de la journée. (Décr. 21 mars 1855, art. 30), II, 380. — Prescriptions relatives aux examens des certificats d'aptitude à la direction des salles d'asile. (14 févr. 1856), II, 428.

Les certificats d'aptitude sont délivrés au nom du recteur par l'inspecteur d'Académie dans les départements, et à Paris par le vice-recteur. (Décr. 21 mars 1855, art. 28), II, 380.

Nominations. — L'autorisation de tenir une salle d'asile dans un lieu déterminé est délivrée par le recteur de l'Académie, en conformité des dispositions des art. 7 et 11 de l'ordonn. du 23 juin 1836. Elle ne sera donnée que sur une demande du comité local et sur l'avis du comité de l'arrondissement, de l'inspecteur des écoles primaires et du curé ou du pasteur du lieu. (Ordonn. 22 déc. 1837, art. 5 et 11), I, 488, 489. — Le retrait des certificats d'aptitude est prononcé par les commissions d'examen, sur la proposition des dames inspectrices. (Id., art. 13 et 21), I, 490, 492.

Il est tenu à la préfecture de la Seine un registre spécial où sont inscrites les aspirantes aux fonctions de dames adjointes dans les salles d'asile. En cas de vacance, la liste des aspirantes est transmise au comité local et au comité central qui donnent leur avis, lequel est envoyé par le préfet au recteur chargé de délivrer, s'il y a lieu, l'autorisation nécessaire. (Arr. 31 mars 1840), I, 574.

Les directrices et adjointes sont nommées par le comité d'arrondissement, sur la présentation du conseil municipal et l'avis du comité local. (Prop. loi 15 déc. 1848, art. 6), II, 44.

Les personnes chargées de la direction des salles d'asile publiques seront nommées par le conseil municipal, sauf l'approbation du Conseil académique (départemental). (Loi 15 mars 1850, art. 58), II, 139.

Les directrices de salles d'asile publiques sont nommées et révoquées par les préfets, sur la proposition de l'inspecteur d'Académie ; elles sont choisies, après avis du comité local de patronage, soit parmi les membres des congrégations religieuses, soit parmi les laïques, et, dans ce dernier cas, autant que possible parmi les sous-directrices. (Décr. 21 mars 1855, art. 23), II, 379. — Les sous-directrices sont nommées et révoquées par les maires, sur la proposition du comité de patronage. (Id., art. 26), II, 379.

Le conseil départemental peut frapper d'interdiction absolue une directrice de salle d'asile publique, dans les formes prescrites par les art. 20 et 33 de la loi du 15 mars 1850, sauf appel devant le conseil impérial. (Décr. 21 mars 1855, art. 24), II, 379.

TRAITEMENT. — Les surveillants ou surveillantes des salles d'asile communales, leurs aides ou autres employés, ne recevront des familles aucun payement ni rétribution, aucun cadeau ni aucune offrande ; leur traitement leur sera remis directement par la caisse de la commune ou par une autre caisse agréée de l'autorité municipale. (Arr. 24 avr. 1838, art. 10), I, 515.

La rétribution mensuelle pour les asiles sera fixée sur la proposition du conseil municipal et l'avis du comité d'arrondissement, par le préfet, sauf recours au conseil d'État. La liste des parents qui pourront acquitter la rétribution des asiles sera fixée chaque mois par le conseil municipal, sauf l'approbation du préfet. (Prop. loi 15 déc. 1848, art. 93), II, 61.

Les directrices de salles d'asile publiques reçoivent sur les fonds communaux un traitement fixe, qui ne peut être moindre de 250 fr., et les sous-directrices un traitement dont le minimum est fixé à 150 fr. Les unes et les autres jouissent, en outre, du logement gratuit. Les dispositions de la loi du 9 juin 1853 sur les pensions civiles leur sont applicables. (Décr. 21 mars 1855, art. 32), II, 381. — Une rétribution mensuelle peut être exigée de toutes les familles dont les enfants sont admis dans les salles d'asile publiques et qui sont en état de payer le service qu'elles réclament. Le taux de cette rétribution est fixé par le préfet, en conseil départemental, sur l'avis des conseils municipaux et des délégués cantonaux. (Id., art. 33), II, 381. — La rétribution mensuelle est perçue, pour le compte de la commune, par le receveur municipal, et spécialement affectée aux dépenses de la salle d'asile. En cas d'insuffisance du produit de la rétribution mensuelle, et à défaut de fondations, dons ou legs, il est pourvu aux dépenses des salles d'asile publiques : 1° sur les revenus ordinaires des communes ; 2° sur l'excédant des trois centimes spéciaux affectés à l'instruction primaire, ou, à défaut, au moyen d'une imposition spécialement autorisée à cet effet. Une subvention peut être accordée par le département soit sur le restant disponible des deux centimes affectés à l'instruction primaire, soit sur des fonds spécialement votés à cet effet. (Id., art. 34), II, 381.

Il est interdit aux directrices, sous-directrices, ainsi qu'aux femmes de service, d'accepter des parents aucune espèce de cadeaux. (Règl. 22 mai 1855, art. 24), II, 396.

Les institutrices primaires et les surveillantes des salles d'asile de la ville de Paris sont autorisées à maintenir leurs fonds à la Caisse des dépôts et consignations, ou à les transférer à la Caisse des retraites. (Décr. 10 déc. 1856, art. 1 et 2), II, 441.

ORGANISATION MATÉRIELLE. — Les salles d'exercice, destinées à recevoir les enfants, seront situées au rez-de-chaussée, planchéiées ou carrelées, ou airées en asphalte ou en salpêtre battu, et éclairées des deux côtés à deux mètres du sol avec châssis mobile. (Arr. 24 avr. 1838, art. 1), I, 513. — La forme de ces salles sera celle d'un rectangle ou carré long d'au moins 4 mètres de largeur sur 10 mètres de longueur pour 50 enfants, d'au moins 6 mètres de largeur sur 12 mètres de longueur pour 100 enfants, et d'au moins 8 mètres de largeur sur 16 à 20 mètres de longueur pour 200 à 250 enfants. Ce dernier nombre ne sera jamais dépassé. (Id., art. 2), I, 513. — A l'une des extrémités de la salle seront établies plusieurs rangées de gradins, au nombre de cinq au moins et de dix au plus, disposés de manière que tous les enfants puissent y être assis en même temps ; il y sera pratiqué deux voies, l'une au milieu, l'autre au pourtour, afin de faciliter le classement, le mouvement des élèves et la circulation des maîtres et de leurs aides. (Id., art. 3), I, 513. — Des bancs fixés au plancher seront placés dans le reste de la salle, avec un espace vide au milieu pour les évolutions. Devant les bancs seront des cercles peints sur le plancher, des porte-tableaux et des touches ; autour de la salle seront suspendus des tableaux de numération ou de caractères alphabétiques et d'autres tableaux présentant les premiers et plus simples éléments de l'instruction primaire. (Id., art. 4), I, 514. — A côté de la salle d'exercices il y aura un préau en partie couvert et en partie découvert, d'une dimension au moins triple de la première salle. Dans la partie découverte, dont on ménagera l'exposition de la manière la plus favorable à la santé des enfants, seront placés divers objets propres à servir de jeux. Sous la partie couverte, il y aura des bancs qu'on pourra retirer et ranger à volonté. Indépendamment de la partie couverte du préau, il y aura, autant qu'il sera possible, près de la salle d'exercices, une autre salle spécialement destinée aux repas et servant de chauffoir pendant l'hiver ; on y disposera des planches pour recevoir les paniers des enfants, des bancs mobiles, des écuelles et autres ustensiles nécessaires. (Id., art. 5), I, 514. — Les lieux d'aisances seront placés de telle sorte que la surveillance en soit facile. (Id., art. 6), I, 514. — Le mobilier nécessaire aux salles d'asile comprend les objets ci-après énoncés : des champignons pour les casquettes, les vestes ou gilets et les tabliers, des baquets ou jattes, des sébiles de bois ou des gobelets d'étain, des éponges et des serviettes, une fontaine, un poêle, deux lits de camp sans rideaux, une pendule, une clochette à main et une cloche suspendue, un sifflet ou signal pour les divers exercices de l'intérieur, des tableaux, des porte-tableaux et des touches, des ardoises et des crayons, une planche noire sur un chevalet et des crayons blancs ; un boulier-compteur ayant dix rangées de dix boules chacune, un ou plusieurs cahiers et portefeuilles d'images, un cadre ou porte-gravure pour placer l'image qu'on veut exposer aux regards des enfants ; une armoire où seront gardés les registres et les tableaux, ainsi que les matériaux et les produits du travail manuel. (Id., art. 7), I, 514. — Le sol du préau couvert sera toujours garni d'une forte couche de sable. (Id., art. 42), I, 523.

Les salles d'asile sont situées au rez-de-chaussée ; elles sont planchéiées et éclairées, autant que possible, des deux côtés, par des fenêtres fermées avec des châssis mobiles. Les dimensions des salles d'exercice doivent être calculées de manière qu'il y ait au moins deux mètres cubes d'air pour chaque enfant admis. A côté de la salle d'exercice, il y a un préau destiné aux repas et aux récréations. (Décr. 21 mars 1855, art. 4),

II, 373. — Nulle salle d'asile ne peut être ouverte avant que l'inspecteur d'Académie n'ait reconnu qu'elle réunit les conditions de salubrité ci-dessus prescrites. (Id., art. 5), II, 373. — Il y a dans chaque salle d'asile publique du culte catholique un crucifix et une image de la sainte Vierge. (Id. art. 6), II, 373. — Il y a dans toutes les salles d'asile un portrait de l'impératrice, protectrice de l'institution. (Id., art. 7), II, 373.

Il y a dans chaque salle d'asile plusieurs rangs de gradins, au nombre de cinq au moins et de dix au plus. Ces gradins doivent garnir toute l'extrémité de la salle. Il est réservé au milieu, de chaque côté de ces gradins, un passage destiné à faciliter le classement et les mouvements des enfants. Des bancs fixés au plancher sont placés dans le reste de la salle, avec un espace vide au milieu pour les évolutions. Dans la salle destinée aux repas, des planches sont disposées le long des murs, et des patères ou crochets sont fixés au-dessous pour recevoir les paniers des enfants et les divers objets à leur usage. Chaque planche est divisée par une raie, en autant de cases qu'il y a d'enfants. Des numéros, correspondants aux numéros des paniers, sont peints au-dessous de chaque case. Des lieux d'aisances, distincts pour chaque sexe, sont placés de manière à être facilement surveillés ; ils doivent être aérés et disposés de telle sorte qu'il ne résulte de leur voisinage aucune cause d'insalubrité pour l'asile. Le nombre des cabinets est proportionné à celui des enfants. Chaque cabinet doit être clos par une porte sans loquet, ayant au plus 70 centimètres de hauteur et retombant sur elle-même. La cour doit être spacieuse. Le sol en est battu et uni. (Règlem. 22 mai 1855, article 20), II, 394. — Le mobilier des salles d'asile se compose de lits de camp sans rideaux ou de hamacs, d'une pendule, d'un boulier-compteur à dix rangées de dix boules chacune, de tableaux et de porte-tableaux, d'une planche noire sur un chevalet et de crayons blancs; d'un porte-dessin, de plusieurs cahiers d'images renfermés dans un portefeuille, d'une table à écrire garnie d'un casier pour les registres; d'une grande armoire, de petites ardoises en nombre égal à celui des enfants, et de leurs crayons, d'un poêle, d'une grande fontaine ou d'un robinet alimenté par une concession d'eau, se déversant sur un grand lavabo à double fond ; d'autant d'éponges qu'il y a d'enfants dans la salle d'asile ; enfin, de tous les ustensiles nécessaires aux soins des enfants et à la propreté du service, d'un claquoir et d'un sifflet. (Id., art. 21), II, 395.

Admission des enfants. — **Les enfants des deux sexes peuvent être admis dans les salles d'asile et écoles du premier âge jusqu'à six ans accomplis.** (Ordonn. 22 déc. 1837, art. 1), I, 487. — Seront admis dans les salles d'asile les enfants de l'âge de deux à six ans. Au-dessous et au-dessus de cet âge, l'admission ne peut avoir lieu que sur l'autorisation formelle de la dame inspectrice de l'établissement. (Arr. 24 avr. 1838, art. 11), I, 515.— Les parents doivent, avant l'admission, présenter au surveillant un certificat du médecin constatant que leur enfant n'est atteint d'aucune maladie contagieuse, qu'il a été vacciné ou qu'il a eu la petite vérole. (Id., art. 12), I, 515.

Les salles d'asile sont destinées à recevoir les enfants de deux à sept ans au plus. (Prop. loi 15 déc. 1848, art. 2), II, 43.

Les salles d'asile reçoivent les enfants de deux à sept ans. (Décr. 21 mars 1855, art. 1), II, 372. — Les salles d'asile publiques sont ouvertes gratuitement à tous les enfants dont les familles sont reconnues hors d'état de payer la rétribution mensuelle. (Id., art. 11), II, 376. — Le maire, de concert avec les ministres des différents cultes reconnus, dresse la liste des enfants qui doivent être admis gratuitement dans les salles d'asile publiques; cette liste est définitivement arrêtée par le conseil municipal. (Id., art. 12), II, 376. — Les billets d'admission délivrés par les maires ne font aucune distinction entre les enfants payants et les enfants admis gratuitement. (Id., art. 13), II, 376. — Aucun enfant n'est reçu, même provisoirement, par la directrice dans une salle d'asile publique ou libre, s'il n'est pourvu d'un certificat de médecin, dûment légalisé, constatant qu'il n'est atteint d'aucune maladie contagieuse, et qu'il a été vacciné. L'admission des enfants dans les salles d'asile publiques ne devient définitive qu'autant qu'elle a été ratifiée par le maire. Dans les huit jours qui suivent l'admission provisoire d'un enfant dans une salle d'asile publique, les parents sont tenus de présenter à la directrice un billet d'admission délivré par le maire. (Id., art. 10), II, 376.

Lorsqu'un enfant est présenté dans une salle d'asile, la directrice fait connaître à la famille les conditions de propreté, de soins et de nourriture auxquelles elle devra se conformer, en ce qui concerne son enfant. Indépendamment du certificat de médecin prescrit par l'art. 10 du décret du 21 mars 1855, la directrice doit exiger de la famille un petit panier pour les provisions de bouche de l'enfant, une éponge et un gobelet. Le comité local de patronage supplée, s'il y a lieu, à l'impossibilité où se trouveraient les familles de fournir ces objets. Le panier, le gobelet et les éponges de chacun des enfants admis définitivement sont immédiatement marqués d'un numéro d'ordre. (Règlem. 22 mai 1855, art. 3), II, 391.

Règlement intérieur. — Les salles d'asiles seront ouvertes : du 1er mars au 1er novembre, depuis sept heures du matin jusqu'à six heures du soir ; du 1er novembre au 1er mars, depuis neuf heures du matin jusqu'au coucher du soleil. (Arr. 24 avr. 1838, art. 17), I, 516. — Les asiles seront accessibles aux enfants tous les jours de la semaine ; ils pourront même y être admis les jours fériés pour des motifs graves dont la dame inspectrice sera juge. Néanmoins, les jours fériés, les salles d'exercices seront fermées et les préaux seuls demeureront ouverts sous la garde de la femme de service ou d'une autre personne agréée par la dame inspectrice. (Id., art. 15), I, 516. — Dans les cas d'urgence, sur lesquels il sera statué par la dame inspectrice, les surveillants devront même recevoir et garder les enfants, soit avant, soit après les heures ci-dessus déterminées ; les conditions particulières auxquelles pourront donner lieu les soins extraordinaires que prendront alors les surveillants et surveillantes seront également réglées par la dame inspectrice qui en fera son rapport au comité local. (Id., art. 18), I, 517. — Le surveillant ou la surveillante doivent toujours être présents aux exercices et aux récréations ; ils doivent se maintenir en possession d'obtenir à tout instant et au premier signal convenu un silence immédiat et complet. (Arr. 24 avr. 1838, art. 40), I, 523. — Tous les soins de propreté et d'hygiène nécessaires à la santé des enfants seront immédiatement donnés par les surveillants et les surveillantes ; les enfants qui se trouveraient fatigués ou incommodés seront déposés sur le lit de camp ou dans le logement du surveillant, jusqu'à ce qu'on puisse les rendre à leur famille. (Id., art. 41), I, 523. — Les mouvements des enfants et les jeux appropriés à leur âge seront dirigés et surveillés de manière à prévenir toute dispute et tous accidents fâcheux. (Id., art. 42), I, 523. — Les dimanches et les autres jours fériés, les surveillants et les surveillantes devront, si les parents le désirent, réunir les enfants les plus avancés à la salle d'asile pour les conduire à l'office divin ; il conviendrait aussi que, dans ces mêmes jours, les surveillants visitent les élèves qui seraient malades, causent avec les parents du caractère et de la conduite de leurs enfants, des défauts et des fautes qui méritent leur attention particulière, s'entretiennent avec le maire de la commune et avec les personnes bienfaisantes des besoins les plus pressants de certains enfants ou de l'établissement même. (Id., art. 47), I, 524.

Les salles et préaux doivent être nettoyés et balayés tous les matins une demi-heure avant l'arrivée des enfants. (Arr. 24 avr. 1838, art. 37), I, 522. — Chaque jour, avant d'amener leurs enfants à l'asile, les parents leur laveront les mains et le visage, les peigneront et auront soin que leurs vêtements ne soient ni décousus, ni troués, ni déchirés. (Id., art. 13), I, 515. — A l'heure indiquée pour l'arrivée des enfants, le surveillant ou la surveillante doit les recevoir, faire sur chacun d'eux l'inspection de propreté, examiner, sous le rapport de la quantité et de la salubrité, les aliments qu'ils apportent, exiger la remise du panier sur les planches disposées à cet effet, et sur tout cela adresser aux parents ou tuteurs les observations convenables. L'enfant amené dans un état de maladie ne sera pas reçu ; il sera, selon les circonstances, ramené par ses parents ou dirigé aussitôt vers la demeure du médecin. (Id., art. 30), I, 522.

Il doit être tenu dans chaque salle d'asile cinq registres, savoir : 1° le registre matricule prescrit pour inscrire les admissions ; 2° le livre du médecin ; 3° le registre des inspections ; 4° le registre des visiteurs ; 5° le livre des recettes et des dépenses. (Arr. 24 avr. 1838), I, 522. — Le registre matricule comprendra inscrits jour par jour, sous une même série de numéros, les noms et prénoms des enfants admis, les noms, demeures et professions des parents ou tuteurs, et les conventions relatives aux moyens d'amener ou de reconduire les enfants. (Id., art. 14), I, 516. — Le surveillant doit constater chaque jour les absences et les présences, non en faisant subir un appel à des enfants si jeunes, mais en lisant tous les noms inscrits sur le registre matricule, et en se faisant aider dans ses observations par la femme de service et par quelques-uns des enfants les plus âgés. (Id., art. 44), I, 523. — Lorsque, après la dernière heure de classe ou de récréation, les enfants, malgré les représentations les plus instantes faites habituellement aux parents ou tuteurs, ne sont pas immédiatement repris par les familles, les surveillants et surveillantes doivent les retenir, afin qu'ils ne soient pas exposés à se trouver seuls dans les rues, et en conséquence continuer leurs soins jusqu'à ce que chaque enfant soit remis en main sûre. Si les parents, après avoir été dûment avertis, retombent dans la même négligence, la dame inspectrice pourra autoriser le surveillant à ne plus admettre l'enfant à la salle d'asile. (Id., art. 43), I, 524. — En cas d'absence réitérée d'un enfant sans motif connu d'avance, le surveillant s'informera des causes qui auront pu occasionner cette absence, et en tiendra note pour en instruire la dame inspectrice. (Id., art. 46), I, 524. — Le médecin attaché à la salle d'asile inscrira ses prescriptions sur un registre particulier.— (Id., art. 21), I, 517. — Dans chaque asile est déposé un registre sur lequel la dame inspectrice constatera le nombre des enfants présents, leurs occupations du moment et les observations qu'elle aura faites. Ce même registre recevra les observations des déléguées. (Id., art. 32), I, 517. — S'il est fait quelque don par un visiteur, il sera mentionné à l'instant sur le registre spécial des visiteurs et sur le registre de la dame inspectrice, en présence du donateur. (Id., art. 34), I, 521.

Les salles d'asile publiques sont ouvertes, du 1er mars au 1er novembre, depuis sept heures du matin jusqu'à sept heures du soir ; du 1er novembre au 1er mars, depuis huit heures du matin jusqu'à six heures du soir. Des exceptions à cette règle peuvent être autorisées, selon les circonstances locales, par le maire, sur la proposition du comité local de patronage. Les salles d'asile sont fermées les dimanches et les jours fériés, savoir : le jour de la Toussaint, le jour de Noël, le 1er janvier, les jours de l'Ascension et de l'Assomption. Il est interdit aux directrices de les fermer d'autres jours, sans l'autorisation du comité local de patronage. (Régl. 22 mai 1855, art. 1), II, 390. — Les directrices de salles d'asile publiques tiennent : 1° un registre sur lequel sont inscrits les noms et la demeure des enfants admis provisoirement, le nom du médecin qui a délivré le certificat prescrit par l'art. 10 du décret du 21 mars 1855, la date du jour où il a été provisoirement admis ; 2° un registre sur lequel sont inscrits, jour par jour, sous une même série de numéros, les noms et prénoms des enfants admis définitivement, les noms, demeures et professions des parents ou tuteurs, et les conventions relatives aux moyens d'amener ou de reconduire les enfants; 3° un registre sur lequel le médecin inscrit ses observations ; 4° un registre sur lequel les dames patronesses, chargées de la surveillance de la salle d'asile, inscrivent leurs remarques sur la tenue de l'établissement au moment de leur visite ; 5° un registre de présence des enfants. (Id., art. 23), II, 396.

Les salles et préaux sont nettoyés et balayés tous les matins, au moins une demi-heure avant l'arrivée des enfants. Le balayage est renouvelé après le repas et après la sortie des enfants. Le feu est allumé dans les poêles du préau et de la classe une heure avant l'entrée des enfants. Le préau est éclairé dès la chute du jour et aussi longtemps qu'il y reste des enfants. (Règl. 22 mai 1855, art. 22), II, 395.

A l'arrivée des enfants à la salle d'asile, la directrice doit s'assurer par elle-même de leur état de santé et de propreté, de la quantité et de la qualité des aliments qu'ils apportent dans leurs paniers. L'enfant amené à la salle d'asile dans un état de maladie n'est pas reçu ; s'il devient malade dans le courant de la journée, il est aussitôt dirigé vers la demeure de ses parents et, en cas d'urgence, vers la demeure de l'un des médecins de l'établissement. Les enfants fatigués ou incommodés sont déposés, soit sur le lit de camp ou hamac, soit dans le logement de la directrice, jusqu'à ce qu'on puisse les rendre à la famille. (Règl. 22 mai 1855, art. 4), II, 391. — En cas d'absence réitérée d'un enfant sans motif connu d'avance, la directrice s'informe des causes de cette absence. Elle en donne, dans tous les cas, avis au comité local de patronage, qui fait visiter, s'il y a lieu, cet enfant dans sa famille. (Id., art. 5), II, 391. — Dans des cas d'urgence, les directrices doivent garder les enfants après les heures déterminées. La surveillance et les soins particuliers auxquels cette exception doit donner lieu sont réglés par le comité local de patronage. Les enfants qui n'ont pas été repris par leurs parents à l'heure où la salle d'asile doit être fermée sont conservés par la directrice, ou confiés en mains sûres pour être ramenés à leur demeure. L'enfant n'est plus admis à la salle d'asile, si les parents, après avoir été dûment avertis, retombent habituellement dans la même négligence. L'exclusion ne peut toutefois être prononcée que par le maire, sur la proposition du comité local de patronage. (Id., art. 2), II, 390.

A leur arrivée à la salle d'asile, les enfants sont réunis dans le préau découvert, si le temps le permet, et s'y livrent au jeu en toute liberté, sous la surveillance de la directrice ou de l'adjointe. Ils y prennent leur repas du matin, s'il y a lieu. (Arr. 5 août 1859, art. 1), II, 479. — A dix heures moins un quart, les enfants entrent en classe et se rangent sur les bancs latéraux. A dix heures, on leur enseigne les éléments de la lecture. De dix heures un quart à dix heures trois quarts, ils se livrent à de petits travaux manuels appropriés à leur sexe et à leur âge. A dix heures trois quarts, ils montent aux gradins. De onze heures à onze heures un quart, ils reçoivent une leçon de calcul pratique, à l'aide du boulier-compteur. Une demi-heure est ensuite consacrée à un petit enseignement religieux qui se termine par le chant à l'unisson des prières ou cantiques. A onze .heures trois quarts, ils descendent des gradins. (Id., art. 2), II, 479. — A midi, les enfants prennent leur repas. A midi et demi, ils sont conduits en ordre devant le lavabo, où la femme de service leur lave les mains et la figure. (Id., art. 3), II, 479. — D'une heure à deux heures, les enfants jouent dans le préau découvert. (Id., art. 4), II, 479. — A deux heures un quart, les enfants rentrent en classe, se rangent sur les bancs, et reprennent les petits travaux manuels. A deux heures trois quarts, ils remontent aux gradins. A trois heures, la directrice leur fait un petit récit d'où elle a soin de tirer une conclusion morale. A trois heures un quart, elle leur donne des explications sur les petites connaissances usuelles qui peuvent leur être utiles. A trois heures et demie, elle les fait chanter en chœur. A trois heures trois quarts, ils descendent des gradins. (Id., art. 5), II, 479. — A quatre heures, les enfants prennent, s'il y a lieu, leur repas et retournent jouer au préau découvert jusqu'à la fermeture de la salle d'asile. (Id., art. 6), II, 480. — A l'entrée et à la sortie de chaque classe, les enfants sont conduits en ordre aux lieux d'aisances ; ils y sont toujours surveillés par la directrice elle-même. A deux heures, avant la rentrée en classe, les enfants sont également conduits en ordre dans le préau couvert. En passant devant sa case, chacun d'eux reçoit son éponge des mains de la directrice et se présente à son rang devant la femme de service chargée du lavage des mains et de la figure. Après ce lavage, les enfants repassent dans le même ordre devant leur case, où leur éponge est déposée de nouveau par la directrice ; ils rentrent ensuite en classe. (Régl. 22 mai 1855, art. 6), II, 392.

Enseignement. — **Il y aura dans les salles d'asile des exercices qui comprendront nécessairement les premiers principes de l'instruction religieuse et les notions élémentaires de la lecture, de l'écriture, du calcul verbal. On pourra y joindre des chants instructifs et moraux, des travaux d'aiguille et tous les ouvrages de main.** (Ordonn. 22 déc. 1837, art. 1), I, 487.

Il y a dans les salles d'asile trois sortes d'exercices qui ont pour objet le développement physique, moral et intellectuel des enfants confiés à l'établissement. (Arr. 24 avr. 1838, art. 48), I, 524. — Les exercices corporels consistent principalement dans les jeux variés et proportionnés à l'âge des enfants et dans les mouvements auxquels donnent lieu les diverses leçons indiquées par les règlements. (Id., art. 49), I, 524. — Les exercices moraux tendront constamment à inspirer aux enfants un profond sentiment d'amour et de reconnaissance envers Dieu, à leur faire connaître et pratiquer leurs devoirs envers leurs père et mère, envers leurs maîtres et tous leurs supérieurs, à les rendre doux, polis et honnêtes dans leurs relations avec leurs camarades, et en général avec les autres hommes. Cette instruction morale et religieuse sera donnée non par de longues allocutions, mais par de bonnes paroles dites à propos, par de courtes réflexions mêlées aux récits les plus touchants tirés de l'histoire sainte et des autres livres désignés par l'autorité compétente, et surtout par des exemples constants de charité, de patience et de piété sincère. (Id., art. 50), I, 525. — Les surveillantes et femmes de service, pénétrées de la sainteté du dépôt qui leur est confié dans la personne de ces petits enfants, doivent s'attacher de cœur et d'âme à remplir leur mission avec une douceur inaltérable et une patience toute chrétienne. (Id., art. 39), I, 522. — Les heures de récréation offrent à des surveillants attentifs et intelligents des occasions continuelles d'instruction et de remontrances relativement à la propreté, à la tenue, à la politesse ; les mille petits incidents de chaque journée peuvent servir de texte à d'utiles leçons, qui ne s'oublieront jamais et qui porteront dans la suite les plus heureux fruits. (Id., art. 43), I, 523.

Les exercices d'enseignement ont lieu chaque jour de la semaine, pendant deux heures au moins et quatre heures au plus ; chacun de ces exercices ne dure jamais plus de dix à quinze minutes. (Arr. 24 avr. 1838, art. 19), I, 517. — Les exercices d'enseignement seront exactement renfermés dans les limites de l'instruction la plus élémentaire, telle qu'elle est déterminée par l'art. 1 de l'ordonnance du 22 décembre 1837. (Id., art. 51), I, 525.

Les enseignements donnés dans les salles d'asile ont pour but de préparer ceux des écoles primaires. Ils comprendront les premiers principes de l'instruction morale et religieuse, de la lecture, de l'écriture, du calcul, le chant et les exercices corporels. (Prop. loi 15 déc. 1848, art. 3), II, 43.

L'enseignement dans les salles d'asile publiques ou libres comprend : 1° les premiers principes de l'instruction religieuse, de la lecture, de l'écriture, du calcul verbal et du dessin linéaire ; 2° des connaissances usuelles à la portée des enfants ; 3° des ouvrages manuels appropriés à l'âge des enfants ; 4° des chants religieux, des exercices moraux et des exercices corporels. Les leçons et les exercices moraux ne durent jamais plus de dix à quinze minutes, et sont toujours entremêlés d'exercices corporels. (Décr. 21 mars 1855, art. 2), II, 372. — L'instruction religieuse est donnée sous l'autorité de l'évêque, dans les salles d'asile catholiques. Les ministres des cultes non catholiques reconnus président à l'instruction religieuse dans les salles d'asile de leur culte. (Id., art. 3), II, 373. — L'instruction religieuse, donnée conformément à l'art. 3 du décret du 21 mars 1855, ne comporte point de longues leçons ; elle comprend surtout les premiers chapitres du petit catéchisme ; elle résulte aussi de réflexions morales appropriées aux récits de l'histoire sainte et destinées à présenter aux enfants des exemples de piété, de charité et de docilité, rendus plus clairs et plus attachants à l'aide d'images autorisées pour être mises sous leurs yeux. Les exercices moraux comprennent des récits d'histoire qui tendent constamment à inspirer aux enfants un profond sentiment d'amour envers Dieu, de reconnaissance envers l'empereur et leur auguste protectrice, à leur faire connaître et pratiquer leurs devoirs envers leurs père et mère et leurs supérieurs, à les rendre doux, polis et bienveillants entre eux. (Règlem. 22 mai 1855, art. 8), II, 392. — L'enseignement de la lecture comprend les voyelles et les consonnes, l'alphabet majuscule et minuscule, les différentes espèces d'accents, les syllabes de deux ou trois lettres, les mots de deux syllabes. (Id., art. 9), II, 393. — L'enseignement de l'écriture se borne à l'imitation des lettres sur l'ardoise. (Id., art. 10), II, 393. — L'enseignement du calcul comprend la connaissance des nombres simples, leur représentation par les chiffres arabes, l'addition, la soustraction enseignées à l'aide du boulier-compteur, la table de multiplication apprise de mémoire à l'aide des chants, l'explication des poids et mesures donnée à l'aide de solides ou de tableaux. (Id., art. 11), II, 393. — L'enseignement du dessin linéaire comprend la formation, sur le tableau et sur les ardoises, des plus simples figures géométriques et de petits dessins au trait. (Id., art. 12), II, 393. — Les connaissances usuelles comprennent la division du temps, les saisons, les couleurs, les sens, les formes, la matière et l'usage des objets familiers aux enfants, des notions sur les animaux, sur les plantes, sur les industries simples, sur les éléments, sur la forme de la terre, sur ses principales divisions; les noms des principaux États de l'Europe avec leurs capitales, les noms des départements de la France avec leurs chefs-lieux et toutes les notions élémentaires propres à former le jugement des enfants. (Id., art. 13), II, 393. — Les travaux manuels consistent en travaux de couture, de tricot, de parfilage et autres appropriés aux localités. (Id., art. 14), II, 393. — Le chant comprend les premiers principes de la musique vocale, soit d'après la méthode de M. Duchemin-Boijousse, soit d'après les autres méthodes qui pourraient être ultérieurement autorisées. (Id., art. 15), II, 394. — Les leçons et les exercices religieux et moraux commencent et finissent par une courte prière; ils ont lieu, dans les salles d'asile publiques, de dix heures du matin à midi et de deux heures à quatre heures. (Id., art. 16), II, 394. — Les exercices corporels se composent de marches, d'évolutions et de mouvements hygiéniques exécutés en mesure par tous les enfants à la fois, dans la salle et dans le préau. Ils se composent aussi, pendant les récréations, de jeux variés selon l'âge des enfants, organisés autant que possible et dans tous les cas surveillés par la directrice. (Id., art. 17), II, 394. — Il est interdit de surcharger la mémoire des enfants de dialogues ou scènes dramatiques, destinés à figurer dans des solennités publiques. (Id., art. 18), II, 394. — Les directrices de salles d'asile doivent veiller à tous les besoins physiques, moraux et intellectuels des enfants, à leur langage et à leurs habitudes dans toutes les circonstances de la journée; elles s'assurent que la femme de service ne leur donne, sous ce rapport, que de bons exemples. (Id., art. 19), II, 394.

Discipline. — Les enfants ne doivent jamais être frappés. La dame inspectrice veille avec le plus grand soin à ce qu'il ne soit jamais infligé de punitions trop longues ou trop rudes. (Arr. 24 avr. 1838, art. 39), I, 522.

Les enfants ne doivent jamais être frappés. Ils sont toujours repris avec douceur. Il ne peut être infligé aux enfants que les punitions suivantes : les faire lever et tenir debout pendant dix minutes au plus, lorsque leurs camarades sont assis ; les faire sortir du gradin ; leur interdire le travail en commun ; leur faire tourner le dos à leurs camarades. Des images et des bons points peuvent être donnés, à titre de récompense, aux enfants qui font preuve de docilité. Un certain nombre de bons points peut être échangé par le comité local de patronage contre un objet utile. (Règl. 22 mai 1855, art. 7), II, 392.

Surveillance médicale. — Un médecin sera attaché à chaque asile et devra le visiter au moins une fois par semaine ; il inscrira ses prescriptions sur un registre particulier. (Arr. 24 avr. 1838, art. 21), I, 517.

Un ou plusieurs médecins, nommés par le maire, visitent, au moins une fois par semaine, les salles d'asile publiques. Chaque médecin inscrit ses observations et ses prescriptions sur un registre particulier. (Décr. 21 mars 1855, art. 16), II, 377.

Visites. — Les surveillants et surveillantes des salles d'asile sont autorisés à recevoir les personnes qui désirent assister à quelqu'un des exercices. Ils pourront, néanmoins, se refuser à recevoir ces visites, lorsqu'elles leur paraîtront présenter quelque inconvénient pour la bonne tenue de l'asile, et devront, dans ce cas, en référer soit à la dame inspectrice, soit à la déléguée spéciale, soit enfin au maire de la commune ou de l'arrondissement municipal. (Arr. 24 avr. 1838, art. 33), I, 521. — Lorsqu'une personne, aspirant aux fonctions de surveillant ou de surveillante d'asile, désirera suivre habituellement les exercices pratiqués dans une salle d'asile et les pratiquer elle-même à titre d'essai et d'étude, la dame inspectrice pourra donner l'autorisation d'assister auxdits exercices. La dame inspectrice pourra retirer ou modifier cette autorisation, selon qu'elle le jugera convenable. (Id., art. 55), I, 521.

Les salles d'asile publiques sont ouvertes aux personnes qui désirent les visiter. (Règl. 22 mai 1855, art. 16), II, 396.

TRONC DE CHARITÉ. — Un tronc sera placé dans chaque asile; la clef en sera confiée à la dame inspectrice. Les deniers déposés dans ce tronc, ainsi que tous les autres fonds qui seraient donnés spécialement pour l'asile, seront administrés au profit de l'établissement, conformément à l'art. 23 de l'ordonnance ; l'argent sera employé à fournir des vêtements, soupes ou médicaments pour les enfants pauvres, infirmes ou convalescents qui fréquentent l'asile; il pourra aussi être appliqué aux menues dépenses qui seront jugées nécessaires ; l'indication de l'emploi de ces recettes fera partie du rapport trimestriel que les dames inspectrices feront au comité local de chaque commune, et à Paris, au comité de chaque arrondissement municipal, conformément aux art. 24 et 25 de l'ordonnance. (Arr. 24 avr. 1838, art. 23), I, 517. — Les surveillants et surveillantes, dans leur charitable sollicitude pour les enfants pauvres, se feront un devoir d'inviter les visiteurs à déposer leurs offrandes dans le tronc placé à l'entrée de l'asile. S'il est fait quelque don à découvert, il sera mentionné à l'instant sur le registre dit des visiteurs et sur le registre de la dame inspectrice en présence du donateur ; et l'emploi en sera fait ou selon la destination qui aurait été indiquée, ou, à défaut d'indication particulière, dans les termes de l'art. 23 du présent statut. (Id., art. 34), I, 521.

Il y a dans chaque salle d'asile un tronc destiné à recevoir les dons de la bienfaisance publique. La clef du tronc est déposée entre les mains de l'une des dames patronnesses chargées de la surveillance de la salle d'asile. L'emploi des deniers déposés dans ce tronc est réglé par le comité local de patronage. (Règl. 22 mai 1855, art. 27), II, 396.

SALLES D'ASILE MODÈLES. — *Dans chaque département, il y aura un asile modèle dans lequel pourront être faits un ou plusieurs cours normaux pour l'instruction des directrices et adjointes des salles d'asile.* (Prop. loi 15 déc. 1848, art. 9), II, 44.

Le titre de salle d'asile modèle peut être conféré par le Ministre de l'instruction publique, sur la proposition du comité central de patronage, à celles des salles d'asile qui auraient été signalées par les déléguées spéciales, pour la bonne disposition du local, l'état satisfaisant du mobilier, les soins donnés aux enfants, ainsi que pour l'emploi judicieux et intelligent des meilleurs moyens d'éducation et de premier enseignement. (Décr. 21 mars 1855, art. 8), II, 373. — Nulle salle d'asile ne pourra prendre le titre de salle d'asile modèle, si ce titre ne lui a été conféré par un arrêté spécial du Ministre, rendu sur la proposition du comité central de patronage des salles d'asile, et toutes les conditions légales étant préalablement remplies. (Arr. 28 mars 1857, art. 1 et 3), II, 443. — Il n'y aura par département qu'une ou deux salles d'asile modèles, au plus. (Id., art. 2), II, 444. — Aucune maîtresse ne peut être appelée à diriger une salle d'asile modèle, si elle n'a exercé comme directrice, pendant un an au moins, dans un établissement public ou pendant deux ans dans un établissement libre. (Id., art. 4), II, 444. — Le titre de salle d'asile modèle peut être retiré aux salles d'asile qui ne rempliraient plus les conditions déterminées. (Id., art. 5), II, 444.

Salles d'asile libres. — Conformément à ce qui se pratique pour les écoles primaires soit de filles, soit de garçons, l'autorisation de tenir une salle d'asile ne donne que le droit de recevoir des externes. Une autorisation spéciale sera nécessaire pour y admettre les enfants à titre de pensionnaires ; cette autorisation spéciale ne pourra être accordée que par délibération du conseil royal, sur la proposition du recteur de l'Académie. (Arr. 24 avr. 1838, art. 16), I, 516.

Quiconque veut diriger une salle d'asile libre doit se conformer préalablement aux dispositions prescrites par les art. 25 et 27 de la loi du 15 mars 1850, et 1, 2 et 3 du décret du 7 octobre 1850. L'inspecteur d'Académie peut faire opposition à l'ouverture de la salle d'asile, dans les cas prévus par l'art. 28 de la loi du 15 mars 1850 et par l'art. 5 du présent décret. L'opposition est jugée par le conseil départemental, contradictoirement et sans recours. A défaut d'opposition, la salle d'asile peut être ouverte à l'expiration du mois. (Décr. 21 mars 1855, art. 22), II, 378.

Le conseil départemental peut, dans les formes prescrites par les art. 20 et 33 de la loi du 15 mars 1850, interdire de l'exercice de sa profession, dans la commune où elle réside, une directrice de salle d'asile libre. Il peut frapper d'interdiction absolue une directrice de salle d'asile libre ou publique, sauf appel devant le conseil impérial de l'instruction publique. (Décr. 21 mars 1855, art. 24), II, 379.

Les salles d'asile libres peuvent recevoir des secours sur les budgets des communes, des départements et de l'État. (Loi 15 mars 1850, art. 59), II, 139.

ASPIRANTS, ASPIRANTES.

V. Brevet de capacité, Examen, École normale, Salle d'asile.

ASSOCIATIONS.

ASSOCIATIONS RELIGIEUSES. — Aucune congrégation ou association d'hommes ou de femmes ne pourra se former à l'avenir sous prétexte de religion, à moins qu'elle n'ait été formellement autorisée par un décret impérial, sur le vu des statuts et règlements selon lesquels on se propose de vivre dans cette association ou congrégation. (Décr. 22 juin 1804, art. 4), I, 51.

Les frères des Écoles chrétiennes seront brevetés et encouragés par le grand maître qui visera leurs statuts intérieurs, les admettra au serment, leur prescrira un habit particulier, et fera surveiller leurs écoles. Les supérieurs de ces congrégations peuvent être membres de l'Université. (Décr. 17 mars 1808, art. 10), I, 56.

Toute association religieuse ou charitable, telle que celle des Écoles chrétiennes, pourra être admise à fournir, à de conditions convenues, des maîtres aux communes qui en demanderont, pourvu que cette association soit autorisée et que ses règlements et méthodes aient été approuvés. (Loi 29 fév. 1816, art. 36), I, 90.

Toute personne ou association qui aurait fondé une école ou qui l'entretiendrait par charité, pourra présenter l'instituteur, pourvu qu'il soit muni d'un certificat de capacité et que le comité cantonal n'ait rien à objecter sur sa conduite ; il recevra l'autorisation du recteur. (Loi 29 févr. 1816, art. 18), I, 87.

Le maître fourni par une association religieuse doit être présenté au conseil municipal, qui prend l'avis du comité communal, et présenté ensuite au comité d'arrondissement. (Arr. Cons. 6 sept. 1833), I, 268.

Les instituteurs communaux appartenant aux associations religieuses sont nommés sur la présentation du supérieur. (Loi 15 avr. 1850, art. 31), II, 130. — Les supérieurs des associations religieuses vouées à l'enseignement et reconnues comme établissements d'utilité publique, peuvent user, aux termes de l'article 31 de la loi du 15 mars 1850, du droit de présentation aux places d'instituteurs communaux, vacantes dans tout l'empire. (Av. Cons. 9 août 1853), II, 319.

V. Congrégation, Brevet, Instituteur, Nomination.

Associations laïques. — Reconnaissance de la Société pour l'encouragement de l'instruction primaire, à Lyon. (Ord. 5 avr. 1829, art. 1 à 4), I, 175. Ses statuts, I, 175, note. — Reconnaissance de la Société d'encouragement pour l'instruction primaire parmi les protestants. (Ordonn. 15 juill. 1829, art. 1, 2), I, 184. Ses statuts, I, 184. — Reconnaissance de la Société pour l'encouragement de l'enseignement mutuel élémentaire, établie à Angers. (Ordonn. 3 déc. 1831), I, 219. — Reconnaissance de la Société pour l'instruction primaire dans l'arrondissement de Mirecourt. (Ordonn. 2 mars 1832), I, 220. — Reconnaissance de la Société de bienfaisance à Montfort-l'Amaury, à Houdan et à Mantes. (Ordonn. 8 avril 1832), I, 220. — Reconnaissance de la Société d'instruction primaire du Rhône, à Lyon. (Ordonn. 15 avril 1829), II, 688, note.

La loi du 28 juin 1833 ne fait nul obstacle à ce qu'il se forme, comme avant, des associations ou sociétés d'encouragement pour l'instruction primaire. (Av. Cons. 25 août 1837), I, 479.

Reconnaissance de la Société industrielle, à Nantes. (Ordonn. 21 mai 1845), id., ib. — Création de l'école Asile-Fénelon, à Vaujours, Seine-et-Oise. (Décr. 5 fév. 1852), id., ib. — Reconnaissance de la Société de la Providence, à Nantes. (Décr. 12 sept. 1857), id., ib. — Reconnaissance de la Société philomathique, à Bordeaux. (Décr. 27 juill. 1859), id., ib. — Reconnaissance de la Société philotechnique, à Paris. (Décr. 11 mai 1861), id., ib. — Reconnaissance de l'Œuvre des écoles de Bellevue, Seine-et-Oise. (Décr. 7 août 1867), id., ib. — Reconnaissance de la Société d'éducation de Lyon. (Décr. 31 août 1867), id., ib. — Reconnaissance de l'Association polytechnique, à Paris. (Décr. 30 juin 1869), id., ib. — Reconnaissance de l'Orphelinat protestant de Plaisance, à Paris. (Décr. 25 juill. 1870), id., ibid.

AUMONIERS.

Les aumôniers des Écoles normales sont divisés en trois classes : 1re classe, 1,600 à 2,000 fr. ; 2e classe, 1,100 à 1,500 fr. ; 3e classe, 500 à 1,000 fr. (Décr. 1er avr. 1872), II, 668.

AUTORISATION.

Toute école doit être autorisée. Conditions de l'autorisation pour les maîtres et les sous-maîtres : pétition au préfet, inscription au registre ; pièces à produire : extrait de naissance, et, s'il y a lieu, de mariage ; certificat des autorités municipales sur les fonctions antérieurement exercées. Après vérification des pièces, le pétitionnaire est envoyé devant le jury d'examen, et si l'examen est satisfaisant, il peut être autorisé par le préfet, sous la garantie du serment de fidélité à la Constitution. Régl. préfect. Seine, 25 pluv. an IX, art. 1 à 21), I, 45. — Sont reconnues et enregistrées comme légales les autorisations délivrées avant 1789 dans la forme alors usitée ; celles accordées depuis par les diverses administrations et confirmées par l'arrêté du 6 frim. an IX, et enfin celles délivrées par la préfecture de la Seine, tant pour les chefs des vingt-quatre écoles primaires de Paris que pour les chefs des écoles secondaires. (Régl. préfect. Seine, 25 pluv. an XII, art. 3 et 5), I, 46. — Les chefs de maison qui auront contrevenu à la règle sont rayés, pour un an, des tableaux périodiques envoyés au Ministère, et peuvent être interdits. (Id., art. 22), I, 49.

Aucune autorisation nouvelle n'est accordée qu'après constatation que les nouvelles écoles ne nuiront pas aux écoles existantes. (Circul. 8 mars 1811), I, 70, note. — Les autorisations doivent être enregistrées au secrétariat de la mairie. (Circ. 30 nov. 1812), I, 75, note.

Pour avoir le droit d'exercer, il faut, outre le brevet de capacité, une autorisation spéciale du recteur pour un lieu déterminé; l'autorisation doit être agréée par le préfet. (Ordonn. 29 fév. 1816, art. 13), I, 87. — Un instituteur qui ouvrira clandestinement une école ne pourra obtenir d'autorisation ni pour cette commune, ni pour les autres communes du canton. (Arr. 22 mai 1818), I, 115. — Il ne doit être accordé d'autorisation nouvelle que lorsqu'il a été reconnu que la création d'une nouvelle école est nécessaire. (Circ. 23 sept. 1820), I, 137. — L'autorisation ne peut être donnée que pour les communes où il y a un besoin constaté. (Arr. 5 déc. 1820, art. 3), I, 143.

Les autorisations acquises pour la tenue d'un pensionnat peuvent être annulées. (Arr. 5 déc. 1820, art. 2), I, 142. — Les autorisations pour pensionnat ne sont accordées que sur l'avis des comités cantonaux. (Id., art. 7), I, 143. — Le recteur tient registre des autorisations qu'il accorde pour annexer un pensionnat à une école primaire. (Id., art. 9), I, 143.

Nulle autorisation pour ouvrir une école ne pourra être remise à l'impétrant, qu'après qu'il aura apposé sa signature tant sur l'acte même que sur un récépissé, sous peine de nullité. (Arr. 15 sept. 1821, art. 1 et 2), I, 144.

L'autorisation d'exercer est accordée pour les écoles dotées soit par les communes, soit par des associations, par un comité dont l'évêque diocésain est président; pour les écoles non dotées, par l'évêque diocésain. (Ordonn. 8 avr. 1824, art. 8), I, 150.

Il faut obtenir une autorisation pour se transporter soit d'une commune à une autre, soit dans la même commune, d'un local à un autre, sous peine de retrait du brevet. (Ordonn. 21 avr. 1828, art. 15 et 16), I, 269. — Les autorisations antérieures à l'ordonnance du 28 avril 1816 sont maintenues. (Décis. 30 août 1828, art. 2), I, 172.

Les autorisations ne sont plus nécessaires pour ouvrir une école de garçons. (Loi 28 févr. 1833, art. 4), I, 237.

Autorisation pour les écoles de filles — L'autorisation pour tenir une école de filles sera délivrée par le recteur de l'Académie, après l'avis du comité local et du comité d'arrondissement, sur la présentation du brevet de capacité et d'un certificat de moralité, sauf le cas d'exception prévu par l'article 13. (Ordonn. 23 juin 1836, art. 7), I, 394.

L'autorisation est nécessaire à toutes les institutrices laïques et congréganistes. (Av. Cons. 9 juin 1837, approuvé sous réserve), I, 470. — L'autorisation accordée à une institutrice qui se refuse à reconnaître une autre autorité que celle de sa congrégation, peut être révoquée. (Av. Cons. 11 fév. 1845), I, 656.

L'autorisation de tenir une école primaire supérieure ne pourra être accordée, sans que la postulante ait justifié d'un brevet de capacité du degré supérieur. (Ordonn. 23 juin 1836, art. 14), I, 396.

L'autorisation de tenir une école est refusée à la congrégation des sœurs de la Providence, par la raison que la position faite par le clergé aux institutrices religieuses établit contre les institutrices laïques une concurrence qu'elles ne peuvent soutenir, et que cet état de choses est nuisible à l'instruction primaire, attendu que les institutrices laïques ne pouvant exercer qu'après des examens, sont généralement plus capables d'enseigner que les membres des congrégations religieuses. (Av. Cons. 12 janv. 1847), I, 697. — L'autorisation d'exercer ne peut être accordée à une congrégation en dehors des départements pour lesquels elle a reçu l'autorisation. (Av. Cons. 8 juin 1849), II, 84.

En cas de conflit entre un conseil municipal et un comité supérieur, le Ministre peut charger le recteur de délivrer une autorisation provisoire. (Av. Cons. 26 oct. 1849, non approuvé), II, 104.

Autorisation provisoire. — L'autorisation provisoire n'est valable que pour un temps. (Av. Cons. 7 mars 1834), I, 306. — Elle ne peut avoir lieu que sur la présentation du conseil municipal. (Id.), I, 306. — Elle ne rend pas apte à obtenir la dispense du service militaire. (Id.), I, 307. — L'instituteur communal exerçant à titre provisoire peut être admis à contracter l'engagement décennal, sauf à être repris par le service militaire, si dans le délai d'un an il n'obtient pas le brevet et une nomination définitive. (Av. Cons. 12 sept. 1843), I, 647. — Un instituteur qui n'a pas reçu l'institution peut être privé de l'autorisation provisoire. (Av. Cons. 8 mai 1846), I, 677.

Le Ministre peut, en cas de nécessité et sur la demande du conseil municipal, autoriser provisoirement à tenir école des personnes ne remplissant pas toutes les conditions légales. (Av. Cons. 16 déc. 1850), II, 199.

Désormais, il ne sera accordé aucune autorisation pour tenir une école primaire à un candidat âgé de moins de 19 ans. (Arr. 13 mars 1850), I, 192.

Un délai de six mois est accordé aux instituteurs libres du département des Alpes-Maritimes pour faire leur déclaration d'ouverture. (Arr. 25 juill. 1860, art. 4), II, 487. — Ce délai est prorogé jusqu'au 1er août 1861. (Arr. 18 janv. 1861), II, 490.

Autorisation pour création d'écoles publiques. — L'établissement dans chacune des communes d'Altkirch, de Hegenheim et de Wintzenheim (Haut-Rhin), de deux écoles primaires publiques, affectées, l'une au culte catholique, l'autre au culte israélite, est autorisé. (Arr. Cons. 30 sept. 1834, art. 2), I, 485. — L'établissement de deux écoles publiques affectées, l'une aux enfants luthériens, l'autre aux enfants calvinistes dans la commune de Birlenbach (Bas-Rhin), est autorisé. (Arr. Cons. 7 oct. 1837), I, 483. — L'établissement de deux écoles primaires publiques spécialement affectées, l'une aux enfants du culte catholique, l'autre aux enfants du culte israélite, est autorisé dans la commune de Dambach, Bas-Rhin. (Arr. Cons. 7 oct. 1837), I, 482. — Il est établi dans la commune de Scherwiller (Bas-Rhin) deux écoles publiques spécialement affectées, l'une aux enfants du culte catholique, l'autre aux enfants du culte israélite. (Arr. Cons. 12 déc. 1837), I, 486.

La commune de Saint-Front est autorisée à créer une deuxième école publique en faveur des enfants protestants. (Av. Cons. 18 févr. 1848), I, 730.

Le conseil supérieur prononce qu'il n'y a pas lieu de créer une seconde école dans la commune de Poët-Laval. (Av. Cons. 3 mai 1850), II, 151. — Cf. 3 mai 1850, II, 151. — Est autorisée la création d'une école dans un hameau dépendant d'une commune dont la population s'élève à 43 habitants qui compte lui-même 500 habitants, qui est distant de la commune de 3 kilomètres et n'a avec elle que des communications difficiles, surtout en hiver. (Av. Cons. 26 juill. 1850), II, 161.

Le nombre des écoles publiques de garçons ou de filles à établir dans chaque commune est fixé par le conseil départemental, sur l'avis du conseil municipal et après approbation du Ministre de l'instruction publique. Le conseil départemental détermine en outre, sur l'avis du conseil municipal, les cas où, à raison des circonstances, il peut être établi une ou plusieurs écoles de hameau dirigées par des adjoints ou des adjointes. (Loi 10 avr. 1867, art. 2), II, 605.

AUTORITÉS PRÉPOSÉES A LA SURVEILLANCE DES ÉTABLISSEMENTS PRIMAIRES.

Deux notables de la commune seront chargés de surveiller l'école primaire et de distribuer les prix tous les ans. (Proj. loi sept. 1791), ch. 1er, art. 7), I, 3. — *Les municipalités sont chargées de l'inspection et surtout de la surveillance des écoles primaires.* (Id., art. 7), I, 3.

L'exécution de la fixation du nombre des écoles est confiée aux corps administratifs, qui se concertent à cet effet avec les conseils généraux des communes. (Décr. 30 vendém. an II, 7°), I, 22. — Les instituteurs et institutrices sont sous la surveillance immédiate de la municipalité ou section, des pères, mères, tuteurs ou curateurs, et sous la surveillance de tous les citoyens. (Décr. 29 frim. an II, sect. II, art. 1), I, 27. — Les règlements relatifs au régime des écoles primaires seront arrêtés par les administrations de département et soumis à l'approbation du Directoire exécutif. (Loi 3 brum. an IV, tit. Ier, art. 10), I, 39. — Les administrations municipales surveilleront immédiatement les écoles primaires. (Id., art. 11), I, 39.

Les sous-préfets sont spécialement chargés de l'organisation des écoles primaires; ils rendront compte de leur état une fois par mois aux préfets. (Loi 11 flor. an X, tit. II, art. 5), I, 43. — Toutes les écoles dont l'enseignement est supérieur à celui des écoles primaires sont placées sous la surveillance et l'inspection particulière des préfets. (Id., ib., tit. III, art. 8), I, 44.

Le conseil de l'Université fait les règlements pour les écoles, sur la proposition du grand maître. (Décr. 17 mars 1808, tit. IX, art. 75 et 76), I, 55. — Les prospectus et programmes des pensions sont soumis aux recteurs et au Conseil des Académies qui peuvent faire fermer ces établissements. (Id., tit. XIII, art.

103 à 106), I, 56. — Le Ministre de l'intérieur est chargé d'étudier les moyens d'accorder, avec la surveillance de l'Université, l'autorité que doivent conserver les préfets et les maires sur les maîtres et les instituteurs des petites écoles ; en attendant, les préfets, sous-préfets et maires continueront à exercer leur surveillance. (Déc. 15 nov. 1811, art. 191 et 191), I, 74.

Il sera formé dans chaque canton, par les soins des préfets, un comité gratuit de charité pour surveiller et encourager l'instruction primaire. (Ordonn. 29 fév. 1816, art. 1), I, 85. — Dans un canton où l'un des deux cultes protestants est professé, il sera formé un comité semblable pour veiller à l'éducation des enfants de ces communes. (Id., art. 6), I, 85. — Chaque école aura pour surveillants spéciaux le curé ou le desservant de la paroisse et le maire de la commune où elle est située. Le comité cantonal pourra adjoindre au curé et au maire, comme surveillant spécial, l'un des notables de la commune, choisi de préférence parmi les bienfaiteurs de l'école. (Id., art. 8), I, 86. — Les archevêques et évêques, dans leurs tournées, pourront prendre connaissance de l'état de l'enseignement religieux dans les écoles du culte catholique. S'ils assistaient au comité cantonal, ils prendraient la première place. Les consistoires et les pasteurs exercent la même surveillance sur les écoles protestantes. (Id., art. 40), I, 93. — Les préfets et sous-préfets conservent l'autorité et la surveillance administrative qui leur sont attribuées par les lois. (Id., art. 41), I, 95. — Deux membres du conseil royal de l'instruction publique sont chargés des questions de l'instruction primaire, l'un pour les écoles de Paris, l'autre pour les écoles du royaume. (Ordonn. 1er nov. 1820, art. 8 et 9), I, 139. — Les archevêques et les évêques peuvent toujours visiter les pensionnats. (Instruct. 4 nov. 1820), I, 151.—Les écoles dotées sont soumises à la surveillance d'un comité cantonal présidé par l'évêque diocésain. (Ordonn. 8 avr. 1824, art. 8, 9, 10), I, 150. — L'évêque pourra, toutes les fois qu'il le jugera convenable, visiter ou faire visiter les écoles primaires de son diocèse. (Ordonn. 21 avril 1828, art. 20), I, 170.

L'instruction est placée sous la direction et la surveillance de l'administration municipale, elle rentre, en conséquence, dans les attributions du Ministre de l'intérieur. (Prop. loi 24 oct. 1831, art. 1), I, 220. — *L'autorité municipale a le droit de visite, en tous temps, dans l'intérieur des écoles et dans les bâtiments qui en dépendent.* (Id., art. 3), I, 220.

Les écoles primaires privées ou communales sont placées sous la surveillance de comités gratuits d'instruction primaire établis par canton. (Prop. loi 17 nov. 1832, art. 2 et 3), I, 224. — *Chaque école primaire communale sera surveillée immédiatement par le maire qui communiquera ses observations au comité cantonal, et y prendra séance avec voix consultative pour toute affaire relative à l'école de sa commune.* (Id., art. 20), I, 227.

Il y aura près de chaque école communale un comité local de surveillance. (Loi 28 juin 1833, art. 17), I, 241. — Il sera formé, dans chaque arrondissement de sous-préfecture, un comité spécialement chargé de surveiller et d'encourager l'instruction primaire. (Id., art. 18), I, 242. — Il y aura dans chaque département un inspecteur spécial de l'instruction primaire. (Ordonn. 26 fév. 1835), I, 354. — Il y aura dans chaque département, outre l'inspecteur spécial créé pour tout le département par l'ordonnance du 26 février 1835, un ou deux sous-inspecteurs qui seront particulièrement chargés de surveiller l'instruction primaire dans un ou plusieurs arrondissements de sous-préfecture. (Ordonn. 13 nov. 1837, art. 1), I, 744.

Les comités locaux, les comités d'arrondissement, et à Paris le comité central, exerceront sur les salles d'asile toutes les attributions dont ils sont revêtus par la loi sur l'instruction primaire, sauf en ce qui touche à la santé des enfants, à leur disposition morale, leur éducation religieuse, ainsi qu'aux peines disciplinaires applicables aux surveillants et aux surveillantes. (Ordonn. 22 déc. 1837, art. 18), II, 491. — Des dames inspectrices seront chargées de la visite habituelle et de l'inspection journalière des salles d'asile. Il y aura une dame inspectrice pour chaque établissement; elles pourront se faire assister par des dames déléguées qu'elles choisiront; elles feront connaître leur choix au maire, à la diligence de qui les comités en seront informés. (Id., art. 19), II, 491. — Il y aura près la commission supérieure des salles d'asile une inspectrice permanente, nommée par le Ministre. (Id. art. 27), II, 493. — Indépendamment de l'inspection journalière des dames inspectrices et de leurs déléguées, de l'inspection habituelle de la déléguée spéciale et de l'inspection annuelle de la déléguée générale, les salles d'asiles seront soumises, conformément aux art. 18 et 28 de l'ordonnance, à l'inspection ordinaire : 1° des comités locaux d'arrondissement, et à Paris du comité central; 2° des inspecteurs et des sous-inspecteurs de l'instruction primaire; 3° des inspecteurs de l'Académie.

Les recteurs, les inspecteurs généraux de l'Université, le président et les membres de la commission supérieure pourront, à tout instant, exercer dans tous les asiles le droit d'inspection et adresser au Ministre leurs observations. (Arr. 24 avr. 1838, art. 28), I, 519.

Il y a dans chaque arrondissement au moins un inspecteur primaire. (Proj. loi 1er juin 1848, art. 36), II, 22. — *Il y a dans chaque Académie au moins un inspecteur supérieur de l'instruction primaire.* (Id., art. 38), II, 23. — *Il y a près le Ministre de l'instruction publique quatre inspecteurs généraux de l'instruction primaire. Ils sont assimilés aux inspecteurs généraux de l'instruction publique. Chaque département sera visité tous les ans par un inspecteur général au moins.* (Id., art. 39), II, 23.

Il y a dans chaque arrondissement un sous-inspecteur de l'instruction primaire, et dans chaque chef-lieu de département un inspecteur faisant fonctions de sous-inspecteur de l'arrondissement du chef-lieu. (Prop. loi 15 déc. 1848, art. 69), II, 57.

L'inspection de tous les établissements d'instruction nationale est exercée : 1° par des inspecteurs généraux nommés par le Ministre parmi les professeurs de Faculté, les recteurs et inspecteurs d'Académie; 2° par les recteurs d'Académie; 3° soit par les inspecteurs d'Académie choisis par le Ministre, soit par les fonctionnaires et professeurs des écoles privées; 4° par des inspecteurs de l'instruction primaire. (Prop. loi 5 fév. 1849, art. 11), II, 68.

Il sera établi une Académie dans chaque département. Chaque Académie est administrée par un recteur et par un Conseil académique. (Loi 15 mars 1850, art. 7), II, 122. — L'inspection des établissements d'instruction publique ou libre est exercée : par les inspecteurs généraux et supérieurs, par les recteurs et les inspecteurs d'Académie; par les inspecteurs de l'enseignement primaire; par les délégués cantonaux, le maire et le curé, le pasteur ou le délégué du consistoire israélite, en ce qui concerne l'enseignement primaire. Les ministres des différents cultes n'inspecteront que les écoles spéciales à leur culte, ou les écoles mixtes pour leurs coréligionnaires seulement. Le recteur pourra, en cas d'empêchement, déléguer temporairement l'inspection à un membre du Conseil académique. (Id., art. 18), II, 125. — L'inspection de l'enseignement primaire est spécialement confiée à deux inspecteurs supérieurs. Il y en a en outre, dans chaque arrondissement, un inspecteur de l'enseignement primaire choisi par le Ministre, après avis du Conseil académique. (Id., art. 20), II, 127. — Le Conseil académique désigne un ou plusieurs délégués résidant dans chaque canton pour surveiller les écoles publiques ou libres du canton, et détermine les écoles particulières soumises à chacun d'eux. (Id., art. 42), II, 134. — Les autorités locales préposées à la surveillance et à la direction morale de l'enseignement primaire, sont, pour chaque école, le maire, le curé, le pasteur ou le délégué du culte israélite, et dans les communes de 2,000 âmes et au-dessus, un ou plusieurs habitans de la commune, délégués par le Conseil académique. (Id., art. 44), II, 135.

Toutes les écoles communales ou libres de filles, tenues soit par des institutrices laïques, soit par des associations religieuses non cloîtrées ou même cloîtrées, sont soumises, quant à l'inspection et à la surveillance de l'enseignement, en ce qui concerne l'externat, aux autorités instituées par les art. 18 et 20 de la loi du 15 mars 1850. (Décr. 31 déc. 1853, art. 10), II, 340. — Le préfet délègue, lorsqu'il y a lieu, des dames pour inspecter, aux termes des art. 50 et 53 de la loi du 15 mars 1850, l'intérieur des pensionnats tenus par des institutrices laïques. (Id., art. 11), II, 340. — L'inspection des pensionnats de filles tenus par des associations religieuses cloîtrées ou non cloîtrées, est faite, lorsqu'il y a lieu, par des ecclésiastiques nommés par le Ministre de l'instruction publique, sur la présentation de l'évêque diocésain. Les rapports constatant les résultats de cette inspection sont transmis directement au Ministre. (Id., art. 12), II, 340.

Il y a, au chef-lieu de chaque département, un conseil départemental de l'instruction publique. (Loi 14 juin 1854, art. 5), II, 353. — Le conseil départemental exerce, en ce qui concerne les affaires de l'instruction primaire, les attributions déférées au Conseil académique. (Id., art. 7), II, 354. — Le préfet exerce, sous l'autorité du Ministre de l'instruction publique et sur le rapport de l'inspecteur d'Académie, les attributions déférées au recteur par la loi du 15 mars 1850 et par le décret organique du 9 mars 1852, en ce qui concerne l'instruction primaire publique et libre. (Id., art. 8), II, 354. — Sous l'autorité du préfet, l'inspecteur d'Académie instruit les affaires relatives à l'enseignement primaire du département. (Id., art. 9), II, 354. — Il y a un inspecteur primaire par arrondissement. L'inspecteur d'Académie exerce les fonctions d'inspecteur primaire pour l'arrondissement chef-lieu ; il a pour auxiliaire, dans cette partie de son service, un des inspecteurs primaires d'arrondissement, qu'il désigne annuellement à tour de rôle, et qui reçoit pour cette mission temporaire un supplément de traitement dont la quotité est fixée par le Ministre de l'instruction publique. Les inspecteurs de l'instruction primaire sont sous les ordres immédiats de l'inspecteur d'Académie. (Décr. 22 août 1854, art. 24), II, 366.

Indépendamment des autorités instituées pour la surveillance de l'inspection des écoles par les art. 18, 20, 42 et 44 de la loi du 15 mars 1850, il peut être établi dans chaque commune où il existe des salles d'asile, et à Paris dans chaque arrondissement, un comité local de patronage nommé par le préfet. Le comité local, dont le curé fait partie de droit, et qui est présidé par le maire, est composé de dames qui se partagent la protection des salles d'asile du ressort. (Décr. 21 mars 1855, art. 14), II, 376. — Le Ministre de l'instruction publique et des cultes peut, suivant les besoins du service, déléguer pour l'inspection des salles d'asile, dans chaque Académie, une dame rétribuée sur les fonds de l'État et nommée par le Ministre de l'instruction publique. Les déléguées générales sont envoyées par le Ministre de l'instruction publique partout où leur présence est jugée nécessaire ; elles s'entendent avec les déléguées spéciales, et provoquent, s'il y a lieu, les réunions des comités locaux de patronage ; elles rendent compte au Ministre et au comité central, et ne décident rien par elles-mêmes. (Id., art. 18), II, 377.

Voir Académie, Comités, Commune, Conseil départemental, École, Inspecteur, Inspectrice, Préfet, Recteur, Salle d'asile.

AVANCEMENT.

Les instituteurs communaux sont choisis, soit sur une liste d'admissibilité et d'avancement dressée par le conseil départemental, soit sur la présentation qui est faite par les supérieurs des associations religieuses ou par les consistoires. (Loi 15 mars 1850, art. 31), II, 130.— Tous les ans, à l'époque déterminée par le recteur, le Conseil académique, dans chaque département, dresse : 1° une liste de tous les candidats qui se sont fait inscrire pour être appelés aux fonctions d'instituteur communal, et qu'ils jugent dignes d'être nommés ; 2° la liste des instituteurs communaux du département, qui, à raison de leurs services, sont jugés dignes d'avancement. Cette dernière liste doit faire connaître le traitement dont jouissent les instituteurs qui y sont portés. Ces deux listes peuvent être modifiées pendant toute l'année. Elles doivent être insérées au *Bulletin des Actes administratifs* de la préfecture, et communiquées, par le recteur, aux conseils municipaux des communes dans lesquelles il y a lieu de pourvoir à la nomination d'un instituteur communal. (Décr. 7 oct. 1850, art. 13), II, 185.

La liste d'avancement dressée par le Conseil académique ne doit pas être rendue publique. (Av. Cons. 16 déc. 1850), II, 198. — Le conseil départemental peut établir différents degrés d'avancement et diviser la liste d'avancement en plusieurs catégories correspondantes à des catégories établies d'avance entre les communes. (Av. Cons. 16 déc. 1850), II, 198.

V. Liste d'admissibilité.

B

BACHELIER (DIPLOME DE).

Le brevet de capacité peut être suppléé par le diplôme de bachelier. (Loi 15 mars 1850, art. 25), II, 128.

BAIL.

Les maires des communes qui ne possèdent point de locaux convenablement disposés, tant pour servir d'habitation à leurs instituteurs communaux, que pour recevoir les élèves, et qui ne pourraient en acheter ou en faire construire immédiatement, doivent se mettre en mesure d'en louer sans délai. Les conditions du bail seront soumises au conseil municipal et au préfet. (Ordonn. 16 juill. 1833, art. 3), I, 247. — Les baux passés par les communes pour location d'écoles ne peuvent excéder six ans. (Av. Cons. 26 déc. 1834), I, 350.— Le délai de six ans, à compter de l'expiration de l'année 1853, accordé aux communes pour devenir propriétaires de locaux d'école, est prolongé jusqu'au 1er janvier 1844. (Ordonn. 25 mars 1838), I, 512. — Le délai accordé aux communes jusqu'au 1er janvier 1844 pour devenir propriétaires des locaux affectés aux écoles primaires, est prorogé jusqu'au 1er janvier 1850. (Ordonn. 26 déc. 1843), I, 652.

BATIMENTS D'ÉCOLE.

Les biens formant la dotation des colléges et des écoles sont vendus, sauf ceux qui peuvent être appropriés au service des colléges et écoles. (Décr. 4 germ. an I, art. 1 et 5),

I, 15. — Les bâtiments servant à l'instruction publique devront être immédiatement repris par les soins des corps administratifs. (Id., art. 5), I, 16. — L'entretien des bâtiments d'instruction publique est à la charge de la nation. (Id. art. 13), I, 17.

La pleine propriété des bâtiments d'instruction publique est concédée aux départements, arrondissements et communes, à charge de supporter les frais d'imposition et de subvenir aux dépenses d'entretien. (Décr. 9 avr. 1811, art. 1 et 2), I, 71.

Il sera fourni à l'instituteur communal un local convenable tant pour lui servir d'habitation que pour recevoir les élèves. (Loi 28 juin 1833, art. 12), I, 239. — Les baux passés par les maires pour la location de maisons d'école ne peuvent excéder six ans. (Ordonn. 16 juill. 1833, art. 3), I, 247. — Chaque année, le Ministre de l'instruction publique fera dresser l'état des communes qui ne possèdent point de maison d'école, de celles qui n'en ont pas en nombre suffisant, à raison de leur population, et enfin de celles qui n'en ont pas de convenablement disposées. Cet état fera connaître les sommes votées par les communes et par les départements. (Id., art. 15), I, 250. — La commune doit fournir une salle proportionnée au nombre des élèves, plus une ou deux chambres d'habitation, outre la cuisine, le tout convenablement disposé. (Av. Cons. 5 janv. 1838), I, 499.

Dans toute commune ou réunion de communes où les dispositions de l'art. 9 et du § 1er de l'art. 12 de la loi du 28 juin 1833, n'ont pas encore reçu leur exécution, le préfet, en vertu de l'art. 15 de la loi du 18 juillet 1837, prendra d'office, dans un délai de cinq ans, les mesures nécessaires pour que l'école élémentaire communale soit établie, par voie de location, d'acquisition ou de construction, aux frais de la commune ou des communes réunies, dans un local convenablement disposé, tant pour servir d'habitation à l'instituteur que pour recevoir les élèves. (Proj. loi 31 mars 1847, art. 8), I, 701.

Les communes doivent fournir et entretenir, tant pour la tenue des écoles que pour le logement des instituteurs et institutrices, des locaux conformes aux règlements de salubrité arrêtés par l'autorité publique. Un préau et un jardin sont joints à chaque école. (Proj. loi 1er juin 1848, art. 18), II, 19.

Les communes doivent fournir et entretenir, tant pour la tenue des écoles municipales de tout genre que pour le logement des instituteurs ou institutrices, des locaux conformes aux règlements arrêtés par le Ministre de l'instruction publique. Des préaux et un jardin seront joints autant que possible, à chaque école. (Prop. loi 15 déc. 1848, art. 45), II, 51.

Toute commune doit fournir à l'instituteur un local convenable, tant pour son habitation que pour la tenue de l'école, le mobilier de classe et un traitement. (Loi 15 mars 1850, art. 37), II, 133. — Le local que la commune est tenue de fournir en exécution de l'art. 37 de la loi organique, doit être visité avant l'ouverture de l'école par le délégué cantonal, qui fait connaître au Conseil académique si ce local convient pour l'usage auquel il est destiné. (Décr. 7 oct. 1850, art. 7), II, 183. — Lorsqu'il est reconnu que le local fourni par une commune, en exécution de l'art. 37 de la loi organique, ne convient pas pour l'usage auquel il est destiné, le préfet, après s'être concerté avec le recteur et avoir pris l'avis du conseil municipal, décide s'il y a lieu, en raison des circonstances, de faire exécuter des travaux pour approprier le local à sa destination ou bien d'en prononcer l'interdiction. S'il s'agit de travaux à exécuter, il met la commune en demeure de pourvoir à la dépense nécessaire pour leur exécution dans un délai déterminé. A défaut d'exécution dans ce délai, il peut y pourvoir de droit. Si l'interdiction du local a été prononcée, le préfet et le recteur pourvoient à la tenue de l'école, soit par la location d'un autre local, soit par les autres moyens prévus par l'art. 36 de la loi organique. Les dépenses occasionnées par cette mesure seront à la charge de la commune dans les limites déterminées par la loi. (Id., art. 9), II, 183.

Toute commune doit fournir à l'institutrice, ainsi qu'à l'instituteur adjoint et à l'institutrice adjointe dirigeant une école de hameau, un local convenable, tant pour leur habitation que pour la tenue de l'école, le mobilier de classe et un traitement. Elle doit fournir à l'adjoint et à l'adjointe un traitement et un logement. (Loi 10 avr. 1867, art. 3), II, 605.

Les conseils municipaux qui demandent des secours à l'État pour la construction, l'appropriation ou la réparation de locaux destinés à des écoles primaires ou des salles d'asile devront présenter, à l'appui de leur demande, indépendamment des pièces prescrites par les instructions ministérielles, un plan en double expédition des travaux à exécuter. (Arr. 11 juill. 1858, art. 1), II, 467. — Lorsqu'il aura été statué sur la demande de secours, les deux exemplaires des plans présentés seront renvoyés aux préfets, avec mention de l'approbation ministérielle. Un exemplaire sera remis au maire pour l'exécution des travaux. Le second exemplaire sera déposé entre les mains de l'inspecteur d'Académie. (Id., art. 2), II, 467. — Lorsque les travaux seront terminés, et lorsqu'il y aura lieu de payer soit la totalité, soit une partie du secours promis, le préfet en préviendra l'inspecteur d'Académie, lequel remettra à l'inspecteur primaire de l'arrondissement le plan déposé entre ses mains, et lui donnera ordre de se transporter dans la commune pour y vérifier si les dispositions approuvées par le Ministre, tant pour la dimension que pour la disposition des locaux, ont été exactement observées. L'inspecteur primaire fera son rapport à l'inspecteur d'Académie, et lui remettra le plan du local, qui demeurera déposé aux archives de l'inspection académique. L'inspecteur d'Académie délivrera, sur le vu de ce rapport, un certificat constatant, s'il y a lieu, que les plans approuvés ont été scrupuleusement exécutés, et le préfet joindra ce certificat à l'appui de sa proposition d'ordonnancement. (Id., art. 3), II, 468. — Dans le cas où les plans approuvés par le Ministre n'auraient pas été scrupuleusement suivis dans l'exécution des travaux, le concours de l'État ne pourra être requis, et la promesse de secours faite sera considérée comme nulle et non avenue. (Id., art. 4), II, 468.

La décision par laquelle le Ministre de l'instruction publique a refusé de donner suite à un projet d'acquisition de maison d'école adopté par délibération du conseil municipal, est un acte purement administratif et non susceptible de recours au contentieux. (Décis. Cons. d'État 7 juill. 1853), II, 311.

V. Local.

BIBLIOTHÈQUES SCOLAIRES.

Il sera formé, pour chaque école, une petite collection de livres à l'usage des élèves, et la garde en sera confiée à l'instituteur. (Décr. 22 frim. an I, tit. I), I, 10.

Il sera ouvert, chaque année, au budget de l'instruction publique, un crédit pour encourager les bibliothèques de livres utiles. (Loi 15 mars 1850, art. 56), II, 138.

Il sera établi, dans chaque école primaire publique, une bibliothèque scolaire. (Arr. 1er juin 1862, art. 1), II, 506. — Cette bibliothèque sera placée, sous la surveillance de l'instituteur, dans une des salles de l'école, dont elle est la propriété. Les livres seront rangés dans une armoire-bibliothèque. (Id. art. 2), II, 506. — La bibliothèque scolaire comprendra : 1° le dépôt des livres de classe à l'usage de l'école ; 2° les ouvrages concédés à l'école par le Ministre ; 3° les livres donnés par les préfets au moyen de crédits votés par les conseils généraux ; 4° les ouvrages donnés par les particuliers ; 5° les ouvrages acquis au moyen des ressources propres à la bibliothèque (art. 7) ; (Id., art. 3), II, 506. — Aucune concession de livres ne pourra être faite par le Ministre à une bibliothèque scolaire, si la commune ne peut justifier : 1° de la possession d'une armoire-bibliothèque ; 2° de l'acquisition de livres de classe en quantité suffisante pour les besoins des élèves gratuits. (Id., art. 4), II, 506. — Les livres de classe seront prêtés aux moments convenables pour les exercices à tous les enfants portés sur la liste des admissions gratuites, dressée conformément à l'art. 45 de la loi du 15 mars 1850. (Id., art. 5), II, 506. — Aucun des ouvrages mentionnés aux §§ 2, 3, 4, et 5 de l'art. 3, ne peut être placé dans les bibliothèques scolaires, soit qu'il provienne d'acquisitions, soit qu'il provienne de dons faits par les particuliers, sans l'autorisation de l'inspecteur d'Académie. L'acquisition des livres de classe sera faite par les instituteurs, sur une liste préparée, chaque année, pour toutes les écoles du ressort, par le Conseil académique et arrêtée par le Ministre. (Id., art. 6), II, 507.

Les ressources de la bibliothèque scolaire se composent : 1° des fonds sociaux votés par les conseils municipaux ; 2° des sommes portées au budget pour fournitures de livres aux enfants indigents, et que les conseils municipaux consentiraient à appliquer à la nouvelle fondation ; 3° du produit des souscriptions, dons ou legs destinés à ladite bibliothèque ; 4° du produit des remboursements faits par les familles pour pertes ou dégradations de livres prêtés ; 5° d'une cotisation volontaire fournie par les familles des élèves payants, et dont le taux sera fixé, chaque année, par le conseil départemental, après avis du conseil municipal. (Arr. 1er juin 1862, art. 7), II, 507.

L'instituteur communal tiendra trois registres conformes aux modèles ci-annexés : 1° catalogue des livres ; 2° registre des recettes et des dépenses ; 3° registre d'entrée et de sortie des livres prêtés au dehors de l'école. Ces registres, cotés et parafés par le maire, seront visés par l'inspecteur de l'instruction primaire, lors de l'inspection de l'école. Ils seront communiqués aux autorités scolaires, à toute réquisition. Les livres seront également mis entre les mains des élèves payants dont les parents auront souscrit la cotisation volontaire indiquée à l'art. 7 du présent arrêté. Les ouvrages mentionnés aux §§ 2, 3, 4 et 5 de l'art. 3 pourront être prêtés aux familles, lesquelles prendront l'engagement de les rendre en bon état ou d'en restituer la valeur. (Arr. 1er juin 1862, art. 8), II, 507. — L'instituteur conservera et classera, dans un ordre méthodique, les mémoires, quittances, lettres et toutes les pièces de correspondance, relatifs à la bibliothèque scolaire. (Id., art. 9), II, 508. — Chaque année, au 31 décembre, l'instituteur dresse, en présence du maire, la situation de la bibliothèque, ainsi que celle de la caisse. Le procès-verbal constatant cette double opération est adressé à l'inspecteur d'Académie par l'intermédiaire de l'inspecteur primaire. (Id., art. 10), II, 508. — A chaque changement d'instituteur, le procès-verbal de récolement et de situation de la caisse est signé par l'instituteur sortant et par son successeur ; l'instituteur sortant n'est déchargé de toute responsabilité qu'après avoir obtenu de l'inspecteur de l'instruction primaire un certificat constatant que les formalités susindiquées ont été remplies, et la prise en charge faite par son successeur. (Id., art. 11), II, 508.

BOURSE.

Les élèves des écoles primaires participent aux pensions gratuites ou bourses fondées par l'État dans la maison principale d'éducation de chaque département. (Proj. loi sept. 1791, chap. III, art. 9 à 11), I, 3.

Dans les Écoles normales, des bourses entières ou partielles peuvent être fondées par les départements, par les communes, par l'Université, par des donations particulières ou des associations charitables. (Règl. 14 déc. 1832, art. 8), I, 230. — Les bourses fondées par l'Université sont toujours données au concours. Il est facultatif pour les autres fondateurs de déterminer s'ils entendent que les bourses par eux fondées soient données par la voie du concours ou à la suite d'examens individuels. (Id., art. 9), I, 231.

Les élèves-maîtres jouissant d'une bourse ou portion de bourse doivent contracter deux sortes d'engagements : 1° l'engagement décennal qui, dûment accepté par le conseil royal, entraîne la dispense du service militaire; 2° l'engagement de payer la portion de pension à leur charge et généralement les frais de leur séjour à l'école. (Décis. Cons. 14 juin 1839), I, 552. — L'élève-maître est tenu de rembourser le prix de sa pension s'il quitte l'instruction avant dix ans, à moins que sa mauvaise santé ne soit dûment constatée. Le Ministre peut l'autoriser à quitter momentanément l'instruction privée. Le remboursement se fait au profit de l'école. Le directeur est fondé à exercer des poursuites. Le remboursement est dû, si l'engagement porte obligation de servir dans le département qui a fondé la bourse. (Décis. Cons. 18 janv. 1842), I, 586.

Tout département est tenu de pourvoir au recrutement des instituteurs communaux, en entretenant des élèves-maîtres soit dans les établissements d'instruction primaire désignés par le conseil départemental, soit aussi dans l'École normale établie à cet effet par le département. (Loi 15 mars 1850, art. 35), II, 132.

Les bourses ou portions de bourses entretenues soit par l'État, soit par les départements dans les Écoles normales, sont accordées par le recteur en Conseil académique. Les boursiers qui n'obtiennent que des portions de bourses, s'engagent à payer la portion qui reste à leur charge. Les boursiers départementaux prennent, en outre, l'engagement de servir pendant dix ans dans le département qui paye leur pension. Ils peuvent être affranchis, en tout ou en partie, de ces engagements par une dispense du recteur, sur l'avis conforme du Conseil académique. (Décr. 24 mars 1851, art. 18), II, 229. —Les boursiers qui, par leur fait, sortiraient de l'école avant la fin du cours, ou qui refuseraient d'accomplir leur engagement décennal, seront tenus de restituer à l'État ou au département le prix de la pension dont ils auront joui. Toutefois, ils pourront être dispensés de cette obligation par le Ministre, sur l'avis du conseil départemental. Le montant des restitutions fera retour au fonds sur lequel les bourses étaient payées. La dispense du service militaire cesse à dater du jour où l'engagement a été rompu. (Id., art. 19), II, 229.

Les bourses entretenues par l'État, les départements, les communes, les associations charitables et les particuliers, en faveur des élèves-maîtres, sont entières ou divisées par quart. Il ne peut être donné moins d'un quart de bourse. (Décr. 26 déc. 1855, art. 3), II, 407.

Les bourses ou portions de bourses entretenues par l'État ou par les départements dans les Écoles normales, sont accordées par le préfet, en conseil départemental, sur la proposition motivée de la commission de surveillance et du directeur d'établissement. Les boursiers qui n'obtiennent que des portions de bourse s'engagent à payer la portion qui reste à leur charge. Les boursiers départementaux s'engagent, en outre, à servir pendant dix ans dans le département qui paye leur pension. Ces engagements, ainsi que l'autorisation nécessaire aux mineurs, devront être légalisés. Des anciens boursiers départementaux peuvent être relevés, en tout ou en partie, de leur engagement par une dispense du préfet, sur l'avis conforme du conseil départemental et de la commission de surveillance. (Décr. 2 juill. 1866, art. 16), II, 593. — Les boursiers qui, par leur fait, sortiraient de l'école avant la fin du cours, ou qui refuseraient d'accomplir leur engagement décennal, sont tenus de restituer à l'État ou au département le prix de la pension dont ils ont joui. Toutefois, ils peuvent être dispensés de cette obligation par le Ministre, sur l'avis du conseil départemental. Le montant des restitutions fait retour au fonds sur lequel les bourses étaient payées. La dispense du service militaire cesse à dater du jour où l'engagement a été rompu. (Id., art. 17), II, 593.

Le conseil général, sur l'avis motivé du directeur et de la commission de surveillance pour les Écoles normales, nomme et révoque les titulaires des bourses entretenues sur les fonds départementaux. L'autorité universitaire peut prononcer la révocation dans les cas d'urgence ; ils en donnent avis immédiatement au président de la commission départementale et en font connaître les motifs. (Loi 10 août 1871, art. 45).

V. École normale.

BREVET DE CAPACITÉ.

Les chefs d'institutions et les maîtres de pensions ne pourront exercer sans avoir reçu du grand maître de l'Université un brevet portant pouvoir de tenir leur établissement. Le brevet sera de dix années et pourra être renouvelé. (Décr. 17 mars 1808, tit. XIII, art. 103), I, 55. — Les frères des Écoles chrétiennes seront brevetés et encouragés par le grand maître qui fera surveiller leurs écoles. (Id., art. 109), I, 56.

Le brevet de capacité est obligatoire pour tout particulier qui désire se vouer aux fonctions d'instituteur primaire. (Ordonn. 29 févr. 1816, art. 10, 13 et 18), I, 86 et 87. Cf. Arr. 3 juill. 1818, art. 6, I, 117. — L'obligation du brevet est commune aux instituteurs qui appartiennent à des associations religieuses ou charitables ou qui ont obtenu la recommandation des sociétés formées pour la propagation de l'enseignement mutuel, comme aussi à tous ceux qui dirigent des écoles entretenues par les communes ou fondées par des particuliers ou des associations de charité. (Id., art. 6), I, 117.

Le brevet est remis par le recteur aux frères des Écoles chrétiennes, sur le vu de la lettre d'obédience délivrée par le supérieur. (Ordonn. 1er mai 1822. Cf. ordonn. 11 juin, 17 sept. et 3 déc. 1823). — A l'égard des frères de la Doctrine chrétienne et des membres de toute autre association charitable légalement autorisée pour former ou fournir des instituteurs primaires, le recteur remettra à chacun d'eux un brevet de capacité, sur la vue de l'obédience délivrée par le supérieur ou le directeur général de ladite association. Le recteur délivrera pareillement à chaque frère l'autorisation d'exercer dans le cas prévu par l'art. 12 de l'ordonnance du 8 avril 1824 (Ordonn. 21 avr. 1828, art. 10), I, 168.

L'ordonnance du 29 fév. 1816 est applicable aux écoles de filles. (Ord. 3 avril 1820, art. 3), I, 133. — Les institutrices appartenant aux congrégations sont dispensées du brevet ; l'autorisation leur est délivrée sur le titre d'obédience. (Instruct. 29 juill. 1819), t. 130. — Les institutrices d'écoles de filles appartenant à une congrégation légalement reconnue, et dont les statuts, et spécialement ceux qui sont relatifs à l'instruction des novices, auront été approuvés par nous, seront assimilées aux frères des Écoles chrétiennes, en ce point que leurs brevets de capacité seront expédiés sur la présentation de leurs lettres d'obédience et que les brevets seront déposés dans les mains des supérieures de la congrégation, lesquelles pourront annuler ceux des institutrices qu'elles se verraient obligées d'exclure. (Ordonn. 3 avr. 1820, art. 3), t. 133.

Le recteur accorde et peut retirer le brevet. (Ordonn. 29 févr. 1816, art. 29), t. 89. — Les brevets continueront d'être délivrés par le recteur. (Ordonn. 21 avr. 1828, art. 9), t, 168. — Le recteur ne peut retirer le brevet que par provision ; c'est le Conseil académique qui prononce avec recours au Conseil royal. (Id., art. 18), t. 170.

Les brevets de capacité pour les instituteurs sont de trois degrés. (Ordonn. 29 fév. 1816, art. 11), t. 86. — Cf. Instruct. 14 juin 1816, t. 97. — Chaque recteur fixera, pour son Académie, une époque passée laquelle il ne sera plus délivré de brevets du premier degré qu'à ceux qui, outre l'instruction requise, posséderont les meilleures méthodes d'enseignement. (Ordonn. 29 févr. 1816, art. 12), t. 87. — Tout instituteur du département de la Seine qui n'aura pas son brevet avant le 1er janvier 1817, sera rayé du tableau. (Arr. 7 oct. 1816), t. 106. — Il ne sera accordé d'autorisation pour exercer dans la ville de Paris qu'à ceux qui seront pourvus du brevet du 2e degré. (Arr. 22 mai 1818), t. 115. — Les brevets de 3e degré ne doivent être que très-rarement accordés ; on pourrait même fixer l'époque à partir de laquelle il n'en sera plus délivré. (Instruct. 15 janv. 1819), t. 114, note. — La dispense du service militaire ne pourra être accordée qu'à ceux qui ont au moins un brevet du 2e degré. (Id.), t. 114. — A dater du 1er janvier 1820, il ne sera plus accordé d'autorisation pour les chefs-lieux de canton à des instituteurs du 3e degré. (Arr. 28 sept. 1819, art. 12), t, 126. — Dans les communes du département de Seine-et-Oise, où les instituteurs jouissent d'un traitement de 800 francs, il ne sera plus autorisé que des instituteurs ayant au moins le brevet du 2e degré. (Décis. 29 déc. 1820), t, 136. — Tout aspirant âgé de moins de vingt-cinq ans ne sera admis à l'examen, qu'autant qu'il se présentera pour obtenir le brevet du 2e degré. (Id., art. 2, t, 186.

Les brevets des institutrices sont de deux degrés. (Instruct. 3 juin 1819), t, 119.

Il est enjoint à l'instituteur, de la manière la plus expresse, de se renfermer strictement dans les limites de l'instruction primaire, telle que le détermine le brevet de capacité qu'il a obtenu, sous peine d'être privé de son autorisation ou même de son brevet. (Arr. 5 déc. 1820, art. 5 et 6, t, 143.

Tout particulier qui voudra se vouer aux fonctions de l'instruction primaire, devra, préalablement à l'examen du brevet, présenter au recteur de son Académie un certificat de bonne conduite des curé et maire de la commune ou des communes où il aura habité depuis trois ans au moins. (Ordonn. 29 févr. 1816, art. 10), t, 86. — Il est interdit au préfet d'envoyer devant la jury d'examen toute maîtresse de pension qui ne serait pas pourvue du certificat de bonnes vie et mœurs délivré par le curé. (Circul. 4 nov. 1820), t, 140. — Pour être admis à l'examen du brevet, le candidat devra présenter, outre le certificat de bonnes vie et mœurs, un certificat d'instruction religieuse délivré par l'évêque. (Ordonn. 21 avr. 1828, art. 9), t. 168.

Pour être admis à subir l'examen du brevet, il suffira de justifier qu'on est âgé de dix-huit ans, et de présenter des certificats de bonnes vie et mœurs. (Ordonn. 12 mars 1831, art. 1 et 2), t, 204.

A l'avenir, nul ne pourra obtenir le brevet de capacité à l'effet d'exercer les fonctions d'instituteur primaire, à quelque titre que ce soit, s'il n'a préalablement subi, dans les formes établies et devant qui de droit, les examens prescrits par les ordonnances. (Ordonn. 18 avr. 1831), t. 205.

Nul ne pourra être nommé instituteur communal s'il ne produit le brevet de capacité. Proj. loi 20 janv. 1831, art. 9), t, 196.

Tout instituteur doit présenter une attestation de capacité. L'attestation de capacité sera délivrée, après examen, par une commission de trois membres siégeant au chef-lieu et formée de l'ingénieur en chef, d'un juge de paix et d'un membre nommé par le préfet. (Prop. loi 24 oct. 1831, art. 5), t. 221.

Toute personne agée de dix-huit ans au moins pourra exercer la profession d'instituteur, sous la condition de présenter au maire et de faire viser par lui un brevet de capacité et des certificats de bonnes vie et mœurs délivrés sur l'attestation de trois conseillers municipaux, par le maire de la commune ou des communes où il aura résidé pendant trois ans. Le brevet de capacité est délivré, après examen, par une commission départementale de trois membres nommés annuellement par le conseil général. (Prop. loi 17 nov. 1832, art. 8), I, 225. — Cf. id. art. 15, I, 226.

Tout individu âgé de dix-huit ans accomplis pourra exercer la profession d'instituteur primaire et diriger un établissement quelconque d'instruction primaire, sans autres conditions que de présenter préalablement au maire de la commune où il voudra tenir école : 1° un brevet de capacité obtenu après examen, selon le degré de l'école qu'il veut établir..... (Loi 28 juin 1833, art. 14), I, 237.— Nul ne peut être nommé instituteur, s'il ne remplit les conditions de capacité exigées par la loi. (Art. 16), I, 241.

Il y a deux sortes de brevets de capacité : le brevet pour l'instruction primaire élémentaire et le brevet pour l'instruction primaire supérieure. Ces brevets seront délivrés après examen. (Arr. 19 juill. 1833, art. 1), I, 255.

Tout individu âgé de dix-huit ans pourra, en produisant son acte de naissance, se présenter devant une commission pour obtenir le brevet. Il sera seulement tenu de s'inscrire vingt-quatre heures à l'avance. (Arr. 19 juill. 1833, art. 6), I, 256.— Cf. décis. Cons. 9 juill. 1833, I, 245. — Le brevet doit être délivré à tout individu, soit français, soit étranger, qui a subi l'examen. (Av. Cons. 12 nov. 1833), I, 280. — Les frères sont soumis à l'examen du brevet de capacité, comme tous les autres aspirants. (Av. Cons. 17 mars 1837), I, 458.

Les anciens brevets conservent toute leur valeur pour la nomination comme instituteur communal. (Av. Cons. 19 juill. 1833), I, 259. — Les anciens brevets conservent toute leur valeur, sauf jugement en cas de faute de la part des instituteurs. (Av. Cons. 1er oct. 1833), I, 270. — Les instituteurs que la loi du 28 juin 1833 a trouvés en possession de leur état doivent le conserver sans avoir aucune formalité nouvelle à remplir, jusqu'à démission ou jugement. (Av. Cons. 12 nov. 1833),

I, 278. — Les anciens brevets ne peuvent servir que pour tenir des écoles élémentaires. Le brevet de capacité, ancien ou nouveau, est indispensable pour exercer les fonctions d'instituteur. (Av. Cons. 5 nov. 1833), I, 274.

Les anciens instituteurs qui désirent obtenir un brevet nouveau, devront subir un nouvel examen. (Arr. 28 juin 1836, art. 11), I, 403. — Un brevet obtenu avant la loi de 1833 ne peut être échangé contre un brevet nouveau; mais il est valable pour exercer. (Av. Cons. 15 juin 1849), II, 85.

L'échange de l'ancien brevet contre un nouveau doit être ajourné, si l'instituteur n'est pas capable; après un nouveau délai, le comité pourra appliquer à l'instituteur les dispositions de l'art. 23. (Av. Cons. 25 fév. 1834), I, 301. — Dans aucun cas, un instituteur déjà muni du brevet, ne peut être contraint à se pourvoir d'un autre brevet; mais le comité doit avertir l'instituteur qu'il juge trop peu instruit, de travailler à perfectionner son instruction, lui assigner un délai de trois ou six mois, s'assurer qu'il a mis l'avertissement à profit, et s'il n'en a pas tenu compte, le mander et statuer pour négligence habituelle. (Av. Cons. 3 oct. 1834), I, 335.

Le brevet régulièrement délivré est une présomption légale de capacité, mais le comité peut user, après délai, des droits de l'art. 23 contre l'instituteur reconnu incapable, malgré le brevet. (Av. Cons. 2 déc. 1834), I, 340. — Il appartient aux commissions d'examen de décider si le brevet doit être accordé ou non. Les recteurs n'ont pas le droit de contrôler l'examen, ni le Ministre celui d'ajourner le brevet. (Av. Cons. 23 août 1833), I, 263. — Le Ministre a le droit de refuser la ratification des réceptions prononcées par les commissions d'instruction primaire chargées de délivrer le brevet. (Décis. Cons. 23 avr. 1839), I, 543. — Le Ministre peut faire recommencer les examens qui ont pour objet les brevets de capacité. (Av. Cons. 15 juill. 1842), I, 603. — Le brevet de l'élève-maître qui n'a pu produire le certificat d'aptitude mentionné dans l'art. 25 du règlement général du 14 décembre 1832, est nul. (Av. Cons. 12 juill. 1842), I, 602. — Le brevet de capacité délivré à un élève-maître avant la fin de son cours d'étude est nul. (Av. Cons. 24 déc. 1839), 570. — Cf. id., 12 oct. 1847), I, 709.

Des autorisations provisoires peuvent être accordées à des candidats présentés par certaines communes rurales, en attendant que le nombre des candidats brevetés soit plus élevé. (Av. Cons. 27 août 1833), I, 265.

Des brevets provisoires ne peuvent plus être accordés pour des autorisations provisoires de tenir école. (Av. Cons. 10 oct. 1834), I, 337. — Les candidats pourvus d'une autorisation provisoire doivent se mettre en mesure d'obtenir une nomination définitive dans le délai d'un an au plus ; passé ce terme, il doit être procédé à la nomination d'un instituteur. (Av. Cons. 19 mai 1837), I, 464. — Il ne sera plus accordé d'autorisations provisoires. (Arr. Cons. 20 mars 1838), I, 511.

Un examen spécial est indispensable pour chacun des brevets de capacité. Cet examen peut avoir lieu dans la même session. (Av. Cons. 4 juill. 1833), I, 646. — Un candidat qui s'est présenté pour subir l'examen du brevet supérieur, ne peut, s'il échoue, recevoir un brevet élémentaire, sans avoir subi un examen spécial correspondant à ce brevet. (Av. Cons. 29 mars 1842), I, 595.

Les tableaux et enseignes des instituteurs doivent porter l'indication du brevet, ancien ou nouveau, qu'ils ont obtenu ; ils pourront, en outre, faire mention des divers objets d'enseignement de l'établissement. (Décis. Cons. 14 août 1835, art. 1 à 3), I, 364.

Le brevet de capacité pour une école primaire élémentaire ne peut être donné par collation aux chefs d'institutions et maîtres de pension qui sollicitent l'autorisation d'annexer une école primaire à leur établissement. (Av. Cons. 28 fév. 1834), I, 303.

Il n'est pas nécessaire que tous les adjoints chargés de l'enseignement dans l'école primaire supérieure soient munis du brevet de capacité. Il suffit que l'un d'eux ou tout autre maître soit le chef spécial de l'école, et comme tel remplisse toutes les conditions légales. (Av. Cons. 31 janv. 1834), I, 299.

Les chefs d'établissement d'instruction secondaire qui veulent annexer une école primaire à leur établissement ne sont tenus de se munir du brevet qu'au cas où ils n'ont pas de maître spécial qui possède ce brevet. S'ils n'ont pas de maître spécial, ils doivent se munir du brevet. (Av. Cons. 10 janv. 1834), I, 292.

Une école primaire annexée à une école secondaire ecclésiastique doit être tenue par un chef spécial pourvu d'un brevet de capacité et d'un certificat de moralité, conformément à l'art. 4 de la loi du 28 juin 1833. (Av. Cons. 21 juill. 1837), I, 474.

Les brevets doivent être soumis au visa et à la légalisation du recteur, afin qu'ils puissent servir aux candidats hors du ressort de la commission d'examen. (Av. Cons. 4 févr. 1834), I, 299. — Les brevets délivrés par la commission d'instruction primaire, en Algérie, sont valables pour la France. (Av. Cons. 8 mai 1846), I, 676. — Le procès-verbal d'un examen est valable comme titre, lorsque la date de l'examen est dûment établie, et qu'il constate que l'examen a été jugé suffisant pour obtenir le brevet. (Av. Cons. 4 juill. 1834), I, 329. — Le duplicata du brevet peut être accordé à l'instituteur, moyennant un droit de cinq francs qui sont versés à la caisse d'épargne des instituteurs établie au chef-lieu du département. (Av. Cons. 13 janv. 1837), I, 440.

Il y a deux sortes de brevets de capacité pour les écoles de filles, les uns pour l'instruction primaire élémentaire, les autres pour l'instruction primaire supérieure. Ces brevets sont délivrés après examen devant une commission. (Ordonn. 23 juin 1836, art. 5, I 393.

Les institutrices primaires, munies de titres anciens, ont le droit d'exercer leur profession sans être obligées de se pourvoir d'un nouveau titre. (Av. Cons. 23 sept. 1836), I, 412. — Les examens faits avant la loi ne peuvent valoir que pour la délivrance du brevet existant avant la loi. (Av. Cons. 30 sept. 1836), I, 413.

Les sœurs institutrices ne peuvent se dispenser d'obtenir le brevet; mais le brevet doit leur être expédié sur la présentation de leur lettre d'obédience. (Av. Cons. 26 déc. 1834), I, 347. — La condition d'un brevet du degré supérieur pour une institutrice du degré élémentaire qui demande à recevoir des pensionnaires, n'est pas exigible. (Av. Cons. 25 oct. 1842), I, 613.

Tout Français âgé de vingt-un ans et n'ayant encouru aucune des incapacités prévues par la loi du 28 juin 1833, est en droit d'ouvrir une école privée sans autre formalité ou condition que d'en faire préalablement la déclaration au comité d'arrondissement et d'y déposer : 1° son acte de naissance; 2° son brevet de capacité... (Proj. loi 31 mars 1847, art. 10), I, 702.

Nul ne peut être nommé instituteur, s'il n'est âgé de dix-neuf ans accomplis, et pourvu d'un certificat d'aptitude. (Proj. loi 1er juin 1848, art. 8), II, 18. — *Toute personne pourvue du certificat d'aptitude peut diriger une école privée.* (Id., art. 21), II, 20. — *Un délai de cinq ans est accordé aux institutrices pourvues de lettres d'obédience et âgées de moins de trente ans, pour obtenir le brevet de capacité. Les lettres d'obédience équivaudront au brevet pour celles qui sont âgées de plus de trente ans.* (Id., art. 97), II, 62.

Tout individu âgé de dix-neuf ans, pourvu du brevet de capacité, peut ouvrir une école. (Prop. loi 15 déc. 1848, art. 48), II, 52.

Tout Français âgé de vingt et un ans peut exercer dans toute commune la profession d'instituteur primaire, public ou libre, s'il est muni d'un brevet de capacité. Le brevet de capacité peut être suppléé par le certificat de stage, par le diplôme de bachelier, par un certificat constatant qu'on a été admis dans une des écoles spéciales de l'État, ou par le titre de ministre, non interdit ni révoqué, de l'un des cultes reconnus par l'État. (Loi 15 mars 1850, art. 25), II, 128. — Les lettres d'obédience tiendront lieu de brevet de capacité aux institutrices appartenant à des congrégations. L'examen des institutrices n'aura pas lieu publiquement. (Id., art. 49), II, 136.

Les certificats d'admission dans les écoles spéciales qui suppléent au brevet de capacité ne peuvent être délivrés, quant à présent, que par les chefs des Écoles normale supérieure, polytechnique, Saint-Cyr, forestière, de la marine, des mineurs de Saint-Étienne et d'Alais, des Chartes. (Décr. 31 mars 1851), II, 233. — Ne sont pas admis à subir l'examen, et, dans tous les cas, n'auront pas droit à la délivrance du brevet de capacité, les candidats qui se trouvent dans les cas d'incapacité prévus par l'art. 26 de la loi du 15 mars 1850. (Arr. 15 févr. 1853, art. 5), II, 296.

Dans le cas particulier d'écoles primaires uniquement destinées à des enfants étrangers résidant en France, des dispenses de brevets de capacité ou de grades pourront être accordées par le Ministre de l'instruction publique, après avis du conseil supérieur. (Décr. 5 déc. 1850, art. 2), II, 190. — Les règlements relatifs aux brevets de capacité sont applicables aux colonies des Antilles et de la Réunion. (Décr. 23 sept. 1857). — Le décret du 23 sept. 1857 concernant la délivrance des brevets

de capacité, est applicable dans les colonies des Indes. (Décr. 18 nov. 1863), II, 529.

Le Ministre de l'instruction publique pourra, après avoir pris l'avis du conseil supérieur, déclarer équivalents aux brevets ou diplômes nationaux exigés par la loi, tous brevets et grades obtenus par l'étranger des autorités scolaires de son pays. (Décr. 5 déc. 1850, art. 3), II, 190. — Pourront être accordées par le Ministre, en conseil supérieur, des dispenses de brevets ou de grades aux étrangers qui se seraient fait connaître par des ouvrages dont le mérite aura été reconnu par le conseil de l'instruction publique. (Id., art. 4), II, 190.

V. Certificat de moralité, Commisson d'examen, Examen, Stage.

BUDGET.

Budget communal. — Les conseils municipaux de toutes les communes du royaume délibéreront, dans leur prochaine session ordinaire du mois de mai, sur les moyens de pourvoir à l'établissement et à l'entretien des écoles primaires dont ils auront reconnu la nécessité. (Ordonn. 14 fév. 1830, art. 5), I, 188. — Les conseils municipaux arrêteront : 1° le montant des frais indispensables pour l'établissement de l'école ; 2° le traitement fixe de l'instituteur pour cinq ans ; 3° la liste des enfants gratuits ; 4° le taux de la rétribution scolaire. (Id., art. 6), I, 109. — Plusieurs communes peuvent s'associer pour la création et l'entretien d'une école. (Id., art. 7), I, 190. — En cas d'insuffisance des ressources communales, les départements pourvoiront. (Id., art. 89), I, 190.

A défaut de fondations, dons ou legs, toute commune sera tenue de pourvoir par elle-même ou en se réunissant à d'autres communes, à ce que les enfants qui l'habitent reçoivent l'instruction, et à ce que les enfants indigents la reçoivent gratuitement. (Proj. loi 20 janv. 1831, art. 7), I, 195. — *Le local et le traitement fixe nécessaires seront fournis soit aux frais de la commune, soit aux frais des communes réunies, soit aux frais de la commune et du département, en cas d'insuffisance des ressources ordinaires, soit aux frais de la commune, du département et de l'État, si les ressources communales et départementales ne suffisent pas.* (Id., art. 10), I, 196.

Dès que le choix d'un instituteur communal aura été fait, le conseil municipal sera tenu, à défaut de ressources ordinaires, d'imposer la commune jusqu'à concurrence de cinq centimes additionnels. (Prop. loi 17 nov. 1832, art. 18), I, 226. — *Le préfet veillera à ce que les conseils municipaux établissent cette imposition, et invitera, s'il y a lieu, les comités cantonaux à organiser les écoles.* (Id., art. 19), I, 226. — *Aucune commune ne peut être dispensée des obligations susdites que dans le cas où il a été reconnu par le préfet, sur l'avis du conseil cantonal, que les écoles privées satisfont à tous les besoins et notamment aux besoins des enfants pauvres.* (Id., ibid.), I, 226.

A défaut de fondations, donations ou legs, et en cas d'insuffisance des ressources ordinaires, une imposition spéciale de trois centimes au plus sera votée par le conseil municipal, ou à défaut de vote, elle sera établie par ordonnance royale. Si les communes ne peuvent se suffire, les départements, puis l'État seront appelés à pourvoir. (Loi 28 juin 1833, art. 13), I, 239.

Lorsqu'une commune, avec ses revenus ordinaires, ainsi qu'avec le produit des fondations, donations ou legs, ne sera pas en état de pourvoir au traitement des instituteurs et de procurer le local nécessaire, le conseil municipal sera appelé à voter, jusqu'à concurrence de 3 centimes additionnels au principal des contributions foncière, personnelle et mobilière, une imposition spéciale à l'effet de pourvoir à ces dépenses. (Ordonn. 16 juill. 1833, art. 4), I, 247. — Les dépenses des écoles primaires et les diverses ressources qui y sont affectées font partie des recettes et dépenses des communes. (Id., art. 12), I, 249. — Le préfet enverra au Ministre la liste des communes qui n'auraient pas fixé le traitement de leurs instituteurs, ni assuré un local pour l'école, avec indication des revenus de chaque commune, du produit annuel des fondations, donations ou legs, et de la portion de ce produit et de ces revenus que la commune pourrait affecter à ces dépenses. (Id., art. 7), I, 248. — Le tableau de toutes les communes du royaume, avec l'indication de leur population et de leurs revenus ordinaires et extraordinaires, divisé par départements, arrondissements et cantons, sera adressé tous les cinq ans, par le Ministre des travaux publics et du commerce, au Ministre de l'instruction publique. (Id., art. 14), I, 249. — L'imposition des trois centimes additionnels au principal des contributions est destinée à pourvoir aux dépenses obligatoires de l'instruction primaire. Pour toutes les autres dépenses de l'instruction primaire, les conseils restent libres de voter, en dehors des trois centimes spéciaux, des centimes extraordinaires. (Av. Cons. 23 août 1833), I, 264.

Si le minimum du traitement des instituteurs n'est pas atteint par le montant de la rétribution scolaire ajouté à la rétribution municipale, telle qu'elle est fixée par la loi de 1833, ladite rétribution municipale sera élevée jusqu'à ce minimum, au moyen de la partie restée disponible des ressources ordinaires des communes, et, à défaut de ressources sur les revenus ordinaires, au moyen de la partie qui sera restée disponible sur les centimes communaux affectés à l'instruction primaire par l'art. 13 de la loi du 28 juin 1833, et par l'art. 3 de la loi du 18 juin 1836. (Proj. loi 31 mars 1847, art. 3), I, 700. — *A l'avenir, tout engagement contracté par les communes ou par les conseils généraux pour l'instruction publique de tous les degrés et dûment autorisé, constituera une dépense obligatoire. En conséquence, il y sera pourvu conformément aux dispositions établies par les lois des 10 mai 1833 et 18 juillet 1839, relativement à l'inscription d'office des dépenses reconnues obligatoires, à moins que le Ministre de l'instruction publique n'autorise une dérogation auxdits engagements.* (Id., art. 9), I, 702.

Les dépenses afférentes à l'instruction primaire et résultant des dispositions de la présente loi seront acquittées au moyen des fondations, legs et donations, de la rétribution scolaire annuelle, des revenus ordinaires de chaque commune, des trois centimes additionnels votés par les communes dans les formes prescrites par l'art. 13 de la loi du 28 juin 1833, des deux centimes additionnels votés par les départements, et des subventions de l'État. (Prop. loi 15 déc. 1848, art. 90), II, 61.

A défaut de fondations, dons ou legs, le conseil municipal délibère sur les moyens de pourvoir aux dépenses de l'enseignement primaire dans la commune. En cas d'insuffisance des revenus ordinaires, il est pourvu à ces dépenses au moyen d'une imposition spéciale votée par le conseil municipal, ou, à défaut du vote de ce conseil, établie par un décret du pouvoir exécutif. Cette imposition, qui devra être autorisée chaque année par la loi de finances, ne pourra excéder trois centimes additionnels au principal des quatre contributions directes. (Loi 15 mars 1850, art. 40), II, 133.

Dans la session de mai prochain, les conseils municipaux

voteront sur leurs revenus ordinaires, et, à défaut de ces revenus, sur leurs 3 centimes spéciaux, les fonds nécessaires : 1° pour assurer le traitement des instituteurs communaux pendant l'année 1851, lequel traitement fixe ne peut être inférieur à 200 fr. ; 2° pour élever à 600 fr., pendant la même année, le revenu des instituteurs communaux, dont le traitement fixe, réuni au produit de la rétribution mensuelle, n'atteint pas cette somme. (Décr. 20 avril 1850, art. 1), II, 148. — Les délibérations des conseils municipaux, relatives à l'entretien des écoles et au traitement des instituteurs pendant l'année 1851, seront immédiatement transmises par les maires aux sous-préfets, qui les transmettront, avec leurs observations, au préfet, avant le 1er juin. Les préfets soumettront sommairement ces délibérations aux conseils généraux, dans la forme déterminée par l'art. 6 de l'ordonnance du 16 juillet 1833. (Id., art. 3), II, 148.

Toute commune qui veut user de la faculté accordée par le § 3 de l'art. 36 de la loi du 15 mars 1850, d'entretenir une ou plusieurs écoles entièrement gratuites, peut, en sus de ses ressources propres et des centimes spéciaux autorisés par la même loi, affecter à cet entretien le produit d'une imposition extraordinaire qui n'excédera pas 4 centimes additionnels au principal des quatre contributions directes. (Loi 10 avr. 1867, art. 8), I, 606.

Il appartient au gouvernement seul et sans recours de connaître si, eu égard aux facultés contributives des communes, il peut leur être fait application du chap. IV de l'art. 39 de la loi du 18 juillet 1837, lequel dispose : en cas d'insuffisance des ressources ordinaires, il doit être pourvu au payement des dépenses obligatoires des communes au moyen d'une imposition extraordinaire. (Décis. Cons. d'État 29 mars 1853), II, 299. — Les centimes additionnels ne peuvent être imposés à une commune, quand les ressources ordinaires de cette commune ont excédé les dépenses ordinaires. (Décis. Cons. d'État 30 mai 1861), II, 491. — Lorsque les revenus ordinaires d'une commune ne sont pas suffisants pour pourvoir aux dépenses de l'instruction primaire, les réclamants sont en droit d'obtenir décharge des centimes additionnels spéciaux auxquels ils ont été soumis. (Décis. Cons. d'État 11 août 1869), II, 636.

V. Dépense obligatoire, Traitement.

Budget départemental. — Le conseil général délibérera sur les secours qu'il conviendrait d'accorder aux communes reconnues dans l'impossibilité de subvenir aux frais de leurs écoles. (Ordonn. 14 févr. 1830, art. 8 et 9), i, 190.

Le local et le traitement fixe nécessaires pour l'entretien d'une école seront fournis soit aux frais de la commune, soit aux frais des communes réunies, soit aux frais de la commune et du département. (Proj. loi 20 janv. 1831, art. 10), i, 196. — *Les conseils généraux contribueront, par un vote annuel, à l'entretien des écoles primaires dans toutes les communes qui ne pourront se suffire à elles-mêmes.* (Prop. loi 24 oct. 1831, art. 7), i, 221.

Si les communes ne peuvent suffire à l'entretien de leurs écoles, et en cas d'insuffisance des fonds départementaux, une imposition spéciale de 2 centimes au plus sera votée par le conseil général, et à défaut de vote du conseil général, sera établie par ordonnance royale. Si le département ne suffit pas, l'État subviendra. (Loi 28 juin 1833, art. 13), i, 239. — Si les conseils généraux de département ne votaient pas, en cas d'insuffisance de leurs revenus ordinaires, l'imposition spéciale destinée à couvrir, autant qu'il se pourra, les dépenses nécessaires pour procurer un local et assurer un traitement aux instituteurs, cette imposition sera établie, s'il y a lieu, par ordonnance royale, dans les limites fixées par la loi. (Ordonn. 16 juill. 1833, art. 9), i, 248.

En cas d'insuffisance des ressources de la commune pour le traitement de l'instituteur, il sera pourvu sur les fonds des départements dans les limites des art. 13 de la loi du 28 juin 1833, et 3 de la loi du 18 juill. 1836. (Proj. loi 31 mars 1847, art. 3), i, 701. — *Tout engagement contracté par les conseils généraux pour l'instruction publique de tous les degrés et dûment autorisé, constituera une dépense obligatoire. Il y sera pourvu conformément aux dispositions établies par les lois des 10 mai 1833 et 18 juillet 1839, relativement à l'inscription d'office.* (Id., art. 9), i, 702.

En cas d'insuffisance des revenus ordinaires des communes et des 3 centimes additionnels, les départements votent 2 centimes additionnels ; puis l'État doit subvenir. (Prop. loi 15 déc. 1848, art. 90), ii, 61.

Lorsque les communes, soit par elles-mêmes, soit en se réunissant à d'autres communes, n'auront pu subvenir aux dépenses de l'école communale, il y sera pourvu sur les ressources ordinaires du département, ou en cas d'insuffisance, au moyen d'une imposition spéciale votée par le conseil général, et, à défaut du vote de ce conseil, établie par un décret. Cette imposition, autorisée chaque année par la loi de finances, ne devra pas excéder 2 centimes additionnels au principal des quatre contributions directes. (Loi 15 mars 1850, art. 40), II, 133.

A défaut des ressources municipales, les conseils généraux devront voter, dans leur session du mois d'août prochain, soit sur leurs revenus ordinaires, soit sur les 2 centimes spéciaux, la somme nécessaire : 1° pour compléter pendant l'année 1851, à 200 fr. les traitements fixes des instituteurs; 2° pour compléter, pendant la même année, au minimum de 600 fr., le revenu des instituteurs dont le traitement, réuni au produit de la rétribution scolaire, n'atteint pas cette somme. (Décr. 20 mars 1850, art. 4), II, 148.

Les conseils généraux délibéreront sur l'établissement et l'entretien d'une école modèle préparatoire dans le département même, s'il y a lieu, ou sur la contribution du département aux dépenses de l'école commune qui sera, autant que possible, placée au chef-lieu de l'Académie. (Ordonn. 14 fév. 1830, art. 10), I, 190.

Tout département sera tenu d'entretenir une École normale primaire, soit par lui-même, soit en se réunissant à d'autres départements. (Loi 28 juin 1833, art. 11), I, 238. — Les conseils généraux délibéreront sur cette réunion, qui sera autorisée par ordonnance royale. (Id., ib.), I, 239.

Tout département est tenu de pourvoir au recrutement des instituteurs communaux, en entretenant des élèves-maîtres, soit dans les établissements d'instruction primaire désignés par le conseil départemental, soit aussi dans l'École normale établie à cet effet par le département. (Loi 15 mars 1850, art. 35), II, 132.

Il est pourvu aux dépenses des prescriptions nouvelles de la loi, résultant des art. 1, 2, 3, 4, 5, 7 (création d'écoles de filles, d'emplois d'adjoint, et d'écoles de hameaux, augmentation du traitement des instituteurs et de celui des instituteurs adjoints, indemnité aux directeurs des cours d'adultes), comme à celles résultant de la loi de 1850, au moyen des ressources énumérées dans l'art. 40 de ladite loi, augmentées d'un troisième centime départemental additionnel au principal des quatre contributions directes. (Loi 10 avr. 1867, art. 14), II, 607. — En cas d'insuffisance des ressources communales pour l'établissement de la gratuité absolue, et sur l'avis du conseil départemental, une subvention peut être accordée à la commune sur les fonds du département, et à leur défaut, sur les fonds de l'État, dans les limites du crédit spécial, porté annuellement à cet effet, au budget du Ministère de l'instruction publique. (Id., art. 8), II, 606.

Budget de l'État. — Il sera fait annuellement par le Trésor royal un fonds de 50,000 francs pour être employé par la commission d'instruction publique, soit à composer ou imprimer des ouvrages propres à l'instruction primaire, soit à établir temporairement des écoles modèles dans les pays où les bonnes méthodes n'ont pas encore pénétré, soit à récompenser les maîtres qui se sont le plus distingués par l'emploi de ces méthodes, soit pour encouragement à l'instruction primaire. (Ordonn. 29 fév. 1816, art. 35), I, 89. — Il sera publié tous les ans un compte détaillé de l'emploi des fonds alloués aux écoles primaires. (Décis. 5 oct. 1821), I, 145.

Chaque année, il sera porté au budget de l'État une somme spécialement destinée à encourager l'instruction primaire, et pendant cinq ans, à partir du 1er janvier 1831, il sera prélevé pour le même objet le vingtième du produit de la rétribution universitaire. (Ordonn. 14 fév. 1830, art. 11), I, 191. — Ces fonds seront employés, d'après l'avis du conseil royal, à donner des secours aux communes, à faire composer, imprimer et distribuer des livres élémentaires, à donner des encouragements et des récompenses aux instituteurs. (Id., art. 12), I, 191. — Un rapport sur l'emploi de ces fonds sera présenté tous les ans, au mois de janvier, et communiqué aux Chambres. (Id., art. 13), I, 191.

Chaque année, la somme nécessaire pour suppléer aux ressources locales, en ce qui touche la maison d'école et le traitement minimum, sera portée au budget de l'État. Un rapport annuel en indiquera l'emploi. (Proj. loi 20 janv. 1831, art. 11), I, 196.

Chaque année le gouvernement mettra sous les yeux des Chambres l'état des besoins de l'enseignement primaire, et il y sera pourvu par la loi de finances pour une portion indéterminée, en raison des votes des communes et des conseils généraux. (Prop. loi 24 oct. 1831, art. 8), I, 221.

En cas d'insuffisance des revenus de la commune et du département, l'État pourvoira. (Loi 28 juin 1833, art. 13), I, 239. — Les allocations de l'État ne doivent être accordées aux instituteurs communaux qu'après qu'il a été constaté par les comités et par le recteur ce que la commune peut faire et qu'elle fait tout ce qu'elle peut faire. (Av. Cons. 18 juill. 1834), I, 330. — Les crédits ouverts par le budget de l'État pour l'instruction primaire sont inscrits à des chapitres différents. (Ordonn. 29 janv. 1835), I, 351.

En cas d'insuffisance des ressources communales et départementales, il y sera pourvu sur les fonds de l'État, conformément à l'art. 13, de la loi du 28 juin 1833, et dans les termes de l'art. 35 de la présente loi. (Proj. loi 31 mars 1847, art. 3), I, 701. — *Il sera pourvu au surcroît de dépenses mises à la charge de l'État par les dispositions de la présente loi au moyen d'allocations successives qui seront ultérieurement portées au budget et réparties entre les instituteurs, en commençant par ceux de troisième classe, et en second lieu par ceux de seconde classe, dont le traitement sera le plus loin des fixations de la présente loi. Les suppléments d'allocation qui pourraient être demandés aux communes et aux départements, ne seront exigibles qu'aux mêmes époques et dans les mêmes proportions que les allocations supplémentaires qui seront portées au budget de l'État.* (Id., art. 35), I, 707.

En cas d'insuffisance des ressources de la commune et du département, l'État pourvoira. (Prop. loi 15 déc. 1848, art. 90), II, 61.

Si les ressources communales et départementales ne suffisant pas, le Ministre de l'instruction publique accordera une subvention sur le crédit qui sera porté annuellement pour l'enseignement primaire au budget de l'État. Chaque année, un rapport, annexé au projet de budget, fera connaître l'emploi des fonds alloués pour l'année précédente. (Loi 15 mars 1850, art. 40), II, 134.

Un crédit spécial est porté annuellement au budget du Ministre de l'instruction publique pour venir en aide aux communes qui ont établi la gratuité absolue. (Loi 10 avr. 1867, art. 8), II, 606.

V. Commune, Département, École normale, Instituteur, Traitement.

BUDGET ÉCONOMIQUE.

V. École normale.

BUREAU D'INDICATION OU DE PLACEMENT.

Il est institué un bureau d'indication des professeurs. (Arr. 15 ventôse an II), I, 49. — Il est interdit au bureau d'adresser aux chefs d'institution des maîtres non autorisés. (Régl. préf. Seine, 25 pluviôse an XII, art. 23), I, 49. — Le chef du bureau d'indication doit être avisé de toutes les mutations. (Id., art. 26), I, 49.

C

CAISSE DES ÉCOLES.

Une délibération du conseil municipal, approuvée par le préfet, peut créer dans toute commune une caisse des écoles destinée à encourager et à faciliter la fréquentation de l'école, par des récompenses aux élèves assidus et par des secours aux élèves indigents. Le revenu de la caisse se compose de cotisations volontaires et de subventions de la commune, du département ou de l'État. Elle peut recevoir, avec l'autorisation des préfets, des dons et des legs. Plusieurs communes peuvent être autorisées à se réunir pour la formation et l'entretien de cette caisse. Le service de la caisse des écoles est fait gratuitement par le percepteur. (Loi 10 avr. 1867, art. 15), II, 608.

CAISSE D'ÉPARGNE ET DE PRÉVOYANCE.

Il sera établi dans chaque département une caisse d'épargne et de prévoyance en faveur des instituteurs. (Loi 28 juin 1833, art. 15), I, 240.

Il est établi une caisse d'épargne et de prévoyance en faveur des institutrices communales de Paris. (Arr. Cons. 28 févr. 1842), I, 592.

Il est établi une caisse spéciale d'épargne et de prévoyance en faveur des surveillantes titulaires et adjointes des salles d'asile de Paris. (Ordonn. 9 août 1846), I, 679.

La caisse d'épargne et de prévoyance établie dans chaque département est placée sous la surveillance d'une commission composée du préfet, président ; du recteur de l'Académie ou de son délégué, d'un instituteur communal par arrondissement, d'un membre du comité d'arrondissement; de l'inspecteur primaire, secrétaire; du directeur des contributions directes, commissaire-liquidateur. (Arr. Cons. 6 mai 1836, art. 1), I, 384. — Les membres autres que le préfet, le recteur, l'inspecteur et le directeur des contributions directes, seront renouvelés par tiers tous les trois ans et indéfiniment rééligibles. (Id., art. 2), I, 384. — Les retenues sont inscrites au fur et à mesure sur un livret coté et parafé qui est remis à chaque instituteur. (Id., art. 3), I, 384. — Les comptes courants des sommes placées à la caisse d'épargne, ainsi que ceux des dons et legs, seront tenus par l'inspecteur sur un registre coté et parafé. (Id., art. 4), I, 384. — Au commencement de chaque semestre, l'inspecteur présente à la commission de surveillance le projet de répartition entre les comptes courants ouverts à chaque instituteur. (Id., art. 5), I, 385. — Le remboursement des sommes appartenant à l'instituteur décédé sera fait à la veuve. (Id., art. 6), I, 385. — Les instituteurs ou les ayants droit ont droit, sur les intérêts des dons et legs, à une part proportionnelle à celle qui leur appartiendra dans le montant total des retenues opérées sur les traitements de tous les instituteurs en fonctions. (Id., art. 7), I, 385. — Lorsqu'un instituteur passera d'un département dans un autre, les sommes qui lui appartiendront seront versées dans la caisse du département où il se rendra. (Id., art. 8), I, 386. — Un état de situation de la caisse sera présenté tous les ans au conseil général. (Id., art. 10), I, 386. — Cf. Ordonn. 13 févr. 1838, I, 502 à 505; Ordonn. 13 févr. 1838, I, 506 à 510.

Un instituteur ne peut être dispensé de verser la retenue du vingtième à la caisse d'épargne; mais cela ne peut l'empêcher de faire d'autres versements dans d'autres caisses. (Av. Cons. 16 déc. 1836), I, 434. — Les instituteurs sont tenus de verser le vingtième de leur traitement à la caisse d'épargne, sans que cela les empêche d'ailleurs de verser, en outre, dans une association particulière. (Av. Cons. 12 janv. 1847), I, 697.

La retenue pour le compte des caisses d'épargne doit avoir lieu pour les frères qui sont instituteurs, au même titre que pour les instituteurs laïques. (Av. Cons. 17 oct. 1834), I, 338. — Le supérieur général de chaque congrégation pourra être autorisé à retirer à la fin de chaque année le montant des retenues faites pour la caisse d'épargne et de prévoyance sur le traitement des différents membres de la congrégation, pour en disposer dans l'intérêt de ladite congrégation. (Arr. Cons. 22 mars 1836, art. 6), I, 385. — Le supérieur général de chaque congrégation pourra être autorisé à retirer à la fin de chaque année le montant des retenues qui auront été faites sur le traitement des différents membres de la congrégation, pour en disposer dans l'intérêt de ladite congrégation. (Ordonn. 13 févr. 1838, art. 6), I, 504.

La caisse d'épargne et de prévoyance, établie par l'art. 5 de la loi du 28 juin 1833, est maintenue pour les instituteurs communaux qui étaient âgés de plus de trente ans, lorsque la retenue du vingtième a commencé à être exercée sur leur traitement. Un crédit sera temporairement ouvert au Ministère de l'instruction publique pour accorder des secours à ceux de ces instituteurs qui, forcés par l'âge ou les infirmités de quitter l'enseignement, seront dénués de moyens d'existence. Ces secours ne pourront excéder 100 fr. pour ceux qui auront plus de trente ans de service, et 50 fr. pour ceux qui n'auront que quinze à trente ans de services. (Proj. loi 31 mars 1847, art. 33), I, 706.

Les instituteurs communaux en fonctions au moment de la promulgation de la présente loi, et qui étaient âgés de moins de trente-cinq ans, lorsque la retenue du dixième a été exercée sur leur traitement, pourront être admis à jouir du bénéfice de la pension de retraite, quand ils rempliront les conditions d'âge déterminées dans l'art. 84. En conséquence, les fonds appartenant à ces instituteurs, qui se trouvent à la Caisse d'épargne et de prévoyance, seront immédiatement versés à la Caisse des dépôts et consignations pour le compte de la Caisse des retraites. (Prop. loi 15 déc. 1848, art. 98), II, 62. — *La Caisse d'épargne et de prévoyance, établie par l'art. 15 de la loi du 28 juin 1833, est maintenue pour les instituteurs communaux qui, au moment de la promulgation de la présente loi, étaient âgés de plus de trente-cinq ans, ou ceux qui, moins âgés, n'auront pas accepté le bénéfice de l'article précédent. Un crédit sera temporairement ouvert au Ministère de l'instruction publique pour accorder des secours à ceux qui, forcés par l'âge ou les infirmités de quitter l'enseignement, seront dénués de moyens d'existence.* (Id., art. 100), II, 62.

Une caisse de retraite sera substituée, par un règlement d'administration publique, aux caisses d'épargne des instituteurs. (Loi 15 mars 1850, art. 39), II, 133.

Les caisses de retraites sont supprimées. (Loi 9 juin 1853, art. 1), II, 302. — Les pensions sont inscrites au grand-livre de la dette publique. (Id., art. 2), ibid.— A partir du 1er janvier 1854, les caisses d'épargne et de prévoyance, créées par l'art. 15 de la loi du 28 juin 1833, cesseront de recevoir les retenues du vingtième opérées sur le traitement des instituteurs. (Décr. 29 déc. 1853, art. 1), II, 334.

Il n'y a pas lieu de procéder au remboursement des sommes versées par les instituteurs à la Caisse d'épargne et de prévoyance. L'État doit conserver leur destination aux fonds qui ont été prélevés sur les traitements, en conservant lui-même les engagements qu'il a contractés. (Av. Cons. 30 juin 1854), II, 356.

Les instituteurs qui ont des fonds placés dans les caisses d'épargne et de prévoyance sont admis à les transférer à la Caisse des retraites de la vieillesse, ou à la Caisse des dépôts et consignations. (Décr. 8 août 1855, art. 2 et suiv.), II, 398.— Les instituteurs communaux qui avaient opté pour le maintien de leurs fonds à la Caisse des dépôts et consignations, sont autorisés à les faire transporter à la Caisse des retraites pour la vieillesse. (Décr. 29 août 1857), II, 454.

V. Pension de retraite.

CALCUL.

L'arithmétique simple est comprise dans les matières de l'enseignement des écoles primaires. (Proj. loi sept. 1791, art. 4), I, 2.

Les enfants s'exerceront à l'usage des nombres. (Décr. 30 vendém. an II), I, 20. — Les premiers éléments du calcul font partie de l'enseignement normal. (Décr. 9 frim. an III, art. 8), I, 32. — On enseignera aux élèves de l'un et l'autre sexe les règles du calcul simple. (Décr. 27 frim. an III, art. 2), I, 36.

On apprend les premières notions du calcul dans les petites écoles. (Décr. 17 mars 1808, art. 5), I, 53. — Cf. art. 107, I, 56.

Le calcul fait partie des matières du brevet du 2e degré. (Ordonn. 29 fév. 1816, art. 11), I, 86. V. Instruct. 16 janv. 1819, I, 97.

Les éléments du calcul font partie des matières de l'enseignement primaire élémentaire. (Loi 28 juin 1833, art. 1), I, 236.

L'enseignement primaire comprend le calcul. (Proj. loi 17 juin 1848, art. 1), II, 16. — *L'enseignement primaire comprend les principaux éléments du calcul.* (Prop. loi 15 déc. 1848, art. 3), II, 43.

Le calcul fait partie des matières de l'enseignement primaire. (Loi 15 mars 1850, art. 23), II, 126.

Le calcul verbal est compris dans les exercices de la salle d'asile. (Ordonn. 22 déc. 1837, art. 1), I, 487; Décr. 21 mars 1855, art. 2, II, 372.

CAPACITÉ CIVILE.

COMMUNES, CAISSES D'ÉPARGNE, CAISSES D'ÉCOLE.— Une commune peut recevoir des fondations, dons ou legs, pour l'entretien d'une école. (Loi 28 juin 1833, art. 13), I, 239.

Les caisses d'épargne et de prévoyance, fondées en faveur des instituteurs, peuvent recevoir des dons et legs. (Loi 28 juin 1833, art. 15), I, 240.

Les caisses d'école peuvent recevoir, avec l'autorisation des préfets, des dons et legs. (Loi 10 avr. 1867, art. 15), II, 608.

ÉTABLISSEMENTS ECCLÉSIASTIQUES ET RELIGIEUX. — Un établissement ecclésiastique reconnu a capacité pour recevoir et acquérir. (Loi 2 janv. 1817, art. 1), I, 107. — Les établissements formés par des congrégations religieuses de femmes, dûment autorisées, ont capacité pour recevoir et acquérir. (Loi 24 mai 1825, art. 4), I, 159. — Les donations sont acceptées par la supérieure de la maison pour une maison spéciale, par la supérieure générale pour toute la congrégation. (Décr. 18 févr. 1809, art. 12), I, 109, note. — Les donations, revenus et biens des congrégations religieuses, seront possédés et régis conformément aux prescriptions du Code civil et des lois et règlements sur les établissements de bienfaisance. (Id., art. 14), I, 110, note. — Le compte des receveurs de chaque administration est chaque année remis au Ministre des cultes. (Id., art. 15), I, 110, note. — L'acceptation sera faite par les maires des communes, lorsque les dons et legs seront faits au profit de la généralité des habitants, ou pour le soulagement et l'instruction des pauvres de la commune. (Ordonn. 2 avr. 1817, art. 3), I, 111. — Tous les dons et legs faits à des établissements de religieuses doivent être acceptés par la supérieure générale des congrégations dont ils font partie et par la supérieure locale des maisons qui ne reconnaissent pas de supérieure générale, à la charge de donner aux libéralités la destination voulue par les donateurs ou testateurs. (Instruct. 17 juill. 1825, art. 16), I, 164.

L'institut des frères des Écoles chrétiennes est apte à recevoir toute donation entre-vifs ou testamentaire par l'intermédiaire soit du supérieur de chaque établissement donataire, soit du supérieur général, suivant les circonstances, sans l'intervention de l'Université. (Av. Cons. 2 avr. 1839), I, 712, note. — L'avis préalable de l'Université est nécessaire pour toutes les congrégations non reconnues et autorisées. (Id., ibid.) — Même jurisprudence confirmée. (Av. Cons. 7 déc. 1847) I, 710. — L'autorisation d'accepter un legs ne peut être accordée à l'association des frères de la Doctrine chrétienne du diocèse de Nancy, par la raison qu'elle n'a point rempli l'obligation de créer des écoles dans deux des trois départements pour lesquels elle avait été créée, et qu'elle ne s'est point renfermée dans la circonscription qui lui était assignée. (Av. Cons. 2 juin 1848), II, 25.

Une congrégation dûment autorisée peut créer une école et accepter une rente annuelle destinée à l'entretien de cette école. (Av. Cons. 13 oct. 1848), II, 40. — Une congrégation dûment reconnue peut être autorisée à accepter la donation d'une maison pour y fonder un établissement de son ordre. (Id.), II, 37. — Il n'y a pas lieu à l'intervention des recteurs dans l'acceptation des libéralités faites en faveur d'établissements d'instruction primaire dirigés par des congrégations régulièrement autorisées. (Av. Cons. 10 mars 1848), II, 3.

Au pouvoir législatif seul appartient le droit d'accorder, par des lois spéciales, la reconnaissance nécessaire pour conférer la capacité civile à une congrégation. (Av. Cons. 7 sept. 1849), II, 97, note. — Au pouvoir législatif seul appartient le droit d'accorder par des lois spéciales la reconnaissance nécessaire pour conférer la capacité civile à une congrégation. (Av. Cons. 24 déc. 1850), II, 203.

Les associations religieuses vouées à l'enseignement et reconnues comme établissements d'utilité publique, ont le droit, après avoir obtenu l'autorisation du Ministre, leur tuteur naturel, d'accepter par leurs représentants légaux les libéralités qui leur sont faites. (Av. Cons. 2 avr. 1852), II, 286. — L'avis du conseil supérieur de l'instruction publique n'est pas indispensable pour l'acceptation des dons et legs faits aux congrégations religieuses. (Av. Cons. d'État 26 janv. 1853), II, 315, note. — L'autorisation nécessaire aux associations religieuses vouées à l'enseignement, pour accepter les dons et legs qui pourraient leur être faits, doit être accordée par l'empereur, sur la proposition du Ministre de l'instruction publique. (Av. Cons. 9 août 1853), II, 319.

Une association religieuse, autorisée comme association charitable en faveur de l'instruction primaire, n'a pas la capacité légale pour contracter, quand il s'agit d'un établissement d'instruction secondaire. (Av. Cons. 10 déc. 1855), II, 404.

CONSISTOIRES, CURES, FABRIQUES. — L'institution spéciale des fabriques ne s'oppose point à ce qu'elles soient autorisées à accepter des dons et legs, à la charge de fonder et d'entretenir des écoles primaires. (Av. Cons. 10 févr. 1837), I, 445. — Les consistoires, les cures ou les fabriques dont les attributions se bornent à ce qui intéresse le service du culte, ne sont pas aptes à recevoir les libéralités faites en faveur des pauvres ; ces libéralités ne peuvent être régulièrement acceptées que par les bureaux de bienfaisance. (Av. Cons. d'État 12 avr. 1837), I, 720, note.

L'établissement institué et celui qui doit profiter de la libéralité doivent être autorisés à accepter la libéralité conjointement. (Av. Cons. d'État 4 mars 1841), I, 717, note.—Cf. Av. Cons. d'État 30 déc. 1846, I, 719, note. — Le maire et le bureau de bienfaisance sont autorisés à accepter conjointement, chacun en ce qui le concerne, un legs affecté à l'établissement d'une école de frères ; le supérieur général est autorisé à accepter le bénéfice de ladite libéralité. (Av. Cons. 21 janv. 1848), I, 718.

Les établissements religieux appartenant à l'un des cultes reconnus par l'État, et notamment les consistoires, ont capacité pour recevoir des libéralités destinées à l'entretien d'une école. (Arr. Cass. 18 mai 1852), II, 287, note.

Il y a lieu : 1° d'autoriser l'acceptation et l'immatriculation conjointes, et en général l'inscription du titre de propriété sous les noms réunis de l'établissement religieux institué et de la commune, quand il s'agit de dons et legs faits à des fabriques, consistoires, succursales, cures ou évêchés, sous la condition de fonder et d'entretenir des écoles, et de dons et legs faits à des communautés religieuses enseignantes, dûment autorisées, pour la fondation et l'entretien d'écoles devant avoir ou qui auraient le caractère d'écoles communales et publiques; 2° d'autoriser seulement l'acceptation conjointe par l'établissement institué et la commune, quand il s'agit de dons et de legs faits à des communautés religieuses enseignantes, dûment autorisées, à la charge de fonder ou d'entretenir des écoles qui devraient avoir ou qui auraient le caractère d'écoles libres et privées. (Av. Cons. d'État 10 juin 1863), II, 542, note. — Il y a lieu de faire accepter simultanément une libéralité faite aux pauvres par le représentant des pauvres et par l'établissement institué. (Av. Cons. d'État 24 janv. 1863), II, 540, note. — La capacité d'une congrégation pour recevoir une libéralité ne saurait faire obstacle aux droits de surveillance dévolus par la loi aux autorités instituées par elle. (Décis. Cons. d'État 29 juin 1864), II, 538. — Il ne saurait y avoir d'inconvénients à confier aux communes le soin d'administrer les immeubles et les rentes léguées, et d'en garder et conserver les titres de propriété ; il est, au contraire, plus convenable de conférer ce droit d'administration aux communes qui étant appelées à représenter la majorité des habitants, ont à ce titre un intérêt majeur et plus direct à l'exécution et au maintien des fondations. (Av. Cons. d'État 22 nov. 1866), II, 544, note.

La volonté d'un testateur ne peut modifier les règles que chaque établissement est tenu d'observer, afin de demeurer dans les limites déterminées par la loi de son institution. Il convient seulement, pour que l'accomplissement de la volonté des testateurs soit complétement garantie, de donner aux établissements religieux désignés par eux le moyen de réclamer et d'obtenir les sommes dont la distribution leur est confiée, et conséquemment de leur remettre des copies certifiées desdits testaments et titres de rente. (Décis. Cons. d'État 18 déc. 1867), II, 539, note.

Les fabriques ont capacité pour recevoir des libéralités destinées à fonder ou à entretenir des écoles ; les rentes doivent être immatriculées au nom de la fabrique ; le maire sera autorisé à accepter le bénéfice du legs ; il lui sera délivré une expédition de l'inscription de rente. (Av. Cons. d'État 24 juill. 1873), II, 755. — Cf. Décis. Cons. d'État août 1873, II, 777, note.

V. Donation, Fabrique, Fondation.

CERTIFICAT D'APTITUDE A LA DIRECTION DES SALLES D'ASILE.

V. Salle d'asile.

CERTIFICAT D'APTITUDE A L'INSPECTION.

V. Inspecteur.

CERTIFICAT D'ÉTUDES PRIMAIRES.

Il sera délivré, à chacun des élèves ayant terminé leur cours, un certificat sur lequel le jugement des examinateurs pour chaque objet d'enseignement sera désigné par un de ces mots : *très-bien, bien, assez bien, mal.* (Stat. 25 avril 1834, art. 19), I, 322.

Il sera délivré des certificats d'études primaires aux enfants qui auront terminé leurs cours d'études dans le département de Seine-et-Oise. Ce certificat sera détaché d'un registre à souche qui sera conservé dans les archives de la commune. (Décis. Cons. 19 févr. 1836), I, 375.

Une commission d'examen scolaire se réunit, tous les ans, dans chaque commune. Elle est composée du maire, président ; des membres du comité communal, du délégué cantonal et de l'inspecteur de l'instruction primaire de l'arrondissement ou d'un examinateur spécial désigné par le recteur. Cette commission est chargée de délivrer à tous les enfants qui en sont jugés dignes les certificats d'instruction primaire. (Proj. loi 1er juin 1848, art. 41), II, 24.

Il est institué un examen pour le certificat d'études dans les écoles du département de la Seine. Cet examen comprendra toutes les matières obligatoires de l'enseignement primaire. Une commission spéciale sera nommée à cet effet. (Arr. 10 juill. 1867).

V. Obligation.

CERTIFICAT DE MORALITÉ.

Tout particulier qui désire se vouer à l'instruction primaire doit présenter au recteur un certificat de bonne conduite des curé et maire de la commune ou des communes où il aura habité depuis trois ans au moins ; après quoi, il subit l'examen du brevet. (Ordonn. 29 février 1816, art. 10), I, 86. — Interdiction est faite au préfet d'envoyer devant le jury d'examen toute maîtresse de pension qui ne serait pas pourvue du certificat de bonne vie et de bonnes mœurs délivré par le curé. (Circul. 4 nov. 1820), I, 140.

Nul ne peut être nommé instituteur communal, s'il ne produit des certificats de bonnes vie et mœurs. (Proj. loi 20 janv. 1831, art. 8), I, 196.

Le certificat de moralité sera délivré par le maire du lieu de la résidence. Il n'est valable que pour six mois. (Prop. loi 24 oct. 1831, art. 5), I, 221.

Pour exercer les fonctions d'instituteur, il faut produire un certificat de moralité délivré par le maire, sur l'attestation de trois conseillers municipaux. (Loi 28 juin 1833, art. 4 et 16), I, 237.

La formalité du certificat de moralité à produire pour l'examen du brevet de capacité n'est plus exigible. (Décis. Cons. 9 juill. 1833), I, 245. — Les certificats de moralité, exigés pour l'ouverture d'une école, ne peuvent être exigés avant l'examen pour le brevet. (Av. Cons. 3 avril 1838), I, 512. — La production du certificat de moralité n'est exigible en aucun cas, que lorsqu'il s'agit d'ouvrir une école. (Av. Cons. 7 mai 1839), I, 546.

Un instituteur communal démissionnaire n'a pas besoin de se procurer un nouveau certificat de moralité pour pouvoir tenir une école dans la même commune. (Décis. Cons. 7 mai 1839), I, 547.

L'interdiction prononcée à temps ou à toujours annulle les certificats de moralité antérieurement obtenus. (Av. Cons. 18 nov. 1836), I, 328. — Lorsqu'un instituteur public a été révoqué, un nouveau certificat de moralité lui est nécessaire pour être admis à tenir une école soit privée, soit publique. (Av. Cons. 11 octob. 1842), I, 610.

Le maire ne peut refuser le certificat qu'il doit, sur l'attestation de trois conseillers municipaux. (Av. Cons. 28 janv. 1834), I, 297. — Le maire n'a pas le droit de retenir le certificat délivré par trois conseillers ; mais il lui est loisible de se borner à certifier la signature, ou même d'exprimer formellement son opinion. (Av. Cons. 8 août 1834), I, 332. — Le maire qui refuse de délivrer le certificat de moralité doit produire les motifs de son refus. Dans le cas où il se refuse à produire ces motifs, le comité peut passer outre et nommer. (Av. Cons. 25 mars 1834), I, 313. — La loi n'a pas voulu laisser au maire seul à prononcer sur la moralité des candidats ; mais elle n'a pas entendu le réduire à ne faire qu'enregistrer l'attestation des trois conseillers municipaux ; il lui appartient d'exprimer son propre suffrage d'une manière formelle, en même temps qu'il constate l'attestation des trois conseillers municipaux. (Av. Cons. 8 avr. 1834), I, 315. — L'attestation personnelle du maire est une condition essentielle pour la validité du certificat de moralité. (Av. Cons. 11 oct. 1836), I, 416. — Le certificat de moralité que doit obtenir du maire celui qui veut ouvrir une école primaire ne peut être remplacé par un certificat des membres du conseil municipal. Au cas où le maire refuse de délivrer le certificat, l'impétrant a seulement droit de recours à l'autorité supérieure compétente. (Arr. Cass. 1er févr. 1836), I, 741. — L'autorité supérieure compétente vis-à-vis de laquelle il y a recours pour l'impétrant auquel le maire a refusé le certificat de moralité, est celle qui, en cas d'abus de pouvoir, a un droit direct d'avertissement et de blâme à l'égard du maire. (Décis. Cons. 10 mai 1839), I, 548.

A Paris, où il n'existe point de conseillers municipaux attachés à chaque arrondissement, le certificat de bonnes vie et mœurs doit être délivré par le maire de chaque arrondissement. (Décis. Cons. 30 août 1833), I, 266. — Le certificat de moralité exigé de tout individu qui veut exercer la profession d'instituteur primaire, sera délivré à Paris, sur l'attestation de trois habitants notables, par le maire de l'arrondissement municipal ou de chacun des arrondissements municipaux où l'impétrant aura résidé depuis trois ans. (Ordonn. 5 nov. 1833, art. 6), I, 738. — Le certificat de moralité sera délivré à Paris sur l'attestation de trois membres du comité local par le maire. (Ordonn. 26 oct. 1838, art. 5), I, 538.

Le certificat de moralité exigé par l'art. 16 sera délivré aux élèves sortant de l'École normale par le directeur de l'école et approuvé par le comité d'arrondissement. Dans tous les cas, ce certificat sera délivré sur l'attestation de trois conseillers municipaux et avec l'approbation du comité d'arrondissement, par le maire de la commune ou de chacune des communes où l'impétrant aura résidé depuis trois ans. En cas de refus de la part de l'autorité municipale, le certificat pourra être délivré par le comité d'arrondissement agissant seul. (Prop. loi 15 déc. 1848, art. 56), II, 53.

Tout candidat aux fonctions de surveillant et surveillante d'asile doit produire un certificat de moralité. (Ordonn. 22 déc. 1837, art. 8), I, 489. — Cf. Arr. 13 avr. 1849, art. 10, II, 79; Décr. 21 mars 1855, art. 29, II, 380.

CERTIFICAT DE STAGE.

Le brevet de capacité peut être suppléé par le certificat de stage. (Loi 15 mars 1850, art. 25), II, 128. — Le conseil départemental délivre, s'il y a lieu, des certificats de stage aux personnes qui justifient avoir enseigné pendant trois ans au moins les matières comprises dans la première partie de l'art. 23 de la loi du 15 mars 1850, dans les écoles publiques ou libres autorisées à recevoir des stagiaires. (Id., art. 47), II, 136.

CHANT.

Le chant fait partie des matières de l'examen du brevet de capacité pour l'enseignement primaire supérieur. (Loi 28 juin 1833, art. 1), I, 236.

Pendant trois ans, le brevet de capacité pour l'instruction primaire supérieure pourra être accordé aux candidats qui n'auront pas satisfait à la partie de l'examen relative au chant. (Arr. 19 juill. 1833, art. 16), I, 259. — Cf. Arr. 28 juin 1836, art. 10, I, 403.

Les candidats qui manqueraient de voix peuvent y suppléer au moyen de la musique instrumentale, sans préjudice de l'examen théorique sur la matière. (Décis. Cons. 15 mai 1838), I, 526.

Le chant continuera à être enseigné dans les écoles d'adultes de la ville de Paris par la méthode Wilhem. (Arr. Cons. 4 mai 1838, art. 5), I, 526.

Le chant, compris, aux termes de la loi du 28 juin 1833, dans le programme de l'instruction primaire supérieure, fera également partie de l'enseignement dans toutes les écoles primaires élémentaires. (Proj. loi 31 mars 1847, art. 13).

Le chant fait partie des matières que l'enseignement primaire peut comprendre en outre des matières obligatoires. (Loi 15 mars 1850, art. 23), II, 126. — Il est formé au ministère un comité de patronage pour développer l'enseignement du chant dans les écoles et encourager les orphéons dirigés par les instituteurs. (Arr. 8 févr. 1867), II, 603.

Le chant est compris dans les exercices de la salle d'asile. (Ordonn. 22 déc. 1837, art. 1), I, 487 ; Décr. 21 mars 1855, art. 2, II, 372.

CHARITÉ (ÉCOLE DE).

Ne seront pas considérées comme tenant école les personnes qui, dans un but purement charitable, et sans exercer la profession d'instituteur, enseigneront à lire et à écrire aux enfants, avec l'autorisation du délégué cantonal ; néanmoins, cette autorisation pourra être retirée par le conseil départemental. (Loi 15 mars 1850, art. 29), II, 130.

COMITÉ CANTONAL.

Il est formé dans chaque canton, par les soins du préfet, un comité gratuit et de charité pour surveiller et encourager l'instruction primaire. Sont membres de droit de ce comité le curé cantonal, le juge de paix, le principal du collége. Les autres membres, au nombre de trois ou quatre au plus, sont nommés par le recteur, d'après les indications du sous-préfet et des inspecteurs d'Académie. Le préfet approuve les nominations. L'ordre de préséance est l'ordre d'ancienneté. Le curé préside. Le sous-préfet et le procureur du roi sont membres de tous les comités de leur arrondissement. Les comités cantonaux peuvent se réunir avec l'agrément du recteur. (Ordonn. 29 fév. 1816, 1 à 5), I, 85. — Dans les cantons protestants, il sera formé des comités protestants. (Id., art. 6), I, 85. — Cf. Ordonn. 8 avr. 1824, art 13, I, 151.

Dans les villes où il y a plusieurs comités, le juge de paix est membre du comité cantonal de la religion à laquelle il appartient; le sous-préfet et le procureur du roi sont membres de tous les comités. (Décis. 30 avr. 1816), I, 96. — Les magistrats israélites font partie des comités cantonaux dans les villes où il y a des écoles israélites. (Décis. 18 mai 1816), I, 96. — Le nombre des membres des comités cantonaux est mis en rapport avec la population, sans pouvoir toutefois être porté au delà de douze. (Ordonn. 2 août 1820, art. 1), I, 134. — Chaque année, le comité devra être complété par les soins du recteur, de concert avec les préfets. (Id., art. 1 et 14), I, 135 et 136.

Les comités cantonaux s'assemblent au moins une fois le mois. (Arr. 3 juill. 1818, art. 1), I, 117. — Ils fixent le jour de leur prochaine séance. (Id., art. 2), I, 117. — Le curé du canton, à son défaut le juge de paix, peut convoquer extraordinairement. (Id., art. 3), I, 117. — La présence de trois membres suffit. La présidence appartient au curé, à son défaut au juge de paix, à son défaut au plus anciennement nommé. (Id., art. 4 et 5), I, 117. — Le sous-préfet ou le procureur du roi préside les réunions auxquelles il assiste; en cas de concurrence, la présidence est dévolue au sous-préfet. (Ordonn. 2 août 1820, art. 2), I, 134. — En l'absence du président de droit, le comité est présidé par le membre inscrit le premier sur le tableau. (Id., art. 4), I, 135. — Chaque comité se nomme un secrétaire. (Id., art. 5), I, 135. — Il y a une séance chaque mois. (Id., art. 6), I, 135. — Ont droit de convoquer des réunions extraordinaires, pour des objets déterminés, le curé cantonal président, le juge de paix, le sous-préfet, le procureur du

roi, les inspecteurs d'Académie en tournée, le préfet, le recteur : dans ces séances extraordinaires, la présence de trois membres est suffisante. (Id., art. 7 à 12), I, 135.

La communication des registres des délibérations du comité ne peut être refusée aux fonctionnaires qui ont le droit de convoquer. (Ordonn. 2 août 1820, art. 15), I, 136.

Le comité cantonal veille au maintien de l'ordre, des mœurs et de l'enseignement religieux, à l'observation des règlements et à la réforme des abus. Il sollicite près du préfet et de toute autorité compétente les mesures convenables. Il est spécialement chargé d'employer tous ses soins pour faire établir des écoles dans les lieux où il n'y en a point. (Or[illegible] 29 févr. 1816, art. 7), I, 85. — Il donne son avis, en cas de désaccord entre le maire et le curé, pour la présentation de l'instituteur. (Id., art. 21), I, 88. — Toute présentation d'instituteur est adressée au comité cantonal, qui la transmet, avec son avis, au recteur. Tout instituteur libre adresse au comité ses brevets et certificats. Le comité apprécie si la commune n'est pas suffisamment pourvue. (Id., art. 23, 24), I, 88. — Le comité donne son avis sur les révocations proposées par le recteur. (Id., art. 25), I, 88. — Il peut provoquer d'office la révocation. (Id., art. 26), I, 89. — En cas d'urgence, il a le droit de prononcer la suspension. Il veille particulièrement à ce que les instituteurs soient pourvus du brevet. (Arr. 3 juill. 1818, art. 6), I, 117. — Il surveille les classes primaires annexées aux pensionnats. (Ordonn. 21 août 1818, art. 2), I, 118. — Il exerce sur les écoles de filles la même surveillance et la même autorité que sur les écoles de garçons. (Arr. 3 juin 1819), I, 121. — Le recteur seul peut révoquer les instituteurs, mais soit après avoir pris l'avis, soit sur la provocation du comité. (Ordonn. 2 août 1820, art. 17), I, 136.

Les écoles primaires, situées dans chaque arrondissement de justice de paix, seront placées sous la protection et la surveillance d'un comité gratuit, comprenant le maire de la commune chef-lieu, président, le juge de paix, des notables au nombre de quatre à douze, choisis moitié par le recteur, moitié par le préfet. (Proj. loi 20 janv. 1831, art. 2), I, 194. — *Les membres, autres que les membres de droit, seront renouvelés tous les deux ans.* (Id., ibid.), I, 195. — *Les comités pourront délibérer, quand la moitié plus un des membres qui les composent seront réunis.* (Id. ibid.), I, 195. — *Le sous-préfet sera membre de droit dans tous les comités de son arrondissement, et, s'il assiste, il préside; même droit pour le préfet dans tous les comités du département. Chacun des maires des communes composant le comité a voix délibérative pour toute affaire intéressant sa commune. Le président peut convoquer extraordinairement. De même, le recteur et les inspecteurs de l'Université.* (Id., art. 3), I, 195. — *Les comités assurent le maintien de l'ordre et des mœurs, les progrès de l'instruction et l'observation des règlements, vérifient les actes des instituteurs, font connaître au préfet et au recteur les besoins des écoles.* (Id., art. 4), I, 195. — *Toutes les délibérations sont transmises au recteur.* (Id., ibid.), I, 195. — *Sur la demande du conseil, le comité pourra priver de son emploi un instituteur reconnu incapable ou convaincu de négligence.* (Id., art. 17), I, 197.

Les comités de surveillance des écoles primaires dépendant de l'Université sont abolis. (Prop. loi 24 oct. 1831, art. 20), I, 223.

Les écoles primaires, privées ou communales, sont placées sous la protection et la surveillance des comités gratuits d'instruction primaire. (Prop. loi 17 nov. 1832, art. 2), I, 224. — *Il y aura un comité gratuit d'instruction primaire par canton.* (Id., art. 3), I, 224. — *Chaque comité sera composé : du maire du chef-lieu, président; du juge de paix ; des membres du conseil général domiciliés dans le canton ; du curé cantonal et d'un ministre des différents cultes résidant dans le canton ; de quatre autres citoyens choisis par les maires réunis au chef-lieu.* (Id., ibid.), I, 224. — *Le comité ne pourra délibérer quand la moitié de ses membres sera absente. Toutes les délibérations seront transmises au préfet.* (Id., ibid.), I, 224. — *Les comités cantonaux sont chargés de la direction des écoles primaires communales. Ils vérifient le choix des instituteurs, s'assurent qu'il est pourvu à l'enseignement gratuit, veillent au maintien de la salubrité et de l'ordre, provoquent les améliorations, font connaître à l'autorité compétente les besoins, peuvent faire visiter les écoles par des délégués qu'ils choisissent parmi leurs propres membres ou hors de leur sein.* (Id., art. 21), I, 227. — *Ils peuvent réprimander, suspendre provisoirement, ou même révoquer.* (Id., art. 22), I, 227.

COMITÉS CANTONAUX DE L'ACADÉMIE DE PARIS. — A Paris, les maires jouissent des prérogatives des sous-préfets. (Arr. 3 juill. 1820, art. 3), I, 135. — Tout membre d'un comité qui se sera dispensé pendant six mois d'assister aux séances sera considéré comme démissionnaire. (Arr. 25 sept. 1819, art. 1), I, 124. — Les comités doivent s'assembler au moins une fois par mois et arrêter chaque fois le jour de la séance suivante.

(Id., art. 2, 3), I, 124. — Le curé du canton, à son défaut le juge de paix, peut convoquer extraordinairement. La présence de trois membres suffit. Le curé cantonal préside; à son défaut, le juge de paix; au défaut du juge de paix, le membre le plus ancien. (Id., art. 4, 5), I, 124. — Les comités aviseront à ce que leur nombre soit toujours complet. (Id. art. 6), I, 124. — Ils veilleront à ce que tous les instituteurs soient pourvus du brevet. (Id., art. 7), I, 124. — Ils devront adresser un projet de règlement pour les écoles de leur canton : discipline, heures de classe, jours de vacances, vacances générales. (Id., art. 8), I, 125. — Ils se partageront les écoles de leur canton. (Id., art. 9), I, 125. — En cas d'empêchement de la part du président, le comité se choisira un secrétaire qui sera chargé de la correspondance. (Id., art. 10), I, 124. — Les comités s'efforceront d'obtenir dans chaque chef-lieu de canton, au moins une école dirigée par la méthode des frères ou d'après celle de l'enseignement mutuel. (Id., art. 11), I, 125. — Cf. Ordonn. 8 sept. 1845, I, 666.

Les écoles primaires rurales du département de la Seine, de quelque espèce qu'elles soient, seront sous l'inspection des comités cantonaux. (Arr. préf. Seine, 9 oct. 1819, art. 3 et 13), I, 127, 128. — Dans les communes rurales de la Seine, chaque école de filles aura pour surveillants spéciaux le curé ou desservant de la paroisse et le maire de la commune où elle est située. Le comité cantonal pourra adjoindre à ses membres, comme surveillant spécial, l'un des notables de la commune, choisi de préférence parmi les bienfaiteurs de l'école. (Id., art. 18 et 19), I, 129. — Dans les communes où les enfants de différentes religions ont des écoles séparées, le pasteur protestant sera surveillant spécial des écoles de son culte. (Id., art. 20), I, 129.

A Paris, il y aura un comité par arrondissement municipal, composé du maire, du juge de paix, du curé de l'arrondissement, d'un ministre des autres cultes et de huit membres nommés par le conseil général parmi les citoyens domiciliés dans l'arrondissement. Le préfet ou le sous-préfet délégué par lui pourra convoquer extraordinairement le comité, pour se faire rendre compte ou pour lui indiquer des améliorations. (Prop. loi 17 nov. 1832, art. 4), I, 224.

COMITÉ CENTRAL DE PATRONAGE.

V. Salle d'asile.

COMITÉ CENTRAL A PARIS.

V. Comité supérieur.

COMITÉ COMMUNAL OU LOCAL.

Chaque école aura pour surveillants spéciaux le curé ou desservant de la paroisse, le maire de la commune et l'un des notables. Le pasteur protestant sera surveillant spécial des écoles de son culte. Les surveillants spéciaux visiteront l'école au moins une fois par mois, et rendront compte au comité cantonal. (Ordonn. 29 févr. 1816, art. 8 et 9), I, 86; Arr. préf. Seine, 9 oct. 1819, art. 18 et 19, I, 129.

Il y aura près de chaque école un comité local de surveillance, composé du maire ou adjoint, président; du curé ou pasteur, d'un ou plusieurs notables. Plusieurs écoles de la même commune peuvent être réunies sous la surveillance d'un comité. En cas de réunion de plusieurs communes, le comité d'arrondissement désignera, dans chaque commune, un ou plusieurs notables. Le maire de chaque commune fera, en outre, partie du comité. Sur le rapport du comité d'arrondissement, le Ministre peut dissoudre le comité local et le remplacer par un comité spécial dans lequel nul ne sera membre de droit. (Loi 28 juin 1833, art. 17), I, 241. — Cf. Av. Cons. 5 janv. 1836, I, 370.

Nul ne peut faire partie d'un comité, s'il n'est Français de naissance ou naturalisé Français. (Décis. Cons. 25 mai 1847), I, 709.

En l'absence du président de droit et du vice-président nommé par le comité d'arrondissement, le comité est présidé par le doyen d'âge. (Ordonn. 16 juill. 1833, art. 25), I, 252. — Il n'y a pas d'incompatibilité entre les deux titres de membre de comité supérieur et de président du comité local. (Av. Cons. 13 avr. 1833), I, 286. — Rien ne s'oppose à ce qu'un adjoint soit nommé membre du comité local. Il est à désirer qu'il y ait au moins trois notables outre le maire, l'adjoint et le curé. (Av. Cons. 13 déc. 1833), I, 285. — La loi n'appelle aux comités locaux que le maire ou l'adjoint, et non pas le maire et l'adjoint simultanément. (Av. Cons. 13 juin 1834), I, 327. — Le curé ou desservant du hameau où est située l'école communale est membre de droit du comité local. (Av. Cons. 5 déc. 1834), I, 343. — Un desservant peut être membre de plusieurs comités locaux, dans trois communes, quand il n'y a pas d'autre desservant dans ces communes. (Av. Cons. 10 janv. 1845), I, 654. — Le desservant doit faire partie du comité dans les communes annexes. (Av. Cons. 11 mars 1834), I, 308. — Un ministre protestant, pasteur dans plusieurs communes appartenant à des arrondissements de sous-préfectures qui dépendent de divers départements, peut et doit faire partie des comités locaux, non-seulement des communes qu'il dessert, mais encore de celles où il existe un certain nombre de ses coreligionnaires, qui, sans avoir d'églises distinctes, reçoivent ses soins spirituels. (Av. Cons. 31 déc. 1833), I, 289. — Un coreligionnaire qui n'a pas le caractère de ministre du culte ne peut pas suppléer le ministre que la loi seule a appelé à faire partie du comité. (Av. Cons. 13 juin 1843), I, 645. — Les fonctions des notables qui font partie des comités locaux durent trois ans ; ils sont indéfiniment rééligibles. (Loi 28 juin 1833, art. 20), I, 243.

Les fonctions du ministère public près de chaque comité peuvent être confiées pour chaque année, par le président du comité, à tel membre qu'il jugera devoir en charger. (Décis. Cons. 25 mars 1836), I, 383. — Les dames inspectrices, désignées par les comités locaux, assistent aux séances concernant les écoles qu'elles ont visitées. (Ordonn. 23 juin 1836, art. 17), I, 399. — Les comités locaux ne pourront délibérer, s'il n'y a au moins trois membres présents. La voix du président est prépondérante. (Loi 28 juin 1833, art. 20), I, 243. — Tout membre élu du comité local qui n'aura pas paru, sans excuse valable, à trois séances ordinaires consécutives, sera réputé démissionnaire. (Ordonn. 16 juill. 1833, art. 26), I, 252. — Les membres d'un comité local ne peuvent prendre une délibération par laquelle ils donnent leur démission. (Av. Cons. 21 fév. 1837), I, 451.

Le secrétaire du comité ne peut diriger la correspondance à l'insu et sans l'approbation du président. (Av. Cons. 17 oct. 1845), I, 669. — Les frais de bureau des comités communaux sont supportés par la commune. (Ordonn. 16 juill. 1833, art. 27), I, 253.

Le comité local a inspection sur les classes privées et publiques de la commune. Il veille à la salubrité, à la discipline, à l'enseignement gratuit des pauvres, fait connaître les besoins des écoles au comité d'arrondissement. Sur ses plaintes, le maire peut suspendre provisoirement l'instituteur, à la charge de rendre compte, dans les vingt-quatre heures, au comité d'arrondissement. Il donne son avis sur les candidats, en cas de vacance. (Loi 28 juin 1833, art. 21), I, 243. — Les comités locaux pourront désigner, pour la surveillance spéciale et habituelle d'une ou plusieurs écoles, des inspecteurs gratuits dont ils recevront les rapports. (Ordonn. 5 nov. 1833, art. 3), I, 738. — Les comités locaux peuvent faire inspecter les écoles par les délégués gratuits qu'ils désignent. Ces délégués assistent aux comités avec voix consultative, mais seulement à ces séances. (Av. Cons. 13 déc. 1833), I, 285. — Cf. Av. Cons. 21 janv. 1834, I, 294 ; Ordonn. 8 sept. 1845, art. 3, I, 667. — Les comités locaux veilleront à ce que l'instituteur ne reçoive pas un plus grand nombre d'enfants que n'en comportent les dimensions de la salle d'école, à raison d'un carré d'environ dix décimètres de côté pour chaque élève. (Stat. 25 avr. 1834, art. 22), I, 322. — Les membres d'un comité local ont le droit de visiter les écoles de la commune sans délégation expresse; le comité peut se transporter en corps dans les écoles; il peut également charger un ou plusieurs de ses membres de faire une inspection spéciale dans telle ou telle école. (Av. Cons. 17 mars 1837), I, 459. — Les méthodes dans les écoles publiques sont soumises à la surveillance des comités. (Av. Cons. 25 fév. 1834), I, 302. — Les comités ont mission de proposer les mesures d'amélioration et de réforme, non de les arrêter. (Av. Cons. 29 mai 1837), I, 463. — Les instituteurs correspondent avec les comités locaux qui transmettent leurs demandes aux comités supérieurs. (Av. Cons. 25 mars 1834), I, 310.

Les comités locaux exerceront sur les écoles primaires de filles les attributions énoncées dans la loi du 28 juin 1833 et l'ordonnance du 8 novembre 1833. (Ordonn. 23 juin 1836, art. 15, 16, 17), I, 397. — Le comité local donne son avis sur l'autorisation à accorder pour l'ouverture d'une école de filles. (Id., art. 7), I, 394. — L'avis du comité local pour le choix des institutrices ne constitue pas une présentation. (Av. Cons 26 août 1836), I, 408. — Le comité local ne peut que donner un avis au conseil supérieur pour le choix des dames inspectrices. (Av. Cons. 10 janv. 1837), I, 438.

Toute classe primaire annexée à un pensionnat secondaire est sous la surveillance du comité local. (Av. Cons. 26 août 1845), I, 663.

L'autorité des comités locaux demeure toujours réservée en tout ce qui touche l'instruction primaire; en cas de conflit le recteur est juge. (Av. Cons. 28 mars 1845), I, 660.

Les écoles communales et les écoles privées sont ouvertes en tout temps aux délégués des comités locaux. (Proj. loi 31 mars 1847, art. 20), I, 704.

La surveillance des écoles est exercée. 1° par un comité communal..... (Proj. loi 1er juin 1848, art. 30), II, 21. — *Le comité communal est composé du maire de la commune où l'école est située, président de droit du comité, et de quatre membres au moins ou douze au plus. Le nombre des membres est déterminé par le préfet. Ces membres sont élus moitié par le conseil municipal ou les conseils municipaux des communes réunies, moitié par le comité central. L'instituteur ne peut faire partie du comité communal.* (Id., art. 31), II, 21. — *Le comité est renouvelé en même temps que le conseil municipal de la commune. Il se réunit au moins une fois par mois. Le comité s'adjoint, pour les affaires relatives à l'enseignement des filles, une ou plusieurs déléguées qui, pour ces affaires, assistent aux séances avec voix délibérative.* (Id., art. 31 *bis*), II, 21. — *Le comité communal veille à la bonne tenue et à la salubrité des écoles publiques, et fait connaître au comité central leur état et leurs besoins. Il surveille les écoles privées. Il tient la liste des enfants de la commune en âge de recevoir l'instruction primaire.* (Id., art. 31 *ter*), II, 21.

Il y aura, dans toutes les communes, un comité local chargé de la surveillance régulière des écoles. (Prop. loi 15 déc. 1848, art. 60), II, 55. — *Le comité local sera composé du maire de la commune ou du plus âgé des maires en cas de réunion de communes, président de droit; des maires des communes réunies, du plus ancien des ministres de chacun des cultes légalement professés dans la commune, et d'un nombre de membres que déterminera le comité d'arrondissement. Ces derniers membres seront élus moitié par le conseil municipal, moitié par le comité d'arrondissement, ou moitié, plus un, toutes les fois que les membres de droit seraient en nombre pair. L'instituteur ne peut faire partie du comité local. Le comité local aura un secrétaire réélu chaque année et qui pourra être pris hors de son sein. Le comité ne pourra délibérer qu'à la majorité absolue de ses membres.* (Id., art. 61), II, 55. — *Le comité local est renouvelé tous les trois ans. Il se réunit au moins une fois par mois et adresse au comité d'arrondissement des rapports de six mois en six mois au moins. Le comité local peut s'adjoindre un ou plusieurs délégués de l'un ou l'autre sexe, qui ont droit d'assister aux séances avec voix délibérative sur l'affaire dont ils font rapport.* (Id., art. 62), II, 55. — *Le comité local veille à la bonne tenue et à la salubrité des écoles publiques; il fait connaître au comité d'arrondissement leur état et leurs besoins. Il surveille les écoles privées dans l'intérêt des bonnes mœurs, de la salubrité et de l'ordre public. Sur le rapport du comité d'arrondissement, le Ministre de l'instruction publique pourra dissoudre le comité local et le remplacer par un comité spécial dont il nommera tous les membres.* (Id., art. 63), II, 55.

COMITÉS LOCAUX, A PARIS. — Il y aura, dans chacun des établissements municipaux de la ville de Paris, un comité local chargé de la surveillance des écoles primaires de l'arrondissement. Ce comité sera composé du maire ou de l'un des adjoints, président; du juge de paix de l'arrondissement, du curé ou du plus ancien des curés, d'un ministre de chacun des autres cultes reconnus par la loi, désigné par son consistoire, s'il y a dans l'arrondissement des écoles suivies par des enfants appartenant à ces cultes, et d'un à trois habitants notables qui seront choisis par le comité central, en vertu de l'art. 4 de la présente ordonnance. (Ordonn. 8 nov. 1833, art. 1), I, 737. — Il y a, dans chacun des arrondissements de Paris, un comité local composé du maire ou de l'un des adjoints, président; du juge de paix, du curé, d'un ministre de chacun des cultes reconnus ayant un temple dans l'arrondissement, de trois membres du conseil municipal élu, de deux notables désignés par le comité central. (Ordonn. 26 oct. 1838, art. 1), I, 536.

Ces comités exercent, à l'égard des salles d'asile, ouvroirs, écoles ou autres établissements d'instruction primaire, les attributions des comités locaux, adressent deux fois au moins par an, au préfet, le dénombrement des écoles privées avec des notes sur ces écoles; font connaître à l'autorité tous les faits d'insalubrité, dénoncent au comité central tous les faits d'inconduite des instituteurs privés ou publics, ainsi que les infractions disciplinaires des instituteurs communaux; font le dénombrement des enfants qui ne reçoivent aucune espèce d'instruction, s'assurent s'il est pourvu à l'enseignement gratuit des enfants pauvres, prennent ou provoquent toutes les améliorations. (Ordonn. 26 oct. 1838, art. 2), I, 537. — Les comités locaux, à Paris, sont chargés de faire le dénombrement des enfants qui ne reçoivent l'instruction primaire ni à domicile, ni dans les écoles privées ou publiques. (Id., art. 2), I, 537. — Indépendamment de ces comités, il sera établi un comité spécial pour la surveillance des écoles de chacun des cultes non catholiques reconnus par l'État. Chacun des comités spéciaux sera placé sous la présidence de l'un des maires de Paris, désigné par le préfet. (Id., art. 3), I, 538.

A Paris, il y aura un comité local par arrondissement; le juge de paix en fera partie de droit. (Prop. loi 15 déc. 1848, art. 60), II, 55.

COMITÉ CONSULTATIF.

Le comité des inspecteurs généraux prend le titre de comité consultatif. (Arr. 25 mars 1873, art. 1), II, 718. — Il se divise en trois sections. Il donne son avis sur les projets de lois, de règlements et de programmes d'études, sur les questions de contentieux administratif et de discipline qui lui sont renvoyés par le Ministre. (Id., art. 3 et 4), II, 719.

COMITÉ DES ÉCOLES CATHOLIQUES.

Il est formé des comités chargés d'accorder l'autorisation d'exercer à ceux qui se destineront aux fonctions de maîtres d'écoles catholiques pour les écoles dotées soit par les communes, soit par des associations. Ce comité est présidé par l'évêque diocésain ou par l'un de ses délégués. (Ordonn. 8 avr. 1824, art. 8), I, 150. — Le maire de la commune sera membre nécessaire de ce comité, qui se compose, en outre, de quatre notables, moitié laïques, moitié ecclésiastiques; les premiers à la nomination du préfet et les seconds à la nomination de l'évêque. (Id., art. 9), I, 150. — Le comité surveille et fait surveiller les écoles; il peut révoquer l'autorisation. (Id., art. 10), I, 150. — Pour les écoles non dotées, l'autorisation est accordée par l'évêque diocésain, qui surveille, fait surveiller les écoles, et peut retirer l'autorisation. (Id., art. 11), I, 150.

COMITÉ ISRAÉLITE.

Le conseil royal fera un règlement spécial pour l'organisation des comités chargés de surveiller et d'encourager les écoles primaires israélites. (Ordonn. 16 oct. 1830, art. 7), I, 194.

COMITÉ LOCAL DE PATRONAGE.

V. Salle d'asile.

COMITÉ PROTESTANT.

Il sera formé, par les soins des préfets, dans chaque canton où l'un des deux cultes protestants est professé, un comité gratuit de charité pour veiller à l'éducation des enfants. (Ordonn. 29 fév. 1816, art. 6), I, 85.— Le consistoire et les pasteurs exercent la même surveillance que les évêques sur les écoles de leur église. (Id., art. 40), I, 93.

Les comités des écoles primaires protestantes continueront d'être organisés conformément à l'ordonnance du 29 février 1816. (Ordonn. 8 avr. 1824, art. 13), I, 151.

Il y aura un comité gratuit protestant par chaque arrondissement d'église consistoriale. (Ordonn. 26 mars 1829, art. 2), I, 174.

Il sera formé, dans l'arrondissement de chaque église consistoriale, par les soins du recteur, un comité gratuit, et, s'il y a lieu, plusieurs. (Arr. 30 juin 1829, art. 1), I, 179. — Le nombre des membres ne sera ni inférieur à six, ni supérieur à douze. La moitié plus un suffira pour délibérer. (Id., art. 2), I, 179. — Sont membres de droit le président du consistoire, un autre pasteur et le maire ; les autres membres sont nommés par le recteur parmi les notables de l'église consistoriale. La nomination est approuvée par le grand maître Les membres nommés sont renouvelables, par moitié, tous les ans ; ils peuvent être renommés. L'ancienneté établit les préséances. Le président du consistoire préside; le comité est installé par le recteur. (Id., art. 3 à 9), I, 180. — Le comité nomme son secrétaire parmi les membres laïques. (Id., art. 10), I, 180. — Il détermine le lieu de ses séances. (Id., art. 11), I, 180. — Il se réunit au moins une fois par mois. (Id., art. 12), I, 181. — Le président, ou, à son défaut, le membre le plus ancien, le sous-préfet, le procureur du roi, l'inspecteur d'Académie en tournée, peuvent convoquer extraordinairement. Le préfet, le recteur, le président du consistoire peuvent provoquer des convocations extraordinaires. La présence de trois membres suffit pour les réunions extraordinaires. (Id., art. 12 à 18), I, 181. — Toute absence non justifiée pendant un an est considérée comme une démission. (Id., art. 19), I, 181. — Les recteurs veillent à ce que les comités soient au complet. (Id., art. 20), I, 181. — Les registres de délibération doivent être communiqués aux fonctionnaires qui ont droit de convocation. (Id., art. 21), I, 182.

Le comité veille au maintien de l'ordre, de l'enseignement religieux, à l'observation des règlements, sollicite les réformes, emploie tous ses soins à la création des écoles nécessaires. Le président correspond avec le recteur. (Id., art. 22, 23), I, 182.

Chaque école a pour surveillants spéciaux le pasteur et le maire de la commune. (Arr. 30 juin 1829, art. 24), I, 182. — Le comité peut adjoindre aux surveillants spéciaux un ou plusieurs membres. (Id., art. 25), I, 182. — Les surveillants spéciaux visiteront les écoles au moins une fois par mois. (Arr. 30 juin 1829, art. 26), I, 182.

Les écoles de filles sont soumises à l'autorité du comité; mais l'inspection des pensions de filles est confiée à des dames déléguées par le comité. (Arr. 30 juin 1829, art. 27), I, 182.

Chaque comité peut instituer des conférences qui auront pour objet le perfectionnement des méthodes. (Arr. 30 juin 1829, art. 28), I, 183.

V. Comités spéciaux.

COMITÉS SPÉCIAUX A PARIS.

Indépendamment des comités locaux, établis dans chacun des arrondissements de Paris, il sera créé des comités de même nature pour la surveillance spéciale des écoles luthériennes, calvinistes et israélites. La présidence de ces comités appartiendra de droit au maire de l'arrondissement. (Ordonn. 5 nov. 1833, art. 2), I, 738.

Indépendamment des comités locaux, il sera établi dans chaque arrondissement de Paris un comité spécial pour la surveillance des écoles de chacun des cultes non catholiques reconnus par l'État ; chacun de ces comités est placé sous la surveillance de l'un des maires de Paris désigné par le préfet. (Ordonn. 26 oct. 1838, art. 3), I, 537.

La présidence des comités spéciaux appartient au maire ou à l'un des adjoints. (Ordonn. 8 sept. 1845, art. 2), I, 667. — Les comités spéciaux exercent les droits déterminés par la loi du 28 juin 1833 ; ils peuvent faire inspecter les écoles par des délégués gratuits qu'ils désignent. Ces délégués assistent aux comités avec voix consultative. (Id., art. 3 et 4), I, 667.

Il y aura dans chacun des arrondissements de Saint-Denis et de Sceaux, et à Paris dans chaque arrondissement, un comité spécial chargé de surveiller les maisons d'éducation de filles ; il comprendra cinq membres : le sous-préfet ou le maire, président (le préfet peut toujours prendre la présidence) ; un des curés ou des pasteurs de l'arrondissement ; trois dames inspectrices ou huit au plus : tous ces membres nommés par le Ministre, sur la désignation du préfet. (Arr. 7 mars 1837, art. 21 et 22), I, 456. — Les comités s'assembleront une fois au moins tous les mois pour entendre les rapports des dames inspectrices ; ils adresseront tous les ans un rapport qui sera expédié en double au préfet et au recteur, lequel le transmettra avec ses observations au Ministre. (Id., art. 23 et 24), I, 457. — Le comité provoque les réformes, et peut, en cas de contravention, demander le retrait de l'autorisation d'exercer. (Id., art. 25), I, 457.

COMITÉ SUPÉRIEUR OU D'ARRONDISSEMENT.

Il est formé dans chaque arrondissement un comité gratuit Le Ministre pourra en former plusieurs dans le même arrondissement. (Ordonn. 21 avr. 1828, art. 2), I, 167. — Chaque comité sera composé de neuf membres, un délégué de l'évêque, le curé, le maire, le juge de paix, six notables, deux nommés par l'évêque, deux par le préfet, deux par le recteur. Cinq membres suffisent pour délibérer. Le délégué de l'évêque ou le curé préside ; à leur défaut, le plus ancien membre. (Id., art. 3), I, 167. — A Paris, il y a un comité par arrondissement. (Id., art. 4), I, 167. — Les six notables seront renouvelés tous les ans par moitié ; ils peuvent être renommés. (Id., art. 5), I, 167.

Il y aura, suivant les besoins des localités et les vœux des populations, un ou plusieurs comités d'arrondissement. (Ordonn. 16 août 1830, art. 2), I, 193. — Chaque comité sera composé de sept membres au moins, de douze au plus. Sont membres de droit : le maire, le juge de paix, le curé. Les autres membres sont choisis parmi les notables, par le recteur de concert avec le préfet ; ces membres sont renouvelés annuellement par tiers et pourront être renommés. Après trois absences consécutives non justifiées, il y a radiation. Le maire ou l'adjoint président ; à son défaut, le membre le plus ancien. Le sous-préfet et le procureur du roi président les séances auxquelles ils assistent. (Id., art. 3 à 5), I, 193. — Le but des comités doit être de favoriser la propagation de l'instruction primaire, l'emploi des meilleures méthodes et le prompt établissement des Écoles normales. (Id., art. 6), I, 194. — Les dispositions concernant les attributions et les devoirs des comités seront prescrites par des règlements universitaires. (Id., art. 6), I, 194.

Les comités supérieurs se réuniront, au moins une fois par mois, dans une salle de la maison commune. (Ordonn. 21 avr. 1828, art. 6), I, 167. — Le comité désigne un ou plusieurs inspecteurs gratuits. (Id., art. 7), I, 168. — Il nomme un secrétaire pris dans son sein ; il est tenu registre des délibérations. (Id., art. 8), I, 168. — Le président correspond avec le recteur. (Id., ibid.). — Chaque année il lui envoie, au mois de mai, un état de situation. (Id., ibid.). — Toute demande d'autorisation d'exercice est soumise au comité qui recueille les renseignements sur la conduite religieuse et morale du candidat et donne son avis. (Id., art. 11), I, 168. — Le comité donne son avis au recteur sur les autorisations à accorder à un instituteur pour recevoir des élèves appartenant à des religions différentes. (Id., art. 14), I, 169. — Le comité mande l'instituteur inculpé d'avoir transféré son établissement sans autorisation, et dresse procès-verbal de ses déclarations. En cas d'urgence, il peut le suspendre. (Id., art. 16), t. 170. — Le premier renouvellement doit avoir lieu le 1er août 1832. (Décis. 15 juill. 1829), t. 171.

L'adjoint peut remplacer le maire empêché. (Décis. 29 juill. 1829), t. 172.

Il sera formé, dans chaque arrondissement de sous-préfecture, un comité de surveillance composé du maire du chef-lieu ou du plus ancien des maires, du juge de paix du chef-lieu ou du plus ancien des juges de paix, du curé ou du plus ancien des curés, d'un ministre des autres cultes exerçant dans la circonscription, d'un proviseur principal du collége, professeur, régent, chef d'institution ou maître de pension désigné par le Ministre, d'un instituteur primaire désigné par le Ministre, de trois membres du conseil d'arrondissement ou habitants notables désignés par ledit conseil, des membres du conseil général qui auront leur domicile réel dans la circonscription. Le préfet préside de droit tous les comités de département ; le sous-préfet, tous les comités d'arrondissement ; le procureur du roi est membre de droit des comités d'arrondissement. Le comité choisit tous les ans son vice-président et son secrétaire. Le secrétaire peut être choisi hors de son sein ; il devient membre du comité. (Loi 28 juin 1833, art. 18 et 19), t. 252. — Le Ministre peut, suivant le besoin et la population, établir dans le même arrondissement plusieurs comités dont il déterminera la circonscription. (Id., art. 18), t. 252.

En cas de difficulté, le préfet ou le sous-préfet désigne d'office les notables du comité d'arrondissement. (Av. Cons. 3 sept. 1833), t. 287. — Un notable, nommé membre d'un comité supérieur en remplacement d'un membre décédé ou démissionnaire, est nommé seulement pour le temps qui restait à faire au membre qu'il remplace. (Décis. Cons. 23 juill. 1830), t. 580.

Nul ne peut faire partie des comités, s'il n'est Français de naissance ou naturalisé Français. (Décis. Cons. 23 mai 1837), t. 790.

Il n'y a pas incompatibilité entre les deux titres de membre de comité supérieur et de président de comité local. (Av. Cons. 13 déc. 1833), t. 296.

Le préfet, présent au chef-lieu, ne doit pas être remplacé dans la présidence du comité d'arrondissement ; c'est le vice-président qui prend sa place. Si le préfet est empêché pour un certain temps, il peut être remplacé au comité par le conseiller de préfecture qui exerce, dans ce cas, toutes les attributions du préfet. (Av. Cons. 25 mars 1834), t. 311. — Le sous-préfet, comme président de droit du comité d'arrondissement, est fondé à désigner pour le lieu des séances une salle de la sous-préfecture. (Av. Cons. 22 fév. 1843), t. 633. — Le conseiller d'arrondissement, qui fait les fonctions de sous-préfet, préside le comité en son absence. (Av. Cons. 17 oct. 1843), t. 660. — La communication des registres du comité d'arrondissement ne peut être refusée au sous-préfet. (Av. Cons. 22 févr. 1843), t. 634. — A défaut du plus ancien curé, la place dans le comité d'arrondissement appartient au curé le plus ancien après lui dans la même circonscription. (Av. Cons. 26 avr. 1843), t. 600. — Le curé qui doit siéger au comité supérieur est le plus ancien des curés en exercice, dans le cas où il en existe plusieurs au chef-lieu. (Av. Cons. 19 mai 1843), t. 642. — Un curé, membre de droit du comité de la commune qu'il dessert et qu'il habite, est aussi membre de droit des comités des autres communes qu'il va desservir. (Av. Cons. 13 déc. 1833), t. 286. — Un ministre protestant, pasteur dans plusieurs communes appartenant à des arrondissements de sous-préfecture qui dépendent de divers départements, peut et doit faire partie des comités supérieurs non-seulement des communes qu'il dessert, mais aussi de celles où il existe un certain nombre de ses coreligionnaires qui, sans avoir d'église distincte, reçoivent ses soins spirituels. (Av. Cons. 31 déc. 1833), t. 280. — Un coreligionnaire qui n'a pas le caractère de ministre du culte ne peut pas suppléer au ministre que la loi seule a appelé à faire partie du comité supérieur. (Av. Cons. 13 juin 1843), t. 665. — Les fonctions du ministère public près de chaque comité peuvent être confiées pour chaque année, par le président du comité, à tel membre qu'il jugera devoir en charger. (Décis. Cons. 25 mars 1830), t. 333. — Le juge de paix ou le curé, qui par maladie ou par infirmité habituelle, se trouve empêché, doit être remplacé par le juge de paix ou le curé qui vient immédiatement après lui par rang d'ancienneté. (Av. Cons. 19 nov. 1833), t. 284. — Le maire, le curé, le juge de paix et le procureur du roi peuvent être respectivement remplacés, dans les comités d'instruction primaire, par les fonctionnaires qui, en cas d'absence, ont mission de la loi pour exercer ces attributions. (Av. Cons. 28 mai 1837), t. 465. — Le jugement d'un comité dans lequel le curé de la circonscription s'est fait représenter par un vicaire est nul pour vice de forme. (Décis. Cons. 18 janv. 1850), II, 117, note. — Tout membre élu du comité d'arrondissement qui, sans avoir justifié d'une excuse valable, n'aura point paru à trois séances consécutives, sera réputé démissionnaire. (Ordonn. 16 juill. 1833, art. 26), I, 252.

Les comités d'arrondissement s'assemblent au moins une fois par mois. Ils peuvent être convoqués extraordinairement sur la demande d'un délégué du Ministre qui assistera à la réunion. La présence de cinq membres est nécessaire pour la validité des délibérations. Le président a voix prépondérante. (Loi 28 juin 1833, art. 20), I, 243. — Les comités d'arrondissement fixeront chaque année, dans leur réunion du mois de janvier, l'époque de chacun des autres mois où ils s'assembleront. (Ordonn. 16 fév. 1833, art. 24), I, 252. — Le jugement d'un comité auquel tous les membres du conseil général ayant leur domicile réel dans la circonscription, n'ont pas été convoqués, est nul pour vice de forme. (Décis. Cons. 18 janv. 1850), II, 116. — La minorité d'un comité supérieur a le droit de faire consigner son avis et ses observations dans le procès-verbal de la délibération. (Av. Cons. 30 sept. 1834), I, 334. — Les délégués des comités ont seulement le droit d'assister aux séances où il est question des écoles dont ils ont l'inspection. (Av. Cons. 13 déc. 1833), I, 285. — Cf. Av. Cons. 21 janv. 1834, I, 294 ; Ordonn. 8 sept. 1845, art. 3, I, 667. — Les dames inspectrices, déléguées par les comités d'arrondissement, assistent aux séances concernant les écoles qu'elles ont visitées. (Ordonn. 23 juin 1836, art. 17), I, 399. — Lorsque les comités auront à prononcer la révocation, ils devront employer cette formule : *Le comité décide ;* dans toutes les autres affaires, ils devront employer celle-ci : *Le comité délibère.* (Instr. 25 sept. 1847), I, 252, note. — Les archives du comité d'instruction primaire doivent rester déposées à l'hôtel de la sous-préfecture où le comité doit tenir ses séances. (Av. Cons. 17 oct. 1845), I, 669. — Les frais de bureau des comités d'arrondissement sont supportés par le département. (Ordonn. 16 juill. 1833, art. 27), I, 253.

Le comité d'arrondissement inspecte et au besoin fait inspecter, par les délégués pris parmi ses membres ou hors de son sein, toutes les écoles de son ressort. Les délégués choisis hors de son sein ont droit d'assister à ses séances avec voix délibérative. Il peut réunir plusieurs communes sous la surveillance du même comité; il envoie chaque année, au Ministre un état de situation; il donne son avis sur les encouragements et les secours, il provoque les réformes. (Loi 28 juin 1833, art. 22), I, 243.

Le comité d'arrondissement nomme les instituteurs communaux sur la présentation du conseil municipal, procède à leur installation, reçoit leur serment; les instituteurs sont institués par le Ministre. (Loi 28 juin 1833, art. 22), I, 244. — Le comité d'arrondissement, après avoir mis le conseil municipal en demeure de présenter un instituteur et après avoir pris l'avis du maire et du curé, doit faire une nomination d'office. (Av. Cons. 27 mai 1834), I, 327. — Le comité d'arrondissement a le droit de demander au conseil municipal, non de présenter plusieurs candidats à la fois, mais de présenter un autre candidat, s'il a des motifs suffisants pour refuser celui qui a été d'abord présenté. En cas de non présentation nouvelle, il a le droit de nommer un candidat non présenté. (Av. Cons. 25 mars 1834), I, 312. — Le comité a toujours le droit de ne pas nommer le candidat présenté, mais il ne doit user de ce droit qu'autant qu'il y a des raisons sérieuses qui militent contre le candidat. (Av. Cons. 29 nov. 1842), I, 622. — Les comités ne peuvent nommer provisoirement et pour un temps que dans des circonstances exceptionnelles ; ils ne peuvent restreindre à un temps limité les pouvoirs d'un candidat remplissant les conditions légales. (Av. Cons. 23 févr. 1836), I, 378. — L'avis du comité d'arrondissement pour le choix des institutrices (art. 7 de l'ordonn. du 23 juin 1836) ne constitue pas une présentation. (Av. Cons. 26 août 1836), I, 409.

Le comité d'arrondissement a droit de réprimande, de suspension pour un mois, avec ou sans privation de traitement, de révocation, sauf en ce dernier cas, pourvoi, dans le délai d'un mois, devant le Ministre. Le jugement est exécutoire par provision. Pendant la suspension, le traitement peut être alloué à un instituteur suppléant. (Loi 28 juin 1833, art. 23), I, 244. — Le comité d'arrondissement a deux sortes de droits et de devoirs disciplinaires : il doit exercer sa propre juridiction d'une part ; d'autre part, déférer l'inculpé au tribunal civil. (Av. Cons. 18 nov. 1836), I, 427. — La révocation d'une institutrice, prononcée par un comité supérieur, sans que les formalités légales aient été remplies, est nulle. (Av. Cons. 12 juill. 1850), II, 155. — Les comités d'arrondissement restent investis du droit de suspendre les instituteurs, soit d'office, soit sur la plainte du comité local, et conformément à l'art. 23 de la loi du 28 juin 1833. (Loi 11 janv. 1850, art. 6), II, 111.

Les comités d'arrondissement n'ont pas le droit de faire subir un examen de capacité aux candidats; ils peuvent seulement chercher à s'assurer à quel point ces candidats possèdent le degré d'instruction attesté par des brevets. (Av. Cons. 17 déc. 1839), I, 567. — Le comité d'arrondissement ne peut pas retirer le brevet de capacité; mais après avoir averti l'instituteur dont l'instruction a été reconnue insuffisante, il peut, s'il ne s'amende pas, le frapper, aux termes de l'art. 23 de la loi du 28 juin 1833, pour cas de négligence habituelle (Av. Cons. 3 oct. 1834), I, 335. — Les comités d'arrondissement, et à Paris le comité central, pourront provoquer auprès des commissions d'examen le retrait du brevet d'aptitude à la direction de salle d'asile, de tout surveillant et de toute surveillante dont les habitudes, les procédés et le caractère ne seraient pas conformes à l'esprit de l'institution; ils pourront de même, en cas d'urgence, suspendre provisoirement lesdits surveillants ou surveillantes, en rendant compte sur-le-champ de cette suspension et de leurs motifs au maire de la commune et à Paris au maire de l'arrondissement. (Arr. 24 avr. 1838, art. 29), I, 520.

Dans les communes au-dessus de 600 âmes, l'autorisation du comité d'arrondissement pourra, sauf l'approbation du recteur, dispenser les directrices et les adjointes de salles d'asile du brevet de capacité. (Prop. loi 15 déc. 1848, art. 7), II, 44.

Les vacances sont réglées par le comité d'arrondissement; elles peuvent être divisées en plusieurs parties par les communes rurales, sans que la totalité excède six semaines. (Stat. 25 avr. 1834, art. 32), I, 324.

Les méthodes, dans les écoles publiques, sont soumises à la surveillance des comités. (Av. Cons. 25 fév. 1834), I, 302. — Les comités ont mission de proposer les mesures d'amélioration et de réforme, non de les arrêter. (Av. Cons. 29 mai 1837), I, 463.

Les comités d'arrondissement sont consultés sur les demandes des principaux des colléges communaux, des chefs d'institution et des maîtres de pension, ayant pour objet l'autorisation de tenir une classe primaire dont les élèves externes ne payent pas de rétribution. (Décis. Cons. 3 avr. 1835), I, 358. — Les comités ont le droit de visiter les écoles primaires annexées aux Écoles normales, mais pour faire observer, non pour modifier les règlements. (Décis. Cons. 3 juill. 1839), I, 558.

La surveillance des écoles de filles est comprise dans les attributions des comités d'instruction primaire. (Av. Cons. 24 déc. 1833), I, 286. — Les comités ont sur les écoles de filles les mêmes droits de surveillance que sur les écoles de garçons. (Av. Cons. 14 janv. 1834), I, 293. — Le comité d'arrondissement donne son avis sur l'autorisation à accorder pour l'ouverture d'une école de filles. (Ordonn. 23 juin 1836, art. 7), I, 394. — Les comités d'arrondissement surveillent les écoles de filles dans les conditions prescrites par la loi du 28 juin 1833. Ils les font visiter par des délégués pris parmi leurs membres ou par des dames inspectrices. (Ordonn. 23 juin 1836, art. 15 et 16), I, 398. — Les propositions de réformes et d'améliorations que peuvent faire les comités pour les pensions et les institutions de jeunes filles, doivent être soumises au préfet, lequel, dans le cas où elles intéressent l'ensemble du service, en référera au Ministre. (Av. Cons. 8 août 1837), I, 477. — Le comité d'arrondissement a le droit de choisir les dames inspectrices chargées de visiter les écoles. (Av. Cons. 25 nov. 1836), I, 430. — Cf. Av. Cons. 10 janv. 1837, I, 438.

Le comité d'arrondissement n'a pas le droit de révoquer les notables du comité local ; il doit, en cas de négligence, inviter le comité à remplir ses fonctions, le mettre en demeure et, s'il y a lieu, provoquer sa dissolution ; il peut demander à consulter les registres des comités locaux, mais non en ordonner l'apport. (Av. Cons. 5 janv. 1836), I, 370.

Les écoles communales et les écoles privées sont ouvertes en tout temps aux délégués des comités d'arrondissement. (Proj. loi 31 mars 1847, art. 20), I, 704.

La surveillance des écoles est exercée : 1° par un comité communal ; 2° par un comité central placé au chef-lieu de l'arrondissement. (Proj. 1er juin 1848, art. 30), II, 21.

Il sera formé, dans chaque arrondissement, un comité chargé spécialement de surveiller et d'encourager l'instruction primaire. Le Ministre de l'instruction publique pourra, mais seulement dans les cas où l'exigeraient les circonstances locales, établir dans l'arrondissement plusieurs comités dont il déterminera la circonscription. (Prop. loi 15 déc. 1848, art. 64), II, 56. — *Le comité d'arrondissement est composé du préfet ou sous-préfet, président de droit ; du maire du chef-lieu, du juge de paix, du curé ; d'un ministre de chacun des autres cultes reconnus par la loi, qui sera désigné par son consistoire ; d'un proviseur, principal de collége, directeur d'École normale primaire, professeur, régent, chef d'institution ou de pension, en activité ou en retraite, désigné par le Ministre de l'instruction publique ; d'un instituteur du degré élémentaire ou supérieur, élu par les instituteurs de l'arrondissement ; des représentants du peuple élus dans le département et résidant dans la circonscription ; des membres du conseil général ayant la même résidence, du procureur de la République ; de trois citoyens de l'arrondissement, désignés par le comité lui-même ; de l'inspecteur ou sous-inspecteur de l'instruction primaire dans l'arrondissement, lequel aura voix consultative. Le comité choisit tous les ans son vice-président et son secrétaire, qui pourra être pris hors de son sein. Dans ce dernier cas, le secrétaire devient membre du comité par sa nomination.* (Id., art. 65), II, 56. — *Les comités d'arrondissement s'assembleront au moins une fois par mois. Ils pourront être convoqués extraordinairement sur la demande de l'inspecteur ou du sous-inspecteur de l'instruction primaire, des inspecteurs supérieurs et du recteur, lesquels auront droit d'y être entendus. Les comités d'arrondissement ne pourront délibérer s'il n'y a au moins sept membres présents. L'instituteur opinera le premier. Les fonctions de tous les membres élus des comités d'arrondissement dureront trois ans. Ils seront indéfiniment rééligibles.* (Id., art. 56), II, 56. — *Les comités d'arrondissement pourront choisir un ou plusieurs délégués des deux sexes, parmi lesquels il devra toujours y avoir un médecin chargé de la surveillance sanitaire des écoles. Les délégués auront voix délibérative pour l'affaire dont ils font rapport.* (Id., art. 67), II, 56. — *Outre le droit de nomination conféré par l'art. 16, le comité d'arrondissement exerce le pouvoir disciplinaire à l'égard des directeurs et professeurs adjoints des écoles supérieures, des instituteurs communaux, institutrices communales, directrices de salles d'asile, etc. Il inspecte ou fait inspecter par des délégués toutes les écoles primaires de son ressort. Il publie chaque année un rapport sur ces écoles et l'adresse au Ministre de l'instruction publique ; il fixe l'époque et la durée des vacances, sur l'avis du comité local. Il donne son avis sur les secours à accorder aux instituteurs et aux communes, sur les constructions de maisons d'écoles, sur les encouragements de tout ordre et sur ce qui intéresse à un titre quelconque l'instruction primaire. Il provoque les réformes et les améliorations qu'il juge nécessaires. Il procède ou fait procéder par ses délégués à l'installation solennelle des instituteurs et reçoit leur serment ainsi conçu : « En « présence de Dieu et devant les habitants de la commune........, « je jure de consacrer à la mission sainte que me confie la République « toutes mes forces et tout mon dévouement, et d'élever les enfants, « dont l'éducation m'est remise, dans le respect profond de tous les « devoirs et de toutes les lois morales et politiques qui font l'homme « de bien et le bon citoyen. »* (Id., art. 68), II, 56.

Comité central, a Paris.— Il est établi à Paris un comité central chargé d'exercer sur toutes les écoles primaires les attributions du comité d'arrondissement. (Ordonn. 5 nov. 1833, art. 4), I, 738. — Seront membres de ce comité : le préfet du département de la Seine, président ; le procureur près le tribunal de première instance du même département, le plus ancien des maires de Paris, le plus ancien des juges de paix, le plus ancien des curés, un ministre de chacun des autres cultes reconnus par la loi, désigné par son consistoire, un des proviseurs ou professeurs des colléges, chefs d'institution ou maîtres de pension, désignés par le Ministre de l'instruction publique; un instituteur primaire désigné par le Ministre de l'instruction publique, trois membres du conseil général du département de la Seine ou habitants notables désignés par ledit conseil. Les autres membres du conseil général ayant leur domicile réel à Paris, pourront assister aux délibérations. (Id., art. 5), I, 738.

Le comité central exerce les attributions des comités d'arrondissement. Il est composé du préfet, président ; du procureur près le tribunal de première instance, du recteur, du plus ancien des juges de paix, du plus ancien des curés, d'un ministre de chacun des cultes non catholiques, de neuf membres du conseil municipal désignés par le conseil, d'un proviseur désigné par le Ministre, des inspecteurs primaires, d'un instituteur désigné par le Ministre. (Ordonn. 26 oct. 1838, art. 4), I, 538.

L'autorité des comités institués dans la ville de Paris s'étend sur les salles d'asile, les ouvroirs, les écoles de divers degrés. (Ordonn. 8 sept. 1845, art. 1 et 4), I, 666. — Les comités communiquent avec les diverses autorités par l'organe de leur président. (Id., art. 6), I, 667. — Les trois notables choisis parmi les membres du conseil général, pour siéger au comité central de Paris, seront désignés par le conseil municipal. (Ordonn. 8 sept. 1845, art. 5), I, 667.

Le comité central est composé du préfet ou du sous-préfet, président de droit, et de dix membres nommés moitié par le conseil général du département, moitié par le Ministre de l'instruction publique. Le comité est renouvelé en même temps que le conseil général. Le comité nomme dans chaque canton au moins un délégué permanent et désigne un médecin chargé de la surveillance sanitaire des écoles du canton. Il peut aussi, pour des missions spéciales, nommer des délégués ou déléguées. Tout délégué a droit d'assister aux séances avec voix délibérative pour les affaires concernant sa mission. (Proj. loi 1er juin 1848, art. 32), II, 22. — *Le comité central concourt à la nomination des instituteurs et institutrices. Il prend part à leur jugement. Il surveille les écoles de l'arrondissement et adresse, chaque année, un rapport sur les écoles au conseil de perfectionnement.* (Id., art. 33), II, 22.

A Paris, un comité central fera fonctions de comité d'arrondissement. (Prop. loi 15 déc. 1848, art. 60), II, 55

V. Délégué.

COMMISSION D'ÉDUCATION.

Il est établi, par district, une commission composée d'hommes éclairés et recommandables par leur patriotisme et leurs bonnes mœurs, au nombre de cinq, qui s'occupe : 1° du placement des écoles, pour lequel elle s'entend avec le directoire du district; 2° de l'emplacement des maisons d'enseignement pour lequel elle se concerte avec les conseils généraux des communes; 3° de l'examen des citoyens qui se présentent pour se vouer à l'éducation nationale. Ces cinq membres sont choisis en séance publique par le directoire du district sur une liste de cinq citoyens désignés par le conseil général de chaque commune, après consultation, sur chacun d'eux, du comité de surveillance du lieu ou le plus voisin du lieu. (Décr. 7 brum. an II, 1° à 4°), I, 22. — Ces commissions sont appelées commissions d'éducation. (Décr. 9 brum. an II, art. 2), I, 25.

COMMISSION DE L'ÉCOLE D'ESSAI.

Le Ministre de l'intérieur est chargé d'appeler près de lui les personnes qui méritent d'être consultées sur les meilleures méthodes d'éducation primaire. Il examine ces méthodes et dirigera l'essai de celles qu'il jugera devoir être préférées dans une école spéciale, ou école d'essai, fondée à Paris. (Décr. 27 août 1815, art. 1 et 2), I, 83.

COMMISSION DE L'INSTRUCTION PUBLIQUE.

Il sera établi, à Paris, une administration centrale sous le nom de Commission générale de l'instruction publique, composée de membres ayant chacun sous son autorité, un inspecteur, nommé par le roi, mais qui ne pourra être destitué que sur un jugement du Corps législatif. Les six commissaires se partagent entre eux les divers objets relatifs à l'instruction et font exécuter, chacun sous sa responsabilité, les lois relatives à la partie dont il est chargé. Ils administrent les biens et revenus destinés à l'éducation publique et en rendent compte à l'Assemblée législative. Ils présentent chaque année, à l'Assemblée, un état des progrès et un état des besoins. Ils nomment pour la première fois aux places de nouvelle création dont la nomination n'appartient pas aux corps administratifs. Ils préparent les règlements. (Proj. 1er sept. 1791, ch. XVIII, art. 1 à 12), I, 7.

Une commission de l'instruction publique, composée de cinq membres, est chargée d'exercer, sous l'autorité du Ministre de l'intérieur, les attributions du grand maître et du conseil de l'Université. (Ordonn. 15 août 1815, art. 3 et 5), I, 82. — Elle régit les biens de l'Université, délivre les diplômes, ordonnance les traitements. (Id., art. 4 et 6), I, 82. — Elle veille à ce que, dans toutes les écoles, l'instruction primaire soit fondée sur la religion, le respect des lois et l'amour du souverain. Elle fait les règlements généraux des écoles, et indique les méthodes et les livres scolaires. (Ordonn. 29 fév. 1816, art. 30), I, 89. — Le recteur lui adresse chaque année, au mois de juillet, un rapport sur l'état de l'instruction dans chaque commune. (Id., art. 33), I, 89.

Le nombre des membres de la commission d'instruction publique est porté à sept. (Ord. 22 juill. 1820, art. 1), I, 134.

La commission de l'instruction publique prend le nom de Conseil royal de l'instruction publique. (Ordon. 1er nov. 1820, art. 1), I, 134.

COMMISSION DE SURVEILLANCE POUR LES CAISSES D'ÉPARGNE.

V. Caisse d'épargne et de prévoyance.

COMMISSION DE SURVEILLANCE POUR LES ÉCOLES NORMALES

V. École normale.

COMMISSION D'EXAMEN (BREVET DE CAPACITÉ).

Il y aura dans chaque département une ou plusieurs commissions d'instruction primaire, chargées d'examiner les aspirants au brevet de capacité. Les membres sont nommés par le Ministre. Les examens ont lieu publiquement, à des époques déterminées. (Loi 28 juin 1833, art. 25), I, 244.

Il y aura dans chaque chef-lieu de département une commission d'instruction primaire chargée d'examiner tous les aspirants au brevet. Cette commission sera renouvelée tous les trois ans. Les membres en sont rééligibles. (Arr. 19 juill. 1833, art. 2), I, 255. — La commission comprendra sept membres : trois appartenant à l'instruction publique, le recteur ou un inspecteur délégué par lui, le proviseur ou le censeur, et un professeur dans les villes où existe un collége royal ; un ou deux fonctionnaires du collége communal dans les villes qui possèdent un établissement de cet ordre. (Id., art. 3), I, 255. — Elle siégera deux fois par an, de six mois en six mois, dans les cinq premiers jours de mars et de septembre. (Id., art. 4), I, 256.

— La présence de quatre membres est nécessaire. Le brevet est délivré à la majorité des voix. (Id., art. 5), I, 256.

La commission d'examen du chef-lieu du département a droit d'examiner tous les candidats qui ont leur domicile légal ou qui ont étudié dans le département. (Arr. Cons. 1er oct. 1833), I, 270.

Outre la commission qui sera formée au chef-lieu, il pourra être établi dans chaque arrondissement de sous-préfecture, une commission d'instruction primaire à l'effet d'examiner les aspirants au brevet de capacité. Cette commission sera composée de sept membres. (Arr. 19 juill. 1833, art. 15), I, 258. — La commission d'examen du chef-lieu d'arrondissement a droit d'examiner tous les candidats qui ont leur domicile ou qui ont étudié dans l'étendue de l'arrondissement. (Arr. Cons. 1er oct. 1833), I, 270. — Le directeur de l'École normale et tout maître adjoint ne doit faire partie de la commission d'examen qu'en cas de nécessité absolue. (Décis. Cons. 6 août 1833), I, 261.

Il ne doit y avoir qu'une commission d'examen par département. (Av. Cons. 10 oct. 1837), I, 484. — Les commissions d'examen pour les brevets de capacité sont plus convenablement placées dans les lieux où sont établies les Écoles normales. (Id., ibid.), I, 484.

Il y aura dans chaque département une commission chargée d'examiner les personnes qui aspireront aux brevets de capacité. Les examens sont publics. Des dames inspectrices peuvent faire partie des commissions. Ces commissions délivrent des certificats d'aptitude, d'après lesquels le recteur expédie le brevet de capacité. (Ordonn. 23 juin 1836, art. 18), I, 400.

La commission d'examen pour les institutrices sera nommée pour trois ans ; elle sera composée de cinq membres indéfiniment rééligibles. (Arr. 28 juin 1836, art. 4), I, 402. — La présence de trois membres au moins est nécessaire pour les examens du brevet élémentaire ; celle de cinq, pour les examens du brevet supérieur. (Id., ibid.), I, 402. — Elle s'assemble deux fois par an, dans les dix premiers jours de mars et d'août. (Id., art. 5), I, 402. — Le procès-verbal est dressé, séance tenante, et signé par tous les examinateurs et par le récipiendaire ; un duplicata est adressé au recteur. (Id., art. 6),

I, 402. — La commission délivre le certificat d'aptitude et le recteur le brevet de capacité. (Id., art. 7), I, 403. — Elle indique son jugement par les notes *très-bien, bien, assez bien,* et à la fin de la session dresse la liste, par ordre de mérite, des candidats reçus. (Id., art. 8), I, 403. — L'inspecteur primaire adresse ses observations au recteur sur le résultat des examens. (Id., art. 9), I, 403.

Les dames adjointes aux commissions d'examen sont nommées par le Ministre. (Av. Cons. 25 nov. 1836), I, 430. — Le nombre des dames inspectrices appelées à siéger dans les commissions d'examen ne doit pas excéder de deux à cinq. (Av. Cons. 24 janv. 1837), I, 443.

Une ou plusieurs commissions sont instituées dans chaque département pour examiner les aspirants au certificat d'aptitude exigé par l'art. 8. *Ces commissions sont composées du recteur ou d'un inspecteur supérieur de l'instruction primaire désigné par lui, président, et de huit membres nommés pour trois ans, moitié par le Ministre de l'instruction publique, moitié par le conseil général du département. Les examens ont lieu publiquement et à des époques déterminées par le Ministre de l'instruction publique. Pour l'examen des aspirantes, la commission s'adjoint deux examinatrices qui ont voix délibérative. Les aspirants ou aspirantes peuvent choisir la commission devant laquelle ils se présentent.* (Proj. loi 1er juin 1848, art. 40), II, 23.

Il y a dans chaque département une commission chargée d'examiner les aspirants et les aspirantes au brevet de capacité. Elle est composée du recteur ou d'un délégué choisi par lui parmi les fonctionnaires supérieurs de l'instruction publique, président ; d'un curé ou chanoine du département, désigné par l'évêque, ou bien d'un ministre de tout autre culte professé par le candidat ; de l'inspecteur du département, et en cas d'empêchement, du plus ancien des sous-inspecteurs, et de six membres nommés, moitié par le Ministre de l'instruction publique, moitié par le conseil général. La commission d'examen ne pourra délibérer qu'autant que cinq membres au moins seront présents. Les brevets seront délivrés sous l'autorité du Ministre. (Prop. loi 15 déc. 1848, art. 76), II, 58. — *Les examens ont lieu publiquement et à des époques déterminées par le Ministre de l'instruction publique. Pour les examens des aspirantes, la commission s'adjoindra deux examinatrices, qui auront voix délibérative.*

Dans ce dernier cas, la commission n'admettra à l'examen que les autorités municipales et scolaires, les institutrices et les aspirantes avec leurs parents. Les aspirants et aspirantes ne pourront se présenter que devant la commission d'examen d'un département où ils résideront depuis six mois au moins. (Id., art. 77), II, 59.

Chaque année, le Conseil académique (départemental) nomme une commission d'examen chargée de juger publiquement, et à des époques déterminées par le recteur, l'aptitude des aspirants au brevet de capacité, quel que soit le lieu de leur domicile. Cette commission se compose de sept membres, et elle choisit son président. Un inspecteur d'arrondissement pour l'instruction primaire, un ministre du culte professé par le candidat, et deux membres de l'enseignement public ou libre, en font nécessairement partie. (Loi 15 mars 1850, art. 46), II, 135. — Les commissions d'examen pour le brevet de capacité pour l'enseignement primaire tiennent au moins deux sessions par an. La commission ne peut délibérer régulièrement qu'autant que cinq au moins de ses membres seront présents. Les délibérations sont prises à la majorité des suffrages. En cas de partage, la voix du président est prépondérante. La forme des brevets est réglée par le Ministre de l'instruction publique. Nul ne peut se présenter devant une commission d'examen, s'il n'est âgé de dix-huit ans au moins. (Décr. 29 juill. 1850, art. 50), II, 174.

Les dames désignées par le préfet surveillent les travaux à l'aiguille exigés par l'art. 48 de la loi du 15 mars 1850. (Arr. 3 juill. 1866, art. 22), II, 602.

V. Examen.

COMMISSION D'EXAMEN (CERTIFICAT D'APTITUDE A LA DIRECTION DES SALLES D'ASILE).

V. Salle d'asile.

COMMISSION D'EXAMEN (DIPLOMES DE MAITRESSES D'INSTITUTION ET DE PENSION).

La commission d'examen pour les diplômes de maîtresses d'institution et de pension à Paris, est composée de sept personnes, cinq hommes et deux dames, nommées par le Ministre sur la proposition du préfet. Elle tiendra deux séances par an. La présence de quatre membres est nécessaire pour la validité de l'examen. Tous les membres présents apposeront leurs signatures sur le procès-verbal d'examen et sur le diplôme. (Arr. 7 mars 1837, art. 12), I, 454.

Le jury d'examen sera composé ainsi qu'il suit : un membre du conseil municipal, président, désigné par le préfet ; deux vice-présidents désignés par le Ministre, à tour de rôle, parmi les inspecteurs de l'Académie de Paris; un ministre de chacun des cultes reconnus par l'État, nommé par le Ministre sur la présentation de l'archevêque ou du consistoire, et chargé spécialement de l'examen sur l'instruction religieuse ; dix examinateurs, nommés par le Ministre sur la présentation du préfet, choisis principalement dans l'instruction secondaire, et dont la majorité devra se composer de membres de l'Université. (Règl. 13 avr. 1849, art. 2), II, 74. — Six dames adjointes, nommées par le Ministre, sur la présentation du préfet et choisies parmi les inspectrices de l'instruction secondaire et de l'instruction primaire, assisteront aux examens avec voix délibérative, et seront chargées spécialement d'examiner les aspirantes sur les travaux d'aiguille. (Id., art. 4), II, 75. — La présence de cinq personnes désignées aux art. 2 et 4 sera nécessaire pour la validité des examens. (Id., art. 5), II, 75.

COMMUNES (OBLIGATIONS DES).

Chaque administration de département déterminera le nombre des écoles primaires de son arrondissement, sur la demande des municipalités présentée par les directions des districts. (Proj. loi sept. 1791, art. 1er), I, 2. — *Chaque département, sur la demande des municipalités, présentée par le directeur du district, fixera, dans son arrondissement, le nombre des maîtres et celui des écoles primaires.* (Id., ibid., art. 8), I, 3.

Il sera établi : une école, dans tous les lieux de 400 à 1,500 habitants ; cette école pourra servir pour toutes les habitations peuplées dans un rayon de 1,000 toises au plus ; pour les habitations plus éloignées et les lieux qui n'ont pas 400 habitants, une école par arrondissement de 400 à 1,500 habitants ; deux écoles, une de garçons, une de filles, dans les lieux de 1,500 à 4,000 habitants ; quatre écoles, deux de garçons, deux de filles, dans les villes de 4,000 à 8,000 habitants ; dans les villes de 8,000 à 20,000 habitants, deux écoles pour 4,000, habitants, une de garçon, une de filles ; deux écoles de plus par 5,000 habitants au-dessus de 20,000, soit pour les villes de 50,000 habitants, vingt-deux écoles ; au-dessus de 50,000 habitants, deux écoles de plus par 6,000 habitants, soit pour 100,000 habitants, trente-huit écoles ; au-dessus de 100,000 habitants, deux écoles de plus par 10,000 habitants. (Décr. 29 frimaire an I, titre II), I, 10. — Il sera établi une école dans tous les lieux de 400 à 1,500 individus; le comité d'instruction publique présentera le mode proportionnel pour les communes plus peuplées. (Décr. 11 prair. an I), I, 18.

Il y aura une école pour 400 à 1,500 habitants; deux écoles pour 1,500 à 3,000; quatre écoles pour 3,000 à 6,000, etc. 37 pour 92,000 à 100,000. (Décr. 30 vendém. an II, 6°), I, 20. — Les arrondissements des premières écoles qui ne pourraient se former conformément à ce qui a été décrété, sans outrepasser les limites d'un district ou d'un département, sont déterminés par les commissions d'éducation des districts respectifs, sans aucun égard aux limites. Elles déterminent aussi, de concert, le placement des écoles. (Décr. 9 brum. an II, art. 1), I, 25. — Si, un mois après que la commission d'éducation a arrêté l'emplacement et les dispositions de la maison d'une école nationale, la commune n'en a pas commencé l'exécution, les corps administratifs sont chargés d'y pourvoir au défaut de la commune, et à ses frais, à prendre sur les souls additionnels. (Décr. 9 brum. an II, art. 3), I, 25. — Il y aura une école primaire comprenant une section pour les garçons, une section pour les filles, par 1,000 habitants, deux par 2,000, trois par 3,000, etc. ; sauf le cas où la population étant trop dispersée, une deuxième école pourra être créée pour 1,000 habitants, sur la demande motivée de l'administration du district et par décret. (Décr. 27 brum. an III, chap. I, art. 2, 3, 4), I, 34.

Il sera établi, dans chaque canton, une ou plusieurs écoles primaires dont les arrondissements seront déterminés par les administrations du département. (Décr. 3 brum. an X, tit. I, art. 1), I, 38. — Une école primaire pourra appartenir à plusieurs communes à la fois, suivant la population et les localités de ces communes. (Loi 11 flor. an X, tit. II, art. 2), I, 43.

Les bâtiments des écoles seront fournis par les communes qui pourront disposer à cet effet des maisons de fabrique ou des maisons nationales déjà uniquement consacrées aux petites écoles. (Décr. 22 frim. an I, tit. IV), I, 9. — Les frais de premier établissement, d'ameublement et d'entretien des écoles seront à la charge des communes. (Id., ibid.), I, 12. — Les instituteurs seront logés aux frais des communes et, autant que faire se pourra, dans le lieu même des écoles. (Id., ibid.), I, 12. — Les ci-devant presbytères non vendus au profit de la République seront mis à la disposition des municipalités pour servir tant au logement des instituteurs qu'à recevoir les élèves pendant la durée des leçons ; tous les baux existants sont résiliés. Dans les communes où il n'existe plus de ci-devant presbytère à la disposition de la nation, il sera accordé, sur la demande des administrations de district, un local convenable pour la tenue des écoles primaires. (Décr. 27 brum. an III, chap. Ier, art. 5 et 6), I, 34. — Il sera fourni à chaque instituteur un local tant pour lui servir de logement que pour recevoir les élèves pendant la durée des classes, plus un jardin ; et à défaut de logement et de jardin, lorsque les administrations départementales le trouveront convenable, une indemnité annuelle. (Loi 3 brum. an IV, tit. I, art. 6), I, 39. — Il est sursis à la vente de tous les édifices servant et ayant servi à l'enseignement public. (Loi 25 fruct. an V, art. 1), I, 42.

Toute commune est tenue de pourvoir à ce que les enfants qui l'habitent reçoivent l'instruction primaire, et à ce que les enfants indigents la reçoivent gratuitement. (Ordonn. 29 févr. 1816, art. 14 et 17), I, 87. — Deux ou plusieurs communes peuvent se réunir pour entretenir une école. Une commune peut subventionner une école libre. (Id., art. 15), I, 87. — Les communes peuvent traiter avec les maîtres d'école pour fixer le montant des rétributions scolaires. (Id., art. 16), I, 87.

Lorsqu'une commune n'aura pas les moyens d'entretenir un instituteur, elle pourra s'entendre avec une ou plusieurs communes voisines. (Ordonn. 14 févr. 1830, art. 7), I, 190.

Il sera fourni à l'instituteur communal : 1° un local pour son logement et pour la classe ; 2° un traitement fixe dont le minimum sera de 200 fr. et moyennant lequel il devra recevoir tous les élèves désignés comme hors d'état de payer la rétribution. (Proj. loi 20 janv. 1831, art. 9), I, 196.

Plusieurs communes sont autorisées à unir leurs ressources pour fonder ou entretenir une école primaire sur le territoire de l'une d'elles. (Prop. loi 24 oct. 1831, art. 10), I, 222.

Toute commune est tenue de pourvoir ou par elle-même ou en se réunissant à d'autres communes, à ce que tous les enfants qui l'habitent puissent recevoir l'instruction primaire. (Prop. loi 17 nov. 1832, art. 13), I, 225. — *En cas de désaccord pour l'emplacement de l'école ou le choix de l'instituteur, le comité cantonal statuera.* (Id., art. 14), I, 226. — *Le préfet, sur l'avis du comité cantonal, peut dispenser de l'entretien d'une école communale les communes dans lesquelles les écoles privées satisfont à tous les besoins et spécialement à ceux des enfants pauvres reçus gratuitement.* (Id., art. 19), I, 226.

Toute commune est tenue, soit par elle-même, soit en se réunissant à une ou plusieurs communes voisines, d'entretenir au moins une école primaire élémentaire. (Loi 28 juin 1833, art. 9), I, 238.— Dans le cas où des communes limitrophes ne pourraient entretenir, chacune pour son compte, une école primaire élémentaire, les maires se concerteront pour établir une seule école à l'usage desdites communes. La réunion des communes, à cet effet, ne pourra être opérée que du consentement formel des conseils municipaux et avec l'approbation du Ministre de l'instruction publique. A défaut de convention contraire de la part des conseils municipaux, les dépenses d'entretien des écoles seront réparties entre les communes réunies, proportionnellement au montant de leurs contributions foncière, personnelle et mobilière. Cette répartition sera faite par le préfet. Une réunion de communes ainsi opérée pourra être dissoute par le Ministre, sur la demande motivée d'un ou plusieurs conseils municipaux ; mais à la condition que ces conseils prendront l'engagement de pourvoir sans délai à l'établissement et à l'entretien des écoles de leurs communes respectives. (Ordonn. 16 juill. 1833, art. 2), I, 246.

Un conseil municipal ne peut être tenu de voter le traitement et le local pour plus d'un instituteur ; mais dans le cas où il existe un ou plusieurs hameaux trop éloignés du canton, il doit être stipulé qu'à certains jours l'instituteur s'y rendra pour y donner l'instruction dans un local convenablement préparé à cet effet. (Av. Cons. 12 nov. 1833), I, 279.

La loi n'a obligé chaque commune qu'à établir une seule école publique. Elle a permis l'établissement d'écoles privées sans aucune limitation de nombre. (Av. Cons. 28 janv. 1834), I, 296. — La loi du 28 juin 1833 n'exige pas le consentement formel des conseils municipaux pour la réunion de plusieurs communes en vue d'une école ; mais ce consentement a été prescrit par l'ordonn. du 16 juill. 1833. (Av. Cons. 25 octob. 1842), I, 613.

Les communes chefs-lieux de départements et celles dont la population excède 6,000 âmes, devront avoir une école primaire supérieure. (Loi 28 juin 1833, art. 10), I, 238.

Une commune peut ériger une école primaire élémentaire en école primaire supérieure, mais sans que cela puisse la dispenser d'avoir des écoles primaires élémentaires. (Av. Cons 20 déc. 1834), I, 348.

Les préfets, sur le rapport des inspecteurs primaires, peuvent d'office, après avoir pris l'avis des conseils municipaux et des comités d'arrondissement, prononcer, en conseil de préfecture, la réunion de plusieurs communes pour l'entretien d'une école primaire élémentaire. Ils fixent, en conseil de préfecture, la part pour laquelle les communes réunies contribuent aux dépenses d'entretien, proportionnellement au montant du principal de leurs impositions directes. (Proj. loi 31 mars 1847, art. 7).

Il y a, dans toute commune dont la population excède 300 âmes au moins, une école primaire publique. (Proj. loi 15 juin 1848, art. 16). — *Les communes, dont la population n'excède pas 300 âmes, peuvent être autorisées par le Ministre à se réunir à une ou plusieurs communes voisines pour entretenir une école. — En cas de contesta-*

tion sur celle des communes où l'école doit être placée, le préfet décide, sur l'avis du comité central. (Id., art. 19), II, 19. — *Le matériel des écoles, le chauffage, l'éclairage, les livres et les fournitures scolaires sont à la charge des communes et mises au nombre de leurs dépenses obligatoires.* (Id., art. 20), II, 20.

Les communes au-dessous de 250 âmes de population agglomérée pourront se réunir pour entretenir une école primaire. En cas de contestations concernant celles des communes où l'école doit être placée, le préfet décide sur l'avis du comité d'arrondissement. (Prop. loi 15 déc. 1848, art. 29), II, 49.

La commune recouvrera, dans les mêmes formes que la rétribution annuelle, et à titre d'abonnement, le prix des livres et des fournitures scolaires, employés dans les écoles élémentaires par les enfants qui pourront les payer. Les frais des autres livres et des autres fournitures seront acquittés par les communes. (Prop. loi 15 déc. 1848, art. 46), II, 51.

Toute commune doit entretenir une ou plusieurs écoles primaires. Le conseil départemental peut autoriser une commune à se réunir à une ou plusieurs communes voisines pour l'entretien d'une école. Le conseil départemental peut dispenser une commune d'entretenir une école, à condition qu'elle pourvoira à l'enseignement primaire gratuit, dans une école libre, de tous les enfants dont les familles sont hors d'état d'y subvenir. Cette dispense peut toujours être retirée. (Loi 15 mars 1850, art. 36), II, 136. — Toute commune doit fournir à l'instituteur un local convenable tant pour son habitation que pour la tenue de l'école, le mobilier des classes et un traitement. (Id., art. 37), II, 136.

Toute commune de 800 âmes de population et au-dessus est tenue, si ses propres ressources lui en fournissent les moyens, d'avoir au moins une école de filles, sauf dispense du conseil départemental, lequel peut autoriser provisoirement une école mixte (art. 15). Le conseil départemental peut, en outre, obliger les communes d'une population inférieure à entretenir, si leurs ressources ordinaires le leur permettent, une école de filles; et en cas de réunion de plusieurs communes pour l'enseignement primaire, il pourra, selon les circonstances, décider que l'école des garçons et l'école des filles seront dans deux communes différentes. Il prend l'avis du conseil municipal. (Loi 15 mars 1850, art. 51), II, 137.

Lorsque des communes demandent à se réunir pour l'entretien d'une école, le local destiné à la tenue de cette école doit être visité par l'inspecteur de l'arrondissement, qui transmet son rapport au Conseil départemental. A défaut de conventions contraires, les dépenses auxquelles l'entretien de l'école donne lieu sont réparties entre les communes réunies, proportionnellement au montant des quatre contributions directes. Cette répartition est faite par le préfet. (Décr. 7 oct. 1850, art. 8), II, 183.

Une section de commune ne peut être détachée d'une commune pour être rattachée à une autre, sans que les communes intéressées aient été préalablement entendues. (Av. Cons. 20 déc. 1850), II, 201.

Les communes dans lesquelles existe un collége peuvent être autorisées, sur la demande des conseils municipaux et sur l'avis du conseil départemental, à annexer à cet établissement l'école primaire publique. Dans ce cas, l'instituteur sera subordonné au principal du collége, en ce qui concerne l'administration. (Arr. 18 mars 1856, art. 3), II, 435.

Un conseil départemental ne peut prononcer, contrairement aux vœux des conseils municipaux, la réunion de plusieurs communes pour l'entretien d'une école. (Décis. Cons. d'État 8 mars 1865), II, 560.

Toute commune de 500 habitants et au-dessus est tenue d'avoir au moins une école publique de filles, si elle n'en est dispensée par le conseil départemental. (Loi 10 avr. 1867, art. 1), II, 604. — Le nombre des écoles publiques de garçons ou de filles à établir dans chaque commune est fixé par le conseil départemental, sur l'avis du conseil municipal et sous l'approbation du Ministre. (Id., art. 2), II, 605.

Le conseil municipal a le droit d'émettre un vœu ou de donner un avis sur la création d'une école; mais il ne peut, sans se substituer au conseil départemental, prendre une décision à cet égard et fixer l'époque à laquelle cette décision recevra son exécution. (Décis. Cons. d'Etat 17 janv. 1873), II, 693.

Une commune ne peut être imposée d'office pour le traitement d'une seconde institutrice, lorsqu'elle est régulièrement pourvue d'une école de filles. (Décis. Cons. d'État 17 janv. 1873), II, 698.

V. Bail, Inscription d'office, Instituteur, Local, Traitement.

CONCOURS POUR LE CHOIX DES INSTITUTEURS.

Les communes et les fondateurs particuliers peuvent donner les places d'instituteurs au concours. (Ordonn. 29 fév. 1816, art. 22), I, 88.

On ne peut imposer aux conseils municipaux le concours pour le choix des instituteurs. (Av. Cons. 5 sept. 1834), I, 334.

CONCOURS ENTRE LES ÉLÈVES.

Un concours est créé entre les élèves des écoles primaires de Paris. Il est présidé par cinq des membres du jury d'examen qui assistent à la distribution des prix des écoles. (Régl. préfect. Seine 25 pluv. an XII, art. 33), I, 50.

Il ne doit pas y avoir de concours entre les élèves des diverses écoles primaires. (Av. Cons. 19 mai 1837), I, 463.

CONFÉRENCES ENTRE LES INSTITUTEURS.

Chaque comité d'arrondissement protestant peut instituer des conférences qui auront pour objet le perfectionnement des méthodes. (Arr. 30 juin 1829, art. 28), I, 183.

Les instituteurs sont autorisés à se réunir, sous l'approbation de l'autorité locale, pour conférer entre eux sur les procédés et les méthodes. (Arr. Cons. 10 févr. 1837, art. 1, 3, 4), I, 446, 447. — Les instituteurs communaux sont expressément invités à se rendre à ces conférences; tous ont droit d'y assister. Les instituteurs privés et les aspirants instituteurs peuvent également y être admis. (Id., art. 5), I, 447. — Tout membre du comité supérieur ou du comité local a droit d'assistance. (Id., art. 6), I, 447. — Les conférences ont lieu, le jeudi, une fois par mois, pendant une heure, et en été, deux fois. (Id., art. 7), I, 448. — Le président est nommé par le recteur ; le vice-président, le secrétaire, le caissier et le bibliothécaire sont nommés par les instituteurs pour un an. (Id., art. 8, 9, 10, 11), I, 447. — Tous les ans, le recteur rend compte au Ministre. Des indemnités peuvent être accordées à ceux des instituteurs qui n'ont manqué à aucune des réunions du trimestre. (Id., art. 12 et 13), I, 448. — Les frais de conférences sont payés, soit sur les fonds des communes, soit sur les fonds de cotisation des instituteurs. (Id., art. 14), I, 449. — Il sera formé au moyen des mêmes ressources une bibliothèque pour les conférences. (Id., art. 35), I, 449. — Dans les départements où il existe une École normale, et pendant le temps que l'École normale consacre à des cours spéciaux en faveur des instituteurs en exercice, l'assistance à ces cours pourra remplacer les conférences. (Id., art. 18), I, 449.

Les inspecteurs de l'instruction primaire assistent aux conférences et les surveillent. (Arr. 27 févr. 1835, art. 7), I, 356.

Des conférences entre les instituteurs et instituteurs adjoints, directeurs et professeurs adjoints des écoles supérieures, auront lieu à des époques périodiques, sous la surveillance du comité d'arrondissement et du recteur. (Prop. loi 15 déc. 1848, art. 44), II, 51.

CONGÉS.

Une absence de vingt-quatre heures peut être autorisée par le maire, président du comité local ; un congé de huit jours, par le président du comité d'arrondissement, sur l'avis du maire ; au delà, le recteur peut seul accorder des congés. (Av. Cons. 21 janv 1834), I, 294.

Il ne sera accordé de congés aux instituteurs de Paris que pour des motifs graves. Les absences de vingt-quatre heures sont autorisées par le maire, qui fera remplacer par un suppléant désigné par le comité central ; les absences, pour cause de maladie, doivent être constatées par le médecin de l'école. Avis des congés est donné à l'inspecteur, pour qu'il visite spécialement la classe. (Arr. Cons. 20 déc. 1836, art. 1 et 2), I, 435. — Tout congé de huit jours est accordé, après avis du maire, par le président du comité central. (Id., art. 3), I, 436.—

Au delà de huit jours, le congé est accordé par le recteur; le président du comité central désigne le suppléant et prévient le comité local. (Id., art. 4), I, 436.

Tout congé doit être régulièrement délivré, d'un jour à huit jours, par le président du comité local; de huit jours à un mois, par le préfet; de plus d'un mois, par le recteur. (Arr. Cons. 15 mars 1839, art. 1 à 6), I, 542.

L'instituteur ne pourra ni intervertir les jours de classe, ni s'absenter, même pour un jour, sans y avoir été autorisé par l'inspecteur d'arrondissement, et sans en avoir informé les autorités locales. Dans les circonstances graves et imprévues, il lui suffira d'obtenir l'autorisation du maire et du curé. Si l'absence doit durer plus de huit jours, l'autorisation du recteur est nécessaire. (Règl. 17 août 1851, art. 43), II, 266.

V. Lettre d'exeat, Vacances.

CONGRÉGATIONS ENSEIGNANTES.

Congrégations d'hommes. — Les frères des Écoles chrétiennes seront brevetés et encouragés par le grand maître, qui visera leurs statuts, les admettra au serment, leur prescrira un habit particulier et fera surveiller leurs écoles. Les supérieurs de ces congrégations pourront être membres de l'Université. (Décr. 17 mars 1808, art. 109), I, 57. — Statuts des frères, I, 57, note.

Toute association religieuse ou charitable, telle que celle des frères des Écoles chrétiennes, pourra être admise à fournir des maîtres aux communes, à des conditions déterminées, pourvu que cette association soit autorisée et que ses règlements soient approuvés. (Ordonn. 29 févr. 1816, art. 36), I, 90.

Congrégations d'hommes autorisées jusqu'en 1830, I, 90, note. — Forme de l'autorisation, I, 91, note. — Type des conventions passées avec les communes, I, 92, note. — Prospectus des conventions avec les communes, I, 92, note.

Le brevet de capacité est délivré par le recteur aux frères des Écoles chrétiennes, sur le vu de la lettre d'obédience. (Ordonn. 21 avr. 1828, art. 10), I, 168. — Cf. Ordonn. 1er mai 1822

Tout individu peut exercer la profession d'instituteur primaire, à la condition de prendre un brevet de capacité, obtenu, après examen, selon le degré de l'école qu'il veut établir. (Loi 28 juin 1833, art. 4), I, 237.

Une congrégation peut être autorisée à créer un nouvel établissement, mais à la condition de se renfermer dans les limites de ses statuts. (Av. Cons. 16 juin 1848), II, 27. — Une congrégation peut être autorisée à fonder un établissement et à accepter une donation, en se renfermant dans les termes de ses statuts. (Av. Cons. 22 sept. 1848), II, 32, note.

L'institut des frères de la Doctrine chrétienne demeure, par l'effet de la loi du 15 mars 1850, à l'état d'association charitable vouée à l'enseignement sous forme religieuse, et, comme tel, n'est pas soumis aux prescriptions de l'ordonnance du 14 janvier 1831. (Av. Cons. 9 août 1853), II, 320.

L'autorisation ou l'extension d'une autorisation donnée pour un certain nombre de départements, ne peut être accordée à une congrégation, qu'autant que les résultats ont démontré qu'il y a lieu de le faire. (Décis. 3 juill. 1857), II, 444.

Une association religieuse, reconnue comme établissement d'utilité publique, peut user du droit de présentation aux places d'instituteurs communaux vacantes dans toute la France. (Av. Cons. 6 août 1853), II, 314, note. — Un décret nouveau est nécessaire pour conférer au supérieur des associations religieuses vouées à l'enseignement le droit de présentation en dehors des limites fixées par leur ordonnance d'autorisation. (Av. Cons. d'État 26 janv. 1853), II, 315, note. — Cf. Décis. 3 mars 1873, II, 319, note.

Liste des congrégations d'hommes vouées à l'enseignement, autorisées postérieurement à la loi du 15 mars 1850, II, 322, note.

CONGRÉGATIONS DE FEMMES. — A l'avenir, aucune congrégation religieuse de femmes ne pourra être autorisée, ni former d'établissement, qu'après que ses statuts, approuvés par l'évêque diocésain, auront été vérifiés et enregistrés au conseil d'État. (Loi 24 mai 1825, art. 1 et 2), I, 152.

Il ne sera formé aucun établissement d'une congrégation religieuse de femmes, déjà autorisée, sans l'avis du conseil municipal de la commune. (Loi 24 mai 1825, art. 3), I, 154. — Cf. I, 159, note. — L'autorisation accordée à des congrégations ne pourra être révoquée que par une loi. (Id., art. 6), I, 160. — En cas de révocation, les membres de la congrégation auront droit à une pension alimentaire : 1° sur les biens acquis à titre onéreux; 2° sur les biens acquis à titre gratuit. En cas d'extinction, les biens acquis par donation entre-vifs ou par disposition à cause de mort, feront retour aux donateurs ou à leurs parents, au degré successible. (Id., art. 7), I, 160.

Toute congrégation de femmes ou maison particulière autorisée avant la loi du 2 janvier 1817, par décret ou par ordonnance, demeure reconnue. (Instruct. 17 juill. 1825, art. 1), I, 161. — Celles qui n'existaient pas de fait doivent se pourvoir de l'autorisation. (Id., art. 2), I, 161.— Une congrégation se compose ou d'établissements qui reconnaissent une supérieure générale, comme celle des sœurs de Saint-Vincent de Paul, ou d'établissements qui ne reconnaissent qu'une supérieure locale, qui sont indépendants les uns des autres, encore qu'ils soient soumis aux mêmes règles et statuts, comme la congrégation des sœurs Ursulines. (Id., art. 5), I, 162. — Les sœurs d'écoles et de charité, placées dans un local fourni par une commune ou dans un hospice, ne seront censées former un établissement susceptible d'être autorisé, qu'autant que l'engagement de la congrégation avec la commune ou avec l'hospice sera à perpétuité. (Id., art. 7), I, 162.

Dans tous les cas de nouvel établissement d'une congrégation enseignante de femmes, déjà autorisée, l'enquête doit être faite conformément à l'art. 3 de la loi du 24 mai 1825. (Av. Cons. 24 janv. 1837), I, 442.

Les congrégations et communautés religieuses de femmes pourront être autorisées par un décret : 1° lorsqu'elles déclareront adopter, quelle que soit l'époque de leur fondation, des statuts déjà vérifiés et enregistrés au conseil d'État et approuvés pour d'autres communautés religieuses; 2° lorsqu'il sera attesté par l'évêque diocésain que les congrégations qui présenteront des statuts nouveaux au conseil d'État existaient antérieurement au 1er janvier 1825; 3° lorsqu'il y aura nécessité de réunir plusieurs communautés qui ne pourraient plus subsister commodément ; 4° lorsqu'une association religieuse de femmes, après avoir été d'abord reconnue comme communauté régie par une supérieure locale, justifiera qu'elle était réellement dirigée, à l'époque de son autorisation, par une supérieure générale, et qu'elle avait formé à cette époque des établissements sous sa dépendance. (Décr. 31 janv. 1852, art. 1), II, 267. — Les modifications des statuts, vérifiées et enregistrées au conseil d'État, pourront être également approuvées par un décret. (Id., art. 2), II, 267.

Les institutrices d'écoles de filles appartenant à une congrégation sont assimilées, pour le brevet de capacité, aux fèrres des Écoles chrétiennes. (Ordonn. 3 avr. 1820, art. 3), I, 133.

Les écoles de filles tenues par des institutrices qui appartiennent à des communautés religieuses reconnues, ne sont pas soumises à l'art. 21 de l'ordonn. du 21 août 1828, et continuent d'être surveillées par les autorités ecclésiastiques et administratives. (Décr. 6 janv. 1830), I, 186.

Les institutrices appartenant à une congrégation religieuse vouée à l'enseignement, pourront être autorisées par le recteur à tenir une école primaire élémentaire, sur le vu de leur lettre d'obédience et sur l'indication, par la supérieure, de la commune où elles seraient appelées. L'autorisation de tenir une école primaire supérieure ne pourra être accordée, sans que la postulante justifie d'un brevet de capacité du degré supérieur. (Ordonn. 23 juin 1836, art. 13 et 14), I, 395-96.

Les institutrices religieuses sont soumises à l'obligation du brevet. (Instruct. 5 juin 1848), I, 396, note. — Cette obligation est levée. (Instr. 25 janv. 1849), I, 400, note.

Les lettres d'obédience tiendront lieu du brevet de capacité aux institutrices appartenant à des congrégations religieuses vouées à l'enseignement et reconnues par l'État. (Loi 15 mars 1850, art. 49), II, 136.

Les lettres d'obédience, délivrées par les supérieures des congrégations religieuses, tiennent lieu de certificat d'aptitude à la direction des salles d'asile. (Décr. 21 mars 1855, art. 20), II, 378.

Liste des congrégations autorisées antérieurement à la loi du 24 mai 1825, I, 153, note. — Règlement de la confrérie des sœurs de Saint-Vincent de Paul, I, 156, note. — Type des conventions passées entre les communes et les congrégations enseignantes de femmes, I, 157, note. — Liste des congrégations autorisées de 1825 à 1850, I, 154, note.

V. Association, Convention entre les associations religieuses et les communes, Fondation, Legs.

CONSEIL ACADÉMIQUE.

V. Académique (Conseil).

CONSEIL DÉPARTEMENTAL.

V. Départemental (Conseil).

CONSEIL D'INSTRUCTION NATIONALE.

Il y a auprès du Ministre de l'instruction nationale un conseil divisé en trois sections, qui prennent le titre de « section de l'enseignement public, section de perfectionnement, section de l'enseignement privé. » Le Ministre préside le conseil; il peut aussi présider chacune des sections. (Prop. loi 5 févr. 1849, art. 2), II, 66.

La section de « l'enseignement public » est composée de douze membres pris dans l'Université, savoir : trois membres pour les sciences physiques, mathématiques et naturelles; quatre pour les lettres ; un pour la philosophie ; un pour le droit ; un pour la médecine et deux pour l'instruction primaire. (Prop. loi 5 févr. 1849, art. 3), II, 66. — *Les membres de la première section du conseil sont nommés par le Ministre de l'instruction nationale, pour chaque place vacante, sur une double liste de candidats qui sont présentés, savoir : un candidat par les membres de la première section réunis aux inspecteurs généraux, et un candidat par l'Académie des sciences, pour chacune des places affectées aux sciences mathématiques, physiques et naturelles, et à la médecine ; par l'Académie française et l'Académie des belles-lettres réunies, pour chacune des places affectées aux lettres ; par l'Académie des sciences morales et politiques, et l'Académie des inscriptions et belles-lettres réunies, pour chacune des places affectés à la philosophie et au droit ; enfin, par l'Académie française et l'Académie des sciences morales et politiques réunies, pour chacune des places affectées à l'instruction primaire.* (Id., art. 14), II, 66. — *Le titre de membre de la première section de l'instruction nationale est compatible avec les fonctions actives de l'enseignement, et ne peut se cumuler avec aucune fonction administrative. Les membres de cette section sont nommés pour neuf ans et renouvelés tous les trois ans par tiers ; ils sont indéfiniment rééligibles et reçoivent seuls un traitement de l'État.* (Id., art. 5), II, 67.

La première section du conseil d'instruction nationale dirige seule, sous l'autorité du Ministre, les écoles de l'État. Elle dresse, de concert avec les inspecteurs généraux, qui ont alors voix délibérative, une liste de présentation pour toutes les fonctions qui ne se donnent ni à l'élection ni au concours. Elle conserve, comme tribunal disciplinaire et administratif, toutes les attributions conférées au conseil de l'Université par les lois antérieures ; néanmoins ses décisions, en cas de destitution prononcée contre les fonctionnaires nommés à l'élection ou au concours, peuvent être déférées au conseil d'État. (Prop. loi 5 févr. 1849, art. 6), II, 67.

La section de perfectionnement se compose : de douze membres de la première section du conseil ; d'un membre de chacune des classes de l'Institut, élu par elle dans son sein ; de deux membres désignés par les conseils supérieurs de l'agriculture, de l'industrie et du commerce ; de trois membres désignés par le conseil de perfectionnement de l'École polytechnique ; d'un membre de chacune des cinq Facultés de Paris, élu par elle dans son sein ; d'un membre pour les Facultés de théologie protestante, nommé par le consistoire ; d'un professeur du collége de France, nommé par le collége ; d'un membre pour l'instruction primaire, désigné par les inspecteurs généraux ; de deux membres désignés par la troisième section du conseil ; de deux membres désignés par les proviseurs de Paris, réunis aux fonctionnaires et proviseurs de l'École normale ; de quatre membres élus par l'Assemblée nationale, dans son sein. (Prop. loi 2 févr. 1849, art. 7), II, 67. — *La section de perfectionnement se réunit en session au moins une fois par an ; elle émet son avis, et fait des propositions sur les modifications à introduire dans les écoles de l'État et dans les programmes d'études, d'examens et de concours.* (Id., art. 8), II, 68.

La section de l'enseignement privé se compose de trente membres, savoir : les douze membres de la première section ; douze membres choisis par le Ministre dans l'enseignement privé ; l'archevêque de

Paris ; le président du consistoire protestant ; le premier président de la Cour de cassation ; le premier président de la Cour d'appel ; le préfet de la Seine, et l'un des vice-présidents du conseil d'État, désigné par ce conseil. (Prop. loi 5 févr. 1849, art. 9), II, 68. — *Cette section se réunit en session au moins deux fois par an, sur la convocation du Ministre ; elle délibère sur toutes les affaires relativement à l'enseignement privé, ainsi que sur les matières qui lui sont déférées par la présente loi.* (Id., art. 10), II, 68.

CONSEIL GÉNÉRAL.

V. Budget.

CONSEIL MUNICIPAL.

L'instruction primaire est placée sous la protection et la surveillance de l'administration municipale. (Prop. loi 24 oct. 1831), I, 220.

Le conseil municipal est chargé de pourvoir à l'entretien des écoles communales. (Loi 28 juin 1833, art. 9), I, 238. — Il règle le taux de la rétribution scolaire. (Id., art. 14), I, 239. — Il détermine le nombre des élèves à recevoir gratuitement. (Id., art. 14), I, 240. — Il arrête le traitement fixe des instituteurs. (Id., art. 13), I, 238. — Il présente les canditats pour l'emploi d'instituteurs. (Id., art. 21), I, 243. — Il atteste la moralité des candidats. (Id., art. 4), I, 237.

Dans toute école publique, l'instituteur est nommé par le Ministre de l'instruction publique, sur la présentation du conseil municipal. Le conseil municipal choisit le candidat qu'il présente sur une liste de trois candidats désignés par le comité central. (Proj. loi 1er juin 1848, art. 7), II, 28.

Lorsqu'il y aura lieu de pourvoir à un emploi d'instituteur public, le conseil municipal, sur l'avis du comité local, présentera cinq candidats parmi tous les instituteurs munis du certificat de moralité et du brevet de capacité et âgés de dix-neuf ans au moins. (Prop. loi 15 déc. 1848, art. 7), II, 46.

Le conseil municipal nomme les instituteurs choisis sur

une liste d'admissibilité ou d'avancement, dressée par le conseil départemental. (Loi 15 mars 1850, art. 31), II, 130. — Il fixe le traitement des instituteurs adjoints. (Id., art. 34), II, 131. — Il délibère sur les moyens de pourvoir aux dépenses. (Id., art. 48), II, 133. — Il approuve la liste de la gratuité. (Id., art. 45), II, 135. — Il donne son avis sur la création des écoles de filles. (Id., art. 51), II, 137. — Il donne son avis sur les appropriations à faire dans le local destiné à l'école. (Décr. 7 oct. 1850, art. 9), II, 184. — Il délibère, dans sa session de février, sur le taux de la rétribution scolaire, sur le traitement de l'instituteur, sur les centimes spéciaux. (Id., art. 19), II, 186.

Les instituteurs sont nommés, les conseils municipaux entendus. (Décr. 9 mars 1852, art. 4), II, 274.

Le conseil municipal a le droit, en tout temps, d'émettre un avis ou un vœu sur le remplacement des instituteurs laïques par des instituteurs congréganistes et réciproquement ; mais il ne peut prendre de décision à cet égard. (Instruct. 12 juill. 1862), II, 276, note ; Instruct. 28 oct. 1871, II, 280. — Cf. Décis. Cons. d'État 17 janv. 1873, II, 691, 693 ; 21 mars 1873, II, 711 ; 28 mars 1873, II, 720 ; 9 avr. 1873, II, 724.

En cas de révocation, de démission ou de décès, le préfet doit mettre le conseil municipal en demeure de délibérer sur la question de savoir s'il désire que l'école soit dirigée par des laïques ou par des congréganistes. (Instruct. 12 juill. 1862), II, 276, note.

Le conseil municipal a le droit d'émettre en tout temps un vœu ou de donner un avis sur la création d'une école ; mais il ne peut, sans se substituer au conseil départemental, prendre une décision à cet égard et fixer l'époque à laquelle cette décision recevra son exécution. (Décis. Cons. d'État 17 janv. 1873), II, 693.

Toute délibération d'un conseil municipal, portant sur un objet étranger à ses attributions, est nulle de plein droit ; le préfet en conseil de préfecture en déclare la nullité. En cas de réclamation du conseil municipal, il est statué par un décret, le conseil municipal entendu ; mais c'est par la voie administrative, non par la voie contentieuse et par application de la loi du **23** mai **1855**, que le recours doit être formé. (Décis. Cons. d'État 7 févr. 1873), II, 706.

V. Bail, Budget, Instituteur, Local, Nomination, Traitement.

CONSISTOIRE.

Les consistoires du culte réformé et de la confession d'Augsbourg, et le consistoire israélite, jouissent du droit de présentation pour les instituteurs appartenant aux cultes non catholiques. (Loi **15** mars **1850**, art. **31**), II, 130. — Ils nomment des délégués au conseil départemental. (Id., art. **10**), II, **124**.—Cf. Loi **14** juin **1854**, art. 3, 5, 6, II, **274**.

CONSEIL DE PERFECTIONNEMENT.

La surveillance des écoles est exercée : 1° par un comité communal ; 2° par un comité central placé au chef-lieu d'arrondissement ; 3° par un conseil de perfectionnement placé au chef-lieu de département. (Proj. loi **1er** juin **1848**, art. 30), II, **21**. — *Le conseil de perfectionnement est composé du préfet, président ; de deux membres du conseil général désignés par ce conseil, de l'inspecteur supérieur délégué par le recteur, des inspecteurs d'arrondissement, du directeur de l'École normale, d'un délégué de chaque comité central. Le conseil de perfectionnement se réunit tous les ans, sur la convocation du préfet.* (Id., art. **34**), II, **22**. — *Le conseil de perfectionnement délibère sur les moyens de perfectionner l'enseignement primaire dans le département. Il adresse, chaque année, au Ministre et au conseil général du département, des rapports détaillés sur l'état des écoles de son ressort.* (Id., art. **35**), II, **22**.

CONVENTIONS ENTRE LES ASSOCIATIONS RELIGIEUSES ET LES COMMUNES.

Toute association religieuse ou charitable, autorisée, telle que celle des Écoles chrétiennes, peut être admise à fournir, à des conditions convenues, des maîtres aux communes. (Ordonn. **29** févr. **1816**, art. **36**), I, 90.— Elle peut être subventionnée soit par les départements, soit par le Trésor. (Id., art. 37), I, 91. — Les congrégations ainsi établies sont soumises à la surveillance des autorités instituées par la loi. (Id., art. 38), I, 92.

Un préfet, s'il a cru devoir, malgré le vœu du conseil municipal, maintenir en fonctions les membres d'une congrégation, a le droit d'inscrire d'office au budget l'allocation nécessaire pour subvenir à leur traitement; mais la ville ne doit qu'un traitement d'instituteur et des traitements d'instituteurs adjoints, et non pas un traitement d'instituteur, à chacun des frères dirigeant l'école. (Décis. Cons. d'État 9 mars 1870), II, 650.

Un délai de six mois doit être accordé à une congrégation enseignante avertie par la délibération du conseil municipal, pour évacuer les locaux dans lesquels elle a été établie. (Ordonn. référé 11 janv. 1871), II, 657.

Le juge du référé est incompétent pour statuer sur la demande formée par une congrégation enseignante contre une commune, à l'effet d'être réintégrée ou maintenue en possession provisoire des locaux des écoles communales, nonobstant une délibération du conseil municipal, approuvée par le préfet qui retire à la congrégation la direction de ses écoles. Il en est ainsi, alors même que la congrégation se fonde sur un contrat purement civil intervenu entre elle et la commune, si le contrat n'est pas prouvé par un titre. (Arr. Cour d'appel 11 déc. 1871), II, 661. — L'autorité judiciaire est seule compétente pour statuer sur la questiou de propriété d'une école communale revendiquée par une congrégation enseignante à la suite d'une délibération du conseil municipal lui retirant la direction de l'école avec ordre de l'évacuer. Par suite, lorsque la congrégation produit des titres qui, considérés dans leurs apparences, démontrent la légitimité de son occupation, le juge des référés doit, à raison de l'urgence, la maintenir dans la possession des lieux jusqu'à la décision du fond. (Arr. Cour d'appel 9 janv. 1872), II, 665.

Une indemnité de six mois d'émoluments est accordée à chacun des membres d'une congrégation expulsée des écoles communales. (Jugem. Trib. civ. 28 mai 1872), II, 669.

L'autorité judiciaire est incompétente dans les contestations survenues entre les communes et les congrégations enseignantes liées par un contrat ; c'est à l'autorité administrative qu'il appartient de prononcer. (Arr. Cour d'appel 19 juin 1872), II, 672, note. — Cf. Arr. même Cour, 1er juill. 1872), II, 682, note. — Cf. Av. Cons. d'État 24 juill. 1873, II, 772.

V. Fabrique, Fondation.

COURS PRATIQUES DES SALLES D'ASILE.

V. Salle d'asile.

CURÉ.

Le curé cantonal est membre de droit du comité cantonal. (Ordonn. 29 fév. 1816, art. 1), I, 85. — Il le préside. (Id., ibid.), I, 85. — Cf. Arr. 3 juill. 1818, art. 4, I, 117. — Il a le droit de convoquer des séances extraordinaires. (Arr. 3 juill. 1818, art. 7), I, 135. — Cf. Arr. 25 sept. 1819, I, 124. — Le curé ou desservant de la commune fait partie du comité local. (Ordonn. 29 fév. 1816, art. 8), I, 86.

Tout particulier qui désire se vouer aux fonctions d'instituteur primaire devra présenter au recteur un certificat de bonne conduite du curé. (Ordonn. 29 fév. 1816, art. 10), I, 86. — Les maîtres des écoles fondées et entretenues par les communes seront présentés par le maire et par le curé ou desservant. (Id., art. 20), I, 88.

Chaque comité d'arrondissement sera composé de 9 membres parmi lesquels un délégué de l'évêque diocésain ou, à son défaut, le curé de la ville dans laquelle le comité tiendra ses séances, et si, dans cette ville, il y avait plusieurs curés, le plus ancien d'entre eux. (Ordonn. 21 avr. 1828, art. 3), I, 167. — Le délégué de l'évêque ou le curé préside. (Id., ibid.), I, 167.

Pour être admis à subir l'examen du brevet de capacité, le candidat doit produire, outre le certificat de bonnes vie et mœurs, un certificat d'instruction religieuse délivré par un délégué de l'évêque, ou, à son défaut, par le curé de la paroisse. (Ordonn. 21 avr. 1828, art. 9), I, 168.

Le curé cantonal fait partie du comité local. (Prop. loi 17 nov. 1832, art. 4), I, 224.

Le curé fait partie du comité local. (Loi 28 juin 1833, art. 17), II, 241. — Le curé est compris parmi les membres de droit des comités locaux, à Paris. (Ordonn. 5 nov. 1833, art. 1er), I, 536. — Le curé ou desservant du hameau où est située l'école doit être le membre de droit du comité local. (Av. Cons. 5 déc. 1834), I, 343.

Un curé, donnant à deux ou trois enfants l'instruction primaire, n'est pas censé tenir une école. (Av. Cons. 20 mai 1834), I, 326.

Le curé donne son avis sur l'utilité de l'établissement d'une salle d'asile. (Ordonn. 22 déc. 1837, art. 5 et 11), I, 488.

Le curé est au nombre des autorités qui ont le droit d'inspecter les établissements d'instruction publique, mais seulement les écoles spéciales au culte catholique ou les écoles mixtes pour ses coreligionnaires seulement. (Loi 15 mars 1850, art. 7), II, 122.

Le curé fait partie de la commission d'examen préparatoire des salles d'asile. (Arr. 31 mars 1859), II, 478.

V. Ministre des cultes.

D

DAME SURVEILLANTE.

La surveillance et l'inspection des écoles primaires de filles établies à Paris sont confiées à des dames surveillantes. Elles ont le titre de dames surveillantes pour les écoles primaires de jeunes filles. Il y en a une au moins par arrondissement. (Arr. préfect. Seine, 9 oct. 1819, art. 11 et 12), I, 128. — Elles exercent les mêmes attributions que les surveillants spéciaux et les comités cantonaux. (Id., art. 16, 29, 32, 33), I, 129, 131.

V. Inspectrice, Pensionnat.

DÉCÈS.

En cas de décès de l'instituteur ou de l'institutrice titulaire, le préfet est tenu de mettre le conseil municipal de la commune en demeure d'émettre son avis sur la question de savoir s'il désire que l'école soit confiée à un maître laïque ou à un maître congréganiste. (Instruct. 12 juill. 1862), II, 276, note.

DÉCLARATION D'OUVERTURE (ÉCOLE).

Tout individu majeur et jouissant des droits civils pourra donner l'enseignement primaire, en produisant le brevet de capacité et un certificat de bonnes vie et mœurs. Le maire de la commune où l'instituteur voudra exercer, visera le brevet et les certificats, et donnera avis de l'ouverture de l'établissement au président du comité, au préfet et au recteur. (Proj. loi 20 janv. 1831, art. 5), I, 195. — *Tout individu qui aura ouvert une école sans avoir rempli les formalités prescrites, sera poursuivi correctionnellement devant le tribunal du lieu du délit et condamné à une amende de 50 à 100 fr. En cas de récidive, amende double et détention de quinze jours à un mois.* (Id., art. 18) I, 197.

Tout citoyen ou toute réunion de citoyens qui veut fonder une école, doit en faire la déclaration à la mairie ou au comité cantonal, en indiquant la nature et les objets de son enseignement. (Prop. loi 17 avr. 1832, art. 7), I, 224.

Quiconque aura ouvert une école sans avoir satisfait aux conditions légales, sera poursuivi devant le tribunal correctionnel du lieu et condamné à une amende de 50 à 200 fr. Son école sera fermée. En cas de récidive, l'amende sera double, et il sera condamné à un emprisonnement de quinze à trente jours. (Prop. loi 17 nov. 1832, art. 9), I, 225.

Tout individu âgé de dix-huit ans accomplis pourra exercer la profession d'instituteur primaire et diriger tout établissement quelconque d'instruction primaire, sans autre condition que de présenter préalablement au maire de la commune où il voudra tenir école : 1° un brevet de capacité obtenu après examen, selon le degré de l'école qu'il veut établir ; 2° un certificat constatant qu'il est digne, par sa moralité, de se livrer à l'enseignement. Ce certificat sera délivré, sur l'attestation de trois conseillers municipaux, par le maire de la commune ou de chacune des communes où il aura résidé depuis trois ans. (Loi 28 juin 1833, art. 4), I, 237. — En cas d'ouverture illégale, le délinquant sera poursuivi devant le tribunal correctionnel et condamné à une amende de 50 à 200 fr. L'école sera fermée. En cas de récidive, amende de 100 à 400 fr. ; emprisonnement de quinze à trente jours. (Id., art. 6), I, 237. — Le maire reçoit la déclaration, l'inscrit sur un registre spécial, en délivre récépissé au déclarant et en envoie copie au comité de l'arrondissement et au recteur de l'Académie ; il envoie en même temps copie du certificat de moralité. (Ordonn. 16 juill. 1833, art. 16), I, 250. — Tout local destiné à une école primaire privée sera préalablement visité par le maire de la commune ou par un des membres du comité local, qui en constatera la convenance et la salubrité. (Id., art. 18), I, 250.

Tout Français âgé de vingt et un ans, n'ayant encouru aucune des incapacités déterminées par la loi du 28 juin 1833, est en droit d'ouvrir une école privée, sans autre formalité ou condition que d'en faire préalablement la déclaration au comité d'arrondissement et d'y déposer : 1° son acte de naissance ; 2° son brevet de capacité ; 3° le plan du local où il se propose de tenir école, ledit plan visé et approuvé par le maire de la commune. Si, dans un délai d'un mois, le recteur n'a pas élevé d'opposition devant le comité d'arrondissement, il est donné acte de la déclaration et l'école est ouverte. (Proj. loi 31 mars 1847, art. 10), I, 702.

Toute personne pourvue du certificat d'aptitude, qui veut diriger une école primaire privée, en fait la déclaration au recteur de l'Académie et au maire de la commune, qui accusent réception dans les huit jours. L'école ne peut être ouverte qu'un mois après la déclaration faite à la mairie. Cette déclaration doit contenir les nom, prénoms, âge de la personne qui veut ouvrir l'école, l'indication des professions qu'elle a exercées depuis dix années et des localités qu'elle a habitées dans le même intervalle. Elle demeure affichée pendant trois mois à la mairie de la commune. (Proj. loi 1er juin 1848, art. 21), II, 20. — *Toute école privée qui aura été ouverte sans la déclaration préalable prescrite par l'article précédent, ou à la suite d'une déclaration fausse, sera immédiatement fermée et ne pourra être ouverte de nouveau sans l'autorisation expresse du recteur. Il en sera de même de toute école privée dont l'entrée aura été refusée à un inspecteur de l'instruction publique, à un membre ou à un délégué des comités. Toute école où les règlements de salubrité arrêtés par l'autorité publique ne seront pas observés pourra être fermée.* (Id., art. 23), II, 20.

Tout individu âgé de dix-neuf ans au moins, pourvu d'un brevet de capacité, qui veut ouvrir une école privée, doit en faire la déclaration à la mairie de la commune où il se propose d'exercer, au secrétariat du comité d'arrondissement et au parquet du procureur de la République. Cette déclaration doit contenir les nom, prénoms et âge du déclarant, avec l'indication de ses professions et résidences antérieures et l'indication du local que l'école doit occuper. Elle reste affichée à la mairie, et l'école ne peut être ouverte qu'un mois après. L'opposition ne peut être élevée soit d'office, soit par les autorités scolaires, soit par des tiers, que dans l'intérêt de la morale publique. Elle est jugée par le tribunal civil en chambre du conseil, après que le déclarant aura été entendu, et sauf recours à la Cour d'appel. La déclaration relative au local sera jugée dans les mêmes formes, sous le rapport de la convenance et de la salubrité. (Prop. loi 15 déc. 1848, art. 48), II, 52.

Tout instituteur qui veut ouvrir une école libre doit préalablement déclarer son intention au maire de la commune où il veut s'établir, lui désigner le local et lui donner l'indication des lieux où il a résidé, et des professions qu'il a exercées pendant les dix années précédentes. Cette déclaration doit être, en outre, adressée par le postulant au recteur de l'Académie, au procureur de la République et au sous-préfet. Elle demeurera affichée, par les soins du maire, à la porte de la mairie, pendant un mois. (Loi 15 mars 1850, art. 27), II, 129. — A défaut d'opposition, l'école peut être ouverte à l'expiration du mois. (Id., art. 28), II, 129. — Quiconque aura ouvert ou dirigé une école en contravention à la loi, ou avant l'expiration du délai, sera poursuivi devant le tribunal correctionnel du lieu du délit, et condamné à une amende de 50 à 500 fr. L'école sera fermée. En cas de récidive, emprisonnement de six jours à un mois, et amende de 100 fr. à 1,000 fr. Même peine contre celui qui, dans le cas d'opposition, aura néanmoins ouvert avant qu'il ait été statué sur cette opposition, ou bien au mépris de la décision du conseil départemental qui aurait accueilli l'opposition. (Id., art. 29), II, 129.

Il est ouvert dans chaque mairie un registre spécial destiné à recevoir les déclarations des instituteurs qui veulent établir des écoles libres, conformément à l'art. 27 de la loi organique du 15 mars 1850. Indépendamment des indications exigées par cet article, chaque déclaration doit être accompagnée : 1° de l'acte de naissance de l'instituteur ; 2° de son brevet de capacité ou du titre reconnu équivalent au brevet de capacité par le deuxième paragraphe de l'art. 25 de la loi organique. Cette déclaration est signée, sur le registre, par l'instituteur et par le maire. Une copie en est immédiatement affichée à la porte de la mairie et y demeure pendant un mois. (Décr. 7 oct. 1850, art. 1), II, 181. — Dans les trois jours qui suivent cette déclaration, le maire adresse au recteur les pièces jointes à ladite déclaration et le certificat d'affiche. Dans le même délai, le maire, après avoir visité ou fait visiter le local destiné à l'école, est tenu de délivrer gratuitement à l'instituteur, en triple expédition, une copie légalisée de sa déclaration. S'il refuse d'approuver le local, il doit faire mention de cette opposition et des motifs sur lesquels elle est fondée, au bas des copies légalisées qu'il délivre à l'instituteur. Une de ces copies est remise par l'instituteur au procureur de la République, et une autre au sous-préfet, lesquels en délivrent récépissé. La troisième copie est remise au recteur de l'Académie par l'instituteur, avec les récépissés du procureur de la République et du sous-préfet. (Id., art. 2), II, 182. — A l'expiration du délai fixé par le dernier paragraphe de l'art. 27 de la loi organique, le maire transmet au recteur les observations auxquelles la déclaration affichée peut avoir donné lieu, ou l'informe qu'il n'en a pas été reçu à la mairie. (Id., art. 3), II, 182.

La décision du conseil départemental statuant sur l'opposition du recteur à l'ouverture d'une école libre d'instruction primaire, peut être déférée au conseil d'État pour excès de pouvoir. (Décis. Cons. d'État 18 nov. 1852), II, 292. — Les décisions du conseil départemental en matière d'opposition à l'ouverture d'une école sont sans recours. (Déc. Cons. 8 juill. 1861), II, 497. — Cf. Décis. 8 juill. 1861, II, 496.

Les décisions du conseil départemental, relatives à l'ouverture des écoles libres, peuvent être déférées, par voie d'appel, au conseil impérial de l'instruction publique. Cet appel doit être interjeté dans le délai de dix jours, à compter de la notification de la décision. (Loi 10 avr. 1867, art. 19), II, 609.

Le droit d'appel, créé par l'art. 19 de la loi du 10 avril 1867, dans les cas d'opposition d'ouverture, est au profit du maire comme au profit de l'instituteur. (Décis. Cons. 28 janv. 1869), II, 622. — L'appel autorisé par l'art. 19 de la loi du 10 avril 1867 dans les cas d'opposition d'ouverture est suspensif. (Id., ibid.), II, 622.

C'est dans le mois qui suit la déclaration à lui faite que le préfet peut former opposition à l'ouverture d'un établissement primaire. (Décis. Cons. d'État 28 févr. 1866), II, 570.

DÉCLARATION D'OUVERTURE (PENSIONNAT).

Tout individu qui se proposera d'ouvrir un pensionnat, présentera sa demande en forme de pétition au maire de la commune, ou s'il s'agit de Paris, au maire de l'arrondissement. Il y joindra un acte de naissance, ou s'il est marié, de mariage et un certificat délivré par l'autorité municipale du lieu ou des lieux où il a été domicilié pendant les trois dernières années. (Arr. préfect. Seine 25 pluv. an II, art. 8 et 9), I, 47. — A Paris, le maire après enquête, dans les arrondissements ruraux, le sous-préfet adressera la demande au préfet, lequel, si les renseignements sont favorables, renverra le pétitionnaire soit devant le jury ordinaire, formé de chefs d'établissements secondaires, soit devant un jury spécial. (Id., art. 10 et 11), I, 47. — Sur le rapport du jury, qui fera passer l'examen au candidat, le préfet prononcera l'autorisation. (Id., art. 12), I, 48.

Tout Français âgé de vingt-cinq ans, ayant au moins cinq années d'exercice comme instituteur ou comme maître dans un pensionnat primaire, et remplissant les conditions énumérées en l'art. 25, peut ouvrir un pensionnat primaire, après avoir déclaré son intention au recteur de l'Académie et au maire de la commune. Toutefois, les instituteurs communaux ne pourront ouvrir de pensionnat qu'avec l'autorisation du Conseil académique, sur l'avis du conseil municipal. Le programme de l'enseignement et le plan du local doivent être adressés au maire et au recteur. Le Conseil académique prescrira, dans l'intérêt de la moralité et de la santé des élèves, toutes les mesures qui seront indiquées dans un règlement délibéré par le conseil supérieur. (Loi 15 mars 1850, art. 53), II, 137.

Tout instituteur libre qui veut ouvrir un pensionnat primaire, devra justifier qu'il s'est soumis aux prescriptions des art. 27 et 28 de la loi du 15 mars 1850. Il devra, en outre, déposer entre les mains du maire la déclaration exigée par le § 1 de l'art. 53 de ladite loi. Cette déclaration doit être accompagnée : 1° de l'acte de naissance de l'instituteur, et, s'il est marié, de son acte de mariage ; 2° d'un certificat dûment légalisé, attestant que le postulant a exercé pendant cinq ans au moins, soit comme instituteur, soit comme maître, dans un pensionnat primaire ; 3° du programme de son enseignement ; 4° du plan du local dans lequel le pensionnat doit être établi ; 5° de l'indication du nombre maximum des pensionnaires qu'il se propose de recevoir ; 6° de l'indication des noms, prénoms, date et lieu de naissance des maîtres et employés qu'il s'est adjoint pour la surveillance du pensionnat. (Décr. 30 déc. 1850, art. 1), II, 208. — Tout Français qui, après avoir exercé pendant cinq ans comme maître dans un pensionnat primaire, voudra ouvrir à la fois une école libre et un pensionnat primaire, pourra accomplir simultanément les formalités prescrites par les art. 27 et 28 de la loi du 15 mars et par l'art. 1 ci-dessus. (Id., art. 2), II, 208.

Tout instituteur dirigeant un pensionnat, qui change de commune, ou qui, sans changer de commune, change de local ou apporte au local affecté à son pensionnat des modifications graves, doit en faire la déclaration au préfet et au maire de la commune, et se pourvoir de nouveau devant le conseil départemental. La nouvelle déclaration devra être accompagnée du plan du local et devra mentionner les indications énoncées à l'art. 4 du présent règlement. (Décr. 30 déc. 1850, art. 10), II, 211.

Le maire inscrit sur un registre spécial la déclaration de l'instituteur. Dans les trois jours qui suivent la déclaration, le maire, après avoir visité ou fait visiter le local destiné au pensionnat, vise en triple expédition la déclaration de l'instituteur et la lui remet avec son visa. S'il refuse d'approuver le local, il fait mention de son opposition et des motifs sur lesquels elle est fondée en marge de la déclaration. Cette déclaration, accompagnée des pièces prescrites par l'art. 1 du présent règlement, est transmise au recteur, au procureur de la République et au sous-préfet par le postulant. (Id., art. 3), II, 209.

Si le préfet fait opposition à l'ouverture du pensionnat, soit dans l'intérêt de la moralité ou de la santé des élèves, soit par inobservation des formes et conditions prescrites par la loi, il signifie son opposition à la partie par un arrêté motivé. A défaut d'opposition, le conseil détermine le nombre des élèves à recevoir et celui des maîtres et employés nécessaires pour la surveillance; mention en est faite sur le plan. L'instituteur est tenu de représenter ledit plan aux autorités préposées à la surveillance des écoles, chaque fois qu'il en est requis. (Décr. 30 déc. 1850, art. 4), II, 209.

Les dispositions des art. 1 et 3 du présent règlement sont applicables à l'instituteur public qui veut établir un pensionnat primaire. La déclaration de l'instituteur est soumise par le maire au conseil municipal dans sa plus prochaine réunion. Le conseil municipal, avant de donner son avis sur la demande, s'assure que le local est approprié à sa destination, et que la tenue de l'école communale n'aura pas à souffrir de l'établissement projeté. (Décr. 30 déc. 1850, art. 5), II, 210. — L'autorisation donnée par le conseil départemental mentionne le nombre des élèves pensionnaires que l'instituteur peut recevoir, et le nombre des maîtres et employés nécessaires pour la surveillance. Mention en est faite sur le plan que l'instituteur devra représenter aux autorités préposées à la surveillance des écoles. (Id., art. 6), II, 210.

V. École, Instituteur, Opposition, Pensionnat.

DÉLÉGUÉ CANTONAL.

L'inspection des établissements d'instruction publique ou libre est exercée : ..... 4° par les délégués cantonaux, le maire et le curé, le pasteur ou le délégué du consistoire israélite. Les ministres des différents cultes n'inspecteront que les écoles spéciales à leur culte, ou les écoles mixtes pour leurs coreligionnaires seulement. (Loi 15 mars 1850, art. 18), II, 126.

Le conseil départemental désigne un ou plusieurs délégués résidant dans chaque canton, pour surveiller les écoles publiques et libres du canton, et détermine les écoles particulièrement soumises à la surveillance de chacun. Les délégués sont nommés pour trois ans; ils sont rééligibles et révocables. Chaque délégué correspond, tant avec le conseil départemental, auquel il doit adresser ses rapports, qu'avec les autorités locales pour tout ce qui regarde l'état et les besoins de l'enseignement primaire dans sa circonscription. Il peut, lorsqu'il n'est pas membre du conseil départemental, assister à ses séances avec voix consultative pour les affaires intéressant les écoles de sa circonscription. Les délégués se réunissent au moins une fois tous les trois mois au chef-lieu de canton, sous la présidence de celui d'entre eux qu'ils désignent, pour convenir des avis à transmettre au conseil départemental. (Loi 15 mars 1850, art. 42), II, 134.

Nul chef ou professeur dans un établissement d'instruction primaire, public ou libre, ne peut être nommé délégué du conseil départemental. (Décr. 29 juill. 1850, art. 44), II, 172. — Les délégués ont entrée dans toutes les écoles libres et publiques de leur circonscription; ils les visitent au moins une fois par mois. Ils communiquent aux inspecteurs de l'instruction primaire tous les renseignements utiles qu'ils auront pu recueillir. (Id., art. 45), II, 173. — Sur la convocation et sous la présidence du sous-préfet, les délégués des cantons d'un arrondissement peuvent être réunis au chef-lieu de l'arrondissement pour délibérer sur les objets qui leur sont soumis par le recteur ou par le conseil départemental. (Id., art. 46), II, 173. — Lorsqu'il y a dans la commune une école spécialement affectée aux enfants d'un culte, et qu'il ne s'y trouve en résidence aucun ministre de ce culte, l'évêque ou le consistoire désigne, pour l'exécution de l'art. 44 de la loi organique, le curé, le pasteur ou le délégué d'une commune voisine. (Id., art. 48), II, 173.

Les réunions entre les délégués cantonaux, sous la présidence du sous-préfet, peuvent être utiles, mais doivent rester facultatives. (Av. Cons. 10 juin 1851), II, 236.

A Paris, le conseil départemental désigne dans chaque arrondissement un délégué au moins par quartier. Il peut désigner, en outre, dans chaque arrondissement, des délégués spéciaux pour les écoles des cultes protestant et israélite. L'inspecteur de l'instruction primaire assiste aux réunions mensuelles des délégués de l'arrondissement avec voix consultative. (Décr. 29 juill. 1850, art. 47), II, 173. — A Paris, les délégués nommés pour chaque arrondissement par le conseil départemental se réunissent au moins une fois tous les mois, avec le maire, un adjoint, le juge de paix, un curé de l'arrondissement et un ecclésiastique, ces deux derniers désignés par l'archevêque, pour s'entendre au sujet de la surveillance locale et pour convenir des avis à transmettre au conseil départemental. Les ministres des cultes non catholiques reconnus, s'il y a dans l'arrondissement des écoles suivies par des enfants appartenant à ces cultes, assistent à ces réunions avec voix délibérative. La réunion est présidée par le maire. (Loi 15 mars 1850, art. 43), II, 135.

V. Comités.

DÉLÉGUÉ DES COMITÉS.

V. Comités.

DÉLÉGUÉ COMMUNAL.

Les autorités locales préposées à la surveillance et à la direction morale de l'enseignement primaire sont, pour chaque école, le maire, le curé, le pasteur ou le délégué du culte israélite, et dans les communes de 2,000 âmes et au-dessus, un ou plusieurs habitants de la commune, délégués par le conseil départemental. Les ministres des différents cultes sont spécialement chargés de surveiller l'enseignement religieux de l'école. L'entrée de l'école leur est toujours ouverte. Dans les communes où il existe des écoles mixtes, un ministre de chaque culte aura toujours l'entrée de l'école pour veiller à l'éducation religieuse des enfants de son culte. Lorsqu'il y a pour chaque culte des écoles séparées, les enfants d'un culte ne doivent être admis dans l'école d'un autre culte que sur la volonté formellement exprimée par les parents. (Loi 15 mars 1850, art. 44), II, 135.

Les autorités préposées par l'art. 44 de la loi organique à la surveillance des écoles, peuvent se réunir, sous la présidence du maire, pour convenir des avis à transmettre à l'inspecteur de l'instruction primaire et aux délégués cantonaux. (Décr. 29 juill. 1850, art. 49), II, 173.

DÉLÉGUÉE GÉNÉRALE.

V. Salle d'asile.

DÉLÉGUÉE SPÉCIALE.

V. Salle d'asile.

DÉLIT.

Tout instituteur ou institutrice qui enseignerait dans son école des préceptes ou maximes contraires aux lois ou à la morale républicaine, sera dénoncé par la surveillance et puni selon la gravité du délit. (Décr. 29 frim. an II, sect. II, art. 2), I, 27. — Pour outrage aux mœurs publiques, il sera traduit devant la police correctionnelle ou tout autre tribunal compétent. (Id., ibid., art. 3), I, 27. — Les plaintes contre les instituteurs et les institutrices sont portées directement au jury d'instruction; s'il juge qu'il y a lieu à destitution, sa décision est portée, pour être confirmée, au conseil général de l'administration du district; en cas de désaccord entre le jury d'instruction et l'administration du district, l'affaire est portée devant le comité d'instruction publique, qui prononce définitivement. (Décr. 27 brum. an III, chap. III, art. 5 et 6), I, 35.

Celui qui enseignera publiquement et tiendra école sans autorisation, sera traduit à la requête du procureur impérial en police correctionnelle, et condamné à une amende qui ne pourra être au-dessous de 100 fr. ni de plus de 3,000 fr., dont moitié applicable au trésor de l'Université et l'autre moitié applicable aux Enfants-Trouvés, sans préjudice de plus grandes peines, s'il était trouvé coupable d'avoir dirigé l'enseignement d'une manière contraire à l'ordre et à l'intérêt publics. (Décr. 15 nov. 1811, art. 56), I, 73.

Pour cause d'inconduite ou d'immoralité, tout instituteur primaire pourra, sur la demande du comité cantonal et à la poursuite du ministère public, être traduit devant le tribunal civil de l'arrondissement et interdit à temps ou à toujours. Le tribunal entend les parties et statue en chambre du conseil. Il en sera de même sur l'appel, qui n'est point suspensif. L'affaire sera instruite comme en matière correctionnelle. Toutefois, sur la demande des intéressés, les témoins pourront être entendus devant le juge de paix de leur domicile. (Prop. loi 17 nov. 1832, art. 12), I, 225. — *Les dispositions de l'art.* 12, *relatives aux instituteurs privés, sont applicables aux instituteurs communaux.* (Id., art. 23), I, 227.

Quiconque aura ouvert une école primaire en contravention avec les prescriptions de la loi, sera poursuivi devant le tribunal correctionnel du lieu du délit et condamné à une amende de 50 à 200 fr.; l'école sera fermée. En cas de récidive, le délinquant sera condamné à un emprisonnement de quinze à trente jours, et à une amende de 100 à 400 fr. (Loi 28 juin 1833, art. 6), I, 237. — Tout instituteur privé pourra, pour cause d'inconduite ou d'immoralité, être traduit devant le tribunal civil de l'arrondissement, et être interdit de l'exercice de sa profession à temps ou à toujours, sauf appel. (Id., art. 7), I, 238. — Les dispositions relatives aux instituteurs privés sont applicables aux instituteurs communaux. (Id., art. 24), I, 244.

La condamnation prononcée contre un instituteur, pour cause d'ouverture clandestine, ne le prive pas, dans la suite, de tenir une école, en se conformant aux dispositions de la loi. (Av. Cons. 8 août 1834), I, 315. — La production d'un faux diplôme, sur la foi duquel un homme obtient l'autorisation de tenir école, est un acte dommageable pour les familles et pour la société, conséquemment punissable par les tribunaux. (Décis. Cons. 31 mai 1839), I, 550.

En cas de contravention par un instituteur privé aux dispositions de la présente loi, le comité d'arrondissement, par une délibération spéciale, adresse audit instituteur privé un avertissement disciplinaire. Si, dans un délai de trois jours, l'instituteur n'a pas déféré à l'avertissement, il est traduit devant le Conseil académique, qui lui applique, s'il y a lieu, la peine de la réprimande ou le renvoi devant le tribunal de première instance. Le tribunal prononce une amende de 50 à 200 fr. L'école peut être fermée. (Proj. loi 31 mars 1847, art. 23), I, 705.

Toute personne tenant une école privée pourra être, sur la demande du recteur ou du comité central, traduite, pour cause d'inconduite ou d'immoralité, devant le tribunal civil de l'arrondissement et interdite de l'exercice de l'enseignement à temps ou à toujours. L'appel devra être interjeté dans le délai de dix jours à compter de la notification du jugement . il ne sera pas suspensif. (Proj. loi 1er juin 1848, art. 24), II, 20.

Tout instituteur privé, sur la demande du comité local ou du comité d'arrondissement, ou sur la poursuite d'office du ministère public, pourra être traduit, pour cause d'inconduite et d'immoralité devant le tribunal civil de l'arrondissement, qui peut seul prononcer contre lui l'admonition, la réprimande ou l'interdiction temporaire ou perpétuelle, sauf recours au tribunal d'appel. (Prop. loi 15 déc. 1848, art. 5), II, 52. — *Quiconque aura ouvert une école primaire en contravention à la loi, sera poursuivi devant le tribunal correctionnel du lieu du délit, et condamné à une amende de 50 fr. à 200 fr. L'école sera fermée. En cas de récidive, le délin-*

quant sera condamné à un emprisonnement de quinze à trente jours, et à une amende de 100 fr. à 400 fr. (Id., art. 50), II, 52.

Le jugement des infractions commises dans l'enseignement privé est exclusivement attribué aux tribunaux ordinaires, jugeant en chambre du conseil, et sur la poursuite d'office du ministère public ou la dénonciation du recteur. Tous deux ont, comme la personne incriminée, le droit d'appel ; les peines qui peuvent être prononcées par les tribunaux sont : l'avertissement, la réprimande, la suspension et l'interdiction du droit d'enseignement. (Prop. loi 5 févr. 1849, art. 19 et 20), II, 71.

Quiconque aura ouvert ou dirigé une école en contravention de la loi ou avant l'expiration du délai légal, sera poursuivi devant le tribunal correctionnel du lieu du délit, et condamné à une amende de 50 à 100 fr. L'école sera fermée. En cas de récidive, le délinquant sera condamné à un emprisonnement de six jours à un mois, et à une amende de 100 fr. à 1,000 fr. La même peine de six jours à un mois d'emprisonnement et de 100 fr. à 1,000 fr. d'amende sera prononcée contre celui qui, dans le cas d'opposition formée à l'ouverture de son école, l'aura néanmoins ouverte avant qu'il ait été statué sur cette opposition, ou bien au mépris de la décision du conseil départemental qui aurait accueilli l'opposition. (Loi 15 mars 1850, art. 29), II, 127. — L'art. 463 du Code pénal pourra être appliqué aux délits prévus par la présente loi. (Id., art. 80), II, 145.

Tout chef d'établissement primaire qui refusera de se soumettre à la surveillance de l'État, telle qu'elle est prescrite par l'article précédent, sera traduit devant le tribunal correctionnel de l'arrondissement, et condamné à une amende de 100 fr. à 1,000 fr. En cas de récidive, l'amende sera de 500 fr. à 3,000 fr. Si le refus de se soumettre à la surveillance de l'État a donné lieu à deux condamnations dans l'année, la fermeture de l'établissement pourra être ordonnée par le jugement qui prononcera la seconde condamnation. Le procès-verbal des inspecteurs constatant le refus du chef d'établissement fera loi jusqu'à inscription de faux. (Loi 15 mars 1850, art. 22), II, 127.

V. Jugement disciplinaire.

DÉMISSION.

En cas de démission de l'instituteur ou de l'institutrice titulaire, le préfet est tenu de mettre le conseil municipal de la commune en demeure de donner son avis sur la question de savoir s'il désire que l'école soit confiée à un maître laïque ou à un maître congréganiste. (Instruct. 12 juill. 1862), II, 276, note.

DÉPARTEMENT (OBLIGATION DU)

Outre les écoles primaires communales, il pourra être établi dans chaque Académie, aux frais des communes et des départements, une École normale. (Proj. loi 20 janv. 1831, art. 14), I, 197.

Il sera établi au chef-lieu de chaque département une classe normale primaire pour les instituteurs et les institutrices. La dépense sera payée, moitié par le Trésor public, moitié par le département. (Prop. loi 24 oct. 1831, art. 14), I, 222.

Tout département sera tenu d'entretenir une École normale primaire, soit par lui-même, soit en se réunissant à un ou plusieurs départements voisins. (Loi 28 juin 1833, art. 11), I, 238. — Les préfets et les recteurs prépareront, chaque année, un aperçu des dépenses auxquelles donnera lieu l'École normale que chaque département est obligé d'entretenir soit par lui-même, soit en se réunissant à un ou plusieurs départements voisins. Cet aperçu sera présenté aux conseils généraux dans leur session annuelle ordinaire. (Ordonn. 16 juill. 1833, art. 20), I, 251. — Lorsque plusieurs départements se réuniront pour l'entretien d'une École normale, les dépenses autres que celles des bourses fondées par les communes, les départements ou l'État, seront réparties entre eux dans les proportions de la population, du nombre des communes et du montant des contributions. (Id., art. 21), I, 251. — Lorsqu'un département n'aura pas compris dans le budget des dépenses du département la somme nécessaire pour l'entretien de l'École normale, une ordonnance royale prescrira de l'y porter d'office. (Id., art. 22), I, 251.

Tout département sera tenu d'entretenir une École normale pri-

maire de garçons, sauf exception autorisée par le Ministre de l'instruction publique. (Prop. loi 15 déc. 1848, art. 39), II, 50.

Tout département est tenu de pourvoir au recrutement des instituteurs communaux, en entretenant des élèves-maîtres, soit dans les établissements d'instruction primaire désignés par le conseil départemental, soit aussi dans l'École normale désignée à cet effet par le département. Les Écoles normales peuvent être supprimées par le conseil général du département; elles peuvent l'être également par le Ministre en conseil supérieur, sur le rapport du conseil départemental, sauf, dans les deux cas, le droit acquis aux boursiers en jouissance de leurs bourses. (Loi 15 mars 1850, art. 35), II, 132.

V. Budget.

DÉPARTEMENTAL (CONSEIL).

Il y a, au chef-lieu de chaque département, un conseil départemental de l'instruction publique, composé : 1° du préfet, président; 2° de l'inspecteur d'Académie ; 3° d'un inspecteur de l'instruction primaire désigné par le Ministre ; 4° des membres que les §§ 5, 6, 7, 8, 9, 10 et 11 de l'art. 10 de la loi du 15 mars 1850 appelaient à siéger dans les Conseils académiques, et dont le mode de désignation demeure réglé conformément à ladite loi, et à l'art. 3 du décret du 9 mars 1852. (Loi 14 juin 1854, art. 5), II, 353.

Le Ministre, par délégation du président de la République, nomme les membres des conseils départementaux, qui procédaient précédemment de l'élection. (Décr. 9 mars 1852, art. 3), II, 273. — Les membres des conseils départementaux de l'instruction publique sont nommés pour trois ans, conformément à l'art. 12 de la loi du 15 mars 1850. (Décr. 22 août 1854, art. 26), II, 366.

Pour le département de la Seine, le conseil départemental de l'instruction publique se compose : 1° du préfet, président; 2° du recteur de l'Académie de Paris, vice-président; 3° de deux inspecteurs d'Académie attachés au département de la Seine; 4° de deux inspecteurs de l'instruction primaire dudit département ; 5° des membres que l'art. 11 de la loi du 15 mars

1850 appelait à faire partie de l'ancien Conseil académique créé par la loi du 15 mars 1850. (Loi 14 juin 1854, art. 6), II, 354.

Le conseil départemental se réunit au moins deux fois par mois. Ses réunions sont suspendues du 15 août au 15 octobre. Il peut être convoqué extraordinairement. Le jour de la réunion est fixé par le président. Il siége à la préfecture. (Décr 22 août 1854, art. 27), II, 367.

Le conseil départemental exerce, en ce qui concerne les affaires de l'instruction primaire, les attributions déférées au Conseil académique par la loi du 15 mars 1850. Les appels de ses décisions sont portés directement devant le conseil impérial. (Loi 14 juin 1854, art. 7), II, 354. — Il est consulté sur les règlements relatifs au régime intérieur des écoles normales, et sur les règlements relatifs aux écoles primaires publiques; il fixe le taux de la rétribution scolaire, sur l'avis des conseils municipaux et des délégués cantonaux; il détermine les cas d'écoles mixtes; il donne son avis sur les récompenses à accorder aux instituteurs. (Loi 15 mars 1850, art. 15), II, 125. — Il juge les oppositions. (Id., art. 28), II, 129. — Il dresse la liste d'admissibilité et d'avancement. (Id., art. 31), II, 130. — Il prononce l'interdiction, sauf appel. (Id., art. 33), II, 131. — Il détermine les écoles auxquelles doit être attaché un adjoint. (Id., art. 34), II, 131. — Il désigne les établissements stagiaires. Il donne son avis sur la suppression des Écoles normales. (Id., art. 35), II, 132. — Il peut autoriser une commune à se réunir à une ou plusieurs communes voisines pour l'entretien d'une école. (Id., art. 36), II, 132. — Il peut autoriser l'instituteur à percevoir la rétribution scolaire. (Id., art. 41), II, 134. — Il désigne les délégués cantonaux. (Id., art. 42), II, 134. — Il nomme les commissions d'examens. (Id., art. 46), II, 135. — Il délivre les certificats de stage. (Id., art. 47), II, 136. — Il peut obliger une commune à entretenir une école de filles. (Id., art. 51), II, 137. — Il autorise les écoles mixtes. (Id., art. 52), II, 137. — Il autorise les instituteurs communaux à tenir un pensionnat. (Id., art. 53), II, 137. — Il peut dispenser les cours publics de l'application des dispositions légales. (Id., art. 77), II, 144.

Les décisions du conseil départemental en matière d'opposition à l'ouverture d'une école sont sans recours. (Décis. Cons. 8 juill. 1861), II, 497. — Les décisions du conseil départemental en matière d'opposition d'ouverture d'une école primaire ne sont sujettes à aucun recours, lorsqu'elles ont été régulièrement prises; mais les conseils départementaux ne peuvent, par une disposition additionnelle, déclarer un instituteur incapable de remplir à l'avenir toutes fonctions dans l'instruction primaire. (Av. Cons. 8 juill. 1861), II, 496. — Les décisions du conseil départemental, relatives à l'opposition à l'ouverture d'une école libre, peuvent être déférées, par la voie d'appel, au conseil impérial de l'instruction publique. Cet appel doit être interjeté dans le délai de dix jours, à compter de la notification de la décision. (Loi 10 avr. 1867, art. 19), II, 609.

Le nombre des écoles publiques de garçons ou de filles à établir dans chaque commune est fixé par le conseil départemental, sur l'avis du conseil municipal. Le conseil départemental détermine les écoles publiques de filles auxquelles, d'après le nombre des élèves, il doit être attaché une institutrice adjointe. Ce conseil détermine, en outre, sur l'avis du conseil municipal, les cas où, à raison des circonstances, il peut être établi une ou plusieurs écoles de hameau dirigées par des adjoints ou des adjointes. Les décisions prises par le conseil départemental sont soumises à l'approbation du Ministre de l'instruction publique. (Loi 10 avr. 1867, art. 2) II, 605.

C'est au conseil départemental qu'il appartient de fixer le nombre des écoles de garçons et de filles à établir dans une commune, sous l'approbation du Ministre. (Décis. Cons. d'État, 21 mars 1873), II, 711.

Le préfet du département et le maire de la commune peuvent se pourvoir devant le Ministre de l'instruction publique contre les délibérations du conseil départemental, prises en vertu du 2e § de l'art. 15 de la loi de 1850, pour la fixation du taux de la rétribution scolaire. (Loi 10 avr. 1867, art. 12), II, 607.

Le conseil départemental est appelé à donner son avis sur la question de savoir si une école doit être confiée à un maître laïque ou à un maître congréganiste. (Instruct. 28 oct. 1871), II, 280, note.

La décision relative à une affaire disciplinaire prononcée par un conseil départemental est sujette au recours, lorsque l'inculpé n'a pas été mis à même d'être entendu dans ses moyens de défense. (Décr. Cons. d'État, 23 janv. 1864), II, 534.

V. Conseil académique.

DESSIN D'IMITATION.

Le dessin d'imitation est compris parmi les matières qui peuvent être ajoutées à l'enseignement primaire. (Loi 21 juin 1865, art. 9), II, 566. — Il fait partie des matières facultatives du brevet (3e série). (Arr. 3 juill. 1866, art. 17), II, 600.

DESSIN LINÉAIRE.

Dans les villes et bourgs au-dessus de 1,000 âmes, on enseignera aux enfants les principes du dessin géométral. (Prop. loi sept. 1791, art. 6) I, 3.

Les élèves s'exerceront à l'usage du compas. (Décr. 30 vend. an II), I, 20.

Le dessin linéaire est classé parmi les matières facultatives et non exigibles des examens du brevet du premier degré. (Instruct. 14 juin 1816), I, 99.

Selon les ressources et les besoins des localités, l'enseignement primaire peut comprendre, outre les matières obligatoires, le dessin linéaire. (Prop. loi 17 nov. 1832, art. 1), I, 224.

Le dessin linéaire fait partie de l'enseignement des Écoles normales. (Règl. 14 déc. 1832), I, 229. — L'instruction primaire supérieure comprend nécessairement le dessin linéaire. (Loi 28 juin 1833, art. 1), I, 236.

Le dessin linéaire est compris dans les matières de l'enseignement primaire. (Proj. loi 1er juin 1848, art. 1), II, 17.

L'instruction élément ire pour les garçons comprend nécessairement e dessin linéaire. (Prop. loi 15 déc. 1848, art. 11), II, 45.

Le dessin linéaire fait partie des matières facultatives de l'enseignement primaire. (Loi 15 mars 1850, art. 23), II, 128. — Il est compris dans les matières d'enseignement des Écoles normales. (Décr. 24 mars 1851, art. 1), II, 225. — Programme de l'enseignement. (Arr. 31 juill. 1851), II, 256. — Le dessin fait partie de l'enseignement des Écoles normales. (Décr. 2 juill. 1866, art. 1), II, 588. — Le dessin linéaire est compris dans la première série des matières facultatives du brevet pour les instituteurs et les institutrices. (Arr. 3 juill. 1866, art. 17 et 23), II, 60.

Les premiers principes du dessin linéaire sont enseignés aux enfants dans les salles d'asile. (Décr. 21 mars 1855, art. 2), II, 372. — L'examen des certificats d'aptitude à la direction des salles d'asile comprend le dessin au tracé. (Id., art. 30), II, 380.

DESSIN D'ORNEMENT.

Le dessin d'ornement fait partie des matières que l'enseignement primaire peut comprendre. (Loi 21 juin 1865, art. 9), II, 566. — Il est compris dans les matières de l'enseignement normal. (Arr. 2 juill. 1866, art. 1), II, 588. — Il fait partie des matières facultatives du brevet pour les instituteurs et les institutrices. (Arr. 3 juill. 1866, art. 16, 17 et 23), II, 600.

DIPLOME.

Nul ne peut exercer sans être muni d'un diplôme. (Décr. 17 sept. 1808, art. 2 et 3), I, 64. — Le diplôme est valable pour dix ans ; il est soumis à un droit payable, de dix ans en dix ans, à l'époque du renouvellement. Le droit est de 200 fr. pour les maîtres de pension : à Paris, 300 fr.; de 400 fr. pour les instituteurs : à Paris, 600 fr. (Id., art. 27), I, 66. — Les instituteurs des petites écoles acquittent un droit fixe de 3 fr. une fois payé. (Av. grand maître, nov. 1808), I, 66, note.

V. Brevet de capacité.

DISCIPLINAIRE (JUGEMENT).

Sur le rapport motivé des surveillants spéciaux et l'avis du comité cantonal, le recteur peut révoquer l'autorisation donnée pour un lieu déterminé. (Ordonn. 29 févr. 1816, art. 25), I, 88. — Le comité cantonal peut provoquer d'office cette révocation. (Id., art. 26), I, 89. — En cas d'urgence et de scandale, le comité a le droit de suspension. (Id., art. 27), I, 89.

Sur le rapport motivé des personnes chargées de la surveillance, le préfet révoquera, s'il y a lieu, l'autorisation donnée pour un lieu déterminé à une institutrice. (Règl. préfect. Seine, 9 oct. 1819, art. 32), I, 131.

Le droit de révoquer n'appartient qu'au recteur. (Ordonn. 2 août 1820, art. 17), I, 136. — Cf. Arr. 5 déc. 1820, art. 6, I, 143.

Le comité des écoles catholiques peut, ainsi que le recteur, évoquer l'autorisation. (Ordonn. 3 avr. 1824, art. 10 et 11), I, 150.

En cas de faute grave de la part de l'instituteur communal ou privé, le comité pourra prononcer, après avoir entendu l'inculpé, la réprimande ou la censure; il pourra même retirer les certificats, sauf appel, dans le délai de trois mois, devant le Conseil académique. En cas d'urgence, le recteur ou le comité peut suspendre provisoirement. Il sera statué définitivement dans le délai d'un mois. (Proj. loi 20 janv. 1831, art. 16), I, 197.

En cas de négligence ou de fautes graves, le comité cantonal peut réprimander, suspendre provisoirement, ou même révoquer l'instituteur communal. (Prop. loi 17 nov. 1832, art. 22), I, 227.

En cas de négligence habituelle ou de faute grave de l'instituteur communal, le comité d'arrondissement, ou d'office, ou sur la plainte adressée par le comité communal, mande l'instituteur inculpé : après l'avoir entendu ou dûment appelé, il le réprimande ou le suspend pour un mois, avec ou sans privation de traitement, ou même le révoque de ses fonctions. L'instituteur frappé d'une révocation pourra se pourvoir devant le Ministre de l'instruction publique, en conseil royal. Le pourvo devra être formé dans le délai d'un mois à partir de la notification de la décision du comité, de laquelle notification il sera dressé procès-verbal par le maire de la commune. Toutefois, la décision du comité est exécutoire par provision. Pendant la suspension de l'instituteur, son traitement, s'il en est privé, sera laissé à la disposition du conseil municipal pour être alloué, s'il y a lieu, à un instituteur remplaçant. (Loi 28 juin 1833, art. 23), I, 244.

Les institutrices sont soumises à la juridiction des comités locaux et des comités d'arrondissement, telle qu'elle est fixée par l'art. 23 de la loi du 28 juin 1833. (Ordonn. 23 juin 1836, art. 15), I, 397. — Cf. Décis. Cons. 27 janv. 1843, I, 631.

Pour les salles d'asile, dans tous les cas de négligence habituelle, d'inconduite ou d'incapacité notoire et de fautes graves signalées par les dames inspectrices, le comité d'arrondissement mande l'inculpée et lui applique les peines de droit. (Ordonn. 23 déc. 1837, art. 22), I, 492.

Le recteur, dans les cas d'urgence, a le droit de suspendre tout fonctionnaire de l'Université, conformément aux décrets de 1808 et 1811 ; mais quand il s'agit d'un instituteur, il doit le traduire devant le comité d'arrondissement, lequel applique les formalités et peines prescrites par l'art. 23 de la loi du 28 juin 1833. (Av. Cons. 13 déc. 1842), I, 624.

Les instituteurs qui ne tiennent pas école en été, et se font donner des certificats d'exercice, doivent être poursuivis par les comités d'arrondissement pour fait de négligence habituelle. (Av. Cons. 3 mai 1850), II, 150.

Les deux juridictions, celle du tribunal civil et celle du comité supérieur, peuvent statuer toutes les deux à la fois ou successivement sur le même fait, quand il y a lieu. (Av. Cons. 9 mai 1843), I, 640. — La démission donnée par un instituteur ne fait pas cesser la juridiction du comité : l'affaire doit être jugée. (Av. Cons. 30 sept. 1834), I, 335.

Les décisions du comité d'arrondissement, touchant les peines disciplinaires, sont soumises, pour le fond et pour la forme, au conseil royal et peuvent être cassées ou réformées. (Av. Cons. 24 janv. 1845), I, 655.

Les comités supérieurs peuvent considérer la suspension d'un mois comme le maximum des peines de ce genre, et limiter la suspension à un temps moindre. (Av. Cons. 7 janv. 1842), I, 585. — Il n'y a point lieu à pourvoi de la part d'un instituteur, quand il est seulement suspendu. (Décis. Cons. 19 mai 1843), I, 641. — La peine de la réprimande et celle de la suspension sont prononcées par le comité supérieur, sans appel. (Av. Cons. 1er mai 1849), II, 81.

L'instituteur doit être mandé et entendu devant le comité supérieur, avant d'être frappé de révocation. (Décis. Cons. 24 mai 1839), I, 549. — La révocation prononcée contre un instituteur, sans qu'il ait été préalablement appelé et entendu, n'est point valable. (Arrêt Cons. 30 août 1839), I, 562. — La révocation prononcée par un comité n'a pas le pouvoir d'ôter à celui qu'elle frappe la faculté d'exercer comme instituteur privé. (Av. Cons. 18 nov. 1836), I, 428.

Les instituteurs qui voudront se pourvoir contre un arrêté de révocation devront, en même temps qu'ils adresseront leur pourvoi au Ministre, en donner avis au comité supérieur qui a prononcé la révocation. (Décis. Cons. 26 août 1834), I, 333.

L'instituteur révoqué doit être immédiatement remplacé dans ses fonctions. Il a le droit de jouir de son traitement et de son logement pendant le mois qui lui est accordé pour former son pourvoi, à moins que le comité n'en ait prononcé la privation ; aucune présentation ne peut être faite pendant ce mois. (Décis. Cons. 16 déc. 1834), I, 345.

Un instituteur communal interdit à temps peut, ce temps expiré, reprendre ses fonctions sans formalités nouvelles. (Av. Cons. 5 déc. 1834), I, 342. — La peine de l'interdiction à temps une fois subie, l'instituteur a le droit de reprendre l'exercice de ses fonctions. (Av. Cons. 18 nov. 1842), I, 617.

Un instituteur interdit à temps conserve son titre d'instituteur communal, et conséquemment peut être poursuivi à raison de faits délictueux. (Av. Cons. 5 déc. 1834), I, 342.

La radiation ne peut être prononcée que par le conseil royal. (Av. Cons. 31 mai 1839), I, 551.

Toute contravention commise par un instituteur communal aux dispositions de la présente loi constitue le cas de faute grave prévu par l'art. 23 de la loi du 28 juin 1833. (Proj. loi 31 mars 1847, art. 22), I, 705.

L'instituteur ne peut être suspendu ou révoqué que dans le cas et aux conditions déterminés par la loi. (Proj. loi 1er juin 1848, art. 13), II, 19. — *L'instituteur, pendant les trois premières années d'exercice, et l'instituteur adjoint sont révocables par le Ministre, sur la plainte du comité central ou celle du recteur.* (Id., art. 44), II, 24. — *Les peines des instituteurs sont : 1° la réprimande simple ; 2° la réprimande avec privation d'une partie du traitement ; 3° la revocation. L'instituteur, après trois ans d'exercice, n'est passible de ces peines que dans les cas et avec les formes qui suivent.* (Id., art. 42), II, 24. — *En cas de faute grave ou de négligence habituelle, l'instituteur peut être cité devant le comité central, soit d'office, soit sur la plainte d'un inspecteur ou du comité communal. Le comité central, après avoir instruit l'affaire, peut le condamner à la réprimande ou le renvoyer devant le Conseil académique, s'il est d'avis qu'une peine plus grave doit être appliquée. L'instituteur condamné à la réprimande, avec privation d'une partie du traitement ou à la révocation, a toujours droit de se pourvoir, dans le délai d'un mois, devant le Ministre qui prononce en dernier ressort, en conseil de l'instruction publique. Le pourvoi n'est pas suspensif.* (Id., art. 43), II, 24.

En cas de fautes graves, de négligence habituelle et de contravention aux art. 23 et 44, l'instituteur peut être cité devant le comité d'arrondissement, soit d'office, soit sur la plainte d'un inspecteur ou sous-inspecteur, ou du comité local. Les peines qui pourront être infligées aux instituteurs publics sont : 1° l'avertissement prononcé sans mention au procès-verbal ; 2° la réprimande simple avec mention au procès-verbal ; 3° la réprimande avec privation temporaire de tout ou partie du traitement ; 4° la suspension, dont la durée ne pourra pas être de plus de deux mois, avec ou sans privation de tout ou partie du traitement ; 5° la révocation. Toutes les peines seront prononcées par le comité d'arrondissement. En cas d'urgence, le maire peut, sur la plainte du comité local, suspendre provisoirement l'instituteur, sauf à rendre compte immédiatement de cette mesure au comité d'arrondissement. (Prop. loi 15 déc. 1848, art. 78), II, 59. — *Tout instituteur communal suspendu ou révoqué de ses fonctions, peut, dans le délai de huit jours, appeler du jugement du comité d'arrondissement devant le Conseil académique, en dernier ressort devant le Conseil national de l'instruction publique, dans les cas de révocation. Le Ministre de l'instruction publique peut, dans le délai d'un mois, interjeter appel devant le Conseil académique.* (Id., art. 79), II, 59. — *Le jugement sera contradictoire, et le pourvoi devra être fait dans les huit jours qui suivront la notification du jugement par défaut.* (Id., art. 80) II, 60. — *L'art. 51, relatif aux instituteurs privés* (traduction devant le tribunal civil), *est également applicable aux instituteurs publics.* (Id., art. 81), II, 60.

L'instituteur révoqué ne peut continuer d'exercer ses fonctions pendant l'instruction et le jugement de son pourvoi. La suspension est prononcée par le préfet, avec ou sans privation de traitement. La durée de la suspension ne peut excéder six mois. (Loi 11 janv. 1850, art. 4), II, 111, note. — L'instituteur suspendu ou révoqué ne peut ouvrir une école privée dans la commune où il exerçait les fonctions qui lui ont été retirées, ni dans les communes limitrophes. Il ne peut, sans l'autorisation spéciale du préfet, être nommé instituteur communal dans le même département. (Id., art. 5), II, 111.

Le recteur (préfet) peut, suivant les cas, réprimander, suspendre, avec ou sans privation totale ou partielle du traitement, pour un temps qui n'excédera pas six mois, ou révoquer l'instituteur communal. L'instituteur révoqué est incapable d'exercer la profession d'instituteur, soit public, soit libre, dans la même commune. Le Conseil départemental peut, après l'avoir entendu ou dûment appelé, frapper l'instituteur communal d'une interdiction absolue, sauf appel devant le conseil supérieur de l'instruction publique dans le délai de dix jours, à partir de la notification de la décision. Cet appel n'est pas suspensif. En cas d'urgence, le maire peut suspendre provisoirement l'instituteur communal, à charge de rendre compte, dans les deux jours, au recteur (préfet). (Loi 15 mars 1850, art. 33), II, 131. — Lorsqu'un maire croit devoir suspendre, en cas d'urgence, un instituteur communal, il en informe immédiatement l'inspecteur de l'instruction primaire, sans préjudice du compte qu'il doit rendre, dans les deux jours, au recteur (préfet). (Décr. 7 oct. 1850, art. 17), II, 186.

Tout instituteur libre, sur la plainte du recteur (préfet) ou du procureur de la République, pourra être traduit, pour cause de faute grave dans l'exercice de ses fonctions, d'inconduite ou d'immoralité, devant le conseil départemental, et être censuré, suspendu pour un temps qui ne pourra excéder six mois, ou interdit de l'exercice de sa profession dans la commune où il exerce. Le conseil peut même le frapper d'une interdiction absolue, sauf appel devant le conseil supérieur de l'instruction publique, dans le délai de dix jours, à compter de la notification de la décision ; l'appel ne sera pas suspensif. (Loi 15 mars 1850, art. 30), II, 130.

Lorsqu'un instituteur libre a été suspendu, il peut être admis par le conseil départemental à présenter un suppléant pour la direction de son école. (Décr. 7 oct. 1850, art. 5), II, 183.

La peine de l'interdiction absolue contre un instituteur libre ne peut être prononcée qu'après une introduction régulière de l'instance. (Décis. Cons. 18 juill. 1863), II, 525.

Le commerce à usure fait par un instituteur justifie l'interdiction absolue. (Décis. Cons. 16 juill. 1852), II, 290.

Le conseil départemental peut, dans les formes prescrites par les articles 30 et 33 de la loi du 15 mars 1850, interdire de l'exercice de sa profession, dans la commune où elle réside, une directrice de salle d'asile libre ou publique. Il peut frapper d'interdiction absolue une directrice de salle d'asile libre ou publique, sauf appel. (Décr. 21 mars 1855, art. 24), II, 379.

Les peines disciplinaires émanées des comités ne peuvent donner lieu à un recours en grâce. (Av. Cons. 11 mars 1849), II, 73. — Le conseil supérieur peut réduire la peine de l'interdiction absolue à une interdiction locale. (Décis. Cons. 9 juill. 1862), II, 509. — Cf. Décis. Cons. 12 juill. 1862, II, 510. — La peine de l'interdiction absolue peut être remise et commuée par l'empereur en vertu du droit de grâce. (Av. Cons. 7 juill. 1857), II, 445. — Les rapports sur les recours en grâce ou en commutation de peines sont présentés à l'empereur par le Ministre de l'instruction publique, après avis du Ministre de la justice, et la décision de grâce ou de commutation est transcrite en marge de la décision qui a prononcé la peine. (Décr. 7 juill. 1857, art. 1, 2, 3), II, 448.

Réhabilitation. — La réhabilitation rétablit le condamné dans le droit commun des citoyens, mais non dans le droit spécial des instituteurs. (Décis. Cons. 13 déc. 1839), I, 566. — La réhabilitation relève le condamné de l'incapacité établie par l'art. 26 de la loi du 15 mars 1850, mais elle laisse entier le droit d'opposition réglé par l'art. 28 de la même loi. (Av. Cons. 16 déc. 1865), II, 568. — Il n'y a pas lieu d'admettre un mode de réhabilitation au profit de l'instituteur frappé d'interdiction. (Av. Cons. 28 janv. 1869), II, 620.

V. Délit, Peine.

DISPENSE DU SERVICE MILITAIRE.

V. Engagement décennal.

DISTINCTIONS HONORIFIQUES.

Il est créé des titres d'officier d'Académie et d'officiers d'instruction publique en faveur des membres de l'Université. (Décr. 17 mars 1808, art. 32).

Il y aura pour les instituteurs des récompenses honorifiques qui seront déterminées par un règlement du Ministre de l'instruction publique en conseil. (Prop. loi 15 déc. 1848, art. 82), II, 60.

Les distinctions honorifiques spécialement attribuées aux membres de l'enseignement public et de l'enseignement libre, sont au nombre de deux : celle d'officier d'Académie, celle d'officier de l'instruction publique. La palme sera brodée en soie bleue et blanche pour les officiers d'Académie ; elle sera brodée en argent pour les officiers de l'instruction publique. (Décr. 9 déc. 1850, art. 1), II, 192. — Peuvent être nommés officiers d'Académie les membres de l'enseignement primaire, après quinze ans de service, et les membres de l'enseignement secondaire et supérieur, ainsi que les fonctionnaires de l'administration et de l'inspection, après cinq ans de services. Peuvent être nommés officiers de l'instruction publique les officiers d'Académie pourvus de ce titre depuis cinq ans au moins. (Id., art. 2), II, 192. — Les distinctions honorifiques attribuées aux membres de l'enseignement public et de l'enseignement libre, sont conférées par le Ministre de l'instruction publique, sur la proposition des recteurs et l'avis des conseils départementaux. (Id., art. 3), II, 192. — Les officiers d'Académie, pourvus de ce titre par une nomination spéciale ou qui l'étaient de droit en vertu de leurs fonctions, restent de droit officiers d'Académie. Les officiers de l'Université pourvus de ce titre par une nomination spéciale ou qui l'étaient de droit en vertu de leurs fonctions, sont de droit officiers de l'instruction publique. (Id., art. 4), II, 193.

Les titres d'officier d'Académie et d'officier de l'instruction publique, créés par l'art. 32 du décret organique du 17 mars 1808, sont conférés par le Ministre. (Décr. 27 déc. 1866, art. 1). — Ils sont conférés aux fonctionnaires des Écoles normales, sur la proposition des recteurs et après avis des inspecteurs primaires réunis en comité. (Id., art. 2). — Les titres attribués aux instituteurs, titulaires ou adjoints, publics et libres, sont conférés sur la proposition du préfet et sur celle des recteurs. (Id., art. 3). — Les titres honorifiques accordés aux personnes qui auraient mérité de l'instruction publique, par leur participation aux travaux des délégations cantonales et des conseils ou commissions établies près des Écoles normales, sont conférés sur la proposition des recteurs. (Id., art. 6). — Les fonctionnaires et membres de l'enseignement public et libre ne peuvent être nommés officiers d'Académie qu'après cinq ans de service ou d'exercice. Nul instituteur, public ou libre, ne peut être présenté pour les palmes d'officier d'Académie, s'il n'a obtenu, depuis deux ans au moins, la médaille d'argent. (Id., art. 7). — Nul ne peut être nommé officier de l'instruction publique, s'il n'a été pendant cinq ans au moins officier d'Académie, sauf les personnes déjà titulaires du grade d'officier de la Légion d'honneur. (Id., art. 8). — Les nominations ont lieu au 15 août pour les fonctionnaires de l'enseignement primaire et les personnes désignées dans l'art. 6 (Id., art. 9). — Le tableau des nominations est publié au *Moniteur*. (Id., ibid.).

V. Médailles et Mentions.

DISTRICT.

Il y aura une école par arrondissement de district. (Décr. 7 brum. an II), I, 22.

DONATION.

V. Association religieuse, Congrégation, Fabrique, Legs.

DROITS SCOLAIRES.

Les élèves et les maîtres des écoles primaires sont exempts de tous droits et contributions envers l'administration de l'instruction publique. (Ordonn. 29 févr. 1816, art. 34), I, 89. — Les élèves pensionnaires que les maîtres d'école auront été autorisés à recevoir ne payeront, non plus que les élèves externes, aucune rétribution à l'Université. (Arr. 5 déc. 1820, art. 8), I, 143.

E

ÉCOLE AMBULANTE.

Partout où les communes rurales seront dépourvues de moyens d'instruction, il pourra être formé des écoles ambulantes. (Prop. loi 24 oct. 1831, art. 19), I, 223.

V. Instituteur ambulant.

ÉCOLES (CLASSEMENT DES).

Les petites écoles ou écoles primaires sont celles où l'on apprend à lire, à écrire et les premières notions du calcul. (Décr. 17 mars 1808, art. 5), I, 53. — Cf. Règl. Préf. Seine, 9 oct. 1819, art. 1, I, 126.

Les écoles communales seront divisées en trois classes correspondantes aux trois degrés d'enseignement reconnus par l'art. 11 de l'ordonn. du 29 févr. 1816. Le classement sera fait de concert par le préfet et le recteur, et soumis à l'approbation du conseil général qui déterminera le minimum des traitements. (Ordonn. 14 févr. 1830, art. 2 et 3), I, 187. — Le tableau ainsi dressé sera révisé tous les ans. (Id., art. 4), I, 188. — Les écoles qui, par l'effet de fondations, donations particulières ou vote nouveau des communes, auraient acquis une importance suffisante, seront élevées, s'il y a lieu, à une classe supérieure. (Id., art. 4), I, 188.

Les écoles sont divisées en écoles primaires élémentaires et en écoles primaires supérieures. (Loi 28 juin 1833, art. 1), I, 236.— L'instruction primaire dans les écoles de filles est primaire ou supérieure. (Ordonn. 23 juin 1836, art. 1), I, 392.

Les instituteurs doivent indiquer sur leurs tableaux ou enseignes la nature ou le degré de leur établissement. (Arr. 14 août 1835), I, 363.

Les écoles primaires communales, soit du degré élémentaire, soit du degré supérieur, sont divisées en trois classes, qui comprennent, la première : les écoles des chefs-lieux de département et d'arrondissement; la deuxième : les écoles des chefs-lieux de canton et des communes ou des sections de communes dont la population agglomérée excède 1,500 âmes; la troisième : les écoles des communes, des réunions de communes ou des sections de communes dont la population agglomérée ne s'élève pas au-dessus de 1,500 âmes. (Proj. loi 31 mars 1847, art. 1), I, 700.— *Les instituteurs soit communaux, soit privés, ne peuvent prendre d'autre titre que celui qui leur est assigné par la loi, et donner à leurs écoles d'autres désignations que celles des écoles communales ou privées du degré élémentaire ou supérieur.* (Id., art. 14), I, 703.

L'instruction primaire est, pour les deux sexes, élémentaire ou supérieure. (Prop. loi 15 déc. 1848, art. 10), II, 45. — *Les instituteurs ne peuvent donner à leurs écoles d'autres désignations que celles d'écoles communales ou privées du degré élémentaire ou supérieur, sous peine d'amende ou de suspension.* (Id., art. 54), II, 53.

ÉCOLES (DISTINCTION DES).

Les écoles primaires sont ou communales ou privées. (Proj. loi 20 janv. 1831, art. 4), I, 95.

Sont communales les écoles soutenues en tout ou en partie aux frais de la commune. (Prop. loi 24 oct. 1831, art. 4), I, 221.

L'instruction primaire est privée ou publique. (Loi 28 juin 1833, art. 3), I, 236. — Les écoles primaires publiques sont celles qu'entretiennent en tout ou en partie les communes, les départements ou l'État. (Id., art. 8), I, 238.

L'enseignement primaire est donné dans les écoles publiques, dans les écoles privées et dans l'intérieur des familles. (Proj. loi 1er juin 1848, art. 3), II, 17. — *Les écoles primaires publiques sont celles où l'enseignement est donné par l'État.* (Id., art. 4), II, 17. — *Les écoles privées sont celles qui sont librement établies par les particuliers.* (Id., art. 5), II, 17.

Les établissements d'instruction primaire de tout ordre, publics ou privés, dont la surveillance est confiée à l'État, sont : 1° les établissements d'éducation pour le premier âge, appelés salles d'asile ; 2° les écoles d'instruction primaire, élémentaire et supérieure ; 3° les Écoles normales primaires ; 4° les écoles d'apprentis, les ouvroirs, les classes d'adultes et les écoles des hospices et des prisons. (Prop. loi 15 déc. 1848, art. 1), II, 43. — *L'enseignement primaire est donné dans toutes les écoles publiques et dans l'intérieur des familles.* (Id., art. 14), II, 46. — *Les écoles primaires publiques sont celles qu'entretiennent, en tout ou en partie, les communes, les départements ou l'État.* (Id., art. 15), II, 46.

L'instruction nationale est placée sous la protection et la surveillance de l'État. Elle se divise en instruction publique, donnée par l'État, sous la direction de l'Université ; et en instruction privée, donnée soit dans la famille, soit dans les établissements particuliers. (Proj. loi 5 févr. 1849, art. 1), II, 66.

La loi reconnaît deux espèces d'écoles : 1° les écoles fondées ou entretenues par les communes, les départements ou l'État, et qui prennent le nom d'écoles publiques ; 2° les écoles privées ou entretenues par des particuliers ou des associations, et qui prennent le nom d'écoles libres. (Loi 15 mars 1850, art. 17), I, 126.

ÉCOLES CHRÉTIENNES.

V. Association religieuse, Congrégation, Frères des Écoles chrétiennes.

ÉCOLE DU DIMANCHE.

Il sera ouvert chaque année au budget du Ministre de l'instruction publique un crédit pour encourager les auteurs de livres ou de méthodes utiles à la fondation d'institutions telles que les écoles du dimanche. (Loi 15 mars 1850, art. 56), II, 138.

ÉCOLE ECCLÉSIASTIQUE.

Les curés, les desservants, les pasteurs ne peuvent admettre chez eux d'élèves internes ou externes qu'avec l'autorisation et en se soumettant à la juridiction du grand maître de l'Université. (Arr. 24 août 1813, art. 1), I, 78. — Sont exceptés les ecclésiastiques qui se bornent à élever les enfants de leur propre famille. (Id., art. 2), I, 78.

V. Curé, Déclaration d'ouverture.

ÉCOLE D'ESSAI.

Il sera ouvert à Paris une *école d'essai* d'éducation primaire, organisée de manière à pouvoir servir de modèle et à devenir une École normale pour former des instituteurs primaires. Des mesures seront prises pour faire jouir tous les départements des méthodes adoptées. (Décr. 27 août 1815, art. 1), I, 83.

ÉCOLE DE FILLES.

Les filles ne pourront être admises à l'école que jusqu'à huit ans. Après cet âge, c'est aux familles qu'incombe le soin de leur éducation. Il sera pourvu, dans chaque département, aux moyens de leur apprendre un métier. Il sera également pourvu à la création d'établissements pour les filles qui ne pourraient être élevées par leurs parents. (Prop. loi sept. 1791, chap. XVII, art. 1 à 4), I, 6. — *Les départements prescrivent les règles des écoles de filles et fixent le prix des pensionnats.* (Id., ibid., art. 7), I, 7.

Dans les lieux de 1,500 à 4,000 habitants, il y aura deux écoles, un instituteur et une institutrice. (Décr. 22 frim. an I, art. 11), I, 10. — Chaque école primaire sera divisée en deux sections, une pour les garçons, une pour les filles. (Décr. 4 brum. an IV, art. 1 et 2), I, 40.

Les comités cantonaux, les maires et les dames surveillantes sont respectivement chargés d'employer tous leurs soins pour faire établir des écoles de filles dans les lieux où il n'y en a point. (Régl. préfect. Seine, 9 oct. 1819, art. 17), I, 17.

Les écoles de filles sont soumises à la surveillance des délégués cantonaux. (Circul. 3 juin 1819), I, 120. — L'ordonnance du 28 avr. 1816 est également applicable aux écoles de garçons et aux écoles de filles. (Ordonn. 21 avr. 1828, art. 21), I, 171.

Les écoles de filles protestantes sont soumises à l'autorité du comité d'arrondissement protestant. (Arr. 30 juin 1829, art. 27), I, 183.

Les écoles de filles, tenues par des communautés religieuses, continueront d'être surveillées par les autorités ecclésiastiques et administratives, conformément aux dispositions antérieures à l'ordonnance du 21 août 1828, art. 21. (Décis. roy. 6 janv. 1830), I, 186.

Selon les ressources et les besoins des communes et sur la proposition des comités, il pourra être établi des écoles primaires de filles. (Proj. loi 20 janv. 1831, art. 15), I, 197. — *Les dispositions de la présente loi seront applicables aux écoles de filles, soit communales, soit privées ; mais le comité pourra faire exercer sa surveillance, à l'égard de ces écoles, par l'intermédiaire de dames qu'il aura choisies.* (Id., art. 15), I, 197.

Selon les besoins et les ressources des communes, il sera, sur le vœu des conseils municipaux, établi des écoles de filles sous la surveillance et la direction des comités cantonaux. (Prop. loi 17 nov. 1832, art. 24), I, 227. — *Les institutrices communales sont choisies dans les mêmes formes et aux mêmes conditions que les instituteurs. Elles sont assujetties aux mêmes obligations.* (Id., art. 25), I, 227.

La loi du 28 juin 1833 n'est pas applicable, quant à présent aux écoles de filles. (Décis. Cons. 8 août 1833), I, 261. — La loi du 28 juin n'est point applicable aux écoles de filles ni aux institutrices. (Av. Cons. 4 juill. 1834), I, 329.

La loi n'exige de chaque commune qu'une école de garçons;

mais toutes les fois que la population et les ressources d'une commune le comportent, il est à désirer qu'elle se procure deux écoles distinctes. (Av. Cons. 13 août 1833), 1, 262. — Cf. Av. Cons. 4 nov. 1836, I, 418.

Les dispositions des statuts du 25 avril 1834 sont applicables aux écoles de filles. Les filles sont, en outre, exercées à la couture. (Stat. 25 avr. 1834, art. 33), I, 324.

Les écoles de filles sont, comme celles des garçons, soumises à l'inspection des comités. (Av. Cons. 26 déc. 1834), I, 347.

Les écoles tenues par des sœurs sont, aux termes de la décision royale du 6 janvier 1830, sous la juridiction immédiate des préfets. (Av. Cons. 25 fév. 1834), I, 302. — L'instruction primaire dans les écoles de filles est élémentaire ou supérieure. (Ordonn. 23 juin 1836, art. 1), I, 392. — Le comité local surveille les écoles de filles dans les conditions prescrites par la loi du 28 juin 1833. Il les fait visiter par des délégués pris parmi ses membres ou par des dames inspectrices. (Ordonn. 23 juin 1836, art. 15, 16), I, 398.

Nulle école ne pourra prendre le titre d'école primaire communale, qu'autant qu'un logement et un traitement convenables auront été accordés à l'institutrice, soit par des fondations, dons ou legs, soit par une délibération du conseil municipal. (Ordonn. 23 juin 1836, art. 9), I, 394.

Dans les communes où l'école des garçons n'est pas séparée de l'école des filles, les travaux spéciaux aux filles se font sous la direction d'une directrice désignée et révocable par le comité central. Il est alloué à cette maîtresse une indemnité annuelle de 600 *fr.* (Proj. loi 1er juin 1848, art. 17), II, 19.

Toute commune au-dessus de 800 *âmes de population agglomérée sera tenue d'avoir une école de filles au moins. Les dispositions de l'art.* 4 *de la présente loi seront d'ailleurs applicables aux écoles de filles, en ce qui concerne les droits des communes, des préfets et du Ministre.* (Prop. loi 15 déc. 1848, art. 26), I, 48.

Toute commune de 800 âmes de population et au-dessus est tenue, si ses propres ressources ne lui en fournissent les moyens, d'avoir au moins une école de filles, sauf autorisation du conseil départemental. Le conseil peut, en outre, obliger les communes d'une population inférieure à entretenir, si leurs ressources le leur permettent, une école de filles, et en cas de réunion de plusieurs communes, il pourra, selon les circonstances, décider que l'école des garçons et l'école des filles seront dans deux communes différentes. Il prend l'avis du conseil municipal. (Loi 15 mars 1850, art. 51), II, 137.

Tout ce qui se rapporte à l'examen des institutrices, à la surveillance et à l'inspection des écoles de filles, sera l'objet d'un règlement délibéré en conseil supérieur. Les autres dispositions de la loi sont applicables aux écoles de filles et aux institutrices, à l'exception des art. 38, 39, 40 et 41. (Loi 15 mars 1850, art. 50), II, 136. — Toutes les dispositions générales sont applicables aux écoles de filles. (Règl. 17 août 1851, art. 44), II, 266.

Les écoles de filles, avec ou sans pensionnat, sont divisées en deux ordres, savoir : écoles de premier ordre, écoles de second ordre. (Décr. 31 déc. 1853, art. 6), II, 339. — Nulle institutrice laïque ne peut diriger une maison d'éducation de premier ordre, si elle n'est pourvue d'un brevet de capacité, délivré après un examen portant sur toutes celles des matières d'enseignement énumérées aux art. 23 et 48 de la loi du 15 mars 1850, qui sont exigées pour l'éducation des femmes. (Décr. 31 déc. 1853, art. 8), II, 340. — Toutes les écoles communales ou libres de filles, tenues soit par des institutrices laïques, soit par des associations religieuses non cloîtrées ou même cloîtrées, sont soumises, quant à l'inspection et à la surveillance de l'enseignement, en ce qui concerne l'externat, aux autorités instituées par les art. 18 et 20 de la loi du 15 mars 1850. (Id., art. 10), II, 340.

Une commune, dont la population excède 800 âmes, n'est pas fondée à prétendre que ses ressources sont insuffisantes pour subvenir à la dépense d'une école de filles. (Décis. Cons. d'État 4 mars 1865), II, 556.

Toute commune de 500 habitants et au-dessus est tenue d'avoir au moins une école publique de filles, si elle n'en est pas dispensée par le conseil départemental en vertu de l'art. 15 de la loi du 15 mars 1850. Dans toute école mixte tenue par un instituteur, une femme, nommée par le préfet, sur la proposition du maire, est chargée de diriger les travaux à l'aiguille des filles. Son traitement est fixé par le préfet, après avis du conseil municipal. (Loi 10 avr. 1867, art. 1), II, 604.

V. Budget, Conseil municipal, École mixte, Institutrice.

ÉCOLE ISRAÉLITE.

Les communes ne peuvent entretenir à leurs frais des écoles israélites. (Décis. 18 mai 1816), I, 96. — Les instituteurs israélites sont régis par le droit commun ; nul ne peut jouir de la dispense du service militaire qu'autant qu'il est instituteur public. (Av. Cons. 5 nov. 1842), I, 616.

V. Comité, Communes (obligation des), Consistoire.

ÉCOLE LIBRE.

Sont libres les écoles élevées par des instituteurs ou établies soit par des particuliers, soit par des associations. (Prop. loi 24 oct. 1831, art. 4), I, 221. — *Les écoles libres ne sont soumises qu'à la surveillance qu'exige l'ordre public; les fondateurs sont libres pour le choix du maître, la discipline, les méthodes, l'administration.* (Id., ibid.), I, 221. — *La déclaration doit seulement être faite un mois à l'avance à la mairie et à la sous-préfecture.* (Id., ibid.), I, 221. — *Les instituteurs libres sont soumis aux mêmes règles que les instituteurs communaux, quant à leur obtention des attestations de capacité et des certificats de moralité.* (Id., art. 5), I, 221.

Le comité cantonal a droit d'inspection sur les écoles tenues par des particuliers; il les surveille sous le rapport de la salubrité, de l'ordre public et des mœurs; il transmet au ministère public les renseignements qu'il a recueillis. (Prop. loi 17 nov. 1832, art. 11), I, 225.

Les écoles fondées ou entretenues par des particuliers ou des associations prennent le nom d'écoles libres. (Loi 15 mars 1850, art. 17), II, 126. — L'inspection de l'État dans les écoles libres porte sur la moralité, l'hygiène et la salubrité. Elle ne peut porter sur l'enseignement que pour vérifier s'il n'est pas contraire à la morale, à la Constitution et aux lois. (Id., art. 21) I, 127.

Sont soumises à l'inspection, comme les écoles publiques, les écoles libres qui tiennent lieu d'écoles publiques, aux termes du 4e paragraphe de l'art. 36 de la loi de 1850, ou qui reçoivent une subvention de la commune, du département ou de l'État. (Loi 10 avr. 1867, art. 17), II, 608.

Les conditions d'hygiène exigées pour les écoles publiques, sont applicables aux écoles libres. (Av. Cons. 11 juill. 1860), II, 484.

V. Instituteur libre, Liberté de l'enseignement, Méthode.

ÉCOLE MIXTE (QUANT AUX CULTES).

Aucun instituteur ne peut recevoir des élèves appartenant à des religions différentes, sans l'autorisation du conseil royal. (Ordonn. 21 avr. 1828, art. 13), I, 169.

Les communes et les fondateurs pourront admettre, sans autres autorisations, dans les écoles publiques et privées, les enfants appartenant aux diverses communions religieuses. (Prop. loi 24 oct. 1831, art. 10), I, 222.

Lorsque les écoles seront fréquentées par des enfants appartenant à divers cultes reconnus par la loi, il sera pris des mesures particulières pour que tous les élèves puissent recevoir l'instruction religieuse que leurs parents voudront leur faire donner. (Stat. 25 avr. 1834, art. 4), I, 319.

Le préfet est le meilleur juge des circonstances locales qui peuvent décider la séparation des enfants catholiques et protestants. (Av. Cons. 11 mai 1847), I, 708.

La commune d'Anglez n'est pas autorisée à créer une école protestante. (Av. Cons. 18 fév. 1848), I, 731, note.

Dans une commune où il y a une école de filles séparée de l'école des garçons, un instituteur protestant peut être autorisé à recevoir les enfants protestants des deux sexes dans une école mixte. (Av. Cons. 1er mai 1849), II, 82.

Dans les communes où les différents cultes reconnus sont professés publiquement, des écoles séparées seront établies pour les enfants appartenant à chacun de ces cultes. (Loi 15 mars 1850, art. 36), II, 132.—Le conseil départemental détermine les cas où les communes peuvent, à raison des circonstances et provisoirement, établir ou conserver des écoles primaires dans lesquelles seront admis des enfants appartenant aux différents cultes reconnus. (Id., art. 15), II, 125. — Les ministres n'inspecteront que les écoles spéciales à leur culte ou les écoles mixtes, pour leurs coreligionnaires seulement. (Id., art. 18), II, 125.

Lorsque, dans une école spécialement affectée aux enfants d'un culte, sont admis les enfants d'un autre culte, il est tenu par l'instituteur un registre sur lequel est inscrite la déclaration du père, ou, à son défaut, de la mère ou du tuteur, attestant que leur enfant ou pupille a été admis dans l'école sur leur demande. Ladite déclaration est signée par les père, mère ou tuteur; s'ils ne savent signer, l'instituteur fait mention de cette circonstance et certifie leur déclaration. Ce registre doit être présenté à toute personne préposée à la surveillance de l'école. (Décr. 7 oct. 1850, art. 12), II, 183. — Dans les écoles où les enfants de divers cultes sont réunis, chaque ministre procède séparément à l'examen des élèves de son culte, en ce qui concerne l'enseignement religieux. (Id., art. 11), II, 183.

Dans les communes où les différents cultes reconnus sont professés publiquement, il doit être établi des écoles séparées pour les enfants appartenant à chacun de ces cultes. (Arr. 12 mars 1851), II, 220.

ÉCOLE MIXTE (QUANT AU SEXE).

Les instituteurs des départements frontières sont tenus d'enseigner tous les jours la langue française et la Déclaration des droits de l'homme à tous les jeunes citoyens des deux sexes. (Décr. 8 pluviôse an II, art. 4), I, 30. — Chaque école sera divisée en deux sections, une pour les garçons, une pour les filles; en conséquence, il y aura un instituteur et une institutrice. (Décr. 4 brum. an IV, art. 1), I, 40.

Les garçons et les filles ne pourront jamais être réunis pour recevoir l'enseignement. (Ordonn. 29 fév. 1816, art. 32) I, 89. — Aucune institutrice ne peut recevoir de garçons dans son école. (Circ. 3 juin 1819), I, 121. — Aucune institutrice ne pourra, sous quelque prétexte que ce soit, recevoir dans son école des enfants de deux sexes. (Règl. préfect. Seine, 9 oct. 1819, art. 36), I, 131.

Partout où le commandera la modicité des ressources, le local pourra servir aux deux sexes, sauf à régler les heures des leçons respectives. (Prop. loi 24 oct. 1831, art. 10), I, 222.

Dans les communes où il n'y aura point d'institutrice, l'instruction primaire sera donnée aux filles par l'instituteur communal, mais à d'autres jours et à d'autres heures que celles où il tiendra l'école des garçons, et sans qu'aucune fille âgée de onze ans puisse être comprise au nombre des élèves. (Prop. loi 17 nov. 1832, art. 26), I, 227.

Lorsqu'il n'existera pas d'école distincte pour les enfants des deux sexes, le comité local prendra les mesures nécessaires pour qu'ils soient séparés dans tous les exercices et pour éviter qu'ils entrent et sortent en même temps. (Stat. 25 avr. 1834, art. 34), I, 324.

La loi du 28 juin 1833 n'exige de chaque commune qu'une école de garçons et n'oblige à fournir les fonds que pour le traitement de l'instituteur; mais lorsque les ressources le permettent, il est à désirer qu'il soit établi une école de garçons et une école de filles. (Av. Cons. 13 août 1833), I, 262. — Dans les communes qui n'ont qu'une ecole, les garçons et les filles peuvent être admis simultanément avec les précautions nécessaires, et notamment celle d'une cloison à un mètre au moins de hauteur entre les enfants des deux sexes. (Av. Cons. 13 août 1833), I, 262. — L'instituteur communal a le droit de recevoir les enfants des deux sexes, même quand il y a une institution privée dans la commune ; il peut recevoir des filles appartenant à des familles aisées, même quand il reçoit les filles indigentes. Le principe de la séparation des sexes n'est applicable que dans les communes où il y a deux écoles distinctes. (Av. Cons. 13 déc. 1833), I, 283. — Une institutrice peut être chargée de la direction de l'unique école existant dans une commune, mais seulement en attendant qu'un instituteur soit présenté. (Av. Cons. 8 août 1834), I, 331. — Quand il n'y aura qu'une école dans une commune, les enfants des deux sexes pourront être admis simultanément; mais dans les communes pourvues de deux écoles, le principe de la séparation des sexes doit être observé. (Décis.

Cons. 22 déc. 1835, art. 1 et 2), I, 367. — Un instituteur communal ou privé peut recevoir dans son école des enfants des deux sexes, à la condition qu'il sera établi entre les garçons et les filles une séparation matérielle et permanente. (Av. Cons. 8 janv. 1836), I, 372. — Une école de filles privée peut provisoirement dispenser la commune de l'obligation d'avoir un instituteur, mais provisoirement seulement. (Av. Cons. 4 nov. 1836), I, 418.

Dans les lieux où il existe des écoles communales distinctes pour les enfants des deux sexes, il ne sera permis à aucun instituteur d'admettre des filles, et à aucune institutrice d'admettre des garçons. (Ordonn. 23 juin 1836, art. 12), I, 395.

Dès qu'il y a possibilité de séparation entre les enfants des deux sexes, la séparation doit avoir lieu. Une école privée, régulièrement établie et surveillée, est réputée offrir des garanties nécessaires ; son existence suffit pour ôter à tout instituteur le droit d'admettre les filles concurremment avec les garçons. (Arr. Cons. 26 août 1836), I, 408. — L'ordonn. du 23 juin 1836 ne permet pas d'admettre les filles et les garçons dans une même école, lorsque la commune possède des écoles distinctes pour les enfants des deux sexes. (Décis. Cons. 26 août 1836), I, 408.

Dans les écoles mixtes privées, les enfants devront être séparés pour tous les exercices et sortir à des heures différentes. (Règl. 1er mars 1842, art. 3), I, 593.

Un instituteur ne doit pas tenir une école privée de filles. (Décis. Cons. 17 mars 1843), I, 636.

Aucune école privée ne peut réunir des enfants des deux sexes. (Proj. loi 1er juin 1848, art. 22), II, 20. — *Dans les communes où l'école de garçons n'est pas séparée de l'école de filles, les travaux spéciaux aux filles se font sous la direction d'une maîtresse désignée et révocable par le comité central. Il est alloué à cette maîtresse une indemnité annuelle de* 100 *fr.* (Id., art. 17), II, 19.

La réunion des sexes dans les écoles privées sera soumise à des conditions que fixera, pour les écoles publiques, un règlement du Ministre de l'instruction publique. (Prop. loi 15 déc. 1848, art. 52), II, 53.

Aucune école primaire publique ou libre ne peut, sans l'autorisation du conseil départemental, recevoir d'enfants des deux sexes s'il existe dans la commune une école publique ou libre de filles. (Loi 15 mars 1850, art. 52), II, 137. — Le conseil départemental détermine les cas où les communes peuvent, à raison des circonstances et provisoirement, établir ou conserver des écoles primaires dans lesquelles seront admis des enfants de l'autre sexe. (Id., art. 15), II, 125.

Dans les écoles qui reçoivent des enfants des deux sexes, les garçons et les filles ne pourront jamais être réunis pour les mêmes exercices. Ils seront séparés par une cloison d'un mètre 50 centimètres au moins de hauteur, disposée de manière que l'instituteur ait vue des deux côtés de la salle. L'entrée et la sortie auront lieu à des heures distinctes. L'intervalle sera d'un quart d'heure au moins. (Règl. 17 août 1851, art. 36), II, 264.

Des institutrices peuvent être chargées de la direction des écoles publiques communes aux enfants des deux sexes, qui, d'après la moyenne des trois dernières années, ne reçoivent pas annuellement plus de quarante élèves. (Décr. 31 déc. 1853, art. 9), II, 340.

Tout instituteur ou toute institutrice libre qui, sans en avoir obtenu l'autorisation du conseil départemental, reçoit dans son école des enfants d'un sexe différent du sien, est passible des peines portées à l'art. 29 de la loi de 1850. (Loi 10 avr. 1867, art. 20), II, 609.

Dans toute école mixte tenue par un instituteur, une femme, nommée par le préfet sur la proposition du maire, est chargée de diriger les travaux à l'aiguille. Son traitement est fixé par le préfet, après avis du conseil départemental. (Id., art. 1), II, 608.

V. Budget, Conseil municipal, École de filles, Institutrice

ÉCOLE MODÈLE.

Une école modèle d'enseignement mutuel est établie dans douze départements. (Arr. 22 juill. 1817), I, 113.

Outre les écoles primaires proprement dites, il sera établi des écoles modèles préparatoires destinées à former des instituteurs. Il y aura au moins une de ces écoles par Académie. Les conseils généraux pourvoiront aux frais. (Ordonn. 14 févr. 1830, art. 10), I, 191.

Dans chaque département, il sera pourvu par le conseil général à ce que l'une des écoles primaires devienne école modèle embrassant toutes les parties principales et accessoires de l'enseignement primaire. On y recevra, outre les élèves ordinaires, les adultes qui se destineront à la profession d'instituteurs; ils y recevront des leçons spéciales sur les écoles. L'école demeurera sous la surveillance du comité cantonal; mais la nomination des maîtres appartiendra au conseil général L'accroissement de dépense sera porté au budget du département. (Prop. loi 17 nov. 1832, art. 31), I, 228. — *Tout particulier peut fonder, ouvrir ou tenir une école destinée à former des instituteurs, sous la garantie des obligations imposées par la loi.* (Id., art. 32) I, 228.

Dans les départements d'une étendue considérable et dont les habitants professent différents cultes, l'établissement d'écoles modèles pourra être autorisé par ordonnance, indépendamment des Écoles normales, sur la demande des conseils généraux ou sur celle des conseils municipaux, et après l'avis du conseil royal. (Ordonn. 16 juill. 1833, art. 23), I, 251.

V. École normale.

ÉCOLE NORMALE.

Il est créé une École normale d'instituteurs, centrale ou supérieure. (Décr. 9 brum. an III, art. 1 à 3), I, 31. — Il est créé des Écoles normales secondaires dans chaque département. (Id., ibid., art. 11 à 13), I, 33. — Les maîtres donneront des leçons aux élèves sur l'art d'enseigner la morale, la lecture, l'écriture, les premiers éléments du calcul, la géométrie pratique, l'histoire, la grammaire française, les méthodes tracées dans les livres adoptés par la Convention nationale. (Id., ibid., art. 7 et 8), I, 32. — Les candidats seront choisis par les administrations de district, dans la proportion de un pour 20,000 habitants, parmi les hommes réunissant les conditions suivantes : bonnes mœurs, patriotisme éprouvé, dispositions nécessaires pour recevoir et pour répandre l'instruction, et vingt et un ans d'âge. (Id., ibid., art. 2, 3 et 4), I, 32. — Les candidats recevront un traitement pour le voyage et pendant la durée du cours normal. (Id., ibid., art. 5), I, 32. — La durée du cours normal sera au moins de quatre mois. (Id., ibid., art. 9 et 12), I, 32. — Deux représentants du peuple, désignés par la Convention, se tiendront près l'École normale de Paris et correspondront avec le comité d'instruction publique qui rédigera le plan de l'enseignement et rendra compte à la Convention, chaque décade, de l'état de l'École normale de Paris et des Écoles normales secondaires. (Id., ibid., art. 10, 14, 15), I, 33. — Les Écoles normales des départements sont sous la surveillance des autorités constituées. (Id., ibid., art. 13), I, 33.

Il sera pris par l'Université des mesures pour que l'art d'enseigner à lire, à écrire, et les premières notions du calcul ne soient exercés désormais que par des maîtres éclairés ; à cet effet, il sera établi auprès de chaque Académie, et dans l'intérieur des colléges ou des lycées, une ou plusieurs classes normales. (Décr. 17 mars 1808, tit. XIII, art. 108), I, 56.

Outre les écoles primaires appartenant à chaque commune, il pourra être établi dans chaque Académie, aux frais des communes et des départements, après délibération des conseils municipaux et des conseils généraux, une ou plusieurs Écoles normales destinées à former des instituteurs. (Proj. loi 20 janv. 1831, art. 14), I, 197.

Il sera établi, à Paris, une École normale destinée : 1° à former des instituteurs primaires pour l'Académie de Paris ; 2° à éprouver ou vérifier les nouvelles méthodes d'enseignement applicables à l'instruction primaire. (Ordonn. 11 mars 1831, art. 1), I, 200. — Un local est mis à la disposition du Ministre pour l'établissement de ladite école à Versailles. (Ordonn. 7 sept. 1831, art. 1), I, 219.

Le directeur et les maîtres de l'École normale de Paris sont nommés par le Ministre. (Odonn. 11 mars 1831, art. 2), I, 200. — L'enseignement comprendra, outre l'instruction morale et religieuse, la lecture, l'écriture, la grammaire, la géographie, le dessin linéaire, l'arpentage ; des notions de physique, de chimie, d'histoire naturelle, les éléments de l'histoire générale et spécialement de l'histoire de France. (Id., art. 3), I, 200.—Plusieurs classes primaires seront annexées ; elles seront confiées par le directeur soit aux maîtres attachés à l'école, soit aux élèves-maîtres. (Id., art. 4), I, 201. — Il y aura des internes et des externes. (Id., art. 5), I, 201. — Conditions d'admission : dix-huit ans ; examen : lecture, écriture, premières notions de la grammaire française et du calcul ; certificat de bonne conduite. (Id., art. 6), I, 201. — Durée du séjour : un an. (Id., art. 7), I, 201. — Les examens seront réglés par le conseil royal. (Id., art. 8), I, 201. — Une bibliothèque sera établie dans l'école. (Id., art. 9), I, 201. — Des bourses entières ou partielles pourront être fondées par les communes, les départements ou l'Université. Celles de l'Université seront données au concours. Le taux des bourses sera fixé par le conseil. (Id., art. 10 et 11), I, 202. — Une commission de cinq membres choisis par le Ministre sera chargée de la surveillance; elle pourra prononcer la censure et même l'exclusion, sauf approbation du Ministre. (Id., art. 12), I, 202. — Si plusieurs départements s'associent, les préfets intéressés auront le droit d'assister avec voix délibérative ou de se faire représenter par un conseiller de préfecture. (Id., art. 12), I, 202. — Le budget, préparé par le directeur, sera soumis au conseil avec le compte. (Id., art. 13), I, 203. — La somme nécessaire pour subvenir à la dépense sera prélevée sur les fonds de l'État. (Id., art. 14), I, 203.

Tout département sera tenu d'entretenir une École normale primaire, soit avec ses propres ressources, soit en se réunissant à un ou plusieurs départements. (Loi 28 juin 1833, art. 11), I, 238.

Le titre d'École normale primaire ne peut pas être donné à un établissement privé. (Décis. Cons. 10 janv. 1837), I, 440.

Tout département sera tenu d'entretenir une École normale primaire de garçons, sauf exception autorisée par le Ministre. (Prop. loi 15 déc. 1848, art. 39), II, 50.

Les Écoles normales primaires sont particulièrement destinées à former des instituteurs du degré élémentaire. (Proj. Règl. 11 déc. 1849, art. 1), II, 107.

Tout département est tenu de pourvoir au recrutement des instituteurs communaux, en entretenant des maîtres-élèves soit dans les établissements d'instruction primaire désignés par le conseil départemental, soit aussi dans l'École normale établie à cet effet dans le département. (Loi 15 juin 1850, art. 35), II, 132.

PERSONNEL. — *Les directeurs des Écoles normales sont nommés et rétribués par l'Université.* (Proj. loi 20 janv. 1831, art 14), I, 196.

Les directeurs sont nommés par le Ministre sur la présentation

du préfet et du recteur. (Règl. 14 déc. 1832, art. 5), I, 230. — Le directeur est chargé d'une partie importante du cours d'études. (Id., art. 6), I, 230. — Les maîtres adjoints sont nommés par le recteur, sur le rapport de la commission spéciale et avec approbation du Ministre. (Id., art. 7), I, 230. — Les directeurs des Écoles normales primaires seront pris, après examen préalable, dans le service de l'inspection primaire et dans les mêmes catégories que les sous-inspecteurs. (Ordonn. 18 nov. 1845, art. 5), I, 670.

Le directeur de l'école est nommé par le Ministre de l'instruction publique, après avis du Conseil départemental. (Règl. 24 mars 1851, art. 6), II, 226. — Il est chargé de la principale partie de l'enseignement. (Id., art. 7), II, 226. — Le directeur de l'École normale est nommé par le Ministre de l'instruction publique ; il est chargé, indépendamment de l'économat, des conférences pédagogiques et d'une partie de l'enseignement. Il dresse, sous l'approbation du recteur, la liste des livres à mettre entre les mains des élèves, ainsi que les livres de lecture composant la bibliothèque de la salle d'étude. Il est personnellement responsable de la tenue des catalogues de livres et de registres de prêt, ainsi que des inventaires du mobilier usuel et scientifique. (Décr. 2 juill. 1866, art. 6), II, 589.

Le directeur est secondé, pour l'enseignement et la surveillance, par des maîtres adjoints, nommés par le Ministre sur la proposition du recteur de l'Académie. Ces maîtres résident dans l'établissement ; ils sont au nombre de deux au plus, non compris l'aumônier. Il ne pourra être attaché de maître externe aux Écoles normales que pour le chant. Ce maître est proposé par le directeur, et agréé par le recteur. (Règl. 24 mars 1851, art. 8), II, 226.— Le directeur est secondé par des maîtres adjoints nommés par le Ministre, et dont la tâche, soit pour l'enseignement, soit pour la surveillance et les écritures, est fixée par le directeur, sous l'approbation du recteur. Les maîtres adjoints ne peuvent résider hors de l'établissement qu'avec l'autorisation du recteur. (Décr. 2 juill. 1866, art. 7), II, 589.

Un troisième maître adjoint pourra être nommé dans les Écoles normales, sur la proposition du recteur et après avis du conseil de surveillance. (Décr. 7 août 1861), II, 498.

La surveillance disciplinaire peut être partagée entre les maîtres adjoints et des élèves-maîtres de troisième année, désignés par le directeur parmi les plus méritants. (Décr. 2 juill. 1866, art. 8), II, 590.

Aucun congé ne sera accordé aux directeurs des Écoles normales que par le Ministre, sur la proposition du recteur. (Av. Cons. 29 nov. 1833), I, 282. — Chaque année, lorsque les besoins du service le permettent, le recteur peut accorder aux directeurs et maîtres adjoints internes un congé dont la durée ne peut excéder un mois ; ces congés ne pourront être accordés à plusieurs maîtres à la fois. (Règl. 24 mars 1851, art. 22), II, 230.

Les directeurs des Écoles normales primaires et les maîtres adjoints désignés en l'art. 8 du décret du 24 mars 1851, sont partagés en trois classes. Les traitements affectés à chaque classe sont fixés ainsi qu'il suit : directeurs de 1re classe, de 2,800 à 3,000 fr. ; directeurs de 2e classe, de 2,500 à 2,700 fr. ; directeurs de 3e classe, de 2,200 à 2,400 fr. ; maîtres adjoints de 1re classe, de 1,600 à 1,800 fr. ; maîtres adjoints de 2e classe, de 1,300 à 1,500 fr. ; maîtres adjoints de 3e classe, de 1,000 à 1,200 fr. (Décr. 26 déc. 1855, art. 1), II, 406. — Le Ministre de l'instruction publique fixe la classe et le traitement des directeurs et des maîtres adjoints, ainsi que le traitement des autres maîtres attachés aux Écoles normales primaires. (Id., art. 2), II, 407. — Tout fonctionnaire appelé pour la première fois à l'emploi de directeur ou de maître adjoint est nécessairement de la 3e classe. (Id., art. 3), II, 407. — Le nombre des fonctionnaires des deux premières classes est fixé comme il suit : directeurs de 1re classe, 20 ; directeurs de 2e classe, 25 ; maîtres adjoints de 1re classe, 20 ; maîtres adjoints de 2e classe, 40. (Id., art. 4), II, 407.

Le minimum des traitements des directeurs d'Écoles normales, fixé à 2,200 fr. par le règlement en date du 26 décembre 1855, est porté à 2,400 fr., et le maximum, fixé par le même décret à 3,000 fr., est élevé à 3,600 fr. — Le taux des traitements des maîtres adjoints est, à l'avenir, déterminé de la manière suivante : 1re classe, de 1,800 à 2,000 fr. ; 2e classe, de 1,500 à 1,700 fr. ; 3e classe, de 1,200 à 1,300 fr. (Décr. 4 sept. 1863, art. 2), II, 529.

Les directeurs des Écoles normales et les maîtres adjoints seront partagés, à partir du 1er janvier 1867, en trois classes, et répartis en nombre égal dans chacune de ces classes. (Décr. 1er oct. 1866), II, 603.

Le traitement des directeurs et des maîtres adjoints des Écoles normales est ainsi fixé : directeurs de 1re classe, 4,000 fr.; 2e, 3,300 à 3,600 fr. ; 3e, 2,700 à 3,000 fr.; maîtres adjoints de 1re classe, 2,000 à 2,200 fr. ; 2e, 1,700 à 1,900 fr. ; 3e, 1,400 à 1,600 fr. (Loi 21 mars 1872), II, 668.

Le traitement des professeurs de musique dans les Écoles normales sera calculé à raison de 100 fr. par an pour un cours qui exige une leçon d'une heure par semaine ; de 200 fr. pour deux heures ; de 300 fr. pour trois heures, et ainsi de suite, sans que toutefois le montant du traitement intégral puisse dépasser 1,000 fr. (Décr. 15 juill. 1865), II, 567.

Les dépenses d'infirmerie ne sont applicables qu'aux élèves-maîtres et aux maîtres adjoints internes. Il n'est dû de chauffage et d'éclairage particuliers que pour le cabinet du directeur et pour la salle des réunions de la commission de surveillance. (Décr. 26 déc. 1855, art. 23), II, 411.—La prestation en nature du combustible et du luminaire, pour les deux services indiqués dans l'article précédent, est réglée comme il suit : dans le ressort des Académies de Paris, Caen, Douai, Nancy, Strasbourg, Besançon et Dijon, 8 stères de bois ou 36 hectolitres de houille, et 36 kilogrammes de chandelles ou 50 kilogrammes d'huile ; dans le ressort des Académies de Rennes, Poitiers, Clermont, Lyon et Grenoble, 7 stères de bois ou 30 hectolitres de houille, et 36 kilogrammes de chandelles ou 50 kilogrammes d'huile ; dans le ressort des Académies de Bordeaux, Toulouse, Montpellier et Aix, 6 stères de bois ou 24 hectolitres de houille, et 36 kilogrammes de chandelles ou 50 kilogrammes d'huile. (Id., art. 24), II, 411. — Aucune autre prestation en nature n'est autorisée, si ce n'est celle de draps et de serviettes de toilette pour les maîtres adjoints internes, et celle du linge de table qui est fourni à tous les maîtres admis à la table commune. (Id., art. 25), II, 412. — La nourriture ne peut être payée en argent à aucun maître de l'établissement, même dans le cas de maladie. (Id., art. 21), II, 411. — Les élèves-maîtres et les gens de service sont seuls blanchis au compte de l'école. Les élèves ont seuls droit au menu raccommodage de leur linge et de leurs effets d'habillement. (Id., art. 22), II, 411. — Le directeur, l'aumônier et le maître chargé de l'école annexe sont les seuls fonctionnaires de l'école qui puissent être admis individuellement à la table commune, sur leur demande et moyennant pension. Le prix d'admission à la table commune est égal au prix de la pension des élèves-maîtres ; il ne peut subir aucune réduction pour cause d'absence, même pendant les vacances, qui sont facultatives. (Id., art. 20), II, 410. — Aucun autre fonctionnaire de l'école, s'il est marié ou s'il a des membres de sa famille auprès de lui, aucune personne étrangère à l'établissement, ne peuvent être autorisés à prendre leurs repas à la table commune. (Id., art. 19), II, 410. — Le jardin dépendant de l'école est affecté exclusivement aux besoins de l'établissement. Il est consacré soit à la promenade, soit aux récréations et aux travaux d'horticulture des élèves-maîtres, soit à la production de légumes et de fruits, qui sont consommés à la table des élèves et des maîtres ou vendus au profit de l'établissement. (Id., art. 27), II, 412.

Un maître adjoint d'École normale, qui a été révoqué sans qu'il lui ait été indiqué qu'il perd ses droits à tout ou partie de son traitement, est fondé à demander qu'il lui soit tenu compte de la partie de son traitement courue jusqu'à ce que la révocation ait été confirmée par le Ministre. (Décis. Cons. 18 nov. 1869), II, 640.

COMMISSION DE SURVEILLANCE. — Une commission, nommée par le Ministre de l'instruction publique, sur la présentation du préfet du département et du recteur d'Académie, est spécialement chargée de la surveillance de l'École normale primaire sous tous les rapports de l'administration, de l'enseignement et de la discipline. (Règl. 14 déc. 1832, art. 17), I, 233. — Le directeur de l'école assiste aux séances de la commission avec voix délibérative, hors le cas où il s'agirait de statuer sur des questions intéressant sa personne ou sa gestion. (Id., art. 18), I, 233. — La commission de surveillance prend ou propose, selon les circonstances, les mesures qu'elle juge utiles pour le bien de l'école et pour le progrès des élèves-maîtres. (Id., art. 19), I, 233. — La commission de surveillance détermine chaque année, d'après les besoins présumés de l'instruction primaire dans le département, quel est le nombre des élèves qui doivent être admis à contracter l'engagement décennal, et qui seuls peuvent obtenir des bourses entières ou partielles, conformément à l'art. 12. (Id., art. 20), I, 233. — Elle examine, chaque année, le compte et le budget qui lui sont présentés par le directeur de l'école. Elle communique, dans un rapport particulier, les observations auxquelles ce compte et ce budget lui paraissent donner lieu ; le tout est soumis à l'examen du Conseil académique et à l'approbation du conseil royal. (Id., art. 21), I, 233. — La commission fait, au moins une fois par trimestre, la visite de l'école ; elle examine les classes, interroge les élèves sur tous les objets de l'enseignement, et tient note de leurs réponses. Chaque année, elle reçoit du directeur un rapport sur tout ce qui concerne les études et la discipline. Un double de ce rapport, visé par le recteur, qui y joint ses observations, est envoyé au Ministre et communiqué au conseil royal. (Id., art. 23), I, 233. — A la fin de la première année, la commission décide, d'après les rapports et les notes, quels élèves sont admis à passer en seconde année. Les élèves non admis à suivre les cours de la seconde année ne peuvent plus être boursiers ni élèves internes. (Id. art. 24), I, 234. — A l'expiration de la seconde année, tous les élèves-maîtres subissent devant la commission un dernier examen, d'après lequel ils sont inscrits par ordre de mérite sur un tableau dont copie est adressée par le recteur de l'Académie au préfet et aux comités du département. (Id., art. 24), I, 234. — En cas de faute grave de la part d'un élève-maître, la commission de surveillance peut prononcer la réprimande ou la censure, ou même l'exclusion provisoire ou définitive, sauf, dans ce dernier cas, l'approbation du préfet, s'il s'agit d'un boursier communal ou départemental, et l'approbation du recteur s'il s'agit de tout autre élève-maître. L'exclusion ne peut être prononcée, sans que l'élève n'ait été entendu ou dûment appelé. (Id., art. 26), I, 234.

Les membres des commissions de surveillance des Écoles normales ont le droit d'assister aux examens de fin d'année des élèves-maîtres. (Déc. Cons. 16 déc. 1834), I, 344. — Le directeur de l'école remet deux fois par an, le 15 mars et le 15 août, au président de la commission de surveillance, un résumé des notes des élèves-maîtres. (Arr. Cons. 15 nov. 1836), I, 424.

Les membres des commissions de surveillance ont le droit d'assister à tous les examens, avec voix consultative. (Av. Cons. 19 mars 1832), I, 596. — La surveillance des Écoles normales n'appartient pas aux comités. (Av. Cons. 28 févr. 1834), I, 304.

La commission de surveillance doit, avec la commission d'instruction primaire, continuer d'assister aux examens des élèves-maîtres, délivrer le certificat d'aptitude, donner son avis sur l'autorisation à accorder de redoubler une troisième ou une quatrième année. (Décis. Cons. 8 nov. 1836), I, 420.

Les conseillers de préfecture étant appelés à juger les comptes des économes des Écoles normales, ne peuvent être membres des commissions de surveillance. (Av. Cons. 28 nov. 1845), I, 671.

La surveillance de l'École normale est confiée à une commission de cinq membres, nommés pour trois ans par le recteur, sur la proposition du Conseil académique. Le président de la commission est nommé par le recteur. Le directeur assiste aux délibérations de la commission avec voix délibérative, hors le cas où elle a à statuer sur des questions qui intéressent sa gestion. (Règl. 21 mars 1851, art. 10), II, 226.

Le nombre des candidats à présenter aux recteurs par les Conseils académiques, pour la nomination des membres des commissions de surveillance des Écoles normales doit être égal au nombre des membres dont ces commissions se composent. (Av. Cons. 3 juin 1851), II, 235. — Cf. Arr. 30 juin 1851, II, 238.

La commission de surveillance est chargée : 1° de préparer la liste des candidats à l'École normale, dont elle aura constaté, dans les formes indiquées ci-après, l'aptitude intellectuelle et morale ; 2° de rédiger le règlement particulier de l'école : ce règlement devra être approuvé par le recteur en Conseil académique ; 3° de désigner, à la fin de la première année, ceux des élèves qui seront admis aux cours de deuxième année, et, à la fin de la seconde année, ceux qui pourront passer en troisième année ; dans le cas de maladie prolongée ou d'absence légitime, la commission peut autoriser un élève à redoubler le cours de première ou de deuxième année ; 4° de dresser, chaque année, le budget et d'examiner les comptes qui lui sont présentés par la direction de l'école, et de consigner ses observations dans un rapport spécial. (Règl. 21 mars 1851, art. 11), II, 227. — Les membres de la commission font, au moins une fois tous les trois mois, la visite de l'école ; ils prennent connaissance des registres sur lesquels doivent être consignées, par le directeur, les notes relatives à la conduite, au caractère et au travail de chaque élève ; ils examinent les class[illegible]errogent les élèves. (Id., art. 13), II, 227. — To[illegible] les ans, [illegible] de juillet, la commission de surveillance adresse au [illegible]r de l'Académie, sur l'état et le personnel de l'école, un r[illegible]rt qui sera transmis au Ministre. Elle reçoit du directeur, à la même époque, un rapport sur tout ce qui concerne les élèves et la discipline. Elle transmet ce rapport, avec ses observations, au préfet, qui le place sous les yeux du conseil général, et au recteur, qui en envoie au Ministre une expédition accompagnée de ses observations. (Id., art. 14), II, 228.

La surveillance de l'École normale est confiée à une commission de cinq membres, nommés pour trois ans par le recteur, y compris le président. Le directeur assiste aux délibérations de la commission, avec voix délibérative, hors les cas où elle a à statuer sur des questions qui intéressent sa gestion. (Décr. 2 juill. 1866, art. 9), II, 590. — La commission de surveillance est chargée : 1° de préparer la liste des candidats à l'École normale, dont elle aura reconnu l'aptitude à la suite de l'enquête prévue par l'art. 15 ci-après ; 2° d'adresser au préfet, au commencement de chaque année scolaire, un état de propositions pour la répartition des bourses entre les élèves-maîtres des trois divisions ; 3° de rédiger le règlement particulier de l'école : ce règlement devra être approuvé par le recteur ; 4° de désigner, à la fin de la première et de la deuxième année, les élèves qui sont admis aux cours de l'année supérieure : dans le cas de maladie prolongée ou d'absence légitime, la commission peut, sous l'approbation du recteur, autoriser un élève à redoubler le cours de première ou de deuxième année ; 5° de dresser chaque année le budget, d'examiner les comptes qui lui sont présentés par la direction de l'école, et de consigner ses observations dans un rapport spécial. (Id., art. 10), II, 590. — Les membres de la commission de surveillance font, au moins une fois tous les trois mois, la visite de l'école ; ils prennent connaissance des registres sur lesquels sont consignées par le directeur les notes relatives à la conduite, au caractère et au travail de chaque élève, ainsi que des notes résumées que ce fonctionnaire remet au préfet pour le placement des élèves sortants. La commission de surveillance examine les classes et interroge les élèves ; elle surveille la tenue des inventaires et catalogues et la conservation des collections ;

elle se rend compte des travaux d'horticulture des élèves et de leurs progrès dans cet ordre de connaissances. (Id., art. 11), II, 591.

La commission de surveillance décide si les approvisionnements de l'école ont lieu par voie d'adjudication ou de marchés à l'amiable. Elle désigne ceux des articles de consommation qui, ne pouvant être l'objet d'un marché préalable, seront acquis au comptant par le directeur. Les marchés à l'amiable sont passés chaque année par le directeur et approuvés par la commission de surveillance. Ils sont calculés de manière que les fournitures n'aient lieu qu'au fur et à mesure des besoins. En aucun cas, les approvisionnements ne peuvent excéder les besoins de la consommation moyenne d'une année. (Décr. 26 déc. 1855, art. 17), II, 410. — La comptabilité intérieure des Écoles normales est confiée aux directeurs de ces établissements, sous le contrôle de la commission de surveillance, des inspecteurs d'Académie, des recteurs et des inspecteurs généraux. Il est établi à cet effet, dans chaque École normale, un budget particulier des recettes et des dépenses intérieures, appelé budget économique. (Id., art. 28), II, 412. — La commission de surveillance prend une délibération sur le compte qui lui est soumis par l'ordonnateur des dépenses ; elle donne spécialement son avis sur les créances mentionnées en l'art. 49, et propose au Ministre, s'il y a lieu, d'accorder des dispenses de payement aux débiteurs qui sont hors d'état de s'acquitter. Le résultat de sa délibération est adressé par le président, le 5 juillet au plus tard, au recteur de l'Académie, avec trois expéditions du compte et les pièces à l'appui. (Id., art. 68), II, 427.

Tous les ans, au mois de juillet, la commission de surveillance adresse au recteur de l'Académie, sur l'état et le personnel de l'école, un rapport qui est transmis au Ministre. Elle reçoit du directeur, à la même époque, un rapport sur tout ce qui concerne les élèves et la discipline. Elle transmet ce rapport, avec ses observations, au préfet, qui le place sous les yeux du conseil général, et au recteur, qui en envoie au Ministre une expédition accompagnée de ses observations. (Décr. 2 juill. 1866, art. 12), II, 591.

Budget. — Les préfets et les recteurs dressent, chaque année, un aperçu des dépenses de l'École normale, lequel sera présenté aux conseils généraux dans leur session ordinaire annuelle. (Ordonn. 16 juill. 1833, art. 20), I, 251.

Les comptes des Écoles normales seront définitivement apurés par le conseil de préfecture, sauf recours à la Cour des comptes. (Ordonn. 7 juill. 1841, art. 1), I, 653. — Les préfets présentent annuellement au conseil général le compte des recettes et des dépenses de l'École normale avec le projet de budget. (Id., art. 2), I, 653. — Le recteur adresse au Ministre le budget dans la première semaine de novembre. (Id., art. 2), I, 235.

Les recettes du budget économique se composent : 1° des restes disponibles ; 2° des reports des années antérieures, destinés à solder des dépenses constatées ; 3° du produit des bourses entretenues en faveur des élèves-maîtres par l'État, le département, les départements réunis, les communes, les associations charitables et les particuliers ; 4° des compléments de bourses à la charge des familles ; 5° de la pension des pensionnaires libres ; 6° de la rétribution annuelle des pensionnaires libres pour fourniture de livres classiques, papier, plumes, etc. ; 7° de la pension des maîtres admis à la table commune ; 8° de l'évaluation en argent des fruits et légumes du jardin et des propriétés de l'école, consommés à la table des élèves et des maîtres ; 9° du produit de la vente des fruits et légumes récoltés par l'école et non consommés dans l'établissement; 10° des remboursements pour dégradations et objets perdus; 11° du produit de la vente du mobilier réformé; 12° des sommes payées par les anciens pensionnaires libres qui ne remplissent pas les conditions de leur engagement scolaire; 13° du fermage des propriétés de l'école; 14° de la rétribution scolaire payée par les élèves de l'école annexe, quand cette école n'est pas gratuite. Ces recettes sont réparties en six chapitres. (Décr. 26 déc. 1855, art. 29), II, 412. — Les dépenses du budget économique comprennent : 1° les dépenses de nourriture : pain, viande, boisson, comestibles, combustibles et ustensiles pour la cuisine, vaisselle pour le réfectoire, produits du jardin et des propriétés de l'école consommés à la table des élèves et des maîtres; 2° les dépenses de blanchissage du linge et de menu raccommodage du linge et des effets d'habillement; 3° les frais du service intérieur : honoraires du médecin, frais d'infirmerie et de médicaments chauffage, éclairage, gages des gens de service, menues dépenses intérieures ; 4° les fournitures faites aux pensionnaires libres pour les besoins journaliers de l'enseignement (livres classiques, plumes, papier, encre) ; 5° les dépenses diverses : frais du culte, remboursements aux familles des élèves malades, décédés ou promus à des bourses ; menues dépenses imprévues ; entretien du jardin, dépenses non soldées des années antérieures ; 6° les dépenses de l'école annexe : traitement des maîtres adjoints chargés de ladite école, fournitures faites aux élèves qui la fréquentent. Ces dépenses sont réparties en six chapitres. (Id., art. 30), II, 413.

Tous les ans, dans les quinze premiers jours du mois d'octobre, la commission de surveillance dresse, de concert avec le directeur, le projet du budget économique pour l'année suivante. Elle reproduit dans la première colonne du cadre de ce budget les allocations de l'année précédente pour la recette et la dépense. Les propositions de recettes et de dépenses sont divisées par chapitres et par articles, s'il y a lieu. Les dépenses de nourriture sont évaluées par tête d'élève et de maître payant pension ; il n'est pas tenu compte, dans cette évaluation, des maîtres et des gens nourris gratuitement. Les dépenses de blanchissage sont évaluées par tête d'élève. Le 10 novembre au plus tard, le président de la commission de surveillance adresse au recteur de l'Académie, en triple expédition, le projet de budget arrêté par ladite commission, avec un extrait de sa délibération et les pièces à l'appui. (Décr. 26 déc. 1855, art. 31), II, 414. — Avant le 20 novembre, le recteur envoie au préfet du département deux des trois expéditions du budget économique, et joint à cet envoi ses observations et son avis sur les propositions de la commission de surveillance. La troisième expédition du budget est adressée par le recteur au Ministre de l'instruction publique, avec ses propositions personnelles et ses observations, s'il y a lieu. (Id. art. 32), II, 414. — Le préfet, après avoir inscrit ses propositions dans la colonne qui lui est réservée, transmet au Ministre avant le 1er décembre, les deux expéditions du budget qui lui ont été envoyées par le recteur. (Id., art. 33), II, 414. — Le budget économique est réglé définitivement par le Ministre de l'instruction publique, qui en transmet une ampliation au recteur de l'Académie, et une autre au préfet, pour la commission de surveillance de l'école. (Id., art. 34), II, 415.

Toutes les sommes provenant des fonds de l'État et du département, et celles qui sont centralisées au Trésor par l'intermédiaire des receveurs généraux, sont versées dans la caisse de l'école sur mandat du préfet délivré au nom du directeur. Les pièces à produire par le directeur à l'appui de chaque mandat sont : en ce qui concerne les recettes des restes disponibles et des reports des années antérieures, les états des dépenses que ces restes et ces reports sont destinés à solder ; en ce qui concerne les termes échus des bourses, compléments de bourses, pensions et rétributions annuelles des pensionnaires libres, l'état nominatif des élèves-maîtres présents à l'école. Cet état, qui concorde avec les échéances fixées par l'art. 7 pour le payement des bourses et pensions, est dressé aux époques ci-après indiquées : en janvier, pour les deux dixièmes échus le 31 décembre ; en mars, pour les deux dixièmes échus le 28 février ; en mai, pour les deux dixièmes échus le 30 avril ; en juillet, pour les deux dixièmes échus le 30 juin ; en octobre, pour les deux dixièmes échus le 30 septembre. En ce qui concerne le produit de la vente du mobilier réformé, la liste des objets hors d'usage dont le Ministre a autorisé la vente, sur la demande de la commission de surveillance et l'avis du préfet ; en ce qui concerne les sommes payées par les anciens pensionnaires libres qui ne remplissent pas les conditions de leur engagement scolaire, l'état nominatif des débiteurs qui se sont libérés, ledit état extrait du registre-matricule mentionné en l'art. 56 en ce qui concerne le fermage des propriétés de l'école, le bail à ferme desdites propriétés. Cette pièce est réintégrée dans la caisse de l'école aussitôt que la somme dont elle justifie le versement a été payée ; en ce qui concerne la rétribution scolaire de l'école annexe, l'état nominatif de présence des élèves qui ont fréquenté ladite école. Cet état, dressé à la fin de chaque mois pour le mois échu par le maître adjoint chargé de l'école annexe, est revêtu du visa du directeur de l'École normale. (Décr. 26 déc. 1855, art. 35), II, 415. — Les recettes énumérées aux §§ 7, 8, 9 et 10 de l'art. 29 sont les seules qui soient perçues directement par la caisse de l'école. La pension des maîtres admis à la table commune est acquittée par douzièmes. Le directeur prélève chaque douzième sur le montant du traitement mensuel de ces maîtres, qu'il touche en leur nom d'après l'état collectif émargé par chacun des fonctionnaires de l'école. La valeur des produits du jardin et des propriétés de l'école consommés à la table des élèves et des maîtres, est établie d'après le cours des denrées aux marchés de la ville, et le directeur fait recette de cette valeur dans ses livres de comptabilité. Le montant de la vente des produits du jardin non consommés pour les besoins de l'établissement, et celui des remboursements pour dégradations ou objets perdus, sont perçus par la caisse au fur et à mesure qu'ils ont lieu, sur des états dressés par le directeur et approuvés par le président de la commission de surveillance. (Id., art. 36), II, 416. — Le directeur délivre, pour toutes les sommes qu'il reçoit directement ou sur mandat, une quittance détachée d'un livre-souche timbré. (Id., art. 37), II, 416.

Les dépenses du budget économique ne peuvent être soldées que sur un mandat de payement délivré par un des membres de la commission de surveillance, spécialement désigné comme ordonnateur des dépenses par le recteur de l'Académie. Cet ordonnateur ne délivre aucun mandat, sans avoir préalablement apprécié l'opportunité de la dépense et s'être assuré que le payement s'applique à des fournitures faites. (Décr. 26 déc. 1855, art. 38), II, 417. — Les mandats de payement mentionnent le chapitre du budget sur lequel ils sont imputables; ils portent le même numéro d'ordre que celui des registres de comptabilité. Les pièces justificatives à produire par la partie prenante y sont indiquées. (Id., art. 39), II, 417. — Un seul et même mandat ne peut comprendre des dépenses imputables sur deux chapitres différents. (Id., art. 40), II, 417. —Les mandats de payement sont accompagnés du mémoire des fournitures faites à l'école. Chaque mémoire, rédigé en triple expédition, dont une sur papier timbré, est certifié exact et véritable par le fournisseur et acquitté par lui. Le directeur certifie de plus que les fournitures qui sont portées au mémoire ont été reçues par lui et sont entrées dans le magasin de l'école. (Id., art. 41), II, 417.—Sont exceptées de la formalité préalable du mandat de payement les dépenses qui, par leur nature, doivent être payées au comptant pour les besoins journaliers de l'école. L'ordonnateur des dépenses met tous les quinze jours à la disposition du directeur, pour ces achats au comptant, une somme dont il détermine la quotité, à charge par le directeur d'en justifier l'emploi par un bordereau récapitulatif des achats de chaque quinzaine. La dépense est passée en écriture après approbation du bordereau par l'ordonnateur.

(Id., art. 42), II, 417. — La valeur des produits du jardin et des propriétés de l'école consommés à la table des élèves et des maîtres, portée en recette aux termes de l'art. 36, est aussi portée en dépense au fur et à mesure de la consommation, et mandatée comme les autres dépenses. (Id., art. 43), II, 418. — Les mandats pour les honoraires du médecin, pour les gages des gens de service et pour le traitement du maître adjoint chargé de l'école annexe, lorsque ce traitement est prélevé sur les fonds du budget économique, sont accompagnés d'états émargés distincts, dressés tous les mois. (Id., art. 44), II, 418. — Les remboursements dont il est parlé aux art. 11 et 12 sont effectués par le directeur sur les fonds de la caisse au moyen d'un mandat de payement, et portés en dépense dans les livres de comptabilité. La décision ministérielle qui a autorisé le remboursement est mentionnée, s'il y a lieu, sur le mandat. (Id., art. 45), II, 418.

La gestion économique des Écoles normales est établie par année et par exercice. L'état de situation de la caisse et l'état de situation du magasin font connaître le mouvement des fonds et celui des approvisionnements, du 1er janvier au 31 décembre. Le compte des recettes et des dépenses du budget économique ou compte de l'exercice présente le résumé de toutes les opérations de l'exercice, qui s'étend du 1er janvier au 31 mai de l'année suivante. (Décr. 26 déc. 1855, art. 47), II, 418.

Dans la seconde quinzaine de juillet, le préfet soumet au conseil de préfecture, selon les cas prévus par l'ordonnance royale du 7 juillet 1844, le compte des recettes et des dépenses du budget économique pour l'exercice clos. Le conseil de préfecture apure ce compte avant le 31 juillet, et dans les dix premiers jours d'août, le préfet adresse au Ministre de l'instruction publique l'arrêté d'apurement. (Décr. 26 déc. 1855, art. 70), II, 427. — Le recteur transmet, avant le 15 juillet, une de ces expéditions au préfet et l'autre au Ministre; il y joint ses observations personnelles. (Id., art. 69), II, 427.

Le droit de réclamation en matière de contribution, pour une École normale, n'appartient qu'au préfet. (Arr. Cons. d'État 20 mai 1863), II, 523.

ADMINISTRATION DES DÉPENSES. — Les dépenses ne peuvent

être faites que dans les limites des crédits spéciaux inscrits à chaque chapitre et à chaque article. En cas d'insuffisance de crédit, le préfet, sur la proposition de la commission de surveillance, adresse au Ministre une demande spéciale de crédit supplémentaire ou de virement de crédit, selon les cas. Lorsque le Ministre a statué, il notifie sa décision au préfet, qui en transmet une copie certifiée au président de la commission de surveillance, et une autre au payeur du département. Cette décision est mentionnée sur les mandats de payement. (Décr. 26 déc. 1855, art. 46), II, 418. — Toutes les dépenses d'un exercice, constatées le 31 mai à la clôture de cet exercice, et non acquittées le 30 juin, sont soldées sur les sommes reportées à l'exercice en cours d'exécution. (Id., art. 48), II, 419. — Le directeur de l'école est tenu de relever à la recette générale, à la fin de chaque exercice, le montant de toutes les sommes restant à recouvrer après le 31 mai au compte des fonds centralisés. Il dresse un état nominatif des divers débiteurs de l'école, portant indication des sommes dues par chacun d'eux. Lesdites sommes sont cumulées, au fur et à mesure des recouvrements, avec les ressources de l'année pendant laquelle elles sont recouvrées. (Id., art. 49), II, 419.

Le directeur tient six registres, savoir : le livre-souche, le journal de caisse, le sommier, le livre du magasin, le livre d'inventaire général du mobilier, le registre-matricule de l'école. Tous ces registres sont cotés et parafés par l'inspecteur d'Académie ou par son délégué. Chaque article y a son numéro d'ordre et sa date d'inscription. Il ne peut y avoir aucune interversion dans la série des numéros ni dans les dates. Toute rature ou surcharge est approuvée par l'ordonnateur des dépenses. Le livre du magasin est seul excepté de la prescription ci-dessus, en ce qui concerne le numéro d'ordre des articles. La commission de surveillance, et particulièrement l'ordonnateur des dépenses, vérifient ces divers registres toutes les fois qu'ils le jugent convenable, et y consignent le résultat de leur vérification. La même vérification est faite par l'inspecteur d'Académie, le recteur et les inspecteurs généraux en tournée. (Décr. 26 déc. 1855, art. 50), II, 419. — Le livre-souche ne comprend que le nombre de feuillets nécessaire pour les besoins présumés de l'année. Le directeur y inscrit, en toutes lettres et en chiffres, toutes les sommes qu'il reçoit, au fur et à mesure qu'elles sont versées dans la caisse de l'école, avec le numéro d'ordre, la date du jour et la nature de la recette. Il remplit en même temps la quittance placée à côté du talon, en y reproduisant la date et le numéro indiqués au talon. Cette quittance est immédiatement détachée du livre-souche. (Id., art. 51), II, 420. — Le journal de caisse est divisé en deux parties, placées en regard l'une de l'autre ; les recettes y sont inscrites sur le folio de gauche, les dépenses sur celui de droite. Le directeur indique dans le libellé de l'enregistrement la nature de chaque recette et de chaque dépense ; il en inscrit le montant séparément et par article, en toutes lettres et en chiffres, avec la date et dans l'ordre de la recette et de la dépense. Les articles du journal de caisse, pour la recette comme pour la dépense, forment deux séries de numéros d'ordre non interrompues ; les numéros des recettes et les dates d'inscription concordent avec ceux du livre-souche. Lorsqu'il y a, au 1er janvier, un reliquat ou solde en caisse de l'année précédente, ce reliquat forme le premier article de la recette sur le journal de caisse ; mais il n'y est pas donné de numéro d'ordre. Il est inscrit simplement sous la rubrique : *Solde en caisse au 31 décembre* 18..... (Id., art. 52), II, 420. — Le sommier présente le dépouillement et sert au contrôle des recettes et des dépenses inscrites au journal de caisse. Le directeur y inscrit ces recettes et ces dépenses, immédiatement après les avoir portées sur le journal de caisse. Chaque recette et chaque dépense, libellée comme au journal, est classée dans chacun des six chapitres du budget économique auquel elle est afférente, et dans chaque chapitre, à la colonne de l'exercice auquel elle appartient. Les numéros et les dates d'inscription des articles pour la recette et pour la dépense concordent avec ceux du journal de caisse. Les recettes et les dépenses sont totalisées pour chaque chapitre dans la 3e colonne. Elles sont récapitulées pour chaque exercice et ensuite totalisées dans les trois dernières colonnes de la feuille. A la fin de chaque trimestre, le directeur additionne les sommes portées dans chaque colonne, en ayant soin de comprendre dans son addition, lorsqu'il y a lieu, les totaux des trimestres antérieurs. (Id., art. 53), II, 420. — Le livre du magasin comprend tous les approvisionnements de l'école. Les denrées achetées pour le compte de l'établissement y sont inscrites avec la date de leur entrée dans le magasin, l'indication de la quantité et de la valeur. Au fur et à mesure qu'elles sont livrées à la consommation, le directeur en inscrit la sortie avec la date du jour où il fait la livraison, l'indication de la quantitée livrée et de sa valeur. Le registre est divisé en comptes particuliers, selon la nature et la destination des différentes provisions. Un seul compte général comprend les produits du jardin et des propriétés de l'école consommés dans l'établissement. Pour les consommations journalières du pain et de la viande et pour les achats au comptant, le directeur tient une main courante d'inscription quotidienne, et en porte le relevé sur le livre du magasin tous les quinze jours seulement, en indiquant avec exactitude les entrées et les sorties. A la fin de chaque trimestre, il fait la balance des entrées et des sorties pour chaque compte du registre, et dresse un inventaire de tous les approvisionnements qui existent dans le magasin. Le détail des approvisionnements en magasin au 31 décembre, tel qu'il résulte de l'inventaire dressé à la fin du 4e trimestre, est porté en tête de chacun des comptes particuliers du livre pour l'année suivante. (Id., art. 54), II, 421. — Le livre d'inventaire général du mobilier présente, avec un numéro d'ordre général et chacune à sa date, toutes les acquisitions faites pour le mobilier de l'école, le matériel d'enseignement, la bibliothèque, le cabinet de physique, les ustensiles de ménage, etc. Les objets hors d'usage, réformés avec l'autorisation du Ministre, sont maintenus sur le livre d'inventaire ; mais la décision ministérielle qui en autorise la réforme est mentionnée en regard dans la colonne d'observations. Le directeur fait dresser par les maîtres adjoints qui le secondent deux registres particuliers, extraits du livre d'inventaire et contenant, l'un le catalogue raisonné et la classification méthodique de tous les livres de la bibliothèque de l'école, l'autre le catalogue raisonné de tous les instruments de physique, chimie, arpentage, dessin, etc. Un troisième catalogue semblable est établi, par les soins d'un de ces maîtres, pour les livres classiques à l'usage journalier des élèves. Chacun de ces catalogues particuliers a sa série spéciale de numéros pour chaque classification d'objets ; une colonne de renvoi au livre d'inventaire indique, en regard de l'objet, le numéro qu'il porte sur ce livre. Ils sont soumis comme les autres registres, au contrôle des autorités qui ont mission d'inspecter l'établissement. (Id., art. 55), II, 421.

L'ordonnateur des dépenses vérifie et arrête la caisse de l'école au moins une fois par mois. Il inscrit le résultat de sa vérification sur le livre-souche, le journal de caisse et le sommier. (Décr. 26 déc. 1855, art. 57), II, 423.

A la fin de chaque trimestre, l'inspecteur d'Académie, et en cas d'absence ou d'empêchement son délégué, procède, de concert avec un délégué du préfet et en présence de l'ordonnateur des dépenses et du directeur, à la vérification trimestrielle de la caisse et de la comptabilité. Ils constatent d'abord l'état de la caisse, puis se font représenter le livre-souche, le journal de caisse et le sommier ; et, après s'être assurés de la parfaite identité et exactitude des sommes, des dates et des numéros d'ordre qui y ont été consignés, ils en arrêtent les totaux et indiquent le résultat de leur vérification. Ils procèdent ensuite à la vérification de l'inventaire des approvisionnements en magasin dressé par le directeur, visé et approuvé par l'ordonnateur des dépenses, et le comparent avec la balance des entrées et des sorties, établie sur le livre du magasin. Ils vérifient également les quantités portées en balance sur le livre du magasin avec les approvisionnements existants. Le résultat de cette vérification est constaté par la signature qu'ils apposent au bas de l'inventaire dressé par le directeur. Immédiatement après, ils dressent un procès-verbal de la vérification trimestrielle à laquelle ils ont procédé. Ce procès-verbal est établi en double expédition, dont une reste déposée à l'école. (Décr. 26 déc. 1855, art. 58), II, 423. — A la suite de la vérification trimestrielle de la caisse et du magasin, le directeur adresse à l'inspecteur d'Académie, pour être transmis au Ministre par l'entremise du préfet, l'une des deux expéditions du procès-verbal ci-dessus mentionné et un bordereau récapitulatif des recettes et des dépenses. Ce bordereau est visé par l'ordonnateur des dépenses. Il indique séparément les recettes et les dépenses faites antérieurement au trimestre et pendant le trimestre, avec distinction, s'il y a lieu, des deux exercices auxquels elles sont afférentes. Il fait ressortir le solde en caisse à la fin du trimestre, dont le directeur demeure comptable. Le directeur joint à ce bordereau l'état des créances et l'état des dettes de l'école. (Id., art. 59), II, 423. — Le directeur est tenu de verser à la Caisse des dépôts et consignations les sommes qui ne sont pas jugées nécessaires aux besoins du service courant, lorsqu'à la suite d'une vérification mensuelle, trimestrielle ou extraordinaire de la comptabilité l'ordonnateur des dépenses, l'inspecteur d'Académie et le délégué du préfet, le recteur ou un inspecteur général, ont constaté que les fonds en caisse étaient trop considérables. Ces dépôts, dont il est donné récépissé au directeur, peuvent être retirés, selon les besoins de l'école. Les ordres de dépôt et les demandes de retrait émanent du président de la commission de surveillance. (Id., art. 60), II, 424.

Tous les ans, dans les dix premiers jours de janvier, le directeur soumet à la commission de surveillance, en triple expédition, l'état de situation de la caisse et l'état de situation du magasin pour l'année précédente. Le président de la commission adresse les trois expéditions de ces deux états au recteur de l'Académie avant le 20 janvier, avec un extrait de la délibération qui a été prise à ce sujet. Avant le 1er février, le recteur en envoie une expédition au Ministre, et une autre au préfet, avec ses observations personnelles. La troisième reste déposée dans les archives de l'Académie. (Décr. 26 déc. 1855, art. 63), II, 425. — L'état de situation de la caisse présente le résumé de toutes les opérations de caisse de l'année qui ont été inscrites au journal de caisse ; il constate les valeurs qui se trouvaient en caisse au 31 décembre de l'année précédente, le montant par chapitres de toutes les sommes reçues et payées pendant le cours de l'année et les valeurs restant en caisse à la fin de l'année. (Id., art. 64), II, 425. — L'état de situation du magasin présente le résumé du mouvement des approvisionnements de l'année, qui ont été inscrits au livre du magasin; il constate la valeur totale des approvisionnements qui se trouvaient en magasin au 31 décembre de l'année précédente, la valeur par chapitres des denrées qui sont entrées dans le magasin et qui en sont sorties pendant le cours de l'année, la valeur totale des approvisionnements restant en magasin à la fin de l'année. Les produits du jardin et des propriétés consommés à la table des élèves et des maîtres forment un article spécial de l'état de situation du magasin. (Id., art. 65), II, 425.

Tous les ans, dans la première quinzaine de juin, le directeur présente à l'ordonnateur des dépenses le compte de l'exercice qui vient de se clore le 31 mai, et y joint les pièces justificatives des dépenses; ce compte est dressé en triple expédition. Il présente le détail des opérations de l'exercice seulement; il établit, par le relevé des états de présence, les droits acquis au profit de l'école; il présente, par chapitres, les sommes à recouvrer et les sommes à payer, et, dans chaque chapitre par année distincte, les recouvrements et les payements effectués, ainsi que les sommes restant à recouvrer ou à payer en fin d'exercice. Les diverses opérations de caisse y sont résumées dans des tableaux récapitulatifs, dont le dernier présente la dépense nette de l'exercice. La balance de l'exercice, en excédant ou en déficit, est établie par la comparaison de la recette et de la dépense nettes. Deux tableaux complémentaires, placés l'un au commencement, l'autre à la fin du compte, offrent le résumé général de la situation financière de l'école au 31 mai de l'année précédente et au 31 mai de l'année courante. Cette situation est établie en actif et en passif. L'actif se compose : 1° de l'excédant des recouvrements sur les payements, tant de l'exercice auquel s'applique le compte que des exercices antérieurs ; 2° du montant des créances; 3° de la valeur des approvisionnements en magasin; 4° du solde en caisse. Les capitaux placés en rentes sur l'État, ou employés à des acquisitions et réparations extraordinaires, ne sont rappelés que pour mémoire; ils ne font pas partie de l'actif. Le passif se compose du montant des dettes de l'école. (Décr. 26 déc. 1855, art. 66), II, 426. — L'ordonnateur des dépenses soumet le compte de l'exercice à l'approbation de la commission de surveillance, le 30 juin au plus tard, et l'accompagne d'un rapport détaillé sur les diverses parties du service. Il constate, dans ce rapport, l'exactitude et la régularité des recettes, et fournit des explications sur les sommes restant à recouvrer et sur les causes du retard dans le recouvrement. Il examine successivement les diverses consommations, les compare avec celles de l'exercice précédent; il en explique les différences et indique les améliorations introduites ou à introduire. (Id., art. 67), II, 427. — L'emploi du boni résultant de chaque exercice est réglé par le Ministre, dans les limites fixées par l'art. 3 de l'ordonnance royale du 15 décembre 1842. (Id., art. 72), II, 427.

Tous les ans, dans les cinq derniers jours du 4e trimestre, il est procédé, en présence d'un délégué du préfet, d'un membre de la commission de surveillance désigné par le recteur et du directeur de l'école, au récolement du mobilier et du matériel de l'établissement. Le procès-verbal de cette opération est adressé, en double expédition, au préfet, qui transmet une de ces expéditions au Ministre. (Décr. 26 déc. 1855, art. 62), II, 424.

En cas de changement du directeur, un membre de la commission de surveillance, désigné par le recteur, arrête, conjointement avec l'ancien directeur ou son représentant légitime et le nouveau directeur, tous les registres de comptabilité, et constate par un procès-verbal que les écritures sont au courant. Ce procès-verbal indique le montant des valeurs trouvées en caisse, celui des créances et des dettes, la valeur et la quantité des approvisionnements existant en magasin. Le nouveau directeur prend ces objets en charge et en devient responsable. Il est procédé de la même manière pour la constatation et la prise en charge du mobilier de l'établissement. Une copie des procès-verbaux dressés à cette occasion, certifiée par le membre de la commission de surveillance délégué, est envoyée au recteur pour être transmise au Ministre. (Décr. 26 déc. 1855, art. 61), II, 424.

RÉGIME ALIMENTAIRE. — Le nombre des repas des élèves-maîtres est fixé à quatre par jour : le déjeuner, le dîner, le goûter et le souper. Le dîner est seul composé de deux plats, outre le potage. Un plat de dessert peut être ajouté au souper, les jeudis, les dimanches et les jours de grandes fêtes. Les jours qui ne sont pas d'abstinence, il y a toujours un plat de viande au dîner ou au souper. (Décr. 26 déc. 1855, art. 13), II, 409. — Un menu des deux repas principaux est dressé tous les huit jours, pour chaque jour de la semaine, par le directeur, et demeure affiché dans un cadre à la cuisine ou à la dépense. (Id., art. 14), II, 409. — Les quantités maxima pour les trois principales denrées sont fixées comme il suit, par jour et par tête d'élève ou de maître, savoir : pain (de 2e qualité autant que possible), 1 kilogramme, y compris le pain de la soupe; viande (cuite et désossée), 125 grammes; boisson (vin mélangé de deux tiers d'eau, cidre ou bière mélangé de un tiers d'eau), 1 litre par élève; pour les maîtres, 65 centilitres de vin ou 130 centilitres de cidre ou de bière. (Id., art. 15), II, 409. — La commission de surveillance règle les quantités des autres denrées suivant les usages locaux, et sur la proposition du directeur. Elle règle aussi les quantités de combustible et de luminaire qui sont nécessaires au service de l'école pour les élèves-maîtres. (Id., art. 16), II, 410.

Il est établi dans chaque école une table commune gratuite pour les maîtres adjoints mentionnés en l'art. 8 du décret du 24 mars 1851. La table commune est servie dans le réfectoire commun, aux mêmes heures et de la même façon que celle des élèves-maîtres. Il est seulement ajouté un dessert à l'ordinaire de chaque repas. (Décr. 26 déc. 1855, art. 18), II, 410. — Le nombre des gens de service est fixé à deux au maximum pour toute école où le nombre des élèves ne dépasse pas cinquante. (Id., art. 26), II, 412.

CONDITIONS D'ADMISSION. — Nul n'est admis comme élève-maître, soit interne, soit externe, s'il ne remplit les conditions suivantes. Il doit : 1° être âgé de seize ans au moins ; 2° produire des certificats attestant sa bonne conduite, et, en outre, un certificat de médecin, constatant qu'il n'est sujet à aucune infirmité incompatible avec les fonctions d'instituteur, et qu'il a été vacciné ou qu'il a eu la petite vérole ; 3° prouver, par le résultat d'un examen ou d'un concours, qu'il sait lire et écrire correctement ; qu'il possède les premières notions de la grammaire française et du calcul, et qu'il a une connaissance suffisante de la religion qu'il professe. Les examinateurs et les juges ne se bornent pas à constater jusqu'à quel point les candidats possèdent les connaissances exigées ; ils s'attachent aussi à connaître les dispositions des candidats, leur caractère, leur degré d'intelligence et d'aptitude. (Règl. 14 déc. 1832, art. 11), I, 231.

L'âge de l'admission à l'École normale est fixé à seize ans. (Décis. Cons. 2 oct. 1835, art. 1), I, 365. — Le minimum de l'âge d'admission au concours pour l'entrée dans une École normale est fixé à seize ans, le maximum à vingt-cinq ans accomplis au moment de l'examen. (Décis. Cons. 4 oct. 1839), I, 564.

Un élève-maître ne peut entrer marié à l'École normale. S'il se marie, il renonce, par le fait même, à faire partie de l'école. (Av. Cons. 28 janv. 1842), I, 588.

Le certificat de bonne conduite qui doit être produit par tout élève en entrant dans une École normale, ainsi que le certificat constatant la conduite de l'élève à l'école, seront délivrés conformément aux prescriptions de l'art. 4 de la loi du 28 juin 1833 pour le certificat de moralité. (Décis. Cons. 22 oct. 1833), I, 271.

Les commissions chargées de l'examen des aspirants au brevet de capacité sont également chargées des examens d'entrée et de sortie des élèves des Écoles normales. (Loi 28 juin 1833, art. 25), I, 244. — La commission d'instruction primaire est seule juge de l'aptitude des candidats à entrer dans une École normale. (Av. Cons. 27 déc. 1836), I, 437.

Les candidats déclarés admissibles à un concours pour des bourses d'École normale peuvent se présenter, de droit et sans nouvel examen, à un concours suivant. (Av. Cons. 21 fév. 1837), I, 450.

L'épreuve du dessin cessera d'être rangée au nombre des épreuves éliminatoires pour l'entrée à l'École normale. (Av. Cons. 6 juill. 1849), II, 88.

Les instituteurs déjà en exercice peuvent être admis dans le cours de l'année et particulièrement pendant le temps où vaquent les écoles primaires, à suivre comme externes les cours de l'École normale, afin de se fortifier dans les connaissances qu'ils possèdent ou d'apprendre à pratiquer les méthodes perfectionnées. La commission de surveillance examine s'il y a lieu d'accorder à quelques-uns de ces instituteurs des indemnités de séjour pour le temps pendant lequel ils auront suivi les cours de l'École normale ; elle adresse à ce sujet un rapport au recteur et au préfet ; des indemnités peuvent aussi être accordées aux maîtres de l'École normale, qui auront donné des leçons extraordinaires aux instituteurs admis à suivre les cours de l'école. (Règl. 14 déc. 1832, art. 16), I, 232.

Les instituteurs communaux du premier degré peuvent être autorisés à quitter momentanément leur école pour entrer dans une École normale en qualité de boursiers, à la condition d'avoir rempli leur engagement décennal, de se faire remplacer à leurs frais par des maîtres agréés, de n'avoir pas plus de trente-cinq ans. Ils seront soumis à tous les règlements de l'école. (Décis. Cons. 22 déc. 1835), I, 368. — C'est jusqu'à vingt-cinq ans et non jusqu'à trente-cinq qu'un instituteur breveté et inscrit peut être admis à entrer comme boursier dans une École normale. (Av. Cons. 12 sept. 1843), I, 647.

Les cours spéciaux institués dans les Écoles normales en

faveur des instituteurs primaires en exercice ne sont pas obligatoires. (Décis. Cons. 24 août 1838), I, 532.

Les élèves sont reçus dans les Écoles normales, après concours, de seize à dix-huit ans. (Prop. loi 15 déc. 1848, art. 4), II, 50.

Nul n'est admis comme élève-maître, soit en qualité de boursier, soit en qualité de pensionnaire libre, s'il ne remplit les conditions suivantes. Il doit : 1° être âgé de seize ans au moins, et de vingt et un ans au plus; 2° produire des certificats attestant sa bonne conduite, et en outre un certificat de médecin constatant qu'il n'est sujet à aucune infirmité incompatible avec les fonctions d'instituteur, et qu'il a été vacciné ou qu'il a eu la petite vérole; 3° prouver, par le résultat d'un examen, qu'il sait lire et écrire correctement, qu'il possède les premières notions de la grammaire française et du calcul, et qu'il a une connaissance suffisante de la religion qu'il professe. Les examinateurs ne se bornent pas à constater jusqu'à quel point les candidats possèdent les connaissances exigées; ils s'attachent aussi à connaître les dispositions des candidats, leur carrière, leur degré d'intelligence et d'aptitude. (Proj. Règl. 14 déc. 1849, art. 6), II, 108.

Les inscriptions des candidats auront lieu du 1er au 15 janvier : un registre est ouvert à cet effet au secrétariat de l'Académie. Aucune inscription ne sera reçue sans que le candidat ait déposé les pièces suivantes : 1° son acte de naissance constatant que, au 1er septembre de l'année pendant laquelle il se présente, il aura dix-huit ans accomplis au moins, et vingt-deux ans au plus; 2° un certificat de médecin constatant qu'il a été vacciné ou qu'il a eu la petite vérole, et qu'il n'est atteint d'aucune infirmité ou d'aucun vice de constitution qui le rende impropre à l'enseignement; 3° l'engagement légalisé de servir, pendant dix ans au moins, dans l'instruction primaire publique. S'il est mineur, le candidat produira, en outre, une déclaration, aussi légalisée, de son père ou de son tuteur, l'autorisant à contracter cet engagement; 4° une note signée de lui, indiquant le lieu ou les lieux qu'il a habités depuis l'âge de quinze ans; 5° des certificats de moralité, délivrés tant par les chefs des écoles auxquelles il aura appartenu, soit comme élève, soit comme sous-maître, que par chacune des autorités locales préposées à la surveillance et à la direction morale de l'enseignement, conformément à l'art. 44 de la loi du 15 mars 1850. (Règl. 24 mars 1851, art. 16), II, 229. — Une enquête est faite par les soins du recteur et des inspecteurs de l'instruction primaire sur la conduite et les antécédents des candidats. Au vu des pièces exigées et d'après les résultats de l'enquête, la commission de surveillance dresse, du 1er au 15 août, la liste mentionnée en l'art. 11. Sur la production de cette liste et des pièces qui l'accompagnent, ainsi que des demandes présentées par les candidats, le recteur, en conseil départemental, prononce, s'il y a lieu, l'admissibilité des candidats à l'École normale. (Id., art. 17), II, 229.

Les inscriptions des candidats ont lieu du 1er au 31 janvier. Un registre est ouvert, à cet effet, au bureau de l'inspection académique. Aucune inscription n'est reçue qu'après que le candidat a déposé les pièces suivantes : 1° son acte de naissance constatant qu'au 1er octobre (janvier, circulaire du 19 mai 1868) de l'année dans laquelle il se présente, il avait seize ans accomplis au moins ou vingt ans au plus ; 2° un certificat de médecin, constatant qu'il a été vacciné ou qu'il a eu la petite vérole, et qu'il n'est atteint d'aucune infirmité ou d'aucun vice de constitution qui le rende impropre à l'enseignement ; 3° l'engagement de servir, pendant dix ans au moins, dans l'instruction primaire publique : la signature sera légalisée; si le candidat est mineur, il produira, en outre, une déclaration par laquelle son père ou son tuteur l'autorise à contracter cet engagement; 4° une note, signée de lui, indiquant le lieu ou les lieux qu'il a habités depuis l'âge de treize ans; 5° des certificats de moralité, délivrés tant par les chefs des écoles auxquelles il aura appartenu comme élève ou comme sous-maître, que par le maire de la commune où il aura résidé. (Décr. 2 juill. 1866, art. 14), II, 591.

Une enquête est faite, par les soins de l'inspecteur académique et des inspecteurs de l'instruction primaire, sur la conduite et les antécédents des candidats; au vu des pièces exigées, et d'après les résultats de l'enquête, la commission de surveillance dresse, du 1er au 15 juillet, la liste mentionnée en l'art. 10; les candidats inscrits sur cette liste sont examinés du 15 au 31 juillet, au chef-lieu du département, par une commission nommée par le recteur, commission dont le directeur fait nécessairement partie. A la suite de cet examen, les candidats sont classés par ordre de mérite, en nombre égal à celui des places vacantes. La liste, par ordre de mérite, des élèves admissibles est transmise au préfet, qui prononce l'admission. Les pensionnaires libres admis à l'école peuvent concourir, à la fin ou dans le cours de chaque année, pour l'obtention des bourses ou portions de bourses devenues libres, soit par suite du renvoi d'élèves boursiers jugés incapables de continuer leurs études, soit pour tout autre motif. (Décr. 2 juill. 1866, art. 15), II, 592.

L'examen d'admission aux Écoles normales primaires comprend des épreuves écrites et des épreuves orales. (Arr. 31 déc. 1867, art. 2), II, 615. — Les épreuves écrites sont au nombre de quatre, savoir : 1° une page d'écriture cursive, en gros, en moyen et en fin ; 2° une dictée d'orthographe, d'une page environ; 3° un récit tiré soit de l'histoire sainte, soit de l'histoire de France, ou une narration très-simple sur un sujet donné ; 4° des exercices pratiques de calcul, et la solution raisonnée d'un ou plusieurs problèmes d'arithmétique. (Id., art. 3), II, 615. — Il est accordé une heure et demie pour la composition de style, une heure et demie pour la composition d'arithmétique, et une demi-heure pour la composition d'écriture. (Id., art. 4), II, 616. — Les épreuves orales porteront sur les matières suivantes : 1° instruction religieuse, 2° lecture, 3° éléments de la langue française, 4° arithmétique, 5° histoire et géographie. (Id., art. 5), II, 616. — Les candidats devront lire le français couramment et distinctement; ils devront savoir lire aussi le latin et les manuscrits. Les examinateurs feront expliquer le texte français pour apprécier l'intelligence des candidats. (Id., art. 6), II, 616. — On s'assurera que les candidats calculent promptement et sûrement, de tête et par écrit. (Id., art. 7), II, 617. — Un quart d'heure au plus sera consacré à chacune des cinq épreuves orales ci-dessus. (Id., art. 8), II, 617. — Indépendamment de ces épreuves obligatoires, les candidats qui le demanderont pourront être interrogés sur les matières suivantes : 1° chant et orgue; 2° dessin, pourvu qu'ils aient obtenu dans les matières obligatoires les moyennes nécessaires à leur admission. (Id., art. 9), II, 617. — Le maximum des points pour chaque épreuve est fixé à dix. La commission exprime par un chiffre la valeur de chacune des épreuves écrites ou orales de la manière indiquée à l'art. 18 du règlement du 3 juillet 1866. (Id., art. 10), II, 617. — Toute copie d'orthographe, contenant plus de quatre fautes, sera considérée comme nulle et entraînera l'exclusion. (Id., art. 11 et 12), II, 617. — Tout candidat qui n'obtient pas une moyenne de vingt points pour les épreuves écrites, n'est pas admis aux épreuves orales. (Id., art. 13), II, 618. — La nullité de l'une des épreuves obligatoires, soit écrites, soit orales, est un cas d'exclusion. (Id., art. 14), II, 618. — Chacune des subdivisions des cinq épreuves orales obligatoires sera l'objet d'une note particulière. La note pour chaque épreuve entière sera la moyenne des notes obtenues dans les subdivisions. Tout candidat qui ne réunira pas un maximum de vingt-cinq points pour l'ensemble des épreuves orales obligatoires ne pourra être placé sur la liste d'admissibilité. (Id., art. 15), II, 618. — Le résultat de chacune des épreuves facultatives sera constaté par un nombre de points dont le maximum est fixé à cinq; il en sera tenu compte pour déterminer l'ordre de mérite des candidats déjà admissibles, et, par suite, pour former la liste définitive d'admissibilité à présenter au préfet. (Id., art. 16), II, 618.

Bourses. — Des bourses entières et partielles peuvent être fondées par les départements, les communes ou l'Université; par des donateurs particuliers ou par des associations charitables. (Règl. 14 déc. 1832, art. 8), I, 230. — Les bourses fondées par l'Université sont toujours données au concours. Il est facultatif pour les autres fondateurs de déterminer s'ils entendent que les bourses par eux fondées soient données par la voie du concours ou à la suite d'examens individuels. (Id., art. 9), I, 231. — Les formes et les conditions des examens et des concours sont réglées par le conseil royal pour chaque Académie, sur le rapport de la commission de surveillance et la proposition du recteur. (Id., art. 10), I, 231. — Nul n'est admis comme boursier s'il ne prend l'engagement de servir pendant dix ans au moins dans l'instruction publique comme instituteur communal. Les boursiers en âge de minorité doivent être autorisés par leur père, leur mère ou leur tuteur à contracter cet engagement décennal. (Id., art. 12), I, 231. — Les boursiers qui renoncent à leurs études avant la fin du cours, ou qui, sortis de l'école, ne remplissent pas l'engagement par eux contracté de servir pendant dix ans comme instituteurs communaux, sont tenus de rembourser le prix de la pension pour le temps de leur séjour à l'école, et considérés comme étrangers au service de l'instruction publique: ce qui les replace sous le droit commun, quant à l'obligation du service militaire. (Id., art. 13), I, 231. — Les boursiers qui n'obtiennent que des portions de bourse, doivent, outre les pièces exigées de tous les élèves-maîtres, déposer entre les mains du directeur un acte par lequel ils s'obligent, ou, s'ils sont mineurs, leurs parents ou tuteurs s'obligent de payer la portion de bourse qui reste à leur charge. Il en est de même pour la totalité de la pension, à l'égard des pensionnaires libres. (Id., art. 14), I, 231. — Tous les élèves internes sont tenus d'apporter le trousseau prescrit par les règlements. (Id., art. 15), I, 231.

Tout élève-maître qui, sans autorisation, se sera présenté devant une commission d'instruction primaire, encourra, s'il est boursier, la perte de sa bourse et l'exclusion de l'école; son brevet sera considéré comme nul. (Arr. Cons. 11 oct. 1836), I, 414.

Le prix des bourses et pensions pour chaque École normale est fixé par le Ministre, après avis de la commission de surveillance, du préfet et du recteur. (Ordonn. 15 déc. 1842, art. 1), I, 624. — Le produit, centralisé au Trésor, est versé dans la caisse de l'école; il sert à l'entretien des élèves-maîtres. (Id., art. 2), I, 625. — Les excédants pourront être annuellement employés en acquisition soit de meubles, soit de rentes, soit d'immeubles, après autorisation du Ministre. (Id., art. 3 et 4), I, 625.

Les Écoles normales primaires seront gratuites. Les élèves y sont reçus après concours, de seize à dix-huit ans, et leur nombre est limité par le Ministre de l'instruction publique, sur l'avis du conseil général. Dans le cas où la condition fixée par l'art. 22 (*engagement de servir dans l'instruction primaire pendant dix ans*) *ne serait pas remplie, il y aurait lieu à restituer les dépenses faites à l'École normale pour l'entretien de l'élève durant son séjour.* (Prop. loi 15 déc. 1848, art. 40), II, 50.

Chaque année, le Ministre détermine, sur l'avis du conseil départemental, le nombre d'élèves-maîtres qui peuvent être admis à l'École normale, soit à leurs frais, soit aux frais du département et des communes, soit aux frais de l'État. (Règl. 24 mars 1851, art. 15), II, 228.

Chaque année, le Ministre détermine, sur l'avis du conseil départemental, en égard aux besoins du service, le nombre des élèves-maîtres qui peuvent être admis à l'École normale, soit à leurs frais, soit aux frais du département et des communes, soit aux frais de l'État. (Décr. 2 juill. 1866, art. 13), II, 591.

Les bourses entretenues par l'État, les départements, les communes, les associations charitables et les particuliers, en faveur des élèves-maîtres, sont entières ou divisées par quarts. Il ne peut être donné moins d'un quart de bourse. (Décr. 26 déc. 1855, art. 5), II, 407.

Le prix de la bourse ou pension est fixé, chaque année, par le Ministre, sur la proposition de la commission de surveillance, du recteur et du préfet. Une rétribution annuelle de 20 fr. est ajoutée au prix de la pension des pensionnaires libres, pour fourniture de livres classiques, papier, plumes, encre, etc. (Décr. 26 déc. 1855, art. 6), II, 407. — Les bourses, compléments de bourses, pensions et rétributions annuelles pour livres classiques, etc., sont payés d'avance, et par termes de deux dixièmes, ainsi qu'il suit : en janvier, pour les mois de janvier et de février; en mars, pour les mois de mars et d'avril; en mai, pour les mois de mai et juin; en juillet, pour les mois de juillet, d'août et de septembre; en octobre, pour les mois d'octobre, de novembre et de décembre. La pension est due à partir du commencement du terme pendant lequel l'élève-maître est entré à l'école. (Id., art. 7), II, 407. — Les bourses et portions de bourses à la charge des départements réunis, des communes, des associations charitables et des particuliers, les compléments de bourses à la charge des familles, les pensions et les rétributions annuelles pour livres classiques, etc., sont centralisés au Trésor par l'intermédiaire du receveur général, ainsi que les produits énumérés aux §§ 11, 12, 13 et 14 de l'art. 29. (Id., art. 8), II, 408.

Chaque élève-maître est tenu de remettre au directeur, lors de son entrée à l'école, un double engagement sur papier timbré. Le premier de ces engagements, souscrit par le père, la mère ou le tuteur, oblige le contractant à payer d'avance, aux termes fixés, la portion de bourse ou la pension qui est à sa charge. Le second de ces engagements, souscrit par l'élève-maître, l'oblige à rembourser, à moins d'une dispense régulièrement obtenue du Ministre, soit le prix de la bourse dont il a joui, soit les frais d'études, fixés à 60 fr. par an, s'il a été pensionnaire, dans le cas où il n'exercerait pas pendant dix ans les fonctions d'instituteur public dans le département qui a fait les frais de son instruction. Ce second engagement est ratifié, si l'élève-maître est mineur, par le père, la mère ou le tuteur, qui s'engage solidairement avec lui au remboursement. Les signatures des contractants sont légalisées par les autorités compétentes. (Décr. 26 déc. 1855, art. 10), II, 408. — Les élèves-maîtres qui ont été plus d'un mois absents de l'école pour cause de maladie, peuvent obtenir du Ministre, sur la proposition de la commission de surveillance et l'avis du préfet, le remboursement d'une partie de la pension ou de la portion de bourse à leur charge, dont ils ont versé le montant à la recette générale. Le remboursement est de droit, en cas de décès d'un élève-maître. (Id., art. 10), II, 409. — L'élève-maître promu à une bourse entière ou à une portion de bourse supérieure à celle dont il jouissait, le pensionnaire libre appelé à la jouissance d'une bourse ou d'une portion de bourse, ont également droit au remboursement de la somme que la famille a payée d'avance. Le décompte part du jour de l'entrée en jouissance de la bourse. (Id., art. 12), II, 409. — Sur le rapport du recteur et du préfet, et si la situation financière de l'école le permet, les familles qui sont hors d'état de payer leurs dettes arriérées pour compléments de bourses et pensions à leur charge, peuvent obtenir du Ministre des dispenses de payement. Les sommes qui constituent les créances annulées par décision ministérielle sont passées en non-valeurs et rayées de l'actif. (Id., art. 71), II, 422.

Les élèves-maîtres renvoyés pour cause d'inaptitude ne doivent pas être soumis au remboursement. Le remboursement n'est applicable qu'à ceux qui renoncent à la carrière de l'instruction publique ou à ceux qui sont exclus pour inconduite. (Av. Cons. 11 juill. 1837), I, 472. — Aux cas où un élève-maître répondrait mal à l'examen, dans l'intention de se libérer de ses engagements envers l'État, afin de se livrer à une profession qui lui offrirait de plus grands avantages que celle d'instituteur, les frais de séjour à l'école seraient exigibles. (Av. Cons. 6 oct. 1837), I, 481.

Les boursiers qui, par leur fait, sortiraient de l'école avant la fin du cours, ou qui refuseraient d'accomplir leur engagement décennal, seront tenus de restituer à l'État ou au département le prix de la pension, sauf dispense par le Ministre, sur l'avis du conseil départemental. Le montant des restitutions fera retour au fonds des bourses. La dispense du service militaire cesse à partir du jour où l'engagement a été rompu. (Décr. 24 mars 1851, art. 19), I, 229.

Il n'y a pas lieu à remise sur le terme de la pension pour les élèves-maîtres qui sortent volontairement de l'école ou qui sont renvoyés pour cause d'inconduite. Le directeur informe de cette règle les parents ou tuteur de l'élève-maître. (Décr. 26 déc. 1855, art. 9), II, 408.

Le registre matricule de l'école est destiné à constater l'entrée et la sortie des élèves-maîtres, la qualité en laquelle ils ont été admis et les fonctions auxquelles ils ont été appelés en sortant. Tous les ans, dans la première quinzaine de décembre, le directeur adresse à l'inspecteur d'Académie un extrait certifié de ce registre, indiquant les noms des anciens élèves-maîtres qui n'ont pas encore accompli la période décennale de leur service dans l'instruction publique. Sur le vu de cette liste, l'inspecteur d'Académie dresse deux états nominatifs, l'un des anciens élèves-maîtres boursiers, l'autre des anciens pensionnaires libres qui sont passibles de remboursements aux termes de l'art. 19 du décret du 24 mars 1851, ou de l'art. 10 du présent règlement, et les transmet au préfet avec l'indication de la somme dont chacun d'eux est redevable. Le préfet rend ces états exécutoires et les adresse au receveur général pour qu'il opère le recouvrement des sommes qui y sont mentionnées. (Décr. 26 déc. 1855, art. 56), II, 422.

MATIÈRES DE L'ENSEIGNEMENT. — Les matières de l'enseignement sont : l'instruction morale et religieuse, la lecture, l'arithmétique et le système métrique, la grammaire française, le dessin linéaire, l'arpentage et les autres applications de la géométrie pratique, les notions de sciences physiques, la musique et la gymnastique, les éléments de l'histoire et de la géographie de la France, la rédaction des actes de l'état civil et des procès-verbaux ; le greffe et la taille des arbres. (Règl. 14 déc. 1832, art. 1 et 2), I, 229.

Le dessin linéaire à vue précédera toujours, dans l'enseignement des Écoles normales, le dessin à la règle et au compas. (Décis. Cons. 28 juin 1839), I, 557. — Un concours de dessin linéaire est établi dans les Écoles normales primaires ; un prix est décerné à l'auteur du meilleur plan de chaque École normale. (Décis. Cons. 16 févr. 1838), I, 510.

Des cours de perfectionnement pourront être faits dans les Écoles normales pour les instituteurs. Le Ministre de l'instruction publique réglera tout ce qui concerne ces cours spéciaux. Les autres cours qui pourront être faits en faveur des instituteurs, hors des Écoles normales, devront être autorisés par le recteur de l'Académie, sur l'avis du comité d'arrondissement et du comité local. Le président sera nommé par le comité. Un règlement du comité national de l'instruction publique fixera le régime et la tenue de ces conférences, auxquelles tous les instituteurs devront régulièrement assister. (Prop. loi 15 déc. 1848, art. 43), II, 51.

L'enseignement normal comprend l'instruction morale et religieuse, la lecture, l'écriture, les éléments de la langue française, l'arithmétique, le système légal des poids et mesures, l'arpentage, les éléments du dessin linéaire, le chant. Le programme des divers objets de l'enseignement est arrêté par le conseil de l'Université. (Proj. Règl. 14 déc. 1849, art. 3), II, 107. — *Par exception, et sur la proposition du conseil général, un certain nombre d'élèves, déjà pourvus du brevet du degré élémentaire, peuvent être autorisés à demeurer un an de plus dans l'École normale, et recevront un complément d'instruction. Ce complément d'instruction comprendra les éléments de la géométrie avec ses applications usuelles; des notions de sciences physiques et d'histoire naturelle, applicables aux principaux usages de la vie; le chant, les éléments de l'histoire et de la géographie, et surtout l'histoire et la géographie de la France.* (Proj. Règl. 14 déc. 1849, art. 8), II, 108.

L'enseignement dans les Écoles normales primaires comprend : l'instruction morale et religieuse, la lecture, l'écriture, les éléments de la langue française, le calcul et le système légal des poids et mesures, le chant religieux. Il peut comprendre, en outre : l'arithmétique appliquée aux opérations pratiques, les éléments d'histoire et de géographie, des notions des sciences physiques et d'histoire naturelle applicables aux usages de la vie ; des instructions élémentaires sur l'agriculture, l'industrie et l'hygiène ; l'arpentage, le nivellement et le dessin linéaire, la gymnastique. (Règl. 24 mars 1851, art. 1), II, 224.

L'enseignement dans les Écoles normales primaires comprend : l'instruction morale et religieuse, la lecture, l'écriture, les éléments de la langue française, le calcul et le système légal des poids et mesures, l'arithmétique appliquée aux opérations pratiques, la tenue des livres, les éléments de l'histoire et de la géographie générale, et particulièrement l'histoire et la géographie de la France ; des notions des sciences physiques et d'histoire naturelle, applicables aux usages de la vie ; l'horticulture, ainsi que des notions élémentaires sur l'agriculture, l'industrie et l'hygiène ; les éléments de la géométrie, l'arpentage et le nivellement ; le dessin, le chant, la gymnastique ; des notions d'administration communale et de tenue des registres de l'état civil. (Décr. 2 juill. 1866, art. 1), II, 587.

L'instruction religieuse est donnée aux élèves-maîtres, suivant la religion qu'ils professent, par les ministres des différents cultes reconnus par l'État. (Règl. 24 mars 1851, art. 9), II, 226. — L'instruction religieuse est donnée aux élèves-maîtres, suivant la religion qu'ils professent, par les ministres des différents cultes reconnus par l'État. Ces ministres sont nommés conformément aux dispositions de l'art. 7. (Décr. 2 juill. 1866, art. 2), II, 588.

Une bibliothèque à l'usage des élèves-maîtres est placée dans les bâtiments de l'École normale. Une somme est consacrée tous les ans à l'acquisition des ouvrages que le conseil royal juge utiles à l'instruction des élèves-maîtres ou en général à l'instruction primaire. Chaque année, le catalogue est vérifié. (Règl. 14 déc. 1832, art. 4), I, 92.

Une bibliothèque à l'usage des élèves-maîtres, et composée exclusivement d'ouvrages prescrits par le conseil de l'Université, est placée dans chaque École normale. (Proj. Règl. 14 déc. 1849, art. 5), II, 108.

Chaque année, le Conseil académique désigne les livres qui seront mis à la disposition des élèves. Ces livres seront exclusivement choisis parmi ceux dont l'introduction aura été autorisée conformément à l'art. 5 de la loi du 15 mars 1850. (Règl. 24 mars 1851, art. 5), II, 225.

Les cours spéciaux d'agriculture dans les Écoles normales ne sont autorisés qu'autant : 1° qu'il y aura près de l'École normale une ferme destinée à montrer aux élèves-maîtres la pratique ; 2° qu'un professeur spécial sera chargé dudit cours. (Arr. Cons. 2 août 1839), I, 551. — L'État n'a point à créer à ses frais une chaire spéciale d'agriculture dans une école primaire supérieure. (Av. Cons. 1er févr. 1850), II, 119.

Une commission, présidée par les Ministres de l'instruction publique et de l'agriculture, est chargée d'étudier les mesures nécessaires pour développer les connaissances agricoles dans les Écoles normales, dans les écoles communales et dans les cours d'adultes des communes rurales. (Décr. 12 févr. 1867), II, 604. — Programme de l'enseignement agricole pour les Écoles normales. (Arr. 30 déc. 1867), II, 612.

Cours d'études.— La durée des cours est de deux ans. (Règl. 14 déc. 1832, art. 2), I, 229. — Le cours normal des élèves-maîtres d'Avignon est prolongé de deux à trois ans. (Décis. Cons. 14 août 1838), I, 531. — Le conseil général doit être appelé à donner son avis sur la question de savoir si le cours d'une École normale doit être porté de deux à trois ans. (Av. Cons. 25 avr. 1843), I, 639. — Il est formé une commission chargée de préparer un programme d'études pour les Écoles normales, et d'examiner la question de la durée du cours d'études. (Arr. 4 sept. 1845), I, 665. — Le cours d'une École normale ne peut être prolongé de deux à trois ans, sans l'avis du conseil général. (Av. Cons. 13 juill. 1849), II, 91.

La durée des cours est de trois ans. (Prop. loi 15 déc. 1848 art. 40), II, 50.

Le cours normal est de deux ans au plus, sauf l'exception prévue par l'art. 8, en faveur de ceux des élèves-maîtres qui pourraient être préparés à l'instruction primaire du degré supérieur. (Proj. Règl. 14 déc. 1849, art. 2), II, 107.

La durée du cours d'études est de trois ans. (Règl. 24 mars 1851, art. 2), II, 225.

La durée du cours d'études est de trois ans. Les matières du programme sont réparties entre les trois années, et l'enseignement des matières inscrites comme facultatives dans l'art. 23 de la loi du 15 mars 1850 et dans l'art. 9 du 21 juin 1865, commence dès la première année. L'enseignement est spécial aux élèves de chaque année. Les élèves de plusieurs années ne peuvent être réunis et recevoir des leçons communes, à moins d'autorisation spéciale, que pour le chant, l'écriture, le dessin, la gymnastique et les travaux d'horticulture. (Décr. 2 juill. 1866, art. 3), II, 588.

Il y a lieu de créer dans les Écoles normales une division préparatoire, destinée à recevoir les fils des instituteurs communaux à l'École normale; ils seront nommés par la commission de surveillance. (Av. Cons. 26 janv. 1869), II, 619.

A la fin de la première année, la commission décide, d'après les rapports et les notes, quels élèves sont admis à passer en seconde année. Les élèves non admis à suivre les cours de la seconde année ne peuvent plus être boursiers, ni élèves internes. (Règl. 14 déc. 1832, art. 24), I, 234.

L'examen de la fin de la première année du cours normal embrassera toute la matière du brevet de capacité élémentaire. (Arr. Cons. 17 juill. 1838, art. 1), I, 529. — A la suite de cet examen il sera dressé deux listes portant, la première, les élèves qui seront présumés en état d'obtenir le brevet supérieur ; la seconde, les élèves qui devront se destiner au brevet élémentaire. La commission de surveillance aura soin que les élèves suivent les cours appropriés à leur destination respective. (Id., art. 2 et 3), I, 529, 530.

Tout élève qui, à la fin de l'année, n'est pas jugé en état de passer au cours supérieur, cesse de faire partie de l'école. (Règl. 24 mars 1851, art. 25), II, 231. — Tout élève qui, à la fin de l'année, n'est pas jugé en état de suivre les cours de l'année suivante, cesse de faire partie de l'école. (Décr. 2 juill. 1866, art. 22), II, 595.

A la fin de la seconde année, le conseil départemental désigne, sur le rapport de la commission de surveillance, les élèves qui pourront recevoir tout ou partie de l'enseignement des matières indiquées aux §§ 9, 10, 11, 12 et 13 de l'art. 1 du règlement. (Règl. 24 mars 1851, art. 3), II, 225.

A la fin de la seconde année, la commission de surveillance désigne les élèves qui, en troisième année, peuvent être exceptionnellement dispensés de suivre quelques-uns des cours qui portent sur les matières facultatives. (Règl. 24 mars 1851, art. 4), II, 588.

Les élèves des Écoles normales ne doivent être admis aux examens du brevet de capacité qu'à la fin du cours d'études lors même qu'ils n'aspirent qu'au brevet de capacité pour l'instruction élémentaire. (Décis. Cons. 24 mars 1843), I, 637. — Il n'y a pas lieu d'autoriser les élèves-maîtres à se présenter, à la fin de la seconde année d'études, aux examens donnant lieu à la délivrance du brevet simple. (Av. Cons. 17 févr. 1870), II, 644.

COURS PRATIQUE. — Durant les six derniers mois, les élèves sont exercés à la pratique des méthodes dans une ou plusieurs classes annexes. (Règl. 14 déc. 1832, art. 3), I, 229.

Chaque école primaire annexe doit avoir un chef distinct subordonné au directeur de l'École normale, muni du brevet et du certificat de moralité, exerçant comme sous-maître, mais sous les conditions générales de capacité et de moralité. (Décis. Cons. 3 juill. 1839), I, 558.

Les élèves-maîtres sont exercés à la pratique de l'enseignement dans une école primaire élémentaire annexée à l'École normale. (Proj. Règl. 14 déc. 1849, art. 4), II, 108.

Les élèves-maîtres seront exercés à la pratique des méthodes d'enseignement dans les écoles primaires qui seront annexées aux Écoles normales. L'instituteur qui dirige l'école annexe est considéré comme maître adjoint. (Règl. 24 mars 1851, art. 4), II, 225.

Les élèves seront exercés à l'école annexe dans les deux dernières années du cours. Il leur sera fréquemment demandé compte de la manière dont ils y auront appliqué les méthodes d'enseignement, dirigé les divers exercices scolaires et fait observer la discipline. Tous les mois, le maître de l'école annexe remettra au directeur un rapport sur chacun des élèves qui lui auront été envoyés. (Arr. 31 juill. 1851, art. 2), II, 257.

Les élèves-maîtres sont exercés à la pratique des méthodes d'enseignement dans les écoles primaires annexées aux Écoles normales. L'instituteur qui dirige l'école annexe est assimilé sous tous les rapports aux maîtres adjoints. Il peut, en conséquence, être chargé d'une partie de la surveillance. Quand il n'est pas admis à la table commune, il reçoit, en sus de son traitement, une indemnité égale au prix de la pension des élèves-maîtres. (Décr. 2 juill. 1866, art. 5), II, 589.

Examens de sortie. — A l'expiration de la seconde année, tous les élèves-maîtres subissent devant la commission un dernier examen, d'après lequel ils sont inscrits par ordre de mérite sur un tableau dont copie est adressée par le recteur de l'Académie au préfet et au comité du département. Les examens de sortie comprennent une leçon d'épreuve qui pourra faire juger le degré de capacité des élèves pour l'enseignement. (Règl. 14 déc. 1832, art. 24), i, 234.

Les élèves-maîtres qui n'ont pas satisfait au dernier examen sont rayés du tableau de l'école. (Règl. 14 déc. 1832, art. 24), i, 234.

Un certificat d'aptitude est délivré par la commission à ceux qui ont répondu d'une manière satisfaisante. Il y est fait mention de la conduite que l'élève a tenue et de la méthode d'enseignement dont il connaît le mieux la théorie et la pratique. Ce certificat est produit par les élèves-maîtres lorsqu'ils se présentent pour obtenir le brevet de capacité. (Règl. 14 déc. 1832, art. 25), i, 234.

Les commissions chargées de faire les examens d'entrée des élèves-maîtres sont également chargées de faire les examens de fin d'année. (Décis. Cons. 16 déc. 1834), i, 344. — Les examens de sortie des élèves-maîtres doivent être publics. (Av. Cons. 25 avr. 1843), i, 639.

Tout élève-maître d'une École normale subira l'examen de capacité devant la commission d'examen du département où est située l'École normale. (Décis. Cons. 14 août 1838), i, 531.

Le recteur réunit toutes les pièces aux examens de sortie des élèves-maîtres et les transmet, avec ses observations, au Ministre ; le préfet transmet directement ses propres observations. (Arr. 8 janv. 1853, art. 1), i, 235.

L'élève-maître ne peut se refuser d'exercer comme instituteur primaire dans la commune pour laquelle il a été nommé et institué. (Av. Cons. 25 nov. 1836), i, 429.

Un élève-maître d'une École normale ne peut être imposé comme instituteur à une commune. (Av. Cons. 25 nov. 1836), i, 429 .

Discipline. — Les journées commencent et finissent par une prière commune. La prière du matin et du soir est suivie d'une lecture de piété. Les jours de dimanches et de fêtes légalement reconnues, les élèves sont conduits aux offices publics par le directeur, assisté des maîtres adjoints. (Règl. 24 mars 1851, art. 20), II, 230. — Les journées commencent et finissent par une prière commune. Les jours de dimanches et de fêtes légalement reconnues, les élèves sont conduits à l'office divin, sous la surveillance du directeur et des maîtres adjoints. (Décr. 2 juill. 1866, art. 18), II, 594.

Est arrêté ainsi qu'il suit le tableau des exercices : lever à cinq heures du matin ; coucher à neuf heures du soir ; prières, lectures de piété, soins de propreté, récréation, travaux corporels, six heures par jour. (Arr. 31 juill. 1851, art. 3), II, 257.

Le directeur tient un registre divisé en autant de colonnes qu'il y a d'objets d'enseignement, sur lequel il inscrit les notes relatives au travail des élèves. Il y inscrit aussi les notes sur le caractère et la conduite de chacun d'eux. Le registre est mis tous les mois sous les yeux de la commission de surveillance. (Règl. 14 déc. 1832, art. 22), I, 233. — Il est tenu, dans chaque école, par le directeur assisté des maîtres adjoints, un registre sur lequel sont consignées les notes trimestrielles sur la conduite et le travail des élèves-maîtres. A la fin du cours d'études, il est fait pour chaque élève un résumé de ces notes dans l'ordre suivant : 1° devoirs religieux, 2° conduite, 3° caractère, 4° aptitude, 5° progrès. Ces résumés sont mis à la disposition des conseils départementaux, pour leur servir à dresser la liste d'admissibilité prescrite par l'art. 31 de la loi du 15 mars 1850. (Règl. 24 mars 1851, art. 12), II, 227.

En cas de faute grave, la commission de surveillance peut prononcer la réprimande ou la censure, ou même l'exclusion provisoire ou définitive, sauf, dans ce dernier cas, l'approbation du préfet s'il s'agit d'un boursier communal ou départemental, et l'approbation du recteur s'il s'agit de tout autre élève-maître. L'exclusion ne peut être prononcée, sans que l'élève ait été entendu ou dûment appelé. Le recteur en donne avis au Ministre. (Règl. 14 déc. 1832, art. 26), I, 234.

Les punitions qui peuvent être infligées sont : la retenue, la réprimande, l'exclusion. Le directeur prononce la retenue ; la réprimande est prononcée, suivant le cas, par le directeur, la commission de surveillance ou le recteur; l'exclusion est prononcée par le recteur, sur l'avis du directeur, la commission de surveillance entendue. En cas de faute grave, le directeur peut prononcer l'exclusion provisoire. Lorsque l'exclusion est prononcée, le Ministre en est immédiatement informé. (Régl. 24 mars 1851, art. 24), II, 231.

Les punitions qui peuvent être infligées sont : la retenue, la réprimande, l'exclusion. Le directeur prononce la retenue ; la réprimande est prononcée, suivant les cas, par le directeur, la commission de surveillance ou le préfet ; l'exclusion est prononcée par le préfet, sur l'avis du directeur, la commission de surveillance entendue. En cas de faute grave, le directeur peut prononcer l'exclusion provisoire ; le Ministre en est immédiatement informé. Lorsque plusieurs départements sont réunis pour l'entretien d'une École normale, le recteur de l'Académie où se trouve placée cette école, statue sur toutes les questions de discipline et de régime intérieur. (Décr. 2 juill. 1866, art. 21), II, 594.

Le conseil général, sur l'avis motivé du directeur et de la commission de surveillance, nomme et révoque les titulaires des bourses entretenues sur les fonds départementaux. L'autorité universitaire peut prononcer la révocation, dans les cas d'urgence ; elle en donne avis immédiatement au président de la commission départementale, et en fait connaître les motifs. (Loi 10 août 1871, art. 45).

Les congés dans les Écoles normales sont : les dimanches et jours de fête consacrés, le premier jour de l'an, la fête du roi et les autres fêtes nationales, les jeudi, vendredi et samedi saints, l'après-midi de chaque jeudi. Le directeur conduit les élèves-maîtres en promenade les jours de congé; outre ces promenades en commun, il peut, sur la demande d'un parent et sur la vue d'un billet de satisfaction, accorder une fois par mois, le premier ou le deuxième jeudi, en été de trois heures à huit heures, en hiver de midi à cinq heures, des sorties particulières aux élèves-maîtres qui se sont distingués par leur conduite et leur application. Les élèves-maîtres doivent toujours porter l'uniforme; ils ne doivent jamais découcher. (Arr. Cons. 21 avr. 1840), I, 575.

Les vacances durent quinze jours au plus. Tout congé

toute sortie particulière, hors le cas de circonstance exceptionnelle, dont le directeur est juge, sont formellement interdits pendant la durée du cours d'études. Les élèves seront toujours conduits en promenade par le directeur ou les maîtres adjoints. (Règl. 24 mars 1851, art. 21), II, 230. — Les vacances des Écoles normales durent un mois. Un congé de huit jours peut être accordé à l'occasion des fêtes de Pâques. (Av. Cons. 11 juill. 1860), II, 486. — Les vacances durent six semaines au plus, non compris le congé de Pâques, qui est de huit jours. Tout congé, toute sortie particulière, hors une circonstance exceptionnelle dont le directeur est juge, sont formellement interdits pendant la durée du cours d'études. Le directeur et les maîtres adjoints ne peuvent prendre de congé qu'avec l'autorisation du recteur. (Décr. 2 juill. 1866, art. 19), II, 594.

Règlement intérieur. — *Un règlement du conseil national de l'instruction publique déterminera tout ce qui concerne le personnel et l'enseignement des Écoles normales.* (Prop. loi 15 déc. 1848, art. 42), II, 51.

Les élèves-maîtres font le service intérieur de l'école; lorsque l'école possède un jardin, il est cultivé par les élèves-maîtres. La disposition qui consistait à supprimer absolument les sorties individuelles pour les élèves-maîtres, est supprimée. (Proj. Règl. 14 déc. 1849, art. 7), II, 108.

Les élèves-maîtres sont chargés du service de propreté dans l'intérieur de l'école. (Règl. 24 mars 1851, art. 23), II, 230. — Les élèves-maîtres sont chargés du service de propreté dans l'intérieur de l'école. (Décr. 2 juill. 1866, art. 20), II, 594.

École normale d'institutrices. — *Les départements pourront entretenir des Écoles normales de filles.* (Prop. loi 15 déc 1848, art. 41), II, 51.

Les dispositions du présent règlement s'appliquent aussi à l'admission dans les Écoles normales de filles. Toutefois, aux épreuves écrites sera jointe une épreuve de couture qui, comme les autres, sera appréciée conformément aux dispositions de l'art. 10, et dont la nullité sera une cause d'élimination. (Arr 31 déc. 1867, art. 17), II, 618.

Les directrices des Écoles normales sont divisées en trois classes : 1re classe, 3,000 fr.; 2e cl., 2,400 à 2,600 fr.; 3e cl., 2,000 à 2,200 fr. (Décr. 20 nov. 1872, art. 1), II, 690. — Les maîtresses adjointes des Écoles normales primaires sont réparties en trois classes : 1re classe, 1,800 fr.; 2e cl., 1,400 à 1,600 fr. ; 3e cl., 1,000 à 1,200 fr. (Id., art. 2), II, 690.

ÉCOLE PÉNITENTIAIRE.

V. École de prison.

ÉCOLES (PETITES).

Les petites écoles ou écoles primaires sont celles où l'on apprend à lire, à écrire et les premières notions du calcul. (Décr. 17 mars 1808, art. 5), I, 53.

V. Classement des écoles.

ÉCOLE PRIMAIRE.

Les écoles primaires forment le premier degré d'instruction. (Décr. 22 frim. an I, tit. Ier), I, 9.

Est considérée comme école primaire toute réunion habituelle d'enfants de différentes familles, qui a pour but l'étude de tout ou partie des objets compris dans l'enseignement primaire. (Ordonn. 16 juill. 1833, art. 17), I, 250.

Celui qui, sans être muni d'un brevet de capacité et de moralité, enseigne des enfants, ne peut être excusé sous le prétexte que ce sont ses petits-enfants et les fils de quelques amis. (Arr. Cass. 24 sept. 1835.)

Toute réunion habituelle d'enfants de différentes familles, qui a pour but l'étude de tout ou partie des objets compris dans l'instruction primaire, étant considérée comme école primaire, est, par cela même, soumise à la juridiction du

Ministre de l'instruction publique. (Av. Cons. 7 juin 1836), I, 388.

Enseigner à plusieurs enfants la prière, les éléments du catéchisme et la lecture, c'est ouvrir école dans le sens de l'art. 6 de la loi du 28 juin 1833. Et le fait d'avoir tenu sans autorisation une telle école ne saurait échapper aux peines prononcées par cet article, en ce que l'enseignement était donné presque toujours à titre gratuit, et l'hiver seulement, dans un pays de montagnes, éloigné du chef-lieu de la commune où réside l'instituteur. (Arr. Cass. 16 oct. 1840). — Cf. Arr. Cassat. 27 juill. 1860. (École privée.)

Tout établissement d'instruction ou maison d'éducation en dehors des conditions essentielles et constitutives de l'enseignement primaire, forme nécessairement un établissement d'instruction secondaire. (Arr. Cass. 17 mars 1839), II, 474.

V. Classement des écoles, Distinction des écoles, École privée, École publique.

ÉCOLE PRIMAIRE SUPÉRIEURE.

Les communes chefs-lieux de département et celles dont la population excède 6,000 âmes, devront avoir, outre l'école primaire élémentaire, une école primaire supérieure. (Loi 28 juin 1833, art. 10), I, 238.

Toute commune qui veut ou qui doit avoir une école primaire supérieure, devant fournir au moins le minimum du traitement fixe que la loi assigne à l'instituteur, et l'ordonnance du 16 juillet, art. 10, ne permettant d'allouer sur les fonds de l'État aucun traitement au delà du minimum, lesdits fonds de l'État ne devront contribuer à la fondation des écoles primaires supérieures que pour les frais de premier établissement. (Arr. Cons. 8 nov. 1833, art. 7), I, 740.

Lorsqu'une école primaire supérieure sera annexée à une École normale primaire, elle devra toujours avoir deux sections, l'une élémentaire et l'autre supérieure, sous deux maîtres distincts, l'instituteur primaire, chef de l'école, et un maître adjoint. (Av. Cons. 8 nov. 1833, art. 4), I, 740.

Nul chef d'un établissement d'instruction secondaire ne pourra diriger une école primaire élémentaire ou supérieure, sans être muni du brevet de capacité correspondant au degré de l'école qu'il doit diriger. (Arr. Cons. 15 oct. 1833), I, 271.

On ne peut réunir une école supérieure à une école élémentaire, si l'on n'est pourvu du brevet supérieur. (Av. Cons. 31 déc. 1833), I, 288.

Toute école primaire supérieure, soit isolée, soit annexée à un autre établissement, collége, institution, pension ou École normale primaire, devra avoir son chef spécial qui sera muni du brevet supérieur, et tenu de remplir d'ailleurs les formalités et conditions prescrites par la loi du 28 juin. S'il s'agit d'une école communale, le candidat, dûment breveté et muni d'un certificat de moralité, devra être nommé par le comité d'arrondissement sur la présentation du conseil municipal, après avis du comité communal institué par le Ministre et installé par le comité d'arrondissement avec prestation de serment. (Arr. Cons. 8 nov. 1833, art. 1), I, 739.

Les maîtres auxquels une partie de l'enseignement primaire supérieur sera confiée sous la direction de l'instituteur chef de l'école, devront être agréés par le recteur de l'Académie. L'agrément du recteur sera de même nécessaire, lorsque ces autres maîtres seront déjà attachés à un collége communal en qualité de régents ou de maîtres d'études. (Av. Cons. 8 nov. 1833, art. 2), I, 739.

L'instituteur communal qui tient une école élémentaire ne peut être appelé à diriger l'école élémentaire, transformée en école supérieure, s'il n'est pourvu du brevet de capacité supérieur. (Av. Cons. 26 déc. 1834), I, 349.

Les écoles primaires supérieures peuvent être annexées à des colléges communaux. (Av. Cons. 26 déc. 1834), I, 349. — Il peut être utile que l'école primaire supérieure soit annexée au collége communal ; mais cela n'est point nécessaire. (Av Cons. 28 févr. 1834), I, 305.

Création de vingt-trois cours d'instruction primaire supérieure annexés à des colléges communaux. (Ordonn. 21 nov 1841), I, 584. — Création de neuf cours d'instruction primaire supérieure annexés à des colléges. (Ordonn. 21 avr. 1842), I, 599

— Création de six cours d'instruction primaire supérieure annexés à des colléges. (Ordonn. 7 août 1842), I, 604. — Création de quinze cours d'instruction primaire supérieure annexés à des colléges. (Ord. 30 oct. 1842, art. 1), I, 615. — Création de dix-neuf cours annexés à des colléges. (Ordonn. 18 nov. 1842, art. 1, 2, 3), I, 618. — Création d'un cours d'instruction primaire supérieure annexé à un collége. (Ordonn. 20 nov. 1842, art. 1, 2, 3), I, 620. — Création d'une école primaire supérieure annexée à un collége. (Ordonn. 8 fév. 1850), II, 119.—Il est pourvu aux frais des établissements annexés au moyen des allocations votées à cet effet par les conseils municipaux, et en cas d'insuffisance, par des prélèvements sur les fonds départementaux ou sur les fonds de l'État affectés à l'instruction primaire. (Ordonn. 21 nov. 1841, art. 2), I, 583. — Cf. ordonn. 30 oct. 1842, art. 2, I, 613.

Un instituteur primaire du degré supérieur doit être attaché à chacun des colléges auxquels est annexée une école primaire supérieure, à moins que le chef ou l'un des fonctionnaires de l'établissement ne soit pourvu du brevet supérieur. Il est placé sous l'autorité du principal. (Ordonn. 21 nov. 1841, art. 3), I, 584. — Cf. ordonn. 30 oct. 1842, art. 3, I, 615.

Une école primaire supérieure, annexée à un collége communal ou à une École normale primaire, demeure soumise à l'inspection et à la surveillance des comités communal et d'arrondissement. (Arr. Cons. 8 nov. 1833, art. 3), I, 740.

Les élèves des écoles primaires supérieures, annexées à un collége ou autre établissement d'instruction secondaire, devront toujours être placés dans un local distinct de celui qui est occupé par les élèves de l'école secondaire. (Arr. Cons. 8 nov. 1833, art. 6), I, 740. — Cf. Arr. Cons. 24 janv. 1843, I, 630.

Les élèves de toute école primaire, supérieure ou élémentaire, sont exempts de la rétribution universitaire imposée par les lois de finances ; ils sont soumis à la rétribution mensuelle établie par la loi du 28 juin, sauf les cas de gratuité réglés par les conseils municipaux. (Arr. Cons. 8 nov. 1833, art. 8), I, 740. — Cf. Arr. Cons. 24 janv. 1843, art. 2, I, 360. — Les élèves internes ou externes d'un collége ou de tout autre établissement d'instruction secondaire, sont soumis à la rétribution universitaire, lors même qu'ils suivent tout ou partie des cours de l'école primaire supérieure annexée audit établissement, sauf les exemptions nominales qui pourraient être accordées en faveur des familles reconnues hors d'état d'acquitter les droits. (Id., art. 9), I, 741.

Le principal est seul juge de l'admission des élèves dans les écoles primaires supérieures annexées à un collége. (Av. Cons. 3 févr. 1843), I, 631.

Dans toute école primaire supérieure communale, nul élève ne sera admis à suivre les leçons qui constituent l'enseignement supérieur, sans qu'un examen préalable ait constaté qu'il possède suffisamment l'instruction élémentaire. (Arr. Cons. 8 nov. 1833, art. 5), I, 740.

Chaque année, les élèves des écoles élémentaires subissent un examen, et ceux qui sont âgés de douze ans au moins et qui ont été reconnus suffisamment instruits, sont indiqués pour entrer à l'école primaire supérieure. (Av. Cons. 10 janv. 1837), I, 439. — Cf. Av. Cons. 30 sept. 1836, I, 413.

Les règlements d'études des écoles primaires supérieures doivent être soumis à l'approbation de l'autorité supérieure. (Av. Cons. 3 fév. 1843), I, 631.

Il y a des écoles primaires supérieures privées. Le candidat muni du brevet de capacité supérieur et du certificat de moralité, doit faire sa déclaration au maire de la commune où il veut tenir école ; copie de la déclaration du candidat est envoyée au comité de l'arrondissement et au recteur de l'Académie, conformément à l'art. 16 de l'ordonnance du 16 juillet 1833. (Av. Cons. 8 nov. 1833, art. 1), I, 739.

Les écoles primaires communales soit du degré élémentaire, soit du degré supérieur, sont divisées en trois classes, qui comprennent : la première, les écoles des chefs-lieux de département et d'arrondissement ; la seconde, les écoles des chefs-lieux de canton et des communes ou des sections de communes, dont la population agglomérée excède 1,500 âmes ; la troisième, les écoles des communes, des réunions de communes, ou des sections de communes, dont la population agglomérée ne s'élève pas au-dessus de 1,500 âmes. (Proj. loi 31 mars 1847, art. 1), I, 700. — *Le traitement des instituteurs, soit du degré élémentaire, soit du degré supérieur, se compose : 1° du traitement municipal ; 2° de la rétribution des familles. Le minimum du traitement total, ainsi composé, sera fixé ainsi qu'il suit : 3e classe, 900 francs ; 2e 1,200 ; 1re 1,500 ; Paris, 2,000.* (Id., art. 2), I, 700.

Les communes chefs-lieux de département et celles dont la population excède 6,000 âmes devront avoir une école primaire supérieure de garçons. Dans les arrondissements qui n'auront pas d'école primaire supérieure, le Ministre de l'instruction publique pourra, sur l'avis du conseil général, du conseil municipal et du comité d'arrondissement, désigner la commune qui devra recevoir une école de cet ordre. (Prop. loi 15 déc. 1848, art. 30), II, 49. — *Les communes pourront établir, avec l'autorisation du comité d'arrondissement, des écoles supérieures de filles. Ces écoles seront d'ailleurs soumises, par analogie, aux mêmes dispositions que les écoles supérieures de garçons.* (Art. 36), II, 50.

L'enseignement sera donné dans les écoles supérieures par un directeur et par un professeur adjoint au moins, lesquels seront spécialement attachés à l'établissement et pourvus d'un brevet du degré supérieur. Ils pourront être secondés par des professeurs appelés du dehors. (Prop. loi 15 déc. 1848, art. 31), II, 49. — *Les directeurs et les professeurs adjoints des écoles primaires supérieures seront nommés et institués d'après les formes réglées par l'art. 16, et choisis parmi les instituteurs des quatre premières classes.* (Id., art. 32), I, 49. — *Le traitement du directeur de l'école supérieure sera égal à celui de l'instituteur de la localité, sans d'ailleurs pouvoir jamais être au-dessous de 1,200 fr.; il sera acquitté par les mêmes moyens, et les communes y ajouteront une indemnité qui sera déterminée par elles.* (Id., art. 33), II, 49. — *Le traitement des professeurs adjoints sera des deux tiers du traitement fixe de l'instituteur. Les dispositions relatives à l'augmentation du traitement des instituteurs et à leurs pensions de retraite sont applicables aux directeurs et professeurs adjoints des écoles supérieures.* (Id., art. 34), II, 50.

Les élèves des écoles supérieures seront âgés de douze à dix-huit ans. Les exceptions à cette règle générale devront être jugées par le comité local. Tout élève, avant d'entrer à l'école supérieure, devra subir un examen constatant qu'il possède complètement l'instruction élémentaire. Le concours auquel pourront être admis tous les enfants de l'arrondissement sera réglé par le comité d'arrondissement. Le nombre des élèves admis gratuitement dans les écoles supérieures ne pourra dépasser une certaine proportion limitée par le comité d'arrondissement. (Prop. loi 15 déc. 1848, art. 35), II, 50.

Il est créé dans l'école primaire supérieure de Paris, dite école François Ier, une bourse entière, deux bourses à trois quarts et quatre demi-bourses sur les fonds de l'État. (Ordonn. 4 nov. 1844), I, 653. — Les bourses seront conférées par le roi, après examen; les promotions auront également lieu par ordonnance royale. La durée des bourses est de cinq ans. (Id., art. 3, 4, 6), I, 654.—Les bourses ne pourront être données qu'à des enfants âgés de neuf ans au moins et de douze ans au plus. (Id., art. 5), I, 654.

Les enfants qui auront fréquenté les cours d'enseignement primaire recevront, avant de quitter l'école pour entrer en apprentissage, un diplôme destiné à constater ce premier degré d'instruction. Des bourses d'apprentissage, d'écoles primaires supérieures, d'écoles des arts et métiers, de fermes-modèles, de lycées, seront données par voie de concours aux enfants qui se seront fait remarquer par une aptitude spéciale. Les enfants dont les familles n'ont pas besoin de bourses pour acquérir un enseignement supérieur recevront une médaille. Une fête de famille réunira les écoles au Champ-de-Mars et inaugurera le concours des bourses et la délivrance des diplômes. (Décis. minist. 21 avr. 1848.)

La société favorise et encourage le développement du travail gratuit par l'éducation professionnelle. (Constitut. Républ. franç. 4 nov. 1848, art. 9), II, 42.

V. Cours industriels, Matières de l'enseignement.

ÉCOLE PRIVÉE.

Les écoles primaires sont ou communales ou privées. (Proj. loi 20 janv. 1831, art. 5), I, 195. — Cf. Prop. loi 24 oct. 1831, art. 4, I, 221; Prop. loi 17 nov. 1832, art. 7, I, 224.

L'instruction primaire est privée ou publique. (Loi 28 juin 1833, art. 3), I, 237.

Tout individu âgé de 18 ans accomplis pourra exercer la profession d'instituteur primaire et diriger tout établissement quelconque d'instruction primaire, sans autres conditions que de présenter préalablement au maire de la commune où il voudra tenir école: 1° un brevet de capacité obtenu, après examen, selon le degré de l'école qu'il veut établir; 2° un certificat de moralité. (Loi 28 juin 1833, art. 4), I, 237.

Tout instituteur privé, sur la demande du comité d'arrondissement ou sur la poursuite d'office du ministère public, pourra être traduit, pour cause d'inconduite ou d'immoralité devant le tribunal civil de l'arrondissement. (Loi 28 juin 1833, art. 7), I, 238.

Le comité communal a inspection sur les écoles publiques ou privées de la commune. (Loi 28 juin 1833, art. 21), I, 243.

Dans toutes les écoles qu'il visitera, l'inspecteur portera son attention sur l'état matériel et la tenue générale, sur le caractère moral de l'école, sur l'enseignement et les méthodes. Il assistera aux leçons et interrogera les élèves. (Ordonn. 27 févr. 1835, art. 2), I, 355.

Tout enfant, pour être admis dans une école primaire élémentaire privée, devra être âgé de six ans au moins et de treize ans au plus. Toutefois, dans les communes où il n'existe pas de salle d'asile, le comité local pourra autoriser l'instituteur à recevoir des enfants âgés de moins de six ans. (Règl. 1er mars 1842, art. 1), I, 593. — Au-dessus de quatre-vingts élèves, il doit y avoir dans les écoles privées un maître adjoint, lequel, s'il n'est pas breveté, sera agréé par le recteur. (Id., art. 4), I, 593. — Le nombre des élèves ne devra pas excéder la proportion du local ; l'école pourra être ouverte en hiver de huit à quatre heures, l'été de sept à cinq heures, avec deux heures de repos au moins. (Id., art. 5 et 6), I, 594. — Elle ne pourra être ouverte le dimanche ni les jours de fête que pour une classe d'adultes régulièrement autorisée. (Id., art. 7), I, 594. — Les membres des comités locaux, les membres et délégués des comités d'arrondissement, les inspecteurs et sous-inspecteurs s'assureront, par de fréquentes visites, de l'observation exacte des règlements. (Id., art. 9), I, 594). — Punitions permises : notes défavorables, réprimandes, privation de récréation avec tâche, renvoi provisoire ou définitif. (Id., art. 8), II, 594. — Tout instituteur privé qui contreviendra aux dispositions du statut sera averti par le comité local, au besoin par le comité d'arrondissement, et s'il refuse d'obtempérer, déféré, sur la plainte du recteur, au tribunal civil. (Id., art. 9 et 10), I, 594. — Chaque école aura son règlement particulier soumis à l'examen du comité d'arrondissement, approuvé par le recteur et placé dans l'école. (Id., art. 11), I, 595.

Les instituteurs privés qui auront bien mérité de l'instruction primaire, seront admis, comme les instituteurs communaux, sur le rapport du préfet et du recteur, à participer aux encouragements et aux récompenses distribuées par le Ministre annuellement. (Ordonn. 16 juill. 1833, art. 19), I, 250.

Les instituteurs privés peuvent exercer les fonctions de maire ou d'adjoint. (Av. Cons. 5 juill. 1836), I, 404.

Rien n'empêche une commune d'accorder à une école privée de filles une indemnité pour recevoir les filles indigentes là où il n'y a pas d'école de filles, avec l'autorisation du comité d'arrondissement, et après avis du comité local, mais sans qu'il en résulte un titre d'école publique, et sans qu'on puisse empêcher les parents d'envoyer leurs filles à l'instituteur communal. (Av. Cons. 8 août 1834), I, 351.

L'existence d'un instituteur communal et d'une institutrice communale n'empêche pas qu'un instituteur privé ait le droit de réunir des enfants du sexe féminin que les pères de famille veulent envoyer à son école, à la condition que toutes les précautions de séparation exigées auront été prises. (Av. Cons. 8 janv. 1836), I, 372.

Dans les communes qui possèdent un instituteur primaire communal, un instituteur privé a le droit de recevoir des filles et des garçons. Dans les communes qui possèdent un instituteur communal et une institutrice communale ou privée, l'instituteur privé ne peut recevoir dans son école des enfants des deux sexes. (Arr. Cons. 26 août 1836), I, 408.

L'instituteur qui a obtenu sans réserve l'autorisation d'enseigner, avant la loi du 28 juin 1833, ne peut être privé de ce droit, sous prétexte qu'il ne réunit plus les conditions exigées par la loi nouvelle. (Arr. Cour Nancy, 26 janv. 1838.)

Le maître d'école qui, avant d'être nommé instituteur communal, exerçait comme instituteur privé, en vertu d'une autorisation académique, a pu, après s'être démis de ses fonctions d'instituteur communal, rouvrir son école privée sans être tenu de se conformer aux dispositions de l'art. 4 de la loi du 28 juin 1833, qui ne lui est pas applicable. (Arr. Cour Bordeaux, 29 avr. 1841.)

Le règlement universitaire qui interdit aux instituteurs

privés de recevoir, dans leurs écoles, des jeunes garçons au-dessus de l'âge de treize ans, tandis que la faculté d'en recevoir à cet âge est accordée aux instituteurs communaux, sous certaines conditions dont les instituteurs privés ne jouissent pas, est illégal, en ce qu'il établit entre ces deux sortes d'instituteurs une inégalité incompatible avec les principes consacrés par la loi du 28 juin 1833. (Arr. Cass. 7 févr. 1846.)

L'obligation pour l'instituteur privé, qui veut ouvrir une école, d'en faire la déclaration au maire et de provoquer la visite du local où il se propose de l'établir, est aussi bien imposée à l'instituteur qui possède déjà une école, et veut en ouvrir une seconde, qu'à celui qui en ouvre une première. La contravention à ce règlement le rend passible de l'application de l'art. 471 du Code pénal (n° 16). (Arr. Cass. 7 févr. 1846.)

L'obtention du brevet de capacité n'affranchit pas l'instituteur privé de l'obligation de faire à l'autorité municipale, préalablement à l'ouverture d'une école, la déclaration exigée par les art. 4 et 6 de la loi du 28 juin 1833 ; et quelque long qu'ait été le silence de l'administration, il suffit que la contravention soit existante, pour que la répression n'en puisse être refusée. (Arr. Cass. 30 juill. 1846.)

Le titre d'École normale ne peut être donné à un établissement privé. (Décis. Cons. 10 janv. 1837), I, 439.

Tout Français âgé de 21 ans, et n'ayant encouru aucune des incapacités légales déterminées par la loi du 28 juin 1833, est en droit d'ouvrir une école privée, sans autre formalité que d'en faire préalablement la déclaration au comité d'arrondissement et d'y déposer son acte de naissance, son brevet de capacité, le plan du local. (Proj. loi 31 mars 1847, art. 10), I, 702. — *Les instituteurs privés, indépendamment des ouvrages ci-dessus, peuvent employer les livres dont l'usage n'aura pas été défendu par une décision spéciale du comité d'arrondissement. Toute contravention à cette défense sera punie comme il est dit à l'art.* 22. (Prop. loi 31 mars 1847, art. 12), I, 703. — *Les écoles privées, comme les écoles communales, sont ouvertes en tout temps aux délégués des comités locaux, des comités d'arrondissement et du ministère de l'instruction publique.* (Id., art. 20), I, 704.

Les écoles privées sont celles qui sont établies librement par des particuliers. (Proj. loi 1er juin 1848, art. 5), II, 17.

Tout individu âgé de 19 ans au moins, pourvu d'un livret de capacité, peut ouvrir une école privée. (Prop. loi 15 déc. 148, art. 48), II, 52.

L'inspection de l'instruction nationale s'étend à toutes les écoles publiques et privées, sans exception. Pour les premières, elle s'exercera suivant les règlements ; pour les secondes, elle ne portera que sur la constitutionalité et la moralité de l'enseignement et sur l'hygiène. (Prop. loi 5 févr. 1849, art. 12), II, 68.

L'obligation imposée à tout individu qui veut ouvrir, dans une commune, un établissement d'instruction primaire, de présenter au maire, outre le certificat de moralité dont il doit être pourvu, un certificat constatant qu'il est digne, par sa moralité, de se livrer à l'enseignement, s'applique même à l'instituteur communal suspendu ou démissionnaire, qui veut établir une école privée, bien qu'il ait eu antérieurement à justifier de l'obtention d'un semblable certificat pour être admis à remplir les fonctions qu'il a exercées. Le certificat de moralité, signé par trois conseillers municipaux, mais sans le concours du maire, ne peut valoir pour faire obtenir à l'instituteur l'autorisation d'ouvrir une école privée, alors même que le maire aurait reçu le dépôt de ce certificat et en aurait donné récépissé, ce qui n'implique pas de sa part approbation de la pièce qui lui est remise. (Arr. Cour Poitiers, 20 mai 1850.)

Aucune peine n'ayant été édictée dans la loi du 11 janvier 1850 contre l'instituteur communal qui a ouvert une école privée, malgré l'incapacité résultant de la suspension prononcée contre lui par l'autorité administrative, on ne pourrait lui appliquer, par des raisons d'analogie inadmissibles et du reste mal fondées, la peine que prononce l'art. 6 de la loi du 28 juin 1833 contre l'instituteur convaincu d'avoir repris l'exercice de ses fonctions au mépris de l'interdiction absolue prononcée contre lui, en justice, pour fait d'inconduite ou d'immoralité. (Arr. Cour Poitiers, 20 mai 1850.)

Celui qui ouvre une école privée sur la production d'un

certificat de moralité non revêtu des formalités prescrites, encourt la peine établie par l'art. 6 de la loi du 28 juin 1833, encore qu'il aurait antérieurement exercé les fonctions d'instituteur communal, et qu'il se trouverait simplement suspendu de ses fonctions. (Arr. Cass. 19 août 1850.)

La défense faite par la loi du 11 janvier 1850 à un instituteur communal suspendu ou révoqué par le préfet, d'ouvrir une école privée dans la même commune, est dépourvue de sanction légale : à ce cas ne saurait s'appliquer l'art. 6 de la loi du 28 juin 1833, qui, outre la fermeture de l'école, prononce une amende de 50 à 200 fr. contre ceux qui ouvrent une école privée sans produire les brevet de capacité et certificat de moralité exigés par l'art. 4, ou après avoir été frappés des condamnations prévues par l'art. 5 de cette loi ; ni la peine portée par l'art. 471, n° 15 du Code pénal, contre ceux qui contreviennent aux arrêtés pris par l'autorité administrative, l'arrêté de suspension ou de révocation par le préfet n'ayant pas le caractère réglementaire dont sont investis les arrêtés sanctionnés par cet article. (Arr. Cass. 19 août 1850.)

L'instituteur communal qui a donné sa démission, même sur la provocation du préfet, peut ouvrir une école privée, sans produire un nouveau certificat de moralité. (Arr. Cour Cass. 10 oct. 1850.)

L'instituteur communal qui, après sa révocation par le conseil d'arrondissement, veut ouvrir une école privée, n'a pas besoin d'un nouveau certificat de moralité ; et peu importe que le comité ait qualifié d'actes d'immoralité les faits qui ont motivé la révocation, l'appréciation d'actes de cette nature et les conséquences pénales qui en découlent étant de la compétence exclusive des tribunaux. (Arr. Cass. 24 nov. 1850.)

L'enseignement privé ou de famille, c'est-à-dire celui qui se concentre dans le sein de la famille par le libre choix du père ou de la mère, jouit d'une entière indépendance, et est affranchi des formalités exigées pour l'ouverture et la tenue des écoles publiques. L'enseignement donné aux enfants d'une même famille ne cesse pas d'avoir un caractère privé, lorsqu'il a lieu au domicile de l'instituteur ; et il en est ainsi dans le cas même où cet instituteur reçoit chez lui les enfants de plusieurs familles, si l'enseignement reste séparé pour les enfants des familles différentes, au lieu d'être donné en commun comme dans les écoles publiques. (Arr. Cass. 27 juill. 1860).

V. Distinction des écoles, École publique, Instituteur libre, Instituteur privé, Liberté d'enseignement.

ÉCOLE PROTESTANTE.

Les écoles protestantes continuent à être régies suivant l'ordonnance du 29 février 1816. Les membres des comités chargés de les surveiller sont choisis parmi les notables de leurs communes. Le proviseur ou le principal du lycée ou collége, à leur défaut un délégué du recteur, en font partie. (Ordonn. 8 avril 1824, art. 13 à 14), I, 151.

Le Ministre peut, après avoir entendu le conseil municipal, autoriser, à titre d'écoles communales, des écoles plus particulièrement affectées à l'un des cultes reconnus par l'État, (Loi 28 juin 1833, art. 9), I, 238.

V. Comité, Comité protestant.

ÉCOLE PUBLIQUE.

Une école est publique dans le sens de la loi, et par conséquent a besoin d'être autorisée toutes les fois que des enfants ou des jeunes gens de différentes familles se réunissent habituellement dans un local commun, dans l'objet de se livrer à l'étude, soit des lettres, soit des sciences : le mot *publiquement* n'étant employé dans la loi que par opposition à l'enseignement domestique et privé, il importe peu qu'il n'y ait pas eu de la part du maître distribution de prospectus, enseigne ou écriteau indicatif de l'école. De ce qu'une école où se réunissent les enfants de plusieurs familles pour l'étude des sciences serait clandestine, cette circonstance aggravante ne détruirait point le caractère de publicité de l'école résultant de la réunion d'écoliers de différentes familles. Celui qui reçoit chez lui des enfants de différentes familles, pour leur enseigner la lecture et l'écriture, est donc réputé tenir une école publique ; dès lors il est punissable des peines prescrites par la loi, s'il n'avait pas de brevet délivré par l'Université, qui l'autorisât à tenir cette école. Il importe peu qu'il n'y ait pas eu de sa part envoi de prospectus, enseigne ou écriteau indicatif de l'école. — (Décr. 17 mars 1808, art. 2 ; 15 nov. 1811, art. 54 et 56. — Arr. Cass. 1er juin 1827.)

Le fait de la part d'un individu d'enseigner dans sa maison les éléments à des enfants de différentes familles, constitue la tenue publique d'une école, laquelle a besoin d'être autorisée, encore bien qu'il serait constaté en fait que de ces enfants, au nombre seulement de sept, trois étaient reçus à titre de pensionnaires, plutôt à cause de leur mauvaise santé qu'à cause de l'enseignement, et les quatre autres étaient reçus par cet individu comme externes, par affection pour leurs parents, sans rétribution, et encore bien qu'aucune enseigne n'indiquât la tenue d'une école. La Cour de cassation peut déclarer qu'un enseignement est public, et non domestique, encore bien qu'un jugement aurait déclaré en fait qu'il n'y avait pas enseignement public. (Arr. Cass. 3 nov. 1827.)

Les écoles primaires publiques sont celles qu'entretiennent, en tout ou en partie, les communes, les départements ou l'État. (Loi 28 juin 1833, art. 8), I, 238.

Est réputée école publique communale toute école recevant une subvention annuelle quelconque, soit en logement, soit en traitement ou indemnité, de la commune où elle est établie. (Décis. Cons. 22 déc. 1835, art. 2), I, 367.

La circonstance qu'un instituteur communal non pourvu de brevet de capacité a tenu son école publique au vu et su de l'autorité locale, et que d'ailleurs la commune est dans l'impossibilité de payer un instituteur breveté, ne saurait autoriser une dérogation à la loi du 28 juin 1833, qui défend, dans un intérêt d'ordre public, l'enseignement sans brevet. (Arr. Cour Paris, 23 nov. 1836.)

Toute école fondée au moyen d'une donation faite à une commune est une école communale et non une école privée. (Décis. Cons. 1er février 1834.)

Les écoles primaires publiques sont celles où l'enseignement est donné par l'État. (Proj. loi 1er juin 1848, art. 4), II, 17.

Les écoles primaires publiques sont celles qu'entretiennent, en tout ou en partie, les communes, les départements ou l'État. (Prop. loi 15 déc. 1848, art. 15), II, 46.

Les écoles fondées ou entretenues par les communes, les départements ou l'État, prennent le nom d'écoles publiques. (Loi 15 mars 1850, art. 17), II, 126.

Les déclarations et délais prescrits pour l'ouverture d'une école libre sont obligatoires pour l'instituteur primaire qui se propose de donner l'enseignement en commun aux enfants de plusieurs familles désignées, alors même qu'il se serait engagé à ne pas recevoir d'autres enfants, et que les parents avec lesquels il a contracté lui fourniraient, outre un traitement fixe et la table, un local à leurs frais pour servir d'école. Vainement on soutiendrait que l'enseignement donné dans ces conditions a un caractère domestique et privé. (Arr. Cass. 29 juill. 1870.)

V. Budget, Conseil municipal, École primaire, École privée, Instituteur libre.

ÉCOLE RÉGIMENTAIRE.

Il sera établi des écoles primaires à l'usage des militaires, marins, et enfants de troupe dans les corps d'armée de terre et de mer. (Prop. loi 24 oct. 1831, art. 18), I, 223.

Il sera établi, aux frais de l'État, des écoles primaires à l'usage des militaires et marins, dans les corps des armées de terre et de mer. (Prop. loi 17 nov. 1832, art. 29), I, 228.

ÉCOLE STAGIAIRE.

Le Conseil départemental désigne chaque année, dans le courant du mois de mars, les écoles primaires, publiques ou libres autorisées à recevoir des élèves-maîtres stagiaires. (Règl. 12 mars 1851, art. 1), II, 221.

A cet effet, tout instituteur, public, ou libre, qui veut obtenir du conseil départemental l'autorisation de recevoir des élèves-maîtres stagiaires, devra en faire la demande au recteur avant le 1er janvier. Cette demande devra mentionner le nombre des élèves-maîtres pensionnaires ou externes qu'il se propose de recevoir; il accompagnera en outre sa demande, s'il appartient à l'enseignement public, de l'avis du maire et du conseil municipal de la commune. (Règl. 12 mars 1851, art. 2), II, 221. — Sur le vu de ces pièces et après avoir recueilli des autorités préposées à la surveillance des écoles, le conseil départemental arrête la liste des écoles autorisées à recevoir des élèves-maîtres stagiaires et fixe le nombre des élèves-maîtres qui pourront être admis dans chacune de ces écoles. Cette liste est immédiatement affichée au secrétariat de l'Académie et insérée dans le recueil des actes administratifs de la préfecture. (Id., art. 3), II, 221. — L'autorisation accordée peut toujours être retirée par décision du conseil départemental, rendue sur le rapport des autorités préposées à la surveillance des écoles ou chargées de leur inspection. (Id., art. 4), II, 222. — Tout instituteur libre ou public, autorisé à recevoir des élèves-maîtres stagiaires, doit tenir un registre sur lequel il inscrit les noms, prénoms, dates et lieux de naissances des élèves-maîtres admis, le jour de leur entrée et celui de leur sortie, ainsi que les motifs de la sortie. (Id., art. 5), II, 222.

Un extrait du registre d'inscription, comprenant toutes les indications ci-dessus mentionnées, et visé par le maire, est immédiatement transmis à l'inspecteur d'arrondissement chargé de constater si l'élève-maître stagiaire enseigne réellement dans l'école où il a été admis. (Règl. 12 mars 1851, art. 6), II, 222. — Lorsqu'une École normale est supprimée conformément à l'art. 35 de la loi du 15 mars 1850, les élèves-maîtres à l'entretien desquels le département est tenu de pourvoir ne peuvent être reçus dans les écoles stagiaires désignées par le conseil départemental sous les conditions d'admission des candidats aux Écoles normales. Dans ce cas, le conseil départemental arrête, sous l'approbation du Ministre de l'instruction publique, les conditions pécuniaires auxquelles lesdits élèves seront reçus boursiers du département en exécution de la délibération du conseil général, et il prescrit les obligations auxquelles demeurent assujettis les chefs des établissements désignés. (Id., art. 7), II, 222. — Chaque année, le conseil départemental fait procéder à l'examen de l'enseignement dans les établissements ci-dessus désignés. Les résultats de cet examen sont consignés dans un rapport qui sera communiqué, s'il y a lieu, au conseil général par le conseil départemental. (Id., art. 8) II, 222. — Le temps passé par un élève-maître ou novice dans une École normale ou dans une association religieuse vouée à l'enseignement et dûment autorisée ou reconnue comme établissement public, ne comptera audit élève-maître ou novice, pour l'obtention du certificat de stage, qu'autant qu'il sera constaté que ledit élève-maître ou novice a enseigné dans les écoles primaires annexées à ces établissements. (Id., art. 14), II, 224. — Tout élève-maître exclu d'une école de stage ne peut être admis à compter dans la durée de son stage le temps qu'il a passé dans ladite école. (Id., art. 15), II, 224.

Tout instituteur libre ou public, autorisé à recevoir des élèves-maîtres, qui aurait faussement attesté dans le certificat mentionné à l'art. 3, que l'élève-maître aspirant à obtenir un certificat de stage a rempli les conditions de stage exigées par la loi, pourra être traduit devant le conseil départemental pour lui être fait application des dispositions de l'art. 30 de la loi organique, s'il appartient à l'enseignement libre ; s'il est instituteur public, il lui sera fait application des peines portées en l'art. 33 de ladite loi. (Règl. 12 mars 1851, art. 13), II, 223.

Un établissement qui n'est ni une École normale ni une école primaire apte à délivrer des certificats de stage, ne peut être désigné comme propre à recevoir des boursiers départementaux. (Av. Cons. 17 déc. 1850), II, 200.

V. École normale.

ÉCOLE TEMPORAIRE.

Le Ministre peut, en cas de nécessité, sur la demande du conseil municipal, autoriser l'ouverture d'une école temporaire. (Av. Cons 16 déc. 1850), II, 199.

ÉCRITURE.

L'écriture est comprise dans les matières de l'enseignement

primaire élémentaire. (Proj. loi sept. 1791, art. 4), I, 2; Décr. 30 vendém. an II, I, 20; Décr. 9 frim. an III, art. 2, I, 36; Décr. 17 mars 1808, art. 5, I, 53; art. 107, I, 56; Ordonn. 29 fév. 1816, art. 11, I, 86; Loi 28 juin 1833, art. 1, I, 236; Proj. loi 1 juin 1848, art. 1, II, 16; Prop. loi 15 déc. 1848, art. 3, II, 43; Loi 15 mars 1850, art. 23, II, 126.

Les exemples de calligraphie doivent être préalablement soumis à l'approbation des recteurs. (Décis. Cons. 5 août 1845), I, 662.

L'instituteur exercera les élèves à imiter les modèles d'écriture qu'il mettra sous leurs yeux; il veillera à ce qu'ils se conforment exactement aux principes qu'il leur aura donnés sur la position du corps, sur la tenue de la plume, sur la formation et la proportion des lettres. Il devra rester sur chaque page quelques traces de la leçon du maître; on s'abstiendra surtout de copier des livres. Les modèles d'écriture n'offriront que des choses utiles aux enfants, telles que dogmes et préceptes de religion, beaux traits de l'histoire sainte et de l'histoire de France. (Règl. 17 août 1851, art. 28), II, 262.

L'enseignement des salles d'asile comprend les premiers principes de l'écriture. (Ordonn. 22 déc. 1837, art. 1), I, 487; Ordonn. 24 avr. 1838, art 1, I, 524; Décr. 21 mars 1855, art. 2, II, 372.

ÉCRITURES.

Les seules écritures périodiques dont la tenue est exigible des instituteurs sont celles qui sont relatives : 1° au recouvrement de la rétribution scolaire ; 2° aux écritures d'ordre et de statistique ; 3° à la direction pédagogique. (Arr. 17 avr. 1866), II, 586.

ENCOURAGEMENT.

Des prix d'encouragement seront distribués tous les ans aux élèves dans la fête de la Jeunesse. (Décr. 27 brum. an III, ch. IV, art. 12), I, 37.

Il sera fait annuellement, par notre trésorier royal, un fonds de cinquante mille francs, pour être employé par la commission d'instruction publique, soit à....., soit à récompenser les maîtres qui se sont le plus distingués par l'emploi de ces méthodes. (Ordonn. 28 fév. 1816, art. 35), I, 89.

Une fabrique peut être autorisée à recevoir une donation faite en vue de la création de prix d'encouragement. (Av. Cons. 19 mai 1848), II, 15.

Il sera ouvert, chaque année, au budget de l'instruction publique, un crédit pour encourager les auteurs de livres ou de méthodes utiles à l'instruction primaire et à la fondation d'institutions. (Loi 15 mars 1850, art. 56), II, 138.

ENFANT TROUVÉ.

L'instruction gratuite doit être donnée aux enfants trouvés ; si les revenus ordinaires et les trois centimes additionnels ne suffisent pas pour couvrir toute la dépense, le département ou l'État, ou enfin l'administration des hospices, doit y suppléer. (Av. Cons. 17 mars 1843), I, 626.

ENGAGEMENT DÉCENNAL.

Sont dispensés du service militaire les membres de l'instruction publique qui contracteront l'engagement de rester dix ans au service de l'instruction publique. (Loi 10 mars 1818, art. 15), I, 114.

La dispense ne pourra être accordée qu'à ceux qui ont, au moins, un brevet du 2e degré. (Circ. 15 janv. 1819), I, 114, note.

Tout instituteur primaire qui prend l'engagement d'enseigner pendant quinze ans, est dispensé de la loi du recrutement. (Prop. loi 24 oct. 1831, art. 11), I, 222.

Seront comptés numériquement, en déduction du contingent à fournir, les jeunes gens qui, étant membres de l'instruction publique, auraient contracté avant l'époque déterminée pour le tirage au sort et devant le conseil de l'Université, l'engagement de se vouer à la carrière de l'enseignement. (Loi 21 mars 1832, art. 14.)

La durée de l'engagement reste fixée à dix ans. (Décis. Cons 8 mai 1832)

Tout engagement décennal doit être contracté devant le conseil royal. (Av. Cons. 17 mars 1837), I, 458. — Cf. Décis. 14 juin 1839, I, 552.

La faculté de contracter l'engagement décennal ne peut appartenir qu'à l'instituteur qui tient une école publique. (Décis. Cons. 3 nov. 1833), I, 276.

Un instituteur présenté par le comité local ou par le conseil municipal, mais non nommé par le comité d'arrondissement, n'est qu'un instituteur privé, et conséquemment l'acte d'acceptation de son engagement doit être annulé. (Décis. Cons. 31 mai 1839), I, 552.

Tout instituteur qui avait possession d'état avant la loi du 28 juin 1833 doit être admis à contracter l'engagement décennal. (Av. Cons. 12 nov. 1833), I, 281. — Les examens subis sont valables avant la loi pour l'engagement décennal. (Av. Cons. 3 janv. 1834), I, 290. — Cf. Av. Cons. 10 janv. 1834, I, 292.

L'instituteur qui quitte son poste doit être signalé à l'autorité militaire. Il est passible d'ailleurs des peines prononcées par les décrets du 17 mars 1808 et du 15 novembre 1811 contre l'abandon des fonctions sans lettre d'exeat. (Av Cons. 5 déc. 1834), I, 343.

L'instituteur engagé pour dix ans peut demander son exeat, dans le cas où son numéro ne l'appelle pas au service militaire. (Av. Cons. 20 juill. 1838), I, 530.

Le bénéfice de l'exemption du service militaire, accordé aux frères d'un ordre qui exerce en France les fonctions d'instituteurs, ne peut être étendu aux sujets envoyés dans les États voisins. (Av. Cons. 9 août 1842), I, 605.

L'exemption du service militaire ne peut être légalement accordée ni réclamée à titre de bienveillance. (Av. Cons. 11 févr. 1845), I, 658.

Les instituteurs israélites sont régis par les mêmes lois que les autres instituteurs; pour obtenir la dispense du service militaire, ils doivent être instituteurs publics. (Av. Cons. 5 nov. 1842), I, 616.

Nul n'est admis comme boursier dans une école normale s'il ne prend l'engagement de servir pendant dix ans au moins dans l'instruction publique comme instituteur communal. (Régl. 18 déc. 1832, art. 12), I, 231. — Les boursiers qui renoncent à leurs études avant la fin du cours ou qui, sortis de l'école, ne remplissent pas les conditions de leur engagement, sont tenus de rembourser le prix de la pension et replacés sous le droit commun quant à l'obligation du service militaire. (Id., art. 13), I, 231.

Nul ne peut être admis comme élève dans une École normale qu'en s'engageant à servir dix ans, au moins, dans le corps enseignant. (Arr. Cons. 13 déc. 1836, art. 1), I, 432. — Les parents des boursiers doivent s'engager à restituer le prix de la bourse, entière ou partielle, dans le cas où l'élève se mettrait, par son fait, dans l'impossibilité de remplir les conditions de son engagement décennal. (Id., art. 2), I, 432. — Cf Arr. Cons. 13 déc. 1836, art. 1 à 3, I, 433.

L'engagement décennal des élèves-maîtres ne peut être borné au service d'un département; il doit être contracté d'une manière générale et pour toute la France. (Arr. Cons. 2 oct 1835, art. 2), I, 365.

Les années passées dans un établissement d'instruction primaire privé, par un instituteur breveté sorti d'une École normale, ne peuvent compter dans les dix années de son engagement, à moins qu'il ne prouve qu'il n'a pas été en son pouvoir de se livrer à l'enseignement dans une école publique. (Décis. Cons. 24 août 1838), I, 533. — Les dix années de service ne doivent compter que du jour où l'élève-maître a commencé à servir comme instituteur communal. (Av. Cons. 6 oct. 1848), I, 648.

Tout citoyen nommé instituteur ou instituteur adjoint est dispensé du service militaire, s'il contracte l'engagement de se vouer à l'instruction primaire pendant dix ans. (Proj. loi 1er juin 1848, art. 12), II, 18.

Tout instituteur, instituteur adjoint, aspirant instituteur ou élève d'une École normale primaire, est dispensé du service mili-

taire, s'il contracte l'engagement de servir dans l'instruction primaire publique pendant dix ans. Cette disposition peut être également applicable aux directeurs et professeurs adjoints des Écoles normales. (Prop. loi 15 déc. 1848, art. 22), II, 47.

Les instituteurs adjoints des écoles publiques, les jeunes gens qui se préparent à l'enseignement primaire public dans les écoles désignées à cet effet, les membres ou novices des associations religieuses vouées à l'enseignement et autorisées par la loi ou reconnues comme établissements d'utilité publique, sont dispensés du service militaire, s'ils ont, avant l'époque fixée pour le tirage, contracté, devant le recteur, l'engagement de se vouer, pendant dix ans, à l'enseignement public, et s'ils réalisent cet engagement. (Loi 15 mars 1850, art. 79), II, 145.

Les candidats à l'École normale doivent produire l'engagement légalisé de servir pendant dix ans au moins dans l'instruction primaire publique. (Décr. 24 mars 1851, art. 16), II, 228. — Les boursiers qui refuseraient d'accomplir leur engagement décennal seront tenus de restituer à l'État ou au département le prix de la pension dont ils auront joui, sauf dispense par le Ministre, sur l'avis du conseil départemental. La dispense du service militaire cesse du jour où l'engagement a été rompu. (Id., art. 19), II, 229. — Cf. Décr. 26 déc. 1855, art. 10.

L'engagement de se vouer pendant dix ans à l'enseignement public, prévu par l'art. 79 de la loi du 15 mars 1850, peut être réalisé tant par les instituteurs que par leurs adjoints, dans les écoles qui tiennent lieu d'écoles publiques, et qui sont désignées à cet effet par le Ministre de l'instruction publique, après avis du conseil départemental. L'engagement décennal peut être contracté avant le tirage par les instituteurs adjoints des écoles désignées ainsi qu'il vient d'être dit. (Loi 10 avr. 1867, art. 18), II, 608.

Sont dispensés du service militaire les membres et novices des associations religieuses vouées à l'enseignement, les directeurs, maîtres adjoints, élèves-maîtres des écoles fondées ou entretenues par des associations laïques, les jeunes gens qui se trouvent dans les cas prévus par l'art. 79 de la loi du 15 mars 1850 et par l'art. 18 de la loi du 10 avril 1867 ; l'engagement peut être réalisé tant dans les écoles publiques que dans les écoles libres désignées à cet effet par le Ministre, après avis du conseil départemental. (Loi 27 juill. 1872, art. 20), II, 688.

Les dix années de l'engagement décennal ne comptent qu'à dater de l'époque de l'institution par le Ministre. (Av. Cons. 14 juin 1850), II, 154.

Les années passées à l'École normale ne peuvent compter dans l'engagement décennal, attendu que le séjour de l'école ne constitue pas un service rendu à l'enseignement public dans le département. (Av. Cons. 13 déc. 1850), II, 193.

Le remboursement doit être intégral et non pas proportionnel au temps. (Av. Cons. 13 déc. 1850), II, 193.

Tout novice âgé de vingt-trois ans doit, pour conserver des droits à l'exemption du service militaire, justifier d'une situation d'instituteur ou d'adjoint dans une école publique (Av. Cons. 30 janv. 1869), II, 627.

V. École normale, Frères de la Doctrine chrétienne, Instituteur, Lettre d'exeat.

ENSEIGNEMENT (DIVISIONS DE L').

L'enseignement des écoles primaires sera partagé en quatre divisions que les élèves parcourront successivement. (Décr. 22 frim. an I, titre I), I, 9.

Toute école élémentaire publique sera partagée en trois divisions principales, à raison de l'âge des élèves et des objets de l'enseignement. (Stat. 25 avr. 1834, art. 3), I, 318. — Les enfants de six à huit ans formeront la 1re division ; objet de l'enseignement : lectures pieuses, récitation des prières, lecture, écriture, premières notions du calcul verbal. (Id., art. 5 et 8), I, 319, 320. — 2e division, huit à dix ans : histoire sainte (Ancien et Nouveau Testament), lecture, écriture, calcul verbal, calcul par écrit et grammaire française. (Id., art. 6 et 8), I, 319, 320. — 3e division, dix ans et au-dessus : doctrine chrétienne, lecture, écriture, calcul, langue française ; notions élémentaires de géographie et d'histoire générale, surtout d'histoire et de géographie de la France ; chant et dessin linéaire. (Id., art. 7 et 8), I, 319, 320. — Les élèves de la même division doivent tous avoir les mêmes livres. (Id., art. 9), I, 320. — Les 2e et 3e divisions composeront une fois par semaine; les places seront données dans le courant de la semaine, et les listes seront représentées à chaque visite de l'école. (Id., art. 10), I, 320.

Les élèves de chaque école primaire publique seront partagés en trois divisions au moins, selon leur degré d'instruction, et, autant que possible, selon leur âge. (Régl. 17 août 1851, art. 16), II, 260. — Dans la 1re division, l'enseignement comprendra la récitation des prières et du catéchisme du diocèse, la lecture, l'écriture et les premières notions du calcul. Dans la 2e division, il aura pour objet la récitation du catéchisme et l'histoire abrégée de l'Ancien Testament, la lecture courante, l'écriture, le calcul et les éléments de la langue française (théorie et pratique). Dans la 3e division, il embrassera les matières de la division précédente avec plus de développements, l'histoire abrégée du Nouveau Testament, les manuscrits ou cahiers autographiés et le système métrique. (Id., art. 17), II, 260.

L'enseignement dans les écoles publiques, laïques et congréganistes de garçons et de filles du département de la Seine, est partagé en trois cours : cours élémentaire, cours moyen, cours supérieur. (Arr. 10 juill. 1868, art. 1). — Le programme annuel de chaque cours est fixé. (Id., art. 3). — Chaque cours comprend autant de divisions que le comporte le nombre des élèves. L'effectif de chaque division n'excédera pas, dans le cours supérieur, soixante élèves ; dans le cours moyen, quatre-vingts ; dans le cours élémentaire, cent vingt. (Ces chiffres ont été ramenés à soixante, soixante-dix, quatre-vingts). (Id., art. 5). — Chaque année, au mois d'octobre, les élèves sont répartis, suivant leur force, entre les différents cours à la suite d'un examen fait par l'instituteur ou l'institutrice, sous le contrôle de l'inspecteur de l'enseignement primaire de la circonscription. La liste de classement est portée sur le registre matricule. Une copie de cette liste est adressée à l'inspecteur d'Académie par l'intermédiaire de l'inspecteur de la circonscription. Toute modification faite, dans le courant de l'année, à ce classement, est consignée sur le registre et signalée à l'inspecteur de l'enseignement primaire, qui en apprécie l'opportunité. (Id., art. 6.)

V. École, Instituteur, Instituteur adjoint.

ENSEIGNEMENT (LANGUE DE L').

Il sera établi, dans dix jours, un instituteur de langue française dans chaque commune des départements du Morbihan, du Finistère, des Côtes-du-Nord et dans la partie de la Loire-Inférieure, où l'on parle le bas-breton ; des départements du Haut et Bas-Rhin, de la Corse, de la Moselle, du Nord, du Mont-Terrible, des Alpes-Maritimes et des Basses-Pyrénées. (Décr. 8 pluv. an II, art. 1 et 2), I, 30.

L'enseignement sera fait en langue française ; l'idiome du pays ne pourra être employé que comme un moyen auxiliaire. (Décr. 27 brum. an III, chap. IV, art. 3), I, 36.

Le français sera seul en usage dans l'école. Le maître s'efforcera, par des prescriptions, par de fréquentes explications, et surtout par son exemple, de former les élèves à l'usage habituel de cette langue. Il explique chaque leçon, et donne sur cette leçon des dictées graduées. L'orthographe usuelle est l'objet de soins particuliers. Les enfants y sont exercés, dès qu'ils commencent à lire. (Règl. 17 août 1851, art. 29), II, 263.

L'autorisation d'enseigner l'écriture et la lecture allemande aux enfants qui savent déjà lire et écrire en français est accordée aux instituteurs des écoles dites allemandes du département de la Moselle. (Av. Cons. 28 févr. 1870), II, 648.

V. Grammaire, Langue française.

ENSEIGNEMENT (LIBERTÉ DE L').

V. Liberté.

ENSEIGNEMENT (MATIÈRES DE L').

V. Objet de l'enseignement.

ENSEIGNEMENT MUTUEL.

La méthode d'enseignement mutuel est mise au nombre de

celles qui peuvent être introduites dans les écoles. (Instruct. 27 juin 1816), I, 102.

Une école modèle d'enseignement mutuel est établie dans 12 départements. (Arr. 22 juin 1817), I, 42. — Des classes d'enseignement mutuel sont fondées dans 24 départements. (Id.), I, 113.

La méthode d'enseignement mutuel ne doit être ni dénaturée, ni suivie servilement. (Instruct. 14 déc. 1817), I, 105, note.

Les écoles d'enseignement mutuel sont placées, comme les autres, sous la juridiction de l'Université. (Instruct. 1er juill. 1819), I, 105, note.

V. Méthode.

ENSEIGNEMENT (OBJET DE L').

On enseignera aux enfants, dans les écoles primaires, tant à lire dans les livres imprimés que dans les livres manuscrits; à écrire, et les exemples d'écriture leur rappelleront leurs droits et leurs devoirs; les premiers éléments de la langue française, soit parlée, soit écrite; les règles de l'arithmétique simple; les éléments du toisé; les noms des villages du canton, ceux des cantons, des districts et des villes du département, ceux des villes hors du département avec lequel le pays a des relations plus habituelles; les principes de la religion; les premiers éléments de la morale, en s'attachant surtout à faire connaître les rapports de l'homme avec ses semblables; des instructions simples et claires sur les devoirs communs et sur les lois qu'il est indispensable à tous de connaître; des exemples d'actions vertueuses qui les toucheront de plus près, et, avec le nom du citoyen vertueux, celui du pays qui l'a vu naître; dans les villes et bourgs au-dessus de 1,000 âmes, les principes du dessin géométral; pendant les récréations, des jeux propres à fortifier et à développer le corps. (Proj. décr. sept. 1791, chap. I, art. 4 et 5), I, 2.— *Toutes les instructions données aux filles dans les maisons d'éducation publique tendront particulièrement à les préparer aux vertus de la vie domestique et aux talents utiles dans le gouvernement d'une famille.* (Id., chap. XVII, art. 8), I, 7.

Dans les écoles primaires, on apprendra à lire et à écrire, les règles de l'arithmétique et les premières connaissances morales, naturelles et économiques. (Décr. 22 frim. an I, tit. I), I, 9.

L'instituteur est chargé d'enseigner aux élèves les connaissances élémentaires nécessaires aux citoyens pour exercer leurs droits, remplir leurs devoirs et administrer leurs affaires domestiques. (Décr. 11 prair. an I), I, 18.

Les enfants reçoivent la première éducation physique, morale et intellectuelle, la plus propre à développer en eux les mœurs républicaines, l'amour de la patrie et le goût du travail. Ils apprennent à parler, lire, écrire la langue française. On leur fait connaître les traits de vertu qui honorent le plus haut les hommes libres, et particulièrement les traits de la Révolution française les plus propres à leur élever l'âme et à les rendre dignes de la liberté et de l'égalité. Ils acquièrent quelques notions géographiques de la France. La connaissance des droits et des devoirs de l'homme est mise à leur portée par des exemples et par leur propre expérience. On leur donne les premières notions des objets naturels qui les environnent et de l'action naturelle des éléments. Ils s'exercent à l'usage des nombres, du compas, du niveau, des poids et mesures, du levier, de la poulie et de la mesure du temps. On les rend souvent témoins des travaux champêtres et des ateliers ; ils y prennent part autant que leur âge le leur permet. (Décr. 30 vendém. an II, 3°), I, 20.

Les écoles primaires ont pour objet de donner aux enfants de l'un et de l'autre sexe l'instruction nécessaire à des hommes libres. (Décr. 27 brum. an III, chap. Ier, art. 1), I, 33. — Dans l'une et l'autre section de chaque école, on enseignera aux élèves : 1° à lire et à écrire, et les exemples de lecture leur rappelleront leurs droits et leurs devoirs ; 2° la Déclaration des droits de l'homme et du citoyen et la Constitution de la République française ; 3° on donnera des instructions élémentaires sur la morale républicaine ; 4° les éléments de la langue française, soit parlée, soit écrite ; 5° les règles du calcul et de l'arpentage ; 6° les éléments de la géographie et de l'histoire des peuples libres ; 7° des instructions sur les principaux phénomènes et les productions les plus nouvelles de la nature. On fera apprendre le recueil des actes héroïques et des chants de triomphe. (Id., chap. IV, art. 2), I, 36.

Dans chaque école primaire, on enseigne à lire, à écrire, à calculer et les éléments de la morale républicaine. (Loi 3 brum. an IV, titre I, art. 5), I, 39.

Chaque école primaire sera divisée en deux sections, l'une pour les garçons, l'autre pour les filles. — Les filles apprendront à lire, écrire, compter, les éléments de la morale républicaine ; elles seront formées aux travaux manuels de différentes espèces, utiles et communes. (Décr. 4 brum. an IV, art. 2), I, 40.

Dans les petites écoles ou écoles primaires, on apprend à lire, à écrire, et les premières notions du calcul. (Décr. 17 mars 1808, tit. I, art. 5, 6°), I, 53. — Toutes les écoles de l'Université ont pour base : 1° les préceptes de la religion catholique; 2° la fidélité à l'empereur; 3° l'obéissance aux statuts du corps enseignant. (Id., tit. V, art. 38), I, 54. — Le grand maître fera établir par le conseil de l'Université les programmes des divers degrés d'enseignement. (Id., tit. XIII, art. 106), I, 56. — Cf. id tit. XIII, art. 107 et 108, I, 57.

Les inspecteurs d'Académie veilleront à ce que les maîtres d'école ne portent pas leur enseignement au-dessus de la lecture, l'écriture et l'arithmétique. (Décr. 15 nov. 1811, art. 192), I, 74. — L'enseignement du système métrique des poids et mesures est prescrit dans les écoles. (Décr. 12 févr. 1812, art. 5), I, 75.

L'enseignement correspond aux trois degrés du brevet de capacité; troisième degré : lire, écrire et chiffrer; deuxième degré : orthographe, calligraphie, calcul, enseignement simultané analogue à celui des frères; premier degré : grammaire française et arithmétique, géographie, arpentage, et autres connaissances utiles dans l'enseignement primaire. (Ordonn. 29 fév. 1816, art. 11), I, 86. — Cf. Instruct. 14 juin 1816, I, 97. — Les brevets du troisième degré ne peuvent être que très-rarement accordés. (Instruct. 15 janv. 1819), I, 114, note. — Cf. Arr. 25 sept. 1819, art. 12, I, 126.

L'enseignement primaire comprend, outre l'instruction morale et religieuse, la lecture, l'écriture, la langue française, le calcul, le système légal des poids et mesures, le dessin linéaire et l'arpentage. Le vœu des pères de famille sera toujours consulté et suivi en ce qui concerne la participation de leurs enfants à l'instruction religieuse. (Proj. loi 20 janv. 1831, art. 1), I, 194.

L'enseignement des écoles primaires comprend la lecture, l'écriture, les éléments de la langue française et le calcul, des notions sur les droits et les devoirs sociaux et politiques. Selon les ressources et les besoins des localités, il pourra, en outre, comprendre le dessin linéaire, l'arpentage et d'autres notions élémentaires. Les instituteurs sont tenus de veiller à ce que, selon le vœu qui aura été manifesté par les parents, les élèves reçoivent l'instruction religieuse des ministres des différents cultes. (Prop. loi 17 nov. 1832, art. 1), I, 223.

L'instruction primaire est élémentaire ou supérieure. L'instruction primaire élémentaire comprend nécessairement : l'instruction morale et religieuse, la lecture, l'écriture, les éléments de la langue française et du calcul, le système légal des poids et mesures. L'instruction primaire supérieure comprend nécessairement, en outre, les éléments de géométrie et ses applications usuelles, spécialement le dessin linéaire et l'arpentage, des notions des sciences physiques et de l'histoire naturelle applicables aux usages de la vie, le chant, les éléments de l'histoire et de la géographie, et surtout de l'histoire et de la géographie de la France ; selon les besoins et les ressources des localités, l'instruction primaire pourra recevoir les développements qui seront jugés convenables. (Loi 28 juin 1833, art. 1), I, 236. — Le vœu des pères de famille sera toujours consulté et suivi, en ce qui concerne la participation de leurs enfants à l'instruction religieuse. (Id, art. 2), II, 236.

Dans toute école primaire élémentaire, l'enseignement public comprendra nécessairement : l'instruction morale et religieuse, la lecture, l'écriture, les éléments du calcul et de la langue française, le système légal des poids et mesures ; des notions de géographie et d'histoire, et surtout de la géographie et de l'histoire de la France, pourront, en outre, y être données aux élèves les plus avancés. Le dessin linéaire et le chant pourront également être enseignés. (Stat. 25 avr. 1834, art. 1) I, 318.

Le dessin linéaire peut être enseigné dans les écoles élémentaires publiques. (Décis. Cons. 19 nov. 1833), I, 282.

L'enseignement du système légal des poids et mesures n'interdit pas tout exercice sur les anciennes mesures. (Décis. Cons. 28 juin 1839), I, 556. — Le système légal des poids et mesures doit être exclusivement enseigné. (Arr. Cons. 22 oct. 1839), I, 565. — Un instituteur doit faire preuve de la connaissance des anciennes et des nouvelles mesures, bien qu'il ne doive enseigner que les nouvelles mesures. (Av. Cons. 11 avr. 1840), I, 575.

Le programme d'histoire s'arrêtera à l'année 1789, et n'embrassera plus l'histoire du moyen âge et l'histoire moderne que dans les points où ces deux histoires ont des rapports avec l'histoire de France. (Av. Cons. 6 juill. 1849), II, 88, note.

L'instruction primaire élémentaire pour les filles comprend nécessairement : l'instruction morale et religieuse, la lecture et l'écriture, les éléments du calcul et de la langue française, le chant, les travaux d'aiguille, les éléments du dessin linéaire. (Ordonn. 23 juin 1836, art. 1), I, 393. — Sur l'avis du comité local et du comité d'arrondissement, elle peut recevoir, avec l'autorisation du recteur, les développements jugés convenables selon les besoins et les ressources des localités. (Id., art. 2), I, 393. — Cf. Id., art 11, I, 395. — L'instruction primaire supérieure pour les filles comprend, outre les matières de l'instruction primaire élémentaire, des notions plus étendues d'arithmétique et de langue française, les éléments de l'histoire et de la géographie en général, et particulièrement de l'histoire et de la géographie de la France. (Id., art. 1), I, 393. — Sur l'avis du comité local et du comité d'arrondissement, elle peut recevoir, avec l'autorisation du recteur, les développements qui seront jugés convenables selon les besoins et les ressources des localités. (Id., art. 2), I, 393.

L'enseignement dans les pensions de filles du département de la Seine comprend : l'instruction morale et religieuse, la lecture, l'écriture, la grammaire française, l'arithmétique jusques et y compris les proportions et les règles qui en dépendent, l'histoire de France, la géographie moderne, les notions élémentaires de physique et d'histoire naturelle applicables aux principaux usages de la vie, le dessin, la musique, les travaux d'aiguille, les langues vivantes. (Arr. 7 mars 1837, art. 2), I, 453. — Celui des institutions comprend, outre les connaissances comprises dans le programme des pensions, les éléments et l'histoire de la littérature française, avec des exercices de grammaire et de style, la géographie ancienne, l'histoire ancienne et moderne, les éléments de la cosmographie. (Id., art. 3), I, 453.

L'enseignement primaire comprend : 1° la lecture, l'écriture, les éléments de la langue française, les éléments du calcul, le système métrique, la mesure des grandeurs, des notions élémentaires sur les phénomènes de la nature et les faits principaux de l'agriculture et de l'industrie ; le dessin linéaire ; le chant ; des notions élémentaires sur l'histoire et la géographie de la France ; 2° *la connaissance des devoirs et des droits de l'homme et du citoyen ; le développement des sentiments de liberté, d'égalité, de fraternité ;* 3° *les préceptes élémentaires de l'hygiène et les exercices utiles au développement physique. L'enseignement religieux est donné par les ministres des différents cultes.* (Proj. loi 1er juin 1848, art. 1), II, 17.

L'instruction élémentaire pour les garçons comprend nécessairement : l'instruction morale, religieuse et civique, la lecture, l'écriture, les éléments de la langue française, les éléments du calcul, le système légal des poids et mesures, le dessin linéaire, les notions élémentaires d'hygiène, le chant et les exercices gymnastiques. Selon les besoins et les ressources des localités, l'instruction primaire élémentaire pourra recevoir les développements qui seront jugés convenables et comprendra notamment des notions sur l'histoire et la géographie de la France. (Prop. loi 15 déc. 1848, art. 11), II, 45. — *L'instruction primaire supérieure comprend nécessairement, outre l'instruction morale, religieuse et civique : la lecture perfectionnée, l'écriture perfectionnée, les développements de la grammaire et les règles de la composition usuelle ; l'arithmétique et les règles de la comptabilité usuelle et des notions sur la tenue des livres ; le dessin linéaire appliqué à l'industrie et notamment le dessin d'ornement et des machines ; les éléments de la géométrie élémentaire et ses applications, notamment l'arpentage ; des notions de sciences physiques et d'histoire naturelle applicables à l'agriculture, à l'industrie, à l'hygiène et aux usages de la vie ; les éléments de l'histoire et de la géographie ; l'histoire et la géographie de la France ; le chant, la gymnastique. Selon les ressources et les besoins des localités, l'instruction primaire supérieure pourra recevoir les développements jugés convenables et comprendra notamment l'étude d'une langue vivante.* (Id., art. 12), II, 45.

L'instruction élémentaire pour les filles comprend nécessairement : l'instruction morale et religieuse, et les mêmes matières que celle des garçons. (Prop. loi 15 déc. 1848, art. 24), II, 48.— *L'instruction supérieure pour les filles comprend nécessairement, outre l'instruction morale et religieuse : la lecture perfectionnée, l'écriture perfectionnée, les développements de la grammaire et les règles de la composition usuelle ; l'arithmétique et les règles de la comptabilité usuelle et des notions sur la tenue des livres, le dessin linéaire et le dessin d'ornement ; des notions des sciences physiques et d'histoire naturelle applicables aux usages de la vie et à l'économie domestique; les éléments de l'histoire et de la géographie; l'histoire et la géographie de la France; les travaux à l'aiguille perfectionnés; le chant, la gymnastique. Selon les ressources et les besoins des localités, l'instruction primaire supérieure pourra recevoir les développements qui seront jugés convenables et comprendra notamment l'étude d'une languevi vante.* (Id., art. 25), II, 48.

L'enseignement primaire comprend : l'instruction morale et religieuse, la lecture, l'écriture, les éléments de la langue française, le calcul et le système légal des poids et mesures. Il peut comprendre, en outre : l'arithmétique appliquée aux opérations pratiques ; les éléments de l'histoire et de la géographie ; des notions des sciences physiques et de l'histoire naturelle applicables aux usages de la vie ; des instructions élémentaires sur l'agriculture, l'industrie et l'hygiène ; l'arpentage, le nivellement, le dessin linéaire, le chant et la gymnastique. (Loi 15 mars 1850, art. 23), II, 127. — L'enseignement primaire dans les écoles de filles comprend, outre les matières de l'enseignement primaire énoncées dans l'art. 23, les travaux à l'aiguille. (Id., art. 48), II, 136.

Le conseil départemental donne son avis sur les réformes à introduire dans l'enseignement des écoles publiques. (Loi 15 mars 1850, art. 14), II, 124. — La commune peut, avec l'autorisation du conseil départemental, exiger que l'instituteur communal donne, en tout ou en partie, à son enseignement, les développements dont il est parlé à l'art. 23. (Id., art. 36), II, 132.

L'enseignement dans les écoles primaires publiques comprend nécessairement : l'instruction morale et religieuse, la lecture, l'écriture, les éléments de la langue française, le calcul et le système légal des poids et mesures. (Règl. 17 août 1851, art. 13), II, 259. — Lorsque l'instituteur en aura reçu l'autorisation du conseil départemental, l'enseignement pourra porter, en outre, en tout ou en partie, sur les matières suivantes : arithmétique appliquée aux opérations pratiques ; éléments d'histoire et de géographie ; notions de sciences physiques et de l'histoire naturelle applicables aux usages de la vie ; instructions élémentaires sur l'agriculture, l'industrie et l'hygiène ; arpentage, nivellement, dessin linéaire, chant et gymnastique. (Id., art. 14), II, 260.

L'enseignement primaire peut comprendre, outre les matières déterminées par le § 2 de l'art. 23 de la loi du 15 mars 1850, le dessin d'ornement, le dessin d'imitation, les langues vivantes étrangères, la tenue des livres et les éléments de géométrie. (Loi 21 juin 1865, art. 9), II, 566.

Les éléments de l'histoire et de la géographie de la France sont ajoutés aux matières obligatoires de l'enseignement primaire. (Loi 10 avr. 1867, art. 16), II, 608.

L'enseignement des principes de la protection peut être recommandé par une circulaire. (Av. Cons. 4 juill. 1868), II, 468.

ENSEIGNEMENT PRIMAIRE SPÉCIAL.

L'enseignement primaire, avec tous les développements qu'il comporte, pourra être donné, comme par le passé, dans les établissements publics d'enseignement secondaire pour lesquels il aura été régulièrement autorisé. (Arr. 18 mars 1856, art. 1), II, 434. — Les maîtres seront nommés par le Ministre ; dans les lycées, ils sont choisis parmi les maîtres répétiteurs ; dans les colléges, ils ont le rang et le titre de régent. A défaut du diplôme de bachelier ès lettres ou ès sciences, ils doivent justifier du brevet de capacité complet. (Id., art. 2), II, 435.

ÉQUIVALENCE.

Le brevet de capacité peut être suppléé par le certificat de stage, par le diplôme de bachelier, par un certificat constatant qu'on a été admis dans une des écoles spéciales de l'État, ou par le titre de ministre, non interdit ni révoqué, de l'un des cultes reconnus par l'État. (Loi 15 mars 1850, art. 25), II, 128. — Les écoles de l'État dont le certificat est équivalent au brevet sont : l'École normale supérieure, l'École polytechnique, l'École de Saint-Cyr, l'École forestière, l'École de la marine, l'École des mineurs de Saint-Étienne et d'Alais, l'École des chartes. (Décr. 31 mars 1851, art. 1), II, 233.

Le Ministre de l'instruction publique pourra, après avoir pris l'avis du conseil supérieur, déclarer équivalents aux brevets ou diplômes nationaux exigés par la loi, tous brevets et grades obtenus par l'étranger des autorités scolaires de son pays. (Décr. 5 déc. 1850, art. 3), II, 190.

ÉTRANGER.

Nul ne peut être instituteur public, s'il n'est Français ou naturalisé Français. (Décis. Cons. 8 nov. 1833), I, 276.

Les étrangers, non naturalisés Français, peuvent être instituteurs privés, en remplissant les conditions légales. (Décis. Cons. 12 nov. 1833), I, 280.

Les étrangers qui veulent tenir des écoles sont, comme les Français, obligés de se conformer à la loi, en tout ce qui leur est applicable. (Av. Cons. 23 févr. 1836), I, 377.

Un étranger non naturalisé ne peut être membre d'un comité d'instruction primaire. (Av. Cons. 20 oct. 1843), I, 650.

Les étrangers peuvent être autorisés à ouvrir et à diriger des établissements d'instruction primaire aux conditions déterminées par un règlement délibéré en conseil supérieur. (Loi 15 mars 1850, art. 78), II, 144.

Pour ouvrir et diriger une école primaire libre, tout étranger admis à jouir des droits civils en France est soumis aux mêmes obligations que les nationaux. Il devra, en outre, avoir préalablement obtenu et produire une autorisation spéciale du Ministre de l'instruction publique, accordée après avis du conseil supérieur. Cette dernière condition est imposée à tout étranger appelé à remplir, dans un établissement d'instruction primaire libre, une fonction de surveillance ou d'enseignement. L'autorisation accordée par le Ministre, après avis du conseil supérieur, pourra toujours être retirée dans les mêmes formes. (Décr. 5 déc. 1850, art. 1), II, 189. — Dans le cas particulier d'écoles primaires uniquement destinées à des enfants résidant en France, des dispenses de brevets de capacité ou de grade pourront être accordées par le

Ministre de l'instruction publique, après avis du conseil supérieur. (Id., art. 2), II, 190. — Le Ministre pourra, après avis du conseil supérieur, déclarer équivalents aux brevets ou diplômes nationaux exigés par la loi, tous brevets et grades obtenus par l'étranger des autorités scolaires de son pays. (Id., art. 3), II, 190. — Pourront être également accordées par le Ministre, en conseil supérieur, des dispenses de brevets et de grades aux étrangers qui se seraient fait connaître par des ouvrages dont le mérite aura été reconnu par le conseil supérieur. (Id., art. 4), II, 190. — Les chefs ou directeurs étrangers d'établissements d'instruction primaire libre, régulièrement autorisés avant le 1er septembre 1850, continueront d'exercer leur profession, sans être soumis aux prescriptions de l'art. 1 du présent décret. (Décr. 5 déc. 1850, art. 5), II, 190.— Nul étranger ne pourra être nommé instituteur communal ou instituteur adjoint dans une école publique, inspecteur primaire, directeur ou maître adjoint dans une École normale primaire, s'il n'a préalablement obtenu des lettres de naturalisation. (Décr. 5 déc. 1850, art. 7), II, 191. — L'autorisation et les dispenses laissées à la discrétion des conseils départementaux par l'art. 77 de la loi du 15 mars 1850, ne pourront, quand il s'agira d'étrangers admis à jouir des droits civils, être accordées que par le Ministre de l'instruction publique, en conseil supérieur ; lesdites autorisations et dispenses sont toujours révocables dans les mêmes formes. (Décr. 5 déc. 1850, art. 6), II, 190.

ÉVÊQUE.

V. Archevêque, Ministre du culte.

EXAMEN.

COMPOSITION DES COMMISSIONS. — *Il est établi par district un jury de cinq membres, nommé par le directoire du département, et dont deux au moins sont pris parmi les maîtres publics.* (Proj. loi sept. 1791, chap. IV, art. 2), I, 4.

Les instituteurs sont examinés sur leurs connaissances, sur leur aptitude à enseigner, d'une manière claire et analytique, par une commission départementale de cinq à onze membres, choisis par le directoire du département parmi les personnes les plus instruites et les plus recommandables par leurs mœurs et leur patriotisme entre celles qu'ont désignées les conseils généraux des communes. (Décr. 22 frim. an I, tit. V), I, 13.

Il est établi, par district, une commission d'hommes éclairés et recommandables par leurs bonnes mœurs, chargée de l'examen des citoyens qui se présentent pour se dévouer à l'éducation nationale dans les premières écoles. (Décr. 7 brum. an II), I, 22, 23.

Les instituteurs et les institutrices sont nommés par le peuple. Néanmoins, pendant la durée du gouvernement révolutionnaire, ils seront examinés, élus et surveillés par un jury d'instruction, composé de trois membres désignés par l'administration du district et pris hors de son sein par les pères de famille. Le jury d'instruction sera renouvelé par tiers, tous les trois ans. Le commissaire sortant peut être réélu. (Décr. 27 brum. an III, chap. II, art. 1 et 2), I, 34.

Il sera établi dans chaque département plusieurs jurys d'instruction : le nombre des membres de ces jurys sera de six au plus. Dans chaque département, chaque jury sera composé de trois membres nommés par l'administration départementale. (Loi 3 brum. an IV, tit. Ier, art. 2 et 3), I, 38.

Un jury est institué pour procéder aux examens des instituteurs. (Régl. préf. Seine 6 frim. an IX), I, 44. — Il y a deux sortes de jurys, un jury ordinaire et un jury spécial. (Arr. préf. Seine 25 pluv. an XII, art. 11 et 18), I, 47 et 48. — Le jury spécial répond aux diverses espèces d'enseignement spécial. Le jury ordinaire est chargé d'examiner les instituteurs; il est formé de chefs d'écoles secondaires du département nommés par le préfet, au nombre de trois membres, qui se renouvellent le 1er de chaque mois, mais qui sont nommés ensemble par un même arrêté pour tout un semestre. Il s'assemble à la préfecture. (Id., art. 27 à 31), I, 50. — Les examens portent sur toutes les parties de l'instruction corrélatives à la nature et au degré de l'enseignement que le candidat se propose de professer. (Id., art. 32), I, 50.

Tout particulier qui désirera se vouer aux fonctions d'instituteur primaire devra présenter au recteur de son Académie un certificat de bonne conduite des curé et maire de la commune, ou des communes où il aura habité depuis trois ans ; il sera ensuite examiné par un inspecteur d'Académie ou par tel autre fonctionnaire de l'instruction publique que le recteur déléguera, et recevra, s'il en est trouvé digne, le brevet de capacité. (Ordonn. 29 févr. 1816, art. 10), I, 86.

L'examen des institutrices aura lieu devant un jury de cinq membres, formé au chef-lieu de département. Nulle ne sera admise sans produire : 1° son acte de naissance, et si elle est mariée, son acte de mariage; 2° un certificat de bonne conduite du curé et du maire de la commune ou des communes qu'elle a habitées depuis trois ans. (Instruct. 3 juin 1819), I, 119.

Il sera établi pour les instituteurs protestants des jurys spécialement chargés d'examiner les futurs instituteurs et les futures institutrices, lesquels seront composés d'un président de comité d'arrondissement et de deux membres nommés par le recteur. (Arr. 30 juin 1825, art. 30), I, 183.

L'attestation de capacité sera délivrée, après examen, par une commission de trois membres siégeant au chef-lieu de la préfecture, et formée d'un ingénieur en chef, d'un juge de paix et d'un membre nommé par le préfet. (Prop. loi 24 oct. 1831, art. 5), I, 221.

Le brevet de capacité sera délivré, après examen, par une commission départementale de trois membres, nommés annuellement par le onseil général. (Prop. loi 17 nov. 1832, art. 8), I, 225.

Il y aura, dans chaque département, une ou plusieurs commissions d'instruction primaire, chargées d'examiner tous les aspirants au brevet de capacité, soit pour l'instruction primaire élémentaire, soit pour l'instruction primaire supérieure, et qui délivreront lesdits brevets sous l'autorité du Ministre. Les membres de ces commissions seront nommés par le Ministre. (Loi 28 juin 1833, art. 25), I, 244.

Les brevets seront délivrés, après examen, par des commissions d'instruction primaire. (Ordonn. 19 juill. 1833, art. 1), I,

255. — Il y aura dans chaque ville chef-lieu de département une commission d'instruction primaire chargée d'examiner tous les aspirants au brevet de capacité. Cette commission sera renouvelée tous les trois ans. Les membres en sont indéfiniment rééligibles. (Id., art. 2), I, 255. — La commission de l'instruction primaire sera composée de sept membres au moins, dont trois seront nécessairement pris parmi les membres de l'instruction publique. Ces membres sont : le recteur ou un inspecteur par lui délégué dans les villes où est le siége de l'Académie, le proviseur ou le censeur, et un professeur dans les villes où existe un collége royal, un ou deux fonctionnaires du collége communal dans les villes qui possèdent un établissement de cet ordre. (Id., art. 3), I, 255.

L'inspecteur de l'enseignement primaire fera nécessairement partie de la commission d'examen établie en vertu de l'art. 25 de la loi du 28 juin 1833, et il y remplira les fonctions de secrétaire. (Ordonn. 27 fév. 1835, art. 6), I, 356.

La commission d'examen pour les institutrices sera composée de cinq membres au moins ; elle sera nommée pour trois ans ; les membres en seront indéfiniment rééligibles. (Arr. 28 juin 1856, art. 4), I, 402.

Les membres d'une commission d'examen peuvent être choisis indistinctement dans tout le département, et non pas seulement dans le chef-lieu. Le directeur de l'École normale et tout maître adjoint attaché à l'école, ne doit faire partie de la commission qu'autant qu'il y a nécessité absolue. (Décis. Cons. 6 août 1833), I, 261.

Une ou plusieurs commissions d'examen sont instituées dans chaque département pour examiner les aspirants au certificat d'aptitude. Ces commissions sont composées du recteur ou d'un inspecteur supérieur de l'instruction primaire désigné par lui, président, et de huit membres nommés pour trois ans, moitié par le Ministre, moitié par le conseil général du département. Pour l'examen des aspirantes, la commission s'adjoint deux examinatrices qui ont voix délibérative. Les aspirants ou aspirantes peuvent choisir la commission devant laquelle ils se présentent. (Proj. loi 1er juin 1848, art. 40), II, 23.

Il y a dans chaque département une commission chargée d'examiner les aspirants et les aspirantes au brevet de capacité. Elle est composée du recteur ou d'un délégué choisi par lui parmi les fonc-

tionnaires supérieurs de l'instruction publique, président; d'un curé ou chanoine du département, désigné par l'évêque, ou bien d'un ministre de tout autre culte professé par le candidat; de l'inspecteur du département, et en cas d'empêchement, du plus ancien des sous-inspecteurs, et de six membres nommés moitié par le Ministre de l'instruction publique, moitié par le conseil général. Pour les examens des aspirantes, la commission s'adjoindra deux examinatrices qui auront voix délibérative. (Prop. loi 15 déc. 1848, art. 76), II, 58.

Chaque année, le conseil départemental nomme une commission d'examen chargée de juger publiquement, et à des époques déterminées par le recteur, l'aptitude des aspirants au brevet de capacité, quel que soit le lieu de leur domicile. Cette commission se compose de sept membres et choisit son président. Un inspecteur d'arrondissement pour l'instruction primaire, un ministre du culte professé par le candidat, et deux membres de l'enseignement public ou libre en font nécessairement partie. (Loi 15 mars 1850, art. 46), II, 135.

Sessions d'examen.— Les examens auront lieu à des époques déterminées par le Ministre. (Loi 28 juin 1833, art. 25), I, 244. — Cf. Règl. 19 juill. 1833, art. 4, I, 256.

Les examens de capacité pour le département de la Seine seront annoncés quinze jours à l'avance. (Arr. 21 juill. 1835, art. 1), I, 360.

Les commissions d'examen pour les institutrices s'assembleront deux fois par an; elles tiendront séance dans les dix premiers jours de mars et d'août. Les examens seront annoncés trente jours à l'avance par un arrêté du recteur dûment publié et affiché. (Arr. 28 juin 1836, art. 5), I, 402.

Les examens seront annoncés quinze jours d'avance par un arrêté du recteur qui sera publié et affiché. (Règl. 19 juill. 1838, art. 7), I, 256.

Le Ministre détermine les époques des examens. (Proj. loi 1er juin 1848, art. 40), II, 24.— Cf. Prop. loi 15 déc. 1848, art. 77, II, 59.

Les commissions d'examen tiennent au moins deux sessions par an. (Décr. 29 juill. 1850, art. 50), I, 174. — Aucun examen particulier ne peut avoir lieu en dehors des deux sessions annuelles. Le recteur, pour des cas graves, peut autoriser une troisième session. (Arr. 15 févr. 1853, art. 1), II, 295. — Le jour de l'ouverture de la session est fixé par les recteurs, après avis des conseils départementaux. (Règl. 3 juill. 1866, art. 1), II, 596.

Inscription des candidats. — La commission de l'instruction publique se rassemble au chef-lieu du district; elle invite tous les citoyens qui veulent se consacrer à l'honorable fonction d'instituteur dans les premières écoles, à se faire inscrire dans leurs municipalités respectives; les listes d'inscription portent le nom, le prénom, l'âge et la profession de chacun; elles énoncent pareillement ceux qui sont mariés et ceux qui ne le sont pas; une copie certifiée de chaque liste d'inscription est envoyée à la commission après avoir été visée par le comité de surveillance du lieu le plus voisin, pour attester pareillement le patriotisme et les bonnes mœurs de ceux qui se sont inscrits. Tout Français est admis à l'inscription dans tel département, dans telle commune qu'il lui plaît, en justifiant de sa bonne conduite et de son civisme. La commission appelle les citoyens inscrits dans l'ordre de l'envoi des listes et suivant l'ordre de son inscription dans la commune. (Décr. 7 brum. an II), I, 22.

Tout individu âgé de dix-huit ans accomplis pourra, en produisant son acte de naissance, se présenter devant une commission d'instruction primaire, pour subir l'examen de capacité. Il sera tenu seulement de s'inscrire vingt-quatre heures d'avance au secrétariat de la commune. (Ordonn. 19 juill. 1833, art. 6), I, 256.

Aucune disposition légale n'interdit aux candidats la faculté d'être examinés, pour le brevet de capacité, dans un département autre que celui où ils ont leur domicile légal. (Av. Cons. 2 mai 1834), I, 324. — Cf. Décis. Cons. 1er oct. 1833, I, 271; 2 mai 1834, I, 324; 10 oct. 1837, I, 484.

Les candidats au brevet de capacité doivent subir l'examen devant la commission du département où ils ont leur domicile. (Décis. Cons. 14 août 1838), I, 531.

Les aspirants et aspirantes ne peuvent se présenter que devant la commission d'examen d'un département où ils résident depuis six mois au moins. (Prop. loi 15 déc. 1848, art. 77), II, 59.

Aucun candidat, ayant échoué, ne peut se présenter devant une commission nouvelle qu'après un intervalle de six mois. (Décis. Cons. 4 nov. 1834, art. 1), I, 339. — Tout candidat, en se faisant inscrire, doit faire connaître si c'est pour la première fois qu'il subit les épreuves, sous peine de nullité d'examen. (Id., art. 2), I, 339.

Lorsqu'une commission aura ajourné un candidat, elle en informera aussitôt le recteur, qui donnera avis de cet ajournement aux autres communes existantes dans le ressort de l'Académie et aux recteurs des Académies voisines. (Id., art. 3), I, 339.

Aucun candidat ayant échoué ne peut se présenter pour l'examen du brevet de capacité devant la même commission ou devant une autre commission, qu'après un délai de six mois. (Arr. Cons. 8 juin 1838, art. 1), I, 527.

Il suffit qu'il y ait entre les examens un intervalle de trois mois. (Av. Cons. 14 octob. 1842), I, 611.

L'aspirant qui aurait été refusé à un premier examen ne pourra se représenter à un second, soit dans l'Académie où il a subi le premier, soit dans une autre Académie, qu'après un intervalle de trois mois et en session régulière. (Av. Cons. 16 juill. 1852), II, 291.

L'identité des candidats au brevet sera certifiée par deux notables pris parmi les fonctionnaires publics ou les chefs d'institution et maîtres de pension. (Arr. Cons. 28 déc. 1838), I, 540. — L'arrêté du 28 décembre 1838, qui permet de constater l'identité des aspirants, est applicable aux aspirantes. (Arr. Cons. 18 juin 1839), I, 555.

Tout aspirant au brevet de capacité est tenu de se faire inscrire au secrétariat de l'Académie un mois avant l'ouverture de la session, et de déposer à l'époque de son inscription : 1° un extrait de son acte de naissance ; 2° la déclaration qu'il ne s'est présenté devant aucune commission d'examen dans l'intervalle des quatre mois qui précèdent la session ; 3° l'indication, s'il y a lieu, de celles des matières comprises dans la deuxième partie de l'art. 23 de la loi du 15 mars 1850 sur lesquelles il demande à être interrogé. (Arr. 15 févr. 1853, art. 3), II, 295. — Cf. Règl. 3 juill. 1866, art. 7, II, 597.

La signature de l'aspirant doit être légalisée par le maire de la commune où il réside. (Arr. 15 févr. 1853, art. 4), II, 296. — Cf. Régl. 3 juill. 1866, art. 8, II, 598.

Ne sont pas admis à l'examen, et, dans tous les cas, n'ont pas droit à la délivrance du brevet de capacité, les candidats qui se trouvent dans les cas d'incapacité prévus par l'art. 26 de la loi du 15 mars 1850, et ceux qui auraient fait, pour se conformer à l'art. 7 du présent arrêté, de fausses déclarations. (Régl. 3 juill. 1866, art. 9), II, 598.

Age des candidats. — Les candidats doivent être âgés de dix-huit ans accomplis. (Ordonn. 19 juill. 1833, art. 6), I, 256.

Nul ne peut se présenter devant une commission d'examen, s'il n'est âgé de dix-huit ans au moins. (Décr. 29 juill. 1850, art. 50), II, 174.

Aucune postulante ne sera admise avant l'âge de vingt ans. Pièces à produire : acte de naissance, acte de mariage ou acte de décès ; certificat de bonnes vie et mœurs, délivré sur l'attestation de trois conseillers municipaux, par le maire de la commune. (Ordonn. 23 juin 1836, art. 6), I, 394.

On peut accorder des dispenses d'âge qui permettent aux postulantes mariées de se présenter aux examens avant vingt ans révolus. (Av. Cons. 4 nov. 1836), I, 419. — Des dispenses peuvent être également accordées à des institutrices qui appartiennent à des congrégations religieuses. (Av. Cons. 11 nov. 1836), I, 421.

Aucune aspirante au brevet de capacité ne peut être admise à se présenter devant une commission d'examen, si elle n'est âgée, au jour de l'ouverture de la session, de dix-huit ans accomplis. (Décr. 31 déc. 1853, art. 7), II, 340.

La condition d'âge exigée des aspirantes au brevet de capacité est abaissée de dix-huit à seize ans; aucune dispense d'âge ne pourra désormais être accordée. (Décr. 19 févr. 1870, art. 1 et 2), II, 645.

Direction de l'examen. — Les examens ont lieu publiquement. (Loi 28 juin 1833, art. 25), I, 244.

Les examens oraux auront lieu publiquement dans une salle dépendant d'un établissement public. (Règl. 19 juill. 1833, art. 7), I, 256.

Les membres du comité central et des divers comités locaux, à Paris, auront des places distinctes dans la salle des examens. (Arr. 21 juill. 1835, art. 2), I, 360.

Les examens ont lieu publiquement. (Proj., loi 1er juin 1848, art. 40), II, 24.

Les examens ont lieu publiquement. Pour les examens des aspirantes, la commission n'admettra à l'examen que les autorités municipales et scolaires, les institutrices et les aspirantes avec leurs parents. (Prop. loi 15 déc. 1848, art. 77), II, 59.

L'examen des institutrices n'aura pas lieu publiquement. (Loi 15 mars 1850, art. 49), I, 136.

A l'ouverture de la session, le président de la commission fait l'appel des aspirants inscrits. Chaque aspirant, à l'appel de son nom, vient apposer sa signature sur le registre, afin de constater son identité. (Décr. 15 fév. 1853, art. 6), II, 296. — Cf. Arr. 3 juill. 1866, art. 10, II, 598.

Pour les épreuves écrites, les aspirants sont réunis tous ensemble ou, au besoin, par séries, sous la surveillance d'un ou plusieurs membres désignés par le président. (Arr. 15 févr. 1853, art. 7), II, 296.

Toute communication entre les aspirants, pendant les épreuves, est interdite. (Arr. 15 févr. 1853, art. 7), II, 296. — Cf. Arr. 3 juill. 1866, II, 598.

Les sessions s'ouvrent le même jour, à la même heure, dans chacun des départements composant le ressort académique. (Règl. 3 juill. 1866, art. 1), II, 596.

OPÉRATIONS DU JURY. — La présence de quatre membres au moins est nécessaire pour les examens des aspirants au brevet de capacité. Dans tous les cas, ce brevet ne pourra être délivré qu'à la majorité des voix. (Règl. 19 juill. 1833, art. 5), I, 256.

La présence de trois membres sera nécessaire pour la validité des examens du brevet de capacité du degré élémentaire. Cinq membres au moins devront être réunis pour l'examen de capacité du degré supérieur. Dans tous les cas, le certificat d'aptitude ne pourra être délivré qu'à la majorité des voix. (Arr. 28 juin 1836, art. 4), I, 402.

La commission ne peut délibérer régulièrement qu'autant que cinq au moins de ses membres sont présents. (Décr. 29 juill. 1850, art. 50), II, 174.

La commission d'examen ne pourra délibérer qu'autant que cinq membres au moins seront présents. (Prop. loi 15 déc. 1848, art. 76), II, 59.

MATIÈRES DES EXAMENS. — *Les candidats sont examinés sur toutes les parties de l'enseignement des écoles primaires.* (Proj. décr. sept. 1791, chap. IV, art. 2), I, 4.

Les instituteurs seront examinés sur leurs connaissances, sur leur aptitude à enseigner d'une manière claire et analytique. (Décr. 22 frim. an I, tit. V), I, 13.

Les examens portent sur toutes les matières de l'instruction corrélatives à la nature et au degré de l'enseignement que le candidat se propose de professer. (Arr. préfect. Seine 25 pluv. an XII, art. 32), I, 50.

Les matières des examens des trois degrés sont, pour le 1er degré : religion, lecture, procédés pour enseigner à lire, écriture, calcul, méthodes d'enseignement ; pour le 2me degré : religion, lecture, procédés pour enseigner à lire, écriture, orthographe, calcul, méthodes d'enseignement ; pour le 3me degré : religion, lecture, écriture, orthographe, grammaire, arithmétique, arpentage, géographie de la France, méthodes. (Instruct. 14 juin 1816), I, 97. — Cf. Instruct. 1819, I, 120.

Les matières de l'examen du brevet élémentaire sont : catéchisme, histoire sainte, lecture imprimée et manuscrite, écriture bâtarde, ronde, cursive ; grammaire, procédés pour l'enseignement de la lecture et de l'écriture ; éléments de calcul, système légal des poids et mesures, premières notions de géographie et d'histoire. Les aspirants devront satisfaire aux questions qui leur seront faites d'après ce programme. (Ord. 19 juill. 1833, art. 8 et 9), I, 257.

Des notes seront données aux candidats, de 10 à 1. (Arr. 21 juill. 1835, art. 4), I, 360.

Les premières notions d'histoire et de géographie ancienne sont obligatoires comme faisant partie de l'instruction religieuse. (Av. Cons. 17 oct. 1834), I, 338. — La théorie des fractions ordinaires fait nécessairement partie des examens au brevet de capacité. (Av. Cons. 8 janv. 1836), I, 369.

En outre de ce qui est prescrit par le statut du 19 juillet 1833, les aspirants au brevet de capacité auront à rédiger une composition sur un sujet donné, et à faire une leçon orale sur une des parties du programme correspondant au degré du brevet. La commission d'examen fixera d'avance, à l'ouverture de la séance, le temps que devra durer chacun de ces exercices ; le temps ne pourra excéder une demi-heure pour la composition, et un quart d'heure pour la leçon. La commission d'examen fixera d'avance la durée de l'épreuve. (Décis. Cons. 11 oct. 1836), I, 417.

Les aspirants au brevet de capacité de l'un et l'autre degré seront tenus, en outre, de réciter de mémoire les vingt-cinq articles qui composent la loi du 28 juin 1833 sur l'instruction primaire. (Arr. Cons. 18 juin 1839), I, 555. — L'obligation de répondre sur le dessin linéaire, prescrite aux aspirantes du brevet élémentaire, est applicable aux aspirants au brevet du même degré. (Id.), I, 555.

Les matières de l'examen du brevet supérieur sont : tout ce qui est compris dans le programme de l'examen du brevet élémentaire ; et en outre, pour l'instruction morale et religieuse, quelques développements ; pour l'arithmétique, les proportions, les règles de trois et de société ; les notions de géométrie ; les notions des sciences physiques et de l'histoire naturelle ; les éléments de la géographie et de l'histoire générale, de la géographie et de l'histoire de France, les notions de la sphère, le chant, les méthodes d'enseignement. (Ordonn. 19 juill. 1833, art. 9), I, 257.

Les matières de l'examen du brevet de capacité élémentaire pour les filles sont : catéchisme (Ancien et Nouveau Testament), lecture dans les imprimés français et latin, dans les manuscrits ou cahiers lithographiés ; écriture bâtarde et cur sive, en fin et en gros; langue française et grammaire, orthographe, calcul, théorie pratique, les quatre règles appliquées aux nombres entiers et aux fractions ordinaires et décimales; système métrique; chant, travaux d'aiguille et dessin linéaire; exposition des principes d'éducation et des diverses méthodes d'enseignement. (Arr. 28 juin 1836, art. 1), I, 401. — Les épreuves de l'examen comprennent : une composition sur un sujet donné; une série de questions sur le même sujet; une leçon orale d'une demi-heure. (Id., art. 3), I, 402.

La théorie des proportions et ses applications aux règles de trois et de société doivent être réservées pour l'examen du brevet supérieur. (Décis. Cons. 15 nov. 1836), I, 423.

Il suffit, pour les institutrices du degré élémentaire, qu'elles aient les notions d'histoire et de géographie qui se rattachent à l'histoire sainte et qui sont par là même une partie de l'instruction morale et religieuse. Les notions d'histoire et de géographie de la France, plus étendues, doivent être réservées pour les institutrices qui aspirent au brevet du degré supérieur. (Av. Cons. 15 sept. 1837), I, 480.

Les matières de l'examen du brevet supérieur pour les filles sont tout ce qui est compris dans le programme pour le brevet du degré élémentaire : exposition de la doctrine chrétienne; notions plus étendues d'arithmétique, de langue et de littérature française; éléments de l'histoire et de la géographie en général, et particulièrement de l'histoire et de la géographie de la France. (Arr. 28 juin 1836, art. 1), I, 401. — L'épreuve peut embrasser, en outre, un examen facultatif sur les langues vivantes, la musique instrumentale, les notions élémentaires de physique, d'histoire naturelle ou de cosmographie. (Id., art. 2), I, 402. — Les épreuves de l'examen comprennent : une composition sur un sujet donné, une série de questions sur le même sujet, une leçon orale d'une demi-heure. (Id., art. 3), I, 402.

L'examen du brevet de capacité se divise en épreuves écrites et en épreuves orales. (Arr. 15 févr. 1853, art. 7), II, 296.

Les épreuves écrites sont au nombre de quatre : 1° une page d'écriture à main posée en gros, en moyen et enfin dans les trois principaux genres, savoir : l'écriture cursive, la bâtarde et la ronde; les aspirants doivent faire une ligne au moins de chaque espèce d'écriture; 2° une dictée d'orthographe, d'une page environ, dont le texte sera pris par le président dans un livre classique; cinq minutes sont accordées aux aspirants pour relire et corriger leur copie; 3° un récit emprunté à l'histoire sainte ou une lettre relative à la tenue de l'école; 4° une question d'arithmétique portant sur l'application des quatre règles. Il est accordé trois quarts d'heure au plus pour chacune de ces épreuves. (Arr. 15 févr. 1853, art. 8), II, 296. — Les aspirantes font, entre l'épreuve écrite et l'épreuve orale, sous l'inspection d'une ou de plusieurs dames spécialement désignées à cet effet par le préfet, les travaux à l'aiguille prescrits par l'art. 48 de la loi du 15 mars 1850. Parmi ces travaux, et au premier rang, sont les ouvrages de couture usuelle. (Id., art. 15), II, 298. — Cf. Instruct. 8 mai 1855, II, 382.

L'examen se divise en épreuves écrites et en épreuves orales; il ne peut porter que sur les matières qui sont l'objet de l'enseignement dans les Écoles normales primaires. (Règl. 3 juill. 1866, art. 13), II, 599. — Les épreuves écrites pour l'examen des aspirants au brevet simple sont au nombre de quatre : 1° une page d'écriture à main posée, en gros, en moyen et en fin, dans les trois principaux genres, savoir : la cursive, la bâtarde et la ronde; les aspirants font une ligne au moins de chaque espèce d'écriture; 2° une dictée d'orthographe d'une page environ, dont le texte est pris dans un livre classique. Ce texte, lu d'abord à haute voix, est ensuite dicté posément, puis relu. Dix minutes sont accordées aux aspirants pour relire et corriger leur travail; 3° un exercice de style; 4° la solution raisonnée d'un ou plusieurs problèmes d'arithmétique, comprenant l'application des nombres entiers et l'usage des fractions. Il est accordé une heure pour la composition d'histoire, une heure pour l'écriture et une heure pour l'arithmétique, (Id., article 14), II, 599. — Les aspirantes subissent les mêmes épreuves. (Id. art. 22), II, 602. — Entre les épreuves écrites et les épreuves orales, sont exécutés, sous la surveillance d'une ou de plusieurs dames déléguées par le préfet, les travaux à l'aiguille prescrits par l'art. 48 de la loi du 15 mars 1850. Parmi ces travaux et au premier rang sont les travaux de couture usuelle. (Id., ibid.)

Les sujets des épreuves écrites des aspirants et des aspirantes au brevet de capacité doivent être envoyés à la commission d'examen par le recteur. (Av. Cons. 14 oct. 1842), I, 612.

Deux jours avant l'ouverture des sessions des commissions chargées de l'examen des aspirants au brevet de capacité, le recteur de l'Académie envoie, sous pli fermé de trois cachets, à l'inspecteur d'Académie départementale, les sujets de compositions écrites qui devront être traités par les aspirants ou aspirantes au brevet de capacité. Chaque sujet de composition sera renfermé sous un pli spécial, portant en suscription la nature de la composition. (Arr. 27 août 1862, art. 1), II, 515. — Chaque sujet de composition est retiré du pli cacheté, séance tenante, en présence des candidats, par le président de la commission, au commencement de chaque épreuve. (Id., art. 2), II, 516.

Dans chaque ressort académique, les sujets des compositions qui doivent être traités par les aspirants au brevet de capacité sont identiques. Deux jours avant l'ouverture des sessions des commissions d'examen, le recteur envoie, sous pli fermé de trois cachets, les sujets des compositions à chaque inspecteur départemental. Chaque sujet de composition est renfermé sous un pli spécial, portant en suscription la nature de la composition, savoir : 1° pour les aspirants qui se bornent à l'enseignement obligatoire, une dictée d'orthographe, un sujet de rédaction, une question d'arithmétique ; 2° pour les aspirants qui désirent faire preuve de connaissances plus étendues, une question d'arithmétique et une question de géométrie, appliquées aux opérations pratiques; un sujet de dessin linéaire et d'ornement; un récit exposant un des faits principaux de l'histoire; un sujet de dessin d'imitation; et, pour les candidats qui auront demandé à être interrogés sur les langues vivantes, un thème et une version. (Règl. 3 juill. 1866, art. 2), II, 596. — Chaque sujet de composition est retiré du pli cacheté séance tenante, en présence des candidats, par le président de la commission, au commencement de chaque épreuve. (Id., art 3), II, 597.

Les épreuves écrites sont examinées et jugées par la commission réunie, qui prononce l'admission aux épreuves orales dans l'ordre de mérite résultant de cette première partie de l'examen. (Arr. 15 févr. 1853, art. 9), II, 297.

Les épreuves écrites sont examinées et jugées par la commission réunie, qui prononce l'admission aux épreuves orales et dresse la liste, par ordre de mérite, des candidats admis à ces épreuves. (Règl. 3 juill. 1866, art. 4), II, 597.

Le jury exprime la valeur de chacune des épreuves écrites ou orales à l'aide de signes de 10 à 0. Pour l'orthographe, toute copie qui présente plus de trois fautes est rejetée. Les notes données par les commissions sont le résultat de l'appréciation faite en commun de chaque épreuve. (Règl. 3 juill. 1866, art. 18), II, 601.

Tout candidat au brevet simple, qui n'obtient pas une moyenne de vingt points pour les épreuves écrites, n'est pas admis aux épreuves orales. La nullité d'une épreuve est un cas absolu d'exclusion. (Règl. 3 juill. 1866, art. 19), II, 601.

Les aspirantes qui n'obtiennent pas pour les épreuves écrites vingt points et pour la couture cinq points, ne sont pas admises aux épreuves orales. (Règl. 3 juill. 1866, art. 19), II, 601.

Les aspirants admis aux épreuves orales sont appelés selon l'ordre de la liste de mérite, séparément ou par séries, devant le bureau, pour être interrogés par un membre de la commission désigné par le président. (Arr. 15 févr. 1853, art. 10), II, 297. — Les épreuves orales ont lieu dans l'ordre suivant: 1° lecture du français dans un livre imprimé et dans un manuscrit, et lecture du latin dans le Psautier ou dans un livre d'offices; 2° questions sur le catéchisme et l'histoire sainte; 3° analyse grammaticale d'une phrase au tableau; 4° questions sur le calcul et sur les applications usuelles du système légal des poids et mesures. Un quart d'heure au plus est consacré à chacune de ces épreuves. (Id., art. 11), II, 297.

Les aspirants admis aux épreuves orales sont appelés, selon l'ordre de la liste de mérite, séparément ou par séries, devant le jury entier, pour être interrogés. Le bureau ne peut, dans aucun cas, se subdiviser en sous-commissions pour procéder à l'examen dans des locaux séparés ou sur divers points d'une même salle. Les candidats ne sont examinés sur les matières religieuses que par un ministre de leur culte. (Règl. 3 juill. 1866, art. 5), II, 597. — Les épreuves orales pour le brevet simple ont lieu dans l'ordre suivant : 1° lecture du français dans un recueil de morceaux choisis en prose et en vers ;

chaque aspirant lira un passage de prose et un passage de poésie; lecture dans un manuscrit; lecture du latin dans le Psautier ou dans le livre d'offices; des questions sont adressées aux candidats sur le sens des mots et la liaison des idées dans les morceaux français qu'ils ont lus; 2° questions sur le catéchisme et l'histoire sainte; 3° analyse d'une phrase au tableau noir; 4° questions d'arithmétique et de système métrique. Des questions sur les procédés d'enseignement des diverses matières comprises dans le programme obligatoire seront, en outre, adressées aux candidats. Vingt minutes au plus sont consacrées à chacune de ces épreuves, qui sont communes à tous les aspirants au brevet de capacité. (Id., art. 15), II, 599.

Le brevet simple est accordé aux candidats qui, pour l'ensemble des épreuves orales, ont obtenu un maximum de vingt points. (Régl. 3 juill. 1866, art. 20), II, 601.

Matières facultatives. — Lorsque toutes les épreuves obligatoires sont terminées, les aspirants au brevet de capacité, qui doivent être examinés sur les parties facultatives de l'enseignement primaire, sont appelés séparément ou par groupes et interrogés sur les matières qu'ils ont indiquées. (Arr. 15 févr. 1853, art. 12), II, 297. — Les candidats déjà pourvus d'un brevet de capacité pour l'enseignement des matières comprises dans la première partie de l'art. 23 de la loi du 15 mars 1850, ne sont admis à subir un second examen que sur l'ensemble des matières comprises dans la deuxième partie dudit article. Les examens pour chaque matière d'enseignement ont lieu dans l'ordre fixé par la loi; il est accordé un quart d'heure pour chaque épreuve. (Id., art. 13), II, 298.

Lorsque les aspirantes se présenteront pour l'examen des matières facultatives, elles ne seront interrogées que sur celles de ces matières qui sont requises pour l'éducation des femmes. (Arr. 15 févr. 1853, art. 15), II, 298.

On doit se borner, pour l'examen du brevet supérieur, aux notions élémentaires de l'histoire et de la géographie, sans les restreindre cependant à ce qui regarde la France. (Av. Cons. 24 mai 1851), II, 232.

Le candidat qui vient de subir l'examen sur les matières

mentionnées dans la première partie de l'art. 23, ne peut obtenir d'être examiné sur tout ou partie des matières spécifiées dans le deuxième chapitre, s'il n'en a pas fait la demande avant l'ouverture de la session de l'examen. (Av. Cons. 24 mai 1851), II, 232.

Les aspirants au brevet comprenant l'enseignement facultatif sont interrogés, à leur choix, sur les matières comprises dans les quatre séries déterminées aux art. 16 et 17 du présent arrêté. Ils peuvent, en conséquence, subir quatre examens successifs devant la même commission ou devant des commissions différentes. (Règl. 3 juill. 1866, art. 12), II, 598. — Les candidats déjà pourvus d'un brevet simple, et qui ont fait la déclaration prescrite par le § 4 de l'art. 7 du présent arrêté, sont admis de droit et sans retour sur les examens précédents aux épreuves concernant l'enseignement facultatif. Les épreuves écrites sont, dans ce cas, divisées en quatre séries, savoir : 1° l'arithmétique et la géométrie appliquées aux opérations pratiques ; le dessin linéaire et d'ornement ; 2° l'histoire et la géographie ; 3° le dessin d'imitation ; 4° les langues vivantes (thème et version). Trois heures sont accordées pour la première épreuve, une pour la seconde, une pour la troisième, une pour la quatrième. (Id., art. 16), II, 600. — Les épreuves orales ont lieu dans l'ordre suivant : 1re série : arithmétique appliquée aux opérations pratiques, tenue des livres, éléments de géométrie, arpentage, nivellement, dessin linéaire et d'ornement, chant ; 2e série : éléments d'histoire et de géographie ; notions de sciences physiques et d'histoire naturelle applicables aux usages de la vie ; instructions élémentaires sur l'agriculture, l'industrie, l'hygiène et la gymnastique ; 3e série : dessin d'imitation ; 4e série : langues vivantes. Les deux premières épreuves durent chacune une heure ; la troisième, une demi-heure ; la quatrième, une demi-heure. (Id., art. 18), II, 600. — Pour que mention soit faite, sur son brevet, des matières nouvelles sur lesquelles il aura subi les épreuves prescrites par les art. 16 et 17 du présent arrêté, le candidat doit obtenir un minimum de cinq points pour chacune de ces épreuves écrites ou orales. (Id., art. 21), II, 601.

Les aspirantes au brevet de premier ordre doivent, pour les épreuves écrites, traiter une question d'arithmétique appliquée, ainsi qu'une question élémentaire d'histoire et de géographie, faire un dessin linéaire et d'ornement, et si elles en ont fait la demande, un thème et une version dans une langue vivante. Les épreuves orales comprennent l'arithmétique appliquée aux opérations pratiques, la tenue des livres, les éléments d'histoire et de géographie, les notions des sciences physiques et d'histoire naturelle applicables aux usages de la vie, le dessin, le chant, l'hygiène, et, si les aspirantes en ont fait la demande, une langue vivante. (Règl. 3 juill. 1866, art. 23), II, 602.

Contrôle des examens. — Après chaque séance, les juges indiqueront leur jugement sur chacun des candidats reçus par un de ces mots : *très-bien*, *bien*, *assez bien*. A la fin de la session, la commission d'examen classera par ordre de mérite la liste des candidats reçus; cette liste sera envoyée aux recteurs pour être communiquée aux autorités. (Ordonn. 19 juill. 1833, art. 13), I, 258. — Le procès-verbal de l'examen est rédigé séance tenante et signé de tous les examinateurs et du récipiendaire. Un duplicata, revêtu des mêmes formalités, est transmis au recteur par le président et déposé aux archives. (Id., art. 10), I, 257. — Les inspecteurs généraux, dans leurs tournées, se font représenter les procès-verbaux des examens du brevet de capacité (Id., art. 14), I, 258.

A Paris, le recteur de l'Académie visera les signatures des commissaires qui auront fait l'examen du brevet de capacité. (Décis. Cons. 30 août 1833), I, 266.

La commission d'examen adressera, chaque session, au recteur, la liste des candidats ajournés. Le recteur informe les commissions de son ressort et les recteurs des Académies voisines. (Décis. Cons. 4 nov. 1834, art. 3), I, 340.

Les opérations de la commission terminées, l'inspecteur primaire transmettra, sans délai, au recteur de l'Académie, avec le procès-verbal des séances, un rapport spécial sur les résultats des examens. (Ordonn. 27 févr. 1835, art. 6), I, 356. — L'inspecteur primaire adresse ses observations aux recteurs sur les résultats des examens subis par les aspirantes pour le brevet de capacité. (Arr. 28 juin 1836, art. 9), I, 403.

A la fin de la session, il est dressé un procès-verbal des opérations de la commission, renfermant la liste, par ordre de mérite, de tous les candidats qui ont été jugés dignes d'obtenir soit le brevet de capacité, soit la mention spéciale déterminée par l'art. 46 de la loi du 15 mars 1850. Le procès-verbal, signé par le président et par le secrétaire de la commission, est remis au recteur de l'Académie, qui délivre ou complète, suivant le cas et s'il y a lieu, le brevet de capacité (Arr. 15 févr. 1853, art. 14), II, 298.

Les compositions écrites faites par les candidats jugés dignes du brevet de capacité, sont jointes au procès-verbal des opérations de la commission et envoyées au recteur de l'Académie. Le procès-verbal relatera pour chaque candidat les questions qui lui auront été posées pour les épreuves orales (Arr. 27 août 1862, art. 3), II, 516.

A la fin de la session, le procès-verbal des opérations de la commission, signé par le président et le secrétaire, est envoyé au recteur de l'Académie, accompagné : 1° des compositions écrites faites par les candidats jugés dignes du brevet de capacité ; 2° de l'indication des questions posées aux mêmes candidats pour les épreuves orales. (Règl. 3 juill. 1866, art. 6), II, 597.

Examen des diplomes de maitresse d'étude, de maitresse d'institution et de maitresse de pension. — Le genre et le nombre des connaissances que le jury d'examen doit exiger pour le diplôme de maîtresse d'institution ou de pension, dans le département de la Seine, ne sont pas spécifiés par le règlement. Il est dit seulement, en termes généraux, que le diplôme constatera que la postulante possède une instruction suffisante pour tenir une pension ou une institution. (Av. Cons. 8 août 1837), I, 476.

Les examens des aspirantes au diplôme de maîtresses d'études de pensions et d'institutions seront à l'avenir l'objet de quatre sessions annuelles, qui se continueront sans interruption jusqu'à ce que toutes les aspirantes inscrites aient été successivement appelées devant le jury. (Arr. 1er févr. 1848, art. 1), I, 727. — La durée des épreuves à subir est fixée comme il suit : dictée et composition, une heure ; pour le premier examen, un quart d'heure pour chacune des facultés ; pour le deuxième, vingt minutes pour chacune des facultés ; pour le troisième examen, vingt-cinq minutes pour chacune des facultés. (Arr. 1er févr. 1848, art. 3), I, 728. — Il sera préparé, pour chacune des parties de l'enseignement, des programmes contenant un certain nombre de questions qui seront tirées au sort par les aspirantes au diplôme de maîtresse d'étude, de maîtresse de pension et d'institution. (Id., art. 7), I, 729. — Le jury, présidé par un des membres du conseil municipal, se compose de deux vice-présidents, membres de l'Université, et de huit examinateurs. La présence de cinq membres est indispensable pour la validité des examens; il sera, en outre, adjoint au jury six dames assistantes qui siégeront à tour de rôle, mais qui ne participeront ni aux examens, ni aux délibérations de la commission; elles seront chargées de tenir le registre des procès-verbaux. (Id., art. 5), I, 729. — Les aspirantes parvenues à l'âge de vingt ans pourront passer dans la même session les deux examens conférant les deux diplômes de maîtresse d'études et de maîtresse de pension. Les personnes âgées de vingt-cinq ans pourront passer également, à la même session, les trois examens. (Id., art. 4), I, 728. — Cf. Arr. 21 mars 1848, II, 4.

A l'avenir, il n'y aura que trois sessions annuelles pour les examens des aspirantes aux diplômes de maîtresse d'études, de maîtresse de pension et de maîtresse d'institution de demoiselles dans le département de la Seine. Ces trois sessions sont fixées aux époques suivantes: 1er février, 1er juin, 15 octobre. (Arr. 13 avr. 1849, art. 1), II, 74. — Le jury se compose d'un membre du conseil municipal désigné par le préfet, président; de deux vice-présidents désignés par le Ministre, à tour de rôle, parmi les inspecteurs de l'Académie de Paris; d'un ministre de chacun des cultes reconnus par l'État, nommé par le Ministre, sur la présentation de l'archevêque ou du consistoire, et chargé spécialement de l'examen de l'instruction religieuse; de dix examinateurs nommés par le Ministre sur la présentation du préfet, choisis principalement dans l'instruction secondaire, et dont la majorité devra se composer de membres de l'Université; six dames adjointes, nommées par le Ministre sur la présentation du préfet et choisies parmi les inspectrices de l'instruction secondaire et de l'instruction primaire, assisteront aux examens avec voix délibérative, et seront chargées spécialement d'examiner les aspirantes sur les travaux à l'aiguille. (Id. art. 2 et 4), II, 74, 75. — Tous les membres du jury prendront part aux examens dans l'ordre fixé par le président. (Id., art. 3), II, 75. — Il est expressément défendu aux membres du jury d'examen et aux dames adjointes de préparer des candidats, sous peine d'exclusion du jury. (Id., art. 6), II, 75. — Le président désignera celui des membres du jury qui devra être chargé des fonctions de secrétaire. (Id., art. 7), II, 75. — A la fin de chaque session, le président et les vice-présidents qui auront pris part aux travaux de la session se réuniront pour rédiger un rapport sur les examens, et proposer les améliorations qu'ils jugeraient utiles. Ce rapport sera adressé au Ministre de l'instruction publique par le préfet, avec ses observations. (Id., art. 8), II, 75.

Le premier examen — brevet d'aptitude au diplôme de sous-maîtresse — comprend : 1° lecture en français et en latin; 2° écriture; 3° grammaire française; 4° arithmétique (théorie et pratique); 5° histoire sainte, travaux d'aiguille. Le deuxième examen — diplôme de maîtresse de pension — comprend, indépendamment des facultés ci-dessus énoncées : 1° histoire de France jusqu'en 1815; éléments de cosmographie, 2° éléments de physique, 3° éléments d'histoire naturelle. Le troisième examen — diplôme de maîtresse d'institution — comprend, indépendamment des connaissances exigées pour le premier et le second examen : 1° histoire générale, 2° littérature. (Arr. 13 avr. 1849, art. 9), II, 75.

V. Brevet, Commission d'examen, Instituteur, Maîtresse d'institution, Maîtresse de pension, Sous-Maîtresse.

EXAMEN POUR LE CERTIFICAT D'APTITUDE À L'INSPECTION.

V. Inspecteur.

EXAMEN POUR LE CERTIFICAT D'APTITUDE A LA DIRECTION DES SALLES D'ASILE.

V. Salle d'asile.

EXCLUSION (CAS D').

Aucun ci-devant noble, aucun ecclésiastique et ministre d'un culte quelconque, ne peut être membre de la commission d'examen, ni être élu instituteur national. Les femmes ci-devant nobles, les ci-devant religieuses, chanoinesses, sœurs grises, ainsi que les maîtresses d'écoles qui auraient été nommées dans les anciennes écoles par des ecclésiastiques ou des ci-devant nobles, ne peuvent être nommées institutrices dans les écoles nationales. (Décr. 7 brum. an II, 12° et 22°), I, 23.

Il ne pourra être choisi aucun instituteur parmi les ministres d'un culte quelconque, ni parmi ceux qui auraient appartenu à des castes ci-devant privilégiées. (Décr. 8 pluv. an II, art. 2), I, 30.

EXEAT.

V. Congé, Lettre d'exeat.

EXERCICES MILITAIRES.

Les élèves seront instruits dans les exercices les plus propres à entretenir la santé et à développer la force et l'agilité du corps. En conséquence, les garçons seront élevés aux exercices militaires, auxquels présidera un officier de la garde nationale, désigné par le jury d'instruction. (Décr. 27 brum. an III, ch. IV, art. 4), I, 36.

V. Gymnastique.

F

FABRIQUE.

Il n'entre pas dans les attributions des fabriques d'établir ou d'entretenir des écoles. Par conséquent, les donations qui leur seraient faites soit pour un établissement de ce genre, soit pour payer les mois d'école des enfants pauvres, ne sont pas susceptibles d'être autorisées par le gouvernement. (Av. Comité Intér. 15 avr. et 17 juin 1836), I, 721, note. — Une fabrique ne doit pas être autorisée à accepter une donation faite à la condition de construire une maison affectée à une école dont les maîtres seraient nommés par le curé. (Av. Comité Intér. 15 avr. 17 juin, 14 juill. 1836 ; 17 déc. 1844), I, 722, note.

L'institution spéciale des fabriques ne s'oppose point à ce qu'elles soient autorisées à accepter des dons et legs, à la charge de fonder et d'entretenir des écoles. Il convient seulement que le maire soit autorisé à intervenir dans l'acte d'acceptation, concurremment avec l'agent ou le mandataire de la fabrique. (Av. Cons. 10 févr. 1837), I, 443.

Toutes les libéralités faites en faveur des pauvres doivent, aux termes de l'ordonnance du 2 août 1817, être acceptées par le bureau de bienfaisance ou par les maires qui sont leurs représentants légaux. (Av. Cons. d'État 15 févr. 1837), I, 720, note.

Les fabriques n'ont été reconnues comme établissements publics aptes à recevoir et à posséder que dans l'intérêt de la célébration du culte et dans la limite des services qui leur sont confiés, à cet égard, par les lois et décrets ; elles ne peuvent, en dehors de ces limites, invoquer leur qualité d'établissements publics, pour recevoir des donations à l'effet d'établir des écoles ou de former toutes autres entreprises étrangères à leurs attributions. (Av. Cons. d'État 12 avr. 1837), I, 721, note.

Lorsqu'une libéralité est faite à une fabrique à la condition de fonder une école gratuite, fondation qui rentre dans les attributions de l'autorité communale, l'établissement dans les attributions duquel rentrent régulièrement la fondation ou le service imposé comme condition de la libéralité, c'est-à-dire la commune, ne peut être exclusivement autorisé, puisque cet établissement n'est pas institué par le testateur, et l'établissement institué, c'est-à-dire la fabrique, ne peut pas non plus être exclusivement autorisé à accepter, parce que l'accomplissement de la condition est hors des limites des services qui lui sont confiés par la loi. Il en résulte qu'il ne peut y avoir lieu d'autoriser séparément l'un ou l'autre des établissements à accepter. Dès lors, il convient d'autoriser simultanément l'établissement institué et celui qui doit profiter de la libéralité. Alors même qu'il résulterait du testament que le testateur a voulu que la condition fût accomplie uniquement et exclusivement par l'établissement institué, et qu'il a fait même de l'inexécution de sa volonté, sous ce rapport, une clause révocatoire, ces dispositions devraient être réputées comme non écrites, comme étant contraires aux lois, art. 910 du Code civil. (Av. Cons. d'État 4 mars 1841), I, 717, note. — Cf. Décis. 30 déc. 1846, I, 719, note ; Arr. Cour Gren. 5 juill. 1869, II, 545, note.

Il n'y a pas lieu d'autoriser une fabrique à accepter le legs fait à elle, sous la condition que le revenu en serait remis à perpétuité à un instituteur ou à une institutrice catholique, choisis uniquement par l'évêque, à l'exclusion de la municipalité. (Comité législ. Cons. d'État, 4 mai 1847), I, 722, note.

La fondation et l'entretien des écoles, soit de filles, soit de garçons, sont complétement en dehors des attributions conférées aux fabriques par la législation existante ; et dès lors elles sont sans qualité pour accepter les libéralités qui s'y rapportent. (Av. Cons. d'État 6 déc. 1854), II, 370, note.

Lorsque des dons et legs sont faits à une fabrique, à un consistoire, à une cure ou autre établissement religieux, sous la condition expresse que ces dons et legs seront affectés au soulagement des pauvres, ces derniers sont les vrais bénéficiaires de ces libéralités ; les établissements institués sont les intermédiaires appelés par la confiance du testateur ou du donateur à exécuter sa volonté. Aux termes des lois, le droit de représenter les pauvres appartient aux bureaux de bienfaisance ou aux maires, et à Paris à l'administration de l'Assistance publique : d'où il suit que le titre de propriété et l'immatriculation de la rente doivent également mentionner le nom de l'établissement institué et celui du bureau de bienfaisance. Mais la possession du titre doit être réservée au représentant légal des pauvres, à la charge par ce dernier d'en remettre les arrérages à l'établissement institué, pour en faire l'emploi prescrit par le donateur. En conséquence, il y a lieu d'autoriser à l'avenir l'acceptation de dons et legs et l'immatriculation conjointes, et, en général, l'inscription de la rente ou du titre de propriété, sous les noms réunis de l'établissement institué et du bureau de bienfaisance, ou du maire à Paris. (Av. Cons. d'État 24 janv. 1863), II, 540, note. — Cf. Décis. 29 juin 1864, II, 538 ; 18 déc. 1867, II, 539, note.

En ce qui concerne les fabriques, consistoires, succursales, cures et évêchés, les attributions de ces établissements religieux, telles qu'elles sont déterminées par la loi, ne comprennent pas la fondation et l'entretien des écoles. La loi du 15 mars 1850 sur l'enseignement n'a pas eu pour objet de modifier le caractère ou d'étendre les attributions de ces établissements religieux. Par suite, ces mêmes établissements devraient être réputés incapables d'accepter des libéralités faites dans un but étranger à leurs attributions. Néanmoins, lorsqu'une libéralité est faite à ces établissements, sous la condition de fonder et entretenir une école, il y a le plus souvent avantage pour les pauvres et pour la commune à profiter du bénéfice d'une pareille disposition. Il y a lieu, en ce cas, pour valider la disposition, de faire intervenir la commune à laquelle appartiennent le soin et l'obligation de pourvoir à l'instruction primaire publique, et de l'admettre, conjointement avec l'établissement institué, à accepter le don ou legs. Par suite, l'immatriculation conjointe, c'est-à-dire l'inscription du titre de propriété, faite simultanément sous le nom de l'établissement institué et sous celui de la commune, doit être la double conséquence de la double acceptation. Ainsi l'établissement religieux institué conserve un droit de surveillance quant à l'exécution et au maintien de la fondation ; mais à la commune appartient celui de diriger l'école, d'en fixer le régime, d'administrer les biens provenant des dons ou legs, et d'en percevoir les revenus ; ce qui concilie les intentions charitables des bienfaiteurs, la faveur que méritent de pareilles donations, et le respect des règles tracées par la loi. En conséquence, il y a lieu d'autoriser l'acceptation et l'immatriculation conjointes, et, en général, l'inscription du titre de propriété sous les noms réunis de l'établissement religieux institué et de la commune, quand il s'agit de dons et legs faits à des fabriques, consistoires, succursales, cures ou évêchés, sous la condition de fonder et d'entretenir des écoles, et des dons et legs faits à des communautés religieuses dûment autorisées, pour la fondation et l'entretien d'écoles devant avoir ou qui auraient le caractère d'écoles communales et publiques. Dans le cas où les libéralités sont faites à des congrégations ou communautés religieuses enseignantes, dûment autorisées pour fonder et diriger des écoles, il y a lieu d'autoriser seulement l'acceptation conjointe par l'établissement institué et la commune. (Av. Cons. d'État 10 juin 1863), II, 542, note. — Cf. Décis. 22 nov. 1866, II, 544, note.

Si une charge imposée à la fabrique constitue au profit des enfants de la paroisse un avantage qui paraît de nature à être accepté en leur nom par le maire, et qui peut donner à l'administration municipale le droit de veiller à ce que cette charge ne soit pas oubliée, elle ne justifie pas une intervention se produisant dans des termes qui semblent transporter à la commune une part dans la propriété des objets légués à la fabrique et dans la direction de l'école, et qui lui attribuent un rôle prépondérant dans l'exécution du legs. La question relative à l'incapacité prétendue de la fabrique est essentiellement judiciaire, et toutes les fois que les tribunaux ont été appelés à se prononcer, ils ont jugé que les établissements religieux appartenant à l'un des cultes reconnus par l'État, et en particulier les fabriques et les consistoires, ont capacité pour recevoir des libéralités destinées à fonder ou à entretenir des écoles, à la seule condition d'obtenir du gouvernement l'autorisation exigée par l'art. 910 du Code civil. D'autre part, si la loi n'a imposé qu'aux autorités civiles l'obligation de créer et d'entretenir des écoles, aucune disposition n'interdit aux établissements qui représentent les intérêts religieux d'un groupe d'habitants partageant les mêmes croyances, de veiller et au besoin de pourvoir à ce que les enfants de ces habitants reçoivent l'instruction. Loin de là, diverses dispositions législatives ou réglementaires reconnaissent expressément ce droit aux établissements appartenant aux cultes non catholiques. En fait, la plupart des consistoires subventionnent ou entretiennent des écoles et possèdent des rentes et des immeubles qu'ils ont reçus ou acquis dans ce but avec l'autorisation du gouvernement. Si, à l'égard des fabriques, les règlements sont muets et si les autorisations de ce genre ont été plus rares, ce n'est pas parce qu'il existerait dans leur organisation et leurs attributions une différence essentielle créant aux yeux de la loi une inégalité inexplicable, au détriment du culte de la majorité ; c'est par des considérations de fait et parce que les conseils municipaux pouvant, en général, être regardés comme représentant naturellement les intérêts et les sentiments de la majorité catholique, l'intervention des conseils de fabrique paraissait inutile, tandis que celle des consistoires était réputée nécessaire pour donner satisfaction aux intérêts religieux des minorités. Au lieu de décourager les donateurs en subordonnant l'exécution de leurs libéralités à des conditions qui s'écartent complètement de leurs intentions, il est, au contraire, conforme à l'intérêt public, en même temps qu'il est juste de leur laisser la plus grande liberté compatible avec les exigences de la loi, et de se borner à édicter les prescriptions nécessaires pour assurer dans l'avenir l'exécution fidèle et durable de leurs volontés. Pour atteindre ce but, il convient : 1° d'autoriser, d'une part, l'établissement légataire à accepter la libéralité ; d'autre part, le maire à accepter le bénéfice qui en résulte en faveur des enfants de la commune ; 2° dans le cas où le montant de la libéralité doit être placé en rente, de prescrire que le titre mentionnera la destination des arrérages ; qu'il sera immatriculé au nom de l'établissement légataire ; qu'il restera en sa possession ; que le maire de la commune recevra une expédition du titre, du testament et du décret d'autorisation ; 3° de prescrire que les revenus et les dépenses de la fondation formeront un chapitre spécial dans le budget de la fabrique ou du consistoire, ainsi que cela se pratique sans difficultés pour les chapelles de secours ; 4° de constater, dans le décret d'autorisation, la nature de l'établissement (école primaire de garçons ou de filles, salle d'asile, etc.); 5° dans le cas où les instituteurs ou institutrices devront être congréganistes, de prescrire qu'ils seront choisis parmi les membres des associations ou congrégations religieuses vouées à l'enseignement et reconnues comme établissements d'utilité publique; 6° de rappeler que l'enseignement devra porter sur les matières déclarées obligatoires par les lois. Dans ces conditions et en présence du droit qui appartient à l'administration d'apprécier les circonstances de chaque affaire et de refuser, s'il y a lieu, l'autorisation, il n'y a aucun inconvénient et il ne peut y avoir que des avantages à ce que les établissements ecclésiastiques soient, conformément à leurs traditions historiques, autorisés à recueillir, à administrer et à employer les libéralités destinées à des écoles. L'administration municipale aura titre et qualité, non pour exercer un contrôle sur l'emploi des revenus, mais pour s'assurer que le capital est conservé et que le revenu est toujours inscrit avec sa destination au budget de l'établissement légataire. L'établissement légataire, chargé par le fondateur de veiller à la continuation de sa pensée, administrera et emploiera librement les revenus de la fondation, sans qu'aucune confusion puisse s'introduire entre ces revenus et ses ressources normales, et compromettre les services que la loi lui a plus particulièrement confiés. (Av. Cons. d'État 24 juill. 1873), II, 755.

Une fabrique peut être autorisée à recevoir une donation faite en vue de l'établissement de l'instruction gratuite des pauvres et de la création de prix d'encouragement. (Av. Cons. 19 mai 1848), II, 15.

L'école tenue par des frères dans un local dépendant d'une fabrique est une école publique. (Décis. Cons. 4 juill. 1834.)

Une école établie dans une commune, par suite de legs faits à la fabrique, ne peut être considérée comme école privée, dans le cas où le testateur impose à l'instituteur l'obligation de recevoir tous les élèves que les parents veulent y envoyer, sauf les mesures de discipline que le bon ordre peut exiger, une telle obligation étant le caractère essentiel d'une école publique. Ainsi, soit que la fondation suffise, soit que la commune, le département ou l'État contribuent à l'entretien de l'école fondée, cette école est une école publique et doit être gouvernée par les lois et règlements qui régissent les écoles publiques. (Décis. Cons. 16 oct. 1835.)

Une école entretenue par une fabrique est une école libre. (Av. Cons. 30 janv. 1869), II, 625.

Il n'y a pas lieu de distinguer si au moment de l'autorisation d'un legs fait à une fabrique pour la création d'une école, l'école dont il s'agit est libre ou publique, d'une part, parce que le caractère de l'école peut plus tard être changé; d'autre part, parce que l'école, soit libre, soit publique, devra toujours être régie par les prescriptions générales de la loi. (Av. Cons. d'État 24 juill. 1873), II, 777.

V. Association religieuse, Congrégation, Don, Fondation, Legs, Option.

FAMILLE (ENSEIGNEMENT DE).

L'enseignement primaire est donné dans toutes les écoles publiques et dans l'intérieur des familles. (Prop. loi 15 déc. 1848, art. 14), II, 46.

V. École privée.

FERMETURE D'ÉTABLISSEMENT.

Si quelqu'un enseigne publiquement et tient école sans l'autorisation du grand maître, il sera poursuivi d'office par nos procureurs impériaux qui feront fermer l'école, et, suivant l'exigence des cas, pourront décerner un mandat d'arrêt contre le délinquant. (Décr. 15 nov. 1811), I, 72.

Quiconque aura ouvert une école primaire en contravention, sera poursuivi devant le tribunal correctionnel du lieu du délit et condamné à une amende de 50 à 200 fr. L'école sera fermée. (Loi 28 juin 1833, art. 6), I, 237.

En cas de contravention, l'école peut être fermée. (Proj. loi 31 mars 1847, art. 23), I, 705. — Cf. art. 24, I, 705.

En cas de contravention par récidive, le tribunal pourra, dans les cas très-graves, prononcer la suspension temporaire de l'établissement. (Prop. loi 15 déc. 1838, art. 54), II, 53.

Lorsque la suspension a été prononcée contre un chef d'institution, il peut faire gérer son établissement par un suppléant remplissant les conditions exigées par la loi. (Proj. loi 5 févr. 1849, art. 20), II, 71.

Tout chef d'établissement primaire qui refusera de se soumettre à la surveillance de l'État sera traduit devant le tribunal correctionnel de l'arrondissement et condamné à une amende de 100 à 1,000 fr. En cas de récidive, l'amende sera de 500 à 3,000 fr. Si le refus de se soumettre à la surveillance de l'État a donné lieu à deux condamnations dans l'année, la fermeture de l'établissement pourra être ordonnée par le jugement qui prononcera la seconde condamnation. (Loi 15 mars 1850, art. 22), II, 127. — Quiconque aura ouvert ou dirigé une école en contravention de la loi ou avant l'expiration du délai d'ouverture, sera poursuivi devant le tribunal correctionnel et condamné à une amende. L'école sera fermée (Id., art. 29), II, 129.

Lorsque, par application des art. 29, 30 et 53 de la loi organique, un pensionnat primaire se trouve dans le cas d'être fermé, le préfet et le procureur de la République doivent se concerter pour que les parents ou tuteurs des élèves soient avertis, et pour que les élèves pensionnaires, dont les parents ne résident pas dans la localité, soient recueillis dans une maison convenable. S'il se présente une personne digne de sa confiance, qui offre de se charger des élèves, pensionnaires ou externes, le préfet peut l'y autoriser provisoirement. Cette autorisation n'est valable que pour trois mois au plus. (Décr. 7 oct. 1850, art. 6), II, 183.

V. Autorisation, Déclaration d'ouverture, École libre, École privée, Liberté d'enseignement, Pensionnat.

FONDATION.

Le gouvernement autorisera l'acceptation des dons et fondations des particuliers en faveur des écoles. Le nom des donateurs sera inscrit à perpétuité dans les lieux auxquels leurs donations seront appliquées. (Loi 1er mai 1802, art. 43.)

A l'égard des donations faites en faveur des associations ou congrégations religieuses, c'est le conseil royal de l'instruction publique qui les reçoit, à la charge de faire jouir respectivement, soit l'association en général, soit chacune des écoles tenues par elle, desdits legs, conformément aux intentions des donateurs et testateurs. (Ordonn. 1er sept. et 3 déc. 1823).

Le droit de présentation de l'instituteur, sous les garanties légales, est attribué à toute personne ou association qui fonde ou entretient une école, et peut être réservé par elle à ses héritiers ou successeurs ; même privilége pour l'administration économique de l'école. Les fondateurs peuvent donner les places d'instituteurs au concours. (Ordonn. 29 févr. 1816, art. 18, 19 et 22), I, 87. — Les personnes ou associations qui entretiennent des écoles à leurs frais ne peuvent y établir des méthodes ou des règles particulières. (Id., art. 31), I, 89.

Les droits attribués par les art. 18 et 19 de l'ordonnance du 29 févr. 1816, aux fondateurs d'écoles, ne pourront être réclamés que par les associations ou les personnes qui fonderont véritablement une école, ou du moins garantiront le traitement pendant trois ans. (Arr. 25 sept. 1819), I, 126. — Pour jouir de leur privilége de présentation, les associations ou personnes doivent contracter l'engagement légal d'entretenir l'école au moins pendant cinq ans. (Ordonn. 2 août 1820, art. 16), I, 136.

L'autorisation d'exercer, pour les écoles catholiques dotées par des associations, est délivrée par un comité dont l'évêque est président. (Ordonn. 8 avr. 1824, art. 8), I, 150.

Les personnes ou associations qui auront fondé des écoles en auront l'administration et la surveillance immédiate, sans préjudice des droits de l'administration et de la surveillance exercée par le comité. Les fondateurs pourront réserver cette administration et cette surveillance à leurs successeurs. (Proj. loi 20 janv. 1831, art. 6), I, 195.

Les fondateurs pourront admettre sans autre autorisation, dans les écoles publiques et privées, les enfants appartenant aux diverses communions religieuses. (Prop. loi 24 oct. 1831, art. 10), I, 222.

Tout citoyen ou toute réunion de citoyens qui se proposera de fonder une école primaire dans une commune, en fera la déclaration à la mairie ou au comité cantonal, en indiquant la nature et les objets de l'enseignement qui devra y être donné. (Prop. loi 17 nov. 1832, art. 7), I, 224.

Le fondateur peut se réserver le droit d'admettre gratuitement dans son école, si elle est communale, un certain nombre d'indigents; il peut aussi se réserver de présenter le maître, pourvu qu'il soit ensuite soumis aux présentations déterminées par la loi. Si l'école est privée, liberté pleine et entière est laissée au fondateur de se réserver absolument le choix de l'instituteur, pourvu que ce choix soit conforme aux prescriptions légales, et de faire admettre gratuitement tous les enfants indigents et autres qu'il lui plaira de désigner. (Av. Cons. 6 sept. 1833), I, 268.

Le maître, présenté par le fondateur au conseil municipal, devra être, conformément à la loi, présenté ensuite par le conseil municipal au comité d'arrondissement, après avis du comité communal, puis nommé par le comité d'arrondissement, institué par le Ministre, et installé avec prestation de serment. (Décis. 6 sept. 1833), I, 268.

Quelque impérative que puisse être la clause qui donne à l'héritier le droit de concourir à la désignation et à la nomination de l'instituteur, dès qu'il s'agit d'un instituteur communal, il y a nécessité de se conformer aux dispositions de la loi du 28 juin 1833, concernant la nomination des instituteurs communaux. Aux termes des art. 21 et 22, cette nomination appartient au comité d'arrondissement, sur la présentation du conseil municipal; les clauses d'un acte privé quelconque ne sauraient prévaloir contre les lois; il suit de là que le droit de désignation, de nomination, conféré par un donateur ou testateur, se résout en un droit de présentation. (Av. Cons. 15 avr. 1834), I, 323. — Cf. Av. Cons. 18 févr. 1834.

Une commune peut être autorisée à accepter un legs, à charge de rétribuer une institutrice religieuse, à la condition que cette institutrice appartiendra à une congrégation dûment reconnue. (Av. Cons. 22 sept. 1848), II, 34. — Une commune peut être autorisée à recevoir une rente perpétuelle, sous la condition que les arrérages de cette rente serviront à subventionner une ou plusieurs religieuses qui instruiront les jeunes filles pauvres. (Id., ibid.).

Dans le cas de fondation par legs d'une école communale, la commune est tenue de fournir le local et le traitement fixe. Dans le cas où plusieurs communes doivent profiter de la fondation, elles doivent toutes concourir aux frais d'entretien. (Décis. Cons. 6 sept. 1833), I, 269.

Une donation faite pour l'entretien d'une école, et qui obligerait l'État à fournir une subvention hors de proportion avec celles qu'il fournit d'ordinaire, ne peut être acceptée. (Av. Cons. 8 sept. 1848), II, 31.

Dans le cas où un donateur s'engage à fournir gratuitement un local pour la tenue de l'école, et fait don du mobilier de la classe, l'école ne peut être créée que sous la condition que le fondateur s'engage à fournir ce local pendant douze ou quinze années. (Av. Cons. 26 juill. 1850), II, 162.

Un legs pour l'entretien à perpétuité d'une école congréganiste ne peut être autorisé qu'en tant que les clauses et conditions ne sont pas contraires aux lois. (Av. Cons. d'État 11 janv. 1865), II, 540. — Cf. Décr. 11 janv. 1865, II, 554 ; Av. Cons. d'État 9 janv. 1854, II, 553, note.

L'autorité judiciaire, après avoir décidé entre une commune à laquelle une maison a été donnée pour l'établissement d'une école, et un particulier agissant comme exécuteur testamentaire, a le droit d'ordonner la visite des lieux par expertise, pour faire procéder aux travaux jugés nécessaires. (Décis. Cons. d'État 28 mars 1863), II, 518.

Aucune loi d'ordre public ne prohibe la fondation d'une

école, sous la condition qu'elle sera dirigée par des religieux choisis et surveillés par l'évêque du diocèse, et conséquemment l'application d'un legs à l'héritier institué, en dehors de toute intervention de la commune. (Arr. Cour Grenoble 5 juill. 1869), II, 545, note.

V. Association, Congrégation, Don, Fabrique, Legs, Option.

FOURNITURES SCOLAIRES.

A l'exception des livres qui peuvent être fournis gratuitement aux indigents, il y a lieu de laisser à la charge des parents la fourniture des autres objets, tels que crayons, papier, plumes, ardoises, etc. (Av. Cons. 3 oct. 1834), I, 336.

V. Gratuité.

FRÉQUENTATION DES ÉCOLES.

Il n'y a pas de doute que l'instituteur ne soit en droit d'exiger l'assiduité aux exercices de l'école, pour les élèves admis gratuitement, comme pour les élèves payants. (Décis. Cons. 5 janv. 1838), I, 498.

A la fin de chaque trimestre, l'instituteur envoie à l'inspecteur d'arrondissement un bulletin certifié par les autorités locales, et indiquant le nombre moyen d'élèves qui ont fréquenté l'école pendant le trimestre écoulé. (Règlem. Bas-Rhin.) (Av. Cons. 17 juill. 1869), II, 636.

V. École, Obligation.

FRÈRES DES ÉCOLES CHRÉTIENNES.

Les frères des Écoles chrétiennes seront brevetés et encouragés par le grand maître. (Décr. 17 mars 1808, tit. XIII, art. 109), I, 56. — Les supérieurs de cette congrégation pourront être membres de l'Université. (Id., ibid.), I, 57. — Leurs statuts, I, 57, note. — Leurs prospectus, I, 92, note.

Ils sont autorisés à traiter avec les communes, à des conditions convenues. (Ordonn. 29 févr. 1816, art. 36), I, 96. — Ils peuvent être appelés par les évêques diocésains dans les communes qui feront les frais de leur établissement. (Ordonn. 8 avr. 1824, art. 12), I, 150.

Ils sont dispensés du service militaire. (Loi 10 mars 1818, art. 15), I, 114.

Ils doivent être pourvus du brevet et de l'autorisation. (Arr. 3 juill. 1818, art. 6), I, 117. — Le brevet leur est délivré par le recteur, sur le vu de leur lettre d'obédience. (Ordonn. 21 avr. 1828, art. 10), I, 168. — Cf. Ordonn. 1er mai 1822, 11 juin, 17 sept., 3 déc. 1823.

A l'avenir, nul ne pourra obtenir un brevet, sans avoir subi les examens prescrits par les ordonnances. (Ordonn. 18 avr. 1831, art. 1), I, 204. — Cf. Loi 28 juin 1833, art. 4, 15 mars 1850, art. 25.

La retenue pour les caisses d'épargne et de prévoyance est imposée aux frères des Écoles chrétiennes. (Arr. 24 févr. 1835, art. 1 et 3), I, 353. — Cf. Av. 17 oct. 1834, I, 338. — Le directeur de l'école peut retirer, à la fin de l'année, la retenue opérée. (Arr. 6 mai 1836, art. 6), I, 385.

Le supérieur général a le droit de présenter les instituteurs appartenant à la congrégation. (Loi 15 mars 1850, art. 31), II, 130. — Cf. Av. Cons. 6 août 1853, II, 314; 9 août 1853, II, 320. — Les instituteurs adjoints, appartenant aux associations religieuses, sont nommés et peuvent être révoqués par les supérieurs de ces associations. (Id., art. 33), II, 131.

Les frères de la Doctrine chrétienne ne sont pas soumis aux conditions des pensions de retraite. (Av. Cons. 11 mars 1851, II, 344.

Les membres et novices des associations religieuses vouées à l'enseignement et reconnues comme établissements d'utilité publique, sont exempts de la loi militaire, moyennant l'engagement décennal contracté devant le recteur. (Loi 27 juill. 1872, art. 20), II, 688.

V. Association, Brevet, Commune, Congrégation, Examen, Option, Pension de retraite, Traitement.

G

GÉOGRAPHIE.

Les matières de l'enseignement comprennent les noms des villages du canton, ceux des cantons, des districts et des villes du département, ceux des villes hors du département avec lequel le pays a des relations plus habituelles. (Proj. Décr. sept. 1791, art. 4), I, 2.

Les enfants doivent acquérir quelques notions géographiques de la France. (Décr. vendém. an II), I, 20.

On enseignera aux élèves les éléments de la géographie. (Décr. 4 brum. an IV, art. 2), I, 36.

La géographie de la France fait partie des matières de l'examen du brevet du 3e degré. (Instruct. 14 juin 1816), I, 97.

Les éléments de la géographie sont enseignés dans les Écoles normales. (Règl. 14 déc. 1832, art. 1), I, 229.

L'enseignement primaire supérieur comprend les éléments de la géographie générale et surtout de la géographie de la France. (Loi 28 juin 1833, art. 1), I, 236. — Cf. Règl. 19 juill. 1833, art. 9, I, 257.

Les matières de l'examen du brevet élémentaire comprennent les premières notions de géographie. (Ordonn. 19 juill. 1833, art. 8), I, 257. — Cf. Stat. 25 avr. 1834, art. 1, I, 310.

Les premières notions de géographie (géographie ancienne) sont obligatoires, comme faisant partie de l'instruction religieuse. (Av. Cons. 17 oct. 1834), I, 338.

Les matières du brevet supérieur pour les filles comprennent les éléments de la géographie en général, et particulièrement de la géographie de la France. (Ordonn. 28 juin 1836, art. 1), I, 401. — L'aspirante peut être interrogée sur la cosmographie (Id., art. 2), I, 402.

L'enseignement comprend, dans les pensions de filles du département de la Seine, la géographie moderne, et dans les institutions, la géographie ancienne et les éléments de cosmographie. (Arr. 7 mars 1837, art. 2), I, 453.

Il suffit, pour les institutrices du degré élémentaire, qu'elles aient les notions de géographie qui se rattachent à l'histoire sainte et qui sont par là même une partie de l'instruction morale et religieuse. Les notions de géographie de la France, plus étendues, doivent être réservées pour les institutrices qui aspirent au brevet du degré supérieur. (Av. Cons. 15 sept. 1837), I, 480.

L'enseignement primaire comprend des notions élémentaires sur la géographie de la France. (Proj. loi 1er juin 1848, art. 1), II, 17.

L'instruction primaire élémentaire pour les garçons peut comprendre des notions sur la géographie de la France. L'instruction primaire supérieure, pour les garçons et pour les filles, comprend nécessairement les éléments de la géographie générale et la géographie de la France. (Prop. loi 15 déc. 1848, art. 12 et 25), II, 45 et 48.

Les matières facultatives de l'enseignement primaire comprennent les éléments de la géographie. (Loi 15 mars 1850, art. 23), II, 127. — Cf. Règl. 15 févr. 1853, art. 13, II, 298; Règl. 3 juill. 1866, art. 16, II, 600.

Les éléments de la géographie font partie des matières de l'enseignement de l'École normale. (Règl. 24 mai 1851, art. 1), II, 225.

La géographie générale, et particulièrement la géographie de la France, est comprise dans l'enseignement de l'École normale. (Règl. 2 juill. 1866, art. 1), II, 588.

Les éléments de la géographie de la France sont ajoutés aux matières obligatoires. (Loi 10 avr. 1867, art. 16), II, 608.

L'enseignement des salles d'asile comprend les éléments de la géographie, la forme de la terre, ses principales divisions, les noms des principaux États de l'Europe avec leurs capitales, les noms des départements de la France avec leurs chefs-lieux. (Arr. 22 mai 1855, art. 13), II, 393.

V. Matières de l'enseignement.

GÉOMÉTRAL (DESSIN).

Dans les villes et bourgs au-dessus de 1,000 âmes, les enfants apprendront les principes du dessin géométral. (Proj. loi sept. 1791, art. 6), I, 3.

GÉOMÉTRIE APPLIQUÉE.

Les enfants s'exercent à l'usage du compas. (Décr. 30 vendém. an II, 3°), I, 20.

L'instruction primaire supérieure comprend nécessairement les éléments de la géométrie et ses applications usuelles. (Loi 28 juin 1833, art. 1), I, 236. — Cf. Règl. 19 juill. 1833, art. 9, I, 257.

L'instruction primaire comprend la mesure des grandeurs. (Proj. loi 1er juin 1848, art. 1), II, 17.

L'instruction primaire supérieure, pour les garçons, comprend les éléments de la géométrie élémentaire et ses applications, notamment l'arpentage. (Prop. loi 15 déc. 1848, art. 12), II, 45.

L'enseignement primaire comprend facultativement l'arpentage et le nivellement. (Loi 15 mars 1850, art. 23), II, 128.

Les éléments de la géométrie peuvent être ajoutés aux matières de l'enseignement primaire. (Loi 21 juin 1865, art. 9.)

Les éléments de géométrie font partie des matières du brevet facultatif. (Règl. 3 juill. 1866, art. 16 et 17), II, 600.

V. Matières de l'enseignement.

GRAMMAIRE.

V. Langue française.

GRAND MAITRE.

Le chef de l'Université prendra le titre de grand maître. (Ordonn. 1er juill. 1822, art. 1), I, 147. — Cf. Ordonn. 10 févr. 1828, I, 165.

Le grand maître remplira les fonctions de recteur de l'Académie de Paris. (Ordonn. 8 avr. 1824, art. 1), I, 149.

GRATUITÉ.

Il sera créé et organisé une instruction publique, commune à tous les citoyens, gratuite à l'égard des parties d'enseignement indispensables pour tous les hommes. (Loi 3 sept. 1791), I, 1.

Les écoles primaires seront gratuites et ouvertes aux enfants de tous les citoyens, sans distinction. (Proj. loi sept. 1791, art. 2), I, 2.

L'administration municipale pourra exempter de la rétribution annuelle un quart des élèves de chaque école, pour cause d'indigence. (Loi 3 brum. an IV, tit. I, art. 9), I, 39.

Les conseils municipaux exempteront de la rétribution ceux des parents qui seraient hors d'état de la payer ; cette exemption ne pourra néanmoins excéder le cinquième des enfants reçus dans les écoles primaires. (Loi 11 flor. an X, tit. II, art. 4), I, 43.

Toute commune est obligée de pourvoir à ce que les enfants indigents reçoivent l'instruction gratuitement. (Ordonn. 29 févr. 1816, art. 14, 15, 16), I, 87. — Cf. Arr. préf. Seine, 9 oct. 1819, art. 24 et 25, I, 130.

Toute commune est tenue de pourvoir, proportionnellement à ses ressources, à la gratuité de l'enseignement pour les enfants des indigents domiciliés sur son territoire. Le maire place, chaque année, la liste sous les yeux du conseil municipal. Une allocation spéciale est votée au budget. (Prop. loi 24 oct. 1831, art. 6), I, 221.

L'instituteur communal recevra gratuitement tous ceux des élèves de la commune, ou des communes réunies, que les conseils municipaux auront désignés, sur une liste annuelle, comme ne pouvant payer de rétribution. (Prop. loi 17 nov. 1832, art. 17), I, 226.

Sont admis gratuitement, dans l'école primaire élémentaire, ceux des élèves de la commune, ou des communes réunies, que les conseils municipaux auront désignés comme ne pouvant payer aucune rétribution. (Loi 28 juin 1833, art. 14), I, 240. — Dans les écoles primaires supérieures, un nombre de places gratuites, déterminé par le conseil municipal, pourra être accordé après concours. (Id., art. 14), I, 240.— Les conseils municipaux délibèrent, dans la séance de mai, sur la liste des enfants à admettre gratuitement et sur le nombre des places gratuites à donner. (Ordonn. 16 juill. 1833, art. 1), I, 246.— Seront admises gratuitement les jeunes filles que le conseil municipal aura désignées comme ne pouvant payer aucune rétribution. (Ordonn. 23 juin 1836, art. 10), I, 395.

La loi admet et appelle dans les écoles communales tous les enfants, les pauvres gratuitement, les riches moyennant rétribution. (Décis. Cons. 28 févr. 1834), I, 305. — Cf. Décis. 27 août 1834.

Le principe général de la loi de 1833 est la non-gratuité ; la gratuité est l'exception. Cette exception ne doit être établie que dans les communes riches. Il ne peut y avoir à cet égard que des décisions particulières pour chaque commune. (Décis. Cons. 23 déc. 1842), I, 627.

Aux termes de la loi du 28 juin 1833, tous les enfants vraiment indigents doivent être admis dans les écoles communales ; mais, si le nombre en est trop considérable, il y a justice à ce que le conseil municipal augmente le traitement fixe de l'instituteur. (Décis. Cons. 2 juin 1837), I, 469.

A l'exception des livres qui peuvent être fournis gratuitement aux indigents, il y a lieu de laisser à la charge des parents la fourniture des autres objets, tels que crayons, papier, plumes, ardoises, etc. (Décis. Cons. 3 oct. 1834), I, 336.

Bien qu'un enfant mineur ait le domicile de son tuteur, et non celui d'un oncle, qui le loge et le nourrit, il suffit de sa résidence de fait dans la commune pour qu'il puisse être inscrit sur la liste de gratuité. (Décis. Cons. 12 nov. 1833), I, 279.

Les élèves gratuits d'une école primaire élémentaire, qui auront été reconnus suffisamment instruits, devront quitter entièrement ladite école, pour y faire place à d'autres. (Décis. Cons. 30 sept. 1836), I, 413. — Les élèves reçus gratuitement dans les écoles élémentaires ne peuvent être obligés à passer dans les écoles supérieures ; mais ils doivent quitter les écoles élémentaires pour faire place à d'autres. (Décis. Cons. 10 janv. 1837), I, 439.

Le frère d'un élève qui sort de l'école peut être admis gratuitement à sa place ; mais il n'y a pas obligation à cet égard, les exemptions de la rétribution étant personnelles. (Décis. Cons. 5 janv. 1838), I, 498.

Les Frères doivent fournir chaque mois l'état général des élèves qui ont fréquenté leur école pendant le dernier mois. Le maire dresse, en conséquence, la liste des enfants qui ne doivent pas payer la rétribution et la liste des enfants qui doivent y être soumis. (Décis. Cons. 24 janv. 1834), I, 295. — Cf. Décis. 30 août 1834.

L'instruction doit être donnée gratuitement aux enfants trouvés ; si les revenus ordinaires et les trois centimes additionnels ne suffisent pas pour couvrir toute la dépense, le département ou l'État, ou enfin l'administration des hospices doit y suppléer. (Décis. Cons. 17 mars 1843), I, 636.

Il n'y a pas de doute que l'instituteur ne soit en droit d'exiger l'assiduité aux exercices de l'école ; et sous le rapport de la discipline, il n'y a aucune distinction entre les élèves admis gratuitement et les élèves payants. (Décis. Cons. 5 janv. 1838), I, 498.

Dans toutes les communes dont les ressources disponibles sont suffisantes pour satisfaire aux prescriptions de la présente loi, sans subvention du département ou de l'État, le conseil municipal peut rendre l'instruction primaire gratuite, en substituant à la rétribu-

tion scolaire un supplément de traitement fixe, qui élève au moins ce traitement au minimum déterminé. (Proj. loi 31 mars 1847, art. 5), I, 701.

Il n'y a pas lieu d'autoriser une congrégation religieuse, vouée à l'instruction des enfants pauvres, à annexer un pensionnat payant à une école gratuite. (Av. Cons. 7 avr. 1848), II, 6, note. — Cf. Av. 19 mai 1848, II, 12; 29 sept. 1848, II, 35; 7 oct. 1848, II, 36; 13 oct. 1848, II, 37; 10 nov. 1848, II, 42; 15 déc. 1848, II, 84; 20 juill. 1849, II, 93; 11 janv. 1850, II, 115.

Une fabrique peut être autorisée à recevoir une donation faite en vue de l'établissement de l'instruction gratuite des pauvres. (Décis. Cons. 19 mai 1848), II, 15.

Dans les écoles publiques, l'enseignement est gratuit. (Proj. loi 1er juin 1848, art. 6), II, 17.

La société favorise et encourage le développement du travail par l'enseignement primaire gratuit. (Constitut. Républ. franç., art. 9, 4 nov. 1848), II, 42.

Dans toute commune dont les ressources sont suffisantes pour satisfaire aux prescriptions de la présente loi, sans subvention du département ou de l'État, le conseil municipal peut rendre gratuite l'instruction primaire de tous les degrés. (Prop. loi 15 déc. 1848, art. 46), II, 62.

L'enseignement primaire élémentaire est gratuit pour tous les enfants dont les parents sont hors d'état de le payer. (Prop. loi 5 févr. 1849, art. 22), II, 72. — *La commune, sur ses ressources, pourra établir la gratuité absolue de ses écoles primaires.* (Id., art. 23), II, 72.

L'enseignement primaire est donné gratuitement à tous les enfants dont les familles sont hors d'état de le payer. (Loi 15 mars 1850, art. 24), II, 128. — Toute commune a la faculté d'entretenir une ou plusieurs écoles gratuites, à la condition d'y subvenir sur ses propres ressources. (Id., art. 36), II, 132.

Le maire dresse chaque année, de concert avec les ministres des différents cultes, la liste des enfants qui doivent être admis gratuitement dans les écoles publiques. Cette liste est approuvée par le conseil municipal, et définitivement arrêtée par le préfet. (Loi 15 mars 1850, art. 45), II, 134. — Chaque année, à l'époque fixée par le recteur (le préfet), la liste des enfants admis gratuitement dans les écoles publiques est dressée conformément à ce qui est prescrit par l'art. 45 de la loi organique ; les modifications apportées à cette liste dans le cours de l'année sont soumises aux mêmes formalités. (Décr. 7 oct. 1850, art. 10), II, 183.

A la fin de chaque année scolaire, le préfet, ou, par délégation, le sous-préfet, fixe, sur la proposition des délégués cantonaux et sur l'avis de l'inspecteur de l'instruction primaire, le nombre maximum des enfants qui, en vertu des prescriptions de l'art. 24 de la loi du 15 mars 1850, pourront être admis gratuitement dans chaque école publique, pendant le cours de l'année suivante. La liste des élèves gratuits, dressée par le maire et les ministres des différents cultes, et approuvée par le conseil municipal, conformément à l'art. 45 de la loi du 15 mars 1850, ne doit pas dépasser le nombre ainsi fixé. Lorsque cette liste est arrêtée par le préfet, il en est délivré par le maire un extrait sous forme de billet d'admission, à chaque enfant qui y est porté. Aucun élève ne peut être reçu gratuitement dans une école communale, s'il ne justifie d'un billet d'admission délivré par le maire. (Décr. 31 déc. 1853, art. 13), II, 341, note.

Lorsque la liste des élèves gratuits a été arrêtée par le préfet, il en est délivré par le maire un extrait sous forme de billet d'admission à chaque enfant qui y est porté, et aucun élève ne peut être reçu gratuitement dans une école communale, s'il ne justifie de ce billet. (Décr. 28 mars 1866), II, 585.

Toute commune qui veut user de la faculté accordée par le § 3 de l'art. 36 de la loi du 15 mars 1850 d'entretenir une ou plusieurs écoles entièrement gratuites, peut, en sus de ses ressources propres et des centimes spéciaux autorisés par la même loi, affecter à cet entretien le produit d'une imposition extraordinaire, qui n'excédera pas 4 centimes additionnels au principal des quatre contributions directes. En cas d'insuffisance du produit de ces ressources, et sur l'avis du conseil départemental, une subvention peut être accordée à la commune sur les fonds de l'État, dans les limites du crédit spécial porté annuellement, à cet effet, au budget du Ministère de l'instruction publique. (Loi 10 avril 1867, article 8), II, 606.

Les salles d'asile, ou écoles du premier âge, sont des établissements charitables. (Ordonn. 22 déc. 1837, art. 1), I, 487.

Les salles d'asile publiques sont ouvertes gratuitement à tous les enfants dont les familles sont reconnues hors d'état de payer la rétribution mensuelle. (Décr. 21 mars 1855, art. 11), II, 376. — Le maire, de concert avec les ministres des différents cultes reconnus, dresse la liste des enfants qui doivent être admis gratuitement dans les salles d'asile publiques. Cette liste est définitivement arrêtée par le conseil municipal. (Id., art. 12), II, 376. — Les billets d'admission délivrés par les maires ne font aucune distinction entre les enfants payants et les enfants admis gratuitement. (Id., art. 13), II, 376.

En Algérie, à la fin de chaque année, le préfet pour le territoire civil, et le commandant de la division pour le territoire militaire, fixent, sur l'avis de l'inspecteur de l'enseignement primaire, le nombre maximum des enfants qui pourront être admis gratuitement dans chaque école publique, pendant le cours de l'année suivante. La désignation des enfants à recevoir gratuitement est faite, dans chaque localité, par le maire ou par celui qui en remplit les fonctions, de concert avec les ministres des différents cultes. Cette liste, ainsi dressée, est arrêtée par le préfet ou par le commandant de division. (Arr. 30 déc. 1853, art. 2), II, 337.

V. Rétribution scolaire.

GREFFE ET TAILLE DES ARBRES.

La taille des arbres fait partie de l'enseignement de l'École normale. (Régl. 14 déc. 1832, art. 3), I, 230.

V. Agriculture et Horticulture.

GYMNASTIQUE.

Les élèves seront instruits dans les exercices les plus propres à entretenir la santé et à développer la force et l'agilité du corps. (Décr. 27 brum. an III, chap. IV, art. 4), I, 36. — On les formera, si la localité le comporte, à la natation. Cet exercice sera dirigé et surveillé par des citoyens nommés par le jury d'instruction, sur la présentation des municipalités respectives. (Id., art. 5), I, 37. — Il sera publié des instructions pour déterminer la nature et la distribution des autres exercices gymnastiques propres à donner au corps la force et la souplesse, tels que la course, la lutte, etc. (Id., art. 6), I, 37

Dans toute école destinée à former des instituteurs primaires, l'enseignement comprend la gymnastique. (Règl. 14 déc. 1832, art. 1), I, 229.

L'enseignement primaire comprendra les exercices utiles au développement physique. (Proj. loi 1er juin 1848, art. 1), II, 17.

L'enseignement primaire supérieur comprend nécessairement la gymnastique dans les écoles de garçons. (Prop. loi 15 déc. 1848, art. 11), II, 45. — *La gymnastique fait aussi partie nécessairement de l'enseignement dans les écoles de filles.* (Id., art. 25), II, 48.

La gymnastique fait partie des matières facultatives de l'enseignement primaire. (Loi 15 mars 1850, art. 23), II, 128. — Cf. Règl. 3 juill. 1866, art. 17, II, 600.

La gymnastique est enseignée dans les Écoles normales. (Décr. 24 mars 1851, art. 15), II, 125. — Cf. Décr. 2 juill. 1866, art. 1, II, 587.

Les conseils municipaux délibéreront, dans leur session de mai 1869, sur les moyens à prendre pour organiser les exercices gymnastiques appropriés aux besoins des écoles primaires communales. (Décr. 3 févr. 1869, art. 4), II, 629. — Des secours pourront être accordés sur les fonds de l'État aux communes qui feront établir des appareils de gymnastique pour leurs écoles. (Id., art. 6), II, 629. — Sur la proposition de l'inspecteur d'Académie, le conseil départemental fixe le nombre des leçons à donner par semaine aux élèves des écoles primaires, ainsi que les jours et heures de ces leçons. (Id., art. 7), II, 629.

L'enseignement de la gymnastique dans les écoles primaires communales comprend nécessairement ceux des mouvements et exercices qui ne comportent l'emploi d'aucun appareil. Dans les écoles où les appareils et agrès indispensables ont pu être installés au moyen d'une allocation accordée par le conseil municipal, le département ou l'État, ou à l'aide de souscriptions particulières, cet enseignement comprend, en tout ou en partie, les exercices qui comportent l'emploi d'appareils et d'agrès. Les exercices gymnastiques sont dirigés par l'instituteur ou par un maître spécial. Ils sont suivis par tous les élèves qui n'en ont pas été dispensés par le maire, sur un certificat d'un médecin. (Décr. 3 févr. 1869, art. 5), II, 629.

Une commission de cinq membres, nommée par le Ministre de l'instruction publique, est instituée au chef-lieu de chacune des Académies pour examiner les candidats qui veulent obtenir un certificat spécial d'aptitude à l'enseignement de la gymnastique. Ce certificat est délivré par le Ministre, sur le rapport de la commission. Un arrêté du Ministre détermine les formes et les conditions de l'examen. (Décr. 3 févr. 1869, art. 11), II, 630. — La commission d'examen instituée au chef-lieu de chaque département, en vertu de l'art. 46 de la loi du 15 mars 1850, pour juger de l'aptitude au brevet de capacité pour l'enseignement primaire, est autorisée, en ce qui touche les épreuves relatives à la gymnastique, à s'adjoindre, à titre consultatif, pour cette partie spéciale de l'examen, une ou deux personnes ayant fait une étude particulière de cet enseignement. (Id., art. 12), II, 630. — Programmes pour l'enseignement de la gymnastique. (Annexe du décr. 3 févr. 1869), II, 631.

L'enseignement de la gymnastique est obligatoire dans les Écoles normales primaires et dans les écoles primaires qui leur sont annexées. Cet enseignement est donné conformément au programme, sauf les dispenses individuelles accordées par le médecin attaché à l'établissement. (Décr. 3 févr. 1869, art. 8), II, 630. — Les appareils de gymnastique nécessaires pour la complète exécution du programme seront établis dans toutes les Écoles normales primaires. (Id., art. 9), II, 630.— Un maître de gymnastique, nommé par le Ministre, est attaché à chaque École normale primaire.

Le maître de gymnastique de l'École normale peut être chargé par le recteur d'enseigner aux instituteurs, réunis à cet effet au chef-lieu de canton, le mode d'exécution du programme à suivre dans les écoles primaires. (Décr. 3 févr. 1869 art. 10), II, 630.

H

HAMEAU (ÉCOLE DE).

Un individu qui a tenu une école primaire, sans avoir un brevet, est passible des peines portées par l'art. 56 du décret du 15 nov. 1811, et ne peut être excusé, sous le prétexte que le hameau dans lequel il tenait son école était très-éloigné de la commune, et qu'en hiver et dans les saisons rigoureuses, les enfants de ce hameau n'auraient pu se transporter dans cette commune pour y recevoir l'instruction, et qu'il aurait fermé son école aussitôt qu'il aurait été averti qu'il était en contravention. (Arr. Cassat. 4 juin 1829.)

Un conseil municipal ne peut être tenu de voter le traitement et le local pour plus d'un instituteur communal ; mais, dans le cas où il existe un ou plusieurs hameaux trop éloignés du centre de la commune, il y a lieu de stipuler, vis-à-vis de cet instituteur communal, que cet instituteur, à certain jour de la semaine ou à certains mois de l'année, devra se transporter dans lesdits hameaux pour y donner l'instruction primaire dans un local convenablement disposé à cet effet. (Décis. Cons. 12 nov. 1833), I, 279.

Tout instituteur communal doit recevoir le traitement et le logement déterminés par la loi ; tout instituteur communal doit être présenté, nommé et institué conformément à la loi ; un instituteur communal dans un hameau doit être, comme l'instituteur du chef-lieu, présenté, nommé et institué conformément à la loi. (Av. Cons. 4 juill. 1837), I, 472.

Le desservant du hameau où est située l'école communale, et non le curé de la commune, doit être le membre de droit du comité local. (Av. Cons. 5 déc. 1834), I, 343.

Le conseil départemental détermine, sur l'avis du conseil municipal, les cas où, à raison des circonstances, il peut être établi une ou plusieurs écoles de hameau, dirigées par des adjoints ou des adjointes. Ces décisions sont soumises à l'approbation du Ministre de l'instruction publique. (Loi 10 avr. 1867, art. 2), II, 605.

V. École de charité, Instituteur, Instituteur adjoint.

HÉROIQUES (ACTES).

Les matières de l'enseignement comprennent des exemples d'actions vertueuses. (Proj. Décr. sept. 1791, art. 4 et 5), I, 2.

On fera connaître aux enfants les traits de vertu qui honorent le plus les hommes libres. (Décr. 30 vendém. an II), I, 20. — On fera apprendre aux enfants le recueil des actes héroïques et des chants de triomphe. (Décr. 27 brum. an III, chap. I, tit. I), I, 36.

HIÉRARCHIE DES ÉTABLISSEMENTS D'INSTRUCTION PRIMAIRE.

Les établissements d'instruction primaire, à Paris, sont ainsi classés : écoles secondaires, primaires et particulières ; écoles de bienfaisance, pensionnats, maisons d'éducation et autres établissements tenant, sous quelque rapport que ce soit, à l'enseignement de l'un ou de l'autre sexe. (Arr. préf. Seine, 25 pluv. an XII, art. 1er), I, 45. — Un tableau spécial contient la liste des petites écoles à élever au rang d'écoles secondaires. (Id., art. 22), I, 49.— Cf. Règl. préf. Seine, 9 oct. 1819, art. 2, I, 126.

Les écoles appartenant à chaque Académie sont classées dans l'ordre suivant : 1° les facultés ; 2° les lycées ; 3° les collèges et écoles secondaires communales ; 4° les institutions ; 5° les pensions ; 6° les petites écoles, écoles primaires, où l'on apprend à lire, à écrire, et les premières notions du calcul. (Décr. 17 mars 1808, art. 4), I, 53.—V. Ordonn. 18 nov. 1845, art. 4, I, 670.

HISTOIRE GÉNÉRALE.

On fait connaître aux enfants les traits de vertu qui honorent le plus les hommes libres, et particulièrement les traits de la Révolution française les plus propres à leur élever l'âme et à les rendre dignes de la liberté et de l'égalité. (Décr. 30 vendém. an II), I, 20.

On fera apprendre aux enfants les éléments de l'histoire des peuples libres. (Décr. 27 brum. an III, chap. II, art. 1), I, 36.

L'instruction primaire supérieure comprend nécessairement les éléments de l'histoire générale. (Loi 28 juin 1833, art. 1), I, 236. — Cf. Règl. 19 juill. 1833, art. 9, I, 257.

L'instruction primaire supérieure pour les filles comprend les éléments de l'histoire en général. (Ordonn. 23 juin 1836, art. 1), I, 393. — Cf. Arr. 28 juin 1836, art. 1, I, 401.

L'enseignement, dans les institutions de filles du département de la Seine, comprend l'histoire ancienne et moderne. (Arr. 7 mars 1837, art. 3), I, 453.

L'enseignement primaire supérieur pour les garçons et pour les filles comprend les éléments de l'histoire générale. (Prop. loi 15 déc. 1848, art. 12 et 25), II, 45 et 48.

Les éléments de l'histoire font partie des matières facultatives de l'enseignement. (Loi 15 mars 1850, art. 23), II 327.

L'enseignement des Écoles normales comprend les éléments d'histoire. (Règl. 24 mars 1851, art. 1), II, 225. — Cf. Av. Cons. 24 mai 1851, II, 232; Arr. 31 juill. 1851, II, 238.

Les éléments d'histoire générale sont compris dans les matières de l'enseignement de l'École normale. (Règl. 2 juill. 1866, art. 1), II, 588. — Ils font partie des examens du brevet facultatif. (Arr. 3 juill. 1866, art. 16), II, 600.

HISTOIRE DE FRANCE.

On fera particulièrement apprendre aux enfants les traits de la Révolution française. (Décr. 30 vendém. an II), I, 20.

L'enseignement primaire dans les Écoles normales comprend les éléments de l'histoire de France. (Régl. 14 déc. 1831, art. 1), I, 129.

L'enseignement primaire élémentaire comprend nécessairement des notions d'histoire, surtout d'histoire de la France. (Stat. 25 avr. 1834, art. 1), I, 210. — Cf. Ordonn. 19 juill. 1833, art. 8, I, 257.

L'instruction primaire supérieure comprend nécessairement les éléments de l'histoire, surtout de l'histoire de France. (Loi 28 juin 1833, art. 1), I, 236. — Cf. Ordonn. 19 juill. 1833, art. 9, I, 257.

L'instruction primaire supérieure pour les filles comprend les éléments de l'histoire, et particulièrement de l'histoire de France. (Ordonn. 28 juin 1836, art. 1), I, 401. — Cf. Arr. 7 mars 1837, art 2, I, 453.

Il n'y a lieu d'interroger les aspirantes sur l'histoire qu'aux examens du brevet supérieur. (Av. Cons. 15 sept. 1873), I, 480.

L'enseignement de l'histoire de France s'arrêtera à 1789. (Arr. 11 sept. 1838).

L'enseignement dans les pensions et les institutions de filles du département de la Seine comprend l'histoire de France. (Régl. 7 mars 1837, art. 2, 3 et 17), I, 453.

L'enseignement primaire comprend des notions élémentaires sur l'histoire de France. (Proj loi 1er juin 1848, art. 1), I, 17.

L'enseignement primaire supérieur pour les garçons et pour les filles comprend l'histoire de France. (Prop. loi 15 déc. 1848, art. 12 et 24), II, 45 et 48.

L'enseignement de l'histoire nationale s'arrêtera à l'année 1789, conformément à l'arrêté du 11 sept. 1838. (Av. Cons. 6 juill. 1849), II, 88, note.

L'enseignement primaire peut comprendre, outre les matières obligatoires, les éléments de l'histoire. (Loi 15 mars 1850, art. 23), II, 127.

L'enseignement des Écoles normales comprend les éléments de l'histoire. (Arr. 24 mars 1851, art. 1), II, 225. — L'enseignement des Écoles normales comprend les éléments de l'histoire générale et particulièrement l'histoire de la France. (Arr. 2 juill. 1866, art. 1), II, 588.

Les éléments de l'histoire de France sont ajoutés aux matières obligatoires de l'enseignement. (Loi 10 avr. 1867, art. 16), II, 608.

HISTOIRE NATURELLE.

On enseignera aux enfants les premières connaissances naturelles et économiques. (Décr. 22 frim. an I, tit. I), I, 9.

On donnera aux enfants les premières notions des objets naturels qui les environnent et de l'action naturelle des éléments. (Décr. 30 vendém. an II), I, 20.

On donnera aux enfants des instructions sur les principaux phénomènes et les productions les plus nouvelles de la nature. (Décr. 27 brum. an III, ch. I, tit. I), I, 33.

L'instruction primaire supérieure comprend nécessairement des notions élémentaires d'histoire naturelle. (Loi 28 juin 1833, art. 1), I, 236. — Cf. Ordonn. 19 juill. 1833, art. 9, I, 257.

L'examen de l'aspirante au brevet supérieur d'institutrice peut comprendre des notions élémentaires d'histoire naturelle. Arr. 28 juin 1836, art. 2), I, 402.

L'enseignement dans les pensions et les institutions de filles du département de la Seine comprend des notions élémentaires d'histoire naturelle applicables aux principaux usages de la vie. (Régl. 7 mars 1837, art. 2, 3 et 17), I, 453.

L'enseignement primaire comprend des notions élémentaires sur les phénomènes de la nature. (Proj. loi 1er juin 1848, art. 1), II, 17.

L'enseignement primaire supérieur pour les garçons comprend nécessairement des notions d'histoire naturelle applicables à l'agriculture, à l'hygiène et aux usages de la vie. (Prop. loi 15 déc. 1848, art. 12), II, 45. — *L'enseignement primaire supérieur pour les filles comprend nécessairement des notions d'histoire naturelle applicables aux usages de la vie et à l'économie domestique.* (Id., art. 25), II, 48.

L'enseignement primaire comprend, outre les matières obligatoires, des notions d'histoire naturelle applicables aux usages de la vie. (Loi 15 mars 1850, art. 23), II, 127. — Cf. Règl. École norm. 24 mars 1851, art. 1, II, 225 ; 2 juill. 1866, art. 1, II, 588 ; Règl. Exam. brev. 3 juill. 1866, art. 17, II, 600.

HISTOIRE SAINTE.

L'instruction religieuse comprend l'histoire sainte. (Instruct. 14 juin 1816, I, 97 ; Règl. 19 juill. 1833, art. 8, I, 256 ; Règl. 28 juin 1836, art. 1, I, 401.

Les premières notions d'histoire et de géographie ancienne sont obligatoires comme faisant partie de l'instruction religieuse. (Av. Cons. 17 oct. 1834), I, 338.

L'histoire ancienne sera constamment rapprochée des faits contemporains de l'histoire sainte. (Règl. École norm. 24 mars 1851), II, 243. — Cf. Programm. 31 juill. 1851.

L'enseignement religieux comprend la lecture du catéchisme et les éléments d'histoire sainte. (Règl.-type 17 août 1851, art. 26), II, 262.

L'instruction religieuse sera donnée, en partie, dans les salles d'asile, par de courtes réflexions mêlées aux récits les plus touchants de l'histoire sainte. (Ordonn. 24 avr. 1838, art. 50), I, 525.

L'instruction religieuse dans les salles d'asile résulte, en partie, de réflexions morales appropriées aux récits de l'histoire sainte. (Décr. 22 mai 1855, art. 8), II, 392.

HOMME (DROITS ET DEVOIRS DE L').

Les matières de l'enseignement comprennent des instructions simples et claires sur les devoirs communs et sur les lois qu'il est indispensable à tous de connaître. (Proj. Décr. sept. 1791, art. 5), I, 2.

La connaissance des droits et des devoirs de l'homme est mise à la portée des enfants par des exemples et par leur propre expérience. (Décr. 30 vendém. an II), I, 20.

On apprendra aux enfants la Déclaration des Droits de l'homme et du citoyen, et la Constitution de la République française. (Décr. 27 brum. an III, chap. I, tit. I), I, 33.

L'enseignement primaire comprend des notions sur les droits et les devoirs sociaux et politiques. (Prop. loi 17 nov. 1832, art. 1), I, 223.

L'enseignement primaire comprend la connaissance des devoirs et des droits de l'homme et du citoyen. (Proj. loi 1er juin 1848, art. 1), II, 17.

L'instruction primaire élémentaire et primaire supérieure pour les garçons comprend nécessairement l'instruction civique. (Prop. loi 15 déc. 1848, art. 12), II, 45.

V. Matières de l'enseignement.

HORTICULTURE.

L'horticulture fait partie des programmes d'enseignement des Écoles normales. (Décr. 2 juill. 1866, art. 1), II, 588.

V. Agriculture, Greffe et Taille des arbres.

HOSPICES (ÉCOLE DANS LES).

Les écoles des hospices sont soumises à toutes les dispositions de l'art. 17 de l'ordonnance du 16 juillet 1833. (Av. Cons. 26 juill. 1833), I, 260. — Cf. id., 27 févr. 1835.

Celui qui se livre, moyennant une rétribution, à l'éducation de jeunes gens confiés à l'hospice des enfants trouvés, en vertu du mandat qu'il a reçu de la commission administrative des hospices, mais sans autorisation de l'Université, ne contrevient pas aux décrets universitaires. (Arr. Cass. 30 mars 1833).

La loi soumet toutes les écoles primaires, sans distinction, à la surveillance des comités ; il ne peut y avoir d'exception pour les écoles qui dépendent d'un hospice. (Av. Cons. 21 avr. 1837), I, 462.

L'instruction gratuite est due aux enfants trouvés. Si les revenus ordinaires et les trois centimes additionnels ne suffisent pas pour couvrir la dépense, le département ou l'État, ou enfin l'administration des hospices doit y suppléer. (Av. Cons. 17 mars 1843), I, 636.

Lorsque l'hospice d'une commune entretient une école publique, fait un traitement à l'instituteur, lui donne le logement et un mobilier convenable, la commune est dispensée de l'établissement d'une école communale, à la condition que cette école de l'hospice soit ouverte à tous les enfants, riches ou pauvres. (Av. Cons. 13 déc. 1833), I, 285.

Les écoles des hospices sont comprises dans les établissements d'instruction primaire. (Prop. loi 15 déc. 1848, art. 1), II, 43. — *Les instituteurs employés dans les écoles d'hospices ou maisons d'orphelins devront être munis du brevet de capacité et du certificat de moralité ; ces écoles seront d'ailleurs réglées par le conseil administratif de l'hospice et soumises à la surveillance des autorités scolaires.* (Id., art. 38), II, 50.

Il sera ouvert, chaque année, au budget du Ministère de l'instruction publique, un crédit pour encourager la fondation d'institutions, telles que les classes dans les hôpitaux. (Loi 15 mars 1850, art. 56), II, 138.

Les écoles tenues dans les hospices sont soumises à l'inspection. (Av. Cons. 14 juill. 1854), II, 357.— Cf. id., 16 sept. 1851.

HOSPITALIÈRE (CONGRÉGATION).

Les maisons de congrégations hospitalières sont, comme toutes les autres maisons de l'État, soumises à la police des maires, des préfets et officiers de justice. (Décr. 18 févr. 1809, art. 19), I, 110, note.

V. Association religieuse, Congrégation.

HYGIÈNE.

L'enseignement primaire comprend les préceptes élémentaires de l'hygiène. (Proj. loi 1er juin 1848, art. 1), II, 17.

L'instruction primaire élémentaire des garçons et des filles, et primaire supérieure pour les garçons, comprend nécessairement des notions élémentaires d'hygiène. (Prop. loi 15 déc. 1848, art. 11, 12 et 24), II, 45 et 48.

Les instructions élémentaires sur l'hygiène font partie des matières facultatives de l'enseignement primaire. (Loi 15 mars 1850, art. 23), II, 128. — Cf. Décr. Écol. norm. 24 mars 1851, art. 1, II, 225; 2 juill. 1866, art. 1, II, 588; Règl. Exam. brev. 3 juill. 1866, art. 17, II, 600.

I

IMMORALITÉ.

V. Délit, Jugement disciplinaire, Interdiction, Mœurs publiques, Tribunal.

IMPOSITION.

Les instituteurs ne sont imposables que pour les portes et fenêtres des lieux qu'ils occupent personnellement. (Av. Cons. 5 juill. 1839), I, 559.

INCAPACITÉ.

Quiconque aura été condamné pour délit correctionnel sera privé de la faculté de tenir une école pendant six mois au moins et dix ans au plus. (Prop. loi 24 oct. 1831, art. 16), I, 223. — *Tout individu qui aura été atteint par une peine afflictive ou infamante ou par une condamnation judiciaire, aux termes des art. 330 et 334 du Code pénal, sera privé à perpétuité du droit d'établir une école publique ou privée.* (Id., ibid.), I, 222.

Sont incapables d'être instituteurs ceux qui ont été interdits par jugement des droits civils, condamnés à des peines afflictives ou infamantes, ou condamnés en police correctionnelle pour délits contraires à la probité. (Prop. loi 17 nov. 1832, art. 10), I, 225.

Sont incapables de tenir école : les condamnés à des peines afflictives ou infamantes, les condamnés pour vol, escroquerie, banqueroute, abus de confiance ou attentat aux mœurs, et les individus privés de tout ou partie des droits de famille, les individus interdits. (Loi 28 juin 1833, art. 5), I, 237.

Un instituteur condamné pour faux en écriture privée est incapable de tenir une école publique ou privée. (Décis. Cons. 15 févr. 1842), I, 590. — Un instituteur condamné pour banqueroute simple ne peut être réhabilité comme instituteur et demeure incapable. (Av. Cons. 25 févr. 1842), I, 591.

Tout instituteur communal, suspendu ou révoqué, ne peut exercer, comme instituteur privé, dans la même commune, ou dans le même arrondissement, qu'avec l'autorisation du comité d'arrondissement. En cas de contravention, l'école est fermée. (Proj. loi 31 mars 1847, art. 24), I, 705.

Nul ne peut tenir école, s'il a été condamné à des peines afflictives ou infamantes; s'il a été condamné pour vol, escroquerie, banqueroute, abus de confiance ou attentat aux mœurs, ou s'il a été privé par jugement de tout ou partie des droits civils, civiques ou de famille. Nul ne peut, sans l'autorisation du Ministre, tenir école dans la commune où il a été révoqué comme instituteur d'une école publique. (Proj. loi 1er juin 1848, art. 25), II, 20.

Sont incapables de tenir école : 1° les condamnés à des peines afflictives ou infamantes; 2° les condamnés pour vol, escroquerie, banqueroute, abus de confiance ou délits contre la probité et les mœurs, et les individus qui auront été privés par jugement de tout ou partie des droits civils, civiques ou de famille; 3° les individus interdits en vertu de l'art. 51. (Prop. loi 15 déc. 1848, art. 49), II, 52.

Sont incapables de tenir une école publique ou libre, ou d'y être employés, les individus qui ont subi une condamnation pour crime ou pour un délit contraire à la probité ou aux mœurs; les individus privés par jugement de tout ou partie des droits mentionnés en l'art. 42 du Code pénal, et ceux qui ont été interdits en vertu des art. 30 et 33 de la présente loi. (Loi 15 mars 1850, art. 26), II, 128. — L'instituteur révoqué est incapable d'exercer la profession d'instituteur, soit public, soit libre, dans la même commune. (Id., art. 33), II, 131.

Sont incapables de tenir une salle d'asile publique ou libre les personnes qui se trouvent dans les cas prévus par l'art. 36 de la loi du 15 mars 1850. (Décr. 21 mars 1855, art. 21), II, 378.

V. Autorisation, École, Instituteur.

INCOMPATIBILITÉ.

Les instituteurs nationaux ne peuvent, sous aucun prétexte, diriger d'autre éducation que celle des élèves attachés aux écoles nationales, ni donner à aucun autre des leçons particulières. (Décr. 9 brum. an II, art. 2), I, 25.

Il est interdit à l'instituteur de prendre aucun de ses élèves en pension, de donner aucune leçon particulière, de recevoir aucune espèce de gratification, sous peine de destitution. (Décr. 29 frim. an II, sect. III, art. 10), I, 29.

Les instituteurs ne pourront recevoir chez eux des pensionnaires, ni donner des leçons particulières à aucun de leurs élèves : l'instituteur se doit tout à tous. (Décr. 27 brum. an III, chap. III, art. 8), I, 35.

Il est interdit à tout instituteur d'exercer un emploi incompatible avec la dignité et l'assiduité qu'exigent ses fonctions. (Prop. loi 24 oct. 1831, art. 15), I, 222.

Ni le maire ni le curé d'une commune ne peut exercer les fonctions d'instituteur public dans cette commune. (Décis. Cons. 8 nov. 1833), I, 275. — Dans le cas où plusieurs communes sont réunies pour une seule école, le curé ou le maire de l'une de ces communes peut tenir école, à la condition que, dans ce cas, l'instituteur ne fera pas partie du comité local, et que ce sera le maire ou le curé d'une autre commune qui y siégera. (Id., ibid.), I, 275.

Sont incompatibles les fonctions d'instituteur et celles de maire, même dans le cas où plusieurs communes seraient réunies pour l'établissement d'une seule école. (Décis. Cons. 7 mars 1834), I, 305.

Le maire d'une commune ne peut être autorisé à tenir

l'école publique de la même commune. (Décis. Cons. 18 févr. 1842), I, 590.

Le desservant d'une commune peut exercer les fonctions d'instituteur et jouir des bénéfices qui y sont attachés, moins la rétribution mensuelle. (Décis. Cons. 26 juill. 1836), I, 405.

L'instituteur, personnellement, ne peut pas être en même temps débitant de tabac; mais rien n'empêche que sa femme ne tienne le bureau de tabac dans une dépendance de la maison d'école, pourvu que les lieux soient disposés d'une manière convenable. (Décis. Cons. 25 août 1833), I, 478.

L'instituteur communal peut tenir le greffe de la justice de paix de sa commune. (Décis. Cons. 19 juill. 1836), I, 405. — Il y a incompatibilité entre les fonctions de greffier de justice de paix et les fonctions d'instituteur primaire communal. (Décis. Cons. 24 déc. 1839), I, 569. — Il y a incompatibilité entre les fonctions d'instituteur et celles de commis greffier. (Décis. Cons. 9 déc. 1842), I, 622.

Il n'y a pas incompatibilité entre les fonctions d'instituteur et celles de sacristain. (Décis. Cons. 19 mai 1842), I, 643. — Les fonctions de sacristain, de secrétaire de mairie sont incompatibles avec la surveillance et les soins de tous les instants qu'exige un pensionnat primaire. (Décis. Cons. 2 févr. 1847), I, 699.

La loi ne prononce pas d'incompatibilité entre les fonctions d'instituteur et l'emploi d'agent d'une compagnie pour les remplacements militaires; c'est aux comités et aux recteurs de juger s'il y a inconvenance. (Décis. Cons. 12 juill. 1842), I, 603.

L'exercice de la profession d'instituteur primaire est incompatible avec l'exercice de toute profession commerciale. (Proj. loi 31 mars 1847, art. 11), I, 702.

Nul instituteur ne peut exercer d'autres fonctions sans l'autorisation du recteur. (Proj. loi 1er juin 1848, art. 12 bis), II, 19.

L'exercice de la profession d'instituteur public est incompatible avec l'exercice de toute profession commerciale. Cette interdiction s'étend jusqu'à la femme de l'instituteur. L'instituteur ne pourra exercer aucune autre fonction salariée, sans l'autorisation du comité d'arrondissement, qui prendra l'avis du comité local. Cette fonction ne devra jamais s'éloigner de son école, pendant les heures assignées aux leçons par le règlement. (Prop. loi 15 déc. 1848, art. 23), II, 48.

Les fonctions de maître de pension enseignant le latin sont incompatibles avec celles d'instituteur communal. (Décis. Cons. 7 oct. 1848), II, 36.

Un curé peut conserver le titre d'instituteur communal, à la condition qu'il cessera de faire partie du comité local. (Décis. Cons. 11 janv. 1849), II, 114.

Il est interdit aux instituteurs communaux d'exercer aucune fonction administrative, sans l'autorisation du Conseil académique (départemental). Toute profession commerciale ou industrielle leur est absolument interdite. (Loi 15 mars 1850, art. 32), II, 131.

La profession de chef d'un établissement libre ne peut être comprise dans les professions industrielles et commerciales qui sont interdites à l'instituteur communal. (Av. Cons. 1er oct. 1850), II, 179.

Le cumul des fonctions d'instituteur communal et de maître de pension n'est pas interdit par la loi. (Av. Cons. 30 mars 1852), II, 284.

Il n'y a pas incompatibilité légale entre les fonctions de notaire et de greffier de justice de paix, et celles d'instituteur communal; mais eu égard à la nature de ces deux ordres de fonctions, les notaires et les greffiers ne doivent être portés sur la liste d'admissibilité qu'avec la plus grande réserve. (Av. Cons. 16 déc. 1850), II, 195.

Le fils d'un maire peut être instituteur dans la commune où son père est maire, sauf au père à se récuser dans les délibérations relatives à son fils. (Av. Cons. 15 nov. 1852), I, 617.

Ne peuvent être maires les instituteurs primaires communaux ou libres. (Loi 5 mai 1855, art. 5.)

Nul chef ou professeur dans un établissement primaire, public ou libre, ne peut être nommé délégué du conseil départemental de l'instruction publique. (Décr. 29 juill. 1850, art. 44), II, 173.

Les fonctions de recteur, d'inspecteur d'Académie et d'inspecteur primaire sont incompatibles avec tout autre emploi rétribué. Toutefois, le Ministre de l'instruction publique peut autoriser les inspecteurs primaires à accepter les fonctions, soit d'inspecteur des enfants trouvés et abandonnés, soit des enfants employés dans les manufactures. (Décr. 29 juill. 1850, art. 36), II, 170.

V. Desservant, Exclusion, Interdiction, Instituteur.

INCONDUITE.

V. Délit, Jugement disciplinaire, Interdiction, Mœurs publiques, Tribunal.

INDEMNITÉ DE SORTIE.

Tout élève-maître, boursier de l'État ou des départements, appelé, pour la première fois, aux fonctions d'instituteur public, recevra, en sortant de l'École normale pour se rendre à son poste, une indemnité qui ne pourra excéder 100 fr. (Décr. 19 avril 1862, art. 5), II, 503. — Cette indemnité sera prélevée, soit sur les bonis des Écoles normales primaires, soit sur les fonds provenant des remboursements faits aux Écoles normales par les anciens élèves-maîtres qui ont abandonné la carrière de l'enseignement avant l'expiration de leur engagement décennal, ou qui se sont établis hors des départements chargés des frais de leur instruction, soit sur les fonds votés, à cet effet, par les conseils municipaux et les conseils généraux. A défaut des ressources ci-dessus indiquées, il sera pourvu à cette dépense sur les fonds de l'État affectés aux frais d'entretien des écoles primaires. (Id., art. 6), II, 504.

V. École normale.

INDIGENTS (ÉLÈVES).

V. Gratuité.

INDUSTRIE.

On rendra les élèves souvent témoins des travaux des ateliers; ils y prendront part autant que leur âge le permet. (Décr. 30 vendém. an II), I, 20.

L'enseignement primaire comprend des notions élémentaires sur les principaux faits de l'industrie. (Proj. loi 1er juin 1848, art. 1), II, 17.

L'instruction primaire supérieure comprend nécessairement des notions de sciences physiques et d'histoire naturelle applicables à l'industrie. (Prop. loi 15 déc. 1848, art. 12), II, 45.

Des instructions élémentaires sur l'industrie sont comprises dans les programmes des matières facultatives de l'enseignement. (Loi 15 mars 1850, art. 23), II, 128. — V. Règl. École norm. 24 mars 1851, art. 1, II, 224; 2 juill. 1866, art. 1, II, 587; Règl. 3 juill. 1866, art. 17, II, 600.

V. Matières de l'enseignement.

INDUSTRIELS (COURS).

Les écoles de commerce et les cours publics de mécanique et de géométrie, applicables aux arts industriels, doivent continuer à être autorisés par le Ministre, statuant en conseil; leurs programmes d'enseignement doivent être approuvés par le Ministre, et leurs établissements visités par les inspecteurs. (Av. Cons. 23 oct. 1838), I, 534.

L'art. 4 de la loi du 28 juin 1833, qui exige un brevet de capacité et de moralité, ne s'applique pas aux écoles industrielles. Si dans une école industrielle, le directeur a introduit l'instruction primaire, c'est l'instituteur mis à la tête de cette instruction, et non le directeur de l'école, qui est tenu de justifier à l'autorité de son brevet et de son certificat de moralité. (Arr. Cassat. 8 févr. 1839.)

V Enseignement professionnel.

INSPECTEUR D'ACADÉMIE.

Il sera établi une Académie dans chaque département. (Loi 15 mars 1850, art. 7), II, 122.—Chaque Académie est administrée par un recteur assisté de un ou de plusieurs inspecteurs, si le Ministre le juge nécessaire. (Id., art. 8), II, 122. — L'inspecteur d'Académie fait partie du Conseil académique. (Id., art. 10), II, 123. —Trois inspecteurs d'Académie font partie du Conseil académique de la Seine. (Id., art. 11), II, 123.

Les inspecteurs d'Académie sont choisis par le Ministre parmi les anciens inspecteurs, les professeurs des facultés, les proviseurs et censeurs des lycées, les principaux professeurs des classes supérieures dans ces diverses catégories d'établissements, les agrégés des facultés et des lycées, et les inspecteurs des écoles primaires, sous la condition commune à tous du grade de licencié ou de dix ans d'exercice. (Loi 15 mars 1850, art. 19), II, 126.

Le Ministre nomme et révoque les inspecteurs d'Académie. (Décr.-loi 9 mars 1852, art. 3), II, 273.

Les fonctions d'inspecteur d'Académie sont incompatibles avec tout autre emploi public rétribué. (Décr. 29 juill. 1850, art. 36), II, 170.

Chacune des Académies est administrée par un recteur, assisté d'autant d'inspecteurs d'Académie qu'il y a de départements dans la circonscription. (Loi 14 juin 1854, art. 2), II, 353. — Les fonctionnaires de l'administration académique sont : le recteur, les inspecteurs d'Académie, les inspecteurs de l'instruction primaire, le secrétaire de l'Académie. (Décr. 22 août 1854, art. 15), II, 363. — Il y a huit inspecteurs au chef-lieu de l'Académie de Paris. L'un d'entre eux est chargé, sous l'autorité du préfet, des affaires qui concernent les écoles primaires publiques ou libres. Les inspecteurs primaires du département de la Seine lui sont particulièrement adjoints et subordonnés. (Id., art. 30), II, 367.

L'inspecteur d'Académie est membre de droit du Conseil académique. (Loi 14 juin 1854, art. 3), II, 353.

L'inspecteur d'Académie est membre de droit du conseil départemental. (Loi 14 juin 1854, art. 5), II, 353. — A Paris, deux inspecteurs d'Académie siégent au conseil départemental. (Id., art. 6), II, 354.

Les inspecteurs d'Académie exercent l'inspection des établissements d'instruction publique ou libre. (Loi 15 mars 1850, art. 18), II, 126.

Sous l'autorité du préfet, l'inspecteur d'Académie instruit les affaires relatives à l'enseignement primaire du département. (Loi 14 juin 1854, art. 9), II, 354. — L'inspecteur d'Académie exerce les fonctions d'inspecteur primaire pour l'arrondissement chef-lieu; il a pour auxiliaire, dans cette partie de son service, un des inspecteurs primaires d'arrondissement qu'il désigne à tour de rôle. (Décr. 22 août 1854, art. 24), II, 366. — Les inspecteurs de l'instruction primaire sont sous ses ordres immédiats. (Id., ibid.)

L'inspecteur d'Académie est tenu de soumettre au préfet un rapport écrit et signé, sur les nominations et mutations des instituteurs communaux, et sur les peines disciplinaires qu'il pourrait y avoir lieu de leur appliquer. (Décr. 22 août 1854, art. 23), II, 366.

Sous l'autorité du recteur, l'inspecteur d'Académie veille à l'exécution du règlement d'études dans toutes les écoles primaires publiques du ressort. (Décr. 22 août 1854, art. 22), II, 365.

Il adresse tous les trois mois, au recteur, un rapport sur l'état de l'enseignement dans l'École normale et dans les écoles primaires du département. (Décr. 22 août 1854, art. 22), II, 365.

En l'absence du recteur, il préside, s'il y a lieu, les commissions de surveillance des Écoles normales. (Décr. 22 août 1854, art. 22), II, 365.

Il fait les enquêtes sur les candidats aux Écoles normales. (Arr. 24 mars 1851, art. 17), II, 229. — Cf. Règl. 3 juill. 1866, art. 15, II, 592.

Il contrôle la comptabilité intérieure des Écoles normales. (Décr. 26 déc. 1855, art. 28), II, 412. — Il procède, et en cas d'absence ou d'empêchement, son délégué, à la vérification trimestrielle de la caisse et de la comptabilité, de concert avec un délégué du préfet et en présence de l'ordonnateur des dépenses et du directeur. (Id., art. 58), II, 423. — Il reçoit du directeur une des deux expéditions du procès-verbal de vérification qu'il transmet au Ministre par l'intermédiaire du préfet. (Id., art. 59), II, 423. — Il cote et parafe les six registres d'administration. (Id., art. 50), II, 419. — Il dresse l'état nominatif des anciens élèves-maîtres boursiers et des anciens pensionnaires libres, passibles de remboursement. (Id., art. 56), II, 422.

A la fin de chaque trimestre, l'inspecteur d'Académie dresse l'état des écoles que les inspecteurs devront inspecter pendant le trimestre suivant. (Arr. 3 janv. 1851, art. 3.)

Il donne son avis sur les travaux d'appropriation qu'il y a lieu de faire exécuter ou sur l'interdiction qu'il y a lieu de prononcer pour les locaux scolaires fournis par la commune en vertu de l'art. 37 de la loi du 15 mars 1850. (Décr. 7 oct. 1850, art. 9), II, 184.

Deux jours avant l'ouverture des séances des commissions chargées de l'examen des aspirants au brevet de capacité, le recteur envoie, sous pli fermé, à l'inspecteur d'Académie, les sujets de composition écrite. (Arr. 27 août 1862, art. 1), II, 515. — Cf. Arr. 3 juill. 1866, art. 2, II, 596.

Nulle salle d'asile ne peut être ouverte avant que l'inspecteur d'Académie ait reconnu qu'elle réunit les conditions de salubrité prescrites. (Décr. 21 mars 1855, art. 5), II, 373.

L'inspecteur d'Académie reçoit les pièces des aspirantes au certificat d'aptitude à la direction des salles d'asile, et en arrête la liste la veille de la session. (Décr. 21 mars 1855, art. 29), II, 380.

A la fin de chaque année, l'inspecteur d'Académie adresse au Ministre de l'instruction publique, par l'intermédiaire du recteur, un rapport sur la situation de la bibliothèque scolaire. (Arr. 1er juin 1862, art. 13), II, 508.

L'inspecteur d'Académie correspond avec le recteur, pour

tout ce qui concerne les méthodes de l'instruction primaire publique. (Décr. 22 août 1854, art. 22), II, 365.

Pour l'instruction des affaires de l'enseignement primaire, il correspond avec les délégués du conseil départemental de l'instruction publique, avec les maires, les curés et tous les instituteurs primaires publics ou libres. (Décr. 22 août 1854, art. 23), II, 366.

Les bureaux de l'inspecteur d'Académie, ainsi que les frais de bureau, sont à la charge du département. Ces dépenses sont obligatoires. (Loi 14 juin 1854, art. 10), II, 355.

Les inspecteurs d'Académie ont droit aux frais de tournée déterminés par les règlements. (Décr. 29 juill. 1850, art. 41), II, 171.

Les inspecteurs d'Académie, dans les départements, sont répartis en quatre classes : 15 de 1re classe à 5,000 fr.; 25 de 2me à 4,500; 16 de 3me à 4,000; 28 de 4me à 3,500. (Décr. 22 août 1854.)

Les inspecteurs d'Académie sont ainsi répartis : 3 hors classe; 21 de 1re classe à 5,500; 20 de 2e classe, 5,000; 45 de 3e classe, 4,500. (Arr. 19 déc. 1861.)

Le traitement des inspecteurs d'Académie est fixé ainsi qu'il suit : hors classe, un à 6,000 fr. ; 1re classe, 23 à 5,500 fr.; 2e classe, 22 à 5,000 fr.; 3e classe, 44 à 4,500 fr. (Décr. 27 déc. 1865, art. 2.)

A Paris, le traitement des inspecteurs d'Académie est de 6,000 fr. (Décr. 22 août 1854); il est porté à 7,500 fr. (Décr. 2 avr. 1872, art. 2.)

INSPECTEUR GÉNÉRAL.

Il y a, près le Ministre de l'instruction publique, quatre inspecteurs généraux de l'instruction primaire, assimilés aux inspecteurs généraux de l'instruction publique, et choisis, moitié au moins, parmi les inspecteurs supérieurs de l'instruction primaire. Chaque département sera visité tous les ans par un inspecteur général au moins. Les inspecteurs généraux sont chargés de faire un rapport annuel au Ministre sur l'état de l'instruction primaire. Ils lui signalent les enfants dignes d'être adoptés par l'État. (Proj. loi 1er juin 1848, art. 39), II, 23.

Il y a près le Ministre deux inspecteurs généraux de l'instruction primaire, assimilés aux autres inspecteurs généraux de l'instruction publique. Le Ministre adressera chaque année à l'Assemblée nationale un rapport dressé par leurs soins, sur l'état de l'instruction primaire. (Prop. loi 15 déc. 1848, art. 74), II, 58.

Deux inspecteurs généraux de l'enseignement primaire sont chargés de l'inspection des établissements primaires. (Décr.-loi 9 mars 1852, art. 5), II, 276.

Le président de la République, sur la proposition du Ministre, nomme et révoque les inspecteurs généraux. (Décr. 9 mars 1852, art. 4), II, 274. — Leur traitement est fixé à 8,000 fr. (Décr. 9 mars 1852). — Leur nombre est porté à trois. (Décr. 15 févr. 1854.) — Ce nombre est porté à quatre. (Décr. 22 août 1854.)

Ils se réunissent périodiquement au Ministère pour donner leur avis sur les questions que le Ministre juge à propos de renvoyer à leur examen. (Arr. 28 oct. 1852, art. 1.) — Les réunions ont lieu tous les quinze jours, le samedi, pour le comité de l'enseignement primaire. (Id. art. 2.) — Cf. Arr. 25 mars 1873, art. 1 et 3, II, 718.

INSPECTEUR DE L'ENSEIGNEMENT PRIMAIRE.

Le comité d'arrondissement indiquera un ou plusieurs inspecteurs gratuits, qu'il chargera de surveiller l'enseignement primaire et de lui faire connaître les résultats de cette surveillance. (Ordonn. 21 avr. 1828, art. 7), I, 168.

Le comité d'arrondissement inspecte et au besoin fait inspecter par des délégués pris parmi ses membres ou hors de son sein toutes les écoles primaires de son ressort. Lorsque les délégués ont été choisis par lui hors de son sein, ils ont le droit d'assister aux séances avec voix délibérative. (Loi 28 juin 1833, art. 22), I, 243.

Il y aura dans chaque département un inspecteur de l'enseignement primaire. (Ordonn. 26 févr. 1835, art. 1), i, 354. — Les inspecteurs de l'instruction primaire sont nommés par le Ministre, le conseil royal entendu. (Id., art. 3), i, 354.

Nul ne pourra être nommé inspecteur, s'il n'a rempli des fonctions dans les colléges royaux ou communaux, ou s'il n'a servi avec distinction dans l'instruction primaire pendant au moins cinq années consécutives, ou s'il n'a été, pendant le même nombre d'années, membre de l'un des comités institués par l'art. 18 de la loi du 28 juin 1833. (Ordonn. 26 févr. 1835, art. 4), i, 354.

A l'avenir et sauf la première nomination, nul ne pourra être nommé inspecteur ou sous-inspecteur de l'instruction primaire, s'il n'est bachelier ès lettres, ou s'il n'a, pendant trois ans au moins, rempli des fonctions dans les colléges royaux ou communaux, ou dans les établissements d'instruction primaire ou dans l'un des comités institués conformément aux art. 17 et 18 de la loi du 28 juin 1833. Sont seuls exceptés de l'obligation du baccalauréat les instituteurs primaires après cinq ans de service. (Ordonn. 13 nov. 1837, art. 5), i, 745.

Les inspecteurs et après eux les sous-inspecteurs prendront rang parmi les fonctionnaires de l'instruction publique, immédiatement après les agrégés. Ceux qui sortiront des colléges royaux ou communaux auront droit à des pensions de retraite et subiront les retenues sur leurs traitements d'inspection au profit des caisses de retraite desdits colléges, conformément aux règles prescrites par les lois, décrets et ordonnances. Les autres inspecteurs et sous-inspecteurs verseront leurs retenues aux caisses d'épargne et de prévoyance établies par l'art. 15 de la loi du 28 juin 1833. (Ordonn. 13 nov. 1837, art. 6), i, 745. — Cf. Décis. Cons. 19 déc. 1834, art. 12 et 2, i, 346.

A l'avenir, ne pourront être promus aux inspections et sous-inspections des classes supérieures que les titulaires d'un emploi inférieur. (Ordonn. 30 déc. 1842, art. 3), i, 628.

Nul ne peut être inspecteur primaire, s'il n'a été sous-inspecteur, sauf les directeurs d'Écoles normales. (Ordonn. 18 nov. 1845, art. 1), i, 669.

Il y aura au chef-lieu de chaque Académie une commission nommée par le Ministre sur la proposition du recteur, et chargée d'examiner les candidats aux fonctions d'inspecteur et de sous-inspecteur. (Arr. 10 mai 1846, art. 1 et 3), I, 678. — Les sessions seront annuelles et auront lieu dans le courant du mois d'octobre. (Id., art. 2), I, 678. — Nul ne pourra se présenter devant la commission des examens pour l'inspection, sans être âgé de vingt-cinq ans et inscrit sur la liste d'admissibilité dressée par le recteur. (Id., art. 4), I, 678. — L'examen comprend un rapport écrit sur une affaire d'école et un examen oral sur les devoirs de l'instituteur, la direction et la tenue des écoles et des salles d'asile, les modes et méthodes d'enseignement, la construction et le mobilier des maisons d'école et des salles d'asile, le travail de l'inspecteur relativement aux caisses d'épargne, les lois, ordonnances et règlements sur l'instruction primaire. (Id., art. 5), I, 678.

La surveillance de l'inspecteur s'exercera sur tous les établissements d'instruction primaire, y compris les salles d'asile et les classes d'adultes. (Ordonn. 26 févr. 1835, art. 2), I, 354.

Dans chaque département, l'inspecteur dresse tous les ans le tableau des écoles de son ressort, lequel tableau est transmis au recteur et au préfet. Il se rend au moins une fois par an dans chaque chef-lieu d'arrondissement et dans les chefs-lieux de canton où une subdivision du comité d'arrondissement a été autorisée ; il convoque le comité et visite spécialement, à la suite de la conférence du comité, les points qui lui ont été indiqués. (Arr. 27 févr. 1835, art. 1), I, 355. — Son inspection embrasse : 1° l'état matériel et la tenue générale de l'établissement ; 2° le caractère moral de l'école ; 3° l'enseignement et les méthodes. Il assistera aux leçons et interrogera les élèves. Il examinera spécialement les livres. (Id., art. 2 et 3), I, 355. — Il s'assurera si les écoles supérieures sont organisées partout où elles doivent l'être. (Id., art. 4), I 355. — Il visitera l'École normale, surveillera les cours, la bibliothèque, tiendra état des élèves sortis, des brevets obtenus, des emplois donnés, assistera aux examens d'entrée et de sortie. (Id., art. 5 et 6), I, 356. — Il surveillera les conférences et y assistera. (Id., art. 7), I, 356. — Il fera partie des commissions d'examen à titre de secrétaire, et en transmettra le résultat au recteur. (Id., art. 6), I, 356. — Il donnera son avis sur les propositions de secours et d'encouragement, et constatera le résultat des allocations. Il fera un rapport spécial sur les instituteurs qui lui auront paru mériter les médailles et les récompenses. (Id., art. 8), I, 357. — Dans les huit premiers jours d'octobre, il adressera au recteur et au préfet un rapport que le recteur et le préfet transmettront au Ministre avec leurs observations. (Id., art. 9), I, 357.

Les recteurs des Académies détermineront, chaque année, d'après les instructions du Ministre de l'instruction publique, les arrondissements que devront visiter les divers fonctionnaires. Toutefois, l'inspecteur pourra toujours être envoyé, s'il y a lieu, dans tous les arrondissements, soit par le préfet du département, soit par le recteur de l'Académie. (Ordonn. 13 nov. 1837, art. 2), I, 744.

L'inspecteur de l'enseignement primaire a le droit de réprimander les instituteurs. (Décis. Cons. 17 mars 1837), I, 460.

L'inspecteur primaire du département où est établi le chef-lieu de l'Académie assiste, avec voix consultative, à la séance des Conseils académiques, dans laquelle il est traité des affaires de l'enseignement primaire. (Décis. Cons. 17 juin 1836), I, 388. — Les inspecteurs ont caractère suffisant pour exposer aux maires et dans les conseils municipaux tous les besoins de l'instruction primaire. (Av. Cons. 18 oct. 1836), I, 417. — L'inspecteur primaire a droit d'assister avec voix consultative aux séances des commissions de surveillance des Écoles normales. (Décis. Cons. 2 juin 1837), I, 466.

Les inspecteurs primaires ne peuvent pas cumuler l'emploi d'inspecteurs des archives communales. (Av. Cons. 8 nov. 1842), I, 616.

Les inspecteurs primaires ont le droit de porter l'habit noir avec une palme brodée en soie bleue sur la partie gauche de la poitrine. (Av. Cons. 5 août 1836), I, 407.

Les inspecteurs, y compris ceux de la Seine, seront divisés en trois classes : neuf de 1re classe, quinze de 2e ; soixante-deux de 3e. Ils résideront au chef-lieu du département. (Arr. 4 août 1835, art. 1), I, 361. — Les traitements sont ainsi fixés : 1re classe, 2,000 fr. ; 2e classe, 1,800 ; 3e classe, 1,500 fr. ; plus, des frais de tournée proportionnels au nombre des écoles et des communes visitées dans le cours de l'année. (Id., art. 3 et 4), I, 363. — Une gratification pourra être accordée à ceux qui se seront le plus distingués. (Id., art. 5), I, 363.

Les traitements des inspecteurs de l'instruction primaire, dans les départements autres que celui de la Seine, sont fixés ainsi qu'il suit, à partir du 1er janv. 1838 : 1re classe, 2,000 fr. ; 2me classe, 1,800 fr. ; 3me classe, 1,600 fr. (Arr. 29 déc. 1837, art. 2), I, 494.

Le service de l'inspection comprend, pour les départements autres que celui de la Seine : 95 inspecteurs dont 30 de 1re classe, à 2,000 fr. ; 29 de 2e classe, à 1,800 fr. ; 36 de 3e classe, à 1,600 fr. ; et 111 sous-inspecteurs, dont 34 de 1re classe, à 1,400 fr. ; 77 de 2e classe, à 1,200 fr. (Ordonn. 30 déc. 1842, art. 1), I, 628.

Le traitement des deux inspecteurs de la Seine est fixé à 3,000 fr., à partir du 1er janvier 1838. (Arr. 29 déc. 1837, art. 1), I, 494.

Le service de l'inspection de l'instruction primaire se composera, à partir du 1er janvier 1843, pour le département de la Seine : de deux inspecteurs au traitement de 3,000 fr. ; d'un inspecteur adjoint, au traitement de 2,000 fr. ; d'un sous-inspecteur, au traitement de 1,600 fr. (Ordonn. 30 déc. 1842, art 1), I, 628.

Un des deux inspecteurs spéciaux de l'instruction primaire du département de la Seine est délégué, chaque année, pour visiter, conjointement avec l'inspecteur primaire de Seine-et-Oise, ou séparément, l'École normale de Versailles, et peut assister avec voix consultative aux séances de la commission de surveillance. Il surveille particulièrement les élèves du département de la Seine, et adresse sur leurs progrès un rapport au préfet de la Seine et au recteur. (Arr. Cons. 17 juin 1836, art. 1 et 2), I, 391.

L'inspecteur primaire de l'Oise est délégué, chaque année, pour examiner les élèves du département de l'Oise, entretenus dans l'École normale de Versailles. (Arr. Cons. 17 juin 1836, art. 1 à 3), I, 391.

L'inspecteur de l'instruction primaire est membre du comité d'arrondissement avec voix délibérative. (Proj. loi 31 mars 1847, art. 21), I, 704.

L'inspecteur primaire du département peut, dans le délai de quinze jours, interjeter appel devant le Conseil académique, du jugement du comité d'arrondissement, dans les cas de révocation d'un instituteur. (Id., art. 22), I, 705.

La surveillance des écoles est exercée par les inspecteurs de l'instruction primaire. (Proj. loi 1er juin 1848, art. 30), II, 21. — *Il y a, dans chaque arrondissement au moins, un inspecteur primaire nommé par le Ministre. Les inspecteurs primaires d'arrondissement sont de trois classes. Sur dix inspecteurs, deux sont de 1re classe, trois de 2e, cinq de 3e. Leur traitement est ainsi réglé : 3e classe,* 1,500 *fr.* ; 2e, 1,800 *fr.* ; 1re, 2,000 *fr. Il leur est accordé, dans les villes au-dessus de* 40,000 *âmes, une indemnité ainsi réglée :* 40,000 *à* 60,000 *âmes,* 500 *fr.*; 60,000 *et au-dessus,* 1,000 *fr.*; *Paris,* 1,500 *fr. Il leur est alloué, en outre, des frais de tournée. Ils ont droit à la retraite. Les inspecteurs de* 3e *classe sont exclusivement choisis par le Ministre parmi les instituteurs de* 1re *classe, les divers fonctionnaires de l'instruction publique ayant au moins cinq années de service, les citoyens ayant appartenu, pendant cinq ans au moins, à un comité central, comme membres ou comme délégués ; les instituteurs privés ayant dix ans d'exercice. Les inspecteurs des deux autres classes sont choisis parmi les inspecteurs de la classe immédiatement supérieure.* (Id., art. 36), II, 22. — *Les inspecteurs d'arrondissement doivent visiter, deux fois par an au moins, toutes les écoles de leur ressort. Ils ont droit d'assister à tous les comités, et ces comités peuvent être convoqués extraordinairement sur leur demande.* (Id., art. 37), II, 23.

Il y a dans chaque arrondissement un sous-inspecteur de l'instruction primaire, et dans chaque chef-lieu de département, un inspecteur faisant fonctions de sous-inspecteur pour l'arrondissement du chef-lieu. (Prop. loi 15 déc. 1848, art. 69), II, 57. — *Nul ne peut être inspecteur de l'une des deux classes ou sous-inspecteur de la première, s'il n'a été pendant deux ans sous-inspecteur de troisième classe et pendant deux ans sous-inspecteur de la seconde. Sont exceptés les directeurs d'Écoles normales qui pourront être nommés inspecteurs, sans avoir passé par la sous-inspection.* (Id., art. 70), II, 57. — *Les inspecteurs sont divisés en deux classes : ils sont au nombre de* 30 *pour la première, et de* 55 *pour la seconde. L'inspection dans le département de la Seine sera organisée par un règlement spécial. Le traitement des inspecteurs sera de* 2,400 *fr. pour la seconde classe, et de* 2,700 *fr. pour la première. Il leur est alloué, en outre, des frais de tournée. Les arrondissements et les départements ajouteront à ces traitements une indemnité dont ils fixeront la quotité.* (Id., art. 71), II, 57. — *Ils sont nommés par le Ministre.* (Id., art. 72), II, 58. —

Ils sont membres de tous les comités avec voix consultative. Ils doivent se borner, dans les écoles, aux fonctions de la surveillance qui leur est confiée. Ils n'ont point à donner d'ordres dans les écoles sur lesquelles ils font des rapports officiels. (Id., art. 73), II, 58.

Indépendamment des inspecteurs supérieurs, il y a, dans chaque arrondissement, un inspecteur de l'enseignement primaire choisi par le Ministre, après avis du Conseil académique. Un règlement déterminera le classement, les frais de tournée, l'avancement et les attributions des inspecteurs de l'enseignement primaire. (Loi 15 mars 1850, art. 20), II, 127.

Il y a un inspecteur primaire par arrondissement. L'inspecteur d'Académie exerce les fonctions d'inspecteur primaire pour l'arrondissement chef-lieu ; il a pour auxiliaire, dans cette partie de son service, un des inspecteurs primaires d'arrondissement, qu'il désigne annuellement à tour de rôle, et qui reçoit pour cette mission temporaire un supplément de traitement, dont la quotité est fixée par le Ministre. (Décr. 22 août 1854, art. 24), II, 366.

Il y aura un inspecteur de l'instruction primaire dans chaque arrondissement chef-lieu de préfecture. (Décr. 27 juin 1858, art. 2), II, 462. — Le Ministre déterminera, après avis du conseil départemental, et sur la proposition du recteur, les arrondissements qui devront être réunis à d'autres et qui formeront une circonscription d'inspection. (Id., art. 3), II, 462.

Les fonctions d'inspecteur de l'enseignement primaire sont incompatibles avec tout autre emploi public rétribué. Le Ministre, sur l'avis du Conseil académique, peut toutefois autoriser les inspecteurs de l'instruction primaire à accepter les fonctions d'inspecteur, soit des enfants trouvés et abandonnés, soit des enfants employés dans les manufactures. (Décr. 29 juill. 1850, art. 36), II, 170.

Pour la nomination des inspecteurs de l'instruction primaire, la liste des candidats, composée par le recteur, est communiquée au Conseil académique et transmise ensuite au Ministre, avec l'avis de ce conseil. (Décr. 29 juill. 1850, art. 35), II, 170.

Le Ministre, par délégation du président de la République, nomme et révoque les inspecteurs primaires. (Décr.-loi 9 mars 1852, art. 3), II, 273.

Les inspecteurs de l'enseignement primaire font partie de

l'administration académique. (Décr. 22 août 1854, art. 15), II, 363.

Un inspecteur primaire, désigné par le Ministre, peut être appelé à siéger au Conseil académique. (Loi 15 mars 1850, art. 10), II, 123. — Cf. Id., art. 11, II, 124.

Un inspecteur primaire est membre de droit du conseil départemental. (Loi 14 juin 1854, art. 5), II, 353. — Deux inspecteurs primaires font partie du conseil départemental de la Seine. (Id., art. 6), II, 354.

Les inspecteurs de l'instruction primaire sont partagés en classes dont le nombre est déterminé par décret du président de la République. Les traitements varient suivant les classes. La classe est attachée à la personne et non à la résidence. Le fonctionnaire appelé pour la première fois à l'emploi d'inspecteur de l'instruction primaire est nécessairement de la dernière classe. Nul ne peut être promu à la classe supérieure, sans avoir passé un an, au moins, dans la classe immédiatement inférieure. Les dispositions du présent article ne sont pas applicables à la première organisation de l'inspection de l'enseignement primaire. (Décr. 29 juill. 1850, art. 37), II, 170.

Nul ne peut être appelé aux fonctions d'inspecteur de l'instruction primaire, s'il n'a été déclaré apte à ces fonctions, après un examen spécial dont le programme sera déterminé conformément à l'art. 5 de la loi organique. Jusqu'à ce que ce programme ait été arrêté, l'examen aura lieu conformément aux règlements en vigueur. (Décr. 29 juill. 1850, art. 38), II, 170.

Ne peuvent être admis à l'examen que les candidats qui justifient : 1° de vingt-cinq ans d'âge ; 2° du diplôme de bachelier ès lettres, ou d'un brevet de capacité pour l'enseignement primaire supérieur, si le brevet a été délivré avant la promulgation de la loi organique, et, dans le cas contraire, d'un brevet attestant que l'examen a porté sur toutes les matières d'enseignement comprises dans l'art. 23 de la même loi ; 3° de deux ans d'exercice, au moins, dans l'enseignement ou dans les fonctions de secrétaire d'Académie, de membre d'un ancien comité supérieur d'instruction primaire, ou de délégué du Conseil académique pour la surveillance des écoles. Cette condition ne sera point applicable à la première organisation de l'inspection. (Décr. 29 juill. 1850, art. 39), II, 171.— Sont dispensés de l'examen exigé par l'art. 38 les anciens inspecteurs ou sous-inspecteurs de l'instruction primaire, les directeurs d'Écoles normales primaires, les principaux des colléges communaux, les chefs d'établissements particuliers d'instruction secondaire et les licenciés. (Id. art. 40), II, 171.

Il sera formé, chaque année, au chef-lieu de chaque Académie, une commission chargée d'examiner l'aptitude des candidats aux fonctions d'inspecteur de l'instruction primaire. (Arr. 16 déc. 1850, art. 1), II, 194. — Cette commission sera composée du recteur ou de son délégué, président, et de quatre membres nommés par le recteur en Conseil académique et agréés par le Ministre de l'instruction publique. (Id., art. 2), II, 194.

L'examen aura lieu dans l'intervalle du 1er au 5 octobre. Le jour sera fixé et annoncé un mois à l'avance par les soins du recteur. (Arr. 16 déc. 1850, art. 4), II, 194.— Les candidats sont tenus de s'inscrire, du 1er au 15 juillet, au secrétariat de l'Académie, et de faire les justifications exigées par l'art. 39 du réglement du 29 juillet 1850. (Id., art. 3), II, 194.

L'examen se composera d'une épreuve écrite et d'épreuves orales. L'épreuve écrite consistera dans un rapport sur une affaire d'inspection. Il sera accordé deux heures pour ce travail. Les épreuves orales consisteront en interrogations: 1° sur les devoirs de l'instituteur ; 2° sur la direction et la tenue des salles d'asile ; 3° sur les méthodes d'enseignement ; 4° sur les plans et le mobilier des maisons d'école ; 5° sur les lois, décrets et réglements concernant l'instruction primaire. (Arr. 16 déc. 1850, art. 5), II, 195. — La commission, après avoir apprécié l'aptitude intellectuelle et morale des candidats, délivrera un certificat d'aptitude aux candidats qui en auront été jugés dignes. La liste des candidats qui auront obtenu ce certificat sera placée sous les yeux du Conseil académique. Le recteur adressera au Ministre une expédition de cette liste, après y avoir consigné les renseignements qu'il aura recueillis sur les antécédents des candidats. (Id., art. 6), II, 195.

Les recteurs statueront, à l'avenir, directement et par délégation du Ministre, sur la nomination des commissions d'examen pour les fonctions d'inspecteur primaire. (Arr. 6 mai 1864.)

L'inspecteur primaire exerce l'inspection des établissements d'instruction publique ou libre. (Loi 15 mars 1850, art. 18) II, 126.

L'inspecteur de l'enseignement primaire donne au préfet son avis sur les secours et les encouragements relatifs à l'instruction primaire ; il s'assure que les allocations accordées sont employées selon leur destination. Il fait au préfet des propositions pour la liste d'admissibilité et d'avancement des instituteurs communaux, qui doit être dressée par le conseil départemental ; il donne au préfet son avis sur les nominations des instituteurs communaux et sur les demandes d'institutions. Il assiste, avec voix délibérative, aux réunions des délégués cantonaux prescrites par le quatrième paragraphe de l'art. 42 de la loi organique, et à celles dont il est fait mention en l'art. 46 du présent règlement. Il donne son avis au préfet sur les demandes formées par les instituteurs communaux et sur les déclarations faites par les instituteurs libres, à l'effet d'ouvrir un pensionnat primaire. Il inspecte les Écoles normales primaires et surveille particulièrement les élèves-maîtres entretenus par le département dans les établissements d'instruction primaire. Il surveille l'instruction donnée aux enfants admis pour le compte des communes dans les écoles libres, en exécution du quatrième paragraphe de l'art. 36 de la loi organique. Il adresse, tous les trois mois, au recteur de l'Académie, un rapport sur la situation de l'instruction primaire dans les communes qu'il a parcourues pendant le trimestre et des notes détaillées sur le personnel des écoles. (Décr. 29 juill. 1850, art. 43), II, 172. — Il assiste aux réunions mensuelles des délégués des arrondissements de Paris avec voix consultative. (Id., art. 47), II, 173. — Il reçoit les avis des délégués communaux réunis sous la présidence du maire. (Id., art. 49), II, 173.

Un inspecteur d'arrondissement pour l'instruction primaire fait nécessairement partie de la commission des examens au brevet de capacité. (Loi 15 mars 1850, art. 46), II, 136.

L'inspecteur primaire visite les locaux destinés à la tenue d'une école. (Décr. 7 oct. 1850, art. 8), II, 183.

Le maire doit informer immédiatement l'inspecteur primaire, lorsqu'il a cru devoir suspendre un instituteur. (Décr. 7 oct. 1850, art. 17), II, 186.

Il donne son avis sur les délibérations des conseils municipaux relatives aux écoles. (Décr. 7 oct. 1850, art. 19), II, 186.

Il donne son avis sur la liste des enfants à admettre gratuitement dans les écoles. (Décr. 31 déc. 1853, art. 13), II, 341.

Il fait les enquêtes sur les antécédents des candidats aux Écoles normales. (Règl. 24 mars 1851, art. 17), II, 229. — Cf. Règl. 2 juill. 1866, art. 15, II, 592.

Il inspecte les salles d'asile. (Décr. 21 mars 1855, art. 14), II, 376. — Il fait partie, en qualité de secrétaire, de la commission d'examen chargée de constater l'aptitude des aspirantes à la direction des salles d'asile. (Id., art. 27), II, 379.

A son passage dans l'école, il vérifie les divers registres des bibliothèques scolaires. Il s'assure que l'acquisition des ouvrages a été faite conformément aux prescriptions de l'art. 6, et que la bibliothèque ne contient aucun livre donné ou légué, dont l'acceptation n'aurait pas été autorisée par l'inspecteur d'Académie; il contrôle les recettes et les dépenses, et constate, s'il y a lieu, les irrégularités. (Arr. 1er juin 1862, art. 12), II, 508.

Ont droit aux frais de tournée déterminés par les règlements,... les inspecteurs de l'instruction primaire. (Décr. 29 juill 1850, art. 41), II, 171.

Tous les ans, dans les premiers jours de décembre, le Ministre de l'instruction publique arrête la répartition entre chaque département de la somme portée au budget de l'année suivante pour les frais de tournée des inspecteurs, sauf ce qui est dit à l'art. 10; cette répartition est faite proportionnellement au nombre des communes et des écoles dans chaque département, en tenant compte de la superficie territoriale du département et des difficultés des communications et des parcours. (Arr. 3 janv. 1851, art. 1), II, 205. — Le recteur, après avoir pris l'avis du Conseil académique, propose au Ministre, d'après les mêmes bases, la répartition du crédit accordé à son département entre les inspecteurs de l'instruction primaire des divers arrondissements. Cette répartition doit fixer : 1° la somme affectée à chacune des tournées trimestrielles ordinaires déterminées à l'art. 3, en tenant compte des circonstances locales relatives à la fréquentation des écoles et à la difficulté des parcours dans les diverses saisons de l'année; 2° la somme qui peut être affectée dans chaque trimestre à des inspections ou missions extraordinaires, laquelle somme ne pourra jamais excéder le quart de la précédente. Cette répartition, approuvée par le Ministre, est définitive et ne peut être modifiée dans le courant de l'année. (Id., art. 2), II, 205. — A la fin de chaque trimestre, le recteur de l'Académie dresse l'état des écoles que les inspecteurs devront inspecter pendant le trimestre suivant. Cet état indiquera le nombre des jours qui devront être consacrés à cette inspection ordinaire. Un certain nombre de jours devra être réservé pour des inspections ou missions extraordinaires et pour les travaux de cabinet. (Id., art. 3), II, 205.

Au commencement de chaque trimestre, il est mis par le préfet, sur la proposition du recteur de l'Académie, une somme de 150 fr., à titre d'avances, à la disposition de chaque inspecteur de l'instruction primaire. (Arr. 3 janvier 1851, art. 7), II, 206. — A la fin de chaque trimestre, l'inspecteur remet au recteur, avec le rapport prescrit par l'art. 43 du règlement d'administration publique du 29 juillet 1850, l'état de ses frais en double expédition. Cet état doit mentionner : 1° pour les inspections ordinaires, les communes dans lesquelles a eu lieu l'inspection, le nombre des écoles inspectées dans chaque commune, en indiquant si ce sont des écoles libres ou des écoles publiques ; le nombre des jours employés à l'inspection ; 2° pour les missions ou inspections extraordinaires : les communes où l'inspecteur a dû se rendre ; les écoles qu'il a inspectées ou l'objet de sa mission ; le nombre de jours consacrés à ces inspections ou missions. (Id., art. 8), II, 206. — Le recteur de l'Académie compose cet état de frais : 1° avec l'état mentionné en l'art. 9 du présent règlement ; 2° avec les notes constatant l'inspection prescrite au premier paragraphe de l'art. 5 du présent règlement ; 3° avec les rapports qui lui ont été adressés à la suite des inspections ou missions extraordinaires. Un double de l'état des frais, présenté par l'inspecteur, approuvé par le recteur, est transmis au Ministre qui en fait ordonnancer le solde. (Id., art. 9), II, 207. — Tous les ans, avant d'arrêter la répartition du crédit destiné aux frais de tournée des inspecteurs, ainsi qu'il est dit à l'art. 1, le Ministre prélève sur l'ensemble de ce crédit la somme que, d'après les besoins du service, il juge nécessaire pour subvenir, pendant l'année suivante, aux frais de déplacement des inspecteurs. (Id., art. 10), II, 207. — Sur ce crédit réservé par le Ministre, il pourra être alloué à titre de frais de déplacement, à tout inspecteur qui, sans obtenir de l'avancement, est appelé, dans l'intérêt du service, d'un département dans un autre, une indemnité qui sera calculée à raison de 30 centimes par kilomètre à parcourir pour se rendre à son nouveau service. Cette indemnité pourra être élevée proportionnellement au nombre des membres de la famille de l'inspecteur, sans pouvoir jamais excéder le double de celle à laquelle il aurait eu droit. L'indemnité supplémentaire ne sera accordée que sur la proposition du recteur. (Id., art. 11), II, 207.

Au commencement de l'année, le Ministre répartit entre les diverses Académies le crédit jugé nécessaire pour les frais de tournée des inspecteurs. (Arr. 14 août 1855, art. 1), II, 400. — Le recteur, sur l'avis des inspecteurs d'Académie, propose la sous-répartition, proportionnellement au nombre des communes et des écoles. (Id., art. 2), ibid. — Après vérification faite et sur le visa de l'inspecteur d'Académie, le préfet mandate, au nom de chaque inspecteur, ce qui lui reste dû, déduction faite des avances allouées. (Id., art. 6), ibid. — Il est alloué un supplément de traitement aux inspecteurs primaires pour l'inspection des écoles de l'arrondissement du chef-lieu du département. (Id., art. 8), II, 401.

Il est alloué aux inspecteurs de l'enseignement primaire, pour chaque jour consacré à l'inspection des écoles, hors du lieu de leur résidence, une indemnité de 5 fr. (Arr. 3 janv. 1851, art. 6), II, 356.

A partir du 1er janvier 1854, les frais de tournée des inspecteurs, hors du lieu de la résidence, sont fixés ainsi qu'il suit : pour les missions ordinaires, à raison de 6 fr. 50 par jour ; pour les missions extraordinaires à remplir à plus de 16 kilomètres de la résidence, à raison de 8 fr. par jour. (Arr. 20 janv. 1854, art. 1).— Au commencement des 1er, 2e et 4e trimestres, une avance de 100 fr. est mise à leur disposition. (Id., art. 2.)

A partir du 1er janvier 1862, les frais de tournée des inspecteurs sont fixés ainsi qu'il suit : pour chaque jour de tournée ordinaire et pour chaque jour de mission extraordinaire, lorsque la commune dans laquelle ils se transportent est à moins de 16 kilomètres du lieu de la résidence, 7 fr. ; pour chaque jour de mission extraordinaire, lorsque la commune est à plus de 16 kilomètres du lieu de la résidence, 9 fr. (Arr. 1er janv. 1862, art. 1.) — Dans les premiers jours de chaque trimestre, le préfet mettra à titre d'avance, à la disposition de l'inspecteur de l'enseignement primaire, une somme égale aux deux tiers de celle à laquelle les frais de tournée trimestrielle sont évalués par l'inspecteur d'Académie. (Id., art. 2.)

Les inspecteurs primaires, autres que ceux de la Seine, sont répartis en cinq classes : vingt de la 1re, à 2,000; quarante de la 2e, à 1,800; cinquante de la 3e, à 1,600; soixante de la 4e, à 1,400; cent cinq de la 5e, à 1,200. (Arr. 5 nov. 1850.)

Les inspecteurs, autres que ceux de la Seine, sont divisés en trois classes : trente de 1re classe, à 2,400; soixante de 2e, à 2,000; cent quatre-vingt-cinq de 3e, à 1,600. (Décr. 21 juin 1858, art. 1), II, 462.

Les inspecteurs, autres que ceux de la Seine, sont répartis en trois classes; 95 de 1re classe; 95 de 2e classe; 91 de 3e classe. (Décis. 10 juill. 1861.) — Le traitement des inspecteurs primaires de 3e classe est élevé à 2,000 fr. pour l'année 1864.

Le traitement des inspecteurs, autres que ceux de la Seine, est fixé ainsi qu'il suit : 1re classe, 3,000 fr.; 2e, 2,700 fr.; 3e, 2,400 fr. (Loi 21 mars 1872), II, 667.

Le traitement des inspecteurs de la Seine est fixé à 4,000 fr. (sept. 1850); à 4,500 fr. (sept. 1866); à 5,000 fr. (janv. 1870).

INSPECTEUR SUPÉRIEUR.

A l'avenir, nul ne pourra être nommé conseiller titulaire de l'Université, s'il n'est ou n'a été conseiller ordinaire, et si, en outre, il n'a exercé pendant trois ans au moins les fonctions d'inspecteur général, de recteur, d'inspecteur supérieur de l'instruction primaire. (Proj. loi 25 janv. 1848, art. 8), I, 724. — *Peuvent être nommés conseillers ordinaires, les inspecteurs supérieurs de l'enseignement primaire.* (Id., art. 9), I, 724. — *Peuvent être nommés conseillers honoraires..... les inspecteurs supérieurs.* (Id., art. 11), I, 724.

Il y a dans chaque Académie au moins un inspecteur supérieur de l'instruction primaire. (Proj. loi 1er juin 1848, art. 38), II, 23. — *Les inspecteurs supérieurs sont assimilés aux inspecteurs d'Académie. Le Ministre les choisit exclusivement parmi les inspecteurs d'arrondissement et les directeurs d'Écoles normales. Ils sont chargés de l'inspection supérieure de l'instruction primaire dans le ressort de l'Académie* (Id.), II, 23.

L'inspection de l'enseignement primaire est spécialement confiée à deux inspecteurs supérieurs. (Loi 15 mars 1850, art. 20), II, 127. — L'inspection des établissements d'instruction publique ou libre est exercée..... par les inspecteurs supérieurs. (Id., art. 18), II, 126. — Les inspecteurs supérieurs sont choisis sur une liste de candidats formée par le Ministre ; le conseil supérieur est appelé à donner son avis sur cette liste, avant la nomination. (Décr. 29 juill. 1850, art. 34), II, 170. — Les inspecteurs supérieurs ont droit aux frais de tournée déterminés par les règlements. (Id., art. 41), II, 171.

INSPECTION.

Il sera établi, à Paris, une commission d'instruction publique, de six membres. Chacun d'eux aura sous ses ordres un inspecteur nommé par le roi, qui aura sous sa surveillance tout ce qui tient à l'instruction. Il sera nommé, dans chaque directoire de département, un membre chargé de la surveillance de l'instruction. (Proj. loi sept. 1791, art. 1 à 8), I, 7.

Les instituteurs et institutrices sont sous la surveillance immédiate de la municipalité, des pères, mères, tuteurs ou curateurs, et sous la surveillance de tous les citoyens. (Décr. 29 frim. an II, art. 1), I, 27.

Les sous-préfets seront spécialement chargés de l'organisation et de la surveillance des écoles primaires. (Loi 11 floréal an X, art. 5), I, 43.

Le Ministre de l'intérieur soumettra un rapport relatif au mode particulier de surveillance que l'Université pourra exercer sur les maîtres d'école ou sur les instituteurs des écoles primaires. Ce rapport devra proposer les moyens d'accorder, avec la surveillance de l'Université, l'autorité que doivent conserver les préfets, les sous-préfets et les maires, sur les maîtres et instituteurs de petites écoles. (Décr. 15 nov. 1811, art. 191), I, 74.

Il sera formé dans chaque canton, par les soins de nos préfets, de concert avec les recteurs d'Académie, un comité gratuit et de charité, pour surveiller et encourager l'instruction primaire. (Ordonn. 29 févr. 1816, art. 13), I, 85. — Chaque école aura des surveillants spéciaux. (Id., art. 8), I, 86. — Le recteur et les inspecteurs d'Académie, dans leurs tournées, visiteront les écoles, autant qu'il leur sera possible. (Id., art. 29), I, 89.

Il sera formé, dans chaque arrondissement de sous-préfecture, un comité gratuit pour surveiller et encourager l'instruction primaire. (Ordonn. 21 avr. 1828), I, 167. — Cf. Arr. 30 juin 1829, I, 179.

Les écoles primaires, situées dans chaque arrondissement de justice de paix, seront placées sous la protection et la surveillance d'un comité gratuit. (Proj. loi 20 janv. 1831, art. 2), I, 194.

Les écoles primaires sont placées sous la protection et la surveillance de l'administration municipale. (Prop. loi 24 oct. 1831, art. 1), I, 220.

Les écoles primaires, privées ou communales, sont placées sous la protection et la surveillance des comités cantonaux. (Prop. loi 17 nov. 1832, art. 2), I, 223.

Il y aura près de chaque école un comité local. (Loi 28 juin 1833, art. 17 et 18), I, 241. — Il sera formé, dans chaque arrondissement de sous-préfecture, un comité spécialement chargé de surveiller et d'encourager l'instruction primaire. (Id., art. 18), I, 242. — Cf. Loi 23 juin 1836, art. 15, I, 397.

Il y aura dans chaque département un inspecteur spécial de l'instruction primaire, dont la surveillance s'exercera sur tous les établissements d'instruction primaire, y compris les salles d'asile et les classes d'adultes. (Ordonn. 26 févr. 1835, art. 1, et 2), I, 354. — Dans toutes les écoles qu'il visitera, l'inspecteur de l'enseignement primaire portera son attention : 1° sur l'état matériel et la tenue générale de l'établissement ; 2° sur le caractère moral de l'école ; 3° sur l'enseignement et les méthodes. Il assistera aux leçons et interrogera les élèves. (Arr. 27 févr. 1835, art. 2), I, 355.

L'inspection doit se faire, selon la nature de l'école et selon les brevets ou diplômes du chef de l'établissement, par les inspecteurs d'Académie ou par les inspecteurs primaires. L'autorité des comités locaux ou d'arrondissement demeure toujours réservée, en ce qui concerne l'instruction primaire. (Décis. Cons. 28 mars 1845), I, 660.

La surveillance des écoles est exercée : 1° par le comité communal ; 2° par un comité central placé au chef-lieu de l'arrondissement ;

3° par un conseil de perfectionnement placé au chef-lieu du département; 4° par les inspecteurs de l'enseignement primaire. (Proj. loi 1er juin 1848, art. 80), II, 21.

Il y aura dans chaque commune un comité local, dans chaque arrondissement un comité d'arrondissement, chargé de surveiller les écoles. Il y a dans chaque arrondissement un sous-inspecteur, et dans chaque département un inspecteur de l'enseignement primaire. (Prop. loi 15 déc. 1848, art. 60, 64, 69), II, 55, 56, 57.

L'inspection de tous les établissements d'instruction nationale est exercée : 1° par les inspecteurs généraux ; 2° par les recteurs d'Académie ; 3° par les inspecteurs d'Académie ; 4° par des inspecteurs de l'instruction primaire. (Prop. loi 5 févr. 1849, art. 11), II, 68. — *L'inspection de l'instruction nationale s'étend à toutes les écoles publiques et privées, sans aucune exception. Pour les premières, elle s'exercera suivant les règlements délibérés par la première section du conseil; pour les secondes, elle ne portera que sur la constitutionalité et la moralité de l'enseignement, et sur l'hygiène.* (Id., art. 12), II, 68.

L'inspection des établissements d'instruction publique ou libre est exercée : par les inspecteurs généraux et supérieurs, par les recteurs et les inspecteurs d'Académie, par les inspecteurs de l'enseignement primaire, par les délégués cantonaux, le maire et le curé, le pasteur ou le délégué du consistoire. Les ministres des différents cultes n'inspecteront que les écoles spéciales à leur culte ou les écoles mixtes pour leurs coreligionnaires seulement. Le recteur pourra, en cas d'empêchement, déléguer temporairement l'inspection à un membre du Conseil académique. (Loi 15 mars 1850, art. 18), II, 126. — L'inspection de l'enseignement primaire est spécialement confiée à deux inspecteurs supérieurs. Il y a, en outre dans chaque arrondissement, un inspecteur de l'enseignement primaire. (Id., art. 20), II, 126. — L'inspection des écoles publiques s'exerce conformément aux réglements délibérés par le conseil supérieur; celle des écoles libres porte sur la moralité, l'hygiène et la salubrité. Elle ne peut porter sur l'enseignement que pour vérifier s'il n'est pas contraire à la morale, à la Constitution et aux lois. (Id., art. 21), II, 127.

Les autorités locales préposées à la surveillance et à la direction morale de l'enseignement primaire sont, pour chaque école, le maire, le curé, le pasteur ou le délégué du culte israélite; et dans les communes de 2,000 âmes, un ou plusieurs habitants de la commune délégués par le conseil départemental. Les ministres des différents cultes sont spécialement chargés de surveiller l'enseignement religieux. L'entrée de l'école leur est toujours ouverte. (Loi 15 mars 1850, art. 44), II, 171.

Tout chef d'établissement primaire qui refusera de se soumettre à la surveillance de l'État, sera traduit devant le tribunal correctionnel de l'arrondissement, et condamné à une amende de 100 à 1,000 fr.; en cas de récidive, de 500 à 3,000 fr. Après deux condamnations dans l'année, l'école pourra être fermée. Le procès-verbal des inspecteurs fera foi jusqu'à inscription de faux. (Loi 15 mars 1850, art. 22), II, 127.

Les personnes chargées de l'inspection en vertu de l'art. 18 de la loi organique, dressent procès-verbal de toutes les contraventions qu'elles reconnaissent. (Décr. 29 juill. 1850, art. 42), II, 171. — Cf. Arr. 24 déc. 1850, art. 5), II, 206.

INSPECTION DES ÉCOLES DE FILLES.

Les écoles primaires de filles sont inspectées par les comités cantonaux, sous l'autorité des préfets. (Instruct. 3 juin 1819, 29 juill. 1819), I, 119, 122. — Cf. Règl. préfect. Seine, art. 3, 13, 16, I, 127, 128.

La surveillance des écoles de filles est attribuée aux préfets. (Ordonn. 3 avr. 1820), I, 132. — Cf. Ordonn. 31 oct. 1821, art. 1, I, 146.

Les pensionnats de filles sont visités par les archevêques et évêques. (Instruct. 4 nov. 1820), I, 140.

Les écoles de filles tenues par des institutrices qui appartiennent à des communautés religieuses ne sont pas comprises dans les termes de l'art. 21 de l'ordonnance du 21 août 1828, et continueront d'être surveillées par les autorités ecclésiastiques et administratives, conformément aux dispositions antérieures. (Décis. 6 janv. 1830), I, 186.

La loi du 28 juin 1833 n'est pas applicable, quant à présent, aux écoles de filles, et la législation antérieure subsiste sur ce point, jusqu'à nouvel ordre. (Décis. Cons. 2 août 1833), I, 260. — Cf. Décis. Cons. 25 fév. 1834, I, 302.

Les comités locaux et les comités d'arrondissement exercent sur les écoles de filles les attributions qui leur sont conférées par la loi du 28 juin 1833 sur les écoles de garçons. (Ordonn. 23 juin 1836, art. 15), I, 397.

Les questions de plus ou moins d'extension des pensionnats sont de la compétence du comité d'arrondissement. (Décis. Cons. 3 mars 1843), I, 635.

Les pensions et institutions de filles de l'arrondissement de Sceaux et de Saint-Denis sont inspectées par un comité spécial composé de cinq membres nommés par le Ministre, sur la proposition du préfet. (Arr. Cons. 7 mars 1837, art. 21 et 22), I, 456.

Le département de Loir-et-Cher est autorisé à faire l'application du règlement des pensions de la Seine. (Décis. Cons. 2 juin 1837), I, 466.

Il sera fait une inspection spéciale des institutions et pensions de la ville de Paris et du département de la Seine, à l'effet de constater tout ce qui concerne la salubrité et l'ordre matériel, la discipline et la tenue morale, la direction et le résultat des études. Cette inspection sera confiée aux inspecteurs généraux et aux inspecteurs de l'Académie de Paris. (Arr. 17 déc. 1839), I, 567.

Tout ce qui se rapporte à la surveillance et à l'inspection des écoles de filles sera l'objet d'un règlement délibéré en conseil supérieur. (Loi 15 mars 1850, art. 50), II, 50.

Toutes les écoles communales ou libres de filles, tenues soit par des institutrices laïques, soit par des associations religieuses non cloîtrées ou même cloîtrées, sont soumises, quant à l'inspection et à la surveillance de l'enseignement, en ce qui concerne l'externat, aux autorités instituées par les art. 18 et 20 de la loi du 15 mars 1850. (Décr. 31 déc. 1853, art. 10), II, 340.

Le préfet délègue, lorsqu'il y a lieu, des dames pour inspecter, aux termes des art. 50 et 53 de la loi du 15 mars 1850, l'intérieur des pensionnats tenus par des institutrices laïques. (Décr. 31 déc. 1853, art. 11), II, 340. — L'inspection des pensionnats de filles, tenus par des associations religieuses cloîtrées ou non cloîtrées, est faite, lorsqu'il y a lieu, par des ecclésiastiques nommés par le Ministre de l'instruction publique, sur la présentation de l'évêque diocésain. Les rapports concernant cette inspection sont transmis directement au Ministre. (Id., art. 12), II, 340.

INSTALLATION DES INSTITUTEURS.

Tous les enfants qui devront fréquenter l'école se réuniront dans un lieu convenable ; ils seront accompagnés des pères et mères de famille, et, en présence du conseil général de la commune, l'instituteur fera la promesse solennelle de remplir avec zèle et assiduité les importantes fonctions qui lui sont confiées ; de faire tous ses efforts pour propager les connaissances utiles et inspirer les vertus morales et civiques. Parmi les pères et mères de famille qui assisteront à la cérémonie, celui ou celle qui aura eu le plus d'enfants, en présentant à l'instituteur les enfants assemblés, au nom des pères et mères de famille, déclarera qu'ils remettent entre ses mains leur autorité paternelle, pour ce qui concerne l'instruction des enfants. (Décr. 22 frim. an I, tit. V), I, 14.

Le comité d'arrondissement procède à l'installation des instituteurs communaux. (Loi 28 juin 1833, art. 22), I, 243. — Nul instituteur ne peut être installé, s'il ne produit l'institution du Ministre. (Av. Cons. 17 mars 1837), I, 458.

Les instituteurs nommés avant la loi du 28 juin 1833, et qui ne reçoivent l'institution du Ministre que par simple échange de leurs titres précédents, ne sont pas soumis à l'installation prescrite par la loi. (Décis. Cons. 26 juin 1835.)

Les comités ont la faculté de déléguer un de leurs membres pour procéder à l'installation et recevoir le serment de tout instituteur communal dûment nommé et institué. (Décis. Cons. 11 mars 1834). — La mission de l'installation peut être confiée à des délégués pris hors du sein des comités, par exemple au comité local ou à l'un des membres dont il se compose. (Décis. Cons. 26 juin 1835.)

INSTITUT.

Le conseil supérieur de l'instruction publique comprend

trois membres de l'Institut élus en assemblée générale de l'Institut. (Loi 15 mars 1850, art. 1), II, 121. — Le conseil supérieur comprend cinq membres de l'Institut. (Décr.-loi 9 mars 1852, art. 5), II, 274. — Le conseil supérieur comprend cinq membres de l'Institut. (Loi 25 mars 1873, art. 1), II, 716.

INSTITUTEUR.

Les personnes chargées de l'enseignement dans les écoles s'appelleront instituteurs. (Décr. 22 frim. an I, tit. I), I, 9.

Les instituteurs sont appelés instituteurs nationaux. (Décr. 9 brum. an II, art. 2), I, 25.

Les citoyens et citoyennes qui se vouent à l'instruction ou à l'enseignement de quelque art ou science que ce soit, seront désignés sous le nom d'instituteurs et d'institutrices. (Décr. 29 frim. an II, art. 4), I, 26.

Toute personne, âgée de 18 ans au moins, pourra exercer la profession d'instituteur, sous les conditions fixées par la loi. (Prop. loi 17 nov. 1832, art. 7), I, 224.

Tout individu âgé de dix-huit ans pourra exercer la fonction d'instituteur primaire, sous les garanties exigées par la loi. (Loi 28 juin 1833, art. 4), I, 237.

Les principales obligations auxquelles les instituteurs primaires sont soumis par les lois et règlements seront imprimées derrière les actes d'institution. (Décis. Cons. 28 juin 1839), I, 557.

Tout Français âgé de 21 ans, et n'ayant encouru aucune incapacité, est en droit d'ouvrir une école privée. (Proj. loi 31 mars 1847, art. 10), I, 702. — *Le titre d'instituteur émérite peut être conféré par le Ministre à tout instituteur communal admis à la retraite après trente ans de services.* (Id., art. 29), I, 706.

Toute personne pourvue du certificat d'aptitude peut diriger une école primaire privée. (Proj. loi 1er juin 1848, art. 21), I, 20.

Tout individu âgé de 19 ans au moins, peut ouvrir une école privée. (Prop. loi 15 déc. 1848, art. 48), II, 52.

Tout Français âgé de vingt et un ans accomplis peut exercer dans toute la France la profession d'instituteur primaire public ou libre, s'il est muni d'un brevet de capacité. (Loi 15 mars 1850, art. 25), II, 128.

Les instituteurs communaux, laïques ou congréganistes, sont au nombre des personnes agissant dans un caractère public, dont parle l'art. 3 de la loi du 15 avril 1871; et dès lors, s'ils ont à se plaindre d'une diffamation commise à leur égard par la presse périodique à raison de leurs fonctions, la Cour d'assises est seule compétente pour statuer simultanément sur l'action publique et sur l'action civile. (Arr. Tribun. Montpellier, 8 févr. 1873), II, 708.

V. Bail, Comité, Conseil municipal, École, Examen, Nomination, Retraite, Traitement.

INSTITUTEUR ADJOINT.

Seront considérés comme ayant satisfait à l'appel et comptés numériquement en déduction du contingent, les jeunes gens qui étant membres de l'instruction publique auraient contracté devant le conseil de l'Université, avant le tirage au sort, l'engagement de se vouer à la carrière de l'enseignement. (Loi 21 mars 1832, art. 14).

Deux classes, tenues dans des locaux séparés et aux mêmes heures, forment deux écoles distinctes, qui doivent avoir l'une et l'autre un instituteur remplissant toutes les formalités prescrites par la loi. (Décis. Cons. 1er juill. 1834), I, 328.

Lorsque le nombre des enfants, dans une école privée, dépassera quatre-vingts, il devra y avoir un aide-instituteur maître adjoint ou sous-maître, lequel, s'il n'a pas lui-même un brevet, devra être agréé par le recteur. (Arr. 1er mars 1842, art. 4), I, 593.

Toute école de plus de cent cinquante élèves peut être divisée, ou recevoir un ou plusieurs instituteurs adjoints ou institutrices adjointes. Le Ministre en décide sur le rapport du comité central. (Proj. loi 1er juin 1848, art. 16), II, 19. — *L'instituteur adjoint est nommé directement par le Ministre. Il doit remplir les conditions d'âge et d'aptitude. Il a droit au traitement d'instituteur de 4e classe:*

4e classe, 500 fr.; 3e classe, 700 fr.; 2e classe, 800 fr.; 1re classe, 1,000 fr. (Id., art. 14), II, 19.

Toute école de plus de cent élèves doit être divisée et recevoir un ou plusieurs instituteurs adjoints ou institutrices adjointes. Le comité d'arrondissement en décidera, sur l'avis du comité local et du conseil municipal. (Prop. loi 15 déc. 1848, art. 28), II, 49. — *Les instituteurs adjoints seront nommés par le comité d'arrondissement qui prendra l'avis préalable de l'instituteur. Ils devront être âgés de 18 ans au moins, et être munis d'un certificat de moralité et d'un brevet de capacité. Ils sont exempts du service militaire, s'ils contractent l'engagement de servir pend[illegible] [illegible]ix ans dans l'instruction primaire publique.* (Id., art. 21), II, 4[illegible].

Le conseil départemental détermine les écoles publiques auxquelles, d'après le nombre des élèves, il doit être attaché un instituteur adjoint. Les instituteurs adjoints peuvent n'être âgés que de 18 ans, et ne sont pas assujettis aux conditions du brevet. Ils sont nommés et révocables par l'instituteur, avec l'agrément du préfet. Les instituteurs adjoints appartenant aux congrégations religieuses sont nommés et peuvent être révoqués par les supérieurs de ces associations. Le conseil municipal fixe le traitement des instituteurs adjoints. Le traitement est à la charge exclusive de la commune. (Loi 15 mars 1850, art. 34), II, 131.

Le conseil départemental détermine, sur l'avis du conseil municipal, les cas où, à raison des circonstances, il peut être établi une ou plusieurs écoles de hameau dirigées par des adjoints. Cette décision est soumise à l'approbation du Ministre. (Loi 10 avr. 1867, art. 2), II, 605. — Toute commune doit fournir à l'instituteur adjoint, dirigeant une école de hameau, un local convenable, tant pour son habitation que pour la tenue de l'école, le mobilier de classe et un traitement. (Id., art. 3), II, 605. — Le traitement est déterminé par le préfet, sur l'avis du conseil municipal et du conseil départemental. (Id. art. 5), II, 605.

Nul n'est admis définitivement instituteur communal, s'il n'a été remplaçant ou s'il n'a exercé pendant trois ans, à partir de sa vingt-unième année, les fonctions d'instituteur adjoint. (Décr. 31 déc. 1853, art. 1), II, 338. — Ce décret est rapporté. Décr. 29 déc. 1860, art. 2), II, 489.

Les instituteurs adjoints des écoles publiques sont dispensés du service militaire, s'ils ont, avant l'époque fixée pour le tirage, contracté devant le recteur l'engagement de se vouer pendant dix ans à l'enseignement public et s'ils réalisent cet engagement. (Loi 15 mars 1850, art. 79), II, 145.

L'engagement de se vouer pendant dix ans à l'enseignement public, prévu par l'art. 79 de la loi du 15 mars 1850, peut être réalisé, tant par les instituteurs que par leurs adjoints, dans les écoles libres qui tiennent lieu d'écoles publiques et qui sont désignées à cet effet par le Ministre de l'instruction publique, après avis du conseil départemental. (Loi 10 avr. 1867, art. 18), II, 608.

Sont, à titre conditionnel, dispensés du service militaire, les maîtres adjoints, pourvu qu'ils aient pris devant le recteur de l'Académie, avant le tirage au sort, l'engagement de se consacrer pendant dix ans à l'enseignement, et s'ils réalisent cet engagement ; les jeunes gens qui se trouvent dans les cas prévus par l'art. 79 de la loi du 15 mars 1850, et par l'art. 18 de la loi du 10 avril 1867, et qui ont, avant l'époque fixée pour le tirage, contracté devant le recteur le même engagement et aux mêmes conditions. L'engagement de se vouer pendant dix ans à l'enseignement peut être réalisé pour les instituteurs adjoints, tant dans les écoles publiques que dans les écoles libres, désignées à cet effet par le Ministre de l'instruction publique, après avis du conseil départemental. (Loi 27 juill. 1872, art. 20), II, 688.

Les instituteurs adjoints sont divisés en deux classes. Le traitement de la 1re classe ne peut être inférieur à 500 fr. et celui de la 2e à 400 fr. (Loi 10 avr. 1867, art. 5), II, 605. — Dans le cas où un ou plusieurs adjoints sont attachés à une école, le conseil départemental peut décider, sur la proposition du conseil municipal, qu'une partie du produit de la rétribution scolaire servira à former leur traitement. (Id., art. 6), II, 606. — Il est pourvu aux dépenses résultant de ces dispositions au moyen des ressources énumérées dans l'art. 40 de la loi du 15 mars 1850, augmentées d'un troisième centime départemental, additionnel au principal des quatre contributions directes. (Id., art. 14), II, 607.

A partir du 1er janvier 1871, chacune des classes d'instituteurs adjoints comprendra le même nombre de fonctionnaires; nul ne pourra être élevé à la première classe, s'il ne compte au moins trois années de service dans la deuxième. (Décr. 26 juill. 1870, art. 6), II, 656.

A partir du 1er janvier 1873, le traitement minimum des instituteurs adjoints est porté à 600 fr. ou à 500 fr., selon la classe à laquelle ils appartiennent. (Décr. 20 janv. 1873, art. 1), II, 702.

INSTITUTEUR AMBULANT.

Les instituteurs ambulants doivent se pourvoir de livrets délivrés par le recteur, et faire viser ces livrets par le maire et par le curé ou pasteur. Ils doivent être munis du brevet de capacité et du certificat de moralité. Les autorités locales doivent veiller sur eux. (Décis. Cons. 26 févr. 1836), I, 379.

Le recteur peut, sous sa responsabilité et sur le vu d'un certificat de moralité, charger de l'enseignement primaire un délégué provisoire pour remplir les fonctions d'instituteur ambulant. Cette délégation cesse de plein droit lorsqu'il se présente un instituteur breveté. (Arr. Cons. 26 août 1836), I, 410.

V. École ambulante.

INSTITUTEUR ASPIRANT.

Dans les communes au-dessous de 200 âmes, qui ne pourraient acquitter la moitié d'un traitement d'instituteur, les comités d'arrondissement pourront nommer des aspirants instituteurs, sédentaires ou ambulants, dont le traitement sera de 400 francs au moins. Dans ce cas, l'autorisation du Ministre sera toujours nécessaire. Un règlement fixera les conditions où devront être placées les communes pour avoir des aspirants, et déterminera le régime des écoles qui leur seront confiées. Ils devront remplir toutes les conditions imposées aux instituteurs. Ils seront nommés et institués dans les mêmes formes. (Prop. loi 15 déc. 1848, art. 21), II, 47. — *Ils sont dispensés du service militaire, s'ils contractent l'engagement de servir pendant dix ans dans l'instruction primaire publique.* (Id., art. 22), II, 47.

INSTITUTEUR LIBRE.

Tout Français âgé de 21 ans peut exercer, dans toute la France, la profession d'instituteur public ou libre, s'il est muni d'un brevet de capacité. (Loi 15 mars 1850, art. 25), II, 128). — Tout Français âgé de 25 ans, ayant au moins 5 ans d'exercice comme instituteur ou comme maître dans un pensionnat, peut, dans les conditions de l'art. 25, ouvrir un pensionnat primaire. (Id., art. 53), II, 137.

Tout instituteur qui veut ouvrir une école libre doit préalablement faire une déclaration d'ouverture. (Loi 15 mars 1850, art. 27), II, 129.

L'inspection des écoles libres porte sur la moralité, l'hygiène et la salubrité. Elle ne peut porter sur l'enseignement, que pour vérifier s'il n'est pas contraire à la morale, à la Constitution et aux lois. (Loi 15 mars 1850, art. 22), II, 127.

Quiconque aura ouvert ou dirigé une école en contravention aux art. 25, 26 et 27, ou avant l'expiration du délai fixé par le dernier paragraphe de l'art. 28, sera poursuivi devant le tribunal correctionnel du lieu du délit, et condamné à une amende de 50 à 500 fr. L'école sera fermée. En cas de récidive, le délinquant sera condamné à un emprisonnement de six jours à un mois, et à une amende de 100 à 1,000 fr. La même peine de six jours à un mois d'emprisonnement et de 100 à 1,000 fr. d'amende sera prononcée contre celui qui, dans le cas d'opposition formée à l'ouverture de son école, l'aura néanmoins ouverte avant qu'il ait été statué sur cette opposition, ou bien au mépris de la décision du conseil départemental qui aurait accueilli l'opposition. (Loi 15 mars 1850, art. 29), II, 129.

Tout chef d'établissement primaire qui refusera de se soumettre à la surveillance de l'État, telle qu'elle est prescrite par l'art. 21, sera traduit devant le tribunal correctionnel de l'arrondissement, et condamné à une amende de 100 à 1,000 fr.

En cas de récidive, l'amende sera de 500 à 3,000 fr. Si le refus a donné lieu à deux condamnations dans l'année, la fermeture de l'établissement pourra être ordonnée par le jugement qui prononcera la seconde condamnation. Le procès-verbal des inspecteurs constatant le refus du chef de l'établissement fera loi jusqu'à inscription de faux. (Loi 15 mars 1850, art. 22), II, 127.

Tout instituteur libre, sur la plainte du préfet ou du procureur de la République, pourra être traduit, pour cause de faute grave dans l'exercice de ses fonctions, d'inconduite ou d'immoralité, devant le conseil départemental de l'instruction publique, et être censuré, suspendu pour un temps qui ne pourra excéder six mois, ou interdit de l'exercice de sa profession dans la commune où il exerce. Le conseil départemental peut même le frapper d'une interdiction absolue, sauf appel devant le conseil supérieur dans le délai de dix jours. (Loi 15 mars 1850, art. 30), II, 130.

Lorsqu'un instituteur libre a été suspendu de l'exercice de ses fonctions, il peut être admis par le conseil départemental à présenter un suppléant pour la direction de son école. (Décr. 7 oct. 1850, art. 5), II, 183.

Dans l'intervalle des sessions du conseil supérieur, le Ministre peut, après avoir pris l'avis de la commission, interdire provisoirement l'usage d'un livre dans les écoles libres. Le conseil reçoit connaissance de cette décision, et il est appelé, dans sa plus prochaine session, à donner son avis sur cette interdiction. (Règlem. 26 déc. 1858, art. 6), II, 470.

Les écoles privées, établies avant la promulgation de la loi du 15 mars 1850, ne sont dispensées de l'observation des conditions prescrites par l'art. 27 de cette loi aux instituteurs libres qui veulent ouvrir une école, qu'autant qu'elles existent régulièrement. En conséquence, l'instituteur communal qui, après avoir été révoqué par un arrêté du préfet pris en vertu de l'art. 3 de la loi du 11 janv. 1850, a ouvert dans la même commune, au mépris de l'art. 5 de cette loi, une école privée dont il était encore en possession, lorsque la loi du 11 janv. 1850 a cessé d'avoir son effet (1er septembre 1850), est tenu de remplir les conditions imposées par l'article 27 de la loi du

15 mars 1850 aux instituteurs libres qui veulent ouvrir une école. (Arr. Cassat. 10 mai 1851.)

En admettant que l'art. 83 de la loi de 1850, qui dispense des déclarations prescrites par les art. 53 et 60 les chefs ou directeurs d'établissements primaires libres, alors en exercice, soit applicable aux simples instituteurs primaires, le bénéfice de cette dispense ne peut être invoqué par un instituteur primaire dont l'école n'aurait qu'une existence illégale, en ce que, par exemple, elle a été ouverte par un instituteur communal suspendu en vertu de la loi du 11 janvier 1850, et dans une commune limitrophe à celle où cet instituteur exerçait ses fonctions. (Arr. Cassat. 26 sept. 1851.)

L'individu condamné comme directeur d'un établissement d'instruction primaire ouvert irrégulièrement n'est pas recevable à contester cette qualité devant la Cour de cassation, alors qu'il est déclaré en fait par l'arrêt attaqué qu'il l'a prise tant dans ses rapports avec les autorités administratives et universitaires que dans ses rapports avec le public. (Arr. Cassat. 2 mars 1860.)

La translation d'un établissement d'instruction primaire dans un nouveau local ne peut, de même que son ouverture, être effectuée qu'avec l'autorisation de l'autorité universitaire. Et il en est ainsi, même pour les établissements antérieurs à la loi du 15 mars 1850, dont l'exploitation n'a été affranchie des formalités créées par cette loi, qu'en tant qu'elle se continuerait dans les conditions où ils existaient alors. (Arr. Cassat. 2 mars 1860.)

La déclaration préalable à l'ouverture d'une école libre, qui devait être faite au recteur sous l'empire de la loi du 15 mars 1850, et qui depuis la loi du 14 juin 1854 doit être faite au préfet, ne peut être suppléée par la déclaration adressée au sous-préfet. (Arr. Cassat. 29 juill. 1870.)

V. École, Instituteur, Instituteur privé, Déclaration d'ouverture, Liberté d'enseignement.

INSTITUTEUR PRIVÉ.

Tout individu majeur et jouissant des droits civils pourra donner l'enseignement primaire, à la charge de déposer entre les mains du maire un brevet de capacité émané d'un recteur et des certificats de bonnes vie et mœurs délivrés par le maire et par trois membres du conseil municipal de la commune ou des communes où il aura résidé depuis trois ans. (Proj. loi 20 janv. 1831, art. 5), I, 195. — *Tout individu qui, sans avoir rempli les formalités prescrites, aura ouvert ou tenu publiquement une école primaire, sera poursuivi correctionnellement devant le tribunal du lieu du délit, et condamné à une amende de* 50 *à* 100 *fr. En cas de récidive, il pourra être condamné à une détention de* 15 *jours à un mois et à une amende double de la première.* (Id. art. 18), I, 197.

Tout citoyen ou toute réunion de citoyens qui se proposera de fonder une école primaire dans une commune, en fera la déclaration à la mairie ou au comité cantonal, en indiquant la nature et les objets de l'enseignement qui devra y être donné. (Prop. loi 17 nov. 1832, art. 7), I, 224. — *Toute personne âgée de dix-huit ans au moins pourra exercer la profession d'instituteur, sous la condition de présenter au maire de la commune où elle voudra ouvrir une école, et de faire viser par lui :* 1° *un brevet de capacité, délivré, après examen, par une commission départementale de trois membres, nommés annuellement par le conseil général ; des certificats de bonnes vie et mœurs délivrés, sur l'attestation de trois conseillers municipaux, par le maire de la commune ou de chacune des communes où elle aura résidé depuis trois ans.* (Id., art. 8), I, 225. — *Quiconque aura ouvert une école primaire, sans avoir satisfait aux conditions prescrites par les art.* 7 *et* 8, *sera poursuivi devant le tribunal correctionnel du lieu du délit et condamné à une amende de* 50 *à* 200 *fr. Son école sera fermée. En cas de récidive, il sera condamné à un emprisonnement de* 15 *à* 30 *jours, et à une amende double de la première.* (Id.. art. 9), I, 225. — *Le comité cantonal a droit d'inspection sur les écoles primaires tenues par des particuliers ; il les surveillera sous les rapports de la salubrité, de l'ordre public et des mœurs ; et dans les cas où il y aurait lieu à l'application de l'article suivant, il transmettra au ministère public les renseignements qu'il aura recueillis.* (Id., art. 11), I, 225. — *Pour cause d'inconduite ou d'im-*

moralité, tout instituteur primaire pourra, sur la demande du comité cantonal et à la poursuite du ministère public, être traduit devant le tribunal civil de l'arrondissement et être interdit de l'exercice de sa profession à temps ou à toujours. L'appel ne sera pas suspensif. L'affaire sera instruite, comme en matière de police correctionnelle : le tout sans préjudice des autres poursuites et peines. (Id., art. 12), I, 225.

Tout individu âgé de 18 ans peut exercer la profession d'instituteur primaire, sans autres conditions que de présenter un brevet de capacité, obtenu après examen, et un certificat de moralité. (Loi 28 juin 1833, art. 4), I, 237.

Tout instituteur privé, sur la demande du comité ou sur la poursuite d'un officier du ministère public, pourra être traduit, pour cause d'inconduite ou d'immoralité, devant le tribunal civil de l'arrondissement, et être interdit à temps ou à toujours de sa profession, sauf appel, le tout sans préjudice des autres poursuites et peines. (Loi 28 juin 1833, art. 7), I, 237.

En ce qui touche les écoles privées, les instituteurs sont maîtres absolus des méthodes. (Décis. Cons. 25 févr. 1834), I, 302.

Dans toutes les écoles qu'il visitera, l'inspecteur primaire portera son attention : 1° sur l'état matériel et la tenue générale de l'établissement ; 2° sur le caractère moral de l'école ; 3° sur l'enseignement et les méthodes. Il assistera aux leçons et interrogera les élèves. (Ordonn. 27 févr. 1835, art. 2), I, 355.

Lorsqu'il s'agit d'accorder à un instituteur primaire la faculté de tenir un pensionnat, il n'y a point de distinction à faire entre l'instituteur privé et l'instituteur public ; dans tous les cas, il suffit de constater si le postulant possède réellement, non-seulement l'instruction requise, mais toutes les qualités morales, le caractère, les sentiments, les principes et la considération qui constituent l'aptitude à tenir un pensionnat. (Décis. Cons. 11 nov. 1836), I, 422.

La juridiction des comités et celle des tribunaux peuvent, toutes les deux à la fois ou successivement, statuer sur le même fait, qu'il s'agisse d'un instituteur public ou d'un instituteur privé. (Décis. Cons. 9 mai 1843), I, 640.

Quand il s'agit de voies de fait relatives à un instituteur

privé, la seule juridiction saisissable est le tribunal civil. (Décis. Cons. 9 mai 1843), I, 640.

Les instituteurs privés n'ont droit aux allocations de l'État, qu'à titre d'encouragements et de récompenses. (Décis. Cons. 18 juill. 1834), I, 331.

Un instituteur privé, présenté par le comité local et le conseil municipal pour diriger une école communale, n'est, en l'état, qu'un instituteur privé et ne peut être admis conséquemment à contracter un engagement décennal. (Décis. Cons. 31 mai 1839), I, 552.

Les instituteurs privés peuvent employer les livres dont l'usage n'aura pas été défendu par une décision spéciale du comité d'arrondissement. (Proj. loi 31 mars 1847, art. 12), I, 703.

Toute personne pourvue du certificat d'aptitude, qui veut diriger une école primaire privée, en fait la déclaration au recteur de l'Académie et au maire de la commune, qui accusent réception dans les huit jours. L'école ne peut être ouverte qu'un mois après la déclaration faite à la mairie. Cette déclaration doit contenir les nom, prénoms, âge de la personne qui veut ouvrir l'école, l'indication des professions qu'elle a exercées depuis dix années et des localités qu'elle a habitées dans le même intervalle. Elle demeure affichée pendant trois mois à la mairie de la commune. (Proj. loi 1er juin 1848, art. 21), II, 20. — *Aucune école privée ne peut réunir des enfants des deux sexes.* (Id., art. 22), II, 20. — *Toute école privée qui aura été ouverte sans la déclaration préalable prescrite par l'article précédent, ou à la suite d'une déclaration fausse, sera immédiatement fermée et ne pourra être ouverte de nouveau sans l'autorisation expresse du recteur. Il en sera de même de toute école privée dont l'entrée aura été refusée à un inspecteur de l'instruction publique, à un membre ou à un délégué des comités. Toute école où les règlements de salubrité arrêtés par l'autorité publique ne seront pas observés pourra être fermée.* (Id., article 23), II, 20. — *Toute personne tenant une école privée, pourra être, sur la demande du recteur ou du comité central, traduite, pour cause d'inconduite ou d'immoralité, devant le tribunal civil de l'arrondissement et interdite de l'exercice de l'enseignement, à temps ou à toujours. L'appel devra être interjeté dans le délai de dix jours à compter de la notification du jugement; il ne sera pas suspensif.* (Id., art. 24), II, 20.

Tout individu âgé de dix-neuf ans au moins, pourvu d'un brevet de capacité, qui veut ouvrir une école privée, doit en faire la déclaration à la mairie de la commune où il se propose d'exercer, au secrétariat du comité d'arrondissement et au parquet du procureur de la République. Cette déclaration doit contenir les nom, prénoms et âge du déclarant, avec l'indication de ses professions et résidences antérieures, et l'indication du local que l'école doit occuper. Elle reste affichée à la mairie, et l'école ne peut être ouverte qu'un mois après. L'opposition ne peut être élevée soit d'office, soit par les autorités scolaires, soit par des tiers, que dans l'intérêt de la morale publique. Elle est jugée par le tribunal civil en chambre du conseil, après que le déclarant aura été entendu, et sauf recours à la Cour d'appel. La déclaration relative au local sera jugée dans les mêmes formes, sous le rapport de la convenance et de la salubrité. (Prop. loi 15 déc. 1848, art. 48), II, 52. — *Quiconque aura ouvert une école primaire en contravention à l'art. 49, ou sans avoir régulièrement satisfait aux conditions de l'art. 47, sera poursuivi devant le tribunal correctionnel du lieu du délit et condamné à une amende de 50 fr. à 200 fr. L'école sera fermée. En cas de récidive, le délinquant sera condamné à un emprisonnement de quinze à trente jours et à une amende de 100 fr. à 400 fr.* (Id., art. 50), II, 52.— *Tout instituteur privé, sur la demande du comité local ou du comité d'arrondissement, ou sur la poursuite d'office du ministère public, pourra être traduit, pour cause d'inconduite et d'immoralité, devant le tribunal civil de l'arrondissement, qui peut seul prononcer contre lui l'admonition, la réprimande ou l'interdiction temporaire ou perpétuelle, sauf recours au tribunal d'appel.* (Id., art. 51), II, 53. — *La réunion des sexes dans les écoles privées sera soumise aux mêmes conditions que fixera, pour les écoles publiques, un règlement du Ministre de l'instruction publique.* (Id., art. 52), II, 53. — *Les instituteurs privés pourront employer dans leurs établissements tous les ouvrages dont l'usage ne sera pas contraire à l'ordre public ni aux bonnes mœurs. Toute contravention à cette disposition sera punie, comme il sera dit dans l'art. 78.* (Id., art. 53), II, 53.

Les instituteurs privés qui voudront ouvrir des pensionnats primaires ne seront tenus qu'à la déclaration spécifiée dans l'art. 48. Nul ne pourra être directeur d'un pensionnat primaire, s'il n'est âgé de vingt-cinq ans au moins. (Prop. loi 15 déc. 1848, art. 55), II, 53.

Les institutrices privées sont soumises à toutes les obligations qui sont imposées par les articles précédents aux instituteurs du même ordre. (Prop. loi 15 déc. 1848, art. 57), 53, II.

Aucun examen préalable ne peut être exigé pour les livres employés dans les écoles privées. (Prop. loi 5 févr. 1849, art. 21), II, 71. — *Sur le rapport des sections, le Ministre peut interdire l'emploi d'un livre dans les écoles privées. L'infraction est punie par les tribunaux.* (Id., art. 22), II, 72.

Le tribunal civil, compétent pour connaître en chambre du conseil des poursuites dirigées contre un instituteur privé, pour cause d'inconduite ou d'immoralité, doit, à raison du caractère disciplinaire de ces poursuites, statuer en assemblée générale. (Arr. Cass. 7 avr. 1851.)

V. École libre, École privée, Instituteur libre.

INSTITUTEUR REMPLAÇANT.

Il sera créé des emplois d'instituteurs communaux remplaçants pour la ville de Paris. Ils seront au nombre de trois. Ils devront être présentés et nommés dans les mêmes conditions que les membres titulaires. Un traitement fixe leur sera accordé, sans préjudice d'un traitement variable pour chaque jour de service effectif. (Arr. Cons. 12 janv. 1836, art. 1 à 3), I, 374.— Le comité local donnera son avis sur les demandes de remplacement, le comité central en délibérera, et sa décision sera soumise à l'approbation du recteur. (Id., art. 5), I, 375.

INSTITUTEUR SUPPLÉANT.

Nul n'est nommé définitivement instituteur communal, s'il n'a dirigé pendant trois ans au moins une école en qualité d'instituteur suppléant, ou s'il n'a exercé pendant trois ans, à partir de sa vingt et unième année, les fonctions d'instituteur adjoint. (Décr. 31 déc. 1853, art. 1), II, 338. — Nul ne peut être nommé instituteur suppléant, s'il ne remplit les conditions déterminées par l'art. 25 de la loi du 15 mars 1850. (Id., art. 2), II, 338.

Les instituteurs suppléants peuvent être chargés par les recteurs de la direction, soit des écoles publiques dans les communes dont la population ne dépasse pas 500 âmes, soit des écoles annexes dont l'établissement serait reconnu nécessaire. Ils remplacent temporairement les instituteurs communaux en cas de congé, de démission ou de révocation, de maladie ou de décès. (Décr. 31 déc. 1853, art. 3), II, 338.

Les instituteurs suppléants dirigeant des écoles publiques reçoivent un traitement dont le minimum est fixé ainsi qu'il suit, y compris le produit de la rétribution scolaire : instituteurs suppléants de 1re classe, 500 fr. ; instituteurs suppléants de 2e classe, 400 fr. Il est pourvu au traitement et au logement des instituteurs suppléants, conformément aux dispositions de la loi du 15 mars 1850. Le traitement des instituteurs suppléants remplaçant des instituteurs communaux est fixé par le recteur de l'Académie. Il peut être prélevé sur le traitement du titulaire. Le passage d'un instituteur suppléant de la deuxième à la première classe peut avoir lieu sans changement de résidence. Le nombre des instituteurs suppléants de première classe ne peut excéder, dans chaque département, le tiers du nombre des instituteurs suppléants. (Décr. 31 déc. 1853, art. 4), II, 339.

Il n'y aura plus, à partir du 1er janvier 1859, qu'une classe d'instituteurs suppléants. (Décr. 20 juill. 1858, art. 1), II, 469. — Le minimum de leur traitement est fixé à 500 fr. (Id., art. 2), ibid.

A partir du 1er janvier 1861, il ne sera plus nommé d'instituteurs primaires suppléants. Les instituteurs actuellement en exercice pourront être, sur l'avis des inspecteurs d'Académie, nommés immédiatement instituteurs communaux, et ils jouiront en conséquence du traitement minimum de 600 fr. déterminé par l'art. 58 de la loi du 15 mars 1850. (Décr. 29 déc. 1860, art. 1), II, 561.

INSTITUTION.

Le maître nommé recevra du roi un brevet d'instituteur. (Proj. Décr. sept. 1791, chap. IV, art. 11), I, 5.

Les instituteurs communaux doivent être institués par le Ministre. (Loi 28 juin 1833, art. 22), I, 243.

Tout instituteur communal doit être présenté, nommé et institué conformément à la loi, art. 21, §§ 6, 7 et 22. (Décis. Cons. 4 juill. 1837), I, 472.

Un instituteur qui a acheté par une rente le moyen de se faire nommer à la place d'un autre, ne doit pas recevoir l'institution. (Décis. Cons. 30 déc. 1842), I, 629.

L'institution est donnée par le Ministre de l'instruction publique. (Loi 15 mars 1850, art. 31), II, 130. — Elle doit être donnée ou refusée dans le délai de six mois. Si elle est refusée, le recteur met immédiatement le conseil municipal en demeure de choisir un autre candidat. (Décr. 7 oct. 1850, art. 14), II, 185.

INSTITUTION (MAITRESSE D').

Il sera ouvert au bureau d'instruction publique des registres d'inscription pour les pensionnats, institution et maisons d'éducation de jeunes filles du département de la Seine. Toutes les maîtresses sont tenues de produire, faire viser et enregistrer leurs autorisations, et inscrire leurs noms dans le délai de deux mois, à compter du 1er ventôse prochain. (Régl. 25 pluv. an XII, art. 1, 2, 4), I, 45. — Seront reconnues et enregistrées comme légales les autorisations délivrées avant 1789 dans la forme alors usitée, celles accordées depuis par les diverses administrations et confirmées par l'art. 2 de l'arrêté du 6 frimaire an IX, et enfin celles délivrées par la préfecture de la Seine. (Id., art. 5), I, 46. — Les institutions pour les filles sont soumises aux mêmes règles que celles des garçons. (Id., art. 6 et suiv.), I, 46.

Les maisons d'éducation de filles du degré supérieur sont, comme les écoles primaires de filles, maintenues sous la surveillance des préfets des départements. (Arr. 31 oct. 1821, art. 1), I, 146. — Aucune école primaire, pension ou institution de filles, ne pourra être ouverte, sans que la maîtresse ne soit préalablement pourvue d'une autorisation du préfet du département. (Id., art. 2), I, 146. — Une autorisation, légalement donnée, ne pourra être retirée par les préfets, qu'après qu'il en aura été, par eux, référé à notre Ministre de l'intérieur. (Id., art. 4), I, 146. — Les maîtresses de pensions et institutions de filles, ouvertes sans autorisation, ou qui continueraient de l'être, après que l'autorisation aura été retirée, seront poursuivies pour contravention aux règlements de police municipale, sans préjudice des peines plus graves qui pourraient être requises pour des cas prévus dans le Code pénal. (Id., art. 5), I, 146. — Dans tous les cas, soit que notre procureur agisse d'office, soit que la poursuite se fasse à la diligence du préfet, ces fonctionnaires se préviendront réciproquement et se concerteront pour que les parents ou tuteurs des élèves soient avertis de les retirer. (Id. art. 6), I, 146. — Cf. Instruct. 4 nov 1820, I, 140.

Les maisons d'éducation de filles, situées dans le département de la Seine, autres que les écoles primaires, sont partagées en pensions et en institutions, suivant le degré d'instruction qu'on y reçoit. Les établissements de l'ordre inférieur prennent le titre de pension ; les établissements de l'ordre supérieur prennent celui d'institution. (Arr. 7 mars 1837, art. 1, 2 et 3), I, 452.

L'enseignement des pensions comprend : l'instruction morale et religieuse, la lecture, l'écriture, la grammaire française, l'arithmétique jusques et y compris les proportions qui en dépendent, l'histoire de France, la géographie moderne, les notions élémentaires de physique et d'histoire naturelle applicables aux usages de la vie, le dessin, la musique, les travaux d'aiguille, les langues vivantes. (Arr. 7 mars 1837, art. 2), I, 453. — Celui des institutions comprend, en outre, les éléments et l'histoire de la littérature française, avec des exercices de grammaire et de style, la géographie ancienne, l'histoire ancienne et moderne, les éléments de la cosmographie. (Id., art. 3), I, 453. — Cf. Id., art. 17, I, 455.

Il sera placé à la porte de toute maison d'éducation un tableau qui indiquera si l'établissement est une pension ou une institution ; en cas de fausse indication, il pourra y avoir lieu au retrait de l'autorisation. (Arr. 7 mars 1837, art. 6), I, 453.

Aucune personne ne pourra tenir une maison d'éducation de filles, sans y avoir été préalablement autorisée. (Arr. 7 mars 1837, art. 5), I, 453. — Aucune personne, fille, mariée ou veuve, ne pourra être maîtresse de pension ni d'institution avant l'âge de 25 ans accomplis (Id. art. 8), I, 453. — Toute personne ayant l'âge exigé, adresse une demande au préfet en indiquant pour quel genre d'établissement elle désire être autorisée. La pétition, visée par la dame inspectrice, sera envoyée au sous-préfet, et dans Paris au maire, lequel, après avoir pris les renseignements, la transmettra au préfet qui statuera. Les pièces à joindre sont : l'extrait d'acte de naissance, et s'il y a lieu, de mariage ou de décès légalisé, un certificat de moralité délivré, sur l'attestation de trois témoins, par le maire du lieu ou des lieux où elle aura résidé depuis trois ans, un diplôme, un plan du local, le règlement de la discipline et le programme. (Id., art. 9 et 10), I, 454. — Lorsqu'une maîtresse de pension ou d'institution voudra transférer son établissement d'une commune dans une autre ou d'un arrondissement municipal dans un autre arrondissement, elle devra obtenir une nouvelle autorisation du préfet, et pour cela, produire le plan du nouveau local, visé par le maire de la commune ou de l'arrondissement municipal. (Id., art. 15), I, 455. — Les personnes munies de diplômes de maîtresse de pension ou d'institution, exerçant dans le département de la Seine antérieurement à la publication du présent règlement, pourront continuer d'exercer en vertu de leur ancien titre. Si elles désirent obtenir un nouveau diplôme, elles devront se présenter devant la commission d'examen et subir de nouvelles épreuves. (Id. art. 26), I, 458.

Aucune maîtresse de pension ou d'institution ne pourra publier de règlements ni de prospectus relatifs à l'instruction, sans avoir obtenu l'approbation de l'autorité compétente. (Arr. 7 mars 1837, art. 7), I, 453.

Pour les diplômes à produire par les postulantes qui désirent tenir une pension ou une institution, le règlement n'a pas entendu spécifier le genre et le nombre des connaissances que le jury d'examen devra exiger. Il est dit seulement en termes généraux, art. 10, § 7, que le diplôme constatera que la postulante possède une instruction suffisante pour tenir une pension ou une institution. Le conseil a pensé que les pensions et institutions de demoiselles pouvaient être très-convenablement dirigées par des dames qui ne réuniraient pas toutes les connaissances énumérées dans les art. 2 et 3 du règlement, mais qui, ne possédant qu'une partie de ces connaissances, feraient preuve d'ailleurs d'un esprit cultivé, d'une intelligence exercée : c'est ce qu'appréciera le jury spécialement chargé des examens. Les pensions et institutions de filles étant maintenant placées sous la haute direction du Ministre de l'instruction publique, l'autorisation d'exercer pourra être retirée par le préfet, après les informations nécessaires, mais sauf le recours au Ministre en conseil royal. Les règlements et prospectus devront être revêtus de l'approbation du préfet, qui pourra prendre à cet égard l'avis des comités, mais qui statuera comme il le jugera convenable. Il transmettra au Ministre de l'instruction publique une copie conforme des règlements et prospectus qu'il aura approuvés. (Décis. Cons. 8 août 1837), I, 475.

L'intention du règlement du 7 mars est bien de réserver aux dames inspectrices le droit exclusif de visiter les pensions et les institutions, sauf toutefois l'exception en faveur des membres des comités qui sont en même temps autorités civiles ou ecclésiastiques. (Art. 22, §§ 2 et 3). (Décis. Cons. 8 avr. 1837), I, 475.

Les propositions de réformes et d'améliorations que pourront faire les comités devront être soumises au préfet de la Seine qui statuera. Dans le cas où ces propositions intéresseraient l'ensemble du service, il en référera au Ministre de l'instruction publique. (Décis. Cons. 8 août 1837), I, 475.

Il sera fait une inspection spéciale des institutions et pensions de la ville de Paris et du département de la Seine, à l'effet de constater tout ce qui concerne la salubrité et l'ordre matériel, la discipline et la tenue morale, la direction et le résultat des études. Cette inspection sera confiée à MM. les inspecteurs généraux et à MM. les inspecteurs de l'Académie de Paris. (Arr. 17 déc. 1839), I, 567.

Les examens des aspirantes aux diplômes de maîtresses d'études, de pension et d'institution de demoiselles dans le département de la Seine, seront, à l'avenir, l'objet de quatre sessions annuelles fixées aux époques suivantes : la première, le 3 janvier; la deuxième, le 1er avril; la troisième, le 1er juillet; la quatrième, le 15 octobre. Les examens de chaque session se continueront sans interruption, jusqu'à ce que toutes les aspirantes inscrites pour les trois diplômes aient été successivement appelées devant le jury. (Règl. 21 mars 1848, art. 1), II, 4. — L'inscription des aspirantes aura lieu directement à la préfecture de la Seine, quinze jours avant chaque session, et la liste sera définitivement close avant l'ouverture de l'examen. Il devra être justifié par chaque aspirante au moment de l'inscription : 1° d'un extrait de son acte de naissance; 2° d'un extrait de l'acte de célébration de son mariage, si elle est mariée; 3° d'un extrait de l'acte de décès de son mari, si elle est veuve; 4° d'un certificat délivré, sur l'attestation de trois témoins, par le maire du lieu ou de chacun des lieux où elle aura résidé pendant les trois dernières années : ledit certificat constatant que, par sa conduite et par ses qualités morales, elle est apte à se livrer à l'enseignement. (Id., art. 2), II, 5. — La durée des épreuves à subir par chaque aspirante est fixée ainsi qu'il suit : dictée et composition, une heure; pour le premier examen, un quart d'heure pour chacune des facul..s; pour le deuxième examen, vingt minutes pour chacune des facultés; pour le troisième examen, vingt-cinq minutes pour chacune des facultés. (Id., art. 3), II, 5. — Les aspirantes, parvenues à l'âge de vingt ans, pourront passer dans la même session les deux examens conférant les deux diplômes de maîtresse d'études et de maîtresse de pension. Les personnes âgées de vingt-cinq ans pourront passer également, dans la même session, les trois examens conférant les diplômes de maîtresse d'études, de maîtresse de pension et de maîtresse d'institution. Cette disposition ne déroge en rien à celle du règlement du 7 mars 1837, relativement à l'âge fixé pour l'exercice. (Id., art. 4), II, 5. — Le jury, présidé par un des membres du conseil municipal, se compose de deux vice-présidents, membres de l'Université, et de huit examinateurs. La présence des cinq personnes ci-dessus désignées sera indispensable pour la validité des examens. Il sera, en outre, adjoint au jury six dames assistantes qui siégeront à tour de rôle, mais qui ne participeront ni aux examens, ni aux délibérations de la commission. Les dames assistantes seront chargées de tenir le registre sur lequel sera porté le résultat des examens d'après les procès-verbaux rédigés et signés par le président. (Id., art. 5), II, 5. — Les dispositions qui précèdent recevront leur exécution à compter du 1er avril prochain. (Id., art. 6), II, 6. — Il sera préparé, pour chacune des parties de l'enseignement, des programmes contenant un certain nombre de questions qui seront tirées au sort par les aspirantes. Cette dernière mesure ne sera mise en vigueur que lorsque lesdits programmes auront été approuvés par l'autorité supérieure. (Id., art. 7], II, 6.

A l'avenir, il n'y aura que trois sessions annuelles pour les examens des aspirantes aux diplômes de maîtresse d'études, de maîtresse de pension et de maîtresse d'institution de demoiselles dans le département de la Seine. Ces trois sessions sont fixées aux époques suivantes : 1er février, 1er juin, 15 octobre. (Régl. 13 avr. 1849, art. 1), II, 74. — Le jury d'examen sera composé ainsi qu'il suit : un membre du conseil municipal, président, désigné par le préfet; deux vice-présidents désignés par le Ministre, à tour de rôle, parmi les inspecteurs de l'Académie de Paris; un ministre de chacun des cultes reconnus par l'État, nommé par le Ministre sur la présentation de l'archevêque ou du consistoire, et chargé spécialement de l'examen sur l'instruction religieuse; dix examinateurs, nommés par le Ministre sur la présentation du préfet, choisis principalement dans l'instruction secondaire, et dont la majorité devra se composer de membres de l'Université. (Id., art. 2), II, 74. — Tous les membres du jury prendront part aux examens dans l'ordre fixé par le président. (Id., art. 3), II, 75. — Six dames adjointes, nommées par le Ministre, sur la présentation du préfet et choisies parmi les inspectrices de l'instruction secondaire et de l'instruction primaire, assisteront aux examens avec voix délibérative, et seront chargées spécialement d'examiner les aspirantes sur les travaux d'aiguille. (Id., art. 4), II, 75. — La présence de cinq personnes désignées aux art. 2 et 4 sera nécessaire pour la validité des examens. (Id., art. 5), II, 75. — Il est expressément défendu aux membres du jury d'examen et aux dames adjointes de préparer des candidats, sous peine d'exclusion du jury. (Id., art. 6), II, 75. — Le président désignera celui des membres du jury qui devra être chargé des fonctions de secrétaire. (Id., art. 7), II, 75. — A la fin de chaque session, le président et les vice-présidents qui auront pris part aux travaux de la session se réuniront pour rédiger un rapport sur les examens, et proposer les améliorations qu'ils jugeraient utiles. Ce rapport sera adressé au Ministre de l'instruction publique par le préfet, avec ses observations. (Id., art. 8), II, 75. — Le programme des examens du brevet de maîtresse d'institution comprend, indépendamment des connaissances exigées pour le brevet de maîtresse d'études et de maîtresse de pension, l'histoire générale, la littérature et la géographie correspondante, les éléments de logique et de rhétorique, les connaissances des principales époques littéraires. (Id., art. 9), II, 76.

A compter du 1er octobre 1845, il est formellement interdit aux maîtresses de pension et d'institution, dans le département de la Seine, de recevoir des dames en chambre dans les établissements qu'elles dirigent. En conséquence, ne seront admises dans ces établissements que des élèves soumises à la règle commune de la maison, des sous-maîtresses régulièrement brevetées et les personnes à gages nécessaires au service. Toutefois, un délai est accordé jusqu'au 1er janvier 1846, en faveur des institutrices qui, par suite d'engagements contractés antérieurement à la promulgation du présent arrêté, se trouveraient avoir chez elles des dames en chambre, à l'époque du 1er octobre. Passé le délai du 1er janvier, aucune pension, aucune institution de demoiselles ne pourra plus admettre ou conserver de dames en chambre. Il sera exercé une surveillance spéciale à ce sujet, et tout établissement qui serait reconnu être en contravention sur ce point sera fermé immédiatement. (Arr. préfect. Seine, 6 sept. 1845), I, 666.

V. École de filles, Inspection des écoles de filles, Institutrice.

INSTITUTRICE.

Les filles ne pourront être admises aux écoles primaires que jusqu'à l'âge de huit ans. Après cet âge, l'Assemblée nationale invite les pères et mères à ne confier qu'à eux-mêmes l'éducation de leurs filles, et leur rappelle que c'est leur premier devoir. Les maisons d'éducation créées pour recevoir les filles qui, à partir de huit ans, ne pourraient être élevées par leurs parents, seront dirigées par des institutrices. (Proj. Décr. sept. 1791, chap. XVII, art. 1 à 5), I, 6.

Les femmes ci-devant nobles, les ci-devant religieuses, chanoinesses, sœurs grises, ainsi que les maîtresses d'écoles qui auraient été nommées dans les anciennes écoles par des ecclésiastiques ou des ci-devant nobles, ne peuvent être nommées institutrices dans les écoles nationales. (Décr. 7 brum. an II), I, 23.

Les citoyennes qui se vouent à l'instruction ou à l'enseignement de quelque art ou science que ce soit, seront désignées sous le nom d'institutrices. (Décr. 29 frimaire an II, art. 4), I, 26.

Les écoles primaires de filles sont celles où l'on enseigne seulement la lecture, l'écriture et les éléments de l'arithmétique. (Arr. préfect. Seine, 9 oct. 1819), I, 126.— Les seules écoles primaires de filles, reconnues dans le département de la Seine, sont les suivantes : 1° les douze écoles communales établies dans chacun des arrondissements municipaux de Paris, dont les dépenses sont payées sur le budget de la ville ; 2° les écoles d'enseignement mutuel entretenues par la ville sur un fonds spécial, ou par la Société de l'instruction élémentaire, ou par des fondateurs particuliers ; 3° les écoles de charité entretenues par les bureaux de bienfaisance ; 4° les écoles des sœurs, défrayées par les mêmes bureaux, et les autres écoles tenues par des institutrices qui appartiennent à des congrégations religieuses ; 5° les écoles rurales, gratuites ou non gratuites, et où l'enseignement est restreint à l'instruction primaire. (Id., art. 2), I, 126.

Toutes les institutrices des écoles ci-dessus désignées, soit urbaines, soit rurales, sont tenues de justifier d'un brevet de capacité et d'une autorisation qui leur seront délivrés selon les formalités prescrites ci-après ; à l'égard de celles qui appartiennent à des congrégations religieuses, elles doivent justifier de leur lettre d'obédience pour obtenir l'autorisation d'enseigner. (Arr. préfect. Seine 9 oct. 1819, art. 4), I, 127. — Les personnes qui désireront se vouer aux fonctions d'institutrice, subiront un examen de capacité devant le jury institué par le règlement du 14 juin 1816. Cet examen portera exclusivement sur la lecture, l'écriture et les éléments d'arithmétique. (Id., art. 5), I, 127. — Elles ne seront point admises devant le jury, si elles ne sont âgées au moins de vingt ans et si elles ne sont munies des pièces suivantes : 1° un acte de naissance, et dans le cas où les postulantes seraient mariées ou veuves, un extrait de l'acte de célébration de leur mariage ; 2° un certificat de bonne conduite et de bonnes mœurs délivré par les curés et maires de la commune ou des communes où elles auraient habité depuis trois ans au moins. (Id., art. 6), I, 127. — D'après le rapport du jury, le préfet délivrera, s'il y a lieu, des brevets de capacité aux postulantes. (Id., art. 7), I, 127. — Pour avoir le droit d'exercer, il faudra avoir obtenu, outre le brevet de capacité, une autorisation spéciale pour une commune déterminée ; à Paris, cette autorisation sera pour l'arrondissement municipal. Cette autorisation sera délivrée à Paris, sur la proposition du maire et des dames surveillantes ou du fondateur de l'école ; et dans les arrondissements ruraux, sur l'avis du comité cantonal. (Id., art. 8), I, 127. — Lorsqu'une institutrice, munie d'un brevet de capacité obtenu dans un autre département, se présentera pour enseigner dans l'étendue du département de la Seine, elle sera dispensée de subir l'examen de capacité, mais non de produire les pièces désignées à l'art. 6. (Id., art. 9), I, 128. — Lorsqu'une institutrice admise à exercer dans le département de la Seine, voudra changer de commune ou d'arrondissement, elle ne pourra être autorisée qu'en produisant un certificat de bonne conduite du maire et du curé de la commune ou de l'arrondissement qu'elle voudra quitter. (Id., art. 10), I, 128.

Les communes pourront traiter avec les institutrices volontairement établies dans leur enceinte, pour que les enfants indigents suivent gratuitement l'école. (Arr. préfect. Seine 9 oct. 1819, art. 23), I, 130.

Les maîtresses d'écoles fondées ou entretenues par les communes seront présentées par le maire et par le curé ou desservant, à charge par ceux-ci de choisir une personne munie d'un certificat de capacité, et dont la conduite soit sans reproche. (Arr. préfect. Seine 9 oct. 1819, art. 28), I, 130. — Si le maire et le curé ou desservant ne s'accordent pas sur le choix de l'institutrice, les comités cantonaux pour les écoles rurales, et, s'il y a lieu, les dames surveillantes lorsqu'il s'agira d'une école de Paris, donneront leur avis sur celle qui mérite la préférence. (Id., art. 29), I, 131. — Les communes et les fondateurs particuliers pourront donner les places d'institutrice au concours, et établir les formalités à observer ; en ce cas, les concurrentes devront d'abord justifier de leurs certificats de capacité et de bonne conduite, et celle qui, par le résultat du concours, aura été jugée la plus digne, sera présentée. (Id., art. 30), I, 131. — Toute présentation d'institutrice sera adressée à Paris aux maires, et dans les arrondissements ruraux, aux comités cantonaux, qui la transmettront au préfet, avec leur avis, par l'entremise de MM. les maires et sous-préfets. (Id., art. 31), I, 131. — Sur le rapport motivé des personnes chargées de la surveillance, le préfet révoquera, s'il y a lieu, l'autorisation donnée pour un lieu déterminé à une institutrice. (Id., art. 32), I, 131. — Les dames surveillantes et les comités cantonaux peuvent aussi provoquer d'office cette révocation. (Id., art. 33), I, 131. — S'il y a urgence et dans le cas de scandale, MM. les maires de Paris, les sous-préfets et les comités cantonaux dans les arrondissements ruraux, ont le droit de suspension ; le préfet pourra retirer, s'il y a lieu, le brevet de capacité aux institutrices. (Id., art. 34), I, 131. — Il sera adressé au préfet, par MM. les sous-préfets et les maires de Paris, des rapports spéciaux sur les écoles établies ou qui s'établiraient sans autorisation. Faute par les institutrices de se pourvoir régulièrement, leurs écoles seront fermées. (Id., art. 37), I, 131.

La surveillance qui est attribuée à la commission de l'instruction publique sur les écoles de garçons, est confiée, pour les écoles de filles, aux préfets des départements. (Ordonn. 3 avr. 1820, art. 2), I, 132. — Les institutrices d'écoles de filles, appartenant à une congrégation légalement reconnue, et dont les statuts, et spécialement ceux qui sont relatifs à l'instruction des novices, auront été approuvés par nous, seront assimilées aux frères des Écoles chrétiennes, en ce point que leurs brevets de capacité seront expédiés sur la présentation de leurs lettres d'obédience, et que les brevets seront déposés dans les mains des supérieures de la congrégation, lesquelles pourront annuler ceux des institutrices qu'elles se verraient obligées d'exclure. (Id., art. 3), I, 133. — Cf. Instruct. 3 juin 1819, I, 119, et 29 juill. 1819, I, 122 ; Décis. 6 janv. 1830, I, 186.

Selon les besoins et les ressources des communes, il sera, sur le vœu des conseils municipaux, établi des écoles de filles, sous la surveillance et la direction des comités cantonaux. (Prop. loi 17 nov. 1832, art. 24),

I, 227. — *Les institutrices communales sont choisies dans les mêmes formes et aux mêmes conditions que les instituteurs communaux. Elles demeurent assujetties aux mêmes obligations.* (Id., art. 25), I, 227.—*Dans les communes où il n'y aura pas d'institutrice, l'instruction primaire sera donnée aux filles par l'instituteur communal, mais à d'autres jours et à d'autres heures que celles où il tiendra l'école des garçons, et sans qu'aucune fille âgée de onze ans puisse être comprise au nombre des élèves.* (Id., art. 26), I, 227. — *Les rétributions à payer par les filles à l'institutrice seront réglées par la commune.* (Id., art. 27), I, 227.

La loi du 28 juin 1833 n'est pas applicable aux écoles de filles. La législation antérieure leur demeure applicable. (Décis. Cons. 2 août 1833, I, 260).—Cf. Décis. Cons. 14 janv. 1834, I, 293; 4 juill. 1834, I, 329.

La loi du 28 juin n'exige de chaque commune qu'une école de garçons, et elle ne l'oblige à fournir les fonds que pour le traitement fixe d'un instituteur; mais toutes les fois que la population et les ressources d'une commune le comportent, il est à désirer que la commune se procure deux écoles distinctes: une pour les garçons, tenue par un instituteur, et une pour les filles, tenue par une institutrice. Dans les communes qui n'ont qu'une école, les garçons et les filles peuvent être admis simultanément à l'école avec les précautions nécessaires, et notamment celle d'une cloison à un mètre au moins de hauteur entre les enfants des deux sexes. (Décis. Cons. 13 août 1833), I, 262.

Une femme peut exercer les fonctions d'instituteur jusqu'à nouvel ordre, lorsque d'ailleurs cet état de choses est conforme aux vœux des habitants. (Décis. Cons. 18 mars 1834), I, 309.

Une institutrice communale, dûment autorisée, peut, à défaut d'un instituteur public, remplir le vœu de la loi du 28 juin 1833; mais cet état de choses est essentiellement provisoire, et la commune doit aviser aux moyens de se procurer, le plus promptement que faire se pourra, un instituteur qui se chargera de l'enseignement des garçons. (Décis. Cons. 4 nov. 1836), I, 418.

Une école privée, tenue soit par un instituteur, soit par une institutrice, ne peut pas dispenser la commune d'établir une école publique. (Décis. Cons. 4 nov. 1836), I, 418.

Les sœurs institutrices ne peuvent se dispenser d'obtenir des brevets de capacité, lesquels sont expédiés sur la présentation de leurs lettres d'obédience et déposés entre les mains des supérieures de la congrégation. Il leur faut, en outre, une autorisation délivrée par le préfet. Les écoles primaires de filles sont, comme les écoles de garçons, soumises à l'inspection des comités. (Décis. Cons. 26 déc. 1834), I, 347.

Pour avoir le droit de tenir une école de filles, il faut avoir obtenu : 1° un brevet de capacité, sauf l'exception de l'art. 13 ; 2° une autorisation pour un lieu déterminé. (Ord. 23 juin 1836, art. 4), I, 393. — L'autorisation est délivée par le recteur de l'Académie. Cette autorisation, sauf le cas prévu par l'art. 13, sera donnée, après avis du comité local et du comité d'arrondissement, sur la présentation du brevet de capacité et d'un certificat attestant la bonne conduite de la postulante depuis l'époque où elle aura obtenu le brevet. (Id., art. 7), I, 394.

Les institutrices appartenant à une congrégation religieuse dont les statuts, régulièrement approuvés, renfermeraient l'obligation de se livrer à l'éducation de l'enfance, pourront être autorisées par le recteur à tenir une école primaire élémentaire, sur le vu de leur lettre d'obédience et sur l'indication par la supérieure de la commune où les sœurs seraient appelées. (Ordonn. 28 juin 1836, art. 13), I, 395. — L'autorisation de tenir une école primaire supérieure ne pourra être accordée sans que la postulante justifie d'un brevet de capacité du degré supérieur, obtenu dans la forme et aux conditions prescrites par la présente ordonnance. (Id., art. 14), I, 396.

Lorsque le conseil municipal allouera à l'institutrice un traitement fixe suffisant, la rétribution mensuelle pourra être perçue au profit de la commune. (Ordonn. 23 juin 1836, art. 10), I, 395.

Il appartient aux conseils municipaux qui se déterminent à établir et à entretenir une école communale de filles de fixer le taux de la rétribution mensuelle qui devra être payée par les élèves de ladite école. (Décis. Cons. 23 sept. 1836), I, 412.

Les institutrices, munies de titres anciens, ont droit de continuer à tenir leurs écoles ; mais celles qui voudraient se procurer ce nouveau titre, ne pourront l'obtenir qu'en se soumettant aux examens prescrits. (Décis. Cons. 23 sept. 1836), I, 412.

Les examens faits et les brevets délivrés avant la publication de l'ordonnance du 23 juin 1836, sont valables; mais les examens faits avant cette publication ne peuvent valoir que pour la délivrance de l'ancien brevet. (Décis. Cons. 30 sept. 1836), I, 412.

Il y a lieu d'accorder des dispenses d'âge qui permettent aux postulantes mariées de se présenter aux examens avant 20 ans. (Décis. Cons. 4 nov. 1836), I, 419.

Il y a lieu d'accorder des dispenses d'âge pour les examens aux institutrices primaires qui appartiennent à des congrégations religieuses. (Décis. Cons. 11 nov. 1836), I, 421.

L'ordonnance du 23 juin 1836 n'a d'autre objet, dans l'art. 13, que de dispenser, en certains cas, les institutrices appartenant à une congrégation religieuse de la production du brevet de capacité, sous la condition de présenter leurs lettres d'obédience; et les lettres d'obédience, en vertu desquelles les membres d'une congrégation religieuse vont s'établir dans une commune, ne peuvent être délivrées par la supérieure de ladite congrégation, qu'autant que l'établissement où elle envoie ses sœurs a été dûment autorisé. La loi du 24 mai 1825 ne fait pas de distinction ni d'exception pour les congrégations religieuses enseignantes; dans tous les cas de nouvel établissement dépendant d'une congrégation enseignante déjà autorisée, l'art. 3 de la loi du 24 mai 1825 doit avoir reçu son entière exécution avant que le recteur de l'Académie puisse donner aux sœurs institutrices l'autorisation dont elles ont besoin pour tenir école. (Décis. Cons. 24 janv. 1837), I, 442.

Le droit de visite des comités dans les écoles de filles est clairement établi par les art. 15 et 16 de l'ordonnance du 23 juin; les comités locaux peuvent exercer ce droit, ou par des délégués spéciaux, ou par des dames inspectrices; là où les dames inspectrices et les délégués laïques rencontreront des difficultés, il convient que l'inspection soit faite, quant à présent, par des délégués ecclésiastiques. Quant aux autorisations, elles sont nécessaires à toutes les institutrices, aux termes de l'ordonnance précitée, et doivent être accordées aux laïques, après avis des comités; aux sœurs, sur le vu de leurs lettres d'obédience. (Av. Cons. 9 juin 1837, approuvé, conformément à l'ordonnance du 26 mars 1829, sur le second point, sous réserves ; sur le premier, sous la réserve de l'exception qui résulterait de la lettre de statuts contraires à cette disposition, et approuvé par l'autorisation royale), I, 470.

La loi du 28 juin 1833 n'est pas applicable aux écoles de filles ni aux institutions, quant à l'exécution fiscale, pour le payement de la rétribution mensuelle, en général ; mais lorsque le conseil municipal a fixé le taux de la rétribution mensuelle, si les parents ne la payent pas, la commune a action pour exiger ce payement. (Décis. Cons. 5 avr. 1842), I, 596.

Une élève boursière de l'État est tenue de remplir son engagement décennal dans le département où sa bourse lui a été accordée. (Décis. Cons. 13 déc. 1842), I, 623.

L'autorisation accordée à une institutrice religieuse doit être révoquée, quand elle ne donne pas indistinctement ses leçons à toutes les élèves qui fréquentent son école. (Décis. Cons. 11 févr. 1845), I, 656.

L'autorisation de tenir une école de filles élémentaire ou supérieure ne sera plus délivrée que sur la production du brevet de capacité obtenu après examen. (Instruct. 5 juin 1848), I, 396, note. — Un délai de six mois, à partir du 1er décembre 1848, est accordé aux institutrices congréganistes pour se pourvoir du brevet. A partir du 1er juin 1849, aucune école de filles ne sera tolérée, si l'institutrice congréganiste n'est pourvue du brevet obtenu après examen. (Instruct. 6 nov. 1848), I, 397, note. — Les instructions des 5 juin et 6 novembre 1848 sont abrogées. (Instruct. 25 janv. 1849), I, 400, note.

Toute école de plus de 150 élèves peut être divisée ou recevoir une ou plusieurs institutrices adjointes. Le Ministre en décide, sur le rapport du comité central. (Proj. loi 1er juin 1848, art. 16), II, 19.

Dans les communes où les garçons ne sont pas séparés de l'école des filles, les travaux spéciaux aux filles se font sous la direction d'une maîtresse désignée et révocable par le comité central. Il est alloué à cette maîtresse une indemnité annuelle de 100 fr. (Proj. loi 1er juin 1848, art. 17), II, 19.

Toute commune au-dessus de 800 âmes de population agglomérée sera tenue d'avoir une école de filles au moins. (Prop. loi 15 déc. 1848, art. 26), II, 48. — *Le traitement des institutrices est fixé aux deux tiers de celui des instituteurs, toutes les autres dispositions relatives à la nomination aux classes et à la retraite des instituteurs et instituteurs adjoints étant également applicables aux institutrices et institutrices adjointes. Dans les communes où l'école des garçons n'est pas séparée de l'école des filles, les travaux spéciaux aux filles se feront sous la direction d'une maîtresse désignée par le comité d'arrondissement et révocable par lui. Il est alloué à cette maîtresse une indemnité que fixera la commune.* (Id., art. 27), II, 48. — *Toute école de plus de 100 élèves doit être divisée et recevoir une ou plusieurs institutrices adjointes. Le comité d'arrondissement en décidera, sur l'avis du comité local et du conseil municipal.* (Id., art. 20), II, 49.

Toute commune de 800 âmes de population et au-dessus est tenue, si ses propres ressources lui en fournissent les moyens, d'avoir au moins une école de filles, sauf dispense du conseil départemental. Le conseil départemental peut, en outre, obliger les communes d'une population inférieure à entretenir, si leurs ressources ordinaires le leur permettent, une école de filles, et en cas de réunion de plusieurs communes pour l'enseignement primaire, il pourra, selon les circonstances, décider que l'école des garçons et l'école des filles seront dans deux communes différentes. Il prend l'avis du conseil municipal. (Loi 15 mars 1850, art. 51), II, 137.

Les écoles de filles, avec ou sans pensionnat, sont divisées en deux ordres : écoles de 1er ordre, écoles de 2e ordre. (Décr. 31 déc. 1853, art. 6), II, 339.

Toute commune de 500 habitants et au-dessus est tenue d'avoir au moins une école de filles, si elle n'en est pas dispensée par le conseil départemental, en vertu de l'art. 15 de la loi du 15 mars 1850. (Loi 10 avr. 1867, art. 1), II, 604. — Le nombre des écoles publiques de filles à établir dans chaque commune est fixé par le conseil départemental, sur l'avis du conseil municipal. (Id., art. 2), II, 605.

Toute commune doit fournir à l'institutrice un local convenable tant pour son habitation que pour la tenue de l'école, le mobilier de classe et un traitement. (Loi 10 avr. 1867, art. 3), II, 605.

Les institutrices sont divisées en deux classes. Le traitement de la 1re classe ne peut être inférieur à 500 fr.; celui de la 2me, à 400 fr. (Loi 10 avr. 1867, art. 4), II, 605.

Le traitement des institutrices est élevé à 450 fr. pour la deuxième classe, à 550 pour la première. (Loi 20 janv. 1873, art. 2), II, 702.

V. Congrégation, École de filles, Institutrice adjointe, Maîtresse d'institution, Maîtresse de pension.

INSTITUTRICE ADJOINTE.

Les §§ 2 et 3 de l'art. 34 de la loi du 15 mars 1850 sont applicables aux institutrices adjointes. (Loi 10 avr. 1867, art. 2), II, 605. — (Les instituteurs adjoints peuvent n'être âgés que de 18 ans, et ne sont pas assujettis à la condition du brevet. Ils sont nommés et révocables par l'instituteur. Les instituteurs adjoints, appartenant aux associations religieuses, sont nommés et peuvent être révoqués par les supérieurs de ces associations. (Loi 15 mars 1850, art. 34), §§ 2 et 3, II, 131.)

Le conseil départemental détermine les écoles publiques de filles auxquelles, d'après le nombre des élèves, il doit être attaché une institutrice adjointe. Cette décision doit être soumise à l'approbation du Ministre. (Loi 10 avr. 1867, art. 2), II, 605.

Le conseil départemental détermine, sur l'avis du conseil municipal, les cas où, à raison des circonstances, il peut être établi une ou plusieurs écoles de hameau dirigées par des adjointes. Cette décision doit être approuvée par le Ministre. (Loi 10 avr. 1867, art. 2), II, 605.

Toute commune doit fournir à l'institutrice, ainsi qu'à l'institutrice adjointe dirigeant une école de hameau, un local convenable, tant pour leur habitation que pour la tenue de l'école, le mobilier de classe et un traitement. (Loi 10 avr. 1867, art. 3), II, 605.

Le traitement des institutrices adjointes est fixé à 350 fr. (Loi 10 avr. 1867, art. 4), II, 605.

Le traitement des institutrices adjointes est élevé à 400 fr. (Loi 20 janv. 1873, art. 2), II, 702.

Le traitement des adjointes dirigeant une école de hameau est déterminé par le préfet, sur l'avis du conseil municipal et du conseil départemental. (Loi 10 avr. 1867, art. 5), II, 605.

Dans le cas où plusieurs adjointes sont attachées à une école, le conseil départemental peut décider, sur la proposition du conseil municipal, qu'une partie du produit de la rétribution servira à fournir leur traitement. (Loi 10 avr. 1867, art. 6), II, 606.

Il est pourvu aux dépenses résultant des art. 1, 2, 3, 4, 5, 6, 7 de la loi du 10 avril 1867, comme à celles résultant de la loi de 1850, au moyen des ressources énumérées dans l'art. 40 de ladite loi, augmentées d'un troisième centime départemental additionnel au principal des quatre contributions directes. (Loi 10 avr. 1867, art. 14), II, 607.

V. Institutrice, École de filles.

INSTITUTRICE REMPLAÇANTE.

Il sera créé des emplois d'institutrices remplaçantes pour les écoles de filles de la ville de Paris. Les institutrices remplaçantes devront être brevetées et autorisées conformément aux ordonnances de 1816 et de 1828. (Arr. Cons. 12 janv. 1836, art. 1 à 5), I, 375.

V. Instituteur remplaçant.

INSTRUCTION PRIMAIRE (CERTIFICAT D').

Une commission d'examen scolaire se réunit, tous les ans, dans chaque commune. Elle est composée du maire président, des membres du comité cantonal, du délégué cantonal et de l'inspecteur de l'instruction primaire de l'arrondissement ou d'un examinateur spécial désigné par le recteur. Cette commission est chargée de délivrer à tous les enfants qui en sont jugés dignes, les certificats d'instruction primaire. (Proj. loi 1er juin 1848, art. 41), II, 24.

V. Certificat d'études.

INSTRUCTION PUBLIQUE.

L'instruction publique est commune à tous les citoyens. (Loi 3 et 4 sept. 1791), I, 1. — Les établissements seront distribués graduellement dans un rapport combiné avec la division du royaume. (Id., ibid.), I, 1.

Indépendamment des écoles primaires dont la Convention s'occupe, il sera établi dans la République trois degrés progressifs d'instruction : le premier, pour les connaissances indispensables aux artistes et aux ouvriers de tous genres; le deuxième, pour les connaissances ultérieures nécessaires à ceux qui se destinent aux autres professions de la société; et le troisième, pour les objets d'instruction dont l'étude difficile n'est pas à la portée de tous les hommes. Tous les établissements en exercice sont supprimés. (Décr. 28 fruct. an I, 1°), I, 19.

L'instruction sera donnée : 1° dans les écoles primaires établies par les communes; 2° dans les écoles secondaires établies par les communes ou tenues par des maîtres particuliers; 3° dans des lycées et des écoles spéciales entretenus aux frais du Trésor public. (Loi 11 flor. an X, tit. I, art. 1), I, 43.

Une commission sera chargée de la révision des lois, décrets et ordonnances concernant l'instruction publique. (Ordonn. 3 févr. 1831), I, 199.

INSTRUCTION RELIGIEUSE.

On enseignera aux enfants, dans les écoles primaires, les principes de la religion. (Proj. Décr. sept. 1791, art. 5), I, 2.

L'enseignement devant être commun à tous les citoyens, sans

différence de culte, tout ce qui concerne les cultes religieux ne sera enseigné que dans les temples. (Décr. 22 frim. an I, tit. I), I, 10.

Toutes les écoles de l'Université ont pour base les préceptes de la religion catholique. (Décr. 17 mars 1808, tit. V, art. 38), I, 54.

Le comité cantonal veillera au maintien de l'enseignement religieux dans toutes les écoles du canton. (Ordonn. 29 févr. 1816, art. 7), I, 85. — Chaque école aura pour surveillants spéciaux le curé ou desservant de la paroisse et le maire de la commune où elle est située. Dans les communes où les enfants de différentes religions ont des écoles séparées, le pasteur protestant sera surveillant spécial des écoles de son culte. (Id., art. 8), I, 86.—La commission de l'instruction publique veillera avec soin à ce que, dans toutes les écoles, l'instruction primaire soit fondée sur la religion..... (Id., art. 30), I, 89.

A Paris, les dames surveillantes, et dans les communes rurales, les comités cantonaux, veilleront au maintien de l'enseignement religieux dans toutes les écoles de l'arrondissement et du canton. (Arr. préfect. Seine, 9 octob. 1819, art. 16), I, 129.

La religion catholique, apostolique et romaine, sera enseignée dans les nouvelles écoles mutuelles, exclusivement à toute autre. (Instruct. 4 avr. 1816), I, 103, note.

Les matières des examens des trois brevets de capacité comprennent le catéchisme et l'histoire sainte. (Instruct. 14 juin 1816), I, 97.

Les comités protestants veilleront au maintien de l'enseignement religieux. (Arr. 30 juin 1829, art. 22), I, 182.

L'enseignement primaire comprend l'instruction morale et religieuse. Le vœu des pères de famille sera toujours consulté et suivi, en ce qui concerne la participation de leurs enfants à l'instruction religieuse. (Proj. loi 20 janv. 1831, art. 1), I, 194.

Les instituteurs seront tenus de veiller à ce que, selon le vœu qui aura été manifesté par les parents, les élèves reçoivent l'instruction religieuse des ministres des différents cultes. (Prop. loi 17 nov. 1832 art. 1), I, 224.

Dans toute école destinée à former des instituteurs, l'enseignement comprend l'instruction morale et religieuse. (Règl. 14 déc. 1832, art. 1), I, 229.

L'instruction primaire élémentaire et primaire supérieure comprend nécessairement l'instruction morale et religieuse. Le vœu des pères de famille sera toujours consulté et suivi, en ce qui concerne la participation de leurs enfants à l'éducation religieuse. (Loi 28 juin 1833, art. 2), I, 236.

Dans toutes les divisions des écoles publiques, l'instruction morale et religieuse tiendra le premier rang. (Stat. 25 avr. 1834, art. 4), I, 318. — Cf. art. 8, I, 319.

L'instruction primaire, élémentaire et supérieure, pour les filles comprend nécessairement l'instruction morale et religieuse. (Ordonn. 28 juin 1836, art. 1), I, 393.

L'enseignement des pensions et des institutions de jeunes filles dans le département de la Seine comprend l'instruction morale et religieuse. (Arr. 7 mars 1837, art. 2 et 3), I, 453. — Un ministre de chacun des cultes reconnus par l'État, nommé par le Ministre sur la présentation de l'archevêque ou du consistoire, est chargé spécialement de l'examen sur l'instruction religieuse. (Arr. 13 avr. 1849, art. 2), II, 74.

L'enseignement des ouvroirs comprend l'instruction morale et religieuse. (Arr. 20 mars 1840, art. 1), I, 573.

Tout instituteur est libre de recevoir des enfants de diverses communions, selon le vœu des familles, et sans qu'il soit besoin pour cela d'autorisation spéciale. Seulement, l'instituteur ne peut être tenu de donner une instruction religieuse différente de celle que comporte sa religion. (Décis. Cons. 1er oct. 1833.)

La loi spéciale qui régit l'instruction primaire en France a rendu obligatoire, dans toute école publique ou privée, l'instruction morale et religieuse, et par ses articles, la loi a entendu l'instruction morale et religieuse donnée conformément à l'un des cultes reconnus par l'État, ainsi qu'il résulte de l'ensemble des dispositions de la loi, notamment des art. 17 et 19, concernant les autorités préposées à la surveillance des écoles. L'art. 2 de ladite loi a pour objet, non d'introduire dans les écoles toute espèce d'enseignement religieux, mais d'autoriser les élèves, sur le vœu de leurs parents, à ne point participer à l'enseignement religieux qui s'y donne. Conséquemment, il n'y a pas lieu de permettre que l'instruction religieuse soit donnée pour une partie des élèves, suivant le rite de M. l'abbé Châtel. (Décis. Cons. 21 mars 1837.)

L'examen du brevet de capacité doit commencer par l'instruction morale et religieuse. L'instruction morale et religieuse doit être entendue dans le sens de la loi qui ne reconnaît que les trois cultes catholique, protestant et israélite. Dès qu'un candidat au brevet de capacité déclare n'appartenir à aucun de ces cultes, on doit cesser l'examen. (Décis. Cons. 20 juin 1837), I, 470.

Dans aucune école primaire, l'examen sur l'instruction religieuse des élèves professant l'un des cultes reconnus par l'État ne pourra être fait par un ministre appartenant à un autre de ces cultes. (Décis. Cons. 28 juin 1845), I, 661. — Dans les écoles où se trouvent des élèves professant des cultes divers, l'examen qui sera fait sur l'instruction religieuse par le ministre compétent, ne devra avoir lieu qu'en présence des élèves appartenant au culte que professe le ministre, sauf le consentement formel des pères de famille. (Décis. Cons. 28 juin 1845), I, 661.

Nulle autorité au monde ne peut contraindre un maître à communier souvent. (Décis. Cons. 5 janv. 1838), I, 499.

Les instituteurs communaux ne peuvent employer dans leurs écoles, en fait d'enseignement religieux, que les livres qui ont été approuvés soit par l'évêque diocésain, soit par le consistoire. (Proj. loi 31 mars 1847, art. 12), I, 703.

L'enseignement religieux est donné par les ministres des différents cultes. (Proj. loi 1er juin 1848, art. 1), II, 17.

L'enseignement primaire élémentaire et primaire supérieur comprend nécessairement l'instruction morale, civique et religieuse. (Prop. loi 15 déc. 1848, art. 11 et 12), II, 45. — *L'enseignement du dogme est exclusivement réservé aux ministres des différents cultes, et il est donné en dehors des heures d'école. Le vœu des pères de famille sera toujours consulté et suivi en ce qui concerne la parti-*

cipation de leurs enfants aux services religieux et à l'enseignement dogmatique. Dans le cas où les circonstances locales l'exigeraient, le Ministre de l'instruction publique pourra, sur l'avis du conseil municipal, autoriser à titre d'écoles communales des écoles plus particulièrement affectées à l'un des cultes reconnus par l'État. (Id., art. 13), II, 45. — *En ce qui concerne l'enseignement religieux, les livres employés seront pris parmi ceux qui sont approuvés soit par l'évêque diocésain, soit par le consistoire.* (Id., art. 47), II, 51.

L'enseignement primaire comprend l'instruction morale et religieuse. (Loi 15 mars 1850, art. 23), II, 127.

L'inspection des établissements d'instruction publique ou libre est exercée par..... les délégués cantonaux, le maire et le curé, le pasteur ou le délégué du consistoire israélite. Les ministres des différents cultes n'inspecteront que les écoles spéciales à leur culte, et les écoles mixtes pour leurs coreligionnaires seulement. (Loi 15 mars 1850, art. 18), II, 126. — L'inspection des écoles libres ne peut porter sur l'enseignement que pour vérifier s'il n'est pas contraire à la morale, à la Constitution et aux lois. (Id., art. 21), II, 127.

Les autorités locales préposées à la surveillance et à la direction morale de l'enseignement primaire sont, pour chaque école, le maire, le curé, le pasteur ou le délégué du culte israélite, et dans les communes de 2,000 âmes et au-dessus, un ou plusieurs habitants notables. Les ministres des différents cultes sont spécialement chargés de surveiller l'enseignement religieux de l'école. L'entrée de l'école leur est toujours ouverte. Dans les communes où il existe des écoles mixtes, un ministre de chaque culte aura toujours l'entrée de l'école, pour veiller à l'éducation religieuse des enfants de son culte. Lorsqu'il y a pour chaque culte des écoles séparées, les enfants d'un culte ne doivent être admis dans l'école d'un autre culte que sur la volonté formellement exprimée par les parents. (Loi 15 mars 1850, art. 44), II, 135.

Lorsque dans une école spécialement affectée aux enfants d'un culte sont admis les enfants d'un autre culte, il est tenu par l'instituteur un registre sur lequel est inscrite la déclaration du père, ou à son défaut, de la mère ou, du tuteur, attestant que leur enfant ou pupille a été admis dans l'école sur leur demande. Ladite déclaration est signée par les père, mère ou tuteur; s'ils ne savent signer, l'instituteur fait mention de cette circonstance et certifie leur déclaration. Le registre doit être représenté à toute personne préposée à la surveillance des écoles. (Décr. 7 oct. 1850, art. 12), II, 184.

A Paris, le conseil départemental peut désigner, dans chaque arrondissement, des délégués spéciaux pour les écoles des cultes protestant et israélite. (Décr. 29 juill. 1850, art. 47), II, 173. — Lorsqu'il y a dans la commune une école spécialement affectée aux enfants d'un culte, et qu'il ne s'y trouve en résidence aucun ministre de ce culte, l'évêque ou le consistoire désigne, pour l'exécution de l'art. 44 de la loi organique, le curé, le pasteur ou le délégué de la commune voisine. (Id., art. 48), II, 173.

La commission d'examen pour le brevet de capacité comprend un ministre du culte professé par le candidat. (Loi 15 mars 1850, art. 46), II, 136.

Les livres purement religieux ne seront admis à l'examen, par la commission des livres, qu'autant qu'ils auront été préalablement approuvés par l'autorité religieuse compétente. (Décis. Cons. 16 déc. 1850), II, 200.

L'enseignement de l'École normale comprend l'instruction morale et religieuse. (Décr. 24 mars 1851), II, 225. — L'instruction morale et religieuse est donnée aux élèves-maîtres, suivant la religion qu'ils professent, par les ministres des différents cultes reconnus par l'État. (Id., art. 9), II, 226. — Il est tenu dans chaque école, par le directeur, un registre sur lequel sont consignées les notes trimestrielles de chaque élève, et dont le résumé est mis à la disposition des Conseils départementaux pour leur servir à dresser la liste d'admissibilité. Les notes sont inscrites dans l'ordre suivant : 1° devoirs religieux, 2° conduite... (Id., art. 12), II, 227. — Cf. Arr. 2 juill. 1866, art. 1, 2, 7, II, 588, 589.

Dans les écoles primaires publiques, l'enseignement religieux comprend la lecture du catéchisme et les éléments d'histoire sainte. On y joindra chaque jour une partie de l'évangile du dimanche, qui sera récité en entier le samedi. Il y aura une leçon de catéchisme chaque jour, même pour les enfants qui ont fait leur première communion. Les leçons d'instruction religieuse seront réglées sur les indications du curé de la paroisse. (Règl. 17 août 1851, art. 26), II, 262. — Un christ sera placé dans la classe, à la vue des élèves. (Id., art. 20), II, 261. — Les classes seront toujours précédées et suivies d'une prière. (Id., art. 21), II, 261.

Les dispositions relatives à l'enseignement et aux exercices religieux ne sont applicables qu'aux enfants qui appartiennent au culte catholique. (Règl. 17 août 1851, art. 45), II, 266.

On ne se servira, pour l'enseignement religieux, que de livres approuvés par l'autorité ecclésiastique. (Règl. 17 août 1851, art. 25), II, 262.

Dans les écoles où des enfants de divers cultes sont réunis, chaque ministre procède séparément à l'examen des élèves de son culte, en ce qui concerne l'enseignement religieux, (Décr. 7 oct. 1850, art. 11), II, 185.

Un instituteur ne doit donner l'enseignement religieux que selon le culte qu'il professe, et il ne doit admettre, pour cet enseignement dans son école, que des livres approuvés par l'autorité religieuse de laquelle il relève. Quant aux enfants qui suivent un autre culte que celui de l'instituteur, c'est au ministre de ce culte et aux familles qu'il appartient de prendre les mesures nécessaires pour qu'ils soient instruits dans leur religion en dehors de l'école. (Décis. Cons. 8 avr. 1851.)

Les ministres des divers cultes ne peuvent pas prendre part, en ce qui concerne les matières religieuses, à l'examen des aspirants qui n'appartiennent pas à leur communion. (Arr. 15 févr. 1853, art. 2), II, 295.

Les ministres des cultes reconnus ne sont appelés à siéger dans les commissions d'examen qu'en raison de la présence des candidats appartenant à ces cultes, et relativement à ces candidats; chaque ministre doit assister à l'examen intégral et pour toutes les matières de cet examen. (Décis. Cons. 7 juill. 1858), II, 465.

Toutes les lois qui régissent l'enseignement primaire, et notamment celle du 15 mars 1850, établissent simultanément pour l'instituteur, que son école soit libre ou publique, l'obligation de donner l'instruction religieuse; elles donnent au père de famille la liberté de faire admettre son enfant dans une école d'un culte différent du sien; d'où résulte qu'il n'est permis à aucun instituteur, qu'il soit libre ou public, de supprimer l'instruction religieuse, sous prétexte de la volonté des pères de famille; conséquemment, l'omission de l'instruction religieuse est une contravention à la prescription fondamentale de l'art. 23 de la loi du 15 mars 1850. (Délib. Cons. dép. Rhône, 27 août 1873).

La loi du 15 mars 1850, dans son esprit comme dans son texte, place à la base de l'enseignement primaire l'instruction morale et religieuse. En organisant le principe de liberté, elle a fait de cette instruction une condition absolue pour l'école libre, de même que pour l'école publique, dans un intérêt d'ordre social. Cette instruction est inscrite au premier rang dans les matières énumérées par l'art. 23. Le législateur a donné le droit aux autorités qu'il a désignées à cet effet d'entrer à toute heure dans l'école libre, et de s'assurer que l'enseignement n'y est pas contraire à la morale et aux lois. En outre, aux termes de l'art. 44, les ministres des différents cultes sont spécialement chargés de surveiller l'enseignement religieux de l'école. Cette disposition implique la nécessité de l'enseignement religieux dans l'école libre, de même que dans l'école publique. L'instituteur qui serait convaincu d'avoir écarté de son école l'enseignement moral et religieux, aurait donc commis une faute grave dans l'exercice de ses fonctions, pour violation formelle de la loi. En vain protesterait-il qu'il n'a pas cherché à faire acte d'hostilité contre l'enseignement religieux, que son école est mixte et que les enfants des différents cultes reçoivent, hors de l'école, l'enseignement religieux par les ministres de leur culte. La loi impose à l'instituteur l'obligation formelle de donner l'enseignement religieux dans son école. (Délib. Cons. départ. Seine, 14 nov. 1873.)

L'article 23 de la loi du 15 mars 1850 place l'instruction morale et religieuse en tête des matières qui, aux termes du § 1, doivent être nécessairement enseignées dans les écoles primaires, par opposition aux matières facultatives énumérées au § 2. Cette disposition, conforme aux législations antérieures, est obligatoire pour les instituteurs libres aussi bien que pour les instituteurs publics. (Décis. Cons. 13 janv. 1874, confirmant la délibération du Conseil départemental du Rhône du 27 août 1873.)

Les exercices des salles d'asile comprennent les premiers principes de l'instruction religieuse. (Ordonn. 22 déc. 1837, art. 1), I, 487. — Les exercices moraux de la salle d'asile tendront constamment à inspirer aux enfants un profond sentiment d'amour et de reconnaissance envers Dieu. (Ordonn. 24 avr. 1838, art. 50), I, 524. — L'instruction morale et religieuse sera donnée, non par de longues allocutions, mais par de bonnes paroles dites à propos, par de courtes réflexions mêlées aux récits les plus touchants de l'histoire sainte et des autres livres désignés par l'autorité compétente, et surtout par des exemples constants de charité, de patience et de piété sincères. (Id., art. 50), I, 525.

L'enseignement dans les salles d'asile comprend les premiers principes de l'instruction religieuse. (Décr. 21 mars 1855, art. 2), II, 372. — L'instruction religieuse, donnée conformément à l'art. 2 du décret du 21 mars 1855, ne comporte point de longues leçons; elle comprend surtout les premiers chapitres du petit catéchisme; elle résulte aussi de réflexions morales appropriées aux récits de l'histoire sainte et destinées à présenter aux enfants des exemples de piété, de charité et de docilité, rendus plus clairs et plus attachants à l'aide d'images autorisées pour être mises sous leurs yeux. (Règl. 22 mai 1855, art. 8), II, 392. — Les exercices, dans les salles d'asile, commencent et finissent par une courte prière. (Id., art. 16), II, 394.

V. Comité, Conseil départemental, Matières de l'enseignement, Mœurs publiques, Ministre du culte, Tribunal.

INTERDICTION.

Pour cause d'inconduite ou d'immoralité, tout instituteur primaire pourra, sur la demande du comité cantonal et à la poursuite du ministère public, être traduit devant le tribunal civil de l'arrondissement, et être interdit de l'exercice de sa profession à temps ou à toujours. Le tribunal entendra les parties et statuera en chambre du conseil. Il en sera de même sur l'appel qui, en aucun cas, ne sera suspensif. L'affaire sera instruite, comme en matière de police correctionnelle. Néanmoins, si les parties intéressées le requéraient, les témoins pourront être entendus devant le juge de paix de leur domicile. Le tout aura lieu sans préjudice des poursuites et des peines qui pourraient être encourues dans l'exercice de la profession d'instituteur, pour crimes, délits ou contraventions prévus par le Code pénal. (Prop. loi 17 nov. 1832, art. 12), I, 225.

Tout instituteur privé, sur la demande du conseil d'arrondissement ou sur la poursuite d'office du ministère public, pourra être traduit, pour cause d'inconduite ou d'immoralité, devant le tribunal civil de l'arrondissement, et être interdit de l'exercice de sa profession à temps ou à toujours. Le tribunal entendra les parties et statuera sommairement en chambre du conseil. Il en sera de même sur l'appel qui devra être interjeté dans le délai de dix jours, à compter du jour de la notification du jugement, et qui, en aucun cas, ne sera suspensif, le tout sans préjudice des poursuites qui pourraient avoir lieu pour crimes, délits et contraventions prévus par les lois. (Loi 28 juin 1833, art. 7), I, 237. — Les dispositions de l'art. 7, relatives aux instituteurs privés, sont applicables aux instituteurs communaux. (Id., art. 24), I, 244.

Un instituteur primaire, même communal, interdit à temps de ses fonctions, peut les reprendre à l'expiration de sa peine. Il reste donc revêtu de son titre d'instituteur primaire ; et dès lors, s'il vient à commettre de nouvelles fautes pendant son interdiction, il doit être soumis aux poursuites et aux peines prescrites par la loi du 28 juin 1833 contre les instituteurs primaires. (Décis. Cons. 5 déc. 1834.)

Une interdiction à temps ne peut avoir l'effet d'une interdiction absolue; elle n'enlève point le titre d'instituteur, elle suspend seulement l'exercice des fonctions. (Décis. Cons. 6 janv. et 19 fév. 1835.)

L'interdiction prononcée à temps ou à toujours annule les certificats de moralité antérieurement obtenus; mais dans le cas de l'interdiction à temps, l'instituteur peut obtenir, à l'expiration de sa peine, de nouveaux certificats de moralité comprenant tout ou partie du temps écoulé depuis la notification du jugement d'interdiction. (Décis. Cons. 18 nov. 1836.)

Tout instituteur primaire peut être poursuivi et même interdit pour des propos contraires aux mœurs, tenus à ses élèves avant l'obtention du certificat de moralité exigé pour sa nomination, et alors qu'il était maître d'études, sans que la bonne conduite postérieure du prévenu puisse couvrir sa faute. (Arr. Cassat. 8 mars 1842.)

Toute personne tenant une école privée pourra être, sur la demande du recteur ou du comité central, traduite, pour cause d'inconduite ou d'immoralité, devant le tribunal civil de l'arrondissement, et interdite de l'exercice de l'enseignement à temps ou à toujours. L'appel devra être interjeté dans le délai de dix jours, à compter de la notification du jugement : il ne sera pas suspensif. (Proj. loi 1er juin 1848, art. 24), II, 20.

Tout instituteur privé, sur la demande du comité local ou du comité d'arrondissement, ou sur la poursuite d'office du ministère public, pourra être traduit, pour cause d'inconduite ou d'immoralité, devant le tribunal civil de l'arrondissement, qui peut seul prononcer contre lui l'admonition, la réprimande ou l'interdiction à temps ou à toujours, sauf recours au tribunal d'appel. (Prop. loi 15 déc. 1848, art. 51), II, 52.

Les tribunaux civils saisis, en vertu des art. 7 et 14 de la loi du 28 juin 1833, des poursuites. disciplinaires dirigées contre un instituteur communal, pour fait d'inconduite ou d'immoralité, ne peuvent appliquer au prévenu, coupable de ces faits, que la peine de l'interdiction temporaire ou définitive, et sont incompétents pour prononcer la peine purement administrative de la suspension : cette dernière peine, établie pour le cas de négligence habituelle ou de fautes graves, est du ressort exclusif des comités d'arrondissement. (Arr. Cassat. 22 juill. 1850.)

Les tribunaux civils saisis, en vertu des art. 7 et 24 de la loi du 28 juin 1833, de poursuites disciplinaires dirigées contre un instituteur communal, pour fait d'inconduite ou d'immoralité, ne peuvent appliquer au prévenu, coupable de ces faits, que la peine de l'interdiction temporaire ou définitive, et sont incompétents pour prononcer la peine purement administrative de la suspension : cette dernière peine, établie pour le cas de négligence habituelle ou de fautes graves, est du ressort exclusif des comités d'arrondissement. (Arr. Cassat. 3 mars 1851.)

Les faits d'immoralité qui comportent contre un instituteur privé l'interdiction à temps ou à toujours (art. 7 de la loi du 28 juin 1833), peuvent se manifester non-seulement par des actions ou des paroles, mais encore par des gestes, des gravures, des écrits, et résultent notamment d'un article de journal, renfermant de la part de l'instituteur une atteinte à la morale publique ou religieuse ou l'apologie de faits frappés de condamnation. On objecterait vainement que c'est là un délit de presse placé dans les attributions exclusives du jury. (Arr. Cassat. 7 avr. 1851.)

Le Conseil académique (départemental) peut, après l'avoir entendu ou dûment appelé, frapper l'instituteur communal d'une interdiction absolue, sauf appel devant le conseil supérieur, dans le délai de dix jours, à partir de la notification. (Loi 15 mars 1850, art. 33), II, 131.

Tout instituteur libre, sur la plainte du préfet ou du procureur de la République, peut être frappé d'une interdiction absolue, sauf appel devant le conseil supérieur, dans le délai de dix jours à partir de la notification. (Loi 15 mars 1850, art. 30), II, 130.

Quelque graves que puissent être les antécédents relevés à la charge d'un instituteur, l'application par le conseil départemental des peines disciplinaires autorisées par la loi, demeure subordonnée à des règles rigoureuses et à des garanties nécessaires. (Décis. Cons. 18 juill. 1863), II, 526.

Le conseil départemental peut frapper d'interdiction absolue une directrice de salle d'asile libre ou publique, sauf appel devant le conseil supérieur. (Décr. 21 mars 1855, art. 24), II, 379.

V. Autorisation, Comité, Conseil départemental, Jugement disciplinaire, Mœurs publiques, Tribunal correctionnel, Tribunal de police.

J

JUGE DE PAIX.

Le juge de paix est membre nécessaire du comité cantonal. (Ordonn. 29 fév. 1816, art. 2), I, 85.

Il est membre né du comité de sa religion. (Décis. Cons. 30 avr. 1816), I, 96.

Il préside le comité à défaut du curé cantonal. (Ordonn. 2 août 1820, art. 8), I, 135.

Il est membre de droit du comité d'arrondissement. (Loi 28 juin 1833, art. 19), I, 242.

S'il est empêché, il doit être remplacé par le juge de paix qui vient immédiatement après lui par rang d'ancienneté. (Décis. Cons. 19 nov. 1833), I, 281.

En cas d'empêchement, il peut être remplacé par le fonctionnaire qui, en cas d'absence, a mission de la loi pour exercer ses attributions. (Décis. Cons. 26 mai 1837), I, 465.

Le juge de paix fait partie du comité d'arrondissement. (Prop. loi 15 déc. 1848, art. 65), II, 56.

A Paris, les délégués nommés pour chaque arrondissement par le conseil départemental se réunissent au moins une fois tous les mois avec le maire, un adjoint, le juge de paix, un curé de l'arrondissement et un ecclésiastique, pour s'entendre au sujet de la surveillance locale. (Loi 15 mars 1850, art. 43), II, 135.

JURIDICTION.

Il est de l'essence de la juridiction disciplinaire de suivre ceux qui y sont assujettis, partout où les fautes qu'elle a pour but de réprimer ont pu être commises, et, par conséquent, même en pays étranger. (Décis. Cons. d'État, 14 août 1866.)

V. Appel, Comité, Conseil départemental, Délit, Jugement disciplinaire, Interdiction, Recours, Réprimande, Révocation, Suspension, Tribunal.

JURY

V. Commission d'examen.

L

LANGUE FRANÇAISE.

On enseignera dans les écoles primaires les éléments de la langue française. (Proj. Décr. sept. 1791, art. 4), I, 2.

Les enfants apprennent à parler, lire, écrire la langue française. (Décr. 30 vend. an II, 3°), I, 20.

Dans l'une et l'autre section de chaque école, on enseignera aux élèves les éléments de la langue française, soit parlée, soit écrite. (Décr. 27 brum. an III, chap. IV, art. 2), I, 36.

L'examen du brevet de capacité du deuxième degré comprend l'orthographe. (Ordonn. 29 févr. 1816, art. 11), I, 86.

L'enseignement primaire comprend la langue française. (Proj. loi 20 janv. 1831, art. 1), I, 194.

L'enseignement des écoles primaires comprend les éléments de la langue française. (Prop. loi 17 nov. 1832, art. 1), I, 223.

Dans toute école destinée à former des instituteurs, l'enseignement comprend la grammaire française. (Règl. 14 déc. 1832, art. 1), I, 229.

L'instruction primaire élémentaire et primaire supérieure pour les garçons comprend nécessairement les éléments de la langue française. (Loi 28 juin 1833, art. 1), I, 236.

Dans toute école primaire élémentaire, l'enseignement comprendra nécessairement les éléments de la langue française. (Stat. 25 avr. 1834, art. 1), I, 318.

L'enseignement primaire élémentaire et primaire supérieur

pour les filles comprend les éléments de la langue française. (Ordonn. 23 juin 1836, art. 1), I, 393.

L'enseignement des pensions et des institutions de jeunes filles, dans le département de la Seine, comprend la langue française. (Arr. 7 mars 1837, art. 2, 3 et 17), I, 453 et 455.

L'enseignement des ouvroirs comprend la grammaire. (Arr. 20 mars 1840, art. 1), I, 572.

L'enseignement primaire comprend les éléments de la langue française. (Proj. loi 1er juin 1848, art. 1), II, 17.

L'instruction primaire élémentaire pour les garçons et pour les filles comprend les éléments de la langue française. (Prop. loi 15 déc. 1848, art. 11 et 24), II, 45, 48. — *L'instruction primaire supérieure pour les garçons et pour les filles comprend les développements de la grammaire et les règles de la composition usuelle.* (Id., art. 12 et 25), II, 45 et 48.

L'instruction primaire comprend les éléments de la langue française. (Loi 15 mars 1850, art. 23), II, 127.

L'enseignement dans les écoles primaires publiques comprend nécessairement les éléments de la langue française. (Régl. 17 août 1851, art. 13), II, 259.

L'enseignement dans les Écoles normales comprend la langue française. (Décr. 24 mars 1851, art. 1), II, 225. — Cf. Décr. 2 juill. 1866, art. 1, II, 587.

Le français sera seul en usage dans l'école. Le maître s'efforcera, par des prescriptions, par de fréquentes explications, et surtout par son exemple, de former les élèves à l'usage habituel de cette langue. Il explique chaque leçon, et donne sur cette leçon des dictées graduées. Il ne passe à une nouvelle leçon, qu'après s'être assuré que la dernière a été bien comprise. L'orthographe usuelle est l'objet de soins particuliers. Les enfants y sont exercés, dès qu'ils commencent à lire. (Régl. 17 août 1852, art. 29), II, 263.

L'enseignement dans les salles d'asile comprend les éléments de l'orthographe usuelle. (Décr. 21 mars 1855, art. 2), II, 372.

LANGUE ÉTRANGÈRE VIVANTE.

L'aspirante au brevet d'institutrice peut, si elle le demande, être interrogée sur une langue vivante. (Arr. 28 juin 1836, art. 2), I, 402.

L'enseignement des pensions et des institutions de jeunes filles dans le département de la Seine comprend les langues vivantes. (Arr. 7 mars 1837, art. 2, 3 et 17), I, 453 et 455.

L'instruction primaire supérieure pour les garçons et pour les filles comprendra notamment l'étude d'une langue vivante. (Prop. loi 15 déc. 1848, art. 12 et 25), II, 45 et 48.

L'enseignement primaire peut comprendre les langues vivantes étrangères. (Loi 21 juin 1865, art. 9), II, 566.

Les langues vivantes font partie de la quatrième série des matières facultatives du brevet pour les instituteurs. (Arr. 3 juill. 1866, art. 16), II, 600. — Les aspirantes au brevet du premier ordre peuvent, si elles en font la demande, faire un thème et une version sur une langue vivante. (Id., art. 23), II, 602.

LECTURE.

L'enseignement primaire comprend la lecture dans les imprimés et dans les manuscrits. (Proj. Décr. sept. 1791, art. 4, I, 2; Décr. 22 frim. an I, tit. I, I, 9; Décr. 11 prair. an I, I, 18; Décr. 30 vendém. an II, 3°, I, 20; Décr. 27 brum. an III, chap. IV, art. 2, I, 35; Loi 3 brum. an IV, tit. I, art. 5, I, 39; Décr. 17 mars 1808, tit. I, art. 5, 6°, I, 53; Décr. 15 avr. 1811, art. 192, I, 74; Ordonn. 29 févr. 1816, art. 11, I, 86; Proj. loi 20 janv. 1831, art. 1, I, 194; Proj. loi 17 avr. 1832, art. 1, I, 223; Loi 28 juin 1833, art. 1, I, 236; Ordonn. 13 juin 1836, art. 2, I, 393; Proj. loi 1er juin 1848, art. 1, II, 19; Proj. loi 15 déc. 1848, art. 11 et 24, II, 45 et 48; Loi 25 mars 1850, art. 23, II, 127.)

L'instituteur tiendra à ce que la lecture des élèves soit correcte ; il les habituera à se rendre compte de ce qu'ils liront, en leur expliquant le sens des mots. La lecture du latin est spécialement recommandée ; on se servira, pour cette lecture, du Psautier ou d'autres livres en usage pour les offices publics du diocèse. Pour la lecture des manuscrits, on emploiera de préférence des cahiers autographiés contenant des quittances, baux, marchés, devis, mémoires d'ouvrages, ou des instructions élémentaires sur l'histoire naturelle, l'agriculture, l'industrie et l'hygiène. (Règl. 17 août 1851, art. 27), II, 262.

Il y aura, dans les salles d'asile, des exercices qui comprendront nécessairement les premiers principes de la lecture. (Ordonn. 22 déc. 1837, art. 1), I, 487.

L'enseignement dans les salles d'asile comprend les premiers principes de la lecture. (Décr. 21 mars 1855, art. 1), II, 372. — L'enseignement de la lecture comprend les voyelles et les consonnes, l'alphabet majuscule et minuscule, les différentes espèces d'accents, les syllabes de deux ou de trois lettres, les mots de deux ou trois syllabes. (Décr. 22 mai 1855, art. 9), II, 393.

LÉGISLATION.

Une commission est chargée de la révision des lois, décrets et ordonnances concernant l'instruction publique ; elle préparera un projet de loi pour l'organisation générale de l'enseignement. (Ordonn. 3 févr. 1831), I, 199.

Il est institué près le Ministre de l'instruction publique une commission chargée de préparer une loi sur l'instruction primaire. (Arr. 3 janv. 1849), II, 65.

LEGS.

Tout établissement ecclésiastique reconnu peut recevoir et

acquérir, avec l'autorisation du roi. (Loi 2 janv. 1817, art. 1 et 2), I, 107. — Les biens des établissements ecclésiastiques sont à perpétuité et inaliénables. (Id., art. 3), I, 107.

Tous dons et legs en faveur des établissements ecclésiastiques et des établissements d'utilité publique doivent être autorisés, au-dessus de 300 francs, par le conseil d'État. (Ordonn. 2 avr. 1817, art. 1), I, 108. — Les dons et legs sont acceptés par les représentants des intéressés. (Id., art. 3), I, 111. — Les ordonnances et arrêtés détermineront l'emploi des legs. (Id., art. 4), I, 111. — Ne sont point assujettis à la nécessité de l'autorisation les acquisitions et emplois en rentes constituées sur l'État ou les villes, que les établissements ci-dessus désignés pourront acquérir dans les formes de leurs actes ordinaires d'administration. Les rentes ainsi acquises sont immobilisées et ne pourront être aliénées sans autorisation. (Id., art. 6), I, 111.

L'art. 6 de l'ordonnance du 2 avril 1817 est rapporté. Aucun transfert ni transcription de rente, au profit d'un établissement ecclésiastique ou d'une communauté de femmes, ne sera effectué, qu'autant qu'il aura été autorisé par une ordonnance royale. (Ordonn. 4 janv. 1831, art. 1 et 2), I, 198.

Nulle acceptation de legs au profit d'un établissement ecclésiastique ou d'une communauté de femmes ne sera présentée à notre autorisation, sans que les héritiers aient donné leur consentement. S'il n'y a pas d'héritiers connus, extrait du testament sera affiché de huitaine en huitaine, à trois reprises, au chef-lieu de la mairie du domicile du testateur et inséré dans le journal judiciaire. (Ordonn. 14 janv. 1831, art. 3), I, 198.

Ne pourront être autorisées les donations faites à des établissements ecclésiastiques ou religieux, avec réserve d'usufruit en faveur du donateur. (Ordonn. 14 janv. 1831, art. 4), I, 199.

L'état de l'actif et du passif, ainsi que des revenus et charges des établissements donataires, sont produits à l'appui de leur demande en autorisation d'accepter des dons et legs. (Ordonn. 14 janv. 1831, art. 5), I, 199.

Les ressources communales affectées à l'instruction primaire comprennent en première ligne les revenus des fondations, dons et legs. (Loi 15 mars 1850, art. 40), II, 133.

La demande et l'autorisation préalable du gouvernement, pour l'acceptation des dons et legs faits en faveur des établissements publics, n'est pas un obstacle à ce qu'une fabrique d'église, à laquelle un legs a été fait, fasse en attendant tous les actes conservatoires jugés nécessaires. (Arr. Cass. 5 mai 1856), II, 439.

C'est à l'évêque institué légataire, et non à la commune, qu'appartient le droit d'administrer les immeubles légués, d'en percevoir les revenus et d'en garder les titres de propriété. (Arr. Cour Grenoble 5 juill. 1869), II, 545, note.

V. Association religieuse, Don, Fabrique, Fondation.

LETTRE D'EXEAT.

Les membres de l'Université s'engageront à ne quitter le corps enseignant et leurs fonctions, qu'après en avoir obtenu l'agrément du grand maître, dans les formes qui vont être prescrites. (Décr. 17 mars 1808, art. 42). — Le grand maître pourra dégager un membre de l'Université de ses obligations, et lui permettre de quitter le corps : en cas de refus du grand maître et de persistance de la part d'un membre de l'Université dans la résolution de quitter le corps, le grand maître sera tenu de lui délivrer une lettre d'exeat après trois demandes consécutives, réitérées de deux mois en deux mois. (Id., art. 43.)

En conséquence du décret impérial du 17 mars 1808, l'Université impériale aura juridiction sur ses membres en tout ce qui touche l'observation de ses statuts et règlements, l'accomplissement des devoirs et des obligations de chacun, les plaintes et les réclamations contre ses membres, relativement à l'exercice de leurs fonctions, les injures, diffamations et scandales entre les membres, et l'application des peines encourues par les délinquants. (Décr. 15 nov. 1811, art. 41.)

L'instituteur qui a déserté son école sans avoir obtenu la dispense du service militaire, doit être signalé au Ministre de la guerre. Celui qui n'était point sujet à la loi du recrutement est soumis, comme tout autre fonctionnaire de l'Université, aux peines prononcées par les décrets du 17 mars 1808 et du 15 novembre 1811, contre l'abandon des fonctions sans exeat. (Décis. Cons. 5 déc. 1834), I, 343.

Les instituteurs primaires qui quittent leur poste sans lettre d'exeat, ne peuvent être nommés ou institués valablement. (Décis. Cons. 23 févr. 1836), I, 378. — Cf. Décis. Cons. 27 oct. 1835.

Les instituteurs communaux devenus, d'après la loi du 28 juin 1833, fonctionnaires publics, ne peuvent, sans autorisation du Ministre qui les institue, changer à leur gré le poste où il les a placés contre tout autre poste qui leur conviendrait, et, par suite, contraindre en quelque sorte le Ministre à leur donner autant d'arrêtés d'institution qu'ils voudraient parcourir de communes diverses. L'entrave à la libre mutation des instituteurs résulte implicitement et nécessairement de la qualité de fonctionnaire public conférée par une nomination du chef même de l'instruction publique : celui qui les institue peut seul les délier de l'obligation spéciale qui résulte de son institution ; ils ne peuvent donc être nommés ni institués préalablement sans lettre d'exeat. (Décis. Cons. 23 fév. 1836), I, 378.

La lettre d'exeat et l'institution ne seront données à l'instituteur, qu'autant que la demande de mutation sera accompagnée d'un avis du comité local. L'instituteur devra, en outre, prévenir de son intention un mois avant de quitter la commune où il exerce. (Décis. Cons. 15 nov. 1836), I, 245.

A l'avenir, la lettre d'exeat ne pourra être délivrée à l'instituteur qui demandera à passer dans une autre commune, et l'institution pour la nouvelle école ne sera donnée qu'autant que la demande de mutation sera accompagnée d'un avis du comité local de la commune à laquelle le postulant appartiendra. (Décis. Cons. 15 nov. 1836), I, 425.

Aucune décision n'a autorisé le déplacement des instituteurs communaux, frères ou autres, sans une lettre d'exeat émanée du Ministre ou du recteur, par délégation. (Décis. Cons. 17 mars 1837), I, 458.

Les instituteurs communaux, privés ou autres, ne peuvent se déplacer, sans lettre d'exeat émanant du Ministre ou du recteur par délégation. (Décis. Cons. 17 mars 1837), I, 458.

L'instituteur est engagé pour dix ans, quel que soit le résultat du tirage ; mais, dans le cas où son numéro ne l'appelle pas au service militaire, il peut demander son exeat, aux termes de l'art. 43 du décret du 17 mars 1808. (Décis. Cons. 20 juill. 1838), I, 530.

La jurisprudence qu'un instituteur communal qui a quitté son poste sans lettre d'exeat, ne peut être ni nommé ni institué valablement pour une autre école communale, est applicable aux maîtres congréganistes. (Décis. Cons. 14 juin 1839), I, 554.

Le temps d'exercice dans l'instruction primaire compte aux instituteurs communaux pour établir leurs droits à une pension de retraite, s'ils ont rempli, au moins pendant dix ans, les fonctions de l'enseignement, et obtenu un exeat régulier, et s'ils produisent un certificat de bons services du Ministre de l'instruction publique. (Proj. loi 31 mars 1847, art. 30), I, 706.

Le temps d'exercice dans l'instruction primaire compte aux instituteurs de leur ordre pour établir ultérieurement leurs droits à la retraite dans un autre service public, pourvu qu'ils aient servi pendant dix ans au moins dans l'enseignement et obtenu un exeat régulier avec certificat de bons services donné par M. le Ministre de l'instruction publique. (Prop. loi 15 déc. 1848, art. 89), II, 61.

L'instituteur primaire est membre de l'Université; par suite et à raison de cette qualité, il y a lieu de lui faire application des art. 3, 5, 42, 43 et 44 du décret organique universitaire du 17 mars 1808; d'où il résulte que sa démission ne devient définitive et complète que par l'envoi ou le refus de la délivrance de la lettre d'exeat par lui demandée. Jusqu'à cette époque, l'instituteur démissionnaire a le droit de se réinstaller dans le local destiné à l'école de la commune et d'y reprendre ses fonctions, alors même qu'il y aurait opposition de la part de l'autorité; et c'est à tort qu'on verrait dans ce fait l'ouverture d'une école privée, sans l'accomplissement des formalités prescrites par la loi du 28 juin 1833. (Arr. Cour Poitiers, 28 fév. 1850.)

Un instituteur communal démissionnaire et même provisoirement remplacé par le maire, conserve son caractère d'agent de l'instruction publique, et reste passible des mesures disciplinaires autorisées contre ces agents, tant que le Ministre de l'instruction publique ne l'a pas dégagé de ses obligations en l'autorisant à quitter le corps enseignant. En conséquence, cet instituteur peut, nonobstant sa démission non acceptée et son remplaçant provisoire, être frappé de la révocation que la loi du 11 janvier 1850 a permis aux préfets de prononcer contre les instituteurs communaux, après avoir pris l'avis du conseil d'arrondissement. Et il a pu être révoqué, bien que la loi en vertu de laquelle la révocation a été prononcée ne fût devenue exécutoire dans son département qu'après sa démission, cette démission étant insuffisante pour le faire sortir du corps enseignant. (Décis. Cons. d'État, 21 juin 1851).

V. Engagement décennal, Instituteur, École normale.

LETTRE D'OBÉDIENCE.

A l'égard des frères des Écoles chrétiennes et des membres de toute autre association charitable légalement autorisée pour former ou fournir des instituteurs primaires, le recteur remettra à chacun d'eux un brevet de capacité, sur le vu de l'obédience délivrée par le supérieur ou le directeur général de ladite association. (Ordonn. 21 avr. 1828, art. 10), I, 168.— Cf. Ordonn. 1er mai 1822, 11 juin, 17 sept., 3 déc. 1823.

Les institutrices d'écoles de filles appartenant à une congrégation religieuse légalement reconnue seront assimilées aux frères des Écoles chrétiennes, en ce sens que leurs brevets de capacité leur seront expédiés sur la présentation de leurs lettres d'obédience. (Ordonn. 3 avr. 1820, art. 3), I, 133.

A l'avenir, nul ne pourra obtenir un brevet de capacité, à l'effet d'exercer les fonctions d'instituteur primaire, à quelque titre que ce soit, s'il n'a préalablement subi, dans les formes établies et devant qui de droit, les examens prescrits. (Ordonn. 18 avr. 1831, art. 1), I, 204.

Les institutrices appartenant à une congrégation religieuse, dont les statuts, régulièrement approuvés, renfermeraient l'obligation de se livrer à l'éducation de l'enfance, peuvent être autorisées par le recteur, à Paris, à ouvrir une école primaire élémentaire sur le vu de leur lettre d'obédience et sur l'indication par la supérieure de la commune où les sœurs seraient appelées. (Loi 23 juin 1836, art. 13), I, 395. — L'autorisation de tenir une école primaire supérieure ne pourra être accordée, sans que la postulante justifie d'un brevet de capacité du degré supérieur obtenu dans la forme et aux conditions prescrites par la présente ordonnance. (Id., art. 14), I, 396.

Les lettres d'obédience sont abolies. (Instruct. 5 juin et 6 nov. 1848), I, 396 et 397, note.— Elles sont rétablies. (Instruct. 25 janv. 1849), I, 400, note.

Les lettres d'obédience tiendront lieu de brevet de capacité aux institutrices appartenant à des congrégations religieuses vouées à l'enseignement et reconnues par l'État. (Loi 15 mars 1850, art. 49), II, 136.

Les lettres d'obédience délivrées par les supérieures des communautés religieuses régulièrement reconnues et attestant que les postulantes ont été particulièrement exercées à la direction d'une salle d'asile, tiendront lieu de certificat d'aptitude à la direction des salles d'asile. (Décr. 21 mars 1855, art. 20), II, 378.

V. Brevet de capacité, Congrégation enseignante.

LIBERTÉ D'ENSEIGNEMENT.

Il sera libre à tout particulier, en se soumettant aux lois générales sur l'enseignement public, de former des établissements d'instruction ; ils seront tenus seulement d'en instruire la municipalité et de publier leurs règlements. (Proj. Décr. sept. 1791, chap. XIX, art 1), I, 8.

L'enseignement est libre. (Décr. 29 frim. an II, art. 1), I, 26. — Les citoyens et citoyennes qui voudront user de la liberté d'enseigner seront tenus : 1° de déclarer à la municipalité ou section de commune, qu'ils sont dans l'intention d'ouvrir une école ; 2° de désigner l'espèce de science ou d'art qu'ils se proposent d'enseigner ; 3° de produire un certificat de civisme et de bonnes mœurs signé de la moitié des membres du conseil général de la commune ou de la section du lieu de leur résidence, et par deux membres, au moins, du comité de surveillance de la section ou du lieu de leur domicile ou du lieu qui en est le plus voisin. (Id., art. 3), I, 26.

La loi ne peut porter aucune atteinte au droit qu'ont les citoyens d'ouvrir des écoles particulières et libres, sous la surveillance des autorités constituées. (Décr. 27 brum. an III, chap. IV, art. 15), I, 38.

L'individu qui veut ouvrir une école libre présente ses brevet et certificat au comité cantonal qui examine si la commune n'est pas déjà suffisamment pourvue d'instituteurs, et donne son avis au recteur qui accorde ou refuse l'autorisation. (Ordonn. 29 févr. 1816, art. 24), I, 88. — Les personnes ou les associations qui entretiennent à leurs frais des écoles ne peuvent y établir des méthodes et des règlements particuliers. (Id., art. 31), I, 89.

Tout individu majeur et jouissant des droits civils, pourra donner l'enseignement primaire, à charge par lui de déposer entre les mains du maire de la commune où il voudra exercer : 1° un brevet de capacité émané d'un recteur d'Académie ; 2° des certificats de bonnes vie et mœurs, délivrés par le maire et par trois membres du conseil municipal de la commune ou des communes où il aura résidé depuis trois ans. (Proj. loi 20 janvier 1831, art. 5), I, 195.

L'enseignement primaire est libre, à la charge de réunir les conditions voulues par la loi. (Prop. loi 24 oct. 1831, art. 2), I, 220.

Tout citoyen ou toute réunion de citoyens qui se proposera de fonder une école primaire dans une commune, en fera la déclaration à la mairie ou au comité cantonal, en indiquant les matières et les objets de l'enseignement qui devra y être donné. (Prop. loi 17 nov. 1832, art. 7), I, 224. — *Toute personne, âgée de 18 ans au moins, pourra exercer les fonctions d'instituteur, sous les conditions exigées par la loi.* (Id., art. 8), I, 224.

Tout individu âgé de 18 ans accomplis pourra exercer la profession d'instituteur primaire et diriger tout établissement quelconque d'instruction primaire, sans autres conditions que de présenter préalablement au maire de la commune où il voudra tenir école : 1° un brevet de capacité obtenu après examen, selon le degré de l'école qu'il veut obtenir ; 2° un certificat constatant que l'impétrant est digne, par sa moralité, de se livrer à l'enseignement. (Loi 28 juin 1833, art. 4), I, 237.

Dans toutes les écoles qu'il visitera, l'inspecteur portera son attention : 1° sur l'état matériel et la tenue générale de l'établissement ; 2° sur le caractère moral de l'école ; 3° sur l'enseignement et les méthodes. Il assistera aux leçons et interrogera les élèves. (Règl. 27 févr. 1835, art. 2), I, 354.

Chaque école privée aura son règlement particulier dans lequel les dispositions du statut seront textuellement rappelées. Ce règlement, qui devra être soumis à l'examen du comité d'arrondissement et approuvé par le recteur, sera placé dans l'école. (Règl. 1er mars 1842, art. 2), I, 594. — Tout instituteur privé qui contreviendra aux dispositions du statut devra être averti par le comité local ou au besoin par le comité d'arrondissement. Dans le cas de désobéissance aux injonctions du comité, et s'il persistait dans des infractions contraires à la salubrité et à la discipline de l'école, il sera, s'il y a lieu, sur la plainte du recteur, déféré au tribunal civil d'arrondissement. (Id., art. 10), I, 504.

Tout Français âgé de 21 ans est en droit d'ouvrir une école privée, sous les conditions déterminées par la loi. (Proj. loi 31 mars 1847, art. 10), I, 702.

Toute personne, pourvue du certificat d'aptitude, peut ouvrir une école privée, sous les conditions déterminées par la loi. (Proj. loi 1er juin 1848, art. 21), II, 20. — Cf. Id., art. 8, II, 18.

L'enseignement est libre. La liberté d'enseignement s'exerce dans les conditions de capacité et de moralité déterminées par les lois et sous la surveillance de l'État. Cette surveillance s'étend à tous les établissements d'enseignement, sans aucune exception. (Constitut. Républ. franç., 4 nov. 1848, art. 9), II, 42.

Tout individu, âgé de 19 ans au moins, peut ouvrir une école privée aux conditions déterminées par la loi. (Prop. loi 15 déc. 1848, art. 48), II, 52.

La loi reconnaît deux espèces d'écoles : 1º les écoles fondées ou entretenues par les communes, les départements et l'État, et qui prennent le nom d'écoles publiques; 2º les écoles fondées ou entretenues par des particuliers ou des associations, et qui prennent le nom d'écoles libres. (Loi 15 mars 1850, art. 17), II, 125.

L'inspection des écoles libres porte sur la moralité, l'hygiène et la salubrité. Elle ne peut porter sur l'enseignement que pour vérifier s'il n'est pas contraire à la morale, à la Constitution et aux lois. (Loi 15 mars 1850, art. 21), II, 127.

Tout Français, âgé de 21 ans accomplis, peut exercer, dans toute la France, la profession d'instituteur primaire public ou libre, s'il est muni d'un brevet de capacité. Le brevet de capacité peut être suppléé par le certificat de stage, par le diplôme de bachelier, par un certificat constatant qu'on a été admis dans une des écoles spéciales de l'État, ou par le titre de ministre non interdit ni révoqué de l'un des cultes reconnus par l'État. (Loi 15 mars 1850, art. 25), II, 128.

V. Autorisation, École privée, Instituteur libre, Instituteur privé.

LITTÉRATURE.

Toute personne qui voudra obtenir le brevet de capacité nécessaire aux institutrices primaires devra satisfaire aux questions qui lui seront adressées d'après les programmes suivants, pour le brevet de capacité du degré supérieur : ... 3º notions plus étendues de langue et de littérature françaises. (Arr. 28 juin 1836, art. 1), I, 401.

L'enseignement des institutions de jeunes filles, dans le département de la Seine, comprend les éléments et l'histoire de la littérature française. (Règl. 7 mars 1837, art. 3), I, 453.

L'examen de littérature pour les maîtresses d'institution comprend les éléments de logique, les éléments de rhétorique et la connaissance des principales époques littéraires. (Arr. 13 avr. 1849, art. 9), II, 70.

L'examen du brevet de sous-maîtresse comprend les éléments de littérature. (Arr. 7 mars 1837, art. 17), I, 455.

LIVRES.

L'Assemblée nationale met au rang des bienfaits publics les bons livres élémentaires sur toutes les connaissances humaines. (Prop. décr. sept. 1791, ch. XV), I, 6.

Il sera composé des livres élémentaires qui devront être enseignés dans les écoles primaires. Ces livres seront rédigés d'après la meilleure méthode d'enseignement que les progrès des sciences nous indiquent, et d'après les principes de liberté, d'égalité, de pureté dans les mœurs et de dévouement à la chose publique, nécessaires dans un État républicain. (Décr. 22 frim. an I), I, 9. — Outre ces livres pour les élèves, il en sera fait d'autres qui serviront de guide aux instituteurs. Ceux-ci contiendront les principes sur la méthode d'enseigner, de former les jeunes gens aux vertus civiques et morales, des explications et des développements des objets contenus dans les livres élémentaires de l'école. (Id., ibid.), I, 9.

Le comité d'instruction publique est chargé de prendre toutes les mesures nécessaires pour faire composer promptement les livres élémentaires propres aux premières écoles. (Décr. 30 vendém. an II, art. 8), I, 22.

La Convention charge son comité d'instruction de lui présenter les livres élémentaires des connaissances nécessaires pour former les citoyens, et déclare que les premiers de ces livres sont les Droits de l'homme, la Constitution, le tableau des actions héroïques ou vertueuses. (Décr. 29 frim. an II, sect. III, art. 1), I, 27. — Les citoyens ou citoyennes qui se borneront à enseigner à lire, à écrire et les premières règles de l'arithmétique, seront tenus de se conformer dans leur enseignement aux livres élémentaires adoptés et publiés à cet effet par la représentation nationale. (Id., art. 2), I, 27.

Les instituteurs et les institutrices des écoles primaires seront tenus d'enseigner à leurs élèves les livres élémentaires composés et publiés par ordre de la Convention. (Décr. 27 brum. an III, chap. III, art. 7), I, 35.

Il sera fait annuellement, par notre Trésor royal, un fonds de 50,000 fr., pour être employé par la commission d'instruction publique à composer ou à imprimer des ouvrages propres à l'instruction populaire. (Ordon. 29 févr. 1816, art. 35), I, 89.

Chaque année, il sera prélevé au budget de l'État une somme spécialement destinée à encourager l'instruction primaire ; et pendant cinq ans, à partir du 1er janvier 1831, il sera prélevé, pour le même objet, le vingtième du produit de la rétribution universitaire établie par les articles 137 du décret du 17 mars 1808, 25 et suivants du décret du 17 septembre 1808. (Ordonn. 14 févr. 1830, art. 11) I, 191. — Les fonds ainsi formés seront employés par notre Ministre des affaires ecclésiastiques et de l'instruction publique, d'après l'avis du conseil royal ..... 2° à faire composer, imprimer et distribuer des livres élémentaires. (Id., art. 12), I, 191.

Les livres autorisés peuvent seuls être admis dans les écoles publiques. (Stat. 25 avr. 1834, art. 9), I, 320. — Les enfants d'une même division doivent toujours avoir les mêmes livres. (Id., ibid.)

Les livres doivent être choisis parmi ceux qui sont autorisés par le conseil royal. (Av. Cons. 5 janv. 1838), I, 499.

La commission chargée de l'examen et de la révision des livres destinés à l'enseignement primaire, comprendra douze membres divisés en cinq sections : instruction morale et religieuse, pédagogie, lecture, écriture, langue française, calcul, tenue des livres, arpentage, dessin linéaire, musique, histoire, géographie, langues vivantes, histoire naturelle, notions de chimie et de physique, hygiène. (Arr. 5 sept. 1840, art. 1 et 2), I, 577. — Tous les ouvrages à examiner seront enregistrés. (Id., art. 3), I, 578. — La commission se réunit le jeudi de chaque semaine; tous les rapports doivent être écrits. Ils seront discutés immédiatement et adoptés, s'il y a lieu, toutes sections réunies. (Id., art. 4), I, 578. — L'ouvrage examiné est renvoyé au Ministre avec le rapport, pour être mis sous les yeux du conseil royal. (Id., art. 5), I, 578. — A la fin de chaque trimestre, un rapport du président fait connaître le nombre des ouvrages envoyés à l'examen, le nombre des rapports lus, le nombre de ceux qui restent à faire. (Id., art. 6), I, 578. — Les membres de la commission sont rétribués selon le nombre des séances auxquelles ils ont assisté et des rapports qu'ils ont faits. (Id., art. 7), I, 578. — La liste des membres de la commission est révisée tous les ans, avant la rentrée des classes. (Id., art. 8), I, 578.

Les instituteurs communaux ne peuvent employer dans leurs écoles que des livres dont l'usage a été autorisé par le Ministre de l'instruction publique, ou qui ont été approuvés, en fait d'enseignement religieux, soit par l'évêque diocésain, soit par le consistoire. Les instituteurs privés, indépendamment des ouvrages ci-dessus, peuvent employer les livres dont l'usage n'aura pas été défendu par une décision spéciale du comité d'arrondissement. Toute contravention à cette défense sera punie, comme il est dit à l'art. 22. (Proj. loi 31 mars 1847, art. 12), I, 703.

Les instituteurs publics ne pourront employer dans leurs écoles, parmi les livres autorisés par le Ministre de l'instruction publique, que ceux qui auront été choisis par le comité d'arrondissement, sur l'avis du comité local. En ce qui concerne l'enseignement religieux, les livres employés seront pris parmi ceux qui sont approuvés, soit par l'évêque diocésain, soit par le consistoire. Les livres employés dans chaque école et, s'il y a lieu, dans la commune, seront toujours uniformes. La liste des livres donnés en prix sera dressée par le comité d'arrondissement, et ces livres seront choisis sur cette liste par les autorités municipales et scolaires de chaque commune. (Prop. loi 15 déc. 1848, art. 47), II, 51. — *Les instituteurs privés pourront employer dans leurs établissements tous les ouvrages dont l'usage ne sera pas contraire à l'ordre public ni aux bonnes mœurs. Toute contravention à cette disposition sera punie.* (Id., art. 53), II, 54.

Aucun examen préalable ne peut être exigé pour les livres employés dans les écoles privées. (Proj. loi 5 févr. 1849, art. 1), II, 71. — *La première section du conseil a seule le droit d'autoriser, de prescrire ou d'interdire l'usage de certains livres pour les écoles de l'État.* (Id., ibid.), II, 71. — *Sur le rapport des sections réunies, le Ministre peut interdire l'emploi d'un livre dans les écoles privées. Les infractions seront punies des peines déterminées par les tribunaux.* (Id., art. 22), II, 72.

Le conseil supérieur est nécessairement appelé à donner son avis sur les livres qui peuvent être introduits dans les écoles publiques et sur ceux qui doivent être défendus dans les écoles libres, comme contraires à la morale, à la Constitution et aux lois. (Loi 15 mars 1850, art. 5), II, 122. — Les personnes chargées de l'inspection, en vertu de l'article 18 de la loi organique, dressent procès-verbal de toutes les contraventions qu'elles reconnaissent; si la contravention consiste dans l'emploi d'un livre défendu en vertu de l'art. 5 de la même loi, l'ouvrage est saisi et renvoyé, avec le procès-verbal, au recteur de l'Académie, qui soumet l'affaire au Conseil académique. (Décr. 29 juill. 1850, art. 42), II, 171.

L'examen préparatoire des livres qui doivent être introduits dans les écoles publiques et de ceux qui peuvent être introduits dans les écoles libres, est confié à une commission composée des inspecteurs supérieurs de l'instruction primaire et de l'inspecteur de l'instruction primaire du département de la Seine. Ces rapports seront remis à la commission du conseil supérieur qui fera un rapport définitif d'après lequel le conseil statuera. (Décis. Cons. 16 déc. 1850), II, 199. — Il ne sera introduit de nouveaux livres dans l'école, qu'autant qu'on leur aura reconnu un mérite supérieur. (Décis. Cons. 16 déc. 1850), II, 200.

Tout auteur ou éditeur qui voudra obtenir qu'un ouvrage puisse être introduit dans les écoles publiques, devra en déposer trois exemplaires au Ministère de l'instruction publique et des cultes, avec une demande signée de lui. Le Ministre ne fait examiner que les ouvrages imprimés. (Arr. 26 déc. 1858, art. 1), II, 470. — Les ouvrages déposés, si le Ministre estime qu'il y a lieu, sont renvoyés, pour être examinés, à une commission composée des inspecteurs généraux des trois ordres et de sept membres nommés par le Ministre. (Id., art. 2), II, 470. — Chaque ouvrage est l'objet d'un rapport écrit et signé, fait à la commission par un de ses membres. La commission délibère sur chaque rapport, et émet l'avis qu'il y a ou qu'il n'y a pas lieu d'autoriser l'introduction de l'ouvrage dans les écoles publiques. (Id., art. 3), II, 470. — La liste des ouvrages que le Ministre, après examen de la commission, a reconnus pouvoir être introduits dans les écoles publiques, est adressée aux membres du conseil impérial de l'instruction publique, en même temps que la lettre portant convocation pour la session prochaine. Pendant cette session, tous ces ouvrages sont renvoyés, avec les rapports et les avis de la commission, au conseil impérial de l'instruction publique, qui, sur le rapport d'un de ses membres, donne son avis sur l'admissibilité des ouvrages. Le Ministre statue définitivement. (Id., art. 5), II, 470. — Dans l'intervalle des sessions du conseil, le Ministre peut, après avoir pris l'avis de la commission, dans les formes tracées par l'art. 5 ci-dessus, interdire provisoirement l'usage d'un livre dans les écoles libres. Le conseil impérial reçoit connaissance de cette décision dans la forme prescrite par l'art. 5, et il est appelé, dans sa plus prochaine session, à donner son avis sur cette interdiction. (Id., art. 6), II, 470. — Les auteurs ou éditeurs qui entendent faire usage de l'autorisation qui leur est accordée, sont tenus de reproduire textuellement en tête de l'ouvrage les termes mêmes de l'autorisatiou ministérielle et de ne faire aucun changement dans les éditions successives de leurs ouvrages, sans être pourvus d'une autorisation nouvelle, le tout sous les peines de droit. (Id., art. 7), II, 471. — Un exemplaire de chacun des ouvrages introduits dans les écoles publiques, avec l'autorisation du Ministre, est conservé dans la bibliothèque du ministère. Tous les exemplaires en circulation doivent être conformes à l'exemplaire déposé ; cet exemplaire devra être signé *ne varietur* par le Ministre et par l'auteur ou éditeur. En cas de dissemblance, l'autorisation accordée est retirée *ipso facto*, indépendamment des poursuites judiciaires qui pourraient avoir lieu contre le délinquant. (Id., art. 8), II, 471. — Les avis de la commission sont envoyés au Ministre avec une copie certifiée de chaque rapport. (Id., art. 4), II, 470.

La commission des livres est partagée en trois sections : section des lettres, section des sciences, section des sciences morales pour les livres d'instruction religieuse et de morale, d'histoire et de géographie et pédagogie. Le président, avec l'agrément de la commission, distribue les membres de ladite commission entre les trois sections. (Arr. 28 déc. 1858, art. 1), II, 472. — La commission, dans certains cas et pour des ouvrages spéciaux, pourra demander au Ministre le choix d'un rapporteur pris en dehors de son sein. (Id., art. 2), II, 472. — La commission se réunit deux fois par mois en assemblée générale. (Id., art. 3), II, 472. — Le président adresse, tous les trois mois, au Ministre un rapport sur l'ensemble des travaux de la commission. (Id., art. 4), II, 472. — Deux secrétaires seront attachés à la commission pour rédiger la correspondance, trancrire les rapports, tenir la plume pendant les séances et rédiger les procès-verbaux. Chacun des deux secrétaires assistera alternativement aux séances de la commission. (Id., art. 5), II, 472.

Tout auteur ou éditeur qui voudra obtenir qu'un ouvrage puisse être introduit dans les écoles publiques, devra en déposer trois exemplaires au Ministère de l'instruction publique et des cultes, avec une demande signée de lui. Le Ministre ne fait examiner que les ouvrages imprimés. (Arr. 22 juill. 1873, art. 1), II, 753. — Les ouvrages déposés, si le Ministre estime qu'il y a lieu, sont renvoyés, pour être examinés, à une commission composée des inspecteurs généraux des trois ordres et de membres nommés par le Ministre. (Id., art. 2), II, 753. — Chaque ouvrage est l'objet d'un rapport écrit et signé, fait à la commission par un de ses membres. La commission délibère sur chaque rapport et émet l'avis qu'il y a ou qu'il n'y a pas lieu d'autoriser l'introduction de l'ouvrage dans les écoles publiques. (Id., art. 3), II, 754. — Les commissaires sont tenus de faire leur rapport dans le délai d'un mois après la réception de l'ouvrage qui leur est soumis. Dans le cas où ils ne l'auraient pas fait, le volume est remis de droit à un autre examinateur. (Id., art. 4), II, 754. — La liste des ouvrages que le Ministre, après l'examen de la commission, a reconnus pouvoir être introduits dans les écoles publiques, est adressée aux membres du conseil supérieur de l'instruction publique en même temps que la lettre portant convocation pour la session prochaine. Pendant cette session, tous ces ouvrages sont renvoyés, avec les rapports et les avis de la commission, au conseil supérieur de l'instruction publique qui, sur le rapport d'un de ses membres, donne son avis sur l'admissibilité des ouvrages. Le Ministre statue définitivement. (Id., art. 5), II, 754. — Dans l'intervalle des sessions du conseil, le Ministre peut, après avoir pris l'avis de la commission dans les formes tracées par l'art. 3 ci-dessus, interdire l'usage d'un livre dans les écoles libres. Le conseil supérieur reçoit connaissance de cette décision dans la forme prescrite par l'art. 5, et il est appelé, dans sa plus prochaine session, à donner son avis sur cette interdiction. (Id., art. 6), II, 754. — Les auteurs et éditeurs qui entendent faire usage de l'autorisation qui leur est accordée sont tenus de reproduire textuellement, en tête de l'ouvrage, les termes mêmes de l'autorisation ministérielle, et de ne faire aucun changement dans les éditions successives de leur ouvrage, sans être pourvus d'une autorisation nouvelle, le tout sous les peines de droit. (Id., art. 7), II, 754. — Un exemplaire de chacun des ouvrages introduits dans les écoles publiques, avec l'autorisation du Ministre, est conservé dans la bibliothèque du ministère. Tous les exemplaires en circulation doivent être conformes à l'exemplaire déposé : cet exemplaire doit être signé *ne varietur* par le Ministre et par l'auteur ou l'éditeur. En cas de dissemblance, l'autorisation accordée est retirée *ipso facto*, indépendamment des poursuites judiciaires qui pourront avoir lieu contre le délinquant. (Id., art. 8), II, 755.

La commission instituée par l'art. 2 du règlement du 22 juillet 1873, relatif à l'examen des livres classiques, est partagée en trois sections, savoir : 1° une section des lettres, à laquelle seront envoyés les livres ayant pour objet l'étude des langues anciennes, de la langue française, des langues étrangères, les grammaires, les dictionnaires, etc. ; 2° une section des sciences, pour les livres relatifs aux sciences mathématiques, aux sciences physiques et aux sciences naturelles ; 3° une section des sciences morales, pour les livres d'instruction religieuse et de morale, de droit, d'histoire et de géographie, de pédagogie. Le président, avec l'agrément de la commission, distribue les membres de ladite commission dans les trois sections. (Arr. 22 juill. 1873, art. 1), II, 752. — La commission pourra, dans certains cas et pour des ouvrages spéciaux, demander au Ministre le choix d'un rapporteur pris en dehors de son sein. (Id., art. 2), II, 752. — La commission se réunira deux fois par mois en assemblée générale, sauf le temps des vacances. (Id., art. 3), II, 752. — Un jeton de 50 francs par séance est attribué aux membres de la commission et sera prélevé sur les fonds portés au budget pour frais d'examen des livres classiques. (Id., art. 4), II, 753. — Le président adresse tous les trois mois au Ministre un rapport sur l'ensemble des travaux de la commission. (Id., art. 5), II, 753. — Les affaires relatives à la commission d'examen des livres classiques sont centralisées au bureau du dépôt des livres et des bibliothèques scolaires. (Id., art. 6), II, 753.

V. École libre, École privée, École publique, Méthode.

LOCAL ACADÉMIQUE.

V. Académie, Recteur.

LOCAL DE L'INSPECTEUR D'ACADÉMIE.

V. Inspecteur d'Académie.

LOCAL SCOLAIRE.

La pleine propriété des édifices et bâtiments nationaux actuellement occupés pour le service de l'administration des cours et tribunaux et de l'instruction publique, est concédée gratuitement aux départements, arrondissements et communes. (Décr. 9 avr. 1811, art. 1), I, 71.

Il sera fourni à tout instituteur communal un local convenablement disposé, tant pour lui servir d'habitation que pour recevoir des élèves. (Loi 28 juin 1833, art. 12), I, 239.

Tout local destiné à une école primaire privée sera préalablement visité par le maire de la commune ou par l'un des membres du conseil communal, qui en constatera la convenance et la salubrité. (Ordonn. 16 juill. 1833, art. 16 et 18), I, 250.

Le maire de la commune doit juger de la convenance du local accordé à l'instituteur. (Décis. Cons. 2 juin 1837), I, 469.

La maison d'école communale doit contenir une salle proportionnée au nombre des élèves que l'instituteur est tenu de recevoir, plus une ou deux chambres d'habitation, outre la cuisine, le tout convenablement disposé. (Décis. Cons. 5 janv. 1838.)

Un conseil municipal n'a pas le droit de retirer à l'instituteur communal soit le local, soit le traitement, avant qu'il ait été jugé. (Av. Cons. 27 août 1834), I, 265.

L'instituteur qui possède une maison particulière et qui veut y recevoir des élèves, ne peut être admis à louer à son profit la maison communale qu'avec le consentement exprès du conseil municipal et dans des circonstances constatées dans un rapport du recteur au Ministre. (Décis. Cons. 8 août 1837), I, 478.

L'instituteur peut exiger un logement convenable, mais il n'a pas le droit de louer à son profit le local que lui fournit la commune. (Décis Cons. 28 janv. 1842), I, 587.

Les locaux d'écoles publiques doivent être exemptés de la contribution des portes et fenêtres; dans aucun cas, cette contribution ne peut être mise à la charge de l'instituteur communal. (Décis. Cons. 16 nov. 1837.)

Toute commune doit fournir à l'instituteur un local convenable, tant pour son habitation que pour la tenue de l'école. (Loi 15 mars 1850, art. 37), II, 133.

Le local que la commune est tenue de fournir, en exécution de l'art. 37 de la loi organique, doit être visité, avant l'ouverture de l'école, par le délégué cantonal, qui fait connaître au conseil départemental si ce local convient pour l'usage auquel il est destiné. (Décr. 7 oct. 1850, art. 7), II, 183.

Lorsque des communes demandent à se réunir pour l'entretien d'une école, le local destiné à la tenue de cette école doit être visité par l'inspecteur de l'arrondissement, qui transmet son rapport au conseil départemental. A défaut de conventions contraires, les dépenses auxquelles l'entretien des écoles donne lieu sont réparties entre les communes réunies, proportionnellement au montant des quatre contributions directes. Cette répartition est faite par le préfet. (Décr. 7 oct 1850, art. 8), II, 183. — Lorsqu'il est reconnu que le local fourni par une commune, en exécution de l'art. 37 de la loi organique, ne convient pas pour l'usage auquel il est destiné, le préfet, sur la proposition de l'inspecteur d'Académie, et après avoir pris l'avis du conseil municipal, décide s'il y a lieu, en raison des circonstances, de faire exécuter des travaux pour approprier le local à sa destination, ou bien d'en prononcer l'interdiction. S'il s'agit de travaux à exécuter, il met la commune en demeure de pourvoir à la dépense nécessaire pour leur exécution dans un délai déterminé. A défaut d'exécution dans ce délai, il peut y pourvoir d'office. Si l'interdiction du local a été prononcée, le préfet et le recteur pourvoient à la tenue de l'école, soit par la location d'un autre local, soit par les autres moyens prévus par l'art. 36 de la loi organique. Les dépenses occasionnées par cette mesure seront à la charge de la commune dans les limites déterminées par la loi. (Id., art. 9), II, 184.

Tout instituteur libre qui veut ouvrir une école libre doit désigner le local de son établissement. (Loi 15 mars 1850, art. 27), II, 129. — Si le maire refuse d'approuver le local, il est statué par le conseil départemental. (Id., art. 28), II, 129.

Le maire doit visiter le local dans les trois jours qui suivent la déclaration et faire mention des motifs de son opposition, s'il y a lieu, au bas des copies légalisées qu'il délivre à l'instituteur. (Décr. 7 oct. 1850, art. 2), II, 182.

Le local presbytéral ayant une affectation publique, il n'est permis à personne de le modifier ou de le détourner en vue d'un intérêt privé ; conséquemment, le maire a le droit de refuser d'approuver le local d'une école qui doit être ouverte par un desservant dans le presbytère. (Av. Cons. 23 févr. 1870), II, 646.

Les salles d'exercices destinées à recevoir les enfants des salles d'asile doivent être situées au rez-de-chaussée, planchéiées ou carrelées, ou airées en asphalte ou en salpêtre battu, et éclairées des deux côtés par des fenêtres qui auront leur base à deux mètres au moins du sol, avec châssis mobiles. (Arr. 24 avr. 1838, art. 1), I, 513.

Les salles d'asile sont situées au rez-de-chaussée ; elles sont planchéiées et éclairées, autant que possible, des deux côtés par des fenêtres fermées avec des châssis mobiles. Les dimensions des salles d'asile doivent être calculées de manière qu'il y ait au moins deux mètres d'air pour chaque enfant admis. A côté de la salle d'asile, il y a un préau destiné aux repas et aux récréations. (Décr. 21 mars 1855, art. 4), II, 373. — Nulle salle d'asile ne peut être ouverte, avant que l'inspecteur d'Académie n'ait reconnu qu'elle réunit les conditions de salubrité. (Id., art. 5), II, 373.

V. École, Instituteur, Maison d'école, Salle d'asile.

LOGEUR.

Les élèves des écoles primaires, désignés sous le nom de logeurs, sont assimilés aux pensionnaires ; conséquemment, ceux qui les recevront doivent remplir les formalités exigées pour les pensionnats. (Décis. Cons. 26 févr. 1836), I, 380.

Les logeurs doivent être astreints à tenir un registre régulier et à transmettre, tant à l'autorité municipale qu'à l'inspecteur d'Académie, une ampliation de la déclaration d'ouverture de leur établissement. (Av. Cons. 19 déc. 1855), II, 405.

LOGIQUE.

Les examens du brevet de capacité pour les maîtresses d'institution, dans le département de la Seine, comprennent les éléments de logique. (Arr. 13 avr. 1849, art. 9), II, 76.

M

MAIRE.

Chaque département, sur la demande des municipalités, présentée par le directoire du district, fixera, dans son arrondissement, le nombre des maîtres et celui des écoles primaires. (Proj. décr. sept. 1791, sect. I, art. 8), I, 3. — *Les municipalités sont chargées de l'inspection, et surtout de la surveillance des écoles primaires.* (Id., sect. IV, art. 15), I, 5. — *Les municipalités feront connaître au proviseur, syndic de district, les plaintes formées contre les maîtres, pour faute de leur enseignement. Ils ne pourront être destitués que par la direction du département, à la pluralité des trois quarts des voix, et après avoir été entendus.* (Id., art. 16), I, 5.

Les instituteurs et institutrices sont sous la surveillance immédiate de la municipalité. (Décr. 29 frim. an II, sect. II, art. 1), I, 27.

Les administrations municipales surveilleront immédiatement les écoles primaires et y maintiendront l'exécution des lois et arrêtés des administrations supérieures. (Décr. 3 brum. an IV, art. 11), I, 39.

Les instituteurs seront choisis par les maires et les conseils municipaux. (Loi 11 flor. an X, art. 3), I, 43.

Tout individu qui se proposera d'ouvrir une école particulière, un pensionnat ou tout autre établissement d'instruction, présentera sa demande, en forme de pétition, au maire de la commune dans laquelle il a le projet de se fixer, ou, s'il s'agit de la commune de Paris, au maire de l'arrondissement dans lequel il a également le projet de s'établir. (Arr. préfect. Seine, 25 pluv. an XII, art. 8), I, 47. — A Paris, le maire, après avoir pris des renseignements sur la réputation et les mœurs du pétitionnaire, adressera la demande, avec son avis, au préfet, et dans les arrondissements ruraux au sous-préfet, qui, ensuite, transmettra le tout au préfet, avec son avis particulier. (Id., art 10), I, 47. — Deux ampliations de l'arrêté contenant autorisation, seront adressées, s'il s'agit des arrondissements ruraux, au sous-préfet, pour les transmettre au maire; et s'il s'agit des arrondissements municipaux de Paris, au maire directement. (Id., art. 13), I, 48.

Notre Ministre de l'intérieur nous soumettra un rapport relatif au mode particulier de surveillance que l'Université pourra exercer sur les maîtres d'école ou sur les instituteurs des écoles primaires. Ce rapport devra proposer les moyens d'accorder, avec la surveillance de l'Université, l'autorité que doivent conserver les préfets, les sous-préfets et les maires sur les maîtres et instituteurs de petites écoles. (Décr. 15 nov. 1811, art. 191), I, 74. — Jusqu'à ce qu'il ait été par nous ultérieurement statué sur les moyens d'assurer et d'améliorer l'instruction primaire dans toute l'étendue de notre empire, les préfets, sous-préfets et maires continueront à exercer leur surveillance sur les écoles, et devront en adresser leur rapport à l'autorité supérieure à eux. (Id., art. 192), I, 74.

Chaque école aura pour surveillants spéciaux le curé ou le desservant de la paroisse et le maire de la commune où elle est établie. (Ordonn. 29 févr. 1816, art. 8), I, 86.

Le maire fera dresser, dans chaque commune, et arrêtera le tableau des enfants qui, ne recevant point ou n'ayant point reçu à domicile l'instruction primaire, devront être appelés aux écoles publiques, d'après la demande de leurs parents. (Ordonn. 29 févr. 1816, art. 17), I, 87.

Les maîtres des écoles fondées ou entretenues par les communes seront présentés par le maire et par le curé ou desservant, à charge par eux de choisir un individu muni d'un certificat de capacité et dont la conduite soit sans reproche. (Ordonn. 29 févr. 1816, art. 20), I, 88. — Si le maire et le curé ou desservant ne s'accordent pas sur le choix, le comité cantonal examinera les sujets présentés par chacun d'eux, et donnera son avis au recteur sur celui qui mérite la préférence. (Id., art. 21), I, 88.

Les préfets, sous-préfets et maires conserveront, dans tous les cas, l'autorité et la surveillance administrative qui leur sont attribuées par les lois et règlements en vigueur. (Ordonn. 29 févr. 1816, art. 41), I, 95.

L'autorité des sous-préfets et des maires remplacera celle qui est attribuée au recteur par l'ordonnance du 29 février 1816, dans les écoles de filles de la Seine. (Arr. préfet. Seine 9 oct. 1819, art. 3, 10, 17, 27, 29, 31, 37, 38), I, 128, 131.

Dans les communes rurales de la Seine, chaque école aura pour surveillants spéciaux le curé ou desservant de la paroisse et le maire de la commune où elle est située. (Arr. préf. Seine 9 oct. 1819, art. 18), I, 129.

A Paris, les maires jouissent, dans les comités cantonaux, de la prérogative des sous-préfets. (Ordonn. 2 août 1820, art. 3), I, 135.

Pour les écoles dotées, soit par les communes, soit par des associations, et dans lesquelles seront admis cinquante élèves gratuits, l'autorisation sera délivrée par un comité dont l'évêque diocésain ou son délégué sera président. Le maire en fera partie. (Ordonn. 8 avr. 182[illegible] art. 8), I, 150.

Chaque comité d'arrondissement sera composé de 9 membres, savoir : un délégué de l'évêque diocésain, ou, à son défaut, le curé de la ville dans laquelle le comité tiendra ses séances ; le maire de la ville..... Le comité sera présidé par le délégué de l'évêque ou par le curé de la ville. (Ordonn. 21 avr. 1828, art. 3), I, 167.

Chaque comité d'arrondissement sera composé de 7 membres. Seront membres de droit de chaque comité, le maire de la commune où le comité tiendra ses séances... (Ordonn. 16 oct. 1830, art. 3), I, 193. — Le maire de la localité préside ; en son absence, l'adjoint. (Id., art. 5), I, 193.

Les écoles situées dans chaque arrondissement de juge de paix seront placées sous la surveillance et la protection d'un comité gratuit composé du maire de la commune chef-lieu, président.... (Proj. loi 20 janv. 1831, art. 2), I, 194. — *Chacun des maires des communes qui composent un arrondissement de justice de paix, aura séance et voix délibérative au comité pour toute affaire intéressant l'instruction primaire de sa commune.* (Id., art. 3), I, 195.

Le maire reçoit le brevet de capacité et le certificat de bonnes vie et mœurs de l'individu qui veut ouvrir une école privée; il vise et donne avis de l'établissement de la nouvelle école au président du comité, au préfet du département, au recteur. (Proj. loi 20 janv. 1831, art. 5), I, 195. — *Le maire délivre les certificats de moralité.* (Id., art. 5), I, 195.

L'instruction primaire est placée sous la protection et la surveillance de l'administration municipale. (Prop. loi 24 oct. 1831, art. 1), I, 220

Chaque comité cantonal sera composé du maire du chef-lieu de canton, président....... (Prop. loi 17 nov. 1832, art. 4), I, 224.

Le maire délivre les certificats de moralité. (Loi 28 juin 1833, art. 4), I, 237. — Cf. Règl. 7 mars 1837, art. 10, I, 454.

Le maire reçoit la déclaration des écoles primaires. (Loi 28 juin 1833, art. 4), I, 237.

Le maire visite ou fait visiter le local destiné à une école primaire privée. (Ordonn. 16 juill. 1833, art. 18), I, 250.

Le maire préside le comité local de surveillance. (Loi 28 juin 1833, art. 17), I, 240. — Le maire du chef-lieu, ou le plus ancien des maires de l'arrondissement, fait partie du comité d'arrondissement. (Id., art. 19), I, 242.

Le maire peut suspendre provisoirement l'instituteur, en cas d'urgence et sur la plainte du comité communal, à la charge de rendre compte dans les vingt-quatre heures au comité d'arrondissement. (Loi 28 juin 1833, art. 21), I, 243.

C'est le maire qui doit juger de la convenance du local accordé à l'instituteur. (Décis. Cons. 2 juin 1837), I, 469.

Le maire qui, sur l'attestation de bonnes vie et mœurs, refuse à l'instituteur le certificat de moralité, doit, par un acte patent, manifester sa détermination. Bien qu'un instituteur ait obtenu de quatre conseillers municipaux l'attestation de bonnes vie et mœurs exigé par l'art. 4 de la loi du 28 juin 1833, il ne peut ouvrir une école primaire, si le maire lui refuse le certificat de moralité prescrit par le même article. (Arr. Cour Douai, 15 fév. 1835.)

Le certificat délivré à un instituteur primaire par un certain nombre de conseillers municipaux, ne peut tenir lieu de celui qu'il appartient exclusivement au maire de délivrer pour autoriser l'ouverture d'une école. (Arr. Cassat. 9 juill. 1835.)

Le certificat de moralité du maire, dont les instituteurs primaires doivent être pourvus, ne peut, sur le refus de ce fonctionnaire de le délivrer, être délivré sur l'attestation de trois conseillers municipaux. (Arr. Cassat. 20 nov. 1835.)

La condition essentielle à la validité du certificat exigé par l'art. 4 de la loi du 28 juin 1833, pour exercer les fonctions d'instituteur primaire, est que le maire concoure avec les trois conseillers municipaux à certifier la moralité de l'impétrant. (Arr. Cour Paris, 23 nov. 1836.)

Le certificat de moralité, émanant du maire, que doit présenter l'instituteur ou l'institutrice primaire qui veut ouvrir une école, est comme non avenu, s'il y a plus de 3 ans de date au moment de sa présentation. (Arr. Cassat. 7 mai 1841.)

Un instituteur autorisé à ouvrir une école sous l'empire de l'ordonnance du 29 février 1816, est tenu, dans le cas où, après trois années d'interruption depuis la loi du 28 juin 1833, il veut rouvrir école, de justifier du certificat de moralité exigé par l'art. 4 de cette loi ; ce n'est pas là donner un effet rétroactif à cette dernière loi. (Arr. Cassat. 22 août 1845.)

La circonstance qu'un instituteur communal, non pourvu du brevet de capacité, a tenu son école au vu et au su de l'autorité locale, et que d'ailleurs la commune est dans l'impossibilité de payer un instituteur breveté, ne saurait autoriser une dérogation à la loi du 28 juin 1833, qui défend, dans un intérêt d'ordre public, l'enseignement sans brevet. L'application de la peine portée en l'art. 6 de la loi du 28 juin 1833 n'est pas subordonnée au cas où l'instituteur qui aurait ouvert une école n'en aurait pas reçu l'autorisation du maire de la commune ; il suffit que, même avec cette autorisation, il y ait défaut du brevet de capacité, pour que la peine soit encourue. (Arr. Cassat. 22 avr. 1837.)

Le maire peut être instituteur privé, mais non instituteur communal. (Décis. Cons. 7 mars 1834). — Cf. Décis. Cons. 5 juill. 1836.

Le maire peut refuser l'approbation des lieux pour une école privée. Il est statué, à cet égard, par le préfet, en conseil de préfecture. (Proj. loi 31 mars 1847, art. 10), I, 702.

Le maire reçoit la déclaration d'ouverture d'école et la fait afficher pendant trois mois à la mairie. (Proj. loi 1er juin 1848, art. 21), II, 20.

Le comité local est composé du maire de la commune ou du plus âgé des maires en cas de réunion de communes, président de droit; des maires des communes réunies...... (Proj. loi 15 déc. 1848, art. 61), II, 55. — *Le comité d'arrondissement est composé du préfet ou sous-préfet, président de droit; du maire du chef-lieu.......* (Id., art. 65), II, 56.

Le maire reçoit la déclaration des instituteurs libres, et la fait afficher, pendant un mois, à la porte de la mairie. (Loi 15 mars 1850, art. 27), II, 129. — Il peut refuser d'approuver le local. (Id., art. 28), II, 129. — Il reçoit les déclarations d'ouverture de pensionnat. (Id., art. 53), II, 137.

Il procède aux formalités de déclaration d'ouverture. (Décr. 7 oct. 1850, art. 1, 2, 3), II, 182.

En cas d'urgence, il peut suspendre provisoirement l'instituteur communal, à charge de rendre compte dans les deux jours au préfet. (Loi 15 mars 1850, art. 33), II, 131.

Lorsqu'un maire croit devoir suspendre, en cas d'urgence, un instituteur communal, il en informe immédiatement l'inspecteur primaire, sans préjudice du compte qu'il doit rendre dans les deux jours au préfet. (Décr. 7 oct. 1850), II, 186.

Le maire est membre du comité des autorités locales. (Loi 15 mars 1850, art. 44), II, 135.

Le maire dresse chaque année, de concert avec les ministres des différents cultes, la liste de gratuité. (Loi 15 mars 1850, art. 45), II, 135. — Il vise le rôle de la rétribution scolaire. (Décr. 7 oct. 1850, art. 22), II, 187.

A Paris, les délégués du conseil départemental se réunissent au moins une fois tous les mois, avec le maire, un adjoint, le juge de paix, un curé de l'arrondissement et un ecclésiastique, ces deux derniers désignés par l'archevêque, et les ministres des cultes non catholiques reconnus, pour s'entendre au sujet de la surveillance locale et pour convenir des avis à transmettre au conseil départemental. (Loi 15 mars 1853, art. 43), II, 135.

Le maire est chargé, sous la surveillance de l'administration supérieure, de la gestion des communes, ainsi que de la surveillance des établissements communaux et de la comptabilité municipale. (Décr. 31 mai 1862, art. 501.)

V. Conseil municipal, Comité, Délégation, École.

MAISON D'ÉCOLE.

V. Bail, Budget, Conseil municipal, Local scolaire.

MAITRE ADJOINT.

V. École normale.

MAITRE DE PENSION.

Les chefs d'institution et les maîtres de pension ne pourront, à l'avenir, être autorisés à joindre à leur établissement une classe primaire où ils recevront des externes, que dans les formes établies pour tous les instituteurs primaires en général. (Arr. 31 août 1818), I, 118.

Les maîtres de pension n'ont droit à aucune allocation sur les fonds de l'instruction primaire. (Décis. Cons. 31 déc. 1833), I, 288.

Deux personnes associées ne peuvent obtenir chacune un diplôme de maître de pension pour le même établissement. (Décis. Cons. 11 juill. 1837), I, 473.

Un maître de pension, autorisé en même temps à tenir une école primaire, ne peut pas concourir avec les instituteurs pour les récompenses honorifiques affectées à l'instruction primaire. (Décis. Cons. 17 nov. 1843), I, 651.

V. Brevet, École, Instituteur, Pensionnat.

MAITRESSE D'ÉTUDES.

Aucune personne, fille, mariée ou veuve, ne pourra être sous-maîtresse ou maîtresse d'études dans une pension ou dans une institution du département de la Seine, avant seize ans accomplis. (Arr. 7 mars 1837, art. 16), I, 455.

Les aspirantes doivent justifier d'un brevet comprenant : l'instruction morale et religieuse, la langue française, et à un degré suffisant, la calligraphie, l'arithmétique, l'histoire et la géographie, la cosmographie, les éléments de littérature, les notions élémentaires de physique et d'histoire naturelle, les travaux d'aiguille, une langue vivante, le dessin, la musique. (Arr. 7 mars 1837, art. 17), I, 455. — Le brevet est délivré par la commission instituée pour la délivrance des diplômes de maîtresse de pension et d'institution. (Id., art. 18), I, 456. — A la fin de chaque session, la commission d'examen dresse, par ordre de mérite, la liste des postulantes reçues. Cette liste est envoyée au préfet de la Seine et au Ministre. Le préfet la communique aux maîtresses de pension ou d'institution. (Id., art. 19), I, 456. — La postulante pourvue d'un brevet de sous-maîtresse ne peut devenir maîtresse qu'après un nouvel examen. (Id., art. 20), I, 456.

Les examens seront, à l'avenir, l'objet de quatre sessions annuelles : 3 janvier, 1er avril, 1er juillet, 15 octobre. (Règl. 21 mars 1848, art. 1), II, 4. — Le durée des épreuves est ainsi fixée : dictée et composition, une heure, et un quart d'heure pour chacune des facultés. (Id., art. 3), II, 5. — Le jury, présidé par un membre du conseil municipal, se compose de deux vice-présidents, membres de l'Université, et de huit examinateurs. Il sera, en outre, adjoint au jury six dames assistantes, qui siégeront à tour de rôle, mais qui ne participeront ni aux examens, ni aux délibérations de la commission. Les dames assistantes seront chargées de tenir le registre des procès-verbaux. La présence de cinq membres est indispensable pour la validité des examens. (Id., art. 5), II, 5. — Il sera préparé, pour chacune des parties de l'enseignement, des programmes contenant un certain nombre de questions qui seront tirées au sort par les aspirantes. (Id., art. 7), II, 6.

A l'avenir, il n'y aura que trois séances annuelles pour les examens des aspirantes au diplôme de maîtresse d'études : 1er février, 1er juin, 15 octobre. (Régl. 13 avr. 1849, art. 1), II, 74. — Six dames adjointes, nommées par le Ministre, sur la présentation du préfet et choisies parmi les inspectrices de l'instruction secondaire et de l'instruction primaire, assisteront aux examens avec voix délibérative, et seront chargées spécialement d'examiner les aspirantes sur les travaux d'aiguille. (Id., art. 4), II, 75. — Il est expressément défendu aux membres du jury d'examen et aux dames adjointes de préparer des candidats, sous peine d'exclusion. (Id., art. 6), II, 75. — L'examen du brevet d'aptitude au diplôme de sous-maîtresse, comprend la lecture en français et en latin, l'écriture, la grammaire française (dictées sur les difficultés de la langue, rédaction sur un sujet donné, principes de la grammaire, analyse grammaticale et logique), arithmétique (théorique et pratique), l'histoire sainte (Ancien Testament, Nouveau Testament, et histoire de l'Église jusqu'à Clovis), les travaux d'aiguille. (Id., art. 9), II, 75.

Les diplômes de sous-maîtresse ou maîtresse d'études, ne donnent point le droit de tenir des écoles primaires, soit élémentaires soit supérieures. Pour tenir une école primaire, il faut avoir subi l'examen et reçu le brevet de capacité spécial. (Décis. Cons. 21 avr. 1843), I, 638.

V. Brevet, Examen, Maîtresse d'institution, Maîtresse de pension.

MAITRESSE DE PENSION.

Les maîtresses de pension sont maintenues sous la surveillance des préfets. (Ordonn. 31 oct. 1821, art. 1 et 2), I, 146. — Les maîtresses et sous-maîtresses doivent être pourvues de l'autorisation du préfet. (Id., art. 2 et 3), I, 146. — L'autorisation, légalement donnée par le préfet, ne pourra être retirée qu'avec l'assentiment du Ministre de l'intérieur. (Id., art. 4), I, 146. — Les maîtresses dont les pensions auraient été ouvertes sans autorisation ou qui continueraient de l'être après que l'autorisation aura été retirée, seront poursuivies pour contravention aux règlements de police, sans préjudice de peines plus graves. Le préfet et le procureur du roi s'entendront pour que les enfants soient rendus à leurs parents. (Id., art. 5 et 6), I, 146.

Aucune personne, fille, mariée ou veuve, ne pourra être maîtresse de pension avant 25 ans accomplis. Elle doit adresser au préfet une pétition visée par l'un des deux inspecteurs et envoyée au sous-préfet ou au maire qui la transmettra. Pièces à produire : extrait d'acte de naissance, d'acte de mariage et, s'il y a lieu, de décès du mari; certificat délivré par le maire sur l'attestation de trois témoins; diplôme délivré par une commission spéciale; règlement de la discipline et programme. Le préfet, après vérification des pièces, délivre l'autorisation. L'impétrante la présente au maire qui la vise et l'inscrit sur un registre spécial. L'établissement ne peut être ouvert avant ces formalités. En cas de transfèrement, une nouvelle autorisation du préfet est nécessaire. (Arr. 7 mars 1837, art. 5, 8, 9, 10, 11, 13, 14 et 15), I, 453.

Les examens seront à l'avenir l'objet de quatre sessions annuelles : 3 janvier, 1er avril, 1er juillet, 15 octobre. (Règl. 21 mars 1848, art. 1), II, 4. — La durée des épreuves est ainsi fixée : dictée et composition, une heure, et un quart d'heure pour chacune des facultés. (Id., art. 3), II, 5. — Le jury, présidé par un membre du conseil municipal, se compose de deux vice-présidents, membres de l'Université, et de huit examinateurs. Il sera, en outre, adjoint au jury six dames assistantes qui siégent à tour de rôle, mais qui ne participent ni aux examens, ni aux délibérations de la commission. Les dames assistantes sont chargées de tenir le registre des procès-verbaux. La présence de cinq membres est indispensable pour la validité des examens. (Id., art. 5), II, 5. — Il sera préparé, pour chacune des parties de l'enseignement, des programmes contenant un certain nombre de questions qui seront tirées au sort par les aspirantes. (Id., art. 7), II, 6.

A l'avenir, il n'y aura que trois sessions annuelles pour les examens des aspirantes aux diplômes de maîtresse de pension : 1er février, 1er juin, 15 octobre. (Arr. 13 avr. 1849, art. 1),

II, 74. — Six dames adjointes nommées par le Ministre, sur la présentation du préfet et choisies parmi les inspectrices de l'instruction secondaire et de l'instruction primaire, assisteront aux examens avec voix délibérative et seront chargées d'examiner spécialement les aspirantes sur les travaux d'aiguille. (Id., art. 4), II, 75. — Il est expressément défendu aux membres du jury d'examen et aux dames adjointes de préparer des candidats, sous peine d'exclusion. (Id., art. 6), II, 75. — L'examen du brevet d'aptitude au diplôme de sous-maîtresse comprend la lecture en français et en latin, l'écriture, la grammaire française, l'arithmétique, l'histoire sainte, l'histoire de France jusqu'en 1815, les éléments de physique et d'histoire naturelle. (Id., art. 9), II, 76.

Une maîtresse de pension peut annexer à son établissement un externat primaire, sans être pourvue du brevet de capacité exigé des institutrices primaires. (Décis. Cons. 2 juin 1837), I, 467.

Les diplômes de maîtresse de pension ne donnent point le droit de tenir des écoles primaires, soit élémentaires, soit supérieures. Pour tenir une école primaire, il faut avoir subi l'examen et reçu le brevet de capacité spécial. (Décis. Cons. 21 avr. 1843), I, 638.

Les règlements et prospectus des pensions de filles doivent être revêtus de l'approbation du préfet. (Décis. Cons. 8 août 1837), I, 476.

Toute maîtresse de pension qui voudra céder son établissement devra en faire la déclaration et désigner la personne qui doit la remplacer, sous peine de déchéance de son autorisation. L'autorisation d'exercer sera délivrée à la remplaçante par le préfet. (Décis. Cons. 15 avr. 1842), I, 597.

Pour obtenir l'autorisation de faire un cours public qui porte sur les connaissances comprises dans l'instruction donnée par les pensions de demoiselles, il faudra justifier du diplôme de maîtresse d'institution. (Décis. Cons. 21 févr. 1843), I, 634.

Les dames inspectrices ont le droit exclusif de visiter les

pensions, sauf l'exception en faveur des membres des comités qui sont en même temps autorités civiles ou ecclésiastiques. (Décis. Cons. 8 août 1837), I, 477.

Il est formellement interdit aux maîtresses de pension dans le département de la Seine, de recevoir des dames en chambre dans les établissements qu'elles dirigent. (Arr. préfect. 6 sept. 1845), I, 665.

Le règlement pour les pensions de filles, dans le département de la Seine, est applicable au département de Loir-et-Cher. (Décis. Cons. 1er juin 1837), I, 467.

V. Maîtresse d'institution, Maîtresse de pension, Sous-Maîtresse.

MANUFACTURES.

La loi du 15 mars 1850, qui défend d'ouvrir une école d'apprentis sans autorisation du conseil départemental, a entendu désigner par cette qualification d'apprentis, non point seulement les jeunes ouvriers qui, en vertu d'un contrat d'apprentissage, s'obligent à travailler pour leur maître aux conditions et pendant un temps convenu, mais toute personne qui apprend un métier. En conséquence, elle s'applique même à de jeunes enfants, âgés d'une douzaine d'années, employés dans les manufactures, usines ou ateliers. De ce que la loi du 15 mars 1850 défend d'ouvrir une école d'apprentis ou d'adultes sans autorisation du conseil départemental, il ne s'ensuit point qu'il soit interdit à un instituteur primaire privé de recevoir des apprentis dans son école commune, aux cours communs et aux heures habituelles. (Arr. Cour Douai, 14 avr. 1856.)

V. Apprenti.

MATIÈRES DE L'ENSEIGNEMENT.

V. Enseignement.

MÉDAILLE.

Il sera fait annuellement, par notre Trésor royal, un fonds de

50,000 fr., pour être employé par la commission d'instruction publique, soit à..., soit à récompenser les maîtres qui se seront le plus distingués par l'emploi des bonnes méthodes. (Ordonn. 29 févr. 1816, art. 35), I, 89.

Il est créé des médailles d'encouragement en faveur des instituteurs qui se seront distingués par la tenue de leurs écoles, les progrès de leurs élèves et la supériorité de leurs méthodes. A Paris, ces médailles seront décernées par la commission de l'instruction publique, et distribuées avec les prix du concours des colléges royaux. (Arr. 5 juin 1818), I, 116.

Il sera distribué des médailles d'argent et de bronze dans chaque Académie, sur la proposition du Conseil académique. La remise en sera faite publiquement aux instituteurs. (Arr. 7 févr. 1829, art. 1 à 3), I, 173.

A l'avenir, les médailles et mentions seront décernées chaque année par une délibération du Conseil académique, approuvée du Ministre, sur les propositions du conseil d'arrondissement et sur le rapport spécial de l'inspecteur primaire. (Arr. Cons. 28 avr. 1837, art. 1), I, 462. — Il pourra être accordé, par département, une médaille d'argent, trois médailles de bronze, six mentions honorables. (Id., art. 2), I, 463.

Il sera distribué, dans chaque département, une médaille en argent, deux médailles de bronze, quatre mentions honorables, aux surveillants et aux surveillantes des salles d'asile qui se seront distingués; l'inspecteur primaire fait ses propositions au recteur qui les présente au Conseil académique, et les soumet à l'approbation du Ministre. La remise est faite publiquement par la dame déléguée spéciale pour les salles d'asile. (Arr. Cons. 9 févr. 1838, art. 1 à 4), I, 501.

Les récompenses des instituteurs sont : 1° la promotion à une classe ou à un emploi supérieur ; 2° les distinctions honorifiques décernées par le Ministre, sur le rapport du conseil de perfectionnement. (Proj. loi 1er juin 1848, art. 45), II, 24. — *Les mêmes dispositions sont applicables aux institutrices et institutrices adjointes.* (Id., art. 46), II, 25.

Il y aura pour les instituteurs des récompenses honorifiques qui seront décernées par un règlement du Ministre de l'instruction publique. (Prop. loi 15 déc. 1848, art. 82), II, 60.

Le Conseil académique (départemental) donne son avis au recteur (préfet), sur les récompenses à accorder aux instituteurs primaires. (Loi 15 mars 1850, art. 15), II, 125.

Les médailles et les mentions honorables seront décernées aux instituteurs, institutrices et directrices de salles d'asile dans chaque département, sur la proposition du préfet, après avis du conseil départemental et du recteur de l'Académie. (Arr. 7 juill. 1858, art. 1), II, 464. — Il pourra être accordé chaque année par département : 1° une médaille d'argent pour cinq cents instituteurs et au-dessous, l'excédant du chiffre de cinq cents ne devant pas être compté, et deux médailles de même nature, lorsque le nombre des instituteurs s'élèvera à huit cents; une médaille de bronze pour trois cents instituteurs; une mention honorable pour cent instituteurs; 2° une médaille d'argent pour trois cents instituteurs et au-dessous, l'excédant du chiffre de deux cents ne devant pas être compté; deux médailles de même nature, lorsque le nombre des instituteurs s'élèvera à six cents; une médaille de bronze pour cent cinquante institutrices et au-dessous, les excédants ne devant pas être comptés; une mention honorable pour quatre-vingts et au dessous (même observation); 3° une mention honorable et une médaille de bronze ou une d'argent pour vingt directrices d'asile et au-dessous; deux mentions honorables ou deux médailles de bronze pour cinquante directrices. La médaille d'argent ne pourra être accordée que tous les deux ans, si le nombre des directrices ne dépasse pas cinquante. (Id., art. 12), II, 464. — Nul instituteur, nulle institutrice ou directrice d'asile ne pourra obtenir une mention honorable, sans avoir exercé comme titulaire pendant cinq ans au moins. Nul ne pourra obtenir la médaille de bronze, s'il n'a reçu la mention honorable depuis deux années au moins. Nul ne pourra obtenir la médaille d'argent, s'il n'a reçu la médaille de bronze depuis deux années au moins. (Id., art. 3), II, 465.

V. Distinction honorifique, Mention spéciale.

MÉDECIN.

Il est établi près des écoles primaires et des salles d'asile de

Paris une surveillance médicale, de telle sorte qu'il y ait un médecin pour chaque réunion de deux ou trois établissements. Tout médecin visitera au moins une fois par semaine chaque établissement. Il examinera chaque élève nouvellement admis, s'assurera qu'il a été vacciné, surveillera les affections contagieuses et consignera ses observations sur un registre spécial. (Arr. Cons. 20 déc. 1842), I, 626.

Un médecin, nommé par le préfet sur une présentation de trois candidats faite par le maire, sera attaché à chaque école communale de garçons et à chaque école communale de filles à Paris. Il visitera une fois par semaine l'établissement et constatera l'état de santé des enfants et de salubrité de l'école. (Arr. Cons. 19 mai 1843, art. 1), I, 644. — D'autres médecins, délégués par le maire de chaque arrondissement, après avis du comité local, seront chargés de l'inspection à l'égard de deux ou trois écoles privées de garçons et de filles. (Id., art. 2), I, 645. — Tout médecin qui sera resté un mois sans faire ses visites, sera réputé démissionnaire et remplacé. (Id., art. 4), I, 645.

Un médecin, nommé par le préfet sur une présentation de trois candidats faite par le maire de l'arrondissement, de concert avec les dames inspectrices, sera attaché à chacune des salles d'asile communales de Paris. Il constatera, deux fois par semaine, l'état de santé des enfants et de salubrité des salles d'asile. (Arr. Cons. 19 mai 1843, art. 3), I, 645. — Tout médecin qui, sans excuse valable, sera resté un mois sans faire des visites, sera réputé démissionnaire et remplacé. (Id., art. 4), I, 645.

Un ou plusieurs médecins, nommés par le maire, visitent, au moins une fois par semaine, les salles d'asile publiques. Chaque médecin inscrit ses observations et ses prescriptions sur un registre particulier. (Décr. 21 mars 1855, art. 16) II, 377.

MENTION HONORABLE.

V. Médaille.

MENTION SPÉCIALE.

Les conseils départementaux, en arrêtant la liste de présentation des instituteurs, institutrices et directrices de salles d'asile proposés pour des mentions honorables et des médailles, pourront proposer, en outre, au Ministre, d'accorder une mention spéciale aux instituteurs adjoints, aux institutrices adjointes et aux sous-directrices de salles d'asile déjà pourvus du brevet de capacité ou du certificat d'aptitude, et comptant quatre années au moins d'exercice, qui se seront distingués par leur zèle, les résultats de leur collaboration et leurs qualités morales. (Arr. 7 mai 1862, art. 1). — A partir de la date de la mention spéciale, les années d'exercices dans les fonctions d'adjoint, d'adjointes ou de sous-directrice, compteront, à ceux qui l'auront obtenue, au nombre des années exigées des instituteurs, institutrices et directrices de salles d'asile pour l'obtention des mentions honorables et des médailles à décerner aux instituteurs, aux institutrices et aux directrices de salles d'asile. (Id., art. 2.)

MESURE DU TEMPS.

Les élèves s'exercent à l'usage de la mesure du temps. (Décr. 30 vendém. an II), I, 20.

V. Matières de l'enseignement.

MÉTHODE.

L'Assemblée nationale met au rang des bienfaits publics les méthodes propres à agrandir et à perfectionner les facultés principales de l'homme. (Proj. loi sept. 1791, ch. XV), I, 6.

Il sera composé des livres élémentaires, qui devront être

enseignés dans les écoles primaires. Ces livres seront rédigés d'après la meilleure méthode d'enseignement que les progrès des sciences nous indiquent. (Décr. 22 frim. an I), I, 9. — Outre ces livres pour les élèves, il en sera fait d'autres qui serviront de guide aux instituteurs. Ceux-ci contiendront les principes sur la méthode d'enseignement. (Id., ibid), I, 9.

Le Ministre de l'intérieur appellera près de lui les personnes qui méritent d'être consultées sur les meilleures méthodes d'éducation primaire. Il examinera ces méthodes, décidera et dirigera l'essai de celles qu'il jugera devoir être préférées. (Décr. Cons. 1815, art. 1), I, 83.

La commission de l'instruction publique indiquera les méthodes à suivre dans l'instruction primaire et les moyens dont les maîtres devront en faire usage. (Ordonn. 29 févr. 1816, art. 30), I, 89. Les personnes ou les associations qui entretiendront à leurs frais des écoles ne pourront y établir des méthodes et des règlements particuliers. (Id., art. 31), I, 89.

Les brevets du 2e degré sont accordés à ceux qui possèdent bien l'orthographe, la calligraphie et le calcul, et qui sont en état de donner un enseignement simultané, analogue à celui des frères des Écoles chrétiennes. (Ordonn. 29 février 1816, art. 11), I, 86.

Il sera fait annuellement, par notre Trésor royal, un fonds de 50,000 fr. pour être employé par la commission d'instruction publique, soit à composer ou à imprimer des ouvrages propres à l'instruction populaire, soit à établir temporairement des écoles modèles dans les pays où les bonnes méthodes n'ont pas encore pénétré, soit à récompenser les maîtres qui se sont le plus distingués par l'emploi de ces méthodes. (Ordonn. 29 févr. 1816, art. 35), I, 89.

Dans les grandes communes, on favorisera, autant qu'il sera possible, la réunion de plusieurs classes sous un seul maître et plusieurs adjoints, afin de former un certain nombre de jeunes gens dans l'art d'enseigner. (Ordonn. 29 févr. 1816, art. 39), I, 93.

L'étude des procédés, pour enseigner à lire et à écrire, fait partie des examens du brevet de capacité. (Instruct. 14 juin 1816), I, 97.

La méthode d'enseignement mutuel est autorisée dans les écoles primaires. (Instruct. 27 juin 1816), I, 102. — Elle ne doit pas être dénaturée. (Instruct. 11 déc. 1817), I, 105, note. — Elle est soumise à la juridiction de l'Université. (Instruct. 1er juill. 1819), I, 105, note.

Une somme de 2,400 fr. est affectée à l'encouragement de la méthode d'enseignement mutuel et imputée sur le fonds de 20,000 fr. destiné à l'encouragement de l'instruction primaire pour la présente année. (Arr. 22 juill. 1817, art. 2), I, 113.

Le perfectionnement du mode d'enseignement et de l'instruction des maîtres devant être un des objets principaux des soins des comités, ils s'efforceront d'obtenir dans chaque chef-lieu de canton au moins une école dirigée par la méthode des frères ou d'après celle de l'enseignement mutuel, pour que les maîtres des autres communes puissent y trouver des exemples de ces méthodes et les employer ensuite dans leurs écoles. (Arr. 25 sept. 1819, art. 11), I, 191.

Chaque année, il sera porté au budget de l'État une somme spécialement destinée à encourager l'instruction primaire. Elle sera employée : 1° à donner des secours aux communes qui se trouveraient dans l'impossibilité absolue de se procurer des moyens d'enseignement, et principalement à fonder des écoles préparatoires. (Ordonn. 14 févr. 1830, art. 11 et 12), I, 191.

Les procédés pour l'enseignement de la lecture et de l'écriture sont compris dans les examens du brevet de capacité. (Ordonn. 19 juill. 1833, art. 18), I, 257.

L'examen du brevet de capacité nécessaire aux institutrices, comprend l'exposition des principes d'éducation et des diverses méthodes d'enseignement. (Arr. 28 juin 1836, art. 1), I, 401.

Les méthodes, dans les écoles publiques, sont soumises à la surveillance des comités. (Décis. Cons. 25 févr. 1834), I, 302.

Tout élève doit se conformer à la méthode adoptée par l'instituteur, quand même cette méthode ne serait pas au gré des parents. (Décis. Cons. 5 janv. 1838.)

Dans les écoles privées, les instituteurs doivent avoir pleine et entière liberté sur le choix des méthodes. (Décis. Cons. 25 févr. 1834), I, 302.

Dans toutes les écoles qu'il visitera, l'inspecteur portera son attention sur l'enseignement et les méthodes. (Arr. 27 févr 1835, art. 2), I, 355.

Durant les premiers mois du cours normal, les élèves-maîtres sont exercés à la pratique des meilleures méthodes d'enseignement, dans une ou plusieurs classes annexées à l'École normale. (Ordonn. 14 déc. 1832, art. 3), I, 229.

L'examen des candidats aux emplois de sous-inspecteurs primaires porte sur les différents modes et méthodes d'enseignement. (Règl. 10 mai 1846, art. 5), I, 678.

L'inspection des écoles libres ne peut porter sur l'enseignement que pour vérifier s'il n'est pas contraire à la morale, à la Constitution et aux lois. (Loi 15 mars 1850, art. 21) II, 127.

Il sera ouvert chaque année, au budget de l'instruction publique, un crédit pour encourager les auteurs de livres ou de méthodes. (Loi 15 mars 1850, art. 56), II, 138.

L'examen des candidats aux fonctions d'inspecteur, comprendra des interrogations sur les méthodes d'enseignement. (Arr. 16 déc. 1850, art. 5), II, 195.

Les élèves-maîtres seront exercés à la pratique des méthodes d'enseignement dans les écoles primaires qui seront annexées aux Écoles normales. (Décr. 24 mars 1851, art. 4), II, 225.

Le recteur propose au Ministre les mesures propres à améliorer les méthodes d'enseignement dans les Écoles normales primaires et dans les écoles primaires publiques. (Décr. 22 août 1854, art. 21), II, 365.

Les élèves-maîtres sont exercés à la pratique des méthodes d'enseignement dans les écoles primaires annexées aux Écoles normales. (Décr. 2 juill. 1866, art. 5), II, 589.

Des questions sur les procédés d'enseignement des diverses matières comprises dans le programme obligatoire seront adressées aux candidats. (Règl. 3 juill. 1866, art. 15), II, 600.

MINISTRE DES AFFAIRES ECCLÉSIASTIQUES ET DE L'INSTRUCTION PUBLIQUE.

Les affaires ecclésiastiques et l'instruction publique sont dirigées par un Ministre. Ce Ministre exerce les fonctions de grand maître, sauf en ce qui touche les facultés de théologie protestante, lesquelles sont placées sous la surveillance d'un membre du conseil royal. (Ordonn. 26 août 1824, art. 1 et 2), I, 151.

MINISTRE DE L'INSTRUCTION PUBLIQUE.

A l'avenir, l'instruction publique ne fera plus partie du Ministère des affaires ecclésiastiques. (Ordonn. 4 janv. 1828, art. 2), I, 165.

L'instruction publique sera dirigée par un Ministre secrétaire d'État. (Ordonn. 10 févr. 1828, art. 1), I, 166. — Il exercera les fonctions de grand maître de l'Université de France. (Id., art. 2), I, 166.

Le Ministre de l'instruction publique peut, dans le même arrondissement, établir plusieurs comités, suivant la population et les besoins des localités. (Ordonn. 21 avr. 1828, art. 2), I, 167. — Il reçoit l'avis du recteur sur les demandes de recevoir des pensionnaires. (Id., art. 14), I, 169. — Toute décision autre que le retrait du brevet de capacité est sujette à recours devant lui. (Id., art. 19), I, 170.

Les membres notables des comités d'arrondissement sont nommés par le recteur, de concert avec le préfet, sauf approbation du Ministre. (Ordonn. 16 oct. 1830, art. 3), I, 193.

Le Ministre de l'instruction publique, sur le rapport du comité d'arrondissement, peut dissoudre un comité local de surveillance et le remplacer par un comité spécial dans lequel personne n'est compris de droit. (Loi 28 juin 1833, art. 17), I, 241. — Il détermine la circonscription des comités. (Id., art. 18), I, 242. — Il nomme le chef d'institution et le maître de pension qui font partie du comité. (Id., art. 19), I, 246. — Il peut convoquer extraordinairement le comité. (Id., art. 20), I, 242. — Il reçoit chaque année des comités l'état de situation de toutes les écoles primaires du ressort. (Id., art 22), I, 243.

Les instituteurs communaux doivent être institués par le Ministre. (Loi 28 juin 1833, art. 22), I, 244. — Le Ministre reçoit le pourvoi des instituteurs révoqués. (Id., art. 23), I, 244. — Les commissions d'examen délivrent les brevets, sous l'autorité du Ministre. (Id., art. 25), I, 244. — Les examens ont lieu à des époques déterminées par le Ministre. (Id., art. 25), I, 244. — Dans le cas où les circonstances locales le permettent, le Ministre, après avoir entendu le conseil municipal, peut autoriser, à titre d'écoles communales, des écoles plus particulièrement affectées à l'un des cultes reconnus par l'État. (Id., art. 9), I, 238.

Le Ministre nomme le directeur de l'École normale sur la présentation du préfet du département et du recteur de l'Académie. (Ordonn. 14 déc. 1832, art. 5), I, 230. — Cf. Ordonn. 11 mars 1831, art. 2, I, 200. — Il est avisé de l'exclusion des élèves-maîtres. (Id., art. 26), I, 234.

Les inspecteurs primaires sont nommés par le Ministre. (Ordonn. 26 févr. 1835, art. 3), I, 354 — Les sous-inspecteurs sont nommés par le Ministre, le conseil royal entendu. (Ordonn. 13 févr. 1837, art. 4), I, 744.

Le Ministre nomme, sur la présentation du recteur, l'instituteur primaire communal qui doit faire partie de la commission de surveillance pour la caisse d'épargne. (Ordonn. 13 févr. 1838), I, 503.

Le Ministre peut autoriser une dérogation aux engagements contractés par les communes ou par les conseils généraux. (Prop. loi 31 mars 1847, art. 9), I, 702. — *Il autorise les livres à employer dans les écoles communales.* (Id., art. 12), I, 703. — *En cas de dissentiment pour la nomination de l'instituteur entre le conseil municipal et le conseil d'arrondissement, le Ministre nomme.* (Id., art. 18), I, 704. — *Les instituteurs communaux ne sont institués à titre définitif par le Ministre, que lorsqu'ils sont entrés dans leur 25e année. Il les autorise jusque-là à titre provisoire.* (Id., art. 19), I, 704. — *Les écoles communales et les écoles privées lui sont toujours ouvertes.*

(Id., art. 20), I, 704. — *L'admission à la retraite est prononcée par le Ministre.* (Id., art. 29), I, 706. — *Le titre d'instituteur émérite peut être conféré par le Ministre à tout instituteur communal admis à la retraite après trente ans de service.* (Id., art. 29), I, 706.

Dans toute école publique, l'instituteur est nommé par le Ministre de l'instruction publique, sur la présentation du conseil municipal. (Proj. loi 1er juin 1848, art. 7), II, 18. — *La promotion d'une classe à l'autre des instituteurs est arrêtée par le Ministre.* (Id., art. 9), II, 18. — *Le Ministre décide la création des maîtres adjoints, sur la proposition du comité central.* (Id., art. 16), II, 19. — *Il peut autoriser les communes de moins de 300 âmes à se réunir à une ou plusieurs communes voisines pour l'entretien d'une école.* (Id., art. 19), II, 19. — *Dix membres du comité central sont nommés, moitié par le conseil général du département, moitié par le Ministre.* (Id., art. 32), II, 22. — *Le conseil de perfectionnement adresse chaque année un rapport au Ministre.* (Id., art. 35), II, 22. — *Les inspecteurs primaires sont nommés par le Ministre.* (Id., art. 36), II, 22. — *Les inspecteurs généraux font un rapport annuel au Ministre et lui signalent les enfants dignes d'être adoptés par l'État.* (Id., art. 39), II, 23. — *Les huit membres des commissions d'examens sont nommés moitié par le Ministre, moitié par le conseil général.* (Id., art. 40), II, 24. — *Le Ministre détermine l'époque des examens.* (Id., art. 40), II, 24. — *Les révocations des instituteurs sont prononcées par le Ministre.* (Id., art. 44), II, 24. — *Il décerne les récompenses honorifiques.* (Id., art. 45), II, 25.

Le Ministre peut, avec l'avis du préfet, déterminer les communes où il y a lieu d'ouvrir une salle d'asile. (Prop. loi 15 déc. 1848, art. 5), II, 44. — *Le Ministre peut autoriser, à titre d'écoles communales, des écoles plus particulièrement affectées à l'un des cultes reconnus par l'État.* (Id., art. 13), II, 45. — *En cas de conflit, le Ministre nomme l'instituteur.* (Id., art. 20), II, 47. — *Le Ministre peut dispenser les départements d'entretenir une École normale primaire de garçons.* (Id. art. 39), II, 50. — *Il règle tout ce qui concerne les cours spéciaux de perfectionnement.* (Id., art. 43), II, 51. — *Il autorise les livres à employer dans les écoles.* (Id., art. 47), II, 51. — *Le Ministre désigne le proviseur, principal de collége, directeur d'École normale, professeur, régent, etc., qui fait partie du comité d'arrondissement.* (Id., art. 65), II, 56. — *Il reçoit chaque année le rapport du conseil d'arrondissement.* (Id., art. 68), II, 57. — *Il nomme les inspecteurs et sous-inspecteurs.* (Id., art. 72), II, 58. — *Il approuve les règlements faits par les comités d'arrondissement*. (Id., art. 75), II, 58. — *Il adresse chaque année à l'Assemblée nationale un rapport*. (Id., art. 74). II, 58. — *Il nomme trois des membres des commissions d'examen*. (Id., art. 76), II, 59. — *Il a le droit d'appel à l'égard des jugements de comité d'arrondissement*. (Id., art. 79), II, 59. — *Il prononce les admissions des instituteurs à la retraite*. (Id., art. 88), II, 61.

Le Ministre préside le conseil de l'instruction nationale. (Prop. loi 5 févr. 1849, art. 2), II, 66. — *Il nomme les membres de la section de l'enseignement public*. (Id., art. 4), II, 66. — *Il nomme les inspecteurs généraux*. (Id., art. 11), II, 68.

Le Ministre nomme les trois membres de l'enseignement libre qui font partie du conseil supérieur. (Loi 15 mars 1850, art. 1), II, 121. — Les membres de la section permanente sont révoqués sur sa proposition. (Id., art. 2), II, 121. — Le Ministre peut convoquer le conseil en session extraordinaire. (Id., art. 4), II, 121.

Il nomme au Conseil académique les ministres des églises protestantes. (Id., art. 10), II, 123. — Il nomme les inspecteurs d'Académie et l'inspecteur primaire appelés à siéger au Conseil académique de la Seine. (Id., art. 11), II, 124. — Il nomme les inspecteurs d'Académie. (Id., art. 19), II, 126. — Il nomme les inspecteurs primaires, après avis du Conseil académique. (Id., art. 20), II, 127. — Il peut supprimer les Écoles normales, en conseil supérieur, sur le rapport du Conseil académique. (Id., art. 35), II, 132. — Il peut, sur la proposition du conseil départemental et sur l'avis conforme du conseil supérieur, accorder des dispenses de stage. (Id., art. 35), II, 132.

Il convoque et préside le conseil supérieur. (Décr. 29 juill. 1850, art. 3), II, 163. — Il nomme le rapporteur des affaires à soumettre à ce conseil; il notifie les décisions prises. (Id., art. 4, 5, 7), II, 163. — A moins d'une autorisation spéciale, il ne peut être donné communication des procès-verbaux qu'aux membres du conseil supérieur. Les avis du conseil ne peuvent être publiés qu'avec l'autorisation du Ministre. (Id., art. 10 et 11), II, 164. — Il dresse la liste des candidats aux emplois d'inspecteur supérieur; le conseil supérieur donne son avis sur cette liste avant la nomination. (Id., art. 34), II, 170. — Il nomme les inspecteurs de l'enseignement primaire choisis sur une liste dressée par le recteur, après avis du Conseil académique. (Id., art. 35), II, 170.

Il peut, sur l'avis du Conseil académique de l'instruction publique, autoriser les inspecteurs primaires à accepter les fonctions d'inspecteur, soit des enfants trouvés abandonnés, soit des enfants employés dans les manufactures. (Id., art. 36), II, 170.

Il nomme par délégation les inspecteurs généraux, les recteurs, les inspecteurs d'Académie, les inspecteurs de l'enseignement primaire. (Décr. 9 mars 1852, art. 3), II, 273.

Le Ministre peut convoquer le conseil supérieur extraordinairement, en outre de ses sessions régulières. (Décr. 22 août 1854, art. 14), II, 363.

Il répartit chaque année, pour les diverses Académies, le crédit jugé nécessaire pour les frais de tournées des inspecteurs primaires. (Arr. 14 août 1855, art. 1), II, 400. — Cf. Arr. 3 janv. 1851, art. 1, II, 205. — Il ordonnance tous les trois mois, au nom de chaque préfet, la somme nécessaire pour assurer le service de l'inspection, pendant le trimestre suivant, dans les départements. (Id., art. 3), II, 403.

Il autorise, après avis du conseil supérieur, les étrangers admis à jouir des droits civils en France, à exercer dans les établissements libres d'instruction primaire une fonction de surveillance ou d'enseignement. (Décr. 5 déc. 1850, art. 1), II, 189. — Il peut toujours retirer cette autorisation. (Id., art. 6), II, 190. — Il accorde des dispenses aux étrangers. (Id., art. 4), II, 190.

Le directeur de l'École normale est nommé par le Ministre. (Décr. 24 mars 1851, art. 6), II, 226. — Il nomme les maîtres adjoints sur la proposition du recteur. (Id., art. 8), II, 226. — Tous les ans, il reçoit de la commission de surveillance un rapport sur l'état et le personnel de l'école; du recteur, un rapport sur tout ce qui concerne les élèves et la discipline. (Id., art. 14), II, 228. — Chaque année, il détermine le nombre des élèves-maîtres qui peuvent être admis. (Id., art. 15), II, 226. — Lorsque l'exclusion d'un élève est prononcée, le Ministre en est immédiatement informé. (Id., art. 24), II, 231.

Le directeur de l'École normale est nommé par le Ministre. (Décr. 2 juill. 1866, art. 6), II, 589. — Il nomme les maîtres adjoints. (Id., art. 7), II, 589. — Il reçoit tous les ans, au mois de juillet, un rapport de la commission de surveillance sur l'état et le personnel de l'école ; un rapport du recteur, sur la discipline et les études. (Id., art. 12), II, 591. — Il détermine chaque année, sur l'avis du conseil départemental de l'instruction publique, le nombre des élèves-maîtres qui peuvent être admis à l'École normale, soit à leurs frais, soit aux frais du département et des communes, soit aux frais de l'État. (Id., art. 13), II, 591.— Les boursiers qui, par leur fait, sortiraient de l'école avant la fin du cours, sont tenus au remboursement, sauf dispense du Ministre, accordée après avis du conseil supérieur. (Id., art. 17), II, 593. — Lorsque l'exclusion d'un élève-maître est prononcée, le Ministre en est immédiatement informé. (Id., art. 21), II, 595.

Le recteur propose au Ministre les mesures propres à améliorer les méthodes d'enseignement dans les Écoles normales primaires et dans les écoles primaires publiques. Il lui fait annuellement un rapport sur l'état de l'instruction publique et libre dans l'Académie. (Décr. 22 août 1854, art. 20), II, 365.

Le Ministre fixe, chaque année, les traitements et la classe des directeurs et des maîtres adjoints. (Décr. 20 déc. 1855, art. 2), II, 407. — Il fixe chaque année le prix de la pension. (Id. art. 6), II, 407.

Il reçoit des préfets, le 1er décembre de chaque année deux expéditions du budget sur lesquelles ils ont inscrit leurs propositions. (Décr. 20 déc. 1855, art. 33), II, 414.

Il règle définitivement le budget économique. (Décr. 20 déc. 1855, art. 34), II, 415. — Il statue sur les demandes spéciales de crédit supplémentaire. (Id., art. 46), II, 418. — Il détermine l'emploi des bonis. (Id., art. 72), II, 428.

Il reçoit une expédition du procès-verbal de récolement annuel. (Décr. 20 déc. 1855, art. 62), II, 425.

Le recteur lui fait parvenir une copie du rapport des directeurs tous les ans, avant 1er février, sur l'état de situation de la caisse et l'état de situation du magasin. (Décr. 20 déc. 1855 art. 63), II, 425.

Les préfets lui adressent, dans les dix premiers jours du mois d'août, l'arrêté d'apurement du compte d'exercice. (Décr. 20 déc. 1855, art. 70), II, 427.

Il approuve les délibérations relatives à la création des écoles ou des emplois d'adjoints et d'adjointes dans les écoles. (Loi 10 avr. 1867, art. 2), II, 605.

Il reçoit les pourvois des préfets et des maires contre les délibérations prises par le conseil départemental pour la fixation du taux de la rétribution scolaire. (Loi 10 avr. 1867, art. 12), II, 607.

Il fixe l'indemnité qui peut être accordée aux instituteurs et aux institutrices dirigeant un cours d'adultes, après avis du conseil municipal et sur la proposition du préfet. (Loi 10 avr. 1867, art. 7), II, 606.

Il désigne, après avis du conseil départemental, les écoles libres dans lesquelles l'engagement de se vouer pendant dix ans à l'enseignement public peut être réalisé. (Loi 10 avr. 1867, art. 18), II, 608. Cf. — Loi 27 juill. 1872, art. 20, II, 688.

Il présente chaque année, au conseil supérieur, la liste des ouvrages nouveaux qui peuvent être introduits dans les écoles publiques. (Arr. 22 juill. 1873, art. 5), II, 753. — Il peut, dans l'intervalle des sessions, interdire provisoirement l'usage d'un livre dans une école libre. (Id., art. 6), II, 753.

Il appartient au Ministre d'annuler un arrêté préfectoral irrégulier, relatif au personnel enseignant. (Décis. Cons. d'État, 7 févr. 1873), II, 703.

MINISTRE DU CULTE.

Les ministres d'un culte quelconque ne peuvent être admis aux fonctions de l'enseignement public, dans aucun degré, qu'en renonçant à toutes les fonctions de leur ministère. (Décr. 22 frim. an I, tit. V), I, 13.

Le curé cantonal est membre du comité cantonal et le préside. (Ordonn. 29 févr. 1816, art. 2 et 4), I, 85. — Cf. Ordonn. 3 juill. 1818, art. 3, I, 117.

Un délégué de l'évêque diocésain ou le curé de la ville préside le comité d'arrondissement. (Ordonn. 21 avr. 1828, art. 3), I, 167.

Dans les cantons où l'un des deux cultes protestants est professé, il sera formé un comité pour veiller à l'éducation des enfants de ces communions. (Ordonn. 29 fév. 1816, art. 6), I, 85. — Dans les communes où les enfants de différentes religions ont des écoles séparées, le pasteur protestant sera surveillant spécial des écoles de son culte. (Id., art. 8), I, 86.

Les consistoires protestants ont des comités spéciaux et des délégués spéciaux. (Ordonn. 26 mars 1829, art. 2), I, 174. — Cf. Ordonn. 30 juin 1829, art. 1 et suiv., I, 179.

Dans les villes où les israélites sont en grand nombre, leurs écoles primaires peuvent être surveillées par des comités organisés conformément à l'ordonnance du 29 février 1816, mais les écoles ne doivent pas être aux frais des communes. (Décis. Cons. 18 mai 1816), I, 96.

Dans les communes dont la population est répartie entre différents cultes reconnus par l'État, le curé ou le plus ancien des curés et un des ministres de chacun des autres cultes, désigné par son consistoire, feront partie du comité local de surveillance. (Loi 28 juin 1833, art. 17), I, 241.

Indépendamment des comités locaux, il sera établi, à Paris, des comités de même nature pour la surveillance spéciale des écoles luthériennes, calvinistes et israélites. La présidence de ces comités appartiendra de droit au maire de l'arrondissement. (Ordonn. 5 nov. 1833, art. 2), I, 738.

Les curés ou desservants, pas plus que tous autres, ne peuvent ouvrir une école élémentaire pour les enfants de leur paroisse, sans avoir préalablement rempli les conditions spéciales prescrites par la loi du 28 juin 1833. (Arr. Cass. 31 juill. 1841).

L'inspection des établissements d'instruction publique et libre est exercée par les ministres du culte. Ils n'inspecteront que les établissements spéciaux à leur culte ou les écoles mixtes pour leurs coreligionnaires seulement. (Loi 15 mars 1850, art. 18), II, 126.

Les autorités locales préposées à la surveillance et à la direction morale de l'enseignement primaire sont, pour chaque école, le maire, le curé, le pasteur et le délégué du culte israélite, et dans les communes de 2,000 âmes et au-dessus, un ou plusieurs habitants de la commune désignés par le conseil départemental. (Loi 15 mars 1850, art. 44), II, 135.

Les ministres des différents cultes sont spécialement chargés de surveiller l'enseignement religieux de l'école. L'entrée de l'école leur est toujours ouverte. (Loi 15 mars 1850, art. 44), II, 135.

Lorsqu'il y a dans la commune une école spécialement affectée aux enfants d'un culte, et qu'il ne s'y trouve en résidence aucun ministre de ce culte, l'évêque ou le consistoire désigne pour l'exécution de l'art. 44 de la loi organique, le curé, le pasteur ou le délégué d'une commune voisine. (Décr. 29 juill. 1850, art. 48), II, 173.

A Paris, les délégués nommés pour chaque arrondissement par le conseil départemental, se réunissent au moins une fois tous les mois avec le maire, un adjoint, le juge de paix, un curé de l'arrondissement et un ecclésiastique, ces deux derniers désignés par l'archevêque, pour s'entendre au sujet de la surveillance locale, et pour convenir des avis à transmettre au conseil départemental. Les ministres des cultes non catholiques reconnus, s'il y a dans l'arrondissement des écoles suivies par des enfants appartenant à ces cultes, assistent à ces réunions avec voix délibérative. La réunion est présidée par le maire. (Loi 15 mars 1850, art. 43), II, 135.

A Paris, le conseil départemental, indépendamment du délégué par quartier, peut désigner, en outre, dans chaque arrondissement, des délégués spéciaux pour les écoles des cultes protestant et israélite. (Décr. 29 juill. 1850, art. 47), II, 173.

Dans les écoles où les différents cultes sont réunis, chaque ministre procède séparément à l'examen des élèves de son culte, en ce qui concerne l'enseignement religieux. (Décr. 7 oct. 1850, art. 11), II, 184.

Un ministre du culte professé par le candidat au brevet de capacité fait nécessairement partie de la commission d'examen. (Loi 15 mars 1850, art. 46), II, 136.

Le ministre du culte peut examiner indistinctement les aspirants sur toutes les matières, sauf l'instruction religieuse, pour laquelle son droit est limité aux enfants de son culte. (Arr. 15 févr. 1853, art. 2), II, 295.

Le titre de ministre d'un culte reconnu par l'État supplée au brevet de capacité. (Loi 15 mars 1850, art. 25), II, 128.

Quatre archevêques ou évêques élus par leurs collègues, un

ministre de l'Église réformée, de la confession d'Augsbourg, un membre du consistoire central israélite, élus par les consistoires, font partie du conseil supérieur. (Loi 15 mars 1850, art. 1), II, 120. — Cf. Loi 25 mars 1873, art. 1), II, 722.

L'évêque ou son délégué, un ecclésiastique désigné par l'évêque ; à Paris, trois ecclésiastiques désignés par l'évêque ; un ministre de l'une des deux Églises protestantes, désigné par le Ministre de l'instruction publique, dans les départements où il existe une Église légalement établie ; à Paris, un ministre de chacune des Églises réformées et de la confession d'Augsbourg, et un membre du consistoire israélite, font partie du conseil départemental. Un membre du consistoire, dans les départements où il existe un consistoire légalement établi, en fait également partie. (Loi 15 mars 1850, art. 10), II, 123. — Cf. Loi 14 juin 1854, art. 5 et 6, II, 353.

Les ministres du culte dressent, de concert avec le maire, la liste des enfants qui doivent être admis gratuitement dans les écoles. (Loi 15 mars 1850, art. 45), II, 135.

Ils dressent, de concert avec les maires, la liste des enfants qui seront admis gratuitement dans les salles d'asile. (Décr. 21 mars 1855, art. 12), II, 376.

V. Archevêque, Comité, Curé, Évêque, Délégation, Instruction religieuse.

MINISTRE DE L'INTÉRIEUR.

Le grand maître de l'Université ressortit au Ministre de l'intérieur. (Décr. 17 mars 1808, art. 55), I, 54. — Cf. Décr. 15 nov. 1811, art. 190, I, 73.

L'instruction primaire, placée sous la protection de l'administration municipale, est dans les attributions du Ministre de l'intérieur (Prop. loi oct. 1831, art. 1, 3, 4), I, 220, 221.

MOBILIER DE CLASSE.

Il y aura dans toute école au moins un grand tableau noir, sur lequel les élèves s'exerceront à écrire, à calculer ou à dessiner. (Stat. 25 avr. 1834, art. 12), I, 321. — Sur le mur ou sur des tableaux mobiles seront tracées des mesures usuelles, la table de multiplication, la carte de France, la topographie du canton. (Id., art. 12), I, 321.

L'acquisition du mobilier nécessaire à la tenue de l'école est une dépense obligatoire. (Décis. Cons. 5 janv. 1838), I, 499.

Toute commune doit fournir à l'instituteur le mobilier de classe. (Loi 15 mars 1850, art. 37), II, 133.

Les tables, en plan légèrement incliné, devront être larges d'environ 40 centimètres et ne contenir qu'un rang d'élèves, en sorte qu'ils se trouvent tous en face du maître. Les bancs seront attachés aux tables. (Règl. 17 août 1851, art. 9), II, 259. — Il y aura dans l'école au moins un tableau noir, destiné à des exercices d'écriture, d'orthographe, de calcul et de dessin linéaire. (Id., art. 10), II, 259. — Sur une partie du mur approprié à cet effet, ou sur des tableaux mobiles appendus aux murs, seront tracées des maximes religieuses et morales, les mesures usuelles du système métrique, la table de multiplication, les cartes géographiques de la France et du département. (Id., art. 11), II, 259. — Tous les objets devant servir pour les leçons du jour seront disposés en ordre par les soins du maître avant l'ouverture de chaque classe. (Id., art. 12), II, 259. — Un christ sera placé dans la classe, en vue des élèves. (Id., art. 20), II, 261.

MOBILIER PERSONNEL DES INSTITUTEURS.

Une somme de 100,000 fr., prélevée annuellement sur les fonds à donner en secours aux communes pour acquisition, construction et réparation de maisons d'école, sera appliquée à l'achat du mobilier personnel des instituteurs et des institutrices publics, sous la condition par la commune de supporter la moitié de la dépense. Ce mobilier ainsi acheté restera la propriété de la commune. (Décr. 4 sept. 1863, art. 1), II, 520.

La subvention spéciale de 300 fr. accordée aux communes qui auront voté, aux termes de l'art. 1 du décret du 4 septembre

1863, une somme égale pour l'achat du mobilier personnel de l'instituteur ou de l'institutrice publics, n'est ordonnancée qu'après la livraison intégrale et la vérification dudit mobilier. (Arr. 23 juin 1865), II, 566.

MŒURS PUBLIQUES.

Tout instituteur ou institutrice qui outrage les mœurs publiques est dénoncé par la surveillance et traduit devant la police correctionnelle ou tout autre tribunal compétent, pour y être statué suivant la loi. (Décr. 29 frim. an II, sect. II, art. 3), I, 27. — Cf. Id., art. 2.

Toutes les écoles de l'Université impériale prennent pour base de leur enseignement : 1° les préceptes de la religion catholique ; 2° la fidélité à l'empereur, à la monarchie impériale dépositaire du bonheur des peuples, et à la dynastie napoléonienne, conservatrice de la France et de toutes les idées libérales proclamées par les Constitutions ; 3° l'obéissance aux statuts du corps enseignant, qui ont pour objet l'insuffisance de leur instruction, et qui tendent à former pour l'État des citoyens attachés à leur religion, à leur prince, à leur patrie et à leur famille. (Décr. 17 mars 1808, art. 38), I, 54.

Le comité cantonal veillera au maintien de l'ordre, des mœurs et de l'enseignement religieux. (Ordonn. 29 févr. 1816, art. 7), I, 85. — La commission de l'instruction publique veillera avec soin à ce que, dans toutes les écoles, l'instruction primaire soit fondée sur la religion, le respect des lois et l'amour dû au souverain. (Id., art. 30), I, 89.

A Paris, les dames surveillantes, et dans les communes rurales, les comités cantonaux, veilleront au maintien de l'ordre, des mœurs et de l'enseignement religieux. (Arr. préfect. Seine 9 oct. 1819, art. 16), I, 129.

Le comité protestant veillera au maintien de l'ordre, des mœurs et de l'enseignement religieux. (Arr. 30 juin 1829, art. 22), I, 182.

Les écoles, autres que les écoles publiques, ne sont soumises qu'à la surveillance qu'exigent l'ordre public et le respect dû aux mœurs. (Prop. loi 24 oct. 1831, art. 4), I, 221.

Le comité cantonal a droit d'inspection sur les écoles primaires tenues par les particuliers, et les surveillera sous les rapports de la salubrité, de l'ordre public et des mœurs. (Prop. loi 17 nov. 1832, art. 11), I, 225. — *L'instituteur est traduit, pour cause d'inconduite et d'immoralité, devant le tribunal civil de l'arrondissement et peut être interdit à temps ou à toujours, sauf appel.*(Id., art. 12), I, 225.

Tout instituteur public ou privé peut être traduit, sur la demande du comité ou sur la poursuite d'office du ministère public, pour cause d'inconduite ou d'immoralité, devant le tribunal civil de l'arrondissement. (Loi 28 juin 1833, art. 7 et 24), I, 238, 244.

L'opposition du recteur à l'ouverture d'une école ne peut être élevée que dans l'intérêt des mœurs publiques. (Proj. loi 31 mars 1847, art. 10), I, 702.

Toute personne tenant une école privée pourra être, sur la demande du recteur ou du comité central, traduite, pour cause d'inconduite ou d'immoralité, devant le tribunal civil de l'arrondissement. (Proj. loi 1er juin 1848, art. 24), II, 20.

L'opposition à l'ouverture d'une école ne peut être élevée, soit d'office, soit par les autorités scolaires, que dans l'intérêt de la morale publique. (Prop. loi 15 déc. 1848, art. 48), II, 52.

Le recteur (préfet), soit d'office, soit sur la plainte du procureur de la République, peut former opposition à l'ouverture de l'école, dans l'intérêt des mœurs publiques. (Loi 15 mars 1850, art. 28), II, 129.

Les autorités locales préposées à la surveillance et à la direction morale de l'établissement sont, pour chaque école, le maire, le curé, le pasteur ou délégué du culte israélite, et dans les communes de 2,000 âmes et au-dessus, un ou plusieurs habitants de la commune, délégués par le conseil départemental. (Loi 15 mars 1850, art. 44), II, 135.

Tout instituteur libre, sur la plainte du recteur ou du procureur de la République, pourra être traduit, pour cause d'inconduite ou d'immoralité, devant le conseil départemental. (Loi 15 mars 1850, art. 30), II, 130.

V. Délit, Jugement disciplinaire, Instruction religieuse, Interdiction, Morale.

MONITEUR.

Chaque instituteur fera chaque jour aux moniteurs de son école, de 8 à 10 heures, une classe spéciale de deux heures. (Arr. 26 juin 1835, art. 2), I, 358. — Il y aura classe de moniteurs le jeudi matin. (Id., art. 8), I, 359.

V. Méthode mutuelle.

MORALE.

Les matières de l'enseignement comprennent les premiers éléments de la morale, en s'attachant surtout à faire connaître les rapports de l'homme avec ses semblables. (Proj. Décr. sept. 1791, art. 4 et 5), I, 2.

Dans les écoles primaires, on enseignera les premières connaissances morales. (Décr. 22 frim. an I), I, 9.

L'instituteur est chargé d'enseigner aux élèves les connaissances élémentaires nécessaires aux citoyens pour exercer leurs droits et remplir leurs devoirs. (Décr. 11 prairial an I), I, 18.

Les enfants reçoivent la première éducation physique, morale et intellectuelle la plus propre à développer en eux les mœurs républicaines, l'amour de la patrie et le goût du travail. La connaissance des droits et des devoirs de l'homme et des citoyens est mise à leur portée par des exemples et par leur propre expérience. (Décr. 30 vendém. an II), I, 20.

Tout instituteur ou institutrice qui enseignerait dans son école des préceptes ou maximes contraires aux lois ou à la morale républicaine, sera dénoncé par la surveillance et puni selon la gravité du délit. (Décr. 29 frim. an II, sect. II, art. 2), I, 27.

Les écoles primaires ont pour objet de donner aux enfants de l'un et l'autre sexe l'instruction nécessaire à des hommes libres. (Décr. 27 brum. an III, chap. I, art. 1), I, 33. — On leur donnera des instructions élémentaires sur la morale républicaine. (Id., chap. IV, art. 2), I, 36.

Dans chaque ecole primaire, on enseignera les éléments de la morale républicaine. (Loi 3 brum. an IV, tit. I, art. 5), I, 39.

Les filles apprendront les éléments de la morale républicaine. (Décr. 4 brum. an IV, art. 2), I, 40.

Toutes les écoles de l'Université ont pour base les préceptes de la religion catholique. (Décr. 17 mars 1808, titre V, art. 38), I, 54.

Les examens de brevets de capacité des trois degrés comprennent la religion. (Instruct. 14 juin 1816), I, 97.

L'enseignement primaire comprend l'instruction morale et religieuse. (Prop. loi 20 janv. 1831, art. 1), I, 194.

L'enseignement des écoles primaires comprend des notions sur les droits et les devoirs sociaux et politiques. (Prop. loi 17 nov. 1832, art. 1), I, 223.

Dans toute école destinée à former des instituteurs primaires, l'enseignement comprend l'instruction morale et religieuse. (Régl. 14 déc. 1832, art. 1), I, 229.

L'instruction primaire élémentaire et supérieure comprend nécessairement l'instruction morale et religieuse. (Loi 28 juin 1833, art. 1), I, 236. — L'aspirant au brevet de capacité pour l'instruction primaire élémentaire devra satisfaire aux questions sur l'instruction morale et religieuse. (Ordonn. 19 juill. 1833, art. 8), I, 256.

Dans toute école primaire élémentaire publique, l'enseignement comprendra nécessairement l'instruction morale et religieuse. (Stat. 25 avr. 1834, art. 1), I, 318.

L'instruction primaire élémentaire et supérieure pour les

filles comprend nécessairement l'instruction morale et religieuse. (Ordonn. 23 juin 1836, art. 1), I, 393.

Toute personne qui voudra obtenir le brevet de capacité nécessaire aux institutrices primaires, devra satisfaire aux questions qui lui seront adressées pour le brevet de capacité élémentaire, sur l'instruction morale et religieuse, et en outre, pour le brevet supérieur, sur l'exposition de la doctrine chrétienne. (Arr. 28 juin 1836, art. 1), I, 401.

L'enseignement dans les maisons d'éducation de filles du département de la Seine, autres que les écoles primaires, comprend l'instruction morale et religieuse. (Arr. 7 mars 1837, art. 1), I, 452.

L'enseignement des ouvroirs comprend l'instruction morale et religieuse. (Arr. 20 mars 1840, art. 1), I, 572.

L'enseignement primaire comprend la connaissance des devoirs et des droits de l'homme et du citoyen. (Proj. loi 1er juin 1848, art. 1), II, 17.

L'instruction primaire élémentaire et supérieure pour les garçons comprend nécessairement l'instruction morale, religieuse et civique. (Prop. loi 15 déc. 1848, art. 11 et 12), II, 45.

L'instruction primaire élémentaire et supérieure pour les filles comprend nécessairement l'instruction morale et religieuse. (Prop. loi 15 déc. 1848, art. 24 et 25), II, 48.

L'instruction primaire comprend l'instruction morale et religieuse. (Loi 15 mars 1850, art. 23), II, 127.

L'enseignement dans les écoles primaires publiques comprend nécessairement l'instruction morale et religieuse. (Régl. 17 août 1851, art. 13), II, 259.

L'enseignement dans les Écoles normales primaires comprend l'instruction morale et religieuse. (Décr. 24 mars 1851, art. 1), II, 224. — Cf. Décr. 2 juill. 1866, art. 1, II, 587.

Les examens d'instruction religieuse pour le brevet élémentaire comprennent des questions sur le catéchisme et l'histoire sainte. (Arr. 15 févr. 1853, art. 11), II, 297. — Cf. Régl. 3 juill. 1866, art. 65, II, 559.

L'inspection des écoles libres porte sur la moralité, l'hygiène et la salubrité. Elle ne peut porter sur l'enseignement que pour vérifier s'il n'est pas contraire à la morale, à la Constitution et aux lois. (Loi 15 mars 1850, art. 21), II, 127.

V. Objet de l'enseignement, Instruction morale et religieuse, Ministre du culte, Mœurs publiques.

MUSIQUE INSTRUMENTALE.

L'aspirante au brevet de capacité, si elle le demande, peut subir un examen sur la musique instrumentale. (Arr. 23 janv. 836, art. 2), I, 402.

MUSIQUE VOCALE.

V. Chant.

MUTATION.

V. Décès, Démission, Nomination, Révocation.

N

NATURALISATION.

V. Étranger.

NIVELLEMENT.

Les élèves s'exercent à l'usage du niveau. (Décr. 30 vendém. an II), I, 20.

Le nivellement fait partie des matières facultatives de l'enseignement. (Loi 15 mars 1850, art. 23), II, 128. — Cf. Arr. 15 févr. 1853, art. 13, II, 198 ; Régl. 24 mars 1851, art. 1, II, 225 ; Régl. 2 juill. 1866, art. 1, II, 586 ; Régl. 3 juill. 1866, art. 17, II, 600.

NOMINATION DES INSTITUTEURS.

Une liste d'éligibles sera dressée, après examen des candidats, aux chefs-lieux de districts par un jury nommé par la direction du district, et composé de cinq juges dont deux au moins seront pris parmi les maîtres publics. Les commissaires de l'instruction publique feront imprimer la liste de tous les éligibles pour les différents genres d'enseignement ; ils y joindront la liste des maîtres enseignant dans les écoles publiques. Cette liste sera envoyée tous les uns à tous les districts et départements du royaume. Lorsqu'une place d'école primaire sera vacante, le proviseur, syndic de la municipalité, en donnera avis au proviseur, syndic du district; le directeur nommera à la place vacante parmi tous les éligibles du royaume. Le maître nommé reçoit du roi un brevet d'instituteur. Avant d'entrer en fonctions, il prête serment. Il doit avoir 21 ans. A la prochaine organisation de l'instruction publique, les maîtres seront choisis de préférence parmi les maîtres en exercice. (Proj. Décr. sept. 1791, ch. IV, art. 1er à 13), I, 4.

Les institutrices sont désignées par les directoires des départements. (Proj. Décr. sept. 1791, chap. XVII, art. 5), I, 6. — *Les directoires pourront destituer celles dont la conduite ne répondrait pas à la confiance publique.* (Id., art. 6), I, 6.

Les instituteurs et les institutrices sont choisis au scrutin et à la pluralité absolue sur une liste de candidats reconnus éligibles après examen, par les pères de famille, les veuves, mères de famille, ainsi que les tuteurs et curateurs de l'arrondissement, du village ou de la section de la ville où l'école est tenue. Ceux qui sont actuellement en fonctions peuvent être réélus. Le procureur général syndic indiquera le jour des élections pour chaque lieu. (Décr. 22 frim. an I, tit. V), I, 14. — En cas de vacance par mort, démission ou quelque autre cause que ce soit, il est pourvu au remplacement, suivant le même mode, sur la liste des éligibles. (Id., ibid.), I, 14.

Après avoir terminé les examens, la commission d'instruction proclame la liste de tous ceux qu'elle juge propres à remplir les fonctions d'instituteur : cette liste forme la liste des éligibles ; elle est envoyée dans tous les arrondissements des écoles et affichée. Au décadi qui suit immédiatement l'envoi de la liste, les pères de famille, les veuves, mères de famille et les tuteurs, se rassemblent pour nommer les instituteurs parmi les éligibles. Le procès-verbal de l'élection est envoyé à la commission, qui le fait passer à l'instituteur pour lui servir de titre. Ceux qui auraient été nommés dans plusieurs communes sont tenus d'opter sans délai. Mêmes dispositions pour les institutrices. La commission conserve, au département, une copie de la liste des éligibles, afin que les districts dont la liste serait insuffisante puissent avoir recours à celles qui pourraient avoir un excédant. En cas de vacance d'une place d'instituteur ou d'institutrice, sur la demande de la municipalité, le directoire du district convoque les pères de famille et leur envoie la liste des éligibles, en leur indiquant ceux qui sont déjà nommés. Les pères de familles nomment, sur cette liste, à la place vacante. (Décr. 7 brum. an II), I, 24.

Les instituteurs sont nommés par les représentants du peuple, sur l'indication faite par les sociétés populaires. (Décr. 8 pluv. an II, art. 3), I, 30.

Les instituteurs et les institutrices sont nommés par le peuple ; néanmoins, pendant la durée du gouvernement révolutionnaire, ils seront examinés, élus et surveillés par un jury d'instruction, composé de trois membres désignés par l'administration du district et pris hors de son sein par les pères de famille, et renouvelable par tiers tous les six mois. (Décr. 27 brum. an III, chap. II, art. 1 et 2), I, 34.

Les nominations des instituteurs et des institutrices élus par le jury d'instruction seront soumises à l'administration du district. Si l'administration refuse de confirmer la nomination faite par le jury, le jury pourra faire un autre choix. Lorsque le jury persistera dans sa nomination et l'administration dans son refus, celle-ci désignera, pour la place vacante, la personne qu'elle croira mériter la préférence : les deux choix seront envoyés au comité d'instruction qui prononcera définitivement entre l'administration et le jury. (Décr. 27 brum. an III, chap. III, art. 1 à 3), I, 35.

Les instituteurs sont nommés, sur la présentation des administrations municipales, par les administrations du département. (Loi 3 brum. an IV, tit. Ier, art. 3), I, 38.

Les instituteurs seront choisis par les maires et les conseils municipaux. (Loi 11 flor. an X, tit. II, art. 3), I, 43.

Les grades, les titres, les fonctions, les chaires, et en général tous les emplois de l'Université, sont conférés aux membres de ce corps par des diplômes donnés par le grand maître. (Décr. 17 mars 1808, tit. VII, art. 59), I, 55. — Cf. Décr. 15 nov. 1811, art. 192, I, 74.

Les maîtres des écoles fondées ou entretenues par les communes, seront présentés par le maire et par le curé ou desservant, à charge par eux de choisir un individu muni d'un certificat de capacité et dont la conduite soit sans reproche. Si le maire et le curé ou desservant ne s'accordent pas sur le choix, le comité cantonal examinera les sujets présentés par chacun d'eux, et donnera son avis au recteur sur celui qui aura la préférence. Les communes et les fondateurs particuliers pourront donner les places d'instituteur au concours, et établir la nécessité de ce mode ainsi que les formalités à y observer. En ce cas, les concurrents devront d'abord justifier de leur certificat de capacité et de bonne conduite; et celui qui, par le résultat du concours, aura été jugé le plus digne, sera présenté. Toute présentation d'instituteur sera adressée au comité cantonal qui la transmettra, avec son avis, au recteur de l'Académie, lequel donnera l'autorisation nécessaire. (Ordonn. 29 fév. 1816, art. 20, 21, 22, 23), I, 88.

L'ordonnance du 29 février 1816 est applicable aux institutrices, sauf que les attributions exercées par le recteur appartiennent au préfet; elles sont présentées, par le curé et le maire, au comité cantonal qui transmet la présentation au préfet, lequel délivre l'autorisation. L'autorisation peut être révoquée par le préfet, sur l'avis du comité cantonal. Le préfet peut aussi retirer le brevet. (Instruct. 3 juin 1819), I, 119. — Les institutrices des écoles créées par des associations particulières sont présentées par ces associations. (Id., ibid). — Les communes peuvent donner les places au concours. (Id., ibid.)

Les instituteurs seront choisis par le conseil municipal, sauf l'approbation du comité cantonal. Avis est donné au préfet et au recteur. (Proj. loi 20 janv. 1831, art. 8), I, 196.

Tout instituteur doit être agréé par le conseil de la commune. (Prop. loi 24 oct. 1831, art. 5), I, 221.

Les instituteurs communaux seront choisis par le corps municipal; avant leur entrée en fonctions, le comité cantonal vérifiera la légalité de leur nomination et en donnera immédiatement avis au préfet. (Proj. loi 17 nov. 1832, art. 15), I, 226. — Cf. id., art. 14.

Le conseil municipal présente au comité d'arrondissement les candidats pour les écoles publiques, après avoir pris l'avis du comité communal. (Loi 28 juin 1833, art. 21), I, 243. — Le comité d'arrondissement nomme les instituteurs communaux, sur la présentation du conseil municipal. (Id., art. 22), I, 244.

Lorsque le comité d'arrondissement nommera un instituteur, il enverra immédiatement l'arrêté de nomination au recteur avec l'avis du comité local, la délibération du conseil municipal, la date du brevet de capacité et une copie du certificat de moralité. Le recteur transmettra ces pièces au Ministre. L'instituteur n'est installé et ne prête serment qu'après avoir reçu l'institution du Ministre ; mais le recteur peut l'autoriser provisoirement à exercer ses fonctions. (Ordonn. 16 juill. 1833, art. 28), I, 253.

Le conseil municipal ne peut être tenu de présenter plusieurs candidats pour une seule place; si le comité d'arrondissement ne croit pas devoir nommer le candidat proposé, le conseil doit faire une autre présentation ; les communes populeuses doivent être invitées à présenter toujours plusieurs candidats. (Décis. Cons. 12 nov. 1833), I, 277.

Il n'importe pas que l'avis du comité local précède ou suive la présentation du conseil municipal. Il suffit que le conseil municipal ne fasse la présentation qu'accompagnée de l'avis du comité local. (Décis. Cons. 25 fév. 1834), I, 300.

Il appartient au conseil municipal d'examiner s'il doit présenter, et au comité d'arrondissement d'examiner s'il doit nommer le candidat auquel a été délivré un certificat de moralité conçu d'une manière désavantageuse. (Décis. Cons. 8 avr. 1834), I, 315.

Le comité d'arrondissement a le droit de refuser, en alléguant des motifs suffisants, le candidat présenté par le conseil municipal, et d'exiger non que le conseil présente plusieurs candidats à la fois, mais qu'il présente un autre candidat. Le conseil municipal doit être mis en demeure de présenter un autre candidat, et à défaut de cette présentation, le comité d'arrondissement a le droit de nommer le candidat présenté par le conseil municipal. (Décis. Cons. 25 mars 1834.)

La décision du 25 mars 1834 porte, qu'à défaut de seconde présentation de la part du conseil municipal, le comité d'arrondissement a le droit de nommer un autre candidat présenté seulement par le comité local. Le cas peut se produire où un conseil municipal refuse de présenter même un seul candidat, et qu'aucun habitant n'ait voulu accepter les fonctions de membre du comité local; dans ce cas, le comité d'arrondissement, après avoir mis le conseil municipal en demeure de présenter un instituteur et après avoir pris l'avis du maire et du curé, doit faire une nomination d'office. (Décis. Cons. 27 mai 1834.)

La nomination d'un instituteur, faite sans la présentation du conseil municipal, est nulle. (Décis. Cons. 18 févr. 1848), I, 734.

Dans le silence de la loi, en cas de conflit entre le comité local et le conseil municipal, le comité d'arrondissement peut être chargé de désigner un candidat d'office, ou bien le Ministre doit faire une nomination provisoire. (Décis. Cons. 3 mars 1848), II, 1.

Un instituteur ne peut être présenté pour un nouveau bail de trois ans; l'instituteur est inamovible, sauf le cas où il y a faute et jugement. (Décis. Cons. 7 janv. 1834), I, 291.

Il n'y a pas lieu d'admettre la proposition de soumettre les instituteurs à l'obligation de contracter l'engagement de résider et de donner l'enseignement pendant trois ans dans la commune pour laquelle ils sont nommés. (Arr. Cons. 15 nov. 1836), I, 426.

L'instituteur communal ne peut être présenté et nommé que par les autorités constituées par la loi, quelles que soient les conditions établies dans un legs. (Décis. Cons. 15 avr. 1834), I, 316.

L'instituteur en possession doit être maintenu dans ses fonctions, sauf révocation, interdiction ou démission. (Décis. Cons. 7 mars 1834), I, 306. — Un instituteur ne peut perdre son titre que par démission dûment acceptée, par révocation ou par interdiction, mais non par simple désertion de son poste. (Décis. Cons. 13 oct. 1837), I, 485.

En se réunissant à une commune qui a un instituteur public, les autres communes doivent se soumettre à reconnaître l'instituteur de cette commune, jusqu'à ce qu'il y ait jugement ou démission. (Décis. Cons. 1er avr. 1834), I, 314. — L'instituteur qui était légalement à la tête de l'école servant à deux communes demeure, après la disjonction des deux communes, chef de l'école qu'il dirigeait. (Décis. Cons. 24 nov. 1843), I, 652.

Les places d'instituteur peuvent être mises au concours, mais ce mode de nomination ne doit avoir lieu que sur la demande des conseils municipaux qui ne peuvent être contraints d'y recourir, s'ils préfèrent s'en tenir à leur droit de présentation pure et simple. (Décis. Cons. 5 sept. 1834), I, 334. — Toutes les fois qu'un comité communal établit un concours, il n'est point tenu de donner au conseil municipal la liste des noms des candidats appelés au concours. (Décis. 4 août 1835). — Un conseil municipal est libre de présenter au comité d'arrondissement, après concours, l'instituteur le moins capable; mais alors il y aurait abus de pouvoir, et le comité supérieur qui nomme aurait le droit de refuser le candidat présenté, s'il le jugeait incapable. (Décis. 7 janv. 1834.)

Les comités ont le droit de choisir le maître qu'ils jugent le plus digne de leur suffrage; mais ils ne peuvent astreindre les instituteurs à un examen; le brevet doit être considéré comme une preuve suffisante d'aptitude qui dispense de recourir à toute autre justification. (Décis. Cons. 11 janv. 1837.)

Un comité ne peut déclarer que tel candidat est incapable d'entrer dans l'instruction publique; il peut seulement ne pas le nommer. (Décis. Cons. 13 janv. 1835.)

Le fait, par un individu, de s'être livré à l'enseignement primaire, avec brevet de capacité, certificat de moralité et agrément du maire, mais avant d'avoir reçu son institution de la part du Ministre, ne constitue ni une contravention punissable aux termes de la loi du 28 juin 1833 (art. 6), ni l'usurpation de fonctions publiques prévue par l'art. 258 Code pén., lorsqu'il y a bonne foi. (Arr. Cassat. 24 août 1838.)

Lorsqu'il y a lieu de pourvoir à un emploi d'instituteur communal de 3e classe, le conseil municipal présente deux candidats qu'il choisit, soit parmi les élèves des Écoles normales, soit parmi tous autres aspirants pourvus du brevet de capacité. Les instituteurs en fonctions soit communaux, soit privés, peuvent toujours être compris dans les présentations. Le comité d'arrondissement nomme l'un des deux candidats, dans les termes de la loi du 28 juin 1833. Lorsqu'il y a lieu de pourvoir à un emploi d'instituteur communal, soit de 2e classe, soit de 1re, le conseil municipal présente au comité d'arrondissement deux candidats qu'il choisit parmi les instituteurs qui appartiennent depuis trois ans au moins à la classe immédiatement inférieure, et qui ont obtenu soit une des médailles d'encouragement qui se distribuent chaque année, soit deux mentions honorables. (Proj. loi 31 mars 1847, art. 16), I, 703. — *Les instituteurs privés qui exercent dans la com-*

mune peuvent également être choisis comme candidats, sous la condition qu'ils soient établis dans la commune depuis trois ans, s'il s'agit d'être appelé à une école communale de 2e classe, ou qu'ils comptent six ans d'exercice, s'il s'agit d'une école de 1re classe. (Id., art. 17), I, 704. — *Si, dans un délai d'un mois, le conseil municipal, dûment mis en demeure, n'a pas fait de présentation, le comité d'arrondissement pourvoit, dans les conditions voulues, à toute place d'instituteur vacante; dans le cas où le comité d'arrondissement refuse de nommer entre les candidats présentés par le conseil municipal, le conseil municipal est immédiatement appelé à en délibérer. Si le conseil municipal persiste dans son choix et ensuite le comité d'arrondissement dans son refus, il en est référé par le recteur de l'Académie au Ministre de l'instruction publique qui nomme.* (Id., art. 18), I, 704. — *Les instituteurs communaux ne sont institués à titre définitif par le Ministre de l'instruction publique, que lorsqu'ils sont entrés dans leur vingt-cinquième année. Le Ministre les autorise jusque là à titre provisoire.* (Id., art. 19.), I, 704.

Dans toute école publique, l'instituteur est nommé par le Ministre de l'instruction publique, sur la présentation du conseil municipal. Le conseil municipal choisit le candidat qu'il présente sur une liste de trois candidats désignés par le comité central. Si les formalités ci-dessus n'ont pas été accomplies dans le délai d'un mois, le Ministre nomme d'office sur l'avis du recteur. (Proj. loi 1er juin 1848, art. 7), II, 18. — *L'instituteur adjoint est nommé directement par le Ministre.* (Id., art. 14), II, 19.

Lorsqu'il y aura lieu de pourvoir à un emploi d'instituteur public de 6e classe, le conseil municipal, sur l'avis du comité local, présentera cinq candidats parmi tous les instituteurs munis du certificat de moralité et du brevet de capacité, et âgés de dix-neuf ans au moins. Le comité d'arrondissement autorisera provisoirement un des cinq candidats. La nomination définitive n'aura lieu qu'après trois ans d'exercice. Les candidats aux places de 5e classe devront être choisis parmi les instituteurs de la 6e classe qui, après deux ans d'exercice, auront été d'office, ou sur leur demande, déclarés par le comité d'arrondissement aptes à passer dans la 5e. Les candidats aux places de 4e classe devront être choisis parmi les instituteurs de 5e classe qui auront un an d'exercice et qui seront, en outre, portés au tableau d'aptitude, ou parmi les instituteurs de 6e classe et en exercice depuis trois ans, et qui, depuis un an au moins, auront été déclarés aptes à passer à la 4e. Les candidats aux places des trois premières classes seront pris indistinctement parmi tous les instituteurs de la 4e et des classes suivantes. Le Ministre de l'instruction publique, après avoir vérifié la régularité de la nomination, institue les candidats nommés par le comité d'arrondissement. (Proj. loi 15 déc. 1848, art. 16), II, 46. — *Si, dans le délai d'un mois, le conseil municipal, dûment mis en demeure, n'a pas fait de présentation, ou si, après avoir fait des présentations irrégulières, il ne les rectifie pas, le comité d'arrondissement nomme directement, sous les conditions indiquées plus haut, à toute place vacante d'instituteur. En cas de conflit, le Ministre de l'instruction publique prononcera, dans le délai de deux mois, sur la régularité de la présentation faite par le conseil municipal et nommera d'office, s'il y a lieu.* (Id., art. 20), II, 47. — *Les instituteurs adjoints seront nommés par le comité d'arrondissement, qui prendra l'avis préalable de l'instituteur. Dans les communes au-dessous de* 200 *âmes, qui ne pourraient acquitter la moitié d'un traitement d'instituteur, les comités d'arrondissement pourront nommer des aspirants instituteurs, sédentaires ou ambulants, dont le traitement sera de* 400 *fr. au moins. Dans ce cas, l'autorisation du Ministre de l'instruction publique sera toujours nécessaire. Un règlement d'administration fixera les conditions où devront être placées les communes pour avoir des aspirants, et déterminera le régime des écoles qui leur seront confiées. Les aspirants instituteurs devront remplir toutes les obligations imposées aux instituteurs. Ils seront nommés et institués dans les mêmes formes.* (Id., art. 21), II, 47. — *Toutes ces dispositions sont applicables aux institutrices.* (Id., art. 27), II, 49.

Les instituteurs communaux seront nommés par le comité d'arrondissement et choisis par lui, soit parmi les instituteurs laïques, soit parmi les instituteurs membres d'associations religieuses vouées à l'enseignement et reconnues par l'État, ou pour les écoles appartenant aux cultes non catholiques reconnus, sur des listes de candidats présentées par les consistoires protestants ou israélites, en se conformant, relativement à cette option, au vote exprimé par le conseil municipal de la commune. En exprimant ce vœu, le conseil peut indiquer des candidats ; néanmoins le comité peut choisir en dehors de la liste qui lui serait présentée à cet effet. (Loi 11 janv. 1850, art. 2), II, 110.

Lorsqu'il y a consentement de l'instituteur, les déplacements mutations sont prononcés par le comité supérieur, sur l'approbation du Ministre. Lorsqu'il y a déplacement d'office, le préfet prononce par voie disciplinaire. (Av. Cons. 17 mai 1850), II, 151.

Les instituteurs communaux sont nommés par le conseil municipal de chaque commune et choisis, soit sur une liste d'admissibilité et d'avancement dressée par le Conseil académique du département, soit sur la présentation qui est faite par les supérieurs pour les membres des associations religieuses vouées à l'enseignement et autorisées par la loi, ou reconnues comme établissements d'utilité publique. Les consistoires jouissent du droit de présentation pour les instituteurs appartenant aux cultes non catholiques. Si le conseil municipal avait fait un choix non conforme à la loi, ou n'en avait fait aucun, il sera pourvu à la nomination par le Conseil académique, un mois après la mise en demeure adressée au maire par le recteur. L'institution est donnée par le Ministre de l'instruction publique. (Loi 15 mars 1850, art. 31), II, 130. — Les instituteurs adjoints sont nommés et révocables par l'instituteur, avec l'agrément du recteur de l'Académie. Les instituteurs adjoints appartenant aux associations religieuses sont nommés et peuvent être révoqués par les supérieurs de ces associations. (Id., art. 34), II, 131.

Aussitôt que le conseil municipal a nommé un instituteur, le maire envoie une copie de la nomination au recteur de l'Académie, qui délivre, s'il y a lieu, à l'instituteur, une autorisation provisoire, et qui propose au Ministre d'accorder ou de refuser l'institution. L'institution doit être donnée ou refusée dans le délai de six mois. Si l'institution est refusée, le recteur met immédiatement le conseil municipal en demeure de pourvoir au choix d'un autre instituteur. (Décr. 7 oct. 1850, art. 14), II, 185.

Lorsque les fonctions d'instituteur communal viennent à vaquer par suite de décès, de démission ou autrement, le recteur pourvoit à la direction de l'école, en attendant le remplacement de l'instituteur. (Décr. 7 oct. 1850, art. 15), II, 185. — Le recteur pourvoit également à la direction de l'école, lorsque l'instituteur se trouve frappé de suspension par application de l'art. 33 de la loi organique ; en attendant une instruction plus complète sur une demande en révocation, l'instituteur est suspendu provisoirement de ses fonctions. Dans ce cas, le recteur fixe la portion de traitement qui peut être laissée au titulaire et celle qui peut être laissée à son suppléant, et il décide si le suppléant doit jouir en totalité ou en partie du logement affecté à l'instituteur communal. (Id., art. 16), II, 186.

Un consistoire a le droit de proposer au choix du conseil municipal, et le conseil municipal a le droit de nommer un instituteur en exercice dans une autre commune. (Av Cons. 12 mars 1851), II, 218.

Les recteurs, par délégation du Ministre, nomment les instituteurs communaux, les conseils municipaux entendus, d'après le mode prescrit par les deux premiers paragraphes de l'art. 31 de la loi du 15 mars 1850. (Décr. 9 mars 1852, art. 4), II, 274, V note.

Le préfet exerce, sous l'autorité du Ministre de l'instruction publique et sur le rapport de l'inspecteur d'Académie, les attributions déférées au recteur par la loi du 15 mars 1850 et par le décret organique de 9 mars 1852, en ce qui concerne l'instruction primaire publique ou libre. (Loi 14 juin 1854, art. 8), II, 354.

Un arrêté préfectoral par lequel l'instituteur public d'une commune a été appelé à diriger l'école d'une autre commune sans être remplacé, ne peut être attaqué comme entaché d'excès de pouvoir par la première commune, par la raison qu'elle a été ainsi privée du service de l'instruction primaire. (Décis Cons. d'État 22 mars 1866), II, 583.

L'arrêté préfectoral qui change la résidence d'un instituteur primaire ne peut être attaqué par la commune, sous prétexte qu'il ne contiendrait pas la nomination d'un successeur, la loi n'exigeant pas que ce successeur soit nommé par le même arrêté. (Décis. Cons. d'État, 22 mars 1866), II, 583.

Un instituteur primaire peut être changé de commune sans son consentement par décision du préfet, non-seulement à titre de mesure disciplinaire, mais aussi pour cause d'avancement; et vainement, dans ce dernier cas, l'instituteur prétendrait faire annuler la décision du préfet comme entachée d'excès de pouvoir. (Décis. Cons. d'État, 22 mars 1866), II, 583.

Il appartient au préfet d'apprécier, lorsque le conseil municipal demande le changement d'un instituteur en exercice, s'il y a lieu d'ordonner ce changement. (Décis. Cons. d'État, 9 mars 1870.)

C'est le préfet qui nomme les instituteurs communaux, sur le rapport de l'inspecteur d'Académie, le conseil municipal entendu. (Décis. Cons. d'État 17 janv. 1873), II, 691, 694. — Cf. Décis Cons. d'État 21 mars 1873, II, 716; 28 mars 1873, II, 727.

V. Comité, Conseil municipal, Option, Préfet, Recteur.

NOTABLE.

Deux notables de la commune seront chargés de surveiller l'école primaire et de distribuer des prix tous les ans. (Prop. décr. sept. 1791, sect. I, art. 7), I, 3.

Le comité cantonal pourra adjoindre au curé et au maire, comme surveillant spécial de l'école, l'un des notables de la commune, choisi de préférence parmi les bienfaiteurs de la commune. (Ordonn. 29 févr. 1816, art. 8), I, 86.

Le comité cantonal pourra adjoindre au curé et au maire, comme surveillant spécial, l'un des notables de la commune choisi de préférence parmi les bienfaiteurs de l'école. (Arr. préfect. Seine, 9 oct. 1819, art. 19), I, 129.

Chaque comité d'arrondissement sera formé, outre les trois membres de droit, de six notables dont deux à la nomination de l'évêque, deux à la nomination du préfet, et deux à la nomination du recteur, renouvelables tous les ans par moitié. (Ordonn. 21 avr. 1828, art. 3 et 5), I, 167.

Les membres des comités protestants, autres que les membres de droit, seront choisis par le recteur parmi les notables de l'église consistoriale. Leur nomination sera approuvée par le grand maître. (Arr. 30 juin 1829, art. 4), I, 180.

Les membres des comités d'arrondissement, autres que les membres de droit, seront choisis parmi les notables de l'arrondissement et du canton, par le recteur, de concert avec le préfet, sauf l'approbation du Ministre. (Ordonn. 16 oct. 1830, art. 3), I, 193.

Les comités d'arrondissement comprendront de quatre à douze habitants notables. (Proj. loi 20 janv. 1831, art. 2), I, 194.

Le comité cantonal comprend quatre citoyens choisis à cet effet par les maires réunis au chef-lieu de canton, pour la révision des listes électorales. (Prop. loi 17 nov. 1832, art. 4), I, 224.

Il y a près de chaque école communale un comité local de surveillance, composé du maire ou adjoint, président ; du curé ou pasteur, et d'un ou plusieurs habitants notables désignés par le conseil d'arrondissement. (Loi 28 juin 1833, art. 17), I, 241. — Lorsque plusieurs communes seront réunies pour une école, le conseil d'arrondissement désignera dans chaque commune un ou plusieurs habitants notables pour faire partie du comité. (Id., art. 17), I, 241. — Trois membres du conseil d'arrondissement ou habitants notables désignés par ledit conseil font partie des comités d'arrondissement. (Id., art. 19), I, 242. — Les fonctions des notables qui font partie des comités dureront trois ans. Ils seront indéfiniment rééligibles. (Id., art. 20), I, 243.

Le certificat de moralité, exigé de tout individu qui veut exercer la profession d'instituteur primaire, sera délivré à Paris, sur l'attestation de trois habitants notables, par le maire de l'arrondissement municipal ou de chacun des arrondissements municipaux où l'impétrant aura résidé depuis trois ans. (Ordonn. 5 nov. 1833, art. 6), I, 738. — Cf. Ordonn. 23 juin 1836, art. 6, I, 394.

Rien ne s'oppose à ce qu'un adjoint fasse partie du comité local, comme notable, quoiqu'il puisse être appelé à suppléer le maire dans ses fonctions de président. (Décis. Cons. 13 déc. 1833), I, 285. — Cf. Décis. Cons. 13 juin 1834, I, 327.

Il est hors de doute que le notable du comité local, devenu membre du comité d'arrondissement, n'importe à quel titre, doit y être remplacé comme tel, par une autre personne que le comité d'arrondissement aura désignée. (Décis. Cons. 4 août 1833.)

Sauf l'exception établie pour la Ville de Paris, une déclaration de notables habitants ne peut suppléer à l'attestation des trois conseillers municipaux, exigée par l'art. 4 de la loi du 28 juin 1833, au même titre que l'attestation du maire pour la validité du certificat de moralité. (Décis. Cons. 25 nov. 1836) I, 431.

Le comité communal comprend, outre les membres de droit, quatre membres au moins, douze au plus, élus moitié par le conseil municipal ou les conseils municipaux des communes réunies, moitié par le comité central. (Proj. loi 1er juin 1848, art. 31), II, 21. — *Le comité central comprend, outre les membres de droit, dix membres nommés moitié par le conseil général du département, moitié par le Ministre.* (Id., art. 32), II, 22.

Le comité local, outre les membres de droit, se compose d'un certain nombre de membres que déterminera le comité d'arrondissement, lesquels seront élus, moitié par le conseil municipal, moitié par le comité d'arrondissement, ou moitié, plus un, toutes les fois que les membres de droit seraient en nombre pair. (Prop. loi 15 déc. 1848, art. 61), II, 55. — *Le comité d'arrondissement comprend, outre les membres de droit, trois citoyens de l'arrondissement, désignés par le comité lui-même.* (Id., art. 65), II, 56.

Le conseil départemental désigne un ou plusieurs délégués résidant dans chaque canton. (Loi 15 mars 1850, art. 42), II, 134.

Les autorités locales préposées à la surveillance et à la direction morale de l'enseignement, sont, outre les membres de droit dans les communes de 2,000 âmes, un ou plusieurs habitants de la commune, délégués par le conseil départemental. (Loi 15 mars 1850, art. 44), II, 135.

V. Comité, Conseil départemental, Délégation

O

OBLIGATION.

Les pères, mères, tuteurs ou curateurs sont tenus d'envoyer leurs enfants ou pupilles aux écoles du premier degré d'instruction. (Décr. 29 frim. an II, art. 6), I, 28. — Ils déclarent à leur municipalité ou section : 1° les noms et prénoms des enfants ou pupilles qu'ils sont tenus d'envoyer auxdites écoles; 2° les noms et prénoms des instituteurs ou institutrices dont ils font choix. (Id., ibid., art. 7), I, 28. — Les enfants ne sont pas admis avant six ans; ils doivent être envoyés avant huit ans. Ils ne peuvent être retirés qu'après une fréquentation de trois années consécutives. (Id., ibid., art. 8), I, 28.—Pénalité pour les parents : amende égale au quart de leurs contributions; en cas de récidive, amende double, privation pendant dix ans de l'exercice de citoyen, et dans ce dernier cas, affichage du jugement. (Id., ibid., art. 9), I, 28.

Les jeunes gens qui au sortir de l'école ne s'occuperont pas du travail de la terre seront tenus d'apprendre une science ou un métier utile à la société, sous peine par eux d'être, à vingt ans, privés pendant dix ans de l'exercice des droits de citoyen; les pères, mères, tuteurs ou curateurs qui auraient concouru à l'infraction de la loi, sont passibles de la même peine. (Décr. 29 frim. an II,art. 14et 15), I, 29.

Les pères, mères et tuteurs sont obligés d'envoyer tous les jeunes citoyens des deux sexes dans les écoles publiques. (Décr. 8 pluv. an II, art. 4), I, 31.

Les jeunes citoyens qui n'ont pas fréquenté les écoles seront examinés à la fête de la Jeunesse; et s'il est reconnu qu'ils n'ont pas les connaissances nécessaires à des citoyens français, ils seront écartés, jusqu'à ce qu'ils les aient acquises, de toutes les fonctions publiques. (Décr. 27 brum. an III, art. 14), I, 37.

Tout citoyen non marié et ne faisant point partie de l'armée devra, pour obtenir un emploi ou un avancement quelconque, justifier d'un certificat de fréquentation de l'une des écoles centrales de la République, constatant l'assiduité du candidat, sa moralité, et les progrès qu'il a faits dans ses études. (Arr. 17 brum. an VI, art. 15), I, 40. — Tout citoyen marié qui sollicitera une place, militaire ou autre, devra, s'il a des enfants en âge de fréquenter les écoles nationales, justifier d'un certificat constatant que ses enfants suivent une école nationale. (Id., ibid., art. 2), I, 41. — L'administration centrale du département adresse tous les trois mois au Ministère de l'intérieur l'état nominatif des élèves qui fréquentent les écoles publiques, soit primaires, soit centrales. (Id., ibid., art. 3), I, 41. — Les citoyens qui prétendraient avoir été dans l'impossibilité de satisfaire à ces conditions, devront en justifier. (Id., ibid., art. 4), I, 41.

Le maire fera dresser dans chaque commune, et arrêtera le tableau des enfants qui, ne recevant point ou n'ayant pas reçu à domicile l'instruction primaire, devront être appelés aux écoles publiques, d'après la demande de leurs parents. (Ordonn. 29 févr. 1816, art. 17), I, 87. — Conformément à l'art. 17 de l'ordonnance royale, MM. les sous-préfets et les maires de Paris feront dresser le tableau des jeunes filles qui, ne recevant point chez leurs parents ou dans les écoles établies, l'instruction primaire, sont dans le cas d'être appelées aux écoles publiques, dont le nombre sera augmenté à cet effet, partout où il sera reconnu insuffisant. (Arr. préfect. Seine 9 oct. 1819, art. 14), I, 129.

Dix ans après la promulgation de la présente loi, les individus âgés de vingt-cinq ans et au-dessus, qui ne justifieront pas qu'ils savent lire et écrire, seront exclus des droits civiques ; ils ne pourront, en conséquence, être jurés, électeurs, maires, adjoints, membres des conseils municipaux, ni être admis comme témoins dans les actes civils. Les secours publics accordés aux familles indigentes ne seront plus délivrés qu'à la charge, par les parents, de prouver que leurs enfants fréquentent les écoles ou qu'ils savent lire et écrire. (Prop. loi 24 oct. 1831, art. 9), I, 222. — *Dix ans après la promulgation de la présente loi, nul ne pourra être appelé à exercer un emploi inférieur dans les administrations des forêts, des douanes, de l'octroi, des ponts et chaussées, des travaux publics et des postes, s'il ne possède suffisam-*

ment les connaissances prescrites pour être instituteur communal. (Id., art. 13), I, 222.

Le comité local arrête un état des enfants qui ne reçoivent l'instruction primaire ni à domicile, ni dans les écoles publiques et privées. (Loi 28 juin 1833, art. 21), I, 243.

L'instituteur a le droit d'exiger l'assiduité aux exercices de l'école par l'élève, soit gratuit, soit payant. (Décis. Cons. 5 janv. 1838), I, 498.

L'enseignement primaire est obligatoire pour les enfants des deux sexes. (Proj. loi 1er juin 1848, art. 2), II, 17. — *Il est donné dans les écoles publiques, dans les écoles privées et dans l'intérieur des familles.* (Id., art. 3), II, 17. — *Tout père dont l'enfant âgé de dix ans accomplis est signalé par la notoriété publique comme ne fréquentant aucune école et ne recevant pas l'instruction primaire, est tenu, sur l'avertissement du maire, de le présenter à la commission d'examen scolaire.* (Id., art. 26), II, 20. — *Si l'enfant n'est pas présenté, ou s'il est constaté qu'il ne fréquente aucune école et ne reçoit aucune instruction, le père pourra être cité, à la requête de la commission d'examen, devant le juge de paix et condamné à la réprimande. Le jugement sera affiché à la mairie pendant un mois.* (Id., art. 28), II, 27. — *Si la commission d'examen constate, l'année suivante, qu'il n'a pas été tenu compte de la réprimande, le père sera cité devant le tribunal civil de l'arrondissement et pourra être condamné à une amende de 20 à 500 fr. et à la suspension de ses droits électoraux, pendant un temps qui ne pourra être inférieur à un an, ni excéder cinq ans. La peine cessera de droit, lorsque la commission aura constaté que l'enfant a reçu l'instruction primaire.* (Id., art. 28), II, 21. — *Les mêmes dispositions sont applicables aux tuteurs.* (Id., art. 29), II, 21.

Chaque année, au mois de septembre, il sera dressé, par les soins du comité local et transmis au comité d'arrondissement, une double expédition de la liste des enfants qui, dans la commune, reçoivent l'instruction primaire, et de ceux qui ne la reçoivent point, ni dans une école, ni dans la famille. Tout père, dont l'enfant âgé de dix ans accomplis est signalé comme ne recevant pas régulièrement l'instruction primaire, est tenu, sur l'invitation du maire, de le présenter à la commission scolaire, composée d'un membre du comité local, élu par ses collègues, du sous-inspecteur des écoles primaires, ou d'un com-

missaire spécial délégué par le recteur et d'un délégué du comité d'arrondissement. Tout enfant devra suivre régulièrement l'école primaire jusqu'à l'âge de quatorze ans, à moins qu'il n'ait obtenu de la commission scolaire le certificat d'études, lequel ne pourra être délivré qu'aux enfants de douze ans et au-dessus. La veuve, les tuteurs ou curateurs sont soumis, en ce qui concerne les enfants, aux mêmes obligations que le père. (Prop. loi 15 déc. 1848, art. 15), II, 54. — *Si l'enfant n'est pas présenté ou s'il est constaté qu'il ne reçoit aucune instruction régulière, le père pourra être appelé devant la commission scolaire, qui lui adressera un avertissement dont il sera fait mention au procès-verbal de la séance. Si la commission scolaire constate, trois mois plus tard, qu'il n'a pas été tenu compte de l'avertissement, le père sera cité devant le juge de paix et condamné à la réprimande. Le jugement pourra être affiché à la mairie pendant un temps qui n'excédera point un mois. Si la même négligence est constatée six mois après, le père pourra être appelé sans frais devant le tribunal civil de l'arrondissement et condamné soit à l'interdiction des droits civiques de un à cinq ans, soit à une amende de 10 à 100 fr., ou à la privation des avantages communaux et des secours des bureaux de bienfaisance, en tout ou en partie. La peine cessera de droit, lorsque la commission aura reconnu que l'enfant a reçu l'instruction primaire.* (Id., art. 59), II, 54.

L'enseignement primaire élémentaire est obligatoire dans les limites et sous la sanction qui seront établies par la loi. (Prop. loi 25 févr. 1849, art. 22), I, 72.

L'obligation d'envoyer les enfants à l'école ne peut être imposée que par la loi. (Av. Cons. 11 janv. 1850), II, 112.

OBLIGATOIRE (MATIÈRES DE L'ENSEIGNEMENT).

Objet de l'Enseignement.

OBLIGATOIRES (DÉPENSES).

V. Budget, Obligations des communes.

OFFICE (INSCRIPTION D').

Si un mois après que la commission d'éducation a arrêté l'emplacement et les dispositions de la maison d'une école nationale, la commune n'en a pas commencé l'exécution, les corps administratifs sont chargés d'y pourvoir, au défaut de la commune, et à ses frais, à prendre sur les sous additionnels. (Décr. 9 brum. an II, art. 3), I, 25.

Dans le cas où les votes des communes n'auraient pas pourvu au traitement de l'instituteur et à l'établissement de la maison d'école, une ordonnance royale autorisera, s'il y a lieu, dans les limites fixées par les lois, une imposition spéciale sur les communes, à l'effet de pourvoir à ces dépenses. (Ordonn. 16 juill. 1833, art. 8), I, 248. — Si des conseils généraux de département ne votaient pas, en cas d'insuffisance de leurs revenus ordinaires, l'imposition spéciale destinée à couvrir, autant qu'il se pourra, les dépenses nécessaires pour procurer un local et assurer un traitement aux instituteurs, cette imposition sera établie, s'il y a lieu, par ordonnance royale, dans les limites fixées par la loi. (Id., art. 9), I, 248.

En cas d'insuffisance des revenus ordinaires, il est pourvu à ces dépenses au moyen d'une imposition spéciale votée par le conseil municipal, ou, à défaut du vote de ce conseil, établie par un décret du pouvoir exécutif. (Loi 15 mars 1850, art. 40), II, 133. — En cas d'insuffisance des revenus ordinaires du département, il y sera pourvu au moyen d'une imposition spéciale votée par le conseil général, ou à défaut de ce vote, établie par un décret. (Id., ibid).

Toute commune de 800 âmes et au-dessus est tenue, si ses propres ressources lui en fournissent les moyens, d'avoir au moins une école de filles, sauf autorisation contraire du conseil départemental. Le conseil départemental peut, en outre, obliger les communes d'une population inférieure à entretenir, si leurs ressources ordinaires le leur permettent, une école de filles. (Loi 15 mars 1850, art. 51), II, 137.

Lorsqu'il est reconnu que le local fourni par une commune, en exécution de l'art. 37 de la loi organique, ne convient pas pour l'usage auquel il est destiné, le préfet, sur la proposition de l'inspecteur d'Académie, et après avoir pris l'avis du conseil municipal, décide, s'il y a lieu, en raison des circonstances, de faire exécuter des travaux pour approprier le local à sa destination, ou bien d'en prononcer l'interdiction. S'il s'agit de travaux à exécuter, il met la commune en demeure de pourvoir à la dépense nécessaire pour leur exécution dans un délai déterminé. A défaut d'exécution dans ce délai, il peut y pourvoir d'office. (Décr. 7 oct. 1850, art. 9), II, 184.

Toute commune de 800 âmes de population et au-dessus est tenue, si ses propres ressources en fournissent les moyens, d'avoir au moins une école de filles, et le préfet, en cas de résistance du conseil municipal, a le droit d'inscrire d'office au budget la dépense obligatoire nécessaire à l'entretien de l'école. (Décis. Cons. d'État, 4 mars 1865), II, 556.

Aux termes de l'art. 51 de la loi du 15 mars 1850, toute commune de 800 âmes et au-dessus est tenue d'entretenir au moins une école de filles; mais il ne peut lui en être imposé deux, et le préfet, en inscrivant d'office la dépense d'une deuxième école, a excédé ses pouvoirs. (Décis. Cons. d'État, 17 janv. 1873), II, 698.

En cas de refus du conseil municipal de voter le traitement des frères employés dans une école communale, le préfet ne peut inscrire au budget que le traitement d'un seul instituteur; celui des autres frères doit être réglé d'après le tarif inscrit dans la loi pour les instituteurs adjoints. (Décis. Cons. d'État 9 mars 1870), II, 650.

V. Obligations des communes.

OPPOSITION.

L'opposition du recteur à l'ouverture d'une école ne peut être élevée que dans l'intérêt des mœurs publiques. Si la partie conteste l'opposition du recteur, le comité d'arrondissement donne son avis et l'affaire est portée devant le Conseil académique qui statue dans un délai d'un mois. Si le maire a refusé l'approbation du plan des lieux, voulue par le § 3 du présent article, il sera statué à cet égard par le préfet en conseil de préfecture. (Proj. loi 31 mars 1847, art. 10), I, 702.

L'opposition ne peut être élevée, soit d'office, soit par les autorités scolaires, soit par des tiers, que dans l'intérêt de la morale publique. Elle est jugée par le tribunal civil en chambre du conseil, après que le déclarant aura été entendu et sauf recours à la Cour d'appel. La déclaration relative au local sera jugée dans les mêmes formes, sous le rapport de la convenance et de la salubrité. (Prop. loi 15 déc. 1848, art. 48), II, 52.

Le recteur (préfet), soit d'office, soit sur la plainte du procureur de la République ou du sous-préfet, peut former opposition à l'ouverture de l'école, dans l'intérêt des mœurs publiques, dans le mois qui suit la déclaration à lui faite. Cette opposition est jugée dans un bref délai, contradictoirement et sans recours, par le conseil départemental. Si le maire refuse d'approuver le local, il est statué à cet égard par le conseil. A défaut d'opposition, l'école peut être ouverte à l'expiration du mois, sans autre formalité. (Loi 15 mars 1850, art. 28), II, 129. — Si le préfet croit devoir faire opposition à l'ouverture de l'école, par application de l'art. 28 de la loi organique, il signifie son opposition à la partie par un arrêté motivé. Trois jours au moins avant la séance fixée pour le jugement de l'opposition, la partie est citée à comparaître devant le conseil départemental. Cette opposition est jugée par le conseil départemental, suivant les formes prescrites au chapitre II du règlement d'administration publique du 29 juillet 1850. Copie de la décision du conseil départemental est transmise par le recteur au maire de la commune, qui fait transcrire cette décision en marge de la déclaration de l'instituteur sur le registre spécial. (Décr. 7 oct. 1850, art. 4), II, 182.

Les décisions du conseil départemental, rendues dans les cas d'opposition prévus par l'art. 28 de la loi du 15 mars 1850, peuvent être déférées, par voie d'appel, au conseil supérieur de l'instruction publique. Cet appel doit être interjeté dans le délai de dix jours, à compter de la notification de la décision. (Loi 10 avr. 1867, art. 19), II, 609.

La décision d'un conseil d'Académie, rendue sur l'opposition du recteur à l'ouverture d'une école libre d'enseignement primaire, ne peut être déférée au conseil d'État, lorsque le Conseil académique a statué dans la limite de ses pouvoirs. (Décis. Cons. d'État 18 nov. 1852.)

V. Déclaration d'ouverture, Fermeture, Tribunal.

OPTION.

Le préfet, par délégation du Ministre, nomme les instituteurs communaux, les conseils municipaux entendus. (Décr. loi 9 mars 1852, art. 4), II, 274, note.

Le conseil municipal a le droit, en tout temps, d'émettre un avis ou un vœu sur le remplacement des instituteurs laïques par des instituteurs congréganistes, et réciproquement. (Instruct. 12 juill. 1862), II, 276, note; Instruct. 28 oct. 1871, II, 280, note. — Cf. Décis. Cons. d'État 17 janv. 1873, II, 691, 693 ; 21 mars 1873, II, 711; 28 mars 1873, II, 720; 9 avr. 1873, II, 724.

En cas de révocation, de démission ou de décès, le préfet doit mettre le conseil municipal en demeure de délibérer sur la question de savoir s'il désire que la commune soit dirigée par des laïques ou par des congréganistes. (Instruct. 12 juill. 1862), II, 276, note.

Le préfet, avant de nommer un instituteur, est tenu de consulter le conseil municipal sur la question de savoir s'il désire que l'instituteur soit laïque ou congréganiste; mais il n'est pas tenu de se conformer à l'avis exprimé par ce conseil. (Décis. Cons. d'État 9 mars 1870), II, 650.

L'obligation de faire tenir à perpétuité une école par des religieuses est contraire aux dispositions de la loi du 15 mars 1850, du décret du 9 mars 1852 et de la loi du 14 juin 1854, d'après lesquels la commune et l'autorité départementale doivent conserver leur liberté d'option entre l'enseignement laïque et l'enseignement religieux. (Décis. Minist. Int. 1863), II, 554, note.

V. Nomination des Instituteurs, Préfet, Recteur.

OUVROIR.

Les ouvroirs sont des établissements d'instruction primaire dans lesquels les jeunes filles sont particulièrement exercées aux travaux d'aiguille ou à d'autres travaux manuels, en même temps qu'elles reçoivent des leçons d'instruction morale et religieuse, de lecture, d'écriture, de calcul et de dessin linéaire. (Arr. Cons. 30 oct. 1838, art. 1), I, 539. — Ils sont soumis à la surveillance des autorités préposées à l'instruction primaire par la loi du 28 juin 1833, et par l'ordonnance du 23 juin 1836. (Id, art. 2), I, 539. — Ils seront dirigés par des institutrices régulièrement brevetées. Toutefois, cette direction pourra être confiée provisoirement à des personnes munies d'une autorisation spéciale. (Id., art. 3), I, 539. — Il sera établi un programme particulier des épreuves sur lesquelles les directrices d'ouvroirs pourront être brevetées par la commission d'examen créée en exécution de l'art. 13 de l'ordonnance royale du 23 juin 1836. (Id., art. 4), I, 539. — Les personnes, porteurs d'un brevet ou d'une autorisation spéciale, exerceront à titre public ou privé, la profession de directrices d'ouvroir. Elles seront soumises à la juridiction des comités dans les formes et sous les conditions établies par les art. 4, 7, 8, 9, 10, 11, 12, 13, 15, 16 et 18 de l'ordonnance royale du 23 juin 1836. (Id., art. 5), I, 540.

Le programme des épreuves auxquelles sont soumises les institutrices appelées à diriger les ouvroirs comprend : instruction morale et religieuse, lectures à haute voix dans l'Écriture sainte et dans un autre ouvrage qui aura été choisi par la commission parmi les livres autorisés ; résumé de ces lectures, le livre fermé ; réflexions sur ces lectures ; lecture sur manuscrits ou cahiers lithographiés ; écriture et grammaire ; dictée (l'écriture et l'orthographe doivent être assez correctes pour la correspondance habituelle avec l'administration locale ou les commerçants) ; calcul sur les nombres entiers et les fractions décimales, notions usuelles du système métrique, élément du dessin linéaire, tracé des lignes nécessaires à la coupe des linges et des étoffes, travaux d'aiguille. (Arr. 20 mars 1840, art. 1), I, 572. — Les examens ont lieu dans les formes déterminées par l'ordonnance du 23 juin 1836. Des dames, au nombre de trois, font nécessairement partie de la commission. (Id., art. 2), I, 572. — La commission délivre des certificats d'aptitude d'après lesquels le recteur expédie le brevet de capacité. (Id., art. 3), I, 572.

L'autorisation de diriger un ouvroir est donnée par le recteur sur la production du brevet de capacité et d'un certificat de moralité, et sur la présentation du préfet du département, après avis du comité local et du comité central. (Arr. 20 mars 1840, art. 4), I, 572.

Les règlements des 30 octobre 1838 et 20 mars 1840, relatifs aux ouvroirs du département de la Seine, sont applicables aux autres départements. (Décis. Cons. 22 août 1845), I, 663.

Les établissements d'instruction primaire de tout ordre, publics ou privés, dont la surveillance est confiée à l'État, sont :... les ouvroirs. (Prop. loi 15 déc. 1848, art. 1), II, 43. — *Le comité d'arrondissement pourra autoriser des ouvroirs pour les filles*. (Id., art. 37), II, 50.

Les établissements désignés sous le nom d'ouvroirs sont soumis, pour ce qui concerne leur ouverture et leur exploitation, aux formalités imposées aux établissements d'instruction primaire, lorsque les jeunes filles qui y sont admises reçoivent, avec l'enseignement professionnel, l'enseignement des salles d'asile, des écoles primaires et des écoles d'adultes; et la constatation de cette circonstance rentre dans le pouvoir souverain d'appréciation des juges du fait. (Arr. Cassat. 2 mars 1860.)

Aucune jeune fille, âgée de moins de treize ans, ne peut être admise à l'ouvroir, même si elle suit en partie les exercices de l'école. La journée de travail sera, en été, de douze heures, dont dix de travail et deux de récréation; en hiver, de onze heures, neuf de travail et deux de récréation. (Av. Cons. 5 juill. 1860), II, 485. — Cf. Av. Cons. 29 juin 1861, II, 495.

P

PASTEUR.

V. Comité protestant, Commission d'examen, Délégation.

PATENTE.

Un établissement d'instruction primaire ne peut être imposé à la patente que dans le cas où il a le caractère d'un pensionnat. (Décis. Cons. d'État, 23 juill. 1863), II, 527.

Un instituteur qui se borne à procurer à ses élèves, dans l'intérieur de son école, les fournitures de papeterie qui leur sont nécessaires, ne peut être considéré comme exerçant la profession de marchand de papier en détail. (Décis. Cons. d'État, 3 mars 1864), II, 534.

L'instituteur d'une école primaire communale qui gère pour son compte un pensionnat qu'il a été autorisé à joindre à son école, doit être imposé à la patente des maîtres de pension, alors même que le pensionnat est établi dans un local fourni par la ville, et que la ville perçoit à son profit la moitié des rétributions payées par les pensionnaires. (Décis. Cons. d'État, 5 oct. 1857), II, 46.

Un instituteur libre, autorisé provisoirement par le préfet à recevoir chez lui quelques internes pendant une année scolaire, ne peut être considéré comme ayant exercé pendant ladite année la profession de maître de pension. (Décis. Cons. d'État, 27 nov. 1867), II, 609.

PÉDAGOGIE.

Il sera ouvert un concours pour le meilleur ouvrage nécessaire aux écoles primaires. Les auteurs qui voudront concourir, adresseront leur ouvrage aux commissaires de l'instruction publique, qui le feront passer à l'Institut national. D'après le jugement motivé de l'Institut, les commissaires de l'instruction publique feront leur rapport à l'Assemblée nationale, qui prononcera sur l'envoi de l'ouvrage aux départements. (Proj. Décr. sept. 1791, chap. II, art. 9), I, 3.

Il sera composé des livres élémentaires qui devront être enseignés dans les écoles primaires. Ces livres seront rédigés d'après la meilleure méthode d'enseignement que les progrès des sciences nous indiquent. Les livres pour les instituteurs contiendront les principes sur la méthode d'enseigner, des explications et des développements des objets contenus dans les livres élémentaires de l'école. (Décr. 22 frim. an I), I, 9.

Il sera fait annuellement, par notre Trésor royal, un fonds de 50,000 francs, pour être employé par la commission d'instruction publique, soit à composer ou à imprimer des ouvrages propres à l'instruction populaire, soit à établir temporairement des écoles modèles dans les pays où les bonnes méthodes n'ont point encore pénétré, soit à récompenser les maîtres qui se sont le plus distingués par l'emploi de ces méthodes. (Ordonn. 29 févr. 1816, art. 35), I, 89.

Chaque année, il sera porté au budget de l'État une somme spécialement destinée à encourager l'instruction primaire, et pendant cinq ans, à partir du 1er janvier 1831, il sera prélevé pour le même objet le vingtième du produit de la rétribution universitaire. Les fonds ainsi formés seront employés, d'après l'avis de notre conseil royal : 1° à donner des secours aux communes qui se trouveraient dans l'impossibilité absolue de se procurer des moyens d'enseignement, et principalement à fonder des écoles préparatoires ; 2° à faire composer, imprimer et distribuer des livres élémentaires ; 3° à donner des encouragements et des récompenses aux instituteurs qui se seront distingués par leur aptitude, par leur zèle et leur bonne conduite. (Ordonn. 14 févr. 1830, art. 11 et 13), I, 191.

Il sera ouvert, chaque année, au budget du Ministre de l'instruction publique, un crédit pour encourager les auteurs de livres ou méthodes utiles à l'instruction primaire. (Loi 15 mars 1850, art. 56), II, 138.

V. Livres, Méthode.

PENSION DE RETRAITE.

Tout maître d'école primaire aura, après vingt ans d'exercice, son traitement pour retraite. (Proj. décr. sept. 1791, chap. V, art. 6), I, 5.

La nation accordera aux citoyens qui auront rendu de longs services à leur pays dans la carrière de l'enseignement, une retraite qui mettra leur vieillesse à l'abri du besoin. (Décr. 27 brum. an III, chap. III, art. 9), I, 36.

Les instituteurs pourront, ainsi que les professeurs des écoles centrales et spéciales, cumuler traitement et pensions. (Loi 3 brum. an IV, tit. I, art. 7), I, 39.

Le Ministre des affaires ecclésiastiques et de l'instruction publique nous proposera incessamment un règlement général, pour assurer aux instituteurs primaires communaux, au moyen de retenues sur leurs traitements et des autres ressources dont on pourra disposer, des pensions de retraite, lorsque l'âge ou les infirmités les mettront dans la nécessité de renoncer à leurs fonctions, après les avoir exercées un certain nombre d'années déterminé. (Ordonn. 14 févr. 1830, art. 14), I, 191.

A partir de la publication de la loi, les communes verseront annuellement, dans les caisses des receveurs d'arrondissement, une somme égale au vingtième du traitement fixe de chaque instituteur ; laquelle somme sera placée en rentes sur l'État, à l'effet d'assurer des pensions de retraite aux instituteurs, soit au bout de trente ans de services, soit après dix ans au moins de services, en cas d'infirmités contractées pendant les fonctions. Aucune pension ne sera accordée avant le

1er *janvier* 1836. *La quotité sera fixée en proportion des années de service et des traitements fixes. Les pensions seront liquidées par le conseil royal.* (Proj. loi 20 janvier 1831, art. 13), I, 196.

Il sera pourvu à ce qu'une retraite soit assurée à tout instituteur hors d'état de continuer ses fonctions ou ayant exercé pendant vingt ans consécutifs au moins. Le fonds de ces retraites sera formé : 1° d'une retenue annuelle sur les appointements ; 2° d'une partie des sommes votées pour l'instruction primaire, par la commune, par les départements et par l'État. (Prop. loi 24 oct. 1831, art. 12), I, 222.

Il sera établi dans chaque département une caisse d'épargne et de prévoyance en faveur des instituteurs primaires communaux. Cette caisse sera formée par une retenue annuelle d'un vingtième sur le traitement fixe de chaque instituteur. Le produit total de la retenue exercée sur chaque instituteur lui sera rendu à l'époque où il se retirera, et, en cas de décès dans l'exercice de ses fonctions, à sa veuve ou à ses héritiers. (Loi 28 juin 1833, art. 15), I, 240.

La retenue du vingtième devra être faite sur le traitement fixe ; elle sera exigible à partir du 1er janvrier 1834. (Décis. Cons. 27 déc. 1833), I, 287. — La retenue pour pension de retraite est faite sur le traitement fixe, et en cas de consolidation des traitements fixe et éventuel, sur la portion représentant le traitement fixe. (Décis. Cons. 24 févr. 1835), I, 353.

Les traitements des inspecteurs primaires sont soumis aux retenues pour le fonds de retraite. (Décis. Cons. 19 déc. 1834), I, 346.

Les traitements des fonctionnaires d'une école primaire supérieure ne sont pas de nature à être assujettis à la retenue pour la caisse des retraites des colléges royaux et communaux. (Décis. Cons. 28 févr. 1845), I, 659.

Il est fait sur le traitement des instituteurs communaux une retenue du vingtième pour former une caisse de retraite. (Proj. loi 31 mars 1847, art. 25), I, 705. — *Tout instituteur communal âgé de soixante ans et comptant au moins trente années de service, pendant lesquelles la retenue du vingtième a été exercée sur son traitement et versée à la caisse des retraites, a droit à une pension égale à la moitié du traitement moyen dont il a joui pendant les cinq dernières années de service.* (Id., art. 26), I, 705. — *Les instituteurs communaux, que des infirmités contractées dans l'exercice de leurs fonctions rendent incapables de les continuer, peuvent obtenir une pension égale au sixième de leur traitement, lorsqu'ils ont au moins dix années de service. Cette pension s'accroît d'un centième dudit traitement pour chaque année de service au-dessus de dix ans.* (Id., art. 27), I, 705. — *Les veuves des instituteurs décédés en activité de service ou en possession d'une pension de retraite peuvent obtenir une pension de retraite égale au tiers de celle à laquelle avait droit leur mari, ou dont il jouissait. Cette pension ne peut leur être accordée qu'autant qu'elles sont mariées depuis plus de cinq ans. Elles cessent d'en jouir, si elles contractent un nouveau mariage. Si les instituteurs ne laissent pas de veuve, mais seulement des orphelins, il peut être accordé à ceux-ci des pensions de secours, jusqu'à ce qu'ils aient atteint l'âge de seize ans. Ces pensions, dont la quotité est fixée relativement à leur nombre, ne peuvent excéder pour tous les enfants ensemble la moitié de celle à laquelle leur père avait droit ou dont il jouissait.* (Id., art. 28), I, 706. — *L'admission à la retraite est prononcée par le Ministre de l'instruction publique, et la pension est liquidée dans les formes adoptées pour les membres de l'Université.* (Id., art. 29), I, 706. — *Le temps d'exercice dans l'instruction primaire compte aux instituteurs communaux pour établir leurs droits à la pension de retraite dans tout autre service public, s'ils ont rempli, au moins pendant dix ans, les fonctions de l'enseignement, et obtenu un exeat régulier, et s'ils produisent un certificat de bons services du Ministre de l'instruction publique.* (Id., art. 30), I, 706. — *Les instituteurs communaux en fonctions au moment de la promulgation de la présente loi, et qui étaient âgés de moins de trente ans, lorsque la retenue du vingtième a commencé à être exercée sur leur traitement, pourront être admis à jouir du bénéfice de la pension de retraite, pourvu qu'ils remplissent les conditions déterminées en l'art. 26. En conséquence, les fonds appartenant à ces instituteurs, qui se trouvent dans la caisse d'épargne et de prévoyance, seront versés immédiatement à la Caisse des dépôts et consignations pour le compte de la caisse des retraites.* (Id., art. 31), I, 706. — *Les instituteurs communaux auxquels sont applicables les dispositions de l'article précédent subiront, en sus de la retenue prescrite par l'art. 25, une retenue supplémentaire égale : 1° au vingtième de la différence qui existe entre leur nouveau traitement et celui dont ils jouissaient antérieurement ; 2° au montant des intérêts cumulés que cette retenue aurait produits, si elle avait été exercée annuellement avant la promulgation de la présente loi. La retenue supplémentaire sera exercée pendant un nombre d'années égal au nombre des années de services antérieurs à 1848, sans toutefois pouvoir excéder quatorze ans.* (Id., art. 32), I, 706. — *La caisse d'épargne et de prévoyance, établie par l'art. 15 de la loi du 28 juin 1833, est maintenue pour les instituteurs communaux qui étaient âgés de plus de 30 ans, lorsque la retenue du vingtième a commencé à être exercée sur leur traitement.* (Id., art. 33), I, 706. — *Les directeurs des écoles normales et les maîtres adjoints de ces écoles jouissent des dispositions des art.* 26, 27, 28, 29, 30, 31, 32 et 33 *de la présente loi.* (Id., art. 34), I, 707.

L'instituteur a droit à une pension de retraite, calculée sur le traitement, dans les mêmes conditions que les autres fonctionnaires de l'instruction publique. (Proj. loi 1er juin 1848, art. 11), II, 18.

Il est fait, sur les traitements et les dixièmes de tous les membres de l'instruction publique, une retenue de 10 % *pour former une caisse de retraite.* (Prop. loi 15 déc. 1848, art. 84), II, 60. — *Tout membre de l'instruction primaire publique, âgé de cinquante-cinq ans et comptant au moins trente années de service pendant lesquelles la retenue du dixième a été exercée sur son traitement et versée à la caisse des retraites, a droit à une pension égale à la moitié du traitement moyen, y compris les dixièmes dont il a joui pendant ces cinq dernières années de service.* (Id., art. 85), II, 60. — *Les membres de l'instruction primaire publique, atteints par des infirmités graves contractées dans l'exercice de leurs fonctions, peuvent obtenir une pension égale au sixième de leur traitement, lorsqu'ils ont au moins dix années de service. Cette pension s'accroît d'un centième dudit traitement, pour chaque année de service au-dessus de dix ans.* (Id., art. 86), II, 60. — *Les veuves des instituteurs de tout ordre, décédés en activité de service ou en possession d'une pension de retraite, pourront obtenir une pension égale au tiers de celle à laquelle avait droit leur mari, ou dont il jouissait, pourvu que le mariage ait été contracté depuis plus de cinq ans. Cette pension cesse de droit, en cas d'un nouveau mariage. Les orphelins sans mère, laissés par les instituteurs de tout ordre, pourront obtenir des pensions de secours, jusqu'à ce qu'ils aient atteint l'âge de seize ans. Ces secours ne pourront jamais excéder, pour tous les orphelins ensemble, la moitié de la pension à laquelle leur père avait droit ou dont il jouissait.* (Id., art. 87), II, 60. — *L'admission à la retraite est prononcée par le Ministre de l'instruction publique, et la pension est liquidée dans les formes adoptées pour les membres de l'Université. Un règlement d'administration publique déterminera l'organisation et la surveil-*

lance de la caisse des retraites de l'instruction primaire. (Id., art. 88), II, 60. — *Le temps d'exercice dans l'instruction primaire compte aux instituteurs de tout ordre pour établir ultérieurement leurs droits à la retraite dans un autre service public, pourvu qu'ils aient servi pendant dix ans au moins dans l'enseignement, et obtenu un exeat régulier avec un certificat de bons services donné par M. le Ministre de l'instruction publique. Réciproquement, les services rendus dans toute autre branche de l'administration publique où seront établies des pensions de retraite, pourront compter aux instituteurs pour leur retraite, pourvu qu'ils servent encore pendant vingt ans au moins dans l'instruction primaire.* (Id. art. 89), II, 61. — *Les instituteurs communaux auxquels sont applicables les dispositions de l'article précédent devront, en sus de la retenue prescrite par l'art.* 84, *compléter par des versements, dont la forme et les conditions seront déterminées dans l'année par un règlement d'administration publique, une somme égale à celle qui aurait dû être prélevée pendant dix ans.* (Id., 99), II, 62.

Il sera pourvu aux retraites des instituteurs par une retenue sur les traitements. (Prop. loi 5 févr. 1849, art. 23), II, 70.

Une commission est chargée de préparer un projet de règlement pour l'établissement d'une caisse de retraite des instituteurs. (Arr. 29 juin 1849), II, 86.

A partir du 1er *janvier* 1851, *il est établi une caisse spécialement destinée à assurer des pensions de retraite aux instituteurs primaires communaux, sous les conditions déterminées par le présent règlement. Les caisses d'épargne établies dans les départements par la loi du* 28 *juin* 1833, *en faveur des instituteurs communaux, sont supprimées à partir de la même époque.* (Proj. Règl. Cons. déc. 1850, art. 1). — *A partir du* 1er *janvier* 1851, *une retenue du* 20e *sera faite sur le traitement des instituteurs, composé conformément à la loi.* (Id., art. 2). — *Les ressources de la caisse de retraite des instituteurs seront :* 1° *les fonds actuellement déposés dans les caisses d'épargne des instituteurs et dont ils convertiront le versement dans la caisse des retraites ;* 2° *le produit annuel de la retenue du* 20e *prescrit par l'article précédent ;* 3° *le produit annuel de la retenue supplémentaire prescrite par les art.* 5 *et* 6 ; 4° *les dons et legs qui seront faits à ladite caisse. Les fonds ainsi affectés à la caisse de retraite seront versés à la Caisse des dépôts et consignations qui les placera en rentes sur l'État et qui demeurera chargée de centraliser les ressources de la caisse de retraite, et d'en acquitter les dépenses au moyen et jusqu'à concurrence de ces ressources.* (Id., art. 3). — *Les instituteurs qui se refuseront à ce que le solde de leur compte courant à la caisse d'épargne, réglé au* 13 *décembre* 1850, *soit versé à la caisse de retraite, seront remboursés dans le délai de........ Les droits qu'ils pourront ultérieurement acquérir par leurs services dans l'instruction primaire, à une pension de retraite, ne commenceront à courir que du* 1er *janvier* 1851. (Id., art. 4). — *Les instituteurs qui verseront dans la caisse de retraite les fonds qu'ils ont en dépôt dans les caisses d'épargne, auront droit au bénéfice du présent règlement, sous la condition de subir, en sus de la retenue prévue par l'art.* 2, *une retenue supplémentaire égale au vingtième de la différence existant entre le traitement fixe sur lequel était opérée la retenue du vingtième pour la caisse d'épargne, et le traitement dont ils jouiront à partir du* 1er *janvier* 1851. *Cette retenue supplémentaire sera exercée pendant un nombre d'années égal à la durée de leurs fonctions, antérieure à* 1851, *sans pouvoir remonter au delà du* 1er *janvier* 1834. (Id., art. 5). — *Tout instituteur comptant au moins quinze ans de service dans les fonctions d'instituteur communal, pourra faire compter dans la liquidation de sa pension de retraite le temps qu'il aura passé, soit dans l'enseignement comme instituteur privé, soit dans le service militaire, soit dans un service public civil, à la charge de justifier de ses bons services par un certificat de l'autorité compétente, et de verser dans la caisse des retraites, en sus de la retenue ordinaire prescrite par l'art.* 2, *une retenue supplémentaire du* 20e *de son traitement d'instituteur, pour chacune de ses années de service en dehors des fonctions d'instituteur communal. Cette retenue supplémentaire, qui ne pourra remonter au delà du* 1er *janvier* 1834, *devra être calculée pour les instituteurs en activité de service sur les traitements dont ils jouiront à partir du* 1er *janvier* 1851, *et pour ceux qui entreront dans l'enseignement après cette époque, sur leur traitement successif.* (Id., art. 6). — *Tout instituteur communal âgé de* 60 *ans et comptant* 30 *années de servive, qui a subi pendant ces* 30 *années la retenue du* 20e *ou qui a versé la double retenue prévue par les art.* 5 *et* 6, *a droit à une pension égale aux* 15/30es *du traitement moyen dont il a joui pendant les* 10 *dernières années de service. Les* 30 *années de service ne pourront remonter au delà du* 1er *janvier* 1834. (Id., art. 7). — *Tout instituteur communal attaqué d'infirmités graves contractées depuis son entrée en fonctions et dûment constatées, est admis à demander une pension de retraite avant l'époque fixée pour l'éméritat, pourvu qu'il compte au moins*

*15 ans de services donnant droit à la retraite, lorsque le motif de la retraite est jugé légitime, la pension est fixée aux 15/30*es *du traitement moyen, calculé comme il est dit à l'art. 7. Cette pension s'accroîtra de 1/30*e *dudit traitement pour chaque année de service au delà de 15 ans, sans qu'elle puisse excéder les 40/30*es *du traitement. Dans tous les cas, le minimum de pension de retraite des instituteurs est fixé à 100 fr.* (Id., art. 8). — *Dans les cas prévus par les art. 7 et 8, lorsque l'instituteur sera reconnu hors d'état de remplir ses fonctions et qu'il ne demandera pas sa retraite, le Ministre, sur la proposition du Conseil académique et l'avis motivé du recteur, pourra prononcer, en conseil de l'instruction publique, l'admission de cet instituteur à la pension de retraite, ledit instituteur préalablement entendu.* (Id., art. 9). — *Les liquidations seront établies sur le nombre effectif des années et mois de service; mais les fractions de mois et de franc seront négligées. Les arrérages des pensions courront au profit d'instituteurs en retraite à dater du jour où ils auront cessé de toucher le traitement d'activité.* (Id., art. 10). — *L'instituteur à qui un jugement interdit l'exercice des fonctions de l'enseignement, ou qui s'est mis dans l'un des cas d'incapacité prévus par la loi, perd, par le fait même, tous droits à la pension de retraite; il ne peut prétendre ni au remboursement des retenues exercées sur son traitement, ni à aucune indemnité.* (Id., art. 11). — *L'instituteur révoqué ou démissionnaire, avant trente ans de service, n'a droit à aucune pension de retraite; il ne peut demander ni remboursement ni indemnité; mais si, par la suite, il rentrait dans l'instruction primaire, le temps de son premier service lui compterait pour la pension.* (Id., art. 12). — *Tout instituteur hors d'état de remplir ses fonctions, par suite d'infirmités contractées en exposant ses jours, soit par dévouement à l'intérêt public, soit pour sauver la vie d'un de ses concitoyens, pourra obtenir, quelleque soit la durée de ses services, une pension de retraite égale aux 15/30*es *de son traitement moyen.* (Id., art. 13). — *Les instituteurs qui appartiennent à des associations religieuses enseignantes, étant assurés, par les statuts mêmes de leur congrégation, qu'il sera pourvu à leurs besoins lorsque l'âge ou les infirmités les empêcheront de continuer leurs fonctions, ne subissent point de retenue sur leurs traitements au profit de la caisse des retraites, et n'ont par conséquent aucun droit à des pensions sur cette caisse. Ceux d'entre eux qui, sans renoncer à l'enseignement, cessent volontairement de faire partie d'une association religieuse, sont admis à profiter du bénéfice des dispositions de l'art. 6 du pré-*

sent règlement, sous la condition du certificat de bons services énoncé au même article. (Id., art. 14). — *Les demandes à fin de pension, après avoir été inscrites et visées à la mairie de la commune où réside le réclamant, seront adressées, avec pièces justificatives, au Ministre de l'instruction publique et portées sur un registre spécial par ordre de date et de numéro. Le Ministre fera examiner ces demandes en conseil de l'instruction publique, et s'il est décidé qu'il y a lieu d'admettre le réclamant à la retraite, la pension sera liquidée dans les formes adoptées pour tous les membres de l'Université. Les liquidations seront consignées sur le registre spécial ; on y inscrira de même les extinctions et les suspensions.* (Id., art. 15). — *Le payement de la pension sera effectué par trimestre, sur la présentation d'un certificat de vie du titulaire, délivré par le maire de la commune qu'il habite et dûment légalisé.* (Id., art. 16). — *La Caisse des dépôts et consignations remettra chaque année, au mois de .... un état des sommes qu'elle aura reçues, payées ou placées pour le compte de la caisse de retraite, comme aussi des extinctions ou suspensions de payement qui seront survenues, aux termes des art.* 11, 14 *et* 15 *du présent règlement. Cet état sera inséré tous les ans au compte général du Ministère de l'instruction publique.* (Id., art. 17). — *Hors le cas prévu par l'art.* 13, *l'instituteur qui serait admis à faire valoir ses droits à une pension de retraite, avant d'avoir versé la retenue supplémentaire pour chacune de ses années de service, antérieures à* 1851, *devra faire immédiatement le versement de la somme qu'il redevra pour toutes les années qu'il n'aura pas encore soldées. Jusqu'en* 1860, *la pension de retraite ne pourra être liquidée sur un pied moindre de* 600 *fr. lorsque l'instituteur aura versé le complément de la retenue supplémentaire fixée pour les années antérieures à* 1851. (Id., art. 18).

A dater du 1er janvier 1851, la retenue annuelle du vingtième, qui n'était prélevée que sur le traitement fixe des instituteurs publics pour être versée dans les caisses d'épargne, portera sur le traitement de ces maîtres, tel qu'il est déterminé par l'art. 38 de la loi du 15 mars 1850, lequel traitement se compose : 1° d'un traitement fixe qui ne peut être inférieur à 200 fr. ; 2° du produit de la rétribution scolaire ; 3° d'un supplément accordé, s'il y a lieu, à tous ceux dont le traitement, joint au produit de la rétribution scolaire, n'atteint pas 600 fr. (Décr. 5 janv. 1851, art. 1), II, 212.

Toutes les pensions seront inscrites au grand-livre de la dette publique. (Loi 9 juin 1853, art. 2), II, 302. — Les fonctionnaires et employés directement rétribués par l'État et nommés à partir du 1er janvier 1854, ont droit à pension et supportent indistinctement, sans pouvoir les répéter dans aucun cas, les retenues suivantes : 1° une retenue de cinq pour cent sur les sommes payées à titre de traitement fixe ou éventuel ; 2° une retenue du douzième lors de la première nomination ou dans le cas de réintégration, et du douzième de toute augmentation ultérieure ; 3° les retenues pour cause de congés et d'absence ou par mesure disciplinaire. (Id., art. 3), II, 303. — Les fonctionnaires de l'enseignement, rétribués en tout ou en partie sur les fonds départementaux et communaux, ont droit à pension et supportent sur leurs traitements la retenue déterminée par l'art. 3. (Id., art. 4), II, 303. — Le droit à la pension de retraite est acquis par ancienneté à 60 ans d'âge et après 30 ans accomplis de service. Il suffit de 55 ans d'âge et de 25 ans de service pour les fonctionnaires qui ont passé 15 ans dans la partie active. (Id., art. 5), II, 304. — La pension est basée sur la moyenne des traitements et émoluments de toute nature soumis à retenue dont l'ayant droit a joui pendant les six dernières années d'exercice. (Id., art. 6), II, 304. — La pension est réglée pour chaque année de service civil à un 60e du traitement moyen. (Id., art. 7), ibid. — Peuvent exceptionnellement obtenir pension, quels que soient leur âge et leur activité, ceux qu'un accident grave résultant notoirement de l'exercice de leurs fonctions, met dans l'impossibilité de les continuer. Peuvent également obtenir pension, s'ils comptent 50 ans d'âge et 20 ans de service dans la partie sédentaire ou 45 d'âge et 15 ans de service dans la partie active, ceux que des infirmités graves, résultant de l'exercice de leurs fonctions, mettent dans l'impossibilité de les continuer, ou dont l'emploi aura été supprimé. (Id., art. 11 et 12), II, 305 et 306. — A l'égard des fonctionnaires de l'enseignement, le temps d'inactivité durant lequel ils ont été assujettis à la retenue est compté comme service effectif ; mais il ne peut être admis dans la liquidation pour plus de 5 ans. (Id., art. 10), II, 306.

Ont droit à la pension la veuve du fonctionnaire ou la veuve dont le mari aura perdu la vie par un des accidents prévus à l'art. 11. Dans ce cas, la pension est du tiers de celle que le mari aurait obtenue ou pu obtenir en vertu dudit article. Il suffit que le mariage ait été contracté antérieurement à l'événement qui a occasionné la mort ou la mise à la retraite du mari. (Loi 9 juin 1853, art. 14), II, 307.

Aucune pension n'est liquidée qu'autant que le fonctionnaire aura été préalablement admis à faire valoir ses droits à la retraite par le Ministre au département duquel il ressortit. (Loi 9 juin 1853, art. 19), II, 309. — Les services civils ne sont comptés que de la date du premier traitement d'activité et à partir de vingt ans accomplis. Le temps du surnumérariat n'est compté dans aucun cas. (Id., art. 23), ibid. — Les pensions sont incessibles. (Id., art. 26), II, 310. — Tout fonctionnaire ou employé démissionnaire, destitué ou révoqué d'emploi, perd ses droits à la pension. S'il est remis en activité, son premier service lui est compté. (Id., art. 27), ibid.

Les fonctionnaires et employés en exercice au 1er janvier 1854 sont soumis aux retenues déterminées par l'art. 3, et sont retraités d'après les règles ci-après : ceux qui étaient tributaires de caisses de retraite et ceux qui obtenaient pension sur fonds généraux, sont liquidés aux conditions réglées par la présente loi pour leurs services postérieurs au 1er janvier 1854 ; et pour les services antérieurs, conformément soit aux règlements spéciaux, soit aux loi et décret des 22 août 1790 et 13 septembre 1806, qui régissaient respectivement leur situation, sans que les maxima déterminés par la présente loi puissent être dépassés. Les fonctionnaires et employés qui, antérieurement, ne subissaient pas de retenue et n'étaient pas placés sous le régime des loi et décret des 22 août 1790 et 13 septembre 1806, sont admis à faire valoir la totalité de leurs services admissibles pour constituer leur droit à pension ; toutefois, cette pension n'est liquidée que pour le temps pendant lequel ces fonctionnaires auront subi la retenue, et n'est réglée qu'à raison d'un cent vingtième du traitement moyen par chaque année de service civil ; mais le montant de la pension ainsi fixé est alors augmenté d'un trentième pour chacune des années liquidées; cette base exceptionnelle cesse lorsque le titulaire se trouve dans les conditions voulues par l'art. 5. (Loi 9 juin 1853, art. 18), II, 308.

Les retenues acquises au Trésor sur le traitement des instituteurs communaux, quelle que soit l'origine des rétributions dont ce traitement se compose, sont prélevées par le receveur municipal lors du payement, lequel a lieu sur la production de mandats délivrés par le maire et indiquant le montant brut des rétributions, les retenues à exercer et le net à payer. Lorsque l'instituteur est autorisé à percevoir lui-même la rétribution scolaire, conformément au deuxième paragraphe de l'art. 41 de la loi du 15 mars 1850, il remet le vingtième de cette rétribution au receveur municipal, qui le verse, avec les autres retenues acquises au Trésor, dans la caisse du receveur des finances. A l'appui des versements effectués, le receveur municipal produit des copies des mandats de payement, et en outre, lorsque la rétribution scolaire a été perçue par l'instituteur, une copie du rôle de rétribution. (Décr. 9 nov. 1853, art. 10), II, 324. — Indépendamment des pièces mentionnées à l'article précédent, le receveur municipal adresse tous les trois mois au receveur des finances, pour être transmis au sous-préfet, un bordereau récapitulatif des sommes recouvrées dans le cours du trimestre pour le traitement de l'instituteur, et des retenues dont elles ont été frappées au profit du Trésor. Le sous-préfet, après avoir, de concert avec l'inspecteur des écoles primaires, opéré le rapprochement de l'état des mutations du personnel avec les bordereaux remis par le receveur des finances, arrête et transmet au préfet, en double expédition, un tableau général des traitements et rétributions de toute nature afférents aux instituteurs communaux de l'arrondissement, et des retenues qui ont été exercées sur ces traitements et rétributions pendant le trimestre écoulé. Ce tableau est vérifié par le préfet, qui en adresse une expédition, visée de lui, au Ministre de l'instruction publique et des cultes. (Id., art. 11), II, 325. — Cf. art. 12, ibid. — L'admission du fonctionnaire à faire valoir ses droits à la retraite est prononcée par l'autorité qui, aux termes des règlements, a qualité pour prononcer sa révocation. L'acte d'admission à la retraite spécifie les circonstances qui donnent ouverture au droit à la pension et indique les articles de la loi applicables au fonctionnaire. (Id., art. 29), II, 329.

Les fonctionnaires et employés ne peuvent obtenir chaque année un congé ou une autorisation d'absence de plus de quinze jours sans subir une retenue. Toutefois, un congé d'un mois sans retenue peut être accordé à ceux qui n'ont joui d'aucun congé et d'aucune autorisation d'absence pendant trois années consécutives. Pour les congés de moins de trois mois, la retenue est de la moitié au moins et des deux tiers au plus du traitement. Après trois mois de congé consécutifs ou non, dans la même année, l'intégralité du traitement est retenue, et le temps excédant les trois mois n'est pas compté comme service effectif pour la pension de retraite. Si, pendant l'absence de l'employé, il y a lieu de pourvoir à des frais d'intérim, le montant en sera précompté, jusqu'à due concurrence, sur la retenue qu'il doit subir. La durée du congé avec retenue de la moitié au moins et des deux tiers au plus du traitement peut être portée à quatre mois pour les fonctionnaires et employés exerçant hors de France, mais en Europe ou en Algérie, et à six mois pour ceux qui sont attachés au service colonial ou aux services diplomatique et consulaire hors d'Europe. Sont affranchies de toute retenue les absences ayant pour cause l'accomplissement d'un des devoirs imposés par la loi. En cas d'absence pour cause de maladie dûment constatée, le fonctionnaire ou l'employé peut être autorisé à conserver l'intégralité de son traitement pendant un temps qui ne peut excéder trois mois. Pendant les trois mois suivants, il peut obtenir un congé avec la retenue de la moitié au moins et des deux tiers au plus du traitement. Si la maladie est déterminée par l'une des causes exceptionnelles prévues aux premier et deuxième paragraphes de l'art. 11 de la loi du 9 juin 1853, le fonctionnaire peut conserver l'intégralité de son traitement jusqu'à son rétablissement ou jusqu'à sa mise à la retraite. (Décr. 9 nov. 1853, art. 16), II, 326. — Le fonctionnaire ou l'employé qui s'est absenté ou qui a dépassé la durée de ses vacances ou de son congé, sans autorisation, peut être privé de son traitement pendant un temps double de celui de son absence irrégulière. Une retenue, qui ne peut excéder deux mois de traitement, peut être infligée, par mesure disciplinaire, dans le cas d'inconduite, de négligence ou de manquement au service. Les dispositions du présent article ne sont pas applicables aux membres du corps enseignant, qui restent soumis aux articles 33 de la loi du 15 mars 1850, et 3 du décret du 9 mars 1852. (Id., art. 17), II, 327.

La retenue prescrite par les deux articles précédents s'exerce sur les rétributions de toute nature constituant l'émolument personnel passible de la retenue de 5 %, aux termes du § 2 de l'article 3 de la loi du 9 juin 1853. (Décr. 9 nov. 1853, art. 18), II, 327.

Sont affranchies des retenues prescrites par l'art. 3 de la loi du 9 juin 1853, les sommes payées à titre d'indemnité pour frais de gratifications éventuelles, de salaires de travail extraordinaire, d'indemnités pour missions extraordinaires, d'indemnités de perte, de frais de voyage, d'abonnements et d'allocation pour frais de bureau, de régie, de table et de loyer, de supplément de traitement colonial et de remboursement de dépenses. (Décr. 9 nov. 1853, art. 21), II, 328.

Le fonctionnaire démissionnaire, révoqué ou destitué, s'il est réadmis dans un emploi assujetti à la retenue, subit de nouveau la retenue du premier mois de son traitement et celle du premier douzième des augmentations ultérieures. Celui qui, par mesure disciplinaire ou par mutation volontaire d'emploi, est descendu à un traitement inférieur, subit la retenue du premier douzième des augmentations ultérieures. Le fonctionnaire placé dans la situation indiquée par le dernier paragraphe de l'art. 10 de la loi du 9 juin 1853 est assujetti à la retenue sur son traitement d'inactivité ; mais il ne subit pas la retenue du premier douzième, lorsqu'il est rappelé à un emploi actif. (Décr. 9 nov. 1853, art. 25), II, 328. — A l'égard des fonctionnaires de l'enseignement qui sont admis à la retraite dans la position d'inactivité prévue par le quatrième paragraphe de l'art. 10 de la loi du 9 juin 1853, le traitement moyen s'établit sur les six années de service qu'ils ont rendus, comme titulaires d'emploi, avant leur mise en inactivité. (Id., art. 27), II, 328. — Le traitement moyen des agents qui sont rétribués par des salaires ou remises variables sujettes à liquidation, est établi sur les six années antérieures à celle dans le cours de laquelle cesse l'activité. (Id., art. 28), II, 329.

Lorsque l'admission à la retraite a lieu avant l'accomplissement de la condition d'âge imposée par l'art. 5 de la loi du 9 juin 1853, cette admission est prononcée dans les formes suivantes : si l'impossibilité d'être maintenu en activité résulte pour le fonctionnaire d'un état d'invalidité morale inappréciable pour les hommes de l'art, sa situation est constatée par un rapport de ses supérieurs dans l'ordre hiérarchique. Si l'incapacité de servir est le résultat de l'invalidité physique du fonctionnaire, l'acte prononçant son admission à la retraite doit être appuyé, indépendamment des justifications ci-dessus spécifiées, d'un certificat des médecins qui lui ont donné leurs soins, et d'une attestation d'un médecin désigné par l'administration et assermenté, qui déclare que le fonctionnaire est hors d'état de continuer utilement l'exercice de son emploi. (Décr. 9 nov. 1853, art. 30), II, 329.

Le fonctionnaire admis à la retraite doit produire, indépendamment de son acte de naissance et d'une déclaration de domicile : 1° pour la justification des services civils, un extrait dûment certifié des registres et sommiers de l'administration ou du ministère auquel il a appartenu, énonçant ses nom et prénoms, sa qualité, la date et le lieu de sa naissance, la date de son entrée dans l'emploi avec traitement, la série de ses grades et services, l'époque et les motifs de leur cessation et le montant du traitement dont il a joui pendant chacune des six dernières années de son activité. Lorsqu'il n'aura pas existé de registres, ou que tous les services administratifs ne se trouveront pas inscrits sur les registres existants, il y sera suppléé, soit par un certificat du chef ou des chefs compétents des administrations où l'employé aura servi, relatant les indications ci-dessus énoncées, soit par un extrait des comptes et états d'émargement certifié par le greffier de la Cour des comptes. Les services civils rendus hors d'Europe sont constatés par un certificat distinct délivré par le Ministre compétent. A défaut de ces justifications, et lorsque, pour cause de destruction des archives dont on aurait pu les extraire ou du décès des fonctionnaires supérieurs, l'impossibilité de les produire aura été prouvée, les services pourront être constatés par acte de notoriété. Les services des employés de préfectures et de sous-préfectures sont justifiés par un certificat du préfet ou du sous-préfet, constatant que le titulaire a été rétribué sur des fonds d'abonnement, et ce certificat doit être visé par le Ministre de l'intérieur. (Décr. 9 nov. 1853, art. 31), II, 330.

Les veuves prétendant à pension fournissent, indépendamment des pièces que leur mari aurait été tenu de produire : 1° leur acte de naissance ; 2° l'acte de décès de l'employé ou du pensionnaire ; 3° l'acte de célébration du mariage ; 4° un certificat de non-séparation de corps, et, si le mariage est antérieur à la loi du 8 mai 1816, un certificat de non-divorce ; 5° dans le cas où il y aurait eu séparation de corps, la veuve doit justifier que cette séparation a été prononcée sur sa demande. Les orphelins prétendant à pension fournissent, indépendamment des pièces que leur père aurait été tenu de produire : 1° leur acte de naissance ; 2° l'acte de décès de leur père ; 3° l'acte de célébration de mariage de leurs père et mère ; 4° une expédition ou un extrait de l'acte de tutelle ; 5° en cas de prédécès de la mère, son acte de décès ; en cas de séparation de corps, l'expédition du jugement qui a prononcé la séparation ou un certificat du greffier du tribunal qui a rendu le jugement ; en cas de second mariage, l'acte de célébration. Les veuves ou orphelins prétendant à pension produisent le brevet délivré à leur mari ou père, lorsqu'il est décédé en jouissance de pension, ou une déclaration constatant la perte de ce titre. (Décr. 9 nov. 1853, art. 32), II, 331. — Si le fonctionnaire a été justiciable direct de la Cour des comptes, soit en deniers, soit en matières, il doit produire un certificat de la comptabilité générale des finances ou du ministère, constatant, sauf justification ultérieure du quitus de la Cour des comptes, que la vérification provisoire de sa gestion ne révèle aucun débet à sa charge. Si le prétendant à pension n'est pas justiciable direct de la Cour des comptes, sa situation en fin de gestion est constatée par un certificat du comptable supérieur duquel il relève. (Id., art. 33), II, 331. — Les enfants orphelins des fonctionnaires décédés pensionnaires ne peuvent obtenir des secours à titre de réversion qu'autant que le mariage dont ils sont issus a précédé la mise à la retraite de leur père. (Id., art. 34), II, 331.

Dans les cas spécifiés aux §§ 1 et 2 de l'art. 11, 1 et 2 de l'art. 14 de la loi du 9 juin 1853, l'événement donnant ouverture au droit à pension doit être constaté par un procès-verbal dressé sur les lieux et au moment où il est survenu. A défaut de procès-verbal, cette constatation peut s'établir par un acte de notoriété rédigé sur la déclaration des témoins de l'événement ou des personnes qui ont été à même d'en connaître et d'en apprécier les conséquences. Cet acte doit être corroboré par les attestations conformes de l'autorité municipale et des supérieurs immédiats du fonctionnaire. Dans le cas d'infirmités, prévu par le troisième paragraphe de l'art. 11 de la loi du 9 juin, ces infirmités et leurs causes sont constatées par les médecins qui ont donné leurs soins au fonctionnaire et par un médecin désigné par l'administration et assermenté. Ces certificats doivent être corroborés par l'attestation de l'autorité municipale et celle des supérieurs immédiats du fonctionnaire. (Décr. 9 nov. 1853, art. 35), II, 332. — Dans les cas exceptionnels prévus par les §§ 1 et 2 dudit article 11, il est tenu compte à l'employé de ses services militaires de terre et de mer, suivant le mode spécial de rémunération réglé par l'art. 8 de la loi, indépendamment de la liquidation déterminée pour les services civils par les deux premiers paragraphes de l'art. 12. La liquidation s'établit, dans les mêmes cas, sur le traitement moyen, lorsqu'il est plus favorable à l'employé que le dernier traitement d'activité. (Id., art. 36), II, 332.

Les décrets de concession mentionnent les nom, prénoms, grade, date et lieu de naissance du pensionnaire, la nature et la durée de ses services, la date des lois, décrets et ordonnances en vertu desquels la pension a été liquidée, la quotité du traitement qui a servi de base à la liquidation, la part de rémunération afférente aux services militaires et celle afférente aux services civils, la limitation au maximum, la quotité de la pension, la date d'entrée en jouissance et le domicile de la partie. Ces décrets indiquent en outre la date de l'avis rendu par la section des finances, et, s'il y a lieu, celle de l'avis du conseil d'État. Lorsque ces décrets sont collectifs, ils doivent être divisés en deux catégories, comprenant distinctement les pensions pour services terminés avant le 1er janvier 1854 et celles concédées pour services terminés postérieurement à cette date. (Décr. 9 nov. 1853, art. 41), II, 333.

La date de la présentation de la demande en liquidation est constatée par son inscription sur un registre spécial tenu dans chaque ministère. Un bulletin de cette inscription est délivré à la partie intéressée. (Décr. 9 nov. 1853, art. 42), II, 333.

Lorsqu'un fonctionnaire dont la pension est liquidée ou inscrite se trouve dans l'un des cas prévus par les deux derniers paragraphes de l'art. 27 de la loi du 9 juin 1853, la perte du droit à la pension est prononcée par un décret rendu sur la proposition du Ministre des finances, après avoir pris l'avis du Ministre liquidateur et après avoir consulté la section des finances du conseil d'État. (Décr. 9 nov. 1853, art. 43), II, 333.

Lorsqu'un pensionnaire est remis en activité, il en est immédiatement donné avis par le Ministre compétent au Ministre des finances, pour que le payement de la pension soit suspendu ou pour qu'il soit fait application des dispositions de l'art. 31 de la loi du 9 juin relatives au cumul. (Décr. 9 nov. 1853, art. 44), II, 333.

Lorsqu'un fonctionnaire a disparu de son domicile, et que plus de trois ans se sont écoulés sans qu'il ait réclamé les arrérages de sa pension, sa femme ou les enfants qu'il a laissés peuvent obtenir, à titre provisoire, la liquidation des droits de réversion qui leur seraient ouverts par les art. 13 et 16 de la loi du 9 juin 1853, en cas de décès dudit pensionnaire. (Décr. 9 nov. 1853, art. 45), II, 333.

Tout titulaire d'une pension inscrite au Trésor doit produire, pour le payement, un certificat de vie délivré par un notaire, conformément à l'ordonnance du 6 juin 1839, lequel certificat contient, en exécution des art. 14 et 15 de la loi du 15 mai 1818, la déclaration relative au cumul. La rétribution fixée par le décret du 21 août 1806 et l'ordonnance du 20 juin 1817, pour la délivrance des certificats de vie, est modifiée ainsi qu'il suit : pour chaque trimestre à percevoir : de 600 fr. et au-dessus, 0,50; de 600 à 301 fr., 0,35; de 300 à 101 fr., 0,25; de 100 à 50 fr., 0,20; au-dessous de 50 fr. 0,00 c. (Décr. 9 nov. 1853, art. 46), II, 334. — Lorsque l'intérêt du service l'exige, le fonctionnaire admis à faire valoir ses droits à la retraite peut être maintenu momentanément en activité, sans que la prolongation de ses services puisse donner lieu à un supplément de liquidation. Dans ce cas, la jouissance de sa pension part du jour de la cessation effective du traitement. (Id., art. 47), II, 334.

A partir du 1er janvier 1854, les caisses d'épargne et de prévoyance des instituteurs communaux, créées par l'art. 15 de la loi du 28 juin 1833, cesseront de recevoir les retenues du vingtième opérées sur le traitement des instituteurs. Elles continueront néanmoins, jusqu'au 31 août prochain, à faire recette des retenues arriérées afférentes à l'exercice 1853. (Décr. 29 déc. 1853, art. 1), II, 335.

La loi sur les pensions civiles, du 9 juin 1853, n'est pas applicable aux membres des associations religieuses vouées à l'enseignement ou reconnues comme établissements d'utilité publique et dirigeant des écoles primaires communales. (Av. Cons. 11 mars 1854), II, 344.

PENSIONNAT.

Les départements fixeront les prix des pensionnats de jeunes filles. (Proj. sept. 1791, chap. XVII, art. 7), I, 7.

Les instituteurs nationaux ne peuvent, sous aucun prétexte, diriger d'autre éducation que celle des élèves attachés aux écoles nationales, ni donner à aucun autre des leçons particulières. (Décr. 9 brum., an II, art. 2), I, 25.

Les instituteurs et les institutrices ne pourront, sous aucun prétexte, prendre aucun de leurs élèves en pension, sous peine d'être destitués. (Décr. 29 frim. an II, sect. III, art. 10), I, 29.

Il ne peut être établi de pensionnat dans une maison dont le chef n'aura point obtenu une autorisation du grand maître. Les recteurs surveilleront l'exécution du présent arrêté. (Arr. 17 juill. 1812), I, 76.

L'autorisation accordée à un instituteur primaire de tenir école dans une commune, ne lui donne que le droit de recevoir des élèves externes. A partir du 1er janvier 1821, tout instituteur primaire qui désirera obtenir la faculté d'avoir des pensionnaires, devra demander, à cet effet, une autorisation spéciale du recteur de l'Académie dans le ressort de laquelle il exerce ses fonctions. (Arr. 5 déc. 1820, art. 1), I, 142. — Les instituteurs primaires qui auraient déjà joui de cette faculté, soit en vertu d'une autorisation, soit par une simple tolérance, devront se retirer par-devers le recteur, pour obtenir ou une autorisation, ou le renouvellement de celle qu'ils auraient précédemment obtenue. (Id., art. 2), I, 142. — Avant de permettre à un instituteur primaire de recevoir des pensionnaires, le recteur s'assurera que les besoins de l'instruction et de l'éducation dans la commune où cet instituteur veut former son établissement autorisent, en effet, un pensionnat de cette espèce, et que le local destiné au pensionnat est convenable sous le rapport des dortoirs, du réfectoire, des lieux de récréation, des salles d'étude, et généralement pour tout ce qui intéresse la discipline et les bonnes mœurs. (Id., art. 3), I, 143. — L'instituteur primaire autorisé à tenir un pensionnat aura un registre coté et parafé par un des surveillants spéciaux. Il y inscrira, en double colonne, d'un côté les élèves externes et de l'autre côté les élèves pensionnaires, en indiquant leurs noms et prénoms, l'époque de leur entrée et celle de leur sortie. (Id., art. 4), I, 143. — Les élèves pensionnaires que les maîtres d'école auront été ainsi autorisés à recevoir, ne payeront, non plus que les élèves externes, aucune rétribution à l'Université. (Id., art. 8), I, 143. — Les recteurs inscriront sur un registre particulier toutes les autorisations par eux délivrées. (Id. art. 9), I, 143. — Tout instituteur primaire qui, à partir du 1er janvier 1821, aurait des pensionnaires, sans en avoir obtenu l'autorisation, sera poursuivi comme chef d'une école clandestine et non autorisée. (Id., art. 10), I, 143.

Les instituteurs ne peuvent tenir un pensionnat, sans permission du conseil royal. Cette permission sera donnée, après avoir consulté le recteur de l'Académie, et à la charge, par l'instituteur, de se renfermer strictement dans les limites que lui assigne son brevet de capacité. (Ordonn. 21 avr. 1828, art. 12), I, 169.

Les autorisations d'admettre des pensionnaires dans les écoles, antérieures à l'ordonnance du 21 avril 1828, sont maintenues. (Ordonn. 30 août 1828, art. 1), I, 172. — A l'égard des demandes d'autorisation qui pourront être faites à l'avenir, on devra se conformer, pour l'envoi des baux et plans locaux, à ce qui est prescrit pour les institutions et pensions. (Id., art. 2), I, 172.— Les changements de domicile des instituteurs qui reçoivent des pensionnaires, doivent être autorisés par le conseil royal. (Id., art. 3), I, 173.

S'il est à désirer que les instituteurs emploient les nouvelles méthodes, on ne peut cependant leur imposer d'obligation absolue à cet égard, et en faire la condition nécessaire pour l'établissement d'un pensionnat primaire que le besoin d'une localité peut réclamer. (Décis. Cons. 23 juill. 1831.)

Tout instituteur, quel que soit le brevet de capacité qu'il possède, peut être autorisé à tenir un pensionnat, s'il en est digne par ses qualités morales. (Décis. Cons. 16 sept. 1836), I, 411.

L'autorisation d'ouvrir un pensionnat doit être accordée indistinctement à tout instituteur, qu'il soit instituteur communal ou privé. (Décis. Cons. 11 nov. 1836), I, 422.

L'autorisation de tenir une école primaire de filles ne donne que le droit de recevoir des élèves externes; il faut, pour tenir pensionnat, une autorisation spéciale. (Ordonn. 23 juin 1836, art. 8), I, 394.

L'autorisation une fois accordée de tenir un pensionnat, c'est au comité d'arrondissement qu'il appartient d'examiner la question du plus ou moins d'extension de ce pensionnat. (Décis. Cons. 3 mars 1843), I, 635.

Les instituteurs ne peuvent tenir un pensionnat qu'avec l'autorisation accordée en conseil royal. (Décis. Cons. 31 mai 1839), I, 550.

Nul ne peut ouvrir un pensionnat, sans en avoir obtenu l'autorisation. (Décis. Cons. 19 janv. 1847), I, 698.

L'autorisation de tenir un pensionnat ne peut être accordée qu'aux institutrices appartenant à des congrégations religieuses régulièrement approuvées. (Décis. Cons. 11 févr. 1845), I, 657.

Les écoles primaires, affectées par leurs statuts à l'instruction gratuite, ne peuvent être autorisées à s'annexer un pensionnat. (Décis. Cons. 7 avr. 1848), II, 7, note. — Cf. Décis. Cons. 7 avr. 1848, II, 8; 29 sept. 1848, II, 35; 19 mai 1848, II, 12; 13 oct. 1848, II, 38.

Un pensionnat annexé à une école primaire gratuite peut être considéré comme autorisé en raison des vingt-cinq ans d'exercice de l'institutrice. (Décis. Cons. 18 nov. 1848), II, 42. — Cf. Décis. Cons. 15 déc. 1848, II, 63 et 64.

Des autorisations individuelles de tenir un pensionnat peuvent être accordées provisoirement à des membres d'une congrégation, avant que cette congrégation ait été légalement reconnue. (Décis. Cons. 20 juill. 1849), II, 92, note; II, 93, note; 11 janv. 1850, II, 115.

Un instituteur primaire ne peut, sans autorisation préalable du Ministre de l'instruction publique, recevoir des pensionnaires dans son établissement. L'infraction à cette obligation rend l'instituteur primaire passible, non pas d'une amende de simple police, mais de l'amende de 100 fr. à 3,000 fr. prononcée par l'art. 56 du décret du 15 novembre 1811. (Arr. Cassat. 27 nov. 1846), I, 679.

Conformément à ce qui se pratique pour les écoles primaires, soit de filles, soit de garçons, l'autorisation de tenir une salle d'asile ne donne que le droit de recevoir des externes; une autorisation spéciale sera nécessaire pour y admettre des élèves à titre de pensionnaires; cette autorisation spéciale ne pourra être accordée que par délibération du conseil royal, sur la proposition du recteur de l'Académie. (Arr. 24 avr. 1838, art. 16), I, 516.

Les instituteurs publics pourront être autorisés par le comité d'arrondissement, sur l'avis du comité local et du conseil municipal, à ouvrir des pensionnats primaires. Les instituteurs privés qui voudront ouvrir des établissements du même ordre ne seront tenus qu'à la déclaration spécifiée dans l'art. 48. Nul ne pourra être directeur d'un pensionnat primaire, s'il n'est âgé de vingt-cinq ans au moins. (Prop. loi 15 déc. 1848, art. 55), II, 53.

Tout Français âgé de vingt-cinq ans, ayant au moins cinq années d'exercice comme instituteur ou comme maître dans un pensionnat primaire, et remplissant les conditions de l'article 25, peut ouvrir un pensionnat primaire, après avoir déclaré son intention au préfet et au maire de la commune. Toutefois, les instituteurs communaux ne pourront ouvrir de pensionnat qu'avec l'autorisation du conseil départemental, sur l'avis du conseil municipal. Le programme de l'enseignement et le plan du local doivent être adressés au recteur. Le conseil prescrit, dans l'intérêt de la moralité et de la santé des élèves, toutes les mesures qui sont indiquées dans un règlement delibéré par le conseil supérieur. Les pensionnats primaires sont soumis aux prescriptions des art. 26, 27, 28, 29 et 30 de la loi, et à la surveillance des comités qu'elle institue. Ces dispositions sont applicables aux pensionnats de filles, en tout ce qui n'est pas contraire aux conditions spéciales des art. 48, 49, 50, 51 et 52. (Loi 15 mars 1850, art. 53), II, 137.

La déclaration d'ouverture de pensionnat doit être accompagnée : 1° de l'acte de naissance, et si le déclarant est marié, de l'acte de mariage; 2° d'un certificat dûment légalisé attestant qu'il a exercé pendant cinq ans au moins; 3° du programme d'enseignement; 4° du plan du local; 5° de l'indication du nombre maximum des élèves qu'il se propose de recevoir; 6° de l'indication des noms, prénoms, date et lieu de naissance des maîtres et employés qu'il s'est adjoints. Le maire inscrit la déclaration sur un registre spécial. Dans les trois jours, il doit visiter ou faire visiter le local. S'il refuse de l'approuver, il fait mention de son opposition et des motifs de cette opposition en marge de la déclaration. Cette déclaration est transmise au préfet, au procureur de la République et au sous-préfet par le postulant. (Décr. 30 déc. 1850, art. 1, 2 et 3), II, 209. — Si le préfet fait opposition à l'ouverture du pensionnat, soit dans l'intérêt de la moralité ou de la santé des élèves, soit pour l'inobservation des formes et conditions prescrites par la loi, il signifie son opposition à la partie par un arrêté motivé. Trois jours au moins avant la séance fixée pour le jugement de l'opposition, l'instituteur est appelé devant le conseil départemental. Cette opposition est jugée par le conseil départemental suivant les formes prescrites au chapitre II du règlement d'administration publique en date du 29 juillet 1850 (art. 26, 27 et 28). Copie de la décision du conseil départemental est transmise par le préfet au maire de la commune qui fait transcrire cette décision en marge de la déclaration de l'instituteur sur un registre spécial. A défaut d'opposition à l'ouverture du pensionnat et dans le cas où il est donné mainlevée de l'opposition qui aurait été formée, le conseil départemental détermine le nombre d'élèves qui peuvent être admis sans inconvénient dans le local affecté au pensionnat, et le nombre des maîtres et employés nécessaire pour la surveillance des élèves. Mention en est faite par le préfet sur le plan du local. L'instituteur est tenu de représenter ledit plan aux autorités préposées à la surveillance des écoles, chaque fois qu'il en sera requis. (Id., art. 4), II, 209.

La déclaration de l'instituteur public qui veut ouvrir un pensionnat est soumise, par le maire, au conseil dans sa plus prochaine réunion. Le conseil, avant de donner son avis, s'assure que le local est approprié à sa destination et que la tenue de l'école n'aura pas à souffrir de l'établissement projeté. (Décr. 30 déc. 1850, art. 5), II, 210. — L'autorisation donnée par le conseil departemental mentionne le nombre des élèves pensionnaires que l'instituteur peut recevoir. Cette autorisation mentionne également le nombre des maîtres et employés qui devront partager avec l'instituteur la surveillance. Le plan du local, visé par le préfet, et l'autorisation délivrée par le conseil départemental, doivent être représentés par l'instituteur aux autorités préposées à la surveillance des écoles. (Id., art. 6), II, 210.

Le régime intérieur des pensionnats primaires sera réglé par le préfet en conseil départemental, sauf révision par le Ministre en conseil supérieur. (Décr. 30 déc. 1850, art. 7), II, 210.

Tout instituteur qui reçoit des pensionnaires doit tenir un registre sur lequel il inscrit les noms, prénoms et l'âge de ses élèves pensionnaires, la date de leur entrée et celle de leur sortie. Chaque année, il transmet, avant le 1er novembre, au préfet, un rapport sur la situation et le personnel de son établissement. (Décr. 30 déc. 1850, art. 9), II, 211. — Tout instituteur dirigeant un pensionnat, qui change de commune ou qui, sans changer de commune, change de local ou apporte au local affecté à son pensionnat des modifications graves, doit en faire la déclaration au préfet et au maire de la commune, et se pourvoir de nouveau devant le conseil départemental. La nouvelle déclaration devra être accompagnée du plan du local et devra mentionner les indications énoncées au § 5 de l'art. 4 du présent règlement. (Id., art. 10), II, 211.

Il est ouvert, dans chaque pensionnat, un registre spécial

destiné à recevoir les noms, prénoms, date et lieu de naissance des maîtres et employés, et l'indication des emplois qu'ils occupaient précédemment et des lieux où ils ont résidé, ainsi que la date des brevets, diplômes ou certificats de stage dont ils seraient pourvus. Les autorités préposées à la surveillance de l'instruction primaire devront toujours se faire représenter ces registres, quand elles inspecteront les écoles. (Décr. 30 déc. 1850, art. 11), II, 211.

Aucun pensionnat primaire ne pourra être établi dans les locaux dont le voisinage serait reconnu dangereux sous le rapport de la moralité et de la santé des élèves. (Décr. 30 déc. 1850, art. 12), II, 211. — Aucun pensionnat ne peut être annexé à une école primaire qui reçoit des enfants des deux sexes. (Id., art. 13), II, 211. — Les dortoirs doivent être spacieux, aérés, et dans des dimensions qui soient en rapport avec le nombre des pensionnaires; ils doivent être surveillés et éclairés pendant la nuit. Une pièce spéciale doit être affectée au réfectoire. (Id., art. 14), II, 211.

Lorsque, par application des articles 29, 30 et 53 de la loi organique, un pensionnat primaire se trouve dans le cas d'être fermé, le préfet et le procureur de la République doivent se concerter pour que les parents ou tuteurs des élèves soient avertis, et pour que les élèves pensionnaires, dont les parents ne résident pas dans la localité, soient recueillis dans une maison convenable. S'il se présente une personne digne de confiance qui offre de se charger des élèves pensionnaires ou externes, le recteur peut l'y autoriser provisoirement. Cette autorisation n'est valable que pour trois mois au plus. (Décr. 7 oct. 1850, art. 6), II, 183.

Si l'instituteur ne s'est pas conformé aux mesures prescrites par le conseil départemental, dans l'intérêt des mœurs et de la santé des élèves, il pourra être traduit devant ledit conseil pour subir l'application des dispositions de l'art. 30 de la loi organique du 15 mars 1850, s'il appartient à l'enseignement libre; s'il est instituteur communal, il lui sera fait application des peines énoncées en l'art. 33 de ladite loi. (Décr. 30 déc. 1850, art. 8), II, 210.

Le préfet délègue, lorsqu'il y a lieu, des dames pour inspecter, aux termes des art. 50 et 53 de la loi du 15 mars 1850 l'intérieur des pensionnats tenus par des institutrices laïques. (Décr. 31 déc. 1853, art. 11), II, 340. — L'inspection des pensionnats de filles, tenus par des associations religieuses cloîtrées ou non cloîtrées, est faite, lorsqu'il y a lieu, par des ecclésiastiques nommés par le Ministre de l'instruction publique, sur la présentation de l'évêque diocésain. Les rapports constatant les résultats de cette inspection sont transmis directement au Ministre. (Id., art. 12), II, 320.

V. École, Déclaration d'ouverture, Opposition.

PHYSIQUE.

Dans les écoles primaires, on enseignera les premières connaissances naturelles. (Décr. 22 frim. an II, tit. I), I, 9.

On donne aux enfants les premières notions de l'action naturelle des éléments. (Décr. 30 vendém. an II), I, 20.

On donnera aux élèves des instructions sur les principaux phénomènes de la nature. (Décr. 27 brum. an III, chap. I, art. 2), I, 36.

L'instruction primaire supérieure comprend les notions des sciences physiques. (Loi 28 juin 1833, art. 1), I, 236. — V. Règlem. 19 juillet 1833, art. 9, I, 257.

L'aspirante au brevet de capacité peut être interrogée sur les notions élémentaires de physique. (Arr. 28 juin 1836, art. 2), I, 402.

L'enseignement dans les pensions et les institutions de filles du département de la Seine comprend les notions élémentaires de physique. (Arr. 7 mars 1837, art. 2 et 3), I, 453.

L'enseignement primaire comprend des notions élémentaires sur les phénomènes de la nature. (Proj. loi 1er juin 1848, art. 1), II, 17.

L'instruction primaire supérieure, pour les garçons et pour les filles, comprend des notions de sciences physiques. (Proj. loi 15 déc. 1848, art. 12), II, 45 et 48.

L'enseignement primaire comprend facultativement des notions des sciences physiques applicables aux usages de la vie. (Loi 15 mars 1850, art. 23), II, 127. — V. Règl. 31 juill. 1851, art. 1, II, 249; Règl. 2 juill. 1866, art. 1, II, 588; Règl. 3 juill. 1866, art. 17, II, 600.

V. Matières de l'enseignement.

PLAN.

Divers plans d'écoles primaires pour les communes rurales, accompagnés de devis estimatifs détaillés, seront dressés par les soins du Ministre et déposés aux secrétariats des préfectures, sous-préfectures, mairies, chefs-lieux de canton. (Ordonn. 16 juill. 1833, art. 13), I, 249.

Toute déclaration d'ouverture de pensionnat doit être accompagnée du plan du local. (Décr. 30 déc. 1850, art. 1), II, 208. — Mention est faite sur le plan du nombre des pensionnaires autorisés. (Id., art. 4), II, 209. — Les plans doivent être représentés à toutes les autorités préposées à la surveillance des écoles. (Id., art. 4 et 11), II, 209, 211.

V. Déclaration d'ouverture, École, Local, Pensionnat.

POULIE.

Les élèves s'exercent à l'usage de la poulie. (Décr. 30 vend. an II), I, 20.

V. Matières de l'enseignement.

POUVOIR (EXCÈS DE).

Peuvent être attaquées devant le conseil d'État, au contentieux, les décisions du conseil supérieur de l'instruction publique qui sont entachées d'incompétence ou d'excès de pouvoir. (Décis. Cons. d'État, 24 janv. 1864.)

POURVOI.

V. Appel, Recours.

PRÉFET.

Les écoles particulières sont placées sous l'autorité des préfets. (Loi 11 flor. an X, art. 5), I, 44.— Cf. Règl. 25 pluv. an XII, 8 à 12, I, 44.

Le Ministre de l'intérieur nous soumettra un rapport relatif au mode particulier de surveillance des écoles. Ce rapport devra proposer les moyens d'accorder, avec la surveillance de l'Université, l'autorité que doivent conserver les préfets sur les maîtres et instituteurs des petites écoles ; jusqu'à ce qu'il ait été statué à cet effet, les préfets continueront à exercer leur surveillance sur les écoles. (Décr. 15 nov. 1811, art. 191 et 192), I, 74.

Les écoles primaires sont placées sous la surveillance administrative des préfets. (Ordonn. 29 févr. 1816, art. 41), I, 95.

Les écoles de filles demeurent sous la surveillance des préfets, qui accordent les autorisations. (Instruct. 3 juin 1819), I, 119. — Cf. Ordonn. 3 avr. 1820, art. 2), I, 132.

Le préfet préside de droit tous les comités de département. (Loi 28 juin 1833, art. 19), I, 242.

Les préfets dressent l'état des subventions que le département devra fournir aux communes, pour assurer le traitement des instituteurs communaux, et pour procurer des locaux convenables ; cet état est soumis au conseil général. (Ordonn.

16 juill. 1833, art. 6), I, 247. — Ils dressent en même temps l'état des ressources des communes qui n'ont pas encore voté les fonds nécessaires à cet effet. (Id., art. 7), I, 248.

Il préside la commission de surveillance pour les caisses d'épargne. (Ordonn. 13 févr. 1838, art. 1), I, 503.

L'instruction primaire, dans chaque département, est spécialement placée sous la surveillance des préfets. (Loi 11 janv. 1850, art. 1), II, 110. — Dans les cas prévus par l'art. 23 de la loi du 28 juin 1833, le préfet réprimande et suspend les instituteurs. Il peut, après avoir pris l'avis du comité d'arrondissement, les révoquer, sauf, en cas de révocation, le pourvoi de l'instituteur révoqué devant le Ministre de l'instruction publique en conseil de l'Université. Si, invité à donner son avis, le comité d'arrondissement ne l'a pas fourni dans les dix jours, le préfet peut passer outre. (Id., art. 3), II, 110.

Le préfet soumet au Conseil académique les délibérations des conseils municipaux relatives au taux de la rétribution scolaire dans leur commune. Le Conseil académique fixe définitivement le taux de cette rétribution scolaire, et en informe le préfet, qui présente les résultats de ces diverses délibérations au conseil général, dans sa session ordinaire, à l'appui de la proposition des crédits à allouer pour les dépenses de l'instruction primaire dans le budget départemental. (Décr. 7 oct. 1850, art. 20), II, 187.

Le préfet exerce, sous l'autorité du Ministre de l'instruction publique, et sur le rapport de l'inspecteur d'Académie, les attributions déférées au recteur par la loi du 15 mars 1850 et par le décret organique du 9 mars 1852, en ce qui concerne l'instruction primaire publique ou libre. (Loi 15 juin 1854, art. 8), II, 354.

Le préfet fait partie du Conseil académique de l'instruction publique. A Paris, il le préside. (Loi 15 mars 1850, art. 10 et 11), II, 123.

Le préfet préside le conseil départemental. (Loi 14 juin 1854, art. 5), II, 353. — Il le convoque et notifie les décisions en matière contentieuse et disciplinaire. (Décr. 29 juill. 1850, art. 21, 22, 23, 27), II, 167. — Cf. Loi 14 juin 1854, art. 8, II, 354.

Il nomme et révoque les instituteurs, sur la proposition de l'inspecteur d'Académie. (Loi 14 juin 1854, art. 8), II, 354.

Il nomme et révoque les directrices de salles d'asile, sur la proposition de l'inspecteur d'Académie. (Décr. 21 mars 1855, art. 23), II, 379. — Il nomme, sur la proposition du conseil départemental, les membres de la commission des salles d'asile. (Id., art. 27), II, 379.

Il reçoit les déclarations d'ouverture d'école. (Loi 15 mars 1850, art. 27), II, 129.— Cf. Loi 14 juin 1854, art. 8, II, 354.— Il reçoit les déclarations d'ouverture de pensionnat. (Id., art. 53), II, 137. — Il peut former opposition dans l'intérêt des mœurs publiques. (Id., art. 28), II, 129. — Il cite la partie intéressée et lui notifie la décision du conseil départemental. (Décr. 29 juill. 1850, art. 27), II, 168; 7 oct. 1850, art. 4, II, 182.

Il soumet au conseil départemental les délibérations des conseils municipaux relatives à la rétribution scolaire. Il présente le résultat de ces délibérations au conseil général. (Décr. 7 oct. 1850, art. 20), II, 187. — Il rend exécutoires les rôles de la rétribution scolaire. (Id., art. 22), II, 187. — Il statue sur les demandes de remise de la rétribution scolaire. (Id., art. 30), II, 188.

Il met la commune en demeure de pourvoir aux travaux jugés nécessaires pour l'ouverture d'une école. (Décr. 7 oct. 1850, art. 8 et 9), II, 183.

Il fait vérifier si les dispositions arrêtées pour les constructions ont été suivies. (Arr. 14 juill. 1858, art. 3), II, 468.

Il prend, de concert avec le procureur de la République, les mesures à prendre dans le cas de fermeture d'un pensionnat. (Décr. 7 oct. 1850, art. 6), II, 183.

Il fixe l'époque à laquelle doivent être dressées les listes d'admission gratuite dans les écoles. (Décr. 7 oct. 1850, art. 10), II, 184.

Il fixe le taux de la rétribution scolaire pour les salles d'asile. (Décr. 21 mars 1855, art. 33), II, 381.

Il mandate les frais de tournée des inspecteurs primaires. (Règl. 14 août 1855, art. 3), II, 401.

Il transmet au Ministre, chaque année, le 1er décembre, les deux expéditions du budget économique de l'École normale, avec ses propositions. (Décr. 26 déc. 1855, art. 33), II, 414. — Il soumet au conseil de préfecture, avant le 31 juillet, le compte des recettes et des dépenses de ce budget. (Id., art. 70), II, 427.

Le comité de surveillance de l'École normale lui adresse tous les ans le rapport du directeur sur l'état et le personnel de l'école. (Décr. 24 mars 1851, art. 142), II, 228. — Il prononce en conseil départemental l'admissibilité des élèves-maîtres. (Id., art. 17), II, 229. — Il accorde en conseil départemental les bourses ou portions de bourses. (Id., art. 18), II, 229. — Il prononce l'exclusion, sur l'avis du directeur, la commission de surveillance entendue. (Id., art. 21), II, 595.

Il adresse au Ministre un procès-verbal de la vérification trimestrielle de la caisse et un bordereau récapitulatif des recettes et des dépenses, visé par l'ordonnateur. (Décr. 26 déc. 1855, art. 59), II, 423. — Il adresse aussi tous les ans une expédition du procès-verbal de récolement du mobilier. (Id. art. 62), II, 425. — Il rend exécutoires et adresse au receveur général des finances deux états nominatifs : l'un des anciens élèves-maîtres boursiers, l'autre des anciens pensionnaires libres qui sont passibles du remboursement de la pension. (Id., art. 56), II, 422.

Sont nulles de plein droit toutes délibérations d'un conseil municipal prises hors de sa réunion légale; et il appartient au préfet de déclarer en conseil de préfecture cette nullité. (Décis. Cons. d'État 14 avr. 1856), II, 435.

Une commission municipale n'a le droit ni de révoquer l'institutrice en fonctions, ni de nommer d'autres institutrices communales pour la remplacer; c'est le préfet qui nomme les institutrices communales et les choisit soit parmi les membres des associations religieuses vouées à l'enseignement, soit parmi les institutrices laïques, et il exerce ces pouvoirs sur le rapport de l'inspecteur d'Académie, le conseil municipal entendu. (Décis. Cons. d'État 28 mars 1873), II, 720.

C'est le préfet qui nomme les instituteurs communaux et qui les choisit, soit parmi les instituteurs laïques, soit parmi les instituteurs congréganistes, le conseil municipal entendu, mais sans qu'il soit tenu de se conformer au vœu du conseil municipal; lui seul peut prendre une décision. (Décis. Cons. d'État 21 mars 1873), II, 711.

Lorsque le préfet ne croit pas devoir admettre un instituteur présenté par un consistoire, il est tenu de demander au consistoire une autre présentation, et il n'a pas le droit de nommer de son chef un instituteur de son choix. (Décis. Cons. d'État 9 avr. 1873), II, 724.

V. Budget, Comité, École, Instituteur, Nomination.

PRÉSÉANCE.

Les membres de l'Université impériale prendront rang entre eux dans l'ordre suivant : — Rang d'administration : le grand maître, le chancelier, le trésorier, les conseillers à vie, les conseillers ordinaires, les inspecteurs de l'Université, les recteurs des Académies, les inspecteurs des Académies, les doyens des facultés, les proviseurs des lycées, les censeurs des lycées, les principaux des colléges, les chefs d'institution, les maîtres de pension. — Rang d'enseignement : les professeurs des facultés, les professeurs des lycées, les agrégés, les régents des colléges, les maîtres d'études. (Décr. 17 mars 1808, art. 23.)

Les inspecteurs primaires, et après eux les sous-inspecteurs, prendront rang parmi les fonctionnaires de l'instruction publique, immédiatement après les agrégés. (Ordonn. 13 nov. 1837, art. 6), I, 745.

Les fonctionnaires de l'administration académique sont : 1° le recteur, 2° les inspecteurs d'Académie, 3° les inspecteurs de l'enseignement primaire, 4° le secrétaire de l'Académie. (Décr. 22 août 1854, art. 15), II, 363.

PRISON (ÉCOLE DE).

Il sera établi des écoles primaires dans toutes les maisons de dé-

tention et de réclusion, ainsi que dans les bagnes et les prisons militaires. (Proj. loi 24 oct. 1831, art. 17), I, 223.

Il sera établi aux frais de l'État des écoles primaires dans les maisons centrales de détention et dans les bagnes. Ces écoles demeureront sous la surveillance et la direction exclusive de l'administration publique. (Prop. loi 17 nov. 1832, art. 30), I, 228.

Les établissements d'instruction primaire de tout ordre, publics ou privés, comprennent les écoles des hospices et des prisons. (Prop. loi 15 déc. 1848, art. 1), II, 43. — *Le régime des écoles de prisons sera déterminé par un règlement d'administration publique.* (Id., art. 38), II, 50.

PROCÉDURE CONTENTIEUSE OU DISCIPLINAIRE ADMINISTRATIVE.

En cas d'infraction aux art. 12, 13 et 15 de la présente ordonnance, soit de toute autre faute grave, l'autorisation spéciale et même le brevet de capacité pourront être retirés. Le comité mandera l'instituteur inculpé, dressera procès-verbal de ses réponses et de sa non-comparution, et donnera un avis motivé qui sera adressé au recteur. (Ordonn. 21 avr. 1828, art. 16), I, 170. — Le recteur pourra, selon les circonstances, retirer l'autorisation spéciale d'enseigner ou prononcer une simple suspension. Dans l'un et l'autre cas, sa décision sera exécutoire par provision. (Id., art. 17), I, 170. — Si le recteur pense qu'il y a lieu de retirer le brevet de capacité, il soumettra l'affaire au Conseil académique qui statuera, après avoir entendu l'inspecteur chargé du ministère public. (Id., art. 18), I, 170. — Ces décisions, prises par le Conseil académique, dans les cas prévus par l'article précédent, seront sujettes au recours devant le conseil royal de l'instruction publique. Le recours devra être exercé dans le délai d'un mois, à partir du jour où le recteur aura notifié la décision du Conseil académique. Toute autre décision ou mesure relative à l'instruction primaire sera sujette à recours devant le Ministre. (Id., art. 19), I, 170.

En cas de négligence habituelle, ou de faute grave de l'instituteur communal, le comité d'arrondissement ou d'office ou sur la plainte adressée par le comité communal, mande l'instituteur inculpé; après l'avoir entendu ou dûment appelé, il le réprimande ou suspend pour un mois, avec ou sans privation de traitement, ou même le révoque de ses fonctions. L'instituteur révoqué peut se pourvoir devant le Ministre en conseil royal. (Loi 28 juin 1833, art. 23), I, 244.

En matière contentieuse ou disciplinaire, les affaires sont inscrites au secrétariat du conseil supérieur d'après l'ordre de leur arrivée, sur un registre à ce destiné. Elles sont jugées suivant l'ordre de leur inscription et dans la plus prochaine session. Les rapports sont faits par écrit; ils sont déposés au secrétariat par les rapporteurs, la veille du jour fixé pour la délibération, avec le projet de décision et le dossier, pour être tenus à la disposition de chacun des membres du conseil. En matière disciplinaire, le rapporteur est tenu d'entendre l'inculpé dans ses explications, s'il est présent et s'il le demande. L'inculpé a également le droit d'être entendu par le conseil. (Décr. 29 juill. 1850, art. 8), II, 164. — La présence de la moitié, plus un, des membres est nécessaire pour la validité des délibérations du conseil supérieur. En cas de partage, si la matière n'est ni contentieuse ni disciplinaire, la voix du président est prépondérante; si la matière est contentieuse, il en sera délibéré de nouveau, et les membres qui n'auraient pas assisté à la délibération seront spécialement convoqués. S'il y a de nouveau partage dans la deuxième délibération, il sera vidé par la voix prépondérante du président; si la matière est disciplinaire, l'avis favorable à l'inculpé prévaut. (Id., art. 9), II, 164. — Les délibérations du conseil supérieur sont signées par le président et par le secrétaire. Le secrétaire a seul qualité pour en délivrer des ampliations certifiées conformes aux procès-verbaux. A moins d'une autorisation du Ministre, il ne peut être donné communication des procès-verbaux qu'aux membres du conseil supérieur. (Id., art. 10), II, 164. — Les décrets ou arrêtés qui interviennent sur l'avis du conseil supérieur portent la mention: « le conseil supérieur de l'instruction publique entendu. » Les avis du conseil supérieur ne peuvent être publiés qu'avec l'autorisation du Ministre. (Id., art. 12), II, 164. — En matière contentieuse ou disciplinaire, les décisions du conseil sont notifiées par le Ministre. Les parties ont toujours le droit d'en obtenir l'expédition. (Id., art. 12), II, 165.

Dans les conseils départementaux, en cas de partage, lorsque la matière n'est ni contentieuse ni disciplinaire, la voix du président est prépondérante. Dans les matières contentieuses et disciplinaires, il est procédé par le conseil départemental conformément à l'art. 9. (Décr. 29 juill. 1850, art. 23), II, 167. — Lorsque l'instruction d'une affaire disciplinaire est renvoyée au conseil départemental en vertu du sixième paragraphe de la loi organique, le conseil désigne un rapporteur qui recueille les renseignements et les témoignages, appelle l'inculpé, l'entend s'il se présente, et fait son rapport au jour le plus prochain indiqué par le conseil. Le conseil peut toujours ordonner un supplément d'instruction. L'avis du conseil exprime s'il y a lieu de donner suite à l'affaire et, en cas d'affirmative, quelle peine doit être prononcée. (Id., art. 24), II, 167. — En matière contentieuse, les réclamations des parties, avec les pièces et mémoires à l'appui, sont déposées au secrétariat de l'Académie; il en est donné récépissé. Ces réclamations reçoivent un numéro d'enregistrement et sont examinées dans l'ordre où elles sont parvenues au secrétariat. Pour chaque affaire, le conseil désigne un rapporteur, qui fait son rapport à la plus prochaine réunion du conseil. (Id., art. 26), II, 167. — Lorsque le conseil est appelé à prononcer en matière disciplinaire, un membre désigné par lui est chargé de l'instruction; il recueille les informations et fait son rapport à l'époque fixée par le conseil. Sur le rapport, le conseil départemental déclare d'abord s'il y a lieu à suivre. En cas d'affirmative, il entend l'inculpé dans ses moyens de défense, et, s'il y a lieu, les témoins. (Id., art. 26), II, 168. — En matière contentieuse et disciplinaire, la décision du conseil départemental est notifiée dans les huit jours par les soins du recteur. Le recteur est tenu d'avertir les parties, s'il y a lieu, qu'elles ont droit de se pourvoir devant le conseil supérieur dans le délai prescrit par la loi. (Id., art. 27), II, 168. — Le recours de la partie contre la décision du conseil départemental est reçu au secrétariat de l'Académie; il en est donné récépissé. Le recours du recteur est formé par un arrêté qu'il notifie à la partie intéressée. Ampliation de cet arrêté est adressée, avec les pièces de l'affaire, au Ministre de l'instruction publique, qui en saisit le conseil supérieur. (Id., art. 28), II, 168.

Si le préfet croit devoir faire opposition à l'ouverture de l'école par application de l'art. 28 de la loi organique, il signifie son opposition à la partie par un arrêté motivé : trois jours au moins avant la séance fixée pour le jugement de l'opposition, la partie est citée à comparaître devant le conseil départemental. Cette opposition est jugée par le conseil départemental suivant les formes prescrites au chapitre II du règlement d'administration publique du 29 juillet 1850. Copie de la décision du conseil départemental est transmise par le préfet au maire de la commune qui fait transcrire cette décision en marge de la déclaration de l'instituteur. (Décr. 7 oct. 1850, art. 4), II, 182.

La disposition de l'art. 8 du décret du 29 juillet 1850, qui veut que, dans les affaires disciplinaires à lui soumises, le conseil impérial de l'instruction publique, avant de statuer, entende l'inculpé si celui-ci le demande, s'applique non-seulement au cas où l'inculpé est présent, mais aussi au cas où il a écrit au Ministre pour lui annoncer l'intention de se présenter devant le conseil. Est dès lors entachée d'excès de pouvoir la décision par laquelle le conseil, sans avoir entendu ou appelé l'inculpé qui avait écrit vouloir se défendre, rejette le recours formé contre une condamnation disciplinaire prononcée par un conseil départemental. (Décis. Cons. d'État, 23 janv. 1864.)

V. Comité, Conseil départemental, Conseil supérieur, Délit, Peine disciplinaire, Tribunal.

PROCÈS-VERBAUX.

Les procès-verbaux du conseil supérieur, à moins d'une autorisation du Ministre, ne peuvent être communiqués qu'aux membres de ce conseil. (Décr. 29 juill. 1850, art. 10), II, 164.

Les procès-verbaux du conseil départemental, à moins d'une autorisation du préfet, ne peuvent être communiqués qu'aux membres de ce conseil. (Décr. 29 juill. 1850, art. 20), II, 167.

Il est dressé procès-verbal contre les chefs d'établissement primaire qui refuseraient de se soumettre à la surveillance de l'État. (Loi 15 mars 1850, art. 22), II, 127.

Les procès-verbaux d'examen des candidats déclarés aptes à recevoir le brevet de capacité pour l'instruction primaire, sont adressés au recteur par les inspecteurs d'Académie. (Régl. 15 févr. 1853, art. 14), II, 298. — Cf. Régl. 3 juill. 1866, art. 6, II, 597.

Les procès-verbaux de vérification trimestrielle de la caisse et de la comptabilité du directeur de l'École normale, sont établis en double expédition. (Décr. 26 déc. 1855, art. 58), II, 423.

PROCUREUR GÉNÉRAL.

Le procureur général ou son délégué fait partie du conseil départemental de l'instruction publique. (Loi 15 mars 1850 art. 10), II, 123. — Cf. Loi 14 juin 1854, art. 5 et 6, II, 354.

PROCUREUR DU TRIBUNAL DE PREMIÈRE INSTANCE.

Si quelqu'un enseigne publiquement et tient école sans l'autorisation du grand maître, il sera poursuivi d'office par nos procureurs impériaux, qui feront fermer l'école, et, suivant l'exigence des cas, pourront décerner un mandat d'arrêt contre le délinquant. (Décr. 15 nov. 1811, art. 54), I, 72.

Le procureur du roi est membre de droit de tous les comités d'arrondissement. (Ordonn. 29 fév. 1816, art. 5), I, 85.

Lorsque le procureur du roi assiste aux séances des comités de son arrondissement, il en prend la présidence. En cas de concurrence avec le sous-préfet, la présidence est dévolue au sous-préfet. (Ordonn. 2 août 1820, art. 2), I, 134. — Cf. Ordonn. 17 av. 1830, art. 5, I, 193.

Le procureur du roi est membre de droit de tous les comités de l'arrondissement. (Loi 28 juin 1833, art. 19), I, 242.

Le procureur du roi peut se faire remplacer dans les comités d'arrondissement par son substitut. (Décis. Cons. 26 mai 1837), I, 465. — Cf. Décis. 19 nov. 1833, I, 281.

Le procureur de la République, près le tribunal de première instance, dans les villes où ne siége pas une Cour d'appel, fait partie du conseil départemental de l'instruction publique. (Loi 15 mars 1850, art. 10), II, 123.— Cf. Loi 14 juin 1854, art. 6, II, 354.

Le procureur de la République reçoit copie des déclarations d'ouverture. (Loi 15 mars 1850, art. 27), II, 129. — Cf. Décr. 7 oct 1850, art. 2, II, 182. — Il peut se pourvoir devant le conseil départemental et s'opposer à l'ouverture d'un établissement libre, dans le délai d'un mois, à partir de la déclaration. (Id., art. 29), II, 129.

Tout instituteur libre, sur la plainte du procureur de la République, pourra être traduit pour cause de faute grave dans l'exercice de ses fonctions, d'inconduite et d'immoralité devant le conseil départemental et être censuré, suspendu ou interdit. (Loi 15 mars 1850, art. 30), II, 130.

Dans le cas où un pensionnat vient à être fermé, le procureur de la République se concerte avec le préfet, pour que les élèves dont les parents ne résident pas dans la localité, soient recueillis dans une maison convenable. (Décr. 7 oct. 1850, art. 6), II, 183.

PROFESSIONNEL (ENSEIGNEMENT).

La société favorise et encourage le développement du travail par l'éducation professionnelle. (Constitut. Républ. franç. 4 nov. 1848, art. 9), II, 42.

V. Cours industriel, Enseignement primaire supérieur, Matières de l'enseignement.

PROGRAMME D'ENSEIGNEMENT.

V. École, Matières de l'enseignement, Maîtresse d'institution, Règlement.

PROGRAMME D'EXAMEN.

V. Examen.

PUBLICITÉ DE L'ENSEIGNEMENT.

L'enseignement sera fait publiquement. (Décr. 29 frim. an II, art. 2), I, 26.

PUNITION.

V. Règlement des écoles.

R

RÉCOLEMENT.

Il est procédé tous les ans au récolement du mobilier et du matériel des Écoles normales primaires. Le procès-verbal de cette opération est adressé en double expédition au préfet, qui transmet une de ces expéditions au Ministre de l'instruction publique. (Décr. 26 janv. 1855, art. 62), II, 425.

V. École normale.

RÉCOMPENSE HONORIFIQUE.

V. Distinction honorifique, Médaille, Mention.

RÉCOMPENSE DES ÉLÈVES.

V. Règlement des écoles.

RECOURS.

Aucun recours ne peut être directement adressé au roi en conseil d'État, par les parties intéressées, contre les décisions du conseil de l'instruction publique, si ce n'est en matière de comptabilité dans les cas prévus par l'art. 50 du décret du 15 novembre 1811, et en matière de discipline dans le cas prévu par l'art. 149 du même décret, c'est-à-dire en cas de radiation.... Et spécialement, le pourvoi n'est pas recevable contre une décision qui aurait prononcé la réforme d'un membre de l'Université pour diffamation. On dirait en vain qu'une telle décision est viciée d'incompétence et d'excès de pouvoir, en ce que le conseil ne pouvait prononcer que la radiation. (Arr. Cass. 9 juin 1830.)

V. Appel.

RECTEUR.

L'Université impériale sera composée d'autant d'Académies qu'il y a de Cours d'appel. (Décr. 17 mars 1808, art. 4), I, 53.

Il ne sera rien imprimé, rien publié sur les exercices des élèves dans les écoles, sans que les divers prospectus et programmes aient été soumis aux recteurs et au conseil des Académies, et sans en avoir obtenu l'approbation. (Décr. 17 mars 1808, art. 104), I, 56. — Sur la proposition des recteurs, l'avis des inspecteurs, et d'après une information faite par les Conseils académiques, le grand maître pourra faire fermer les établissements où il aura été reconnu des abus graves et des principes contraires à ceux que professe l'Université. (Id., art. 105), I, 56.

Les réclamations relatives aux élèves des collèges et institutions, qui y reçoivent l'instruction primaire, doivent être adressées au recteur, qui prendra l'avis du Conseil académique et les transmettra au grand maître, sur la proposition duquel le conseil prononcera définitivement, après avoir entendu le rapport de la section de l'administration de la police des écoles. (Décr. Cons. 3 févr. 1809), I, 68.

Si le procureur impérial négligeait de poursuivre ceux qui tiendraient école sans l'autorisation du grand maître, le recteur de l'Académie et même le grand maître seront tenus de dénoncer l'infraction à nos procureurs généraux, qui tiendront la main à ce que les poursuites soient faites sans délai, et rendront compte à notre grand juge de la négligence des officiers de nos tribunaux inférieurs. (Décr. 15 nov. 1811, art. 55), I, 72. — Celui qui enseignera publiquement et tiendra école sans autorisation sera traduit, à la requête de notre procureur impérial, en police correctionnelle, et condamné à une amende qui ne pourra être au-dessous de 100 fr., ni de plus de 3,000 fr., dont moitié applicable au trésor de l'Université, et l'autre moitié aux enfants trouvés; sans préjudice de plus grandes peines, s'il était trouvé coupable d'avoir dirigé l'enseignement d'une manière contraire à l'ordre et à l'intérêt public. (Id., art. 56), I, 73.

Chaque Université sera composée : 1° d'un conseil présidé par un recteur..... (Ordonn. 17 févr. 1815, art. 2), I, 81.

Un des six conseillers de l'Université exercera les fonctions de recteur de l'Académie de Paris, en ce qui concerne les colléges, les institutions, les pensionnats et les écoles primaires de la Seine, et sera chargé de l'instruction et des rapports y relatifs. (Ordonn. 1er nov. 1820), I, 130.

Tout particulier qui désirera se vouer aux fonctions d'instituteur devra présenter au recteur de son Académie un certificat de bonne conduite ; il sera ensuite examiné par un inspecteur d'Académie, ou par tel autre fonctionnaire que le recteur déléguera, et recevra, s'il en est trouvé digne, un brevet de capacité du recteur. (Ordonn. 29 févr. 1816, art. 10), I, 86.

Chaque recteur fixera, pour son Académie, une époque passé laquelle il ne sera plus délivré de brevet du 1er degré qu'à ceux qui, outre l'instruction requise, posséderont les meilleures méthodes d'enseignement primaire. (Ordonn. 29 févr. 1816, art. 12), I, 87.

Pour avoir le droit d'exercer, il faut, outre le brevet général de capacité, une autorisation spéciale du recteur pour un lieu déterminé. Cette autorisation spéciale devra être agréée par le préfet. (Ordonn. 29 févr. 1816, art. 13), I, 87. — Toute présentation d'instituteur sera adressée au comité cantonal, qui la transmettra avec son avis au recteur de l'Académie, lequel donnera l'autorisation nécessaire. (Id., art. 23), I, 88.

Sur le rapport motivé des surveillants spéciaux et du comité cantonal, le recteur peut révoquer l'autorisation d'exercer donnée pour un lieu déterminé. (Ordonn. 29 févr. 1816, art. 25), I, 88. — Il peut même retirer le brevet de capacité. (Id., art. 28), I, 89. — Cf. Ordonn. 8 avr. 1824, art. 10, I, 150.

Le droit de révoquer un instituteur légalement établi n'appartient qu'au recteur, lequel est tenu d'observer les formes prescrites par les art. 25 et 26 de l'Ordonn. du 29 févr. 1816. (Ordonn. 2 août 1820, art. 17), I, 136.

Les membres notables des comités, au nombre de trois ou quatre, seront choisis par le recteur de l'Académie, d'après les indications du sous-préfet et des inspecteurs d'Académie. (Ordonn. 29 févr. 1816, art. 3), I, 85. — Cf. Ordonn. 16 avr. 1830, art. 5, I, 193.

Au mois de juillet de chaque année, le recteur envoie à la commission d'instruction publique le tableau général des communes et des instituteurs primaires de son Académie, avec des notes suffisantes pour que l'on puisse apprécier l'état de cette partie de l'instruction. (Ordonn. 29 févr. 1816, art. 33), I, 89.

Le classement des écoles communales sera fait dans chaque département par le préfet, de concert avec le recteur. (Ordonn. 14 févr. 1830, art. 2), I, 187.

Les écoles modèles d'enseignement mutuel sont placées sous la surveillance des recteurs. (Arr. 29 juil. 1817, art. 2), I, 112.

Le recteur et les inspecteurs d'Académie, dans leurs tournées, donneront la plus grande attention à l'instruction primaire ; ils réuniront les comités cantonaux et se feront rendre compte des progrès de cette instruction ; ils visiteront les écoles, autant qu'il leur sera possible. (Ordonn. 29 févr. 1816, art. 29), I, 89.

Dans le délai d'un mois, les comités cantonaux adresseront aux recteurs des Académies les noms de leurs membres décédés ou démissionnaires, ou réputés tels par leur absence du comité depuis plus d'une année, afin qu'il soit procédé à leur remplacement. (Ordonn. 3 juill. 1818, art. 5), I, 117. — Cf. Arr. 25 sept. 1819, art. 6, I, 124.

Les recteurs se concerteront avec les préfets pour porter chacun des comités au nombre de membres proportionné à la population du canton, ainsi qu'au nombre et à l'importance des écoles qui y sont établies. (Ordonn. 2 août 1820, art. 1), I, 134.

Le préfet et le recteur peuvent ordonner à un comité de se réunir extraordinairement pour délibérer sur un objet déterminé ; l'un et l'autre doivent veiller à ce que les séances ordinaires se tiennent exactement. (Ordonn. 2 août 1820, art. 10), I, 135. — Tous les ans, à l'époque où les recteurs s'occupent du tableau des instituteurs de leur Académie, prescrit par l'art. 33 de l'Ordonn. du 29 févr. 1816, ils s'occuperont aussi de vérifier l'état des comités cantonaux, de compléter ceux où il y aurait des vacances et de renouveler ceux qui n'auraient pas rempli les fonctions qui leur sont confiées, sans préjudice des remplacements qui pourront avoir lieu dans le courant de l'année. (Id., art. 14), I, 136. — Cf. Arr. 30 juin 1829, art. 16, I, 181.

Les instituteurs primaires devront renouveler, près des recteurs, l'autorisation de recevoir des pensionnaires. (Arr. 5 déc. 1820, art. 2), I, 142. — Avant de permettre à un instituteur primaire de recevoir des pensionnaires, le recteur s'assurera que les besoins de l'instruction et de l'éducation dans la commune où cet instituteur veut former son établissement, autorisent, en effet, un pensionnat de cette espèce, et que le local destiné au pensionnat est convenable sous le rapport des dortoirs, du réfectoire, des lieux de récréation, des salles d'étude et généralement pour tout ce qui intéresse la discipline et les bonnes mœurs. (Id., art. 3), I, 143. — Les autorisations ne seront accordées que sur l'avis des comités cantonaux. (Id., art. 7), I, 143. — Les recteurs inscriront sur un registre particulier toutes les autorisations par eux délivrées. (Id., art. 9), I, 143. — En cas de contravention, toute autorisation d'enseigner et de tenir école sera retirée sur-le-champ, et le recteur pourra même retirer le brevet de capacité, conformément aux dispositions des art. 25, 26 et 28 de l'ordonnance du 29 févr. 1816. (Id., art. 6), I, 143.

Nul instituteur primaire ne peut recevoir d'élève pensionnaire sans avoir obtenu la permission du conseil royal. Cette permission sera donnée après avis du recteur. (Ordonn. 21 avr. 1828, art. 12), I, 169.

Les brevets de capacité continueront d'être délivrés par le recteur. (Ordonn. 21 avr. 1828, art. 9), I, 168. — A l'égard des frères des Écoles chrétiennes et des membres de toute autre association charitable légalement reconnue, le recteur remettra à chacun d'eux un brevet de capacité sur le vu de la lettre d'obédience. (Id., art. 10), I, 168. — Cf. Ordonn. 1er mai 1822, 11 juin, 17 sept. et 3 déc. 1823, 3 avr. 1820, art. 3, I, 133. — Le recteur délivrera, en outre, à chaque frère l'autorisation d'exercer. (Ordonn. 21 avr. 1828, art. 10), I, 168. — Cf. Ordonn. 8 avr. 1824, art. 12, I, 150.

Si le recteur pense qu'il y a lieu de retirer le brevet de capacité, il soumettra l'affaire au Conseil académique, qui statuera après avoir entendu l'inspecteur chargé du ministère public. (Ordonn. 21 avr. 1828, art. 18), I, 170. — Ces décisions seront sujettes au recours devant le conseil royal. (Id., art. 19), I, 170.

Toute demande d'autorisation d'exercer les fonctions d'instituteur primaire dans une commune, doit être transmise par le comité cantonal au recteur, qui accorde ou refuse l'autorisation. (Ordonn. 21 avr. 1828, art. 11), I, 168. — Les mêmes formes seront suivies dans le cas des art. 18 et suivants de l'Ordonn. du 29 févr. 1816, qui accorde le droit de présentation aux fondateurs, associations ou communes fondatrices d'écoles. (Id., art. 14), I, 169. — Lorsqu'un instituteur primaire voudra quitter la commune où il exerce ses fonctions et demander l'autorisation d'exercer dans une autre commune, il ne pourra l'obtenir qu'en présentant un certificat de bonnes vie et mœurs, délivré par les autorités de celle d'où il sort, visé et confirmé par le recteur de l'Académie ou par son délégué, et il sera fait mention de ce certificat dans la nouvelle autorisation spéciale qui lui sera délivrée. Cette nouvelle autorisation ne sera d'ailleurs délivrée qu'après l'accomplissement des autres formalités ci-dessus prescrites. Dans les villes au-dessus de 10,000 âmes, lorsqu'un instituteur voudra changer de demeure, il devra de même obtenir la permission du recteur, qui prendra, à cet égard, l'avis du comité. (Id., art. 15), I, 170. — En cas d'infraction ou de faute grave, l'autorisation spéciale et même le brevet de capacité pourront être retirés. (Id., art. 16), I, 170.

Le président du comité protestant correspond, au nom du comité, avec le recteur de l'Académie. (Arr. 30 juin 1829, art. 23), I, 182. — Le comité sollicite près du recteur les mesures convenables, soit pour l'entretien des écoles, soit pour l'ordre et la discipline. (Id., art. 22), I, 182. — Chaque comité, avec l'autorisation du recteur, pourra, dans le courant de l'année, à une époque fixée par lui, convoquer les instituteurs de son ressort à des conférences qui auront pour but le perfectionnement des méthodes d'enseignement primaire. Il sera rendu compte au recteur du résultat de ces conférences. (Id., art. 28), I, 183. — Dans les villes où se trouvent deux ou plusieurs consistoires, les divers comités consistoriaux pourront se réunir sur la demande du recteur, pour concerter ensemble des mesures uniformes. (Id., art. 29), I, 183.

Le recteur peut ordonner à un comité protestant de se réunir extraordinairement pour délibérer sur un objet déterminé. (Arr. 30 juin 1829, art. 16), I, 181.

Le recteur et le préfet nomment les notables des comités par moitié. (Proj. loi 20 janv. 1831, art. 2), I, 194. — *Le recteur peut convoquer des séances extraordinaires du comité.* (Id., art. 3), I, 195. — *Les comités lui signalent les besoins des écoles et des instituteurs.* (Id., art. 4), I, 195. — *Il reçoit toutes les délibérations des comités.* (Id., art. 4), I, 195. — *Il délivre les brevets de capacité.* (Id., art. 5), I, 195. — *Il reçoit avis de l'établissement des écoles.* (Id., art. 5), I, 195. — *Il est avisé de la nomination des instituteurs communaux.* (Id., art. 8), I, 196.

Le recteur reçoit copie des déclarations, ainsi que du certificat de moralité que doit présenter l'instituteur privé. (Ordonn. 16 juill. 1833, art. 16), I, 250. — Il reçoit du comité d'arrondissement l'arrêté de nomination de l'instituteur avec l'avis du comité local, la délibération du conseil municipal, la date du brevet de capacité et une copie du certificat de moralité. Il transmet ces pièces au Ministre. En attendant l'institution, il peut autoriser provisoirement le maître désigné à exercer ses fonctions. (Id., art. 28), I, 253.

Il fait partie de la commission d'examen pour le brevet d'instruction primaire. (Ordonn. 19 juill. 1833, art. 3), I, 255. — Il arrête, quinze jours à l'avance, la date de l'ouverture des examens. (Id., art. 7), I, 256. — Cf. Arr. 28 juin 1836, art. 5), I, 402.

Il choisit les maîtres adjoints des Écoles normales, sur le rapport de la commission de surveillance et sauf l'approbation du Ministre. (Règl. 14 déc. 1832, art. 7), I, 230. — Il nomme, de concert avec le préfet, la commission de surveillance de l'École normale. (Id., art. 17), I, 233. — Il reçoit, chaque année, du directeur, un rapport qu'il transmet avec son avis au Ministre. Id., art. 23), I, 233. — A l'expiration de la seconde année, il reçoit copie du tableau de classement des élèves-maîtres, et le transmet au préfet et aux comités du département. (Id., art. 25), I, 234. — La commission de surveillance peut prononcer la réprimande, la censure, ou même l'exclusion provisoire ou définitive, sauf, dans ce dernier cas, l'approbation du préfet, s'il s'agit d'un boursier communal ou départemental, et celle du recteur s'il s'agit de tout autre élève-maître. L'exclusion ne peut être prononcée sans que l'élève n'ait été entendu ou dûment appelé. Aussitôt que la décision est intervenue, le recteur en donne avis au Ministre. (Id., art. 26), I, 234.

Le recteur transmet au Ministre, avec ses observations, le rapport du directeur de l'École normale, en tout ce qui concerne les études et la discipline, le procès-verbal de l'examen de sortie. (Arr. 8 janv. 1833, art. 1), I, 235.

Le recteur a toujours le droit d'assister, avec voix consultative, aux séances des commissions placées sous ses ordres et agissant sous son autorité, mais non de les présider. (Décis. Cons. 20 oct. 1843), I, 649.

Les maîtres auxquels une partie de l'enseignement primaire supérieur serait confiée, sous la direction du chef de l'école, doivent être agréés par le recteur. (Décis. Cons. 8 nov. 1833).

Tout instituteur primaire ou toute autre personne munie d'un brevet de capacité est apte à tenir une classe d'adultes, moyennant l'autorisation préalable du recteur de l'Académie. (Arr. 22 mars 1836, art. 1), I, 381.— Tous les trois mois, le recteur adressera au Ministre de l'instruction publique un tableau des autorisations qu'il aura délivrées. (Id., art. 2), I, 382.

Les recteurs déterminent chaque année, d'après les instructions du Ministre de l'instruction publique, les arrondissements que doivent visiter les inspecteurs et les sous-inspecteurs. (Ordonn. 13 nov. 1837, art. 2).

Les recteurs sont autorisés à accorder aux instituteurs primaires communaux, après avoir pris l'avis des comités communal et d'arrondissement, les congés qui leur seraient demandés pour des motifs graves de santé ou d'affaires de famille, sous la condition que l'instituteur ne quittera l'école que lorsqu'il aura été pourvu à son remplacement pour tout le temps du congé et à ses frais. Les recteurs informeront aussitôt le Ministre du congé qu'ils auront accordé et des raisons qui l'auront motivé. Aucun congé ne sera accordé aux directeurs des Écoles normales primaires que par le Ministre même, sur la proposition motivée du recteur. (Déc. Cons. 29 nov. 1833.)

Le recteur fait partie de la commission des caisses d'épargne et de prévoyance. (Ordonn. 13 févr. 1838, art. 1), I, 502.

L'autorisation nécessaire pour tenir une école primaire de filles est délivrée par le recteur. (Ordonn. 23 juin 1836, art. 7), I, 394. — Cf. art. 11, I, 395.

L'autorisation du recteur est nécessaire pour l'ouverture d'une salle d'asile. (Ordonn. 22 déc 1837, art. 5), I, 488.

En cas de conflit entre le conseil municipal et le comité d'arrondissement pour la nomination d'un instituteur, il en est référé par le recteur de l'Académie au Ministre qui nomme. (Proj. loi 31 mars 1847, art. 18), I, 704.

Nul instituteur ne peut exercer d'autres fonctions, sans l'autorisation du recteur. (Proj. loi 1er juin 1848, art. 12 *bis*), II, 19. — *Le recteur reçoit la déclaration d'ouverture.* (Id., art. 21), II, 20. — *Il peut traduire les instituteurs privés, pour cause d'inconduite ou d'immoralité, devant le tribunal civil de l'arrondissement.* (Id., art. 24), II, 20. — *Une école fermée ne peut être ouverte de nouveau sans son autorisation.* (Id., art. 23), II, 20. — *Il délègue un inspecteur supérieur au conseil de perfectionnement.* (Id., art. 34), II, 22. — *Il fait partie des commissions d'examen pour le brevet de capacité.* (Id., art. 40), II, 23. — *L'instituteur est révocable par le Ministre, sur la plainte du recteur.* (Id., art. 44), II, 24.

Le recteur, ou un de ses délégués, fait partie de la commission des examens du brevet. (Prop. loi 15 déc. 1848, art. 76), II, 59.

Chaque Académie est administrée par un recteur assisté, si

le Ministre le juge nécessaire, d'un ou de plusieurs inspecteurs. (Loi 15 mars 1850, art. 8), II, 122.

Les recteurs ne sont pas choisis exclusivement parmi les membres de l'enseignement public. Ils doivent avoir le grade de licencié, ou dix années d'exercice comme inspecteurs d'Académie, proviseurs, censeurs, chefs ou professeurs des classes supérieures dans un établissement public ou libre. (Loi 15 mars 1850, art. 9), II, 280.

Les fonctions de recteur sont incompatibles avec tout autre emploi salarié. (Décr. 29 juill. 1850, art. 15), II, 165.

Les recteurs sont nommés par le président de la République. Ils sont partagés en classes, dont le nombre est déterminé par le président de la République. Les traitements varient suivant les classes. La classe est attachée à la personne, non à la résidence. (Décr. 29 juill. 1850, art. 16), II, 166.

Les départements fourniront un local pour le service de l'administration académique. (Décr. 29 juill. 1850, art. 14), II, 165.

Les recteurs ont droit aux frais de tournée, déterminés par les règlements. (Décr. 29 juill. 1850, art. 41), II, 171.

Le recteur reçoit les procès-verbaux des contraventions constatées dans l'inspection des établissements. (Décr. 29 juill. 1850, art. 42), II, 171. — Il reçoit les avis des inspecteurs primaires en ce qui touche les secours et les encouragements, les listes d'admissibilité et d'avancement, les nominations et les demandes d'institution, les déclarations d'ouverture de pensionnat par des instituteurs libres ; il reçoit tous les trois mois de l'inspecteur un rapport sur la situation de l'instruction primaire dans les communes qu'il a parcourues. (Id., art. 43), II, 172.

Le recteur préside le Conseil académique. (Loi 15 mars 1850, art. 10), II, 123. — Cf. loi 14 juin 1854, art. 3, II, 353. — Il inspecte les établissements publics ou libres. (Id., art. 18), II, 126. — Il reçoit les déclarations d'ouverture, et peut faire opposition dans l'intérêt des mœurs publiques. (Id., art. 27, 28), II, 129. — Il peut traduire un instituteur libre devant le Conseil académique. (Id., art. 30), II, 130. — Il peut, suivant les cas, réprimander, suspendre, avec ou sans privation partielle ou totale de traitement, pour un temps qui n'excédera pas six mois, ou révoquer l'instituteur communal. (Id., art. 33), II, 131. — Il reçoit les déclarations d'ouverture de pensionnat. (Id., art. 53), II, 137.

Les recteurs sont nommés par le président de la République. (Décr.-loi 9 mars 1852, art. 1), II, 271.

La France est divisée en seize circonscriptions académiques; chacune de ces circonscriptions est administrée par un recteur. (Loi 14 juin 1854, art. 1, 2), II, 352. — Nul ne peut être nommé recteur, s'il n'est pourvu du grade de docteur. (Décr. 22 août 1854, art. 16), II, 363.

Le vice-recteur de Paris est vice-président du conseil départemental de la Seine. (Loi 14 juin 1854, art. 6), II, 354.

Le préfet exerce, sous l'autorité du Ministre de l'instruction publique, et sur le rapport de l'inspecteur d'Académie, les attributions déférées au recteur par la loi du 15 mars 1850 et le décret du 5 mars 1852, en ce qui touche l'enseignement primaire. (Loi 14 juin 1854, art. 8), II, 354.

Les attributions du recteur comprennent...... 4° le maintien des méthodes de l'instruction primaire publique. (Décr. 22 août 1854, art. 17), II, 364. — Le recteur veille, par l'intermédiaire des inspecteurs d'Académie et des inspecteurs primaires, à l'exécution de règlements d'études dans toutes les écoles primaires publiques du ressort. Il propose au Ministre les mesures propres à améliorer les méthodes d'enseignement dans les écoles primaires et dans les écoles primaires publiques. Il lui fait annuellement un rapport sur l'état de l'instruction primaire publique et libre dans l'Académie. Il peut, lorsqu'il est en tournée, réunir et présider les commissions de surveillance des Écoles normales primaires. (Id., art. 21), II, 365.

Il adresse au Ministre une expédition de la liste des candidats aux fonctions d'inspecteurs primaires qui ont obtenu des certificats d'aptitude, après y avoir consigné ses observations. (Arr. 16 déc. 1850, art. 6), II, 195.

Il donne son avis sur les propositions des préfets concernant les médailles ou mentions honorables en faveur des instituteurs, des institutrices et des directrices de salles d'asile. (Arr. 21 août 1858, art. 1.)

Il délivre les brevets de capacité. (Régl. 15 févr. 1853, art. 14) II, 298. — Cf. Régl. 3 juill. 1866, art. 6, II, 597.

Il délivre les certificats d'aptitude à la direction des salles d'asile dans le département de la Seine. (Décr. 21 mars 1855, art. 28), II, 380.

Le recteur, sur l'avis des inspecteurs d'Académie chargés de l'instruction primaire, propose au Ministre la sous-répartition de crédit entre les inspecteurs de l'instruction primaire du ressort. Cette sous-répartition, faite proportionnellement au nombre des communes et des écoles dans chaque arrondissement, en tenant compte de la superficie territoriale, des difficultés du parcours et des autres nécessités du service, indique : 1° la somme affectée aux tournées trimestrielles ordinaires ; 2° celle qui peut être réservée pour les missions extraordinaires. En aucun cas, le montant de cette réserve ne peut excéder le quart de la somme affectée aux tournées ordinaires. (Arr. 14 août 1855, art. 2), II, 400.

Le recteur agrée les nominations des maîtres adjoints des Écoles normales. (Décr. 24 mars 1851, art. 8), II, 226. — Il nomme les membres de la commission de surveillance, sur la présentation du conseil départemental. (Id., art. 10), II, 226. — Tous les ans, au mois de juillet, il reçoit de la commission de surveillance un rapport sur l'état et le personnel de l'école, rapport qu'il transmet au Ministre. (Id., art. 14), II, 228. — Il dirige l'enquête sur la conduite et les antécédents des candidats à l'École normale. (Id., art. 17), II, 229. — Il prononce leur admissibilité. (Id., art. 17), II, 229. — Il accorde, en conseil départemental, les bourses ou portions de bourses entretenues soit par l'État, soit par le département. (Id., art. 18), II, 229. — Il accorde des dispenses aux boursiers, sur l'avis du conseil départemental. (Id., art. 18), II, 229.

Le 10 novembre au plus tard, le président de la commission de surveillance de l'École normale adresse au recteur de l'Académie, en triple expédition, le projet de budget économique arrêté par ladite commission, avec un extrait de sa délibération et les pièces à l'appui. (Décr. 26 déc. 1855, art. 31), II, 414. — Avant le 20 novembre, le recteur envoie au préfet du département deux des trois expéditions du budget économique, et joint à cet envoi ses observations et son avis sur les propositions de la commission de surveillance. La troisième expédition du budget est adressée par le recteur au Ministre de l'instruction publique, avec ses propositions personnelles et ses observations, s'il y a lieu. (Id., art. 32), II, 414. — Le recteur vérifie les divers registres de comptabilité de l'École normale. (Id., art. 50), II, 419. — Le président de la commission adresse les trois expéditions des deux états de situation de caisse et de situation de magasin au recteur de l'Académie avant le 20 janvier, avec un extrait de la délibération qui a été prise à ce sujet. Avant le 1er février, le recteur en envoie une expédition au Ministre, et une autre au préfet, avec ses observations personnelles. La troisième reste déposée dans les archives de l'Académie. (Id., art. 63), II, 425. — La commission de surveillance prend une délibération sur le compte qui lui est soumis par l'ordonnateur des dépenses ; elle donne spécialement son avis sur les créances mentionnées en l'art. 49, et propose au Ministre, s'il y a lieu, d'accorder des dispenses de payement aux débiteurs qui sont hors d'état de s'acquitter. Le résultat de sa délibération est adressé par le président, le 5 juillet au plus tard, au recteur de l'Académie, avec trois expéditions du compte et les pièces à l'appui. Le recteur transmet, avant le 15 juillet, une de ces expéditions au préfet et l'autre au Ministre ; il y joint ses observations personnelles. (Id., art. 68 et 69), II, 427.

Les maîtres externes des écoles normales, autres que les maîtres adjoints, sont proposés par le directeur et agréés par le recteur. (Décr. 2 juill. 1866, art. 7), II, 589.

Le recteur nomme les membres de la commission d'examen pour l'admission à l'École normale. (Décr. 2 juill. 1866, art. 15), II, 572.

La surveillance de l'École normale est confiée à une commission de cinq membres nommés pour trois ans par le recteur, y compris le président. (Décr. 2 juill. 1866, art. 9), II, 590.

Le règlement de l'École normale est approuvé par le recteur. (Décr. 2 juill. 1866, art. 10), II, 590.

Tous les ans, au mois de juillet, la commission de surveillance adresse au recteur de l'Académie, sur l'état et le personnel de l'école, un rapport qui est transmis au Ministre. Il reçoit de la même commission un rapport sur tout ce qui concerne les élèves et la discipline, rapport qu'il envoie au

Ministre, accompagné de ses observations. (Décr. 2 juill. 1866, art. 12), II, 591.

Le directeur et les maîtres adjoints ne peuvent prendre de congé qu'avec l'autorisation du recteur. (Décr. 2 juill. 1866, art. 19), II, 594.

Dans le cas de maladie prolongée ou d'absence légitime, le recteur peut autoriser un élève, sur l'avis de la commission de surveillance, à redoubler le cours de première ou de deuxième année. (Décr. 2 juill. 1866, art. 10), II, 590.

Le directeur de l'École normale dresse, sous l'approbation du recteur, la liste des livres à mettre entre les mains des élèves, ainsi que celle des livres de lecture composant la bibliothèque de la salle d'études. (Décr. 2 juill. 1866, art. 6), II, 589.

Lorsque plusieurs départements sont réunis pour l'entretien d'une École normale, le recteur de l'Académie où se trouve placée cette école statue sur toutes les questions de discipline et de régime intérieur. (Décr. 2 juill. 1866, art. 21), II, 594.

V. Instituteur, Nomination, Préfet.

REGISTRE D'INSCRIPTION.

Des registres d'inscription sont ouverts pour les maîtres et pour les sous-maîtres. (Règl. préf. Seine 25 pluviôse an XII, art. 1 et 2), I, 45. — Il est interdit d'employer des sujets non autorisés. (Id., art. 23), I, 49. — Les chefs d'établissement doivent informer le préfet des mutations qui sont portées au registre d'inscription et signalées au directeur du bureau d'indication. (Id., art. 25 et 26), I, 50.

REGISTRE D'ÉCOLE.

V. Écritures obligatoires.

REGISTRE D'ADMINISTRATION.

V. École normale.

RÈGLEMENT D'ADMINISTRATION.

Les règlements d'administration publique ne peuvent être attaqués par la voie contentieuse que pour incompétence ou excès de pouvoir, ou pour violation des formes prescrites par les lois et règlements. (Décis. Cons. d'État 10 mai 1851.)

RÈGLEMENT DES ÉCOLES NORMALES.

V. École normale.

RÈGLEMENT DES ÉCOLES.

Tous les ans, les maîtres d'écoles primaires remettront à la municipalité la liste de leurs élèves, contenant leur âge, leur pays, avec des observations sur ceux qui se sont distingués par leurs progrès et leurs talents. La municipalité vérifiera la liste et l'enverra au directoire de district qui la fera passer au directoire de département. (Proj. sept. 1791, sect. III, art. 10), I, 4.

Les personnes ou les associations qui entretiendront à leurs frais des écoles, ne pourront y établir des méthodes et des règlements particuliers. (Ordonn. 29 févr. 1816, art. 31), I, 89.

Nul élève n'est admis à l'école, s'il ne justifie qu'il a eu la petite vérole ou qu'il a été vacciné. Il reçoit du président du comité local une carte d'admission. (Stat. 25 avr. 1834, art. 20, 21), I, 322. — L'instituteur dresse des listes journalières de présence, qu'il dépose tous les mois au comité local, donne avis aux parents des absents, tient note de la conduite et du travail des élèves sur un registre qui est communiqué au comité local, aux membres et aux délégués du comité d'arrondissement. (Id., art. 23, 24, 25), I, 322.

Dans toute division, il y aura tous les jours, excepté le dimanche et le jeudi, deux classes de trois heures chacune : le matin, de 8 heures à 11 heures ; le soir, de 1 heure à 4 heures. (Stat. 25 avr. 1834, art. 11), I, 320. — Il y aura, pour les écoles de chaque arrondissement, une répartition de leçons et d'exercices qui sera faite par le comité supérieur et soumise à l'approbation du conseil royal. (Id., art. 13), I, 321. — Tous les élèves seront tenus de suivre toutes les parties de l'enseignement de leurs divisions respectives. (Id., art. 14), I, 321. — Pour toutes les leçons d'instruction morale et religieuse, de langue française, d'arithmétique, de géométrie et d'histoire, les élèves de la troisième division feront des extraits qu'ils remettront à l'instituteur, lequel les communiquera au comité local. (Id., art. 15), I, 321. — Tous les samedis, récapitulation des leçons de la semaine. Deux fois par an, examen général en présence des membres du comité local, auxquels pourra s'adjoindre un membre du comité supérieur ; liste par ordre de mérite, communiquée au comité supérieur ; d'après le résultat du second examen, certificat d'études pour les élèves qui ont terminé leur cours ; pour les autres, admission, s'il y a lieu, à passer dans une division supérieure. (Id., art. 16), I, 321, 322. — Tous les mois, l'instituteur fait un résumé sur l'état de l'instruction dans l'école, pendant le dernier mois. (Id., art. 17), I, 321. — Nul élève ne sera admis dans une division supérieure, s'il n'a prouvé, par un examen subi devant le comité local, qu'il possède suffisamment tout ce qui est enseigné dans la division inférieure. (Id., art. 18), I, 322.

Récompenses autorisées : bons points, billets de satisfaction, place au banc d'honneur, prix à la fin de l'année. (Stat. 25 avr. 1834, art. 28), I, 323. — Punitions autorisées : mauvais points, réprimandes, restitution de billets de satisfaction, privation de récréation avec tâche, mise à genoux, écriteau, renvoi provisoire. Les élèves ne pourront jamais être frappés. (Id., art. 29), I, 323. — Un élève dont la présence est reconnue dangereuse, peut être exclu de l'école par le comité local, et de toutes les écoles du ressort du comité d'arrondissement par le conseil d'arrondissement. (Id., art. 30), I, 323.

Congés : dimanche, jeudi, jours de fête consacrés, premier jour de l'an, jours de fête nationale, jour de la fête du roi, jeudi, vendredi et samedi saint, lundi de Pâques et de la Pentecôte. Lorsque, dans la semaine, il se rencontrera un jour férié autre que le jeudi, le jeudi redeviendra un jour de travail. (Stat. 25 avr. 1834, art. 31), I, 324.

Le recteur fixe l'époque et la durée des vacances. (Décis. Cons. 30 août 1833), I, 267.

Le maximum des vacances ne peut excéder six semaines, le minimum ne peut tomber au-dessous de quinze jours. (Décis. Cons. 21 avr. 1837), I, 461. — L'école communale doit être ouverte toute l'année, sauf les jours de congé et le temps des vacances. (Décis. Cons. 26 mai 1837), I, 464. — Des congés ne peuvent être accordés par les instituteurs en dehors des règlements. (Décis. Cons. 6 juill. 1849), II, 87.

Tout règlement concernant les écoles doit émaner du conseil royal, sous l'approbation du Ministre. (Décis. Cons. 19 mai 1837), I, 463.

Les heures de classes dans les écoles de Paris sont ainsi fixées : de 7 heures 1/2 à 8 heures, préparation de la classe par les moniteurs généraux ; de 8 heures à 10 heures, classe des moniteurs ; de 10 heures à 1 heure, classe du matin des élèves ; de 1 heure à 2 heures, récréation ; de 2 heures à 5 heures, classe de l'après-midi des élèves. (Arr. 26 juin 1835, art. 2), I, 359. — Il y aura classe le jeudi matin. (Id., art. 3), I, 359.

Le principal devoir de l'instituteur est de donner aux enfants une éducation religieuse, et de graver profondément dans leurs âmes le sentiment de leurs devoirs envers Dieu, envers leurs parents, envers les autres hommes et envers eux-mêmes. (Règl. 17 août 1851, art. 1), II, 257. — Il doit instruire par ses exemples, comme par ses leçons. Il ne se bornera donc pas à recommander et à faire accomplir les devoirs que la religion prescrit ; il ne manquera pas de les accomplir lui-même. (Id., art. 2), II, 258. — On ne le verra jamais dans les cabarets, dans les cafés, dans aucun lieu, dans aucune société qui ne conviendrait point à la gravité et à la dignité de ses fonctions. (Id., art. 3), II, 258.— Il se montrera plein de respect et de déférence pour les autorités en général, et en particulier pour celles qui sont préposées à l'instruction publique. (Id., art. 4), II, 258. — Il veillera avec une constante sollicitude sur tout ce qui intéresse l'esprit et le cœur, les mœurs et la santé des enfants. Il n'aura point de familiarité avec eux ; il s'abstiendra de les tutoyer et ne leur donnera jamais de nom injurieux. Il ne se laissera point aller à la colère, et il saura toujours allier le calme et la douceur à la fermeté et à la sévérité. (Id., art. 5), II, 258.

L'instituteur tiendra son école dans un état constant de propreté et de salubrité. Elle sera arrosée et balayée tous les jours; l'air y sera fréquemment renouvelé. Même en hiver, les fenêtres resteront ouvertes dans l'intervalle des classes. (Règl. 17 août 1851, art. 8), II, 259.

L'instituteur tiendra un registre d'inscription et un registre de notes. Le premier indiquera les nom et prénoms de chaque élève, le nom, la profession et le domicile du père, de la mère ou du tuteur; la date de la naissance de l'enfant, l'époque de son entrée à l'école; s'il y est en qualité de payant ou de gratuit; la date de sa sortie de l'école; le motif de cette sortie et le résumé des notes qu'il aura méritées pendant qu'il aura fréquenté l'école. Sur le second, seront consignés chaque semaine le relevé des notes relatives à la conduite, à l'application de l'élève, ainsi que les places qu'il aura obtenues dans les compositions hebdomadaires. Il y sera fait mention des récompenses et des punitions qu'il aura reçues. (Règl. 17 août 1851, art. 31), II, 263.

Chaque jour, à l'ouverture de la classe, l'instituteur prend note des absences. Il a soin de les faire connaître aux parents; celles qui ne sont pas justifiées sont punies. (Règl. 17 août 1851, art. 32), II, 264. — Après l'appel, le maître fait l'inspection de tenue et de propreté; cette inspection s'étend aux livres et aux cahiers. A moins d'une autorisation spéciale du maître, et dans le seul cas d'indisposition, les élèves restent tête nue pendant toute la durée de la classe. (Id., art. 33), II, 264. — La surveillance ne se borne pas à l'intérieur de la classe; l'instituteur est tenu de l'exercer pendant les récréations et les sorties particulières. Il ne permet pas que plusieurs élèves sortent à la fois. (Id., art. 34), II, 264. — Il s'étudie à donner aux élèves un extérieur décent et honnête, et à leur faire contracter des habitudes de politesse; il leur recommandera de saluer les personnes respectables par leur âge et leur rang dans la société; il leur interdira sévèrement toute querelle et toute parole inconvenante. (Id., art. 35), II, 264.

Les classes dureront au moins trois heures le matin et trois heures le soir. Celle du matin commencera à huit heures, et celle de l'après-midi à une heure. Suivant le besoin des localités, les heures d'entrée et de sortie pourront être modifiées, avec l'approbation du recteur de l'Académie. (Règl. 17 août 1851, art. 15), II, 260.

Les classes seront toujours précédées et suivies d'une prière : celle du matin commencera par la prière du matin, contenue dans le catéchisme du diocèse ; et celle de l'après-midi se terminera par la prière du soir du même catéchisme. A la fin de la classe du matin, on récitera la prière : « Sainte Mère de Dieu, nous nous mettons sous votre protection. » Au commencement de la classe du soir, on dira la prière : « Venez, Esprit Saint. » (Règl. 17 août 1851, art. 21), II, 261. — L'instituteur conduira les enfants aux offices, les dimanches et fêtes consacrées, à la place qui leur aura été assignée par le curé ; il est tenu de les y surveiller. (Id., art. 22), II, 221. — Toutes les fois que la présence des élèves sera nécessaire à l'église pour le catéchisme, et principalement à l'époque de la première communion, l'instituteur devra les y conduire ou les y faire conduire. (Id., art. 23), II, 261. — L'instituteur veillera particulièrement à la bonne tenue des élèves pendant les prières et exercices de religion, et il les portera au recueillement par son exemple. (Id., art. 24), II, 261. — Ces dispositions ne sont applicables qu'aux enfants qui appartiennent au culte catholique. (Id., art. 45), II, 266.

L'instituteur tiendra à ce que la lecture des élèves soit correcte ; il les habituera à se rendre compte de ce qu'ils liront, en leur expliquant le sens des mots. La lecture du latin est spécialement recommandée ; on se servira, pour cette lecture, du Psautier ou d'autres livres en usage pour les offices publics du diocèse. Pour la lecture des manuscrits, on emploiera de préférence des cahiers autographiés contenant des quittances, baux, marchés, devis, mémoires d'ouvrages, ou des instructions élémentaires sur l'histoire naturelle, l'agriculture, l'industrie et l'hygiène. (Règl. 17 août 1851, art. 27), II, 262. — L'instituteur exercera les élèves à imiter les modèles d'écriture qu'il mettra sous leurs yeux ; il veillera à ce qu'ils se conforment exactement aux principes qu'il leur aura donnés sur la position du corps, sur la tenue de la plume, sur la formation et la proportion des lettres. Il devra rester sur chaque page quelques traces de la leçon du maître ; on s'abstiendra surtout de copier des livres. Les modèles d'écriture n'offriront que des choses utiles aux enfants, telles que dogmes et préceptes de religion, beaux traits de l'histoire sainte et de l'histoire de France. (Id., art. 28), II, 262. — L'enseignement du calcul sera dégagé de toute théorie trop abstraite. Le maître se bornera aux principes indispensables pour la pratique des opérations, et s'attachera à faire résoudre beaucoup de problèmes relatifs à des questions usuelles et au système décimal des poids et mesures. (Id., art. 30), II, 263. — Les élèves qui recevraient, en tout ou en partie, l'enseignement des matières énoncées dans la 2me section de l'art. 23 de la loi organique, formeraient une division séparée. (Id., art. 18), II, 261. — Les élèves d'une même division devront se servir de livres semblables. Il ne sera fait usage que des livres dont l'introduction aura été autorisée par le conseil supérieur de l'instruction publique. (Id., art. 19), II, 261.

Les principales récompenses sont : 1° les bons points, 2° les billets de satisfaction, 3° l'inscription au tableau d'honneur, 4° les places au banc d'honneur, 5° les médailles, 6° les prix. (Règl. 7 août 1851, art. 37), II, 265. — Les seules punitions dont l'instituteur puisse faire usage sont : 1° les mauvais points, 2° la réprimande, 3° la privation partielle ou totale des récréations, 4° l'exclusion provisoire de l'école, 5° le renvoi définitif. Cette dernière peine sera prononcée, s'il y a lieu, par le recteur, après avis des autorités locales préposées à la surveillance de l'école. (Id., art. 38), II, 265.

Les écoles devront être fermées les dimanches, les jours de fêtes conservées et les jeudis après midi. (Règl. 17 août 1851, art. 39), II, 265. — L'ouverture des classes est obligatoire pendant toute l'année, le temps des vacances excepté. La durée des vacances est déterminée par le recteur en conseil départemental. (Id., art. 41), II, 265. — Les jours de congé extraordinaire sont : le premier jour de l'an, les trois derniers jours de la semaine sainte, les jours de fêtes nationales. (Id., art. 40), II, 265. — Il sera tenu compte à l'instituteur de ses efforts pour conserver les enfants à l'école pendant la saison d'été. (Id., art. 42), II, 265. — L'instituteur ne pourra ni intervertir les jours de classe, ni s'absenter même pour un jour, sans y avoir été autorisé par l'inspecteur d'arrondissement, et sans en avoir informé les autorités locales. Dans les circonstances graves et imprévues, il lui suffira d'obtenir l'autorisation du maire et du curé. Si l'absence doit durer plus de huit jours, l'autorisation du recteur est nécessaire. (Id., art. 43), II, 266.

Le congé hebdomadaire doit embrasser toute la journée du jeudi. (Décis. Cons. 28 juin 1858), II, 463.

Les règlements scolaires, approuvés par le conseil supérieur, doivent être envoyés à tous les recteurs, qui les porteront, à titre de document, à la connaissance des conseils académiques. (Av. Cons. 3 juin 1851), II, 236.

Les conseils départementaux sont autorisés à désigner les écoles primaires pour lesquelles ils pourront modifier le règlement quant à la fixation des heures de travail et de l'époque des vacances, dans le but de concilier les exercices classiques avec les travaux des champs, sans que toutefois la durée totale de ces exercices soit, dans aucun cas, inférieure à trois heures pour chaque jour de classe, et celle des vacances à un mois. (Arr. 29 déc. 1867, art. 1), II, 611.

La désignation faite par les conseils départementaux pourra s'étendre aux écoles communales situées près de grands établissements industriels, comme les exploitations de mines, les forges, les verreries et établissements analogues, dans lesquels les enfants ont besoin d'être initiés, dès que leur âge le permet, aux travaux de leurs pères, en y trouvant les conditions d'activité et de développement physique qui existent dans les travaux de l'agriculture. (Arr. 29 déc. 1867, art. 2), II, 612.

Dans les communes rurales, l'instituteur pourra, avec l'approbation des autorités locales, ne tenir classe en été que trois heures le matin, l'autorisation de l'inspecteur d'Académie étant préalablement obtenue. (Av. Cons. 17 juill. 1869), II, 635.

Il y a lieu d'ajourner, jusqu'à plus ample examen, le projet de création de règlement-type pour les petites classes destinées à servir de transition entre la salle d'asile et l'école primaire. (Av. Cons. 17 févr. 1870), II, 644.

RÈGLEMENT UNIVERSITAIRE.

Les règlements généraux sur l'instruction primaire seront arrêtés par le Ministre de l'instruction publique en conseil. Des règlements spéciaux, destinés à développer les règlements généraux arrêtés par le Ministre, pourront être faits par les comités d'arrondissement. Les comités locaux pourront prescrire aussi, dans des cas exceptionnels, des mesures réglementaires qui ne seront que l'application des autres règlements aux besoins des diverses localités, et qui devront être approuvés par le comité d'arrondissement. Les règlements faits par les comités d'arrondissement seront soumis à l'approbation du Ministre de l'instruction publique. Ils seront exécutoires après un délai de deux mois, si le Ministre n'y a point fait opposition. (Prop. loi 15 déc. 1848, art. 75), II, 58.

D'après l'organisation de l'Université, un règlement délibéré en conseil royal est légal et obligatoire, dès qu'il a été approuvé par le Ministre. La loi du 28 juin 1833, qui autorise l'ouverture d'écoles primaires par tout individu porteur d'un certificat de moralité et d'un brevet de capacité, sans l'astreindre à obtenir une autorisation du grand maître, ne s'étend pas aux écoles d'adultes. Par suite, le règlement universitaire qui soumet les instituteurs primaires à l'obligation d'obtenir, pour l'ouverture d'une classe d'adultes, l'autorisation préalable du recteur de l'Académie, ne contient rien de contraire à la loi du 28 juin 1833. (Arr. Cassat. 7 février 1849.)

En admettant que l'infraction commise par un instituteur primaire à un règlement de l'Université pût entraîner la fermeture de son école, l'instituteur n'a pas qualité pour exciper de ce que le tribunal de simple police a été saisi de la contravention, et qu'ainsi il a été condamné à la peine la moins grande prononcée par l'art. 471, n° 15 Code pén. (Arr. Cassat. 7 févr. 1846.)

V. Université.

RÉHABILITATION.

V. Droit de grâce.

RELIGION.

V. Instruction religieuse, Ministre du culte.

RÉPRIMANDE.

En cas de négligence ou de faute grave d'un instituteur communal, le comité cantonal pourra, après l'avoir entendu ou dûment appelé, lui adresser une réprimande.... (Prop. loi 17 nov. 1832, art. 22), I, 227.

En cas de négligence habituelle ou de faute grave, le comité d'arrondissement, ou d'office, ou sur la plainte adressée par le comité communal, mande l'instituteur inculpé ; après l'avoir entendu ou dûment appelé, il le réprimande... (Loi 28 juin 1833, art. 23), I, 244.

On ne peut refuser au comité d'arrondissement le droit de réprimande vis-à-vis de tout instituteur soit communal, soit privé ; dès lors, tout délégué du comité, et à plus forte raison l'inspecteur primaire qui est le délégué du Ministre, a le même droit. (Décis. Cons. 4 avr. 1837), I, 460.

En cas de faute grave, ou de négligence habituelle, l'instituteur peut être cité devant le comité central, soit d'office, soit sur la plainte d'un inspecteur ou du comité communal. Le comité central, après avoir instruit l'affaire, peut le condamner à la réprimande. (Proj. loi 1er juin 1848, art. 43), II, 24.

Les peines qui pourront être infligées aux instituteurs publics sont : 1° l'avertissement prononcé sans mention au procès-verbal ; 2° la réprimande simple avec mention au procès-verbal ; 3° la réprimande avec privation temporaire de tout ou partie du traitement... (Prop. loi 15 déc. 1848, art. 78), II, 59. — *A l'égard des instituteurs privés, le tribunal civil de l'arrondissement peut seul prononcer l'admonition, la réprimande ou la révocation.* (Id. art. 51), II, 53.

La peine de la réprimande est prononcée sans appel. (Décis. Cons. 1er mai 1849), II, 81.

Dans les cas prévus par l'art. 23 de la loi du 28 juin 1833, le préfet réprimande et suspend les instituteurs. (Loi 11 janv. 1850, art. 3), II, 110.

Le recteur peut, suivant les cas, réprimander, suspendre ou révoquer l'instituteur communal. (Loi 15 mars 1850, art. 33), II 131.

V. Peine disciplinaire.

RETENUE.

V. Caisse d'épargne, Pension de retraite.

RETRAITE.

V. Pension de retraite.

RÉTRIBUTION MENSUELLE.

V. Rétribution scolaire.

RÉTRIBUTION SCOLAIRE.

Le traitement des instituteurs se composera : 1° du logement fourni par les communes ; 2° d'une rétribution fournie par les parents et déterminée par les conseils municipaux. (Loi 11 flor. an X, art. 3), I, 43.

Les communes pourront traiter avec les maîtres d'école, pour fixer le montant des rétributions qui leur seront payées par les parents qui demanderont que les enfants soient admis à l'école. Dans ce cas, le conseil municipal fixera le montant de la rétribution à payer par les parents. (Ordonn. 29 fév. 1816, art. 16), I, 87. — Cf. Règl. préfect. Seine, 9 oct. 1819, art. 24 et 25, I, 130.

Les écoles communales seront divisées en trois classes correspondantes aux trois degrés d'enseignement reconnus par l'art. 11 de l'ordonnance du 29 février 1816. Le conseil général détermine le minimum des émoluments divisés en traitements fixes et produits éventuels de chacune des trois classes. (Ordonn. 14 févr. 1830, art. 2 et 3), I, 187.

En outre du traitement fixe, les instituteurs recevront, à raison de chaque élève non inscrit pour les leçons gratuites, une rétribution mensuelle, dont le taux sera réglé tous les cinq ans par le conseil municipal. (Prop. loi 20 janv. 1831, art. 12), I, 196.

La rétribution mensuelle sera perçue dans la même forme et selon les mêmes règles que les contributions directes; le rôle en sera recouvrable mois par mois, sur un état des élèves certifié par l'instituteur et visé par le maire. (Prop. loi 17 nov. 1832, art. 17), I, 226. — *Les rétributions payées aux institutrices sont réglées conformément à celles des instituteurs.* (Id., art. 27), I, 227.

En sus du traitement fixe, l'instituteur percevra une rétribution mensuelle, dont le taux sera fixé par le conseil municipal. (Loi 28 juin 1833, art. 14), I, 240.

Le recouvrement de la rétribution mensuelle est fait dans les mêmes formes que les contributions directes, mois par mois et sans frais. (Loi 28 juin 1833, art. 14), I, 240.

Les conseils municipaux délibéreront chaque année, au mois de mai, sur le taux de la rétribution mensuelle. (Ordonn. 16 juill. 1833, art. 4), I, 246. — Les délibérations doivent être envoyées avant le 1er juin pour l'arrondissement chef-lieu, au préfet, et pour les autres arrondissements, aux sous-préfets, qui les transmettront dans les dix jours, avec leur avis, au préfet. (Id., art. 5), I, 247.

Au commencement du mois, l'instituteur remet au maire l'état de la rétribution mensuelle, laquelle est recouvrée dans la forme des contributions directes, sans frais. Les réclamations sont jugées par le conseil de préfecture ou par le préfet, suivant les cas. (Ordonn. 16 juill. 1833, art. 11), I, 249.

Le taux de la rétribution est nécessairement variable d'un lieu à l'autre et dans le même lieu, par des circonstances hors de toute prévision. (Décis. Cons. 27 déc. 1833), I, 287.

Les élèves externes logés dans un collége, suivant des cours d'instruction primaire supérieure situés hors du collége, ne doivent pas la rétribution universitaire. Elle est due par les élèves internes. (Décis. Cons. 31 janv. 1834), I, 298.

Les parents non domiciliés dans le ressort de la perception doivent avoir un correspondant ou un fondé de pouvoir à qui le percepteur puisse s'adresser. (Décis. Cons. 25 mars 1834), I, 311.

La rétribution mensuelle doit conserver son caractère et ne

peut être convertie en une rétribution annuelle payable par douzièmes et exigible pour toute l'année. (Décis. Cons. 14 mars 1834), I, 309.

A moins de conventions particulières avec les parents, la rétribution scolaire est due pour le mois entier. (Décis. Cons. 16 mai 1834), I, 326.— La rétribution mensuelle est due pour le mois tout entier, sans tenir compte des absences. (Décis. Cons. 5 janv. 1838), I, 498.

Les communes ne peuvent convertir la rétribution mensuelle en un traitement fixe; ce mode a été autorisé, mais il tendrait à imposer la rétribution pour le temps même où les enfants ne viendraient pas à l'école. (Décis. Cons. 14 mars 1834.)

La rétribution mensuelle, étant devenue la régle, ne peut être remplacée par une rétribution convenue, à moins que la convention n'ait été renouvelée depuis l'établissement de la rétribution mensuelle. (Décis. Cons. 25 mars 1834), I, 311.

La loi du 28 juin 1833 n'est pas applicable aux écoles et aux institutions, quant à l'exécution fiscale pour le payement de la rétribution; mais lorsque le conseil municipal a fixé le taux de la rétribution, la commune a action pour exiger le payement. (Décis. Cons. 5 avr. 1842), I, 596.

La rétribution mensuelle peut être perçue au profit de la commune qui accorde à l'instituteur un traitement fixe. La perception doit en être confiée au receveur municipal. (Décis. Cons. 17 juin 1836), I, 390.

Une commune peut accorder un traitement fixe à l'instituteur en réservant à son profit la perception de la rétribution mensuelle. (Décis. Cons. 28 janv. 1834), I, 296.

Même dans les écoles tenues par les frères des Écoles chrétiennes, la rétribution doit être exigée des élèves en état de la payer. (Décis. 30 août 1834.)

La rétribution mensuelle, appartenant à un instituteur, ne peut lui être ôtée par une commune en vertu d'un arrangement de gré à gré. L'instituteur peut s'entendre avec les parents pour recevoir directement le prix de la rétribution en espèces ou en denrées; il n'est pas tenu de porter sur la liste qu'il donne au receveur municipal les noms des parents avec lesquels il a traité directement. (Décis. Cons. 4 févr. 1842), I, 589.

Le mode de recouvrement autorisé pour la rétribution mensuelle, dans les écoles primaires de garçons, n'est pas autorisé, quant à présent, pour les écoles de filles. (Décis. Cons. 13 mai 1834), I, 325.

Lorsque le conseil municipal allouera un traitement fixe suffisant à l'institutrice, la rétribution mensuelle pourra être perçue au profit de la commune. (Ordonn. 23 juin 1836, art. 10), I, 395.

La rétribution mensuelle pour les écoles de filles doit être fixée par les conseils municipaux. (Décis. Cons. 23 sept. 1836), I, 412.

Les surveillants ou surveillantes des salles d'asile ne reçoivent des parents aucun cadeau ni rétribution. (Règl. 24 avr. 1838, art. 10), I, 515.

Le traitement des instituteurs se compose : 1° du traitement municipal dont le minimum est déterminé par l'art. 12 *de la loi du* 28 *juin* 1833 *et qui portera à l'avenir le nom de rétribution municipale; 2° de la rétribution des familles ou rétribution scolaire.* (Proj. loi 31 mars 1847, art. 2), I, 700. — *Le taux de la rétribution scolaire est annuellement fixé, sur la proposition du conseil municipal et après avis du comité d'arrondissement, par le préfet, en conseil de préfecture. La liste des élèves qui seront admis gratuitement dans les écoles primaires est approuvée dans les mêmes formes par le préfet.* (Id., art. 4) I, 701.

La rétribution scolaire annuelle fait partie des ressources de l'instruction primaire. (Prop. loi 15 déc. 1848, art. 90), II, 61. — *La rétribution annuelle, tant pour les écoles primaires que pour les classes d'adultes, sera fixée par le conseil général du département sur la proposition du comité d'arrondissement, sauf le recours du préfet ou du Ministre de l'instruction publique par-devant le conseil d'État. Le minimum de la rétribution scolaire est fixé à 6 fr. par an. Cette rétribution sera perçue d'avance et par douzième chaque mois. Les dégrèvements seront demandés avec les formalités ordinaires et accordés pour décès ou maladie de l'enfant dûment justifiés, pour changement de domicile, envoi de l'enfant dans une autre école soit publique, soit privée, et pour certificat d'études délivré par la commission scolaire. Les demandes en dégrèvement pour l'instruction donnée dans le sein de la famille ne seront admises que sur l'avis de la même commission.* (Id., art. 91), II, 61. — *Chaque année, la liste des parents qui pourront acquitter la rétribution scolaire pour ceux de leurs enfants qui recevront l'instruction primaire, sera dressée par le conseil municipal, et elle sera, sur l'avis du conseil cantonal, arrêtée par le préfet en conseil de préfecture.* (Id., art. 92), II, 61. — *La rétribution mensuelle pour les asiles sera fixée sur la proposition du conseil municipal et sur l'avis du comité d'arrondissement par le préfet, sauf recours au conseil d'État. La liste des parents qui pourront acquitter la rétribution des asiles sera fixée chaque mois par le conseil municipal, sauf l'approbation du préfet.* (Id., art. 93), II, 62. — *La rétribution scolaire annuelle et la rétribution mensuelle des asiles seront perçues par le receveur municipal avec les remises ordinaires.* (Id., art. 94), II, 62. — *La liste des parents qui pourront acquitter la rétribution des classes d'adultes sera dressée dans la même forme que la liste relative aux asiles.* (Id., art. 95), II, 62.

Il est pourvu au traitement des instituteurs et des institutrices : 1° à l'aide de la rétribution scolaire qui sera perçue par le receveur municipal; 2° à l'aide des ressources de la commune, du département et de l'État. (Proj. loi 5 févr. 1849, art. 23), II, 72.

Le traitement des instituteurs communaux se compose : 1° d'un traitement fixe; 2° du produit de la rétribution scolaire ; 3° d'une indemnité supplémentaire à tous ceux qui n'atteignent pas un minimum de 600 fr. (Loi 15 mars 1850, art. 38), II, 133. — Le conseil départemental fixe le taux de la rétribution scolaire, sur l'avis des conseils municipaux. (Id., art. 15), II, 125.

La rétribution scolaire est perçue dans la même forme que les contributions publiques directes ; elle est exempte des droits de timbre, et donne droit aux mêmes remises que les autres recouvrements. Néanmoins, sur l'avis conforme du conseil général, l'instituteur communal pourra être autorisé par le conseil departemental à percevoir lui-même la rétribution scolaire. (Id., art. 41), II, 134.

Chaque année, trois jours avant la session de février des conseils municipaux, le receveur municipal remet au maire de la commune le rôle de la rétribution scolaire de l'année précédente. (Décr. 7 oct. 1850, art. 18), II, 186. — Les conseils municipaux délibèrent dans la session de février; leur délibération est envoyée, avant le 1er mai, par l'arrondissement chef-lieu au préfet, et par les autres arrondissements aux sous-préfets qui les transmettent dans les dix jours aux préfets avec leurs propres avis, celui des délégués et celui de l'inspecteur primaire. (Id., art. 19), II, 186. — Le préfet soumet au conseil départemental les délibérations ; le conseil fixe le taux de la rétribution et en informe le préfet qui présente les résultats de ces délibérations au conseil général, dans sa session ordinaire, à l'appui des propositions de crédit à allouer aux dépenses de l'instruction primaire dans le budget départemental. (Id., art. 20), II, 187.

La rétribution scolaire est due par tous les élèves externes et pensionnaires qui suivent les classes de l'école, et qui ne sont pas portés snr la liste dressée en exécution de l'art. 45 de la loi organique. (Décr. 7 oct. 1850, art. 21), II, 187.

Le rôle de la rétribution scolaire est annnulé. Dans le courant de janvier, l'instituteur communal dresse et remet au maire : 1° le rôle des enfants présents dans son école au commencement du mois, avec l'indication du nom des redevables qui doivent acquitter la rétribution, et du montant de la rétribution due par chacun d'eux ; 2° des extraits individuels dudit rôle, pour être ultérieurement remis aux redevables à titre d'avertissement. Il n'est ouvert dans le rôle qu'un seul article au père, à la mère, ou au tuteur qui a plusieurs enfants à l'école. Le maire vise le rôle, après s'être assuré qu'il ne comprend pas d'enfants dispensés du payement de la rétribution, qu'il contient tous ceux qui y sont soumis ; en outre, que la cotisation est établie d'après le taux fixé par le conseil départemental. Il l'adresse ensuite au sous-préfet, qui le communique à l'inspecteur, pour qu'il puisse fournir ses observations. Le préfet, ou le sous-préfet par délégation, rend le rôle exécutoire et le transmet au receveur des finances qui le fait parvenir au receveur municipal. (Décr. 7 oct. 1850, art. 22), II, 187. — La rétribution scolaire est payée par douzièmes. (Id., art. 23), II, 187. — Un rôle supplémentaire est établi à la fin de chaque trimestre pour les enfants admis à l'école dans le courant du trimestre. Dans ce cas, la rétribution est due à partir du premier jour du mois dans lequel l'enfant a été admis. (Id., art. 24), II, 188. — Lorsque plusieurs communes sont réunies pour l'entretien d'une même école, l'instituteur dresse un rôle spécial pour chaque commune. (Id., art. 25), II, 188. — Tout enfant qui vient à quitter l'école postérieurement à l'émission du rôle, est affranchi de la rétribution à partir du premier jour du mois suivant. Avis de son départ est immédiatement donné par l'instituteur et par les parents au maire qui, après avoir vérifié le fait, informe le receveur municipal. (Id., art. 26), II, 188. — En fin d'année, il est procédé à un décompte, à l'effet de constater si l'instituteur communal a reçu le minimum de traitement qui lui est garanti par l'art. 73 de la loi organique. Ce décompte est établi d'après le nombre des élèves portés soit au rôle général, soit aux rôles supplémentaires. Sur le montant des rôles, il est fait déduction des non-valeurs résultant soit des sorties d'élèves dans le cours de l'année, soit des dégrèvements prononcés. (Id. art. 27), II, 188. — Les remises des receveurs municipaux sont calculées, conformément à l'art. 5 de la loi du 20 juillet 1837, sur le total des sommes portées aux rôles généraux et supplémentaires de la rétribution scolaire. (Id., art. 28), II, 188. — Les remises dues au percepteur, et les cotes qui deviendraient irrecouvrables sont déclarées charges communales, et, comme telles, placées au nombre des dépenses obligatoires des communes. (Id., art. 29), II, 188. — Les réclamations auxquelles la confection des rôles peut donner lieu sont rédigées sur papier libre et déposées au secrétariat de la sous-préfecture. Lorsqu'il s'agit de décharge ou réduction, il est statué par le conseil de préfecture, sur l'avis du maire, du délégué cantonal et du sous-préfet. Il est prononcé sur les demandes en remise par le préfet, après avis du conseil municipal et du sous-préfet. (Id., art. 30), II, 188. — Lorsque le conseil départemental autorise un instituteur à percevoir lui-même le montant de la rétribution scolaire, le préfet en informe immédiatement le receveur particulier de l'arrondissement qui en donne avis au receveur municipal. Dans ce cas, le rôle de la rétribution est dressé et arrêté ainsi qu'il a été dit à l'art. 22. (Id., art. 31), II, 188.

A partir de l'exercice 1854, le rôle de la rétribution scolaire prescrit par l'art. 22 du décret du 7 octobre 1850, sera dressé à la fin de chaque trimestre. Il comprendra tous les enfants présents à l'école pendant le trimestre écoulé, avec l'indication du nombre de douzièmes dus par chacun d'eux. Il ne sera tenu compte, dans le rôle trimestriel, d'aucune fraction de douzième, tout mois commencé étant dû en entier. (Décr. 31 déc. 1853, art. 14), II, 342.

La rétribution scolaire ne peut être perçue dans une école qu'en vue de contribuer à former le traitement des instituteurs et des institutrices. (Décis. Cons. d'État, 31 juill. 1862), II, 511.

Dans les communes où la gratuité est établie en vertu de la présente loi, le traitement des instituteurs et des institutrices publics se compose : 1° d'un traitement fixe de 200 francs; 2° d'un traitement éventuel, calculé à raison du nombre d'élèves présents à l'école, d'après un taux de rétribution déterminé chaque année par le préfet, sur l'avis du conseil municipal et du conseil départemental ; 3° d'un supplément accordé à tous les instituteurs et institutrices dont le traitement fixe, joint au produit de l'éventuel, n'atteint pas, pour les instituteurs, les *minima* déterminés par l'art. 38 de la loi du 15 mars 1850 et par le décret du 19 avril 1862, et, pour les institutrices, les *minima* déterminés par l'art. 4 de la loi du 10 avr. 1867. Dans les autres communes, le traitement des instituteurs et des institutrices publics se compose : 1° d'un traitement fixe de 200 francs; 2° du produit de la rétribution scolaire; 3° d'un traitement éventuel calculé à raison du nombre d'élèves gratuits présents à l'école, d'après un taux déterminé chaque année par le préfet, sur l'avis du conseil municipal et du conseil départemental; 4° d'un supplément accordé à tous les instituteurs et institutrices dont le traitement fixe, joint au produit de la rétribution scolaire et du traitement éventuel, n'atteint pas, pour les instituteurs les *minima* déterminés par l'art. 38 de la loi du 15 mars 1850 et par le décret du 19 avril 1862, et, pour les institutrices, les *minima* déterminés par l'art. 4 ci-dessus indiqué. (Loi 10 avr. 1867, art. 9 et 10), II, 606. — Le traitement déterminé conformément aux deux articles précédents pour les instituteurs et institutrices en exercice au moment de la promulgation de la présente loi, ne peut être inférieur à la moyenne de leurs émoluments pendant les trois dernières années. (Id., art. 11), II, 607. — Le préfet du département et le maire de la commune peuvent se pourvoir devant le Ministre de l'instruction publique contre les délibérations du conseil départemental, prises, en vertu du deuxième paragraphe de l'art. 15 de la loi de 1850, pour la fixation du taux de la rétribution scolaire. (Id., art. 13), II, 607. — Dans les communes qui n'ont point à réclamer le concours du département ni de l'État pour former le traitement des instituteurs et institutrices, tel qu'il est déterminé par les art.

9 et 10, ce traitement peut, sur la demande du conseil municipal, être remplacé par un traitement fixe, avec l'approbation du préfet, sur l'avis du conseil départemental. (Id., art. 3), II, 607.

Les enfants admis dans les salles d'asile, qui ne sont pas inscrits sur la liste de gratuité, paient une rétribution mensuelle. (Décr. 21 mars 1855, art. 11), II, 376. — Une rétribution mensuelle peut être exigée de toutes les familles dont les enfants sont admis dans les salles d'asile publiques et qui sont en état de payer le service qu'elles réclament. Le taux de cette rétribution est fixé par le préfet, en conseil départemental, sur l'avis des conseils municipaux et des délégués cantonaux. (Id., art. 33), II, 381.

V. Gratuité, Traitement.

RÉTRIBUTION UNIVERSITAIRE.

Les élèves des écoles primaires sont exempts de la rétribution universitaire, mais seulement dans les écoles primaires proprement dites. (Décis. Cons. 3 févr. 1809), I, 68.

Les élèves pensionnaires que les maîtres d'écoles auront été autorisés à recevoir, ne payeront, non plus que les élèves externes, aucune rétribution à l'Université. (Arr. 5 déc. 1820, art. 8), I, 143.

Les élèves et les maîtres des écoles primaires sont exempts de tous droits et contributions envers l'administration de l'instruction publique. (Ordonn. 29 fév. 1816, art. 34), I, 89.

Les élèves de toute école primaire supérieure ou élémentaire sont exempts de la rétribution universitaire imposée par les lois de finances; ils sont soumis à la rétribution mensuelle établie par la loi du 28 juin 1833, sauf les cas de gratuité. (Décis. Cons. 8 nov. 1833.)

V. Rétribution scolaire.

RÉVOCATION.

Les municipalités font connaître au district les plaintes formées contre les maîtres pour faute de leur enseignement. Ils ne pourront être destitués que par la direction du département, à la pluralité des trois quarts des voix et après avoir été entendus. (Proj. Décr. sept. 1791, chap. IV, art. 16), I, 5.

Les plaintes portées contre les instituteurs et les institutrices seront portées directement au jury d'instruction. Lorsque la plainte sera en matière grave, et après que l'accusé aura été entendu, si le jury juge qu'il y a lieu à destitution, sa décision sera portée au conseil général de l'administration du district, pour être confirmée. Si l'arrêté du conseil général n'est pas conforme à l'avis du jury, l'affaire sera portée au conseil d'instruction publique, qui prononcera définitivement. (Décr. 27 brum. an III, chap. III, art. 4 à 6), I, 35.

Les instituteurs ne peuvent être destitués que par le concours des administrations municipales et départementales, de l'avis du jury d'instruction, et après avoir été entendus. (Loi 3 brum. an IV, tit. Ier, art. 4), I, 39.

Le recteur révoque l'autorisation d'exercer. (Ordonn. 29 févr. 1816, art. 25), I, 88. — Le comité d'arrondissement peut provoquer la révocation. (Id., art. 26), I, 89.

Le recteur peut même retirer le brevet de capacité. (Ordonn. 29 févr. 1816, art. 28), I, 89.

En cas de négligence ou de faute grave de l'instituteur communal, le comité d'arrondissement, ou d'office, ou sur la plainte adressée par le comité communal, mande l'instituteur inculpé ; après l'avoir entendu ou dûment appelé, il le réprimande ou le suspend pour un mois, avec ou sans privation de traitement, ou même le révoque de ses fonctions. (Loi 28 juin 1833, art. 23), II, 244. — L'instituteur frappé d'une révocation pourra se pourvoir devant le Ministre de l'instruction publique en conseil royal. Ce pourvoi devra être formé dans le délai d'un mois, à partir de la notification de la décision du comité, de laquelle notification il sera dressé procès-verbal par le maire de la commune. Toutefois, la décision du comité est exécutoire par provision. (Id., art. 23), I, 244.

Les dames inspectrices provoquent auprès des commissions d'examen le retrait des brevets d'aptitude de tout surveillant et de toute surveillante d'asile dont les habitudes, les procédés et le caractère ne seraient pas conformes à l'esprit de l'institution. (Ordonn. 22 déc. 1837, art. 21), I, 491. — Cf. Règl. 24 avr. 1838, art. 29, I, 520.

Toute contravention commise par un instituteur communal, constitue le cas de faute grave prévu par l'art. 23 *de la loi du* 28 *juin* 1833. *Tout instituteur communal, suspendu ou révoqué peut, dans le délai de huit jours, appeler du jugement du comité d'arrondissement devant le Conseil académique.* (Proj. loi 31 mars 1847, art. 22), I, 704. — *Tout instituteur communal suspendu ou révoqué, ne peut exercer comme instituteur privé dans la même commune, ou dans le même arrondissement, qu'avec l'autorisation du comité d'arrondissement. En cas de contravention, l'école est fermée, et le contrevenant est puni des peines prévues par l'art.* 6 *de la loi du* 28 *juin* 1823. (Id., art. 24), I, 705.

L'instituteur, pendant les trois premières années d'exercice, et l'instituteur adjoint, sont révocables par le Ministre, sur la plainte du comité central ou celle du recteur. (Proj. loi 1er juin 1848, art. 44), II, 24. — *L'instituteur condamné à la révocation a toujours droit de se pourvoir, dans le délai d'un mois, devant le Ministre qui prononce en dernier ressort, en conseil de l'instruction publique. Le pourvoi n'est pas suspensif.* (Id., art. 43), II, 24.

Le comité d'arrondissement prononce la révocation. (Prop. loi 15 déc. 1848, art. 78), II, 59. — *Tout instituteur révoqué peut, dans le délai de huit jours, appeler du jugement du comité d'arrondissement devant le Conseil académique, en dernier ressort devant le conseil national de l'instruction publique.* (Id., art. 79), II, 59. — *Le jugement sera contradictoire, et le pourvoi devra être fait dans les huit jours qui suivront la notification du jugement par défaut.* (Id., art. 80), II, 60.

Le préfet peut, après avoir pris l'avis du comité d'arrondissement, révoquer les instituteurs, sauf le pourvoi de l'instituteur révoqué devant le Ministre de l'instruction publique en conseil de l'Université. Si, invité à donner son avis, le comité d'arrondissement ne l'a pas fourni dans les dix jours, le préfet peut passer outre. (Loi 11 janv. 1850, art. 3), II, 111. — L'instituteur révoqué ne peut continuer d'exercer ses fonctions pendant l'instruction et le jugement de son pourvoi. (Id., art. 4), II, 111. — L'instituteur révoqué ne peut ouvrir une école privée dans la commune où il exerçait les fonctions qui lui ont été retirées, ni dans les communes limitrophes. Il ne peut, sans l'autorisation spéciale du préfet, être nommé instituteur communal dans le même département. (Id. art. 5), I, 111.

Les instituteurs et institutrices publics sont révoqués par le recteur (préfet). (Loi 15 mars 1850, art. 33), II, 131. — Les instituteurs publics révoqués sont incapables d'exercer la profession d'instituteur, soit public, soit libre, dans la même commune. (Id., art. 33), II, 131. — Les instituteurs adjoints des écoles publiques sont révocables par l'instituteur, avec l'agrément du préfet. (Id., art. 34), II, 131.

Les instituteurs adjoints, appartenant à des associations religieuses, peuvent être révoqués par les supérieurs de ces associations. (Loi 15 mars 1850, art. 34), II, 131.

Les délégués cantonaux sont révocables par le conseil départemental. (Loi 15 mars 1850, art. 42), II, 134.

Le fait, par un ex-instituteur, d'avoir donné depuis sa révocation, même gratuitement et d'une manière non suivie, des leçons de musique ou autres à deux ou trois de ses anciens élèves, suffit pour constituer le délit de tenue d'une école clandestine réprimé par l'art. 29 de la loi du 15 mars 1850. (Arr. Cour. Douai, 15 juill. 1851.)

Dans le cas de révocation de l'instituteur communal, le préfet est tenu de mettre le conseil municipal en demeure de faire connaître s'il désire que l'école soit confiée à des instituteurs laïques ou à des instituteurs congréganistes. (Instruct. 12 juill. 1862), II, 277, note.

Les directrices de salles d'asile sont révoquées par le préfet, sur la proposition de l'inspecteur d'Académie. (Decr. 21 mars 1855, art. 23), II, 379. — Les sous-directrices sont révoquées par les maires, sur la proposition du comité de patronage. (Id., art. 26), II, 379.

V. Délit, Peine disciplinaire.

RÉVOCATION D'AUTORISATION.

Sur le rapport motivé des surveillants spéciaux et du comité cantonal, le recteur peut révoquer l'autorisation. (Ordonn. 29 fév. 1816, art. 25), I, 88. — Le comité cantonal peut provoquer d'office la révocation. (Id., art. 26), I, 89.

Le droit de révoquer un instituteur légalement établi n'appartient qu'au recteur. (Ordonn. 2 août 1820, art. 17), I, 136.

Le recteur pourra, selon les circonstances, retirer l'autorisation spéciale d'exercer, ou prononcer une simple suspension. (Ordonn. 21 avr. 1828, art. 17), I, 170.

Le maître d'école, qui avant d'être nommé instituteur communal, exerçait comme instituteur privé, en vertu d'une autorisation académique, conformément aux anciens règlements, a pu, après s'être démis de ses fonctions d'instituteur communal, rouvrir son école privée, sans être tenu de se conformer aux dispositions de l'art. 4 de la loi du 28 juin 1833, qui ne lui est pas applicable, non par respect pour la règle de non-rétroactivité des lois, mais parce que l'autorisation préexistante est réputée subsister tant qu'elle n'a pas été révoquée. (Arr. Cour Bordeaux, 29 avr. 1841.)

V. Autorisation.

RHÉTORIQUE.

L'examen du diplôme de maîtresse d'institution, dans le département de la Seine, comprend les éléments de rhétorique. (Règl. 13 avr. 1849, art. 9), II, 76.

V. Maîtresse d'institution.

ROYAL (CONSEIL).

V. Conseil de l'Université.

S

SECONDAIRE (ÉCOLE).

Toute école établie dans les communes ou tenue par les particuliers, dans laquelle on enseigne les langues latine et française, les premiers principes de la géographie, de l'histoire et des mathématiques, sera considérée comme école secondaire. (Loi 11 flor. an X, art. 6), I, 44.

V. École primaire.

SECOURS.

Le comité d'arrondissement donne son avis sur les secours et les encouragements à accorder à l'instruction primaire. (Loi 28 juin 1833, art. 22), I, 243.

En ce qui concerne les instituteurs communaux, à moins de circonstances extraordinaires et sauf des exceptions très-rares, une allocation ne doit pas être faite à titre de secours aux instituteurs hors de service, soit à titre d'encouragement aux instituteurs en activité, qu'après que le comité d'arrondissement et le recteur auront reconnu et constaté ce que chaque commune peut faire, et ce qu'elle fait effectivement en faveur de l'instituteur qui lui a consacré ou qui lui consacre encore ses services. (Décis. Cons. 18 juill. 1834), I, 330.

Un conseil municipal peut accorder une simple gratification à un instituteur privé; l'avis de l'autorité préposée à l'instruction primaire n'est de rigueur que lorsqu'il s'agit d'une gratification de l'État. (Décis. Cons. 2 juin 1837), I, 468.

La Caisse d'épargne et de prévoyance, établie par l'art. 15 de la loi du 28 juin 1833, est maintenue pour les instituteurs communaux qui étaient âgés de plus de trente ans, lorsque la retenue du vingtième a commencé à être exercée sur leur traitement. Un crédit sera temporai-

rement ouvert au Ministère de l'instruction publique, pour accorder des secours à ceux de ces instituteurs qui, forcés par l'âge ou les infirmités de quitter l'enseignement, seront dénués de moyens d'existence. Ces secours ne pourront excéder 100 francs pour ceux qui auront plus de trente ans de service, et 50 fr. pour ceux qui n'auront que quinze à trente ans de service. (Proj. loi 31 mars 1847, art. 33), I, 707.

L'orphelin ou les orphelins mineurs d'un fonctionnaire ou employé ayant obtenu sa pension, ou ayant accompli la durée de service exigé par l'art. 5 de la présente loi, ou ayant perdu la vie dans un des cas prévus par les §§ 1 et 2 de l'art. 14, ont droit à un secours annuel, lorsque la mère est ou décédée, ou inhabile à recueillir la succession, ou déchue de ses droits. Le secours est, quel que soit le nombre des enfants, égal à la pension que la mère aurait obtenue ou pu obtenir conformément aux art. 13, 14 et 15. Il est partagé entre eux par égales portions, et payé jusqu'à ce que le plus jeune des enfants ait atteint l'âge de vingt et un ans accomplis, la part de ceux qui décéderaient ou celle des majeurs faisant retour aux mineurs. S'il existe une veuve et un ou plusieurs orphelins mineurs provenant d'un mariage antérieur du fonctionnaire, il est prélevé sur la pension de la veuve, et sauf réversibilité en sa faveur, un quart au profit de l'orphelin du premier lit s'il n'en existe qu'un en âge de minorité, et la moitié s'il en existe plusieurs. (Id., art. 16), II, 308.

V. Budget, Encouragement, Méthode, Subvention.

SECOURS MUTUELS.

Projet de statuts de secours mutuels entre les instituteurs et les institutrices. (19 mars 1866), II, 573.

SECRÉTAIRE DE MAIRIE.

V. Incompatibilité.

SERMENT.

Le maître, nommé avant d'entrer dans l'exercice de ses fonctions, prête le serment exigé entre les mains de la municipalité. (Proj. décr. sept. 1791, sect. IV, art. 11), I, 5.

Tous les enfants qui devront fréquenter l'école se réuniront dans un lieu convenable; ils seront accompagnés des pères et mères de famille, et, en présence du conseil général de la commune, l'instituteur fera la promesse solennelle de remplir avec zèle et assiduité les importantes fonctions qui lui sont confiées, de faire tous ses efforts pour propager les connaissances utiles et inspirer les vertus morales et civiques. Parmi les pères et mères de famille qui assisteront à la cérémonie, celui et celle qui auront ou auront eu le plus d'enfants, en présentant à l'instituteur les enfants assemblés au nom des pères et mères de famille, déclareront qu'ils remettent entre ses mains leur autorité paternelle, pour ce qui concerne l'instruction des enfants. (Décr. 22 frim. an I, tit. V), I, 14.

Les membres du corps enseignant contracteront des obligations civiles et temporaires. (Décr. 10 mai 1806, art. 2), I, 52. — Aux termes de l'art. 2 de la loi du 10 mai 1806, les membres de l'Université impériale, lors de leur installation, contracteront par serment les obligations civiles, spéciales et temporaires, qui doivent les lier au corps enseignant. (Décr. 17 mars 1808, art. 39), I, 54. — La formule du serment sera ainsi conçue : « Sire, je jure devant Dieu, à votre Majesté, de remplir tous les devoirs qui me sont imposés; de ne me servir de l'autorité qu'elle me confie que pour faire des citoyens attachés à leur religion, à leur prince, à leur patrie, à leurs parents; de favoriser, par tous les moyens qui sont en mon pouvoir, le progrès des sciences, des bonnes études et des bonnes mœurs; d'en perpétuer les traditions pour la gloire de votre dynastie, le bonheur des enfants et le repos des pères de famille. (Décr. 17 sept. 1808, art. 1), I, 64. — Avant le 15 janvier 1809, tous les membres de l'Université devront avoir prêté le serment prescrit, faute de quoi ils ne pourront continuer leurs fonctions. (Id., art. 14), I, 65.

Les frères des Écoles chrétiennes sont admis au serment. (Décr. 17 mars 1808, art. 109), I, 56.

Les instituteurs communaux prêtent serment entre les mains du comité d'arrondissement. (Loi 28 juin 1833, art. 22), I, 244.

Les frères des Écoles chrétiennes, appelés à la direction d'écoles communales, doivent, comme les instituteurs laïques, prêter, avant d'entrer en fonctions, le serment prescrit par la loi du 31 août 1830, ainsi conçu : « Je jure fidélité au roi des Français, obéissance à la Charte constitutionnelle et aux lois du royaume. » (Décis. Cons. 12 sept. 1837.)

Le comité d'arrondissement procède ou fait procéder par ses délégués à l'installation solennelle des instituteurs et reçoit leur serment ainsi conçu : « En présence de Dieu et devant les habitants de la commune d.... je jure de consacrer à la mission sainte que me confie la République, toutes mes forces et tout mon dévouement, et d'élever les enfants dont l'éducation m'est remise, dans le respect profond de tous les devoirs et de toutes les lois morales et politiques qui font l'homme de bien et le bon citoyen. » (Prop. loi 15 déc. 1848, art. 68), II, 57.

Les recteurs reçoivent le serment des inspecteurs primaires ; par délégation du recteur, les juges de paix reçoivent, au chef-lieu de canton, le serment des instituteurs communaux de la circonscription cantonale. (Arr. 20 janv. 1853, art. 3.)

SERVICE MILITAIRE.

La loi du 27 juillet 1872, en accordant la dispense du service militaire à certaines catégories de personnes vouées à l'enseignement, a fait au principe fondamental du service obligatoire pour tous les Français une exception qui doit être rigoureusement maintenue dans les limites précises posées par le législateur. L'art. 20, § 5 de la loi a assimilé, au point de vue de la dispense, aux membres et novices des associations religieuses vouées à l'enseignement, et reconnues comme établissements d'utilité publique, les directeurs, maîtres adjoints et élèves-maîtres des écoles *fondées* ou *entretenues* par les associations laïques également reconnues d'utilité publique, à la condition que les uns et les autres exercent l'enseignement dans un des *établissements de l'association* ayant au moins deux ans d'exercice ou renfermant trente élèves, et sans distinguer, d'ailleurs, entre les écoles publiques et les écoles libres. Ces mots *fondées* ou *entretenues*, empruntés par la loi militaire de 1872 à la loi du 15 mars 1850 et complétés par ceux-ci : « établissements de l'association, » ont un sens précis et rigoureux, qui ne comporte pas de distinction ni de réserve, et ne sauraient s'appliquer aux écoles que les associations reconnues se bornent à subventionner, quel que soit le chiffre de la subvention. Il résulte, avec une pleine évidence, de la discussion de l'art. 20 de la loi de 1872, des déclarations du rapporteur et de celles du Ministre de l'instruction publique, que les seules écoles dont il est question au § 5 dudit article, pouvant conférer la dispense sont, indépendamment des écoles publiques, les établissements libres, placés sous la direction, l'administration et la responsabilité financière et morale d'une association reconnue et dont les maîtres sont nommés par elle. (Décis. Cons. d'État, 13 nov. 1872.)

Il n'appartient pas à l'administration de suppléer au silence de la loi, en ajoutant aux conditions posées par elle des conditions qu'elle n'a pas exigées ; mais l'administration a toujours le droit et le devoir de surveiller et d'assurer l'exécution complète et loyale de l'engagement décennal sur lequel est basée la dispense. (Décis. Cons. d'État, 13 nov. 1872.) (1)

V. Dispense, Engagement décennal.

SOCIÉTÉ D'ENCOURAGEMENT POUR L'INSTRUCTION ÉLÉMENTAIRE.

V. Association.

---

(1) Les questions posées au Conseil d'État étaient celles-ci :

1° Quel doit être le caractère des établissements désignés par l'art. 20 du § 5 de la loi du 27 juillet 1872, sous les noms d'écoles *fondées*, d'écoles *entretenues* par des associations légalement reconnues ?

2° Quelles garanties y aurait-il lieu d'exiger des maîtres qui voudraient se prévaloir du protectorat d'une association ?

SOUS-DIRECTRICE DE SALLE D'ASILE.

V. Salle d'asile.

SOUS-INSPECTEUR.

Il y aura dans chacun des 25 départements portés sur le tableau joint à la présente ordonnance, outre l'inspecteur spécial créé pour tout le département par notre ordonnance du 26 février 1835, un ou deux sous-inspecteurs qui seront particulièrement chargés de surveiller l'instruction primaire dans un ou plusieurs arrondissements de sous-préfecture. (Ordonn. 13 nov. 1837, art. 1), I, 744. — Les dispositions de l'art. 2 de l'ordonnance du 29 février 1835 sont applicables aux sous-inspecteurs. Ces fonctionnaires devront adresser directement leurs rapports à l'inspecteur, qui les transmettra, avec ses observations, au recteur ou au préfet, suivant la nature des affaires. (Id., art. 3), I, 744. — Les sous-inspecteurs seront nommés, comme les inspecteurs, par le Ministre de l'instruction publique, le conseil royal entendu. (Id., art. 4), I, 744.

Le traitement des sous-inspecteurs de l'instruction primaire est fixé à 1,200 fr. (Arr. 29 déc. 1837, art. 3), I, 496.

Nul n'est inspecteur primaire, s'il n'a été sous-inspecteur. Les directeurs des Écoles normales sont seuls exceptés de cette disposition. Les sous-inspecteurs sont nommés par le Ministre de l'instruction publique. (Ordonn. 18 nov. 1845, art. 1), I, 669. — Un tiers des emplois vacants dans le corps des sous-inspecteurs sera dévolu aux instituteurs du degré supérieur comptant cinq années de service et portés sur les listes de présentation annuelle des recteurs ; un tiers soit à des membres de différents comités d'instruction primaire, soit à des gradués libres de l'Université ; un tiers aux régents, aux principaux des colléges communaux portés sur les listes annuelles de présentation des inspecteurs généraux et des recteurs. (Id., art. 2 et 3), I, 669. — Les nominations d'emplois réservés aux régents et principaux des colléges communaux, auront lieu sur les listes annuelles de présentation des inspecteurs généraux et des recteurs. Les nominations des emplois réservés aux instituteurs primaires auront lieu parmi les instituteurs du degré supérieur qui auront été portés sur les listes de présentation annuelle des recteurs comme méritants, et qui compteront cinq années de service. Les instituteurs de degré élémentaire qui se feraient recevoir du degré supérieur, concourront immédiatement pour les sous-inspections primaires, s'ils remplissent d'ailleurs les autres conditions. (Id., art. 3), I, 670.

Quiconque devra être appelé aux fonctions de sous-inspecteur passera préalablement un examen sur les devoirs de l'instituteur, les réglements généraux de l'instruction primaire, la pratique particulière et les méthodes spéciales d'enseignement de ce degré, savoir : salles d'asile, ouvroirs, écoles élémentaires, écoles supérieures, écoles d'adultes des deux degrés, écoles professionnelles. Les instituteurs primaires, qui devront être promus aux fonctions de sous-inspecteurs, passeront ledit examen sur les parties du service de l'instruction primaire auxquelles ils sont restés étrangers dans l'exercice de leurs fonctions. (Ordonn. 18 nov. 1845, art. 4), I, 670. — L'examen aura lieu soit au chef-lieu de l'Académie, soit au chef-lieu du département. (Id., art. 6), I, 670.

Il est institué une commission spéciale chargée de préparer un projet de réglement pour l'examen des candidats aux fonctions de sous-inspecteur. (Arr. 6 déc. 1845), I, 671.

Il y aura au chef-lieu de chacune des Académies une commission spéciale chargée d'examiner les candidats aux fonctions désignées dans les art. 1 et 5 de l'ordonnance royale du 18 nov. 1844. (Arr. 10 mai 1846, art. 1), I, 678. — Les sessions seront annuelles, et auront lieu dans le courant du mois d'octobre. (Id., art. 2), I, 678. — La commission sera nommée par le Ministre grand maître de l'Université, sur la proposition du recteur. (Id., art. 3), I, 678. — Nul ne pourra se présenter devant la commission d'examen, s'il ne remplit les conditions suivantes : 1° être âgé de vingt-cinq ans accomplis; 2° être inscrit sur la liste d'admissibilité dressée par le recteur de l'Académie. (Id., art. 4), I, 678. — L'examen aura lieu conformément au programme suivant : premier exercice : rapport écrit sur une affaire d'école; il sera accordé deux heures pour cette épreuve. Deuxième exercice : connaissances théoriques et pratiques; examen oral sur les matières ci-après : 1° sur les différents devoirs de l'instituteur; 2° sur la direction et la tenue des écoles et des salles d'asile; 3° sur les différents modes et méthodes d'enseignement; 4° sur la construction et le mobilier des maisons d'école et des salles d'asile; connaissances administratives comprenant : 1° travail de l'inspecteur relatif aux caisses d'épargne; 2° lois, ordonnances et règlements concernant l'instruction primaire à ses différents degrés. (Id., art. 5), I, 678.

Les sous-inspecteurs ne feront pas nécessairement partie des commissions d'examen, mais ils peuvent être délégués par les recteurs, et, dans ce cas, ils remplissent les mêmes fonctions que les inspecteurs. (Décis. Cons. 31 août 1838), I, 538.

Les sous-inspecteurs doivent résider, avec l'inspecteur, au chef-lieu du département. (Instruct. 11 août 1849), I, 496, note.

Il est créé un emploi de sous-inspecteur dans chacun des départements de la Seine, de l'Allier, du Cher, de l'Indre, d'Indre-et-Loire, de Loir-et-Cher, de la Loire. (Ordonn. 3 févr. 1841), I, 579.

Il est créé un 2e emploi de sous-inspecteur à Paris et dix-neuf emplois de sous-inspecteurs dans les départements. (Ordonn. 31 déc. 1846), I, 695.

L'inspecteur de l'instruction primaire, et, à son défaut, le sous-inspecteur désigné par le Ministre, est membre du comité d'arrondissement avec voix délibérative. (Proj. loi 31 mars 1847, art. 21), I, 704.

Il y a dans chaque arrondissement un sous-inspecteur de l'instruction primaire, et dans chaque chef-lieu de département, un inspecteur faisant fonctions de sous-inspecteur pour l'arrondissement du chef-lieu. Les sous-inspecteurs sont divisés en trois classes : ils sont au nombre de 60 pour la première, de 80 pour la seconde, et de 137 pour la troisième. (Prop. loi 15 déc. 1848, art. 69), II, 57.

Nul ne peut être sous-inspecteur de la 1re classe, s'il n'a été pen-

dant deux ans sous-inspecteur de 3e classe et sous-inspecteur de 2e, excepté les directeurs des Écoles normales. (Prop. loi 15 déc. 1848, art. 70), II, 57. — *Le traitement des sous-inspecteurs sera de 1,500 fr. pour la troisième classe, de 1,800 fr. pour la seconde et de 2,100 fr. pour la première. Il est alloué, en outre, des frais de tournée aux sous-inspecteurs. Les arrondissements et les départements ajouteront à ces traitements une indemnité dont ils fixeront la quotité.* (Id., art. 71), II, 57. — *Les sous-inspecteurs seront choisis parmi les instituteurs des quatre premières classes munis du brevet supérieur, les professeurs des Écoles normales primaires, les divers fonctionnaires de l'instruction publique ayant cinq années d'exercice, et les instituteurs privés qui ont exercé pendant dix ans et qui sont portés au tableau d'aptitude mentionné à l'art. 16. Les deux tiers des nominations seront attribuées aux instituteurs publics, l'autre tiers pourra être réservé aux autres personnes dénommées dans les paragraphes précédents. Les sous-inspecteurs seront nommés par le Ministre de l'instruction publique.* (Id. art. 72), II, 58. — *Les sous-inspecteurs sont membres de tous les comités avec voix consultative. Ils doivent se borner, dans les écoles, aux fonctions de la surveillance qui leur est confiée. Ils n'ont point à donner d'ordres dans les écoles sur lesquelles ils font des rapports officiels.* (Id., art. 73), II, 58. — *Le plus ancien des sous-inspecteurs fait partie de la commission d'examen.* (Id., art. 76), II, 59.

Le titre de sous-inspecteur est supprimé en Algérie ; les inspecteurs sont divisés en trois classes : à 4,000 fr., 3,500 fr., 3,000 fr. (Arr. 8 mai 1860, art. 1 et 2), II, 481.

V. Inspecteur.

SOUS-MAITRESSE.

L'âge des sous-maîtresses ne leur permet pas toujours d'avoir acquis les connaissances exigées des maîtresses de pension. En exigeant des sous-maîtresses toutes les connaissances exigées des maîtresses de pension, on expose les sous-maîtresses à n'acquérir que des connaissances superficielles sur les matières contenues dans le nouveau programme présenté par M. le préfet du département du Loiret. Il ne paraît pas équitable d'exiger des sous-maîtresses toutes les connaissances exigées des maîtresses de pension. Les notions qui se trouvent suffisantes pour les sous-maîtresses du département de la Seine semblent devoir suffire pour celles du département du Loiret, avec les modifications introduites en 1843. En conséquence, il y a lieu de maintenir le règlement approuvé par le département du Loiret, le 26 décembre 1843. (Décis. Cons. 13 juill. 1849), II, 89.

V. Maîtresse d'études.

SOUS-PRÉFET.

Les sous-préfets seront spécialement chargés de l'organisation des écoles primaires; ils rendront compte de leur état une fois par mois au préfet. (Loi 11 flor. an X, art. 5), I, 43.

Les sous-préfets continueront à exercer leur surveillance sur les écoles, jusqu'à ce qu'il ait été ultérieurement statué sur les moyens d'assurer et d'améliorer l'instruction primaire. (Décr. 15 nov. 1811, art. 192), I, 74. — Cf. Ordonn. 22 juin 1814, art. 1, I, 79.

Le sous-préfet est membre de tous les comités cantonaux de son arrondissement. Il y prend, avec le sous-préfet, la première place dès qu'il vient y assister. Il désigne les notables à nommer. (Ordonn. 29 févr. 1816, art. 4 et 5), I, 85.

Les sous-préfets sont membres de tous les comités, de quelque religion qu'ils soient. (Décis. 30 avr. 1816), I, 97.

Les personnes chargées de la surveillance des écoles de filles des arrondissements de Sceaux et de Saint-Denis, visiteront, au moins une fois par mois, l'école primaire qui sera sous leur inspection et en rendront compte au sous-préfet. (Règl. préfect. Seine 9 oct. 1819, art. 21), I, 129. — En cas d'urgence, le sous-préfet a droit de suspendre les instituteurs communaux. (Id., art. 34), I, 131.

Le sous-préfet sera membre de droit de tous les comités de son arrondissement ; s'il y vient, il en prendra la présidence. (Proj. loi 20 janv. 1831, art. 3), I, 195.

Le sous-préfet préside de droit tous les comités d'arrondissement. (Loi 28 juin 1833, art. 19), I, 242.

Il rend exécutoire, chaque mois, le rôle des élèves payants. (Loi 28 juin 1833, art. 14), I, 240.

Il transmet aux préfets les délibérations des conseils municipaux. (Ordonn. 16 juill. 1833, art. 5 et 29), I, 247 et 253.

Il peut convoquer les délégués cantonaux de l'arrondissement pour délibérer sur les objets qui leur sont soumis par le préfet ou par le conseil départemental. (Décr. 29 juill. 1850, art. 46), II, 173. — Il peut former opposition à la déclaration d'ouverture d'école. (Loi 15 mars 1850, art. 28), II, 129.

Il adresse au préfet, dans les dix premiers jours de mai, avec son avis, les délibérations du conseil municipal relatives aux dépenses des écoles publiques et au taux de la rétribution scolaire. (Décr. 7 oct. 1850, art. 19), II, 186. — Il communique les rôles de la rétribution scolaire à l'inspecteur, les rend exécutoires et les adresse au receveur des finances, qui les fait parvenir aux receveurs municipaux. (Id.), II, 187. — Il donne son avis sur les demandes en remise de modération, de décharge ou réduction de la rétribution scolaire. (Id., art. 30), II, 188.

Il dresse un tableau général des traitements des instituteurs et des retenues opérées sur leur traitement. Ce tableau est transmis au Ministre, vérifié et visé par le préfet. (Décr. 9 nov. 1853, art. 11), II, 32.

V. Préfet.

STAGE (CERTIFICAT DE).

Le brevet de capacité peut être suppléé par le certificat de stage. (Loi 15 mars 1850, art. 25), II, 128. — Le Conseil académique (départemental) délivre, s'il y a lieu, des certificats de stage aux personnes qui justifient avoir enseigné pendant trois ans au moins les matières comprises dans la première partie de l'art. 23, dans les écoles publiques ou libres autorisées à recevoir des stagiaires. (Id., art. 47), II, 136.

Quiconque veut obtenir un certificat de stage doit en faire la demande par écrit au Conseil académique (départemental), et accompagner cette demande : 1° de son acte de naissance; 2° d'un certificat délivré par le chef de l'établissement où il a fait son stage : ce certificat, dûment légalisé, doit constater que l'aspirant enseigne, depuis trois ans au moins dans une école stagiaire, les matières comprises dans la première partie de l'art. 23 de la loi organique. (Règl. 12 mars 1851, art. 9), II, 223. — Ces pièces sont communiquées à l'inspecteur de l'arrondissement qui, après avoir procédé à la vérification des faits allégués, les renvoie au conseil départemental, en y joignant son avis sur la vocation de l'aspirant et tous les renseignements qu'il aura recueillis sur ses antécédents. (Id., art. 10), II, 223. — Le conseil départemental, après examen des pièces produites et de l'enseignement qui les accompagne, délivre, s'il y a lieu, le certificat de stage demandé. (Id., art. 11), II, 223. — Ce certificat mentionne : 1° les nom, prénoms, date et lieu de naissance de l'impétrant ; 2° l'indication de la commune où le stage a été accompli ; 3° le nom du chef de l'établissement sur l'attestation de qui le certificat est délivré et la date de la décision en vertu de laquelle ce chef d'établissement a été autorisé à recevoir les élèves-maîtres. Il est signé par le recteur et par le secrétaire de l'Académie. (Id., art. 12), II, 223.

V. Brevet de capacité.

STAGE (CERTIFICAT DE) POUR LES SALLES D'ASILE.

Nulle ne peut être nommée sous-directrice dans une salle d'asile publique avant l'âge de vingt ans, et si elle n'est pourvue d'un certificat de stage. (Décr. 21 mars 1855, art. 26), II, 379. — Sur la déclaration de la directrice d'une salle d'asile modèle, visée par le comité de patronage, l'inspecteur d'Académie délivre aux postulantes qui ont suivi les exercices de cette salle d'asile pendant deux mois au moins, le certificat de stage mentionné en l'art. 26 du présent décret. A Paris, le certificat de stage est délivré par le vice-recteur de l'Académie, soit sur l'attestation de la directrice d'une salle d'asile modèle, soit sur l'attestation de la directrice du cours pratique, certifié par la commission de surveillance de cet établissement. (Id., art. 31), II, 381.

STAGE (DISPENSE DE).

Le Ministre, sur la proposition des Conseils académiques (départementaux) et l'avis conforme du conseil supérieur, peut accorder des dispenses de stage pour l'ouverture d'un pensionnat. (Loi 15 mars 1850, art. 60), II, 140. — Les délibérations des conseils départementaux portant proposition de dispenses de stage, doivent être motivées ; elles sont accompagnées de la demande du postulant et de toutes les pièces par lui produites. (Décr. 20 déc. 1850, art. 5), II, 203.

STATISTIQUE.

Il sera publié, tous les trois ans, une statistique de l'instruction primaire. (Décis. 5 oct. 1821), I, 145.

SUBVENTION.

Il sera constitué par notre Trésor royal un fonds de 50,000 fr. pour être employé par la commission d'instruction publique soit à composer ou à imprimer des ouvrages propres à l'instruction populaire, soit à établir temporairement des écoles modèles dans les pays où les bonnes méthodes n'ont pas encore pénétré... (Ordonn. 29 févr. 1816, art. 35), I, 89.

Chaque année, il sera porté au budget de l'État une somme destinée à encourager l'instruction primaire; et pendant cinq ans, à partir du 1er janvier 1831, il sera prélevé, pour le même objet, le vingtième du produit de la rétribution universitaire établie par les art. 137 du décret du 17 mars 1808, 25 et suivants du décret du 17 sept. 1808. (Ordonn. 14 févr. 1830, art. 11), I, 191. — Les fonds ainsi formés seront employés par notre Ministre des affaires ecclésiastiques et de l'instruction publique, d'après l'avis de notre conseil royal : 1° à donner des secours aux communes qui se trouveraient dans l'impossibilité absolue de se procurer des moyens d'enseignement, et principalement à fonder des écoles préparatoires; 2° à faire composer, imprimer et distribuer des livres élémentaires; 3°..... (Id., art. 12), I, 191. — Un rapport sur l'emploi des fonds susénoncés et sur l'état de l'instruction primaire dans toute l'étendue du royaume, nous sera présenté, chaque année, au mois de janvier, et communiqué aux Chambres. (Id., art. 13), I, 191.

Le comité d'arrondissement donne son avis sur les secours et encouragements à accorder à l'instruction primaire. (Loi 28 juin 1833, art. 22), I, 243.

Le conseil départemental donne son avis sur les secours et encouragements à accorder aux écoles primaires. (Loi 15 mars 1850, art. 14), II, 124. — Les salles d'asile peuvent recevoir des secours sur les budgets des communes, des départements et de l'État. (Id., art. 57), II, 139.

Les conseils municipaux qui demandent des secours à l'État pour la construction, l'appropriation ou la réparation de locaux destinés à des écoles primaires ou à des salles d'asile, devront présenter à l'appui de leur demande, indépendamment des pièces prescrites par les instructions ministérielles, un plan en double expédition des travaux à exécuter. (Arr. 14 juill. 1858, art. 1), II, 467.

Les préfets statueront sur la répartition de la moitié des fonds de secours alloués au budget pour les écoles et les salles d'asile. (Décr. 13 avr. 1861, art. 4.)

V. Budget, École.

SUPÉRIEUR (CONSEIL).

Le conseil supérieur de l'instruction publique est composé comme il suit : le Ministre, président ; quatre archevêques ou évêques, élus par leurs collègues ; un ministre de l'église réformée, élu par les consistoires ; un ministre de l'église de la confession d'Augsbourg, élu par les consistoires ; un membre du consistoire central israélite, élu par ses collègues; trois conseillers d'État, élus par leurs collègues; trois membres de la Cour de cassation, élus par leurs collègues; trois membres de l'Institut, élus en assemblée générale de l'Institut; huit membres nommés par le président de la République, en conseil des Ministres, et choisis parmi les anciens membres du conseil de l'Université, les inspecteurs généraux ou supérieurs, les recteurs et les professeurs des facultés; ces huit membres forment une section permanente: trois membres de l'enseignement libre, nommés par le président de la République, sur la proposition du Ministre de l'instruction publique. (Loi 15 mars 1850, art. 1), II, 120.

Les membres de la section permanente sont nommés à vie. Ils ne peuvent être révoqués que par le président de la République, en conseil des Ministres, sur la proposition du Ministre de l'instruction publique. Ils reçoivent seuls un traitement. (Loi 15 mars 1850, art. 2), II, 121. — Les autres membres du conseil sont nommés pour six ans. Ils sont indéfiniment rééligibles. (Id., art. 3), II, 121. — Le conseil supérieur tient au moins quatre sessions par an. Le Ministre peut le convoquer en session extraordinaire, toutes les fois qu'il le juge convenable. (Id., art. 4), II, 121.

Le conseil supérieur peut être appelé à donner son avis sur les projets de lois, de règlements et de décrets relatifs à l'enseignement, et en général sur toutes les questions qui lui seront soumises par le Ministre. Il est nécessairement appelé à donner son avis : sur les règlements relatifs aux examens, aux concours et aux programmes d'études dans les écoles publiques, à la surveillance des écoles libres, et en général sur tous les arrêtés portant règlement pour les établissements d'instruction publique; sur les livres qui peuvent être introduits dans les écoles publiques, et sur ceux qui doivent être défendus dans les écoles libres, comme contraires à la morale, à la Constitution et aux lois. Le conseil présente, chaque année, au Ministre, un rapport sur l'état général de l'enseignement, sur les abus qui pourraient s'introduire dans les établissements d'instruction, et sur les moyens d'y remédier. (Loi 15 mars 1850, art. 5), II, 121.— La section permanente est chargée de l'examen préparatoire des questions qui se rapportent à la police, à la comptabilité et à l'administration des écoles publiques. Elle donne son avis, toutes les fois qu'il lui est demandé par le

Ministre, sur les questions relatives aux droits et à l'avancement des membres du corps enseignant. (Id., art. 6), II, 122.

En l'absence du Ministre de l'instruction publique, le conseil supérieur est présidé par un vice-président nommé, chaque année, par le président de la République, et choisi parmi les membres du conseil. (Décr. 29 juill. 1850, art. 1), II, 163. — Le président de la République désigne également, chaque année, un secrétaire choisi parmi les membres du conseil. (Id., art. 2), II, 163. — Le conseil supérieur tient une session ordinaire par trimestre. Il est convoqué par arrêté du Ministre. La durée de chacune des sessions, soit ordinaire, soit extraordinaire, est fixée par l'arrêté de convocation. Elle peut être prolongée par un arrêté ultérieur. (Id., art. 3), II, 163. — Des commissaires peuvent être chargés par le Ministre de l'assister dans la discussion des projets de loi, de règlements d'administration publique, de décrets et arrêtés portant règlement permanent qu'il renvoie à l'examen du conseil supérieur. Le conseil supérieur peut aussi appeler dans son sein les personnes dont l'expérience lui semble devoir être utilement consultée, tant pour la discussion de ces projets que pour tout ce qui concerne l'état général de l'enseignement. Il ne peut user de cette faculté, à l'égard des fonctionnaires publics, que de l'agrément du Ministre du département auquel ils appartiennent. (Id., art. 4), II, 163. — La section permanente est présidée par un de ses membres, désigné chaque année par le Ministre. (Id., art. 5), II, 163. — Les fonctions de membre de la section permanente sont incompatibles avec toute autre fonction administrative rétribuée. (Id., art. 6), II, 164. — Dans les affaires soumises au conseil supérieur, le rapporteur est nommé par le Ministre, ou, sur sa délégation, par le vice-président du conseil supérieur. (Id., art. 7), II, 164.

En matière contentieuse ou disciplinaire, les affaires sont inscrites au secrétariat du conseil supérieur, d'après l'ordre de leur arrivée, sur un registre à ce destiné. Elles sont jugées suivant l'ordre de leur inscription et dans la plus prochaine session. Les rapports sont faits par écrit ; ils sont déposés au secrétariat par les rapporteurs, la veille du jour fixé pour la délibération, avec le projet de décision et le dossier, pour être tenus à la disposition de chacun des membres du conseil. En matière disciplinaire, le rapporteur est tenu d'entendre l'inculpé dans ses explications, s'il est présent et s'il le demande. L'inculpé a également le droit d'être entendu par le conseil. (Décr. 29 juill. 1850, art. 8), II, 164. — La présence de la moitié, plus un, des membres, est nécessaire pour la validité des délibérations du conseil supérieur. En cas de partage, si la matière n'est ni contentieuse ni disciplinaire, la voix du président est prépondérante ; si la matière est contentieuse, il en sera délibéré de nouveau, et les membres qui n'auraient pas assisté à la délibération seront spécialement convoqués. S'il y a de nouveau partage dans la deuxième délibération, il sera vidé par la voix prépondérante du président ; si la matière est disciplinaire, l'avis favorable à l'inculpé prévaut. (Id., art. 9), II, 164. — Les délibérations du conseil supérieur sont signées par le président et par le secrétaire. Le secrétaire a seul qualité pour en délivrer des ampliations certifiées conformes aux procès-verbaux. A moins d'une autorisation spéciale du Ministre, il ne peut être donné communication des procès-verbaux qu'aux membres du conseil supérieur. (Id., art. 10), II, 164. — Les décrets ou arrêtés qui interviennent sur l'avis du conseil supérieur portent la mention : « Le conseil supérieur de l'instruction publique entendu. » Les avis du conseil supérieur ne peuvent être publiés qu'avec l'autorisation du Ministre. (Id., art. 11), II, 165. — En matière contentieuse ou disciplinaire, les décisions du conseil sont notifiées par le Ministre. Les parties ont toujours le droit d'en obtenir l'expédition. (Id., art. 12), II, 165. — Un règlement, délibéré en conseil supérieur, déterminera l'ordre intérieur des travaux du conseil. Un règlement préparé par la section permanente et arrêté par le Ministre, déterminera l'ordre intérieur des travaux de cette section. (Id., art. 13), II, 165.

Le conseil supérieur se compose : de trois membres du Sénat, de trois membres du conseil d'État, de cinq archevêques ou évêques, de trois ministres des cultes non catholiques, de trois membres de la Cour de cassation, de cinq membres de l'Institut, de huit inspecteurs généraux, de deux membres de l'enseignement libre. Les membres du conseil supérieur sont nommés pour un an. Le Ministre préside le conseil et détermine l'ouverture des sessions, qui auront lieu au moins deux fois par an. (Décr. 9 mars 1852, art. 5), II, 274. — Le Ministre peut appeler au conseil supérieur pour des questions spéciales, avec voix consultative, des inspecteurs généraux qui n'auraient pas été désignés pour en faire partie. (Id., art. 6), II, 276.

Les décisions du conseil départemental, rendues pour les cas prévus par l'art. 28 de la loi de 1850, peuvent être déférées, par voie d'appel, au conseil impérial de l'instruction publique ; cet appel doit être interjeté dans le délai de dix jours, à compter de la notification de la décision. (Loi 10 avr. 1867, art. 19), II, 609.

Les décisions doctrinales adoptées dans le cours de chaque session du conseil seront insérées au Bulletin officiel de l'Instruction publique, les noms des localités et des personnes ayant été préalablement retranchés. (Décis. Cons. 28 janv. 1869), II, 625.

Le conseil supérieur institué près le Ministre de l'instruction publique est composé comme il suit : le Ministre, président ; trois membres du conseil d'État en service ordinaire, élus par le conseil d'État ; un membre de l'armée, nommé par le Ministre de la guerre, le conseil supérieur de la guerre entendu ; un membre de la marine, nommé par le Ministre de la marine, le conseil d'amirauté entendu ; quatre archevêques ou évêques, élus par leurs collègues ; un délégué de l'Église réformée, élu par les consistoires ; un délégué de l'Église de la confession d'Augsbourg, élu par les consistoires ; un membre du consistoire central israélite, élu par ses collègues ; deux membres de la Cour de cassation, élus par leurs collègues ; cinq membres de l'Institut, élus par l'Institut en assemblée générale et choisis dans chacune des cinq classes ; un membre du collége de France, élu par ses collègues ; un membre d'une faculté de droit, élu par les professeurs des facultés de droit ; un membre d'une faculté de médecine, élu par les professeurs des facultés de médecine ; un membre d'une faculté des lettres, élu par les professeurs des facultés des lettres ; un membre d'une faculté des sciences, élu par les professeurs des facultés des sciences ; un membre de l'Académie de médecine, élu par ses collègues ; un membre du conseil supérieur des arts et manufactures, élu par ses collègues ; un membre du conseil supérieur du commerce, élu par ses collègues ; un membre du conseil supérieur de l'agriculture, élu par ses collègues ; sept membres de l'enseignement public, nommés par le président de la République en conseil des Ministres, et choisis parmi les inspecteurs généraux, recteurs et anciens recteurs, professeurs et anciens professeurs des facultés, professeurs du collége de France, professeurs du Muséum d'histoire naturelle, directeur de l'École normale supérieure, proviseurs des lycées ; quatre membres de l'enseignement libre, élus par le conseil. (Loi 25 mars 1873, art. 1), II, 715. — Les membres du conseil sont élus pour six ans. Ils sont indéfiniment rééligibles. (Id., art. 2), II, 716.

Le conseil tient deux sessions par an. En dehors de ces deux sessions ordinaires, il peut être convoqué par le Ministre. Le Ministre doit, en outre, le convoquer chaque fois que dix de ses membres en font la demande. Le conseil peut choisir dans son sein des commissions chargées d'étudier, dans l'intervalle des sessions, les questions sur lesquelles il a à délibérer, et de lui en faire rapport. Quand les questions à examiner seront exclusivement relatives aux établissements d'enseignement public, les commissions nommées devront être choisies en majorité parmi les membres du conseil appartenant à cet enseignement. (Loi 25 mars 1873, art. 3), II, 716. — Le conseil supérieur peut être appelé à donner son avis sur les projets de lois, de règlements et de décrets relatifs à l'enseignement. Il est nécessairement appelé à donner son avis sur les règlements relatifs aux examens, aux concours et aux programmes d'études dans les écoles publiques, à la surveillance des écoles libres; sur les livres qui peuvent être introduits dans les écoles publiques et sur ceux qui doivent être défendus dans les écoles libres, comme contraires à la morale, à la Constitution et aux lois. Il prononce en dernier ressort sur les jugements rendus par les conseils départementaux ou académiques dans les cas déterminés par les art. 16, 68 et 76 de la loi du 15 mars 1850 ; toutefois, il ne peut prononcer définitivement l'interdiction de l'enseignement libre, que si sa décision est prise aux deux tiers des suffrages. Le conseil présente chaque année, au Ministre, un rapport sur l'état général de l'enseignement, sur les abus qui pourraient s'introduire dans les établissements d'instruction et sur les moyens d'y remédier. (Id., art. 4), II, 716.

Sont abrogés les art. 1 et 3 du décret du 9 mars 1852,

dans leurs dispositions relatives à la révocation des membres de l'enseignement public. Les art. 14, 68 et 76 de la loi du 15 mars 1850 sont remis en vigueur. (Loi 25 mars 1873, art. 5), II, 717.

V. Conseil de l'Université.

SURVEILLANTS SPÉCIAUX.

Chaque école a pour surveillants spéciaux le curé ou desservant et le maire. Le comité cantonal peut leur adjoindre un notable de la commune, choisi de préférence parmi les bienfaiteurs de l'école. (Ordonn. 29 févr. 1816, art. 8), I, 86. — Dans les communes où les enfants de différentes religions ont des écoles séparées, le pasteur sera surveillant des écoles de son culte. (Id., ibid.). — Les surveillants font une visite au moins par mois, font faire les exercices et en rendent compte au comité local. (Id., art. 9), I, 86. — Ils exercent sur les écoles de filles la même surveillance et la même autorité que sur les écoles de garçons. (Instruct. 3 juin 1819), I, 121.

V. Comité local.

SUSPENSION.

En cas d'urgence et de scandale, le comité cantonal a le droit de suspendre l'instituteur. (Ordonn. 29 févr. 1816, art. 27), I, 89.

S'il y a urgence, et dans le cas de scandale, MM. les maires de Paris, les sous-préfets et les comités cantonaux dans les arrondissements ruraux, ont le droit de suspension. (Arr. préfect. Seine, 9 oct. 1819, art. 34), I, 131.

En cas d'urgence, le recteur ou le comité peut suspendre provisoirement. Il sera statué définitivement dans le délai d'un mois. (Proj. loi 20 janv. 1831, art. 16), I, 197.

En cas de négligence ou de faute grave, le comité cantonal peut suspendre provisoirement. (Prop. loi 17 nov. 1832, art. 22), I, 227.

En cas d'urgence et sur la plainte du comité communal, le

maire peut ordonner provisoirement que l'instituteur soit suspendu de ses fonctions, à la charge de rendre compte dans les vingt-quatre heures, au comité d'arrondissement, de cette suspension et des motifs qui l'ont déterminée. (Loi 28 juin 1833, art. 21), I, 243.

En cas de négligence habituelle ou de faute grave de l'instituteur communal, le comité d'arrondissement, ou d'office ou sur la plainte adressée par le comité communal, mande l'instituteur inculpé. Après l'avoir entendu ou dûment appelé, il le réprimande ou le suspend pour un mois, avec ou sans privation de traitement. (Loi 28 juin 1833, art. 23), I, 244. — Pendant la suspension de l'instituteur, son traitement, s'il en est privé, sera laissé à la disposition du conseil municipal, pour être alloué, s'il y a lieu, à un instituteur remplaçant. (Id., art. 23), I, 244.

Le recteur, dans les cas d'urgence, a le droit de suspendre tout fonctionnaire de l'Université, conformément aux décrets de 1808 et de 1811 ; mais quand il s'agit d'un instituteur, il doit le traduire devant le comité d'arrondissement, lequel applique les formalités et les peines prescrites par l'art. 23 de la loi du 28 juin 1833, art. 23. (Décis. Cons. 13 déc. 1842), I, 624.

Les comités supérieurs peuvent considérer la suspension d'un mois comme le maximum des peines de ce genre, et limiter la suspension à un temps moindre. (Décis. Cons. 7 janv. 1842), I, 585.

Il n'y a pas lieu à pourvoi, de la part d'un instituteur, quand il est seulement suspendu. (Décis. Cons. 19 mai 1843), I, 641.

La peine de la suspension est prononcée par le comité supérieur, sans appel. (Décis. Cons. 1er mai 1849), II, 81.

Les formes et délais de recours, admis en matière criminelle, ne sont pas applicables aux décisions des tribunaux rendues en matière disciplinaire. Et, spécialement, l'appel formé par le ministère public contre le jugement du tribunal civil qui a prononcé, par voie disciplinaire, la peine de la suspension contre un instituteur communal, est nul, s'il a été interjeté par déclaration au greffe, dans les formes de l'art. 203 du Code d'instruction criminelle, au lieu d'avoir été formé par exploit à partie, comme en matière civile, et notifié à l'intéressé dans les dix jours, suivant l'art. 7 de la loi du 28 juin 1833. (Arr. Cassat. 6 mai 1844.)

Les institutrices sont soumises à la juridiction des comités locauxet des comités d'arrondissement. (Ordonn. 23 juin 1836, art. 15), I, 397.— Cf. pour les salles d'asile, Ordonn. 23 déc. 1837, art. 22, I, 492.

Les peines disciplinaires comprennent la suspension, dont la durée ne pourra pas être de plus de deux mois, avec ou sans privation de tout ou partie du traitement. L'instituteur suspendu peut, dans le délai de huit jours, appeler du jugement du comité d'arrondissement devant le Conseil académique. Le jugement sera contradictoire. (Prop. loi 15 déc. 1848, art. 78, 79, 80), II, 59, 60.

La suspension est prononcée par le préfet, avec ou sans privation de traitement. La durée de la suspension ne peut excéder six mois. (Loi 11 janv. 1850, art. 4), II, 111, note.— L'instituteur suspendu ne peut ouvrir une école privée dans la commune où il exerçait, ni dans les communes limitrophes. Il ne peut, sans l'autorisation spéciale du préfet, être nommé instituteur communal dans le même département. (Id., art. 5), II, 111.

Le recteur (préfet) peut, suivant les cas, suspendre, avec ou sans privation partielle ou totale de traitement, pour un temps qui n'excédera pas six mois, l'instituteur communal. (Loi 15 mars 1850, art. 33), II, 131.

Le recteur (préfet) pourvoit à la direction de l'école, lorsque l'instituteur se trouve frappé de suspension, par application de l'art. 33 de la loi organique. En attendant une instruction plus complète sur une demande en révocation, l'instituteur est suspendu provisoirement de ses fonctions : dans ce cas, le préfet fixe la portion de traitement qui peut être laissée au titulaire et celle qui peut être laissée à son suppléant, et il décide si le suppléant doit jouir en totalité ou en partie du logement affecté à l'instituteur communal. (Décr. 7 oct. 1850, art. 16), II, 186.

Lorsqu'un maire croit devoir suspendre, en cas d'urgence, un instituteur communal, il en informe immédiatement l'inspecteur de l'instruction primaire, sans préjudice du compte qu'il doit rendre, dans les deux jours, au recteur (préfet). (Décr. 7 oct. 1850, art. 17), I, 186.

Tout instituteur libre, sur la plainte du recteur (préfet), pourra être traduit, pour cause de faute grave dans l'exercice de ses fonctions, d'inconduite ou d'immoralité, devant le conseil départemental, et être suspendu pour un temps qui ne pourra excéder six mois. (Loi 15 mars 1850, art. 30), II, 130.

Lorsqu'un instituteur libre a été suspendu, il peut être admis par le conseil départemental à présenter un suppléant pour la direction de son école. (Décr. 7 oct. 1850, art. 5), II, 183.

V. Jugement disciplinaire, Délit, Tribunal.

SYSTÈME MÉTRIQUE.

Les enfants s'exercent à l'usage des poids et mesures. (Décr. 30 vendém. an II, 3°), I, 20.

Il ne sera fait aucun changement aux unités des poids et mesures de l'Empire, telles qu'elles ont été fixées par la loi du 19 frim. an VIII. (Décr. 12 févr. 1812, art. 1), I, 74. — Le Ministre de l'intérieur fera confectionner, pour l'usage du commerce, des instruments de pesage et mesurage qui présentent soit les fractions, soit les multiples desdites unités le plus en usage dans le commerce et accommodés au besoin du peuple. (Id., art. 2), I, 74. — Ces instruments porteront sur leurs diverses faces la comparaison des divisions et des dénominations établies par les lois avec celles anciennement en usage. (Id., art. 3), I, 74. — Il sera rendu compte, après un délai de dix années, des résultats qu'aura fournis l'expérience sur le perfectionnement que le système des poids et mesures serait susceptible de recevoir. (Id., art. 4), I, 74. — En attendant, le système légal continuera seul à être enseigné dans toutes les écoles de notre Empire, y compris les écoles primaires, et à être seul employé dans toutes les administrations publiques, comme aussi dans les marchés, halles, et dans toutes les transactions commerciales et autres entre nos sujets. (Id., art. 5), I, 74,

L'enseignement primaire comprend le système légal des poids et mesures. (Proj. loi 20 janv. 1831, art. 1), I, 194.

L'instruction primaire élémentaire comprend nécessairement le système légal des poids et mesures. (Loi 28 juin 1833, art. 1), I, 236. — Cf. Stat. 25 avr. 1834, art. 1, I, 318.

L'enseignement du système légal des poids et mesures n'interdit pas tout exercice sur les anciennes mesures. (Décis. Cons. 28 juin 1839), I, 556.

Le système légal des poids et mesures doit être exclusivement enseigné. (Décis. Cons. 22 oct. 1839), I, 565.

Un instituteur doit faire preuve de la connaissance des anciennes et des nouvelles mesures, bien qu'il ne doive enseigner que les nouvelles mesures. (Décis.. Cons. 11 avr. 1840), I, 575.

L'enseignement primaire comprend le système métrique. (Proj. loi 1er juin 1848, art. 1), II, 17.

L'instruction élémentaire pour les garçons comprend le système légal des poids et mesures. (Prop. loi 15 déc. 1848, art. 11), II, 45. — *L'instruction élémentaire pour les filles comprend le système légal des poids et mesures.* (Id., art. 24), II, 48.

L'enseignement primaire comprend le système légal des poids et mesures. (Loi 15 mars 1850, art. 23), II, 127. — L'enseignement primaire dans les écoles de filles comprend les matières énumérées dans l'art. 23. (Id., art. 48), II, 136.

Le maître s'attachera à faire résoudre beaucoup de problèmes relatifs à des questions usuelles et au système décimal des poids et mesures. (Règl. 17 août 1851, art. 30), II, 263. — Cf. Décr. 24 mars 1851, II, 225; janv. 1866, II, 588.

V. Matières de l'enseignement.

T

TENUE DES LIVRES.

L'instruction primaire supérieure pour les garçons et pour les filles comprend nécessairement des notions sur la tenue des livres. (Prop. loi 15 déc. 1848, art. 12 et 25), II, 47, 48.

L'enseignement dans les écoles normales primaires comprend la tenue des livres. (Déc. 2 juill. 1866, art. 1), II, 588.

La tenue des livres est comprise dans les épreuves facultatives du brevet de capacité. (Règl. 3 juill. 1866, art. 17), II, 600.

V. Matières de l'enseignement.

TOISÉ.

On enseigne aux enfants dans les écoles les éléments du toisé. (Proj. décr. sept. 1791, chap. I, art. 4), I, 2.

V. Matières de l'enseignement.

TRAITEMENT DES INSTITUTEURS.

Le traitement des maîtres d'écoles primaires sera gradué selon les localités. Le maximum sera de 1,000 livres, avec un local pour les écoles. Le minimum sera de 400 livres. Le traitement des maîtres d'écoles de Paris sera de 1,000 livres. (Proj. décr. sept. 1791, chap. V, art. 1 à 3), I, 5. — *Les directoires des départements fixeront les traitements des institutrices et les proportionneront aux objets d'enseignement qu'elles seront capables de professer pour leurs élèves.* (Id., chap. XVII, art. 7), I, 6.

Les appointements des instituteurs varieront à raison de la population des lieux où les écoles seront situées. Ils seront fixés de la manière suivante : dans les lieux au-dessous de 1,500 habitants, chaque instituteur recevra 600 livres ; de 1,500 à 4,000 habitants, 650 livres pour l'instituteur, 500 livres pour l'institutrice ; de 4,000 à 10,000 habitants, 750 livres pour l'instituteur, 600 livres pour l'institutrice ; de 10,000 à 20,000 habitants, 850 livres pour l'instituteur, 700 livres pour l'institutrice ; de 20,000 à 30,000 habitants, 1,000 livres pour l'instituteur, 850 livres pour l'institutrice ; de 30,000 à 50,000 habitants, 1,150 livres pour les instituteurs, 1,000 livres pour les institutrices ; de 50,000 à 100,000 habitants, 1,300 livres pour les instituteurs, 1,100 livres pour les institutrices ; au-dessus, 1,400 livres pour les instituteurs, 1,200 livres pour les institutrices. Dans les pays où l'instituteur devra enseigner en même temps le français et l'idiome du pays, il touchera, par surcroît, une augmentation de 200 livres. (Décr. 22 frim. an I, tit. IV), I, 11.

A compter du 1er janvier 1793, le payement des professeurs et instituteurs tant des colléges que de tous les établissements d'instruction publique, sera à la charge de la nation, et dans le cas où les traitements des professeurs auraient été réglés à compter d'une époque antérieure, ils seront également payés par le Trésor public. (Décr. 4 germ. an I, art. 8), I, 16. — Ils seront pris provisoirement sur le produit des contributions publiques, et délivrés sans délai sur les ordonnances des directoires de district. (Id., art. 12), I, 17. — Il sera payé à chaque instituteur ce qui aura été convenu ou réglé avec eux par les corps administratifs, sans que néanmoins le traitement de chacun puisse excéder 1,500 livres dans les villes au-dessous de 30,000 âmes, 2,000 livres dans les villes au-dessus de cette population. (Id., art. 10), I, 17. — Les traitements seront payés tous les trois mois par les receveurs des districts, sur les ordonnances des directoires des districts. Les fonds nécessaires seront fournis par la trésorerie royale. (Id., art. 11), I, 17.

Le minimum du traitement des instituteurs est fixé à 1,200 livres. Les comités d'instruction publique et des finances réunis sont chargés de faire un rapport sur la détermination du maximum du traitement et sur l'échelle des traitements intermédiaires. (Décr. 7 brum. an II, § 2, art. 1 et 2), I, 25.

Les instituteurs et les institutrices seront salariés par la République à raison du nombre des élèves qui fréquenteront leurs écoles, savoir : pour chaque enfant ou élève annuellement, l'instituteur, 20 livres ; l'institutrice, 15 livres, d'après un registre ouvert dans les municipalités et portant l'inscription des instituteurs et des institutrices d'une part, d'autre part celle des enfants et des pupilles qui leur seront confiés par les pères, mères, tuteurs ou curateurs. (Décr. 29 frim. an II, sect. III, art. 3, 4, 5), I, 27. — Dans les communes distantes de plus d'une demi-lieue du domicile de l'instituteur le plus voisin où il ne s'établirait pas d'instituteur libre, la commune pourra en choisir un qui recevra de la République un traitement annuel de 500 livres. (Id., ibid., art. 5), I, 28. — Les instituteurs sont payés par trimestre par les receveurs des districts, sur la production d'un mandat signé du maire et réglé d'après le nombre constaté contradictoirement des élèves qui ont assisté aux leçons pendant chaque mois. (Id., ibid., art. 10 à 13), I, 29.

Le salaire des instituteurs sera uniforme sur toute la surface de la République : 1,200 livres pour les instituteurs, 1,000 livres pour les institutrices, dans toutes les communes au-dessous de 20,000 habitants ; au-dessus, 1,500 livres pour les instituteurs, 1,200 livres pour les institutrices. (Décr. 27 brum. an II, chap. III, art. 10), I, 36.

Les instituteurs recevront de chacun de leurs élèves une rétribution annuelle qui sera fixée par l'administration du département. (Décr. 3 brum. an IV, tit. Ier, art. 8), I, 39.

Le traitement des instituteurs se composera : 1° du logement fourni par les communes ; 2° d'une rétribution fournie par les parents et déterminée par les conseils municipaux. (Loi 11 flor. an X, tit. II, art. 3), I, 43.

Les communes pourront traiter avec les instituteurs pour fixer le montant des rétributions qui leur seront payées par les parents. (Ordonn. 28 févr. 1816, art. 15 et 16), I, 87.— Cf. Règl. préfect. Seine, 9 oct. 1819, art. 23 et 24, I, 130.

Toute association religieuse ou charitable, telle que celle des écoles chrétiennes, pourra être admise à fournir, à des conditions convenues, des maîtres aux communes qui en demanderont. (Ordonn. 28 juin 1816, art. 36), I, 90.

Les écoles seront divisées en trois classes correspondant aux trois degrés d'enseignement, et le conseil général fixera le minimum du traitement de chacune de ces classes. (Ordonn. 14 févr. 1830, art. 3), I, 187. — Les émoluments sont divisés en traitements fixes et produits éventuels pour chacune des trois classes d'écoles. (Ordonn. 14 févr. 1830, art. 3), I, 187.

Il sera fourni à tout instituteur communal : 1° un local qui sera convenablement disposé, tant pour servir de logement à l'instituteur que pour recevoir les élèves ; 2° un traitement fixe, dont le minimum sera 200 francs. Moyennant le traitement fixe, l'instituteur communal devra recevoir et instruire tous les élèves que le conseil municipal aura désignés comme étant hors d'état de payer la rétribution. (Proj. loi 20 janv. 1831, art. 9), I, 196. — *Chaque année, la somme nécessaire pour suppléer aux ressources locales, en ce qui touche la maison d'école, et les 200 francs formant le minimum du traitement fixe, seront portés au budget de l'État. Un rapport sur l'emploi des fonds qui auront été alloués l'année précédente, et sur la situation générale de l'instruction primaire, sera annexé à la proposition du budget.* (Id., art. 11), I, 196. — *En sus du traitement fixe, les instituteurs communaux recevront, à raison de chaque élève non inscrit pour les leçons gratuites, une rétribution mensuelle dont le taux sera réglé tous les cinq ans par le conseil municipal de chaque commune.* (Id., art. 12), I, 196.

Il sera fourni à l'instituteur : 1° un logement convenablement disposé, tant pour lui servir d'habitation que pour recevoir ses élèves ; 2° un traitement fixe, qui ne pourra être moindre de 200 fr. (Prop. loi 17 nov. 1832, art. 16), I, 226. — *L'instituteur recevra, en outre, de tout élève non inscrit sur la liste de gratuité, une rétribution mensuelle dont le taux sera fixé tous les ans par le conseil municipal.* (Id., art. 17), I, 226.

Il sera fourni à tout instituteur communal : 1° un local convenablement disposé pour lui servir d'habitation et pour recevoir les élèves ; 2° un traitement fixe qui ne pourra être moindre de 200 fr. pour les écoles primaires et de 400 fr. pour les écoles primaires supérieures. (Loi 28 juin 1833, art. 12), I, 239.

Les préfets dressent le tableau des délibérations des conseils municipaux, pour le transmettre au Ministre avec indication des sommes qu'ils jugeront devoir être fournies par le département, pour assurer le traitement des instituteurs communaux et pour leur procurer des locaux convenables. Ce tableau sera soumis au conseil général. (Ordonn. 18 juill. 1833, art. 6), I, 247.

Dans le cas où les votes des communes n'auraient pas pourvu au traitement de l'instituteur et à l'établissement de l'école, une ordonnance royale autorisera, s'il y a lieu, dans les limites fixées par les lois, une imposition spéciale sur les communes. (Ordonn. 16 juill. 1833, art. 8), I, 248. — Lorsque dans le cas d'insuffisance des revenus ordinaires des communes et des départements, et des impositions spéciales qu'elles sont autorisées à voter, l'État devra concourir au payement du traitement fixe des instituteurs, ce traitement ne pourra excéder le minimum fixé par l'art. 12 de la loi du 28 juin 1833. (Id., art. 10), I, 248.

Tout instituteur communal doit recevoir le traitement et le logement déterminés par la loi (art. 12). (Décis. Cons. 4 juill. 1837), I, 472. — L'instituteur qui exerce en vertu d'une autorisation provisoire régulière, a droit au traitement et aux autres avantages de sa place, du moment où il est entré en fonctions. (Décis. Cons. 22 août 1834), I, 333. — Si un maire refuse de payer l'instituteur, celui-ci devra s'adresser au préfet qui, après mise en demeure, délivre d'office le mandat. (Décis. Cons. 5 janv. 1838), I, 499.

Dans aucune circonstance, il ne peut être admis que les conseils municipaux aient le droit de réduire, sous prétexte d'autres fonctions simultanées, le traitement des instituteurs au-dessous du minimum. (Décis. Cons. 12 nov. 1833), I, 277. — On ne peut imposer à l'instituteur d'autres charges que celles de ses fonctions; aucune diminution de traitement ne peut résulter pour lui de la charge subrogatoire qu'il remplit. (Décis. Cons. 27 déc. 1833), I, 287.

L'indemnité de logement doit être telle qu'elle puisse servir à payer un logement convenable. (Décis. Cons. 2 juin 1833), I, 469.

La fixation du minimum légal du traitement ne fait pas obstacle à l'exécution des conventions plus favorables, antérieures ou postérieures. (Décis. Cons. 5 janv. 1836), I, 375.

L'instituteur dont la révocation a été annulée, a droit à son traitement pour le temps écoulé depuis la révocation, s'il n'y a pas eu d'intérimaire. (Décis. Cons. 30 mars 1840), I, 573.

Un instituteur peut être condamné à cesser de toucher son traitement pendant qu'il cessera d'exercer, mais non à cesser de toucher son traitement en continuant d'exercer. (Décis. Cons. 31 mai 1842), I, 601.

Un curé qui serait nommé et institué en qualité d'instituteur communal ou autorisé provisoirement à tenir une école publique, aurait droit au traitement d'instituteur communal ; mais il ne suffit pas, pour qu'il ait ce traitement, qu'il tienne une école privée. (Décis. Cons. 5 mai 1843), I, 640.

Un traitement annuel ne peut être accordé qu'à un instituteur communal. Un conseil municipal ne peut allouer à un instituteur privé qu'une simple gratification. (Décis. Cons. 2 juin 1837), I, 468.

L'institutrice, dûment autorisée, qui remplit les fonctions d'instituteur communal, a droit au traitement que celui-ci toucherait. (Décis. Cons. 25 oct. 1842), I, 612.

Nulle école de filles ne pourra prendre le titre d'école primaire communale, qu'autant qu'un logement et un traitement convenables auront été assurés à l'institutrice, soit par des fondations, donations ou legs en faveur d'établissements publics, soit par une délibération du conseil municipal dûment approuvée. (Ordonn. 23 juin 1836, art. 9), I, 395. — Lorsque le conseil municipal accordera un traitement suffisant, la rétribution mensuelle pourra être perçue au profit de la commune, en compensation des sacrifices qu'elle s'impose. (Id., art. 10), I, 395.

Le traitement des instituteurs communaux, soit du degré élémentaire, soit du degré supérieur, se compose : 1° du traitement municipal, dont le minimum est déterminé par l'art. 12 de la loi du 28 juin 1833, et qui portera à l'avenir le nom de rétribution municipale ; 2° de la rétribution des familles, ou rétribution scolaire, instituée par l'art. 14 *de ladite loi. Le minimum du traitement total ainsi composé, sera fixé comme il suit : instituteurs élémentaires,* 3e *classe,* 600 *fr.* ; 2e *classe,* 900 *fr.* ; 1re *classe,* 1,200 *fr.* ; *Paris,* 1,500 *fr.* — *Instituteurs supérieurs,* 3e *classe,* 900 *fr.* ; 2e *classe,* 1,200 *fr.* ; 1re *classe,* 1,500 *fr.* ; *Paris,* 2,000 *fr.* (Proj. loi 31 mars 1847, art. 2), I, 700. — *Si le minimum de traitement déterminé en l'article précédent n'est pas atteint par le montant de la rétribution scolaire ajouté à la rétribution municipale, telle qu'elle est fixée par la loi de* 1833, *ladite rétribution municipale sera élevée jusqu'à ce minimum, au moyen de la partie restée disponible des revenus ordinaires des communes, et, à défaut de ressources sur les revenus ordinaires, au moyen de la partie qui serait restée disponible sur les centimes communaux affectés à l'instruction primaire par la loi de* 1833 *et par l'art.* 3 *de la loi du* 18 *juillet* 1836. *En cas d'insuffisance, il sera pourvu à cette dépense sur les fonds des départements dans les limites des art.* 13 *de la loi du* 28 *juin* 1833 *et* 3 *de la loi du* 18 *juillet* 1836. *En cas d'insuffisance, il sera pourvu au surplus sur les fonds de l'État, conformément audit article* 13 *de la loi du* 28 *juin* 1833, *et dans les termes de l'article dernier de la présente loi.* (Id., art. 3), I, 700.

Il y a quatre classes d'instituteurs. La promotion d'une classe à l'autre peut avoir lieu sans que l'instituteur change d'école. Elle est arrêtée par le Ministre, en considération du mérite et de l'ancienneté, sur le rapport du recteur. Dans chaque département, sur 100 *instituteurs,* 10 *sont de* 1re *classe,* 20 *de* 2e, 30 *de* 3e, 40 *de* 4e. (Proj. loi 1er juin 1848, art. 9), II, 18. — *Le traitement de l'instituteur est payé par l'État. Il est ainsi réglé :* 4e *classe,* 600 *fr.* ; 3e *classe,* 800 *fr.* ; 2e *classe,* 1,000 *fr.* ; 1re *classe,* 1,200 *fr.* — *Dans les communes au-dessus de* 5,000 *âmes, l'instituteur reçoit, en outre, une indemnité basée sur le chiffre de la population, dans les proportions ci-après : de* 5,000 *à* 10,000 *âmes,* 200 *fr.* ; *de* 10,000 *à* 20,000, 400 *fr.* ; *de* 20,000 *à* 40,000, 800 *fr.* ; *de* 40,000 *à* 60,000, 1,200 *fr.* ; *de* 60,000 *et au-dessus,* 1,800 *fr.* (Id., art. 10), II, 18. — *Les classes des instituteurs adjoints sont ainsi fixées :* 4e *classe,* 500 *fr.* ; 3e *classe,* 700 *fr.* ; 2e *classe,* 800 *fr.* ; 1re *classe,* 1,000 *fr.* (Id., art. 14), I, 19. — *L'indemnité allouée à l'institutrice, dans les communes au-dessus de* 5,000 *âmes, est égale aux deux tiers de celle qui est accordée à l'instituteur.* (Id., art. 15), II, 19. — *Dans les communes où l'école de garçons n'est pas séparée de l'école des filles, les travaux spéciaux aux filles se font sous la direction d'une maîtresse désignée et révocable par le Conseil central. Il est alloué à cette maîtresse une indemnité annuelle de* **100** *francs.* (Id., art. 17), II, 19. — *Les communes doivent fournir et entretenir, tant pour la tenue des écoles que pour le logement des instituteurs et des institutrices, des locaux conformes aux règlements de salubrité arrêtés par l'autorité publique. Un préau et un jardin sont joints à cette école.* (Id., art. 18), II, 19.

Les traitements des six classes d'instituteurs sont fixés ainsi qu'il suit : 6e classe, communes de 500 *âmes et au-dessous,* 600 *fr., 5e classe,* 500 *à* 1,000 *âmes,* 800 *fr.; 4e classe,* 1,000 *à* 2,000 *âmes,* 1,000 *fr.; 3e classe,* 2,000 *à* 5,000 *âmes,* 1,200 *fr.; 2e classe,* 5,000 *à* 15,000 *âmes,* 1,400 *fr.; 1re classe,* 15,000 *âmes et au-dessus,* 1,600 *fr. Des règlements spéciaux fixeront le traitement des instituteurs dans la ville de Paris. Le traitement de l'instituteur adjoint sera la moitié de celui de l'instituteur, sans pouvoir être jamais au-dessous de* 400 *fr.* (Prop. loi 15 déc. 1848, art. 17), II, 46. — *Le traitement des instituteurs de toutes classes, nommés à titre définitif, pourra s'accroître d'un dixième après chaque période de cinq ans au moins, sans que cette augmentation totale puisse dépasser les quatre dixièmes du traitement de la classe. Le tableau d'avancement sera dressé par le comité d'arrondissement, sur le rapport de l'inspecteur et sur l'avis du comité local du conseil municipal. Les dixièmes attribués à un instituteur cesseront de lui appartenir quand il passera dans une classe supérieure, et alors il ne touchera que le traitement de cette classe. Les communes pourront toujours ajouter au traitement des instituteurs des indemnités dont elles détermineront la quotité.* (Id., art. 18), II, 46. — *Les professeurs adjoints des écoles primaires supérieures, les instituteurs privés et les instituteurs adjoints pourront, après trois ans d'exercice au moins, être admis dans la quatrième classe, pourvu qu'ils aient été portés successivement au tableau d'aptitude pour la cinquième et la quatrième classe, dans les formes réglées par l'art.* 16. (Id., art. 19), II, 47. — *Le traitement des institutrices est fixé aux deux tiers de celui des instituteurs, toutes les autres dispositions relatives à la nomination, aux classes et à la retraite des instituteurs et instituteurs adjoints, étant également applicables aux institutrices et aux institutrices adjointes. Dans les communes où l'école des garçons n'est pas séparée de l'école des filles, les travaux spéciaux aux filles se feront sous la direction d'une maîtresse désignée par le comité d'arrondissement et révocable par lui. Il est alloué à cette maîtresse une indemnité que fixera la commune.* (Id., art. 27), II, 48. — *En aucun cas, les émoluments touchés par les instituteurs publics actuellement en fonctions ne pourront être diminués, quand bien même ils seraient supérieurs au taux fixé par la présente loi.* (Id., art. 101), II, 63.

Les instituteurs reçoivent un traitement unique qui ne peut être au-dessous de 600 *fr.* (Prop. loi 5 fév. 1849, art. 23), II, 72. — *Les institutrices reçoivent un traitement fixe qui ne peut être au-dessous de* 400 *fr.* (Id., ibid.), II, 72.

Toute commune doit fournir à l'instituteur un local convenable, tant pour son habitation que pour la tenue de l'école, le mobilier de classe et un traitement. (Loi 15 mars 1850, art. 38), II, 133. — A dater du 1er janvier 1851, le traitement des instituteurs communaux se composera : 1° d'un traitement fixe qui ne peut être inférieur à 200 fr. ; 2° du produit de la rétribution scolaire ; 3° d'un supplément accordé à tous ceux dont le traitement, joint au produit de la rétribution scolaire, n'atteint pas 600 fr. Ce supplément sera calculé d'après le total de la rétribution scolaire pendant l'année précédente. (Id., art. 38), II, 133.

Dans leur session du mois de mai prochain, les conseils municipaux voteront sur leurs revenus ordinaires, et à défaut de ces revenus, sur leurs trois centimes spéciaux, les fonds nécessaires : 1° pour assurer le traitement des instituteurs communaux pendant l'année 1851, lequel traitement fixe ne peut être inférieur à 200 fr. ; 2° pour élever à 600 fr., pendant la même année, le revenu des instituteurs communaux dont le traitement fixe, réuni au produit de la rétribution mensuelle, n'atteint pas cette somme. (Décr. 20 avr. 1850, art. 1), II, 148. — Les maires des communes doivent se faire remettre par le percepteur le rôle de la rétribution mensuelle perçue pour chaque instituteur, depuis le 1er mai 1849 jusqu'au 1er mai 1850. Ce rôle servira de base pour la fixation, par le conseil municipal, du complément de traitement qu'il y a lieu d'allouer à l'instituteur. (Id., art. 2), II, 148. — Les délibérations des conseils municipaux, relatives à l'entretien des écoles et au traitement des instituteurs pendant l'année 1851, seront immédiatement transmises par les maires aux sous-préfets, qui les transmettront avec leurs observations au préfet avant le 1er juin. Les préfets soumettront sommairement ces délibérations aux conseils généraux, dans la forme déterminée par l'art. 6 de l'ordonnance du 16 juill. 1833. (Id., art. 3), II, 148. — A défaut des ressources municipales, les conseils généraux devront voter dans leur session du mois d'août, soit sur leurs revenus ordinaires, soit sur leurs centimes spéciaux, la somme nécessaire : 1° pour compléter pendant l'année 1851, à 200 fr. les traitements fixes des instituteurs; 2° pour compléter pendant la même année, au minimum de 600 fr., le revenu des instituteurs dont le traitement, réuni au produit de la rétribution scolaire, n'atteint pas cette somme. (Id., art. 4), II, 149.

Les conseils municipaux délibèrent, chaque année, dans leur session du mois de février, pour l'année suivante : sur le taux de la rétribution scolaire ; sur le traitement de l'instituteur; sur les centimes spéciaux qu'ils doivent voter, à défaut de leurs revenus ordinaires : 1° pour assurer le traitement fixe de l'instituteur au minimum de 200 fr. ; 2° pour élever au minimum de 600 fr. le revenu de l'instituteur, quand son traitement fixe, joint au produit de la rétribution scolaire, n'atteint pas cette somme. Les délibérations des conseils municipaux, relatives aux écoles, sont envoyées, avant le 1er mai, pour l'arrondissement chef-lieu, au préfet, et pour les autres arrondissements, aux sous-préfets, qui les transmettent dans les dix jours au préfet, avec leur propre avis, celui des délégués cantonaux et celui de l'inspecteur primaire. (Décr. 7 oct. 1850, art. 19), II, 186.

Sur la proposition du recteur (préfet), une allocation supplémentaire peut être accordée par le Ministre de l'instruction publique aux instituteurs communaux qui l'auront méritée par leurs bons services. Cette allocation est calculée de manière à élever à 700 fr. après cinq ans, et à 800 fr. après dix ans, le revenu scolaire, dont le minimum est fixé à 600 fr. par la loi du 15 mars 1850 ; elle peut être annuellement renouvelée, si l'instituteur continue à s'en rendre digne. Dans tous les cas, le nombre des instituteurs communaux qui reçoivent cette indemnité ne peut dépasser le dixième du nombre total des instituteurs communaux de la circonscription académique. Ce dixième ne devra être complétement atteint, s'il y avait lieu, que dans cinq ans, à partir du 1er janvier 1854. (Décr. 31 déc. 1853, art. 5), II, 339.

A partir du 1er janvier 1863, tous les instituteurs primaires publics comptant cinq ans de service recevront, à titre de traitement supplémentaire, l'indemnité mentionnée en l'art. 5 de notre décret du 31 décembre 1853 ; cette indemnité sera calculée de manière à élever leur revenu scolaire au minimum de 700 fr. (Décr. 19 avril 1862, art. 1), II, 503. — Un traitement supplémentaire, calculé de manière à élever, après dix ans de service, le revenu scolaire du vingtième des instituteurs au minimum de 800 fr., continuera d'être accordé par notre Ministre de l'instruction publique et des cultes à ceux de ces maîtres qui se distingueront par leurs bons services. (Id., art. 2), II, 503. — A partir du 1er janvier 1863, un traitement supplémentaire, calculé de manière à élever, après quinze ans de service, le revenu scolaire du vingtième des instituteurs au minimum de 900 fr., pourra être accordé par notre Ministre de l'instruction publique et des cultes à ceux de ces maîtres qui se distingueront par leurs bons services. (Id., art. 3), II, 503.

Dans les communes où la gratuité est établie en vertu de la présente loi, le traitement des instituteurs publics se compose : 1° d'un traitement fixe de 200 fr. ; 2° d'un traitement éventuel calculé à raison du nombre d'élèves présents, d'après un taux de rétribution déterminé chaque année par le préfet, sur l'avis du conseil municipal et du conseil départemental ; 3° d'un supplément accordé à tous les instituteurs dont le traitement fixe, joint au produit de l'éventuel, n'atteint pas, pour les instituteurs, les *minima* déterminés par l'art. 38 de la loi du 15 mars 1850 et par le décret du 19 avril 1862, et pour les institutrices, les *minima* déterminés par l'art. 4 de la présente loi ; 4° d'un supplément accordé à tous les instituteurs et institutrices dont le traitement fixe, joint au produit de la rétribution scolaire et du traitement éventuel, n'atteint pas, pour les instituteurs, les *minima* déterminés par l'art. 38 de la loi du 15 mars 1850 et par décret du 10 avril 1862, et pour les institutrices, les *minima* déterminés par l'art. 4 ci-dessus. (Loi 10 avr. 1867, art. 9), II, 606. — Dans les autres communes, le traitement des instituteurs publics se compose : 1° d'un traitement fixe de 200 fr. ; 2° du produit de la rétribution scolaire ; 3° d'un traitement éventuel calculé à raison du nombre d'élèves gratuits présents à l'école, d'après un taux déterminé chaque année par le préfet, sur l'avis du conseil municipal et du conseil départemental. (Id., art. 10), II, 607. — Un traitement déterminé conformément aux deux articles précédents, pour les instituteurs en exercice au moment de la promulgation de la présente loi, ne peut être inférieur à la moyenne de leurs émoluments pendant les trois dernières années. (Id., art. 11), II, 607. — Dans les communes qui n'ont point à réclamer le concours du département ni de l'État, pour former le traitement des instituteurs et institutrices, tel qu'il est déterminé par les art. 9 et 10, ce traitement peut, sur la demande du conseil municipal, être remplacé par un traitement fixe, avec l'approbation du préfet, sur l'avis du conseil départemental. (Id., art. 13), II, 607. — Il est pourvu aux dépenses résultant de ces articles au moyen des ressources énumérées dans l'art. 40 de la loi du 15 mars 1850, augmentées d'un troisième centime départemental additionnel au principal des quatre contributions directes. (Id., art. 14), II, 607.

A partir du 1er janvier 1871, le traitement minimum des instituteurs, comptant moins de cinq années de service, est fixé à 700 fr. ; celui des instituteurs comptant cinq années de service, à 800 fr. (Décr. 26 juill. 1870, art. 1 et 2), II, 655. — Un traitement supplémentaire, calculé de manière à élever, après dix ans de service, le revenu scolaire du vingtième des instituteurs au minimum de 900 fr., et après quinze ans le revenu scolaire du vingtième des instituteurs au minimum de 1,000 fr., pourra être accordé à ceux de ces maîtres qui se distingueront par leurs bons services. (Id., art. 3), II, 656. — Il sera pourvu aux dépenses résultant de ces articles, conformément aux dispositions de l'art. 14 de la loi du 10 avril 1867. (Id., art. 5), II, 656.

Le conseil municipal fixe le traitement des instituteurs adjoints. Ce traitement est à la charge exclusive de la commune. (Loi 15 mars 1850, art. 38), II, 131.

Les instituteurs adjoints sont divisés en deux classes. Le traitement de la première classe ne peut être inférieur à 500 fr., et celui de la seconde à 400 fr. Le traitement des adjoints tenant une école de hameau est déterminé par le préfet, sur l'avis du conseil municipal et du conseil départemental. (Loi 10 avr. 1867, art. 5), II, 605. — Dans le cas où un ou plusieurs adjoints sont attachés à une école, le conseil départemental peut décider, sur la proposition du conseil municipal, qu'une partie du produit de la rétribution scolaire servira à former leur traitement. (Id., art. 6), II, 606.

Il est pourvu au traitement des instituteurs adjoints au moyen des ressources énumérées dans l'art. 40 de la loi du 15 mars 1850, augmentées d'un troisième centime départemental additionnel au principal des quatre contributions directes. (Loi 10 avr. 1867, art. 14), II, 607.

A partir du 1er janvier 1871, chacune des classes d'instituteurs adjoints comprendra le même nombre de fonctionnaires. Nul ne pourra être élevé à la première classe, s'il ne compte au moins trois ans de service dans la deuxième. (Décr. 26 juill. 1870, art. 6), II, 656.

A partir du 1er janvier 1873, le traitement minimum des instituteurs adjoints est porté à 600 fr. ou à 500 fr., selon la classe à laquelle ils appartiennent. (Décr. 20 janv. 1873, art. 1), II, 702.

Les institutrices communales sont divisées en deux classes. Le traitement de la 1re classe ne peut être inférieur à 500 fr., celui de la 2e à 400 fr. (Loi 10 avr. 1867, art. 4), II, 605. — Dans les communes où la gratuité est établie, le traitement des institutrices publiques se compose : 1° d'un traitement fixe de 200 fr. ; 2° d'un traitement éventuel ; 3° d'un supplément accordé à toutes les institutrices dont le traitement fixe, joint au produit éventuel, n'atteint pas le minimum déterminé par l'art. 4. (Id., art. 9), II, 606. — Dans les autres communes, le traitement des institutrices se compose : 1° d'un traitement fixe ; 2° du produit de la rétribution scolaire ; 3° d'un traitement éventuel calculé en raison du nombre des élèves gratuits. (Id., art. 10), II, 607. — Un traitement déterminé pour les institutrices en exercice ne peut être inférieur à la moyenne de leurs émoluments, pendant les trois dernières années. (Id., art. 11), II, 607. — Dans les communes qui n'ont point à réclamer le concours de l'État, le traitement peut, sur la demande du conseil municipal, être remplacé par un traitement fixe, avec l'approbation du préfet, sur l'avis du conseil départemental. (Id., art. 13), II, 607. — Il est pourvu aux dépenses résultant de ces articles, au moyen des ressources énumérées dans l'art. 40 de la loi du 15 mars 1850, augmentées d'un troisième centime départemental additionnel au principal des quatre contributions directes. (Id., art. 14), II, 607.

A partir du 1er janvier 1871, le traitement des institutrices de la 1re classe ne pourra être inférieur à 600 fr., et celui des institutrices de la 2me à 500 fr. (Décr. 26 juill. 1870, art. 4), II, 656.

A partir du 1er janvier 1871, chacune des classes d'institutrices titulaires comprendra le même nombre de fonctionnaires. Toute institutrice débutera nécessairement par la 2e classe. Nulle ne pourra être élevée à la première classe, si elle ne compte au moins trois années de service dans la deuxième. (Décr. 26 juill. 1870, art. 6), II, 656.

Le traitement des institutrices adjointes est fixé à 350 fr. (Loi 10 avr. 1867, art. 4), II, 605. — Le traitement des adjointes tenant une école de hameau, est déterminé par le préfet, sur l'avis du conseil municipal et du conseil départemental. (Id., art. 5), II, 605. — Dans le cas où plusieurs adjointes sont attachées à une école, le conseil départemental peut décider, sur la proposition du conseil municipal, qu'une partie de la rétribution scolaire servira à former leur traitement. (Id., art. 6), II, 606. — Il est pourvu à la dépense au moyen des ressources énumérées dans l'art. 40 de la loi du 15 mars 1850, augmentées d'un troisième centime départemental additionnel au principal des quatre contributions directes. (Id., art. 14), II, 607.

A partir du 1er janvier 1873, le traitement minimum des institutrices adjointes est fixé à 450 fr. (Décr. 20 janv. 1873, art. 2), II, 703.

Les instituteurs suppléants, dirigeant des écoles publiques, reçoivent un traitement dont le minimum est fixé ainsi qu'il suit, y compris le produit de la rétribution scolaire : instituteurs suppléants de 1re classe, 500 fr. ; instituteurs suppléants de 2e classe, 400 francs. Il est pourvu au traitement et au logement des instituteurs suppléants, conformément aux dispositions de la loi du 15 mars 1850. Le traitement des instituteurs suppléants, est fixé par le recteur (préfet). Il peut être prélevé sur le traitement du titulaire. Le passage d'un instituteur suppléant de la deuxième à la première classe peut avoir lieu sans changement de résidence. Le nombre des instituteurs suppléants de première classe ne peut excéder, dans chaque département, le tiers du nombre des instituteurs suppléants. (Décr. 31 décr. 1853, art. 4), II, 338.

Il n'y aura plus, à partir du 1er janvier 1859, qu'une classe d'instituteurs suppléants. (Décr. 20 juill. 1858, art. 1), II, 469. — Le minimum du traitement des instituteurs suppléants est fixé à 500 francs. (Id., art. 2), II, 469.

A partir du 1er janvier 1861, il ne sera plus nommé d'instituteurs primaires suppléants. Les instituteurs suppléants actuellement en exercice pourront être, sur l'avis des inspecteurs d'Académie, nommés immédiatement instituteurs communaux, et ils jouiront en conséquence du traitement minimum de 600 fr., déterminé par l'art. 28 de la loi du 15 mars 1850. (Déc. 29 décr. 1860, art. 1.)

L'indemnité allouée pour frais d'école, par les hospices de Paris, dépositaires d'enfants trouvés, aux instituteurs primaires des communes où ces enfants sont placés, ne doit pas venir en déduction des traitements prévus par l'art. 38 de la loi du 15 mars 1850. (Décis. Minist. 16 déc. 1854.)

Le préfet est seul compétent pour statuer sur la demande d'un ancien instituteur communal, tendant à une restitution de traitement. (Décis. Cons. d'État 14 févr. 1856), II, 433.

V. Budget, Instituteur, Nomination, Rétribution scolaire.

TRAVAUX A L'AIGUILLE.

L'instruction primaire pour les filles comprend les travaux à l'aiguille. (Ordonn. 23 juin 1836, art. 1), I, 393. — Cf. Arr. 28 juin 1836, art. 1, II, 401.

L'enseignement dans les pensions et les institutions de jeunes filles du département de la Seine, comprend les travaux à l'aiguille. (Règl. 7 mars 1837, art. 2, 3, 17), I, 453, 455. — Cf. Règl. 13 avr. 1849, art. 9, II, 76.

Dans les communes où l'école de garçons n'est pas séparée de l'école de filles, les travaux spéciaux aux filles se font sous la direction d'une maîtresse désignée et révocable par le comité central. Il est alloué à toute maîtresse une indemnité annuelle de 100 francs. (Proj. loi 1er juin 1848, art. 17), II, 19.

Dans les communes où l'école de garçons n'est pas séparée de l'école de filles, les travaux spéciaux aux filles se feront sous la direction d'une maîtresse désignée par le comité d'arrondissement et révocable par lui. Il est alloué à cette maîtresse une indemnité que fixera la commune. (Prop. loi 15 déc. 1848, art. 27), II, 48.

L'enseignement primaire dans les écoles de filles comprend, outre les matières de l'enseignement primaire énoncées dans l'art. 23, les travaux à l'aiguille. (Loi 15 mars 1850, art. 48), II, 136.

Les travaux à l'aiguille font partie du programme des examens pour le brevet de capacité. (Arr. 15 févr. 1853, art. 15), II, 298.

Entre les épreuves écrites et les épreuves orales, les aspirantes au brevet de capacité exécutent, sous la surveillance d'une ou de plusieurs dames désignées à cet effet par le préfet, les travaux à l'aiguille prescrits par l'art. 48 de la loi du 15 mars 1850. Parmi ces travaux, et au premier rang, sont les ouvrages de couture usuelle. Les aspirantes qui n'obtiennent pas cinq points pour la couture, ne sont pas admises aux épreuves orales. (Arr. 3 juill. 1866, art. 22), II, 602.

V. Examen, Travaux manuels.

TRAVAUX MANUELS.

Une partie du temps destiné aux écoles sera employée à des ouvrages manuels de différentes espèces utiles et communes. (Décr. 27 brum. an III, chap. IV, art. 10 et 11), I, 37.

V. Travaux à l'aiguille.

TRIBUNAL CIVIL.

Le tribunal civil, compétent pour connaître, en chambre du conseil, des poursuites dirigées contre un instituteur privé, pour cause d'inconduite ou d'immoralité, doit, à raison du caractère disciplinaire de ces poursuites, statuer en assemblée générale. (Arr. Cassat. 7 avr. 1851.)

V. Délit.

TRIBUNAL CORRECTIONNEL.

Il appartient aux tribunaux correctionnels d'apprécier la validité du certificat de moralité prescrit aux instituteurs primaires par la loi du 28 juin 1833. (Arr. Cassat. 28 déc. 1839.)

Une institutrice qui reçoit dans son école élémentaire des garçons en même temps que des filles, est justiciable du tribunal correctionnel, si elle n'a pas préalablement rempli les conditions prescrites par la loi du 28 juin 1833. (Arr. Cassat. 7 mai 1841.)

V. Délit, Tribunal de police.

TRIBUNAL DE POLICE.

Le fait d'avoir tenu une école primaire sans autorisation, doit être puni par le Tribunal de police, encore bien que le contrevenant aurait été déclaré de bonne foi et se serait pourvu d'une autorisation aussitôt que le comité d'arrondissement avait été organisé. (Arr. Cassat. 10 mars 1832.)

Aucune école primaire, pension ou institution de filles, ne peut être ouverte, sans que la maîtresse ne soit préalablement pourvue d'une autorisation du préfet du département. La tenue d'une école de filles, sans autorisation préalable, n'est punie que des peines de simple police, et non des peines correctionnelles. (Arr. Cassat. 20 juill. 1833.)

L'institutrice qui n'a pas fait au comité local la déclaration de son intention de continuer ses fonctions, déclaration exigée par l'art. 19 de l'ordonnance royale du 13 juin 1836, encourt une peine de simple police et non la fermeture de son école. Et, dans le cas où cette infraction date de plus d'un an, la prescription en doit être déclarée acquise conformément à l'art. 640 du Code d'instruction criminelle. (Arr. Cass. 10 août 1844.)

L'ouverture, sans autorisation, d'une école de filles, avec mélange des enfants des deux sexes, constitue une contravention ressortissant au tribunal de police et passible de l'application de l'art. 471, n° 15 du Code pénal. (Arr. Cassat. 1er avr. et 26 mai 1848.)

V. Délit, Tribunal correctionnel.

TRIOMPHE (CHANTS DE).

On fera apprendre aux enfants le recueil des actes héroïques et des chants de triomphe. (Décr. 27 brum. an III, chap. IV, art. 2), I, 36.

U

UNIVERSITÉ.

Il est formé, sous le nom d'Université, un corps chargé exclusivement de l'enseignement et de l'éducation publique. (Décr. 10 mai 1806, art. 1), I, 52.

L'enseignement public, dans tout l'Empire, est confié exclusivement à l'Université. Aucune école, aucun établissement quelconque d'instruction ne peut être formé hors de l'Université impériale et sans l'autorisation de son chef. (Décr. 17 mars 1808, tit. Ier, art. 1, 2), I, 53. — Les petites écoles, écoles primaires où l'on apprend à lire, à écrire, et les premières notions du calcul, font partie de l'Université. (Id., art. 5), I, 53. — Les supérieurs des congrégations des frères des Écoles chrétiennes peuvent être membres de l'Université. (Id., tit. XIII, art. 109), I, 56.

A dater du 10 janvier 1809, l'enseignement public, dans tout l'Empire, sera confié exclusivement à l'Université. (Décr. 17 sept. 1808, tit. I, art. 2), I, 64. — Tout établissement quelconque d'instruction qui, à l'époque ci-dessus, ne serait pas muni d'un diplôme exprès du grand maître, cessera d'exister. (Id., art. 3), I, 65. — Tous les agents de l'instruction publique sont tenus de déclarer au grand maître s'ils sont dans l'intention de faire partie de l'Université impériale et de contracter les obligations imposées à ses membres. (Id., tit. V, art. 13), I, 66.

Le grand maître de l'Université rendra compte au Ministre de l'intérieur, qui nous en fera un rapport, des mesures prises pour l'exécution des articles 107 et 108 des statuts de l'Université impériale du 17 mars 1808, en ce qui concerne l'instruction primaire, et des résultats obtenus. (Décr. 15 nov. 1811, chap. V, art. 190), I, 73. — Le Ministre de l'intérieur nous soumettra aussi un rapport relatif au mode particulier de surveillance que l'Université pourra exercer sur les maîtres d'écoles ou sur les instituteurs des écoles primaires. Le rapport devra proposer les moyens d'accorder, avec la surveillance de l'Université, l'autorité que doivent exercer les préfets, les sous-préfets et les maires sur les maîtres et instituteurs des petites écoles. (Id., art. 191), I, 74. — Jusqu'à ce qu'il ait été statué par nous, les préfets, sous-préfets et maires continueront à exercer leur surveillance. Néanmoins, le grand maître instituera les maîtres. (Id., art. 191), I, 74,

Les instituteurs primaires ne sont point membres de l'Université, ils ne sont considérés que comme ses agents ; à ce titre, ils ne sont pas justiciables du conseil. (Instruct. 25 juill. 1812), I, 77, note.

Les règlements de l'Université sont maintenus provisoirement, jusqu'à ce qu'il ait pu être apporté à l'ordre actuel de l'instruction publique les modifications qui seront jugées utiles. (Ordonn. 22 juin 1814), I, 79.

Les écoles primaires ne font plus partie de l'Université. (Ordonn. 17 févr. 1815, art. 2), I, 81.

Le chef de l'Université prendra le titre de grand maître. Il aura, outre les attributions actuelles du président du conseil royal, celles qui sont spécifiées dans les art. 51, 56 et 57 du décret du 17 mars 1808. Dans tous les cas prévus par ces articles, il prendra préalablement l'avis exigé par l'art. 56. (Ordonn. 1er juill. 1822, art. 1), I, 147.— Il proposera à la discussion du conseil tous les projets de règlements et de statuts qui pourront être faits pour les écoles de divers degrés. (Id., art. 2), I, 147 — Il aura, quant aux présentations pour les classes vacantes dans les écoles spéciales, les attributions données par l'art. 24 de la loi du 11 floréal an X (1er mai 1802) aux anciens inspecteurs généraux des études. (Id., art. 3), I, 147. — En cas d'absence, de maladie ou d'autre empêchement, il pourra déléguer ses fonctions à l'un des membres du conseil. (Id., art. 4), I, 147. — Le grand maître nous présentera, deux fois par an, un rapport sur la situation morale de l'instruction et de l'éducation. (Id., art. 5), I, 147.

L'instruction publique sera dirigée par un Ministre secrétaire d'État. Il exercera les fonctions de grand maître de l'Université de France, telles qu'elles sont déterminées par les lois et règlements. (Ordonn. 10 févr. 1828, art. 1), I, 166.

V. Conseil royal, Conseil de l'Université, Grand Maître.

UNIVERSITÉ (CONSEIL ROYAL DE L').

Le conseil royal de l'Université est composé : 1° de conseillers titulaires, 2° de conseillers ordinaires. (Proj. loi 25 janv. 1848, art. 1), I, 723. — *Le Ministre de l'instruction publique préside le conseil. Le chancelier de l'Université préside le conseil en l'absence du Ministre. Il préside les différentes sections, lorsqu'il juge convenable d'y prendre séance. Un conseiller est désigné pour présider en l'absence du chancelier. Un secrétaire général, ayant rang de conseiller titulaire, est attaché au conseil.* (Id., art. 2), I, 723. — *Le chancelier prépare et règle l'ordre du jour du conseil sous l'autorité du Ministre. Nulle affaire ne peut être mise en discussion, si elle n'a été ou si elle n'est mise à l'ordre du jour par le Ministre ou le chancelier. Le secrétaire général distribue les affaires entre les sections et fait les convocations, sous l'autorité du chancelier.* (Id., art. 3), I, 724. — *Il y a douze conseillers titulaires, non compris le chancelier.* (Id., art. 4), I, 724. — *A l'avenir, les fonctions de conseillers titulaires seront incompatibles avec toute autre fonction publique que celle de membre du conseil d'État en service extraordinaire, de directeur de l'École normale supérieure, de vice-recteur de l'Académie de Paris. Les conseillers titulaires peuvent être chargés de toute autre délégation émanée du chef de l'Université. Ils peuvent également continuer à professer.* (Id., art. 5), I, 724. — *Les conseillers titulaires ne peuvent être révoqués qu'en vertu d'une ordonnance individuelle, délibérée en conseil des Ministres et contresignée par le Ministre secrétaire d'État au département de l'instruction publique.* (Id., art. 6), I, 724. — *Les conseillers titulaires sont nommés par le roi. Le tableau des conseillers ordinaires est arrêté par ordonnance royale au commencement de chaque année.* (Id., art. 7), I, 724. — *A l'avenir, nul ne pourra être nommé conseiller titulaire, s'il n'est ou n'a été conseiller ordinaire, et si, en outre, il n'a exercé pendant trois ans au moins les fonctions d'inspecteur général, de recteur, d'inspecteur supérieur de l'instruction primaire, de doyen de faculté, ou pendant dix ans celles de professeur dans l'enseignement supérieur ou de proviseur de collége royal. Les nominations ont lieu de manière à ce qu'il y ait toujours deux anciens inspecteurs généraux et deux anciens recteurs parmi les conseillers titulaires.* (Id., art. 8), I, 724. — *Il y a douze conseillers ordinaires, non compris le secrétaire général. Peuvent être nommés conseillers ordinaires les inspecteurs généraux, recteurs, inspecteurs supérieurs de l'instruction primaire, doyens et professeurs des facultés, proviseurs de colléges royaux, professeurs des établissements publics qui dépendent du Ministère de l'instruction publique et qui appartiennent à l'enseignement supérieur.* (Id., art. 9), I, 724. — *Le Ministre peut appeler à l'assemblée du conseil, avec voix consultative pour toute délibération spéciale et déterminée, non disciplinaire et non contentieuse, tout membre de l'Université.* (Id., art. 10), I, 724. — *Peuvent être nommés conseillers honoraires de l'Université les anciens Ministres de l'instruction publique, les anciens conseillers titulaires, les inspecteurs généraux qui ont siégé au conseil, les recteurs, inspecteurs supérieurs, doyens, professeurs ou proviseurs, qui sont appelés à l'éméritat et qui siégent ou ont siégé au conseil. Nul ne peut être revêtu du titre de conseiller honoraire s'il n'a fait partie du conseil.* (Id., art. 11), I, 724. — *Le conseil peut être appelé à donner son avis sur les projets de loi ou d'ordonnance, et en général sur toutes les questions qui lui sont soumises par le Ministre. Il est nécessairement appelé à donner son avis sur tous les arrêtés portant règlement pour les établissements et les services de l'Université. Il délibère sur les affaires de toute nature qui lui sont renvoyées par des dispositions législatives ou réglementaires.* (Id., art. 12), I, 724. — *Pour l'expédition des affaires, le conseil royal est divisé en diverses sections correspondantes aux diverses branches du service. Chaque section est présidée par un conseiller titulaire ; chaque section a un vice-président. Les arrêtés déterminent, parmi les affaires qui doivent être délibérées en conseil royal, quelles sont celles qui ne seront soumises qu'à l'examen des sections, et qui peuvent ne pas être portées à l'assemblée du conseil.* (Id., art. 13), I, 725. — *Les délibérations du conseil sont prises en assemblée générale et à la majorité des voix. L'assemblée générale est composée du Ministre et de tous les membres du conseil.* (Id., art. 14), I, 725. — *En cas de partage, la voix du président est prépondérante.* (Id., art. 15), I, 725. — *Le conseil ne peut délibérer si, non compris le président, la moitié au moins du conseil n'assiste à la séance.* (Id., art. 16), I, 725. — *Les ordonnances rendues et les arrêtés pris après délibération de l'assemblée générale, mentionnent que le conseil royal a été entendu. Les arrêtés, pris après délibération d'une ou plusieurs sections, indiquent les sections qui ont été entendues.* (Id., art. 17), I, 726. — *Une section spéciale est chargée de diriger l'instruction écrite et de préparer le rapport de toutes les affaires disciplinaires et contentieuses dont elle est saisie par le Ministre. La section du contentieux est présidée par le chancelier d l'Université. Elle a un vice-président. Elle est composée de cinq conseillers au moins, le chancelier compris.* (Id., art. 18), I, 726. — *Le rapport des affaires est fait à la section et à l'assemblée générale par celui des membres de la section qui a été désigné à cet effet par le président.* (Id., art. 19), I, 726. — *Un conseiller est désigné chaque année par le Ministre, pour remplir les fonctions de commissaire du roi dans les affaires disciplinaires. Il assiste à la séance de la section du contentieux.* (Id., art. 20), I, 726. — *Le rapport est fait au conseil en assemblée générale. En matière de discipline, les intéressés peuvent être admis à présenter, par eux-mêmes ou par un membre de l'Université agréé du Ministre, des explications ou observations orales. Dans les affaires disciplinaires, le conseiller, commissaire du roi, donne ses conclusions.* (Id., art. 21), I, 726. — *Les conseillers ne peuvent participer aux délibérations, s'ils sont les supérieurs directs de ceux contre lesquels la réclamation est élevée, s'ils sont intervenus à un titre quelconque dans les faits qui ont motivé la plainte contre le membre de l'Université déféré au conseil. Le conseil statue sur les causes d'abstention.* (Id., art. 22), I, 726. — *Le conseil ne peut délibérer, si la moitié au moins de ses membres, non compris le Ministre ne sont présents.* (Id., art. 23), I, 726. — *La délibération du conseil est transcrite sur le procès-verbal des délibérations, lequel fait mention des membres présents ayant délibéré. La décision ou le jugement qui interviennent sont signés par le Ministre.* (Id., art. 24), I, 726. — *Le procès-verbal des délibérations du conseil et la décision ou le jugement intervenus mentionnent l'accomplissement des dispositions des art.* 19, 20, 21, 22, 23 *et* 24 *de la présente loi. Dans le cas où ces dispositions n'ont pas été observées, la décision peut être l'objet, seulement sur ce chef, d'un recours devant le roi en son conseil d'État.*

(Id., art. 25), I, 726. — *Si la décision qui intervient en matière contentieuse n'est pas conforme à la délibération du conseil, il y a lieu au recours devant le roi en son conseil d'État. Il y a lieu au pourvoi devant le roi en son conseil d'État, en matière disciplinaire, si la peine prononcée est celle de la radiation. Le recours ou le pourvoi doit être signifié au chef-lieu de l'Académie, soit par les réclamants et les inculpés, soit en leur nom, dans les huit jours de la notification du jugement ou de la décision.* (Id. art. 26), I, 727.

V. Conseil royal, Conseil national, Conseil supérieur, Université.

V

VACANCE D'EMPLOI.

Lorsque les fonctions d'instituteur viennent à vaquer par suite de décès, de démission ou autrement, le recteur (préfet) pourvoit à la direction de l'école, en attendant le remplacement de l'instituteur. (Décr. 7 oct. 1850, art. 15), II, 185.

En cas de vacance par suite de décès, de démission ou de révocation, le préfet est tenu de mettre le conseil municipal en demeure de donner son avis sur la question de savoir s'il désire que l'école soit confiée à des maîtres laïques ou à des maîtres congréganistes. (Instruct. 12 juill. 1862), II, 277.

V. Décès, Démission, Option, Révocation.

VACANCES.

V. Règlement des Écoles normales et des Écoles primaires

VEUVE.

V. Pension civile, Retraite.

VICAIRE.

Le vicaire remplace de droit le curé dans les comités. (Décis. Cons. 26 mai 1837), I, 465.— Cf. Décis. Cons. 19 nov. 1833, I, 281.

VICE-RECTEUR.

Le Ministre de l'instruction publique peut exercer les fonctions de recteur de l'Académie de Paris. Il est assisté dans ses fonctions par un vice-recteur. Les attributions du vice-recteur de l'Académie de Paris sont fixées par un arrêté ministériel. (Décr. 22 août 1854, art. 29), II, 367.

Le vice-recteur reçoit, pour tout ce qui se rattache à l'exécution des règlements d'études dans les écoles primaires publiques du département de la Seine, les rapports de l'inspecteur d'Académie chargé des affaires de l'enseignement primaire, et les transmet au Ministre pour être statué dans la même forme. (Arr. 5 oct. 1854.)

L'inspecteur d'Académie délégué en Corse prend le titre de vice-recteur; il correspond directement avec le Ministre de l'instruction publique pour tout ce qui concerne l'administration des lycées et collèges, ainsi que la surveillance de l'enseignement secondaire libre. Il reste d'ailleurs soumis à toutes les autres obligations imposées aux inspecteurs d'Académie. (Décr. 22 août 1854, art. 25), II, 366.

VISITES AUX ATELIERS, AUX HOPITAUX, DANS LES FERMES.

On rend les élèves témoins aussi souvent qu'on le peut des travaux champêtres et des ateliers; ils y prennent part autant que leur âge le permet. (Décr. 30 vendém. an II, 3°), I, 20.

Les élèves des écoles primaires visiteront plusieurs fois

l'année, avec leurs instituteurs et sous la conduite d'un magistrat du peuple, les hôpitaux les plus voisins. (Décr. 27 brum. an III, chap. IV, art. 7), I, 37. — Les mêmes jours, ils aideront, dans leurs travaux domestiques et champêtres, les vieillards et les parents des défenseurs de la patrie. (Id., art. 8), I, 37. — On les conduira quelquefois dans les manufactures et les ateliers où l'on prépare des marchandises d'une consommation commune, afin que cette vue leur donne quelque idée des avantages de l'industrie humaine, et éveille en eux le goût des arts utiles. (Id., art. 9), I, 37. — Il sera publié une instruction pour faciliter l'exécution des articles précédents, en rendant la fréquentation des ateliers et le travail des mains vraiment utiles aux élèves. (Id., art. 11), I, 37.

ORDRE DES MATIÈRES.

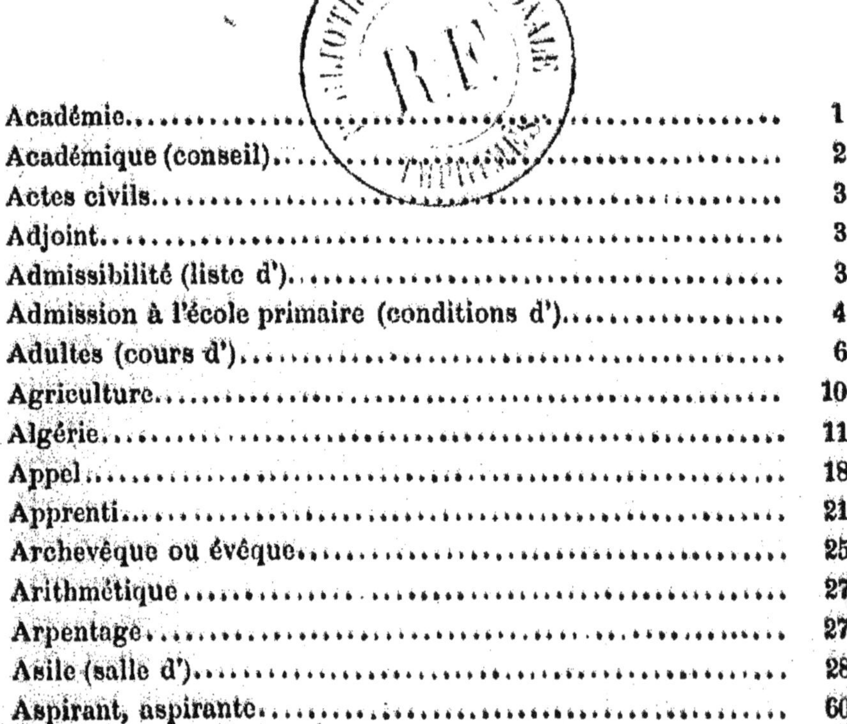

A

B

C

D

E

F

G

H

I

J

L

M

N

O

P

R

S

T

U

V

www.ingramcontent.com/pod-product-compliance
Lightning Source LLC
Chambersburg PA
CBHW060824220326
41599CB00017B/2276